일본의 총력제국

만 주 와 전 시 제 국 주 의 문 화

일본의 총력제국

만주와 전시 제국주의 문화

제1부 총력 제국의 건설

1장　　만주국과 일본 / 12

제국에 대한 선행연구 / 15

총력 제국주의 / 19

일본 안의 만주국 / 24

제국의 대리인 / 26

문화와 제국주의 / 28

2장　　왕관의 보석: 만주국의 국제적 맥락 / 32

제국의 시작 / 34

만주 경영 / 42

중국 민족주의의 도전 / 48

괴뢰국가 만주국 / 54

자주적 제국주의 / 62

제2부 만주사변과 새로운 군사적 제국주의, 1931~1933

3장　**전쟁열: 제국주의적 징고이즘과 대중매체 / 72**

보도 전쟁 / 75

비공식 선전가들 / 88

대중매체의 군국주의와 검열 문제 / 99

생명선 만주를 수호하라! / 110

겁쟁이 중국인과 불량배 서양인 / 119

영웅적 자아 / 133

4장　**급행 제국주의 / 146**

엘리트 정치와 대중 동원 / 146

정치 무대에서의 투쟁 / 149

새로운 정책과 새로운 정치 / 156

군부의 프로파간다와 여론의 구축 / 163

만주사변에 대한 공식 입장 / 175

국제연맹에서의 일본의 주장 / 183

지역 사회에서의 제국 / 191

노동자, 여성, 그리고 제국 / 198

대리 만족 제국주의 / 212

제3부 식민지 개발과 만주에서의 실험, 1932~1941

5장   불편한 동업 관계: 식민지 경제에서 군인과 자본가의 관계 / 222

일본 경제계의 만주 개발 계획, 1932~1933 / 225

군부의 엇갈린 신호 / 234

경제 개발에 대한 두 상충된 비전 / 238

제국주의적 코퍼라티즘과 엔 블록 / 245

국가 자본주의 하에서의 공동 사업 / 253

동아시아로 확장된 만주의 경제 실험 / 262

실업계의 적극적 움직임, 1940~1941 / 275

6장   멋진 신제국: 유토피아 건설의 꿈과 지식인 / 286

미래 도시 / 289

기회의 도시 / 297

만주 여행 붐 / 307

억압과 동원, 그리고 일본의 중국통 / 317

혁명 국가, 만주국 / 332

제국에서의 사회적 실험과 좌익 / 343

제4부 새로운 사회적 제국주의와 농업 개척이민 계획, 1932~1941

7장   농본주의의 재발명: 농촌 위기와 제국이라는 탈출구 / 360

이민과 팽창주의 / 363

농촌 문제와 만주라는 해결책 / 376

일본의 제국주의적 농본주의 / 389

만주에서의 농본주의적 제국주의 / 398

8장   이민 송출기구의 탄생:만주 개척과 국가 개입의 확대 / 410

제국의 관료제 / 413

민족 팽창주의 / 422

풀뿌리 제국주의 / 434

영웅시된 만주 개척 / 443

이민 송출기구의 폭주 / 455

9장   제국의 희생자들 / 464

제국의 특권 / 465

제국의 희생자들 / 470

제5부 결론

10장　　총력 제국의 모순 / 480

만주국이 일본에 남긴 각인 / 481

다수의 만주국, 총력 제국 / 491

점진적 제국주의 / 496

근대성과 총력 제국으로의 전환 / 500

감사의 글 / 510

옮긴이의 말 / 512

미주 / 516

南滿洲鐵道株式會社
SOUTH
MANCHURIA
RAILWAY

THE MAKING OF
A TOTAL EMPIRE

총력 제국의 건설

1장

만주국과 일본

오늘날 '일본제국'이란 용어는 다양한 의미를 내포한다. 일본제국의 지배를 받았던 과거 피식민지 국민과 태평양전쟁에서 일본제국과 싸웠던 상대국 국민, 그리고 일본 국민 자신에게 '일본제국'은 각기 다른 이미지를 떠올리게 한다. '일본제국'에 이처럼 다양한 의미가 가장 활발하게 더해진 것은 일본이 공격적으로 해외 영토를 확장했던 1931년부터 1945년까지의 시기다. 일본은 먼저 중국과 동남아시아를 점령했으며 중국의 국민당과 공산당, 소련, 미국, 영국 등의 강대국과 잇따라 충돌했다. 중국 동북 지역에 건설되었던 괴뢰국가 만주국은 이러한 군사적 충돌 속에서 태어나 결국 패망에 이른 '일본제국'의 중심에 있었다.

만주국이 건국된 것은 1932년이지만, 그 기원은 1905년 러일전쟁에서 승리한 일본이 남만주 지역으로 세력권을 확대한 때로 거슬러 올라간다. 공식적, 비공식적 요소가 혼재된 남만주 지역에서의 일본 세력권은 요동반도의 장기 조차지와 일본의 식민지 철도회사인 남만주철도주식회사(줄여서 만철)가 소유한 만철 부속지에 기반을 둔 것이었다. 남만주를 대표하긴 하지만 전체 남만주 지역에 비하면 일부에 불과했던 조차지에 일본은 공식적인 식민기구를 설치하여 이 지역을 직접 통치했다. 하지만 나머지 남만주 지역에 대해서는 중국의 지방 통치자를 거치거나 시장에 대한 경제적 지배, 또는 주둔군의 지속적인 군사 위협을 통해 간접적으로 영향력을 행사했다.

일본이 만주에 개입하기 시작하면서 만주의 일본 세력권은 빠르게 팽창하는 일본제국의 일부가 되었다. 제1차 세계대전이 끝날 무렵, 타이완, 조선, 태평양의 남양군도, 사할린 남부가 일본제국에 포함되었다. 이와 동시에 일본은 중국에 대한 불평등조약 체제의 일원으로도 참여했다. 처음에 만주는 일본제국 내에서 주변적인 위치였다. 만주는 외교적으로 가치가 높은 지역도 아니었고 제국 경영에 중요한 혁신적인 조치가 시행된 곳도 아니었다. 그러나 이러한 상황은 1931년 일본이 동북 지역에 새로운 형태의 제국을 건설하는 데 힘을 기울이기 시작하면서 완전히 변화했다.

새로운 일본제국은 군사 정복, 경제 개발, 대규모 개척이민이라는 세 가지 활동 영역을 통해 그 모습을 드러냈다. 우선 만주에 주둔하던 관동군의 지휘 아래 1931년에서 1933년 사이 치러진 몇 차례의 군사 작전(통칭 만주사변)에서 수천 명이 피를 흘렸다. 이를 통해 일본은 북으로는 소련과의 시베리아 국경선과 아무르강, 남으로는 중국의 만리장성까지 진격하여 만주 전역을 군사적으로 점령했다. 둘째, 이른바 통제경제라는 새로운 식민지 경영체제 아래 만주국 정부는 일본의 주도로 계획경제 개발과 국가 자본주의라는 대담한 실험을 진행했다. 이 프로젝트는 일만(日滿) 경제블록을 형성하여 만주 개발을 일본 국내의 생산 목표와 연결함으로써 두 지역의 경제를 통합하려는 것이었다. 셋째, 5백만 명의 일본 농민을 만주 내륙에 정착시킨다는 야심 찬 계획이 수립되었다. 이는 식민지 사회를 더 철두철미하게 지배하기 위해 '대륙 일본인'이라는 새로운 세대를 탄생시키려는 것이었다. 본국과 제국의 사회정책을 서로 연결함으로써 일본 정부는 일본의 농촌 문제를 가장 극명하게 드러내던 빈농을 만주로 보내 만주 인구의 10퍼센트를 일본인이 차지하도록 만들려 했다.

이 세 가지 사업을 위해 백만 명 이상의 일본인 병사와 사업가, 농업이민자가 바다 너머 대륙으로 건너갔다. 만주국의 건설에 그들은 자신의 미래, 때로는 생명까지 걸었다. 그러나 이보다 더욱 많은 사람이 일본 국내에서 제국의 건설을 위해 일했다. 이들의 방식은 간접적이었지만 또한 중요한 일이었다. 만주사변이 일어나자, 전쟁으로 인한 집단 흥분상태가 일본 사회를 휩쓸었다. 전쟁열은 정치적, 사회적 지지를 이끌어냈고, '만주 생명선'을 지키기 위해 싸운다는 명분은 공격적인 군사 제국주의 아래 관동군이 자유롭게 군사 활동을 할 수 있게 했다. 경제적 기회가 열려 있다는 유토피아적 환상에 고무된 사업가와 지식인은 일본의 미래가 '만주 개발'에 달려 있다고 설파하는 데 자신의 사회적 지위를 이용했다. 지역 엘리트는 마을 주민의 절반을 만주로 보내 '신천지(新天地)'를 건설하자는 계획을 지지하도록 농촌 사회를 이끌었다. 비록 만주에 발을 들여놓지는 않았지만 이와 같은 다양한 집단의 사람들 역시 제국의 건설자였다.

제국 건설을 위한 일본 국내의 기반구조도 만들어졌다. 만주에 일본제국을 건설하는 과정에서 식민지와 본토에 각각 두 개의 제국 시스템이 구축되었다. 일본은 만주에 국가기구, 경제 지배구조, 사회통제 메커니즘을 수립했으며 제국 건설 프로젝트를 성공시키는 데 필요한 자원을 동원하기 위해 국내에도 식민지에 건설된 것과 대응되는 정치 및 사회구조를 마련했다. 일본이 제국 건설을 위해 기울인 노력과 그것이 가져온 변화가 바로 이 책의 주제이다.

제국에 대한 선행연구

지금까지 역사가들은 일본의 만주로의 팽창을 연구할 때 일반적으로 위에서부터 접근하는 방식을 사용해 왔으며, 제국의 건설이 거의 전적으로 국가에 의해 이루어졌다고 보았다. 정책 연구와 관료 정치 분석, 주요 군부 인물에 대한 논문으로 가득한 역사 서술은 당시 제국의 관료들이 가졌던 사고방식을 잘 보여준다. 1930년대 초 일본의 만주 점령에 대한 연구에서 중시했던 문제는 누가 전쟁을 결정했냐는 것이었다. 만주 주둔 관동군 내 일부 장교들의 아제국주의(亞帝國主義, subimperialism)적인 불복종 행위였는가, 아니면 도쿄 정부 당국의 지시였는가?[1]

일본의 만주 경제 개발에 대한 연구 역시 국가의 행위에 중점을 두고 있다. 이와 관련해서는 각자 입장에 따라 경제 정책의 다양한 요소를 취사선택하여 만주에서의 실험이 성공적이었는지 아니면 실패했는지에 대한 논쟁이 전개되었다. 만주의 통제경제는 전후(戰後) '경제 기적'의 발판을 마련한 산업정책에서의 대담한 혁신이었는가? 아니면 자본과 자원의 부족으로 서양시장에 대한 의존도가 큰 상황에서 자급자족 경제를 구축하고 중공업화를 시도하기 위해 무리하게 수행한 실험이었는가?[2]

만주 개척이민에 대한 영문으로 된 논의는 찾아보기 쉽지 않은 반면, 일본어 저작물은 상당히 많다. 이 주제에 대한 해석은 진영에 따라 둘로 나뉜다. 하나는 일본의 침략이라는 틀 안에서 이민정책의 형성과 시행을 연구한 것이다. 이러한 연구는 중국 동북 지역에서 토지를 경작하던 중국과 조선 농민이 당한 착취를 강조한다. 다른 하나는 왕년의 만주 개척민이 자신이 겪은 희생을 증언하는 대중적인 이야기이다. 이러한 글은 전쟁의 막바지에 중국과 소련 군인의 손에 많은 일본인 개척민이 죽음을 맞이했다는 만주 개척의 비극적인 결말에 중점을 둔다. 일본인 개척민이 제국의 대리인으로 중국 동북 지역의 농민들을 핍박한 가해자였는지, 아니면 그들 자신도 피해자에 불과했는지에 대한 문제는 여전히 양 진영 사이의 논란으로 남아 있다. 그러나 그들이 피해자였는지 가해자였는지에 대한 해석 차이에도 불구하고 이들이 국가에 의해 관리되었다는 전제에는 양 진영 모두 동의하고 있다.[3]

그동안의 역사 연구가 국가를 중심으로 이루어져 온 것은 제국과 전쟁에 대한 책임론에 뿌리를 두고 있다. 일본의 공적 기억은 책임 문제를 회피한 채 군사 집단이 정부를 장악하고 국민을 무모한 전쟁으로 내몰았다는 도쿄 전범재판에 기술된 시각을 고수하고 있다. 50여 년이 지난 뒤에도 희생자로서의 묘사가 넘쳐나는 것—캐롤 글럭(Carol Gluck)은 이를 '수동태의 역사(history in the passive voice)'[4]라고 불렀다—은 매우 인상적이다. 당시의 보통 사람들은 제국의 대리인이 아닌 희생자에 불과했다는 대중적인 확신에도 불구하고, 일본의 진보적인 학자집단 사이에서는 '국민의 전쟁 책임'이나 '풀뿌리 파시즘'[5]에 대해 연구해야 한다는 목소리가 점점 커지고 있다. 이들은 만주국 건설에 관련된 수많은 사람들—전쟁지원단체, 경제단체, 개척이민단체 등—이 빠져 있다는 점에서 만주국에 대한 역사 서술을 다시 검토할 필요가 있다고 말한다. 이들 연구는 장관이나 장군의 역할보다는 어떻게 사회—여기에는 단체와 개인 모두가 포함된다—가 제국의 건설에 참여했는지를 고찰하고 있다. 그렇다해도 이 책의 분석 대상에서 국가의 존재가 배제된 것은 아니다. 오히려 국가와 사회 양쪽의 역할과 그들이 제국 건설 프로젝트에서 서로를 동원한 방식을 집중적으로 살펴볼 것이다.

제국 건설의 행위자가 누구였는지 설명하기 위해 '국가'나 '사회'라는 개념을 사용했기 때문에 우선 이들 용어의 의미에 대해 간단히 언급할 필요가 있다. 첫째, 필자는 국가와 사회를 상호 간에, 그리고 제국에 대해 권력을 표현하고 행사하는 주체로 이해한다. 국가는 사회 질서를 구축하는 데 권력을 행사하는 반면, 사회는 국가를 형성하는 데 권력을 사용한다. 국가나 사회가 그 권력을 해외로 투사하면 이들 모두는 제국의 대리인이 된다. 둘째, 이러한 권력의 행사는 조직체를 통해 이루어진다. 국가 권력은 정부 부처, 정부기관, 위원회와 같은 관료 조직을 통해 운용된다. 사회 권력도 이와 비슷하게 상공회의소, 정당, 여성단체와 같은 조직을 통해 영향을 미친다. 국가와 사회에 있어 이러한 단체는 개인이 집단행동을 통해 권력을 행사할 수 있는 수단이 된다. 다시 말해서 조직체는 그 개인이 정부의 관리든지 아니면 일반 시민이든지 간에 개인과 제국 사이의 관계를 중개해 준다. 이는 '누가 제국의 대리인인가'라는 질문에 대답하기 위해서 만주국에 대한 지지를 동원하는 데 민간단체와 공공단체가 어떤 역할을 했는지 모두 살펴볼 필요가 있음을 의미한다. 그것은 만주국을 위에서부터 바라보는 것만큼이나 아래에서부터 살펴보아야 하며, 제국의 공적 의식을 묘사하는 것만큼 일반 대중의 의식도 묘사해야 함을 뜻한다.

제국 건설 프로젝트에 비정부 행위자가 참여했음을 보여주기 위해 이 책에서 국가와 사회라는 개념을 이분법적으로 구분하기는 했지만, 이를 대립적인 용어로 정의하는 데에는 주의할 필요가 있다. 어떤 경우에는 국가와 사회의 경계선이 매우 모호해서 어디서부터 국가가 아니라 사회에 포함되는지 말하기가 어렵다. 예를 들어 공립학교의 선생님은 국가 행위자인가, 아니면 사회의 대리인인가? 군대 장교는 국가의 일부인가? 징집병은 어디에 속하는가? 이러한 질문에 대한 대답이 임의적이라는 사실은 국가와 사회를 이분법적으로 나누는 것보다는 각자를 다른 한쪽의 반영, 혹은 동일한 존재의 대안적 표현으로서 이해해야 함을 시사한다. 제국 건설에 동원된 모든 개인은 그 사회의 일원인 동시에 국가의 손발이기도 했다.

기본적으로 제국은 사회적 산물이었지만 대중의 사업으로서의 제국은 그동안 많이 연구되지 않았다. 제국주의의 원인—특히 19세기 말 유럽의 급격한 팽창주의—을 설명하기 위한 이론 모델을 찾는 데 주력했던 구미의 제국주의 연구는 경제 이론과 정치 이론이 상대 이론에 비해 어떠한 장점을 가졌는지 설명하는 데에만 중점을 두었다. 예를 들어 전자는 팽창하는 산업 자본주의 시스템이 어떻게 새로운 해외 시장을 개척하고 지배하려 했는지 보여주었다. 반면 후자를 연구하는 학자들은 본국의 지도자와 식민지 현지 대리인의 의사 결정 과정에 집중했다. 이들은 이른바 신제국주의(new imperialism)의 원인을 아시아와 아프리카에 건설한 유럽 식민지 제국의 정치적 불안정성과 국제체제에서의 경쟁적인 역학관계에서 찾았다. 오랫동안 마르크스주의자와 반마르크스주의자로 분열되어 있던 영미 학계는 한쪽이 자본주의 이론을 수정하면 다른 한쪽에선 그 오류를 공격하는 식의 논쟁을 계속했다.[6]

최근에는 상황이 바뀌어 제국주의를 연구하는 역사학자들이 문화에 대해서도 거론하기 시작했다. 1980년대 초 제국과 기술, 과학, 이데올로기, 선전, 대중문화, 기타 여러 주제를 다룬 책들이 등장하면서 연구의 초점이 제국의 정치, 경제적 구조만을 다루던 것에서 벗어나 문화로 옮겨가기 시작했다.[7] 이러한 전환이 제국주의 연구에 활기를 불어넣긴 했지만, 사실 제국주의 문화 이론은 오래된 논쟁인 제국주의 단일원인설에 도전한 것에 불과했다. 이들 연구에서 문화는 그저 하나의 독립적인 변수로서 경제나 정치를 대체했을 뿐이었다. 그러나 19세기와 20세기 제국에 나타난 팽창주의의 기원을 하나의 요인으로 축소하는 것은 불가능하다. 마르크스주의적인 제국주의 이론이나 패권정치 모델(power-politics model), 또는 아제국주의자나 '격동하는 변경(turbulent frontier)'에 대한 논의보다 제국의 문화구조에 관한 연구가 다면적인 본질을 더 잘 설명하는 것은 아니다. 시장의 통합, 대중매체의 세계화가 이루어지고 개인이 다양한 가치관에 노출된 시대에 정치적인 고려 없이 경제적인 것만을 고려하거나, 사회적인 면을 생각하지 않고 문화적인 면만 연구하는 것, 또는 국제적인 측면의 언급 없이 국내 요인만 논하는 것은 모두 가능하지 않다. 그러므로 우리는 경제, 정치, 문화, 사회가 어떻게 하나의 단일체로 작동하는지, 그리고 국내 시스템이 어떻게 국제 시스템 속에 통합되는지 살펴볼 필요가 있다. 요컨대 제국주의에 대한 총체적 이론이 필요한 것이다.

총력 제국주의

많은 추상적 개념들이 그렇듯이 제국주의는 명확히 정의하기 어려운 용어이다. 대부분 역사가는 제국주의를 영토의 합병이나 해당 지역 거주민에 대한 타국의 지배, 즉 직접적인 식민지 행정 기구를 설립하여 공식적인 통치를 실행하는 것을 설명하는 용어로 사용하고 있다. 좀 더 다루기 어려운 것은 비공식적인 지배 사례로, 명목상 독립국으로 남아 있으되 다른 나라의 '세력권' 안에 포함된 경우이다. 역사가들은 프랑스가 세네갈을, 또는 영국이 실론을 식민지화한 것이 제국주의적 표출임에 동의한다. 그러나 소련이 동유럽에 영향을 미친 것이나 미국이 인도차이나 반도에 개입한 것을 정확히 '제국주의'로 간주할 수 있는지에 대해서는 논란이 있다. 제국주의에 대한 필자의 정의는 19세기 말에서 20세기 초 일본과 중국의 관계를 기술하기 위해 고안된 것으로, 공식적 또는 직접 지배와 비공식적 또는 간접 통치의 메커니즘을 모두 수용한 것이다. 제국주의적 지배는 피지배 사회가 지배자의 사회에 의해 변화될 뿐만 아니라 그들의 개입에 저항할 능력을 상실하는 것을 의미한다. 예를 들면 중국은 1907년이나 1932년에 일본인을 자국으로 돌아가게 할 수 없었다. 반면 일본은 1890년대에 유럽인 고문들을 쫓아낼 수 있었으며 실제로도 그렇게 했다. 전자는 제국주의로 정의되는 관계였지만 후자는 일본이 유럽의 통제에 어느 정도 독립적이었음을 보여준다.

제국주의가 다른 형태의 영향력과 구별되는 또 하나의 특징은 두 사회 사이에 힘의 차이가 존재한다는 것과 그로 인해 두 사회 사이에 발생하는 개입이 일방적인 패턴을 띤다는 점이다. 이러한 면에서 제국주의는 상호의존과는 다르다. 일본은 중국 동북 지역의 경제, 정치 조건을 구성했던 기본적인 결정에 영향을 미쳤지만, 중국은 일본 정부에 그러한 힘을 행사할 수 없었다. 더욱이 이러한 개입은 공식적인 것과 비공식적인 수단 모두를 통해 이루어졌다. 그러므로 제국주의는 식민주의의 동의어가 아니라 오히려 이를 포함하는 용어이다. 일본은 공식적인 식민지 기구—관동 장관이나 만주국 정부—를 통하거나 비공식적인 통제 수단인 군사 위협, 시장 지배, 협조적인 엘리트의 양성을 통해 중국 동북 지역의 사회생활에 영향을 미쳤다.

마지막으로 과정으로서의 제국주의와 그 결과로 나타난 구조로서의 제국이 어떤 차이가 있는지 언급하고자 한다. 제국주의는 제국을 건설하는 것, 즉 지배관계를 구축하는 과정을 말한다. 반면 제국은 만들어진 것, 즉 지배를 가능케 하고 그것을 재생산하는 구조물을 의미한다. 일본과 만주국에 관한 논의를 함에 있어 제국주의와 제국을 나누어서 보는 방식은 제국주의라고 하는 활발한 과정과 제국이라고 하는 견고한 구조 모두를 포착할 수 있게 하여, 일본의 제국 프로젝트를 두 가지 차원에서 설명할 수 있게 해 준다.

제국주의라는 현상은 역사가 시작된 이래 존재한 것으로, 근세의 제국주의는 16세기 유럽의 탐험으로부터 시작되었다. 이 책에서 나는 19세기와 20세기의 제국주의를 다루었다. 이 시기에 근대성으로 인식되는 특징들은 제국주의라고 하는 과정에 스스로를 각인시키며 필자가 이른바 '총력 제국'이라고 부르는 것을 만들어 냈다. 국민국가, 산업 자본주의, 기타 근대의 여러 혁명적 변화의 출현으로 제국주의는 점점 다차원적이고, 대중을 동원하며, 모든 것을 아우르는 것이 되었다. 게다가 근대성과 제국은 변증법적인 관계로, 근대화는 제국의 성장에 필요한 조건이 되었으며 제국주의 과정은 근대적 삶의 조건을 형성해 주었다. 근대성과 제국 간의 점차 진화해 가는 관계를 이해하려는 시도가 이 책의 이론적인 핵심이다.

국민국가의 탄생이라는 정치 혁명은 근대성과 제국의 관계에서 핵심적인 요소가 되었으며, 이는 19세기 제국주의의 의미를 완전히 바꾸어 놓았다. 신대륙의 직할 식민지나 아시아의 무역회사가 근세 유럽의 절대 군주가 발급한 특허장에 의해 설립되었던 것과 달리, 국가와 민족주의의의 대두는 제국주의를 점차 국민과 국가의 사업으로 만들었다. 실제로 제국주의는 국가 건설과 민족의식의 형성이라는 근대 프로젝트의 핵심이 되었다. 이는 일본과—일본 정부가 자신을 '대일본제국'이라 칭한 것과 청일전쟁에 대한 애국주의적인 대중 반응이 이를 시사한다—세계의 기타 모든 나라에 해당한다. 게다가 국가는 사회의 이익을 대변해야 한다고 헌법에 명시된 이후부터 제국주의는 국가와 사회의 공동과업이 되었다. 정부의 일부, 예컨대 일본 육군이 해외에서 무력행사를 하기 위해서는 사회의 지지를 모을 필요가 있었다. 마찬가지로 제국주의적 야심을 가진 민간단체, 이를테면 일본의 기업은 그들의 계획을 국가가 지지하도록 정부에 압력을 가했다.

이러한 발전은 제국주의적인 민족주의의 출현으로 이어졌으며, 제국 정책은 국가와 사회가 더욱 긴밀해지는 과정에서 탄생했다.

이 모든 과정은 산업 자본주의가 전 세계로 확대되는 가운데 일어났다. 유럽의 산업혁명은 식민지 시장과 세계 경제의 통합을 촉진하여 식민지의 부와 자원을 산업화된 본국으로 가져갔으며 식민지의 산업 자본주의 발전을 방해했다. 일본의 식민지 정책이 만주, 조선, 그리고 일본의 경제 발전을 자극하긴 했지만, 일본은 자국의 산업 생산을 유지하기 위해 식민지의 수출 시장과 값싼 원자재를 이용했다. 산업 자본주의는 본국과 식민지 사회 사이에 새로운 형태의 경제적 결합을 만들어 냈을 뿐 아니라 사회적 제국주의의 출현도 자극했다. 사회적 제국주의란 본국의 산업화로 인해 발생한 사회의 불만과 혼란을 국외로 투사하는 것을 말한다.[8] 일본의 경우 사회적 제국주의는 공장 노동자들의 급진적인 요구를 분산시키고, 산업화의 영향으로 타격을 입은 농촌경제 내 계층 갈등을 완화하는 방식으로 작용했다. 마지막으로 산업 자본주의는 문화의 대량 생산과 상품화, 그리고 우리가 익히 아는 이른바 '대중문화'의 탄생을 가져왔다. 문화의 대량 생산은 대중의 지지를 동원하기 위한 새로운 수단을 탄생시켰으며 이는 제국 프로젝트의 본질을 바꾸었다. 일본이나 기타 여러 국가에서 전쟁열, 황색 저널리즘, 그리고 1901년에 홉슨(J. A. Hobson)이 '징고이즘(jingoism, 맹목적 애국주의)의 심리학'이라고 부른 것은 근대 제국의 익숙한 특징이 되었다.

이처럼 근대성과 결합한 혁명적 변화들은 제국주의 또한 크게 변화시켰다. 나는 이 새로운 제국주의에 '총력(total)'이란 이름을 덧붙였는데, 이를 통해 새로운 제국주의 현상을 묘사하는 동시에 제국주의 연구를 위한 방법론을 제안했다. 이 용어는 절대주의나 전체주의적이라는 뜻이 아니라 '총력전(total war)'과 유사한 의미로 사용되었다. 총력전처럼 총력 제국 역시 국내 전선에서 이루어졌다. 총력 제국은 문화, 군사, 정치, 경제 등 국내 사회의 대중적이고 다차원적인 동원을 수반한다. 총력 제국의 다면적인 특성은 인과성의 문제와도 관련이 있다. 만주국은 다양하고 중첩적이며 상호 강화되는 요인들로 인해 생겨났다. 경제적 요인과 전략적 불가피성, 정치적 과정과 문화적 결정요인, 국내 사회의 영향과 국제사회의 압력 모두가 제국을 앞으로 나아가게 했다. 이러한 다양한 요인 중 어느 하나도 혼자서 제국주의를 설명하거나 결정짓지 못하며, 이들 요인이 서로 시너지 효과 및 연쇄작용을 일으켜야 총력 제국주의에 독특한 힘을 부여할 수 있는 것이다. 이런 의미에서 제국은 중첩 결정적이다. 마지막으로 나는 '총력'이란 용어를 사용하는 것을 통해 일본 사회에 만주국이 끼친 충격이 광범위하고 포괄적이었음을 전달하고자 한다. 만주에서의 제국 건설 과정은 1930년대 대다수 일본인의 삶에 어떤 방식으로든 영향을 미쳤다.

다만 모든 근대 제국이 이러한 방식의 총력 제국이었다고 말하는 것은 아니다. 모든 해외의 이해관계가 있는 지역은 그것이 공식적 식민지이든 비공식적 세력권이든지 간에 총력 제국이 될 수 있는 잠재력을 가지고 있었으나 그렇다고 모두가 그러한 방향으로 발전하진 않았다. 필자의 정의에 따르면 프랑스령 알제리나 영국령 인도는 거의 확실히 총력 제국이라고 할 수 있으며 아마도 다른 경우들도 마찬가지일 것이다. 그러나 신중한 비교를 통한 연구가 이루어지지 않는다면 섣불리 총력 제국의 분류를 시도하거나, 총력 제국을 낳는 보편적인 역사 국면에 대한 세밀한 가설을 세우는 것은 무모한 일이 될 것이다. 일본의 경우 일부 제국 프로젝트는 다른 것보다 더 중요했으며, 남양군도, 대만, 조선에 대한 제국의 이해관계는 시기에 따라 각기 다른 의미로 나타났다. 일본의 경험은 국민국가가 한 번에 하나의 총력 제국을 건설함을 시사한다. 1930년대 만주국이 등장하기 전에는

1890년대와 1900년대 초의 조선만이 '총력'이라는 수식어를 붙일 수 있을 만큼 일본 국내 사회와 깊숙이 연결되어 있었다.[9]

이상의 논의를 바탕으로 분석해 볼 때, 만주국은 총력 제국이라고 할 수 있다. 이 책은 중첩적인 원인과 다차원적인 측면을 갖고 있으며 모든 것을 포괄하고 결국에는 모든 것을 집어삼킨 만주국이라는 제국의 건설 과정을 이야기하고 있다.

일본 안의 만주국

이 이야기는 무엇보다도 제국주의적 관계에 대한 것이다. 제국주의는 점점 더 복잡한 연결망으로 제국과 본국을 엮어나갔다. 군사 점령이 하나의 연결망을 만들면 경제 개발은 또 다른 연결망을 만들었다. 일본 이주자들이 만든 연결망은 이 두 가지와 다시 얽혔다. 만주 생명선을 지키기 위해 싸운 병사, 만주국 개발을 위해 사용될 시멘트 선적물, 새로운 지상낙원에 정착한 소작농 하나하나가 더해져 만주국을 만들었다. 연결망이 확대되면서 일본과 만주국은 한 몸과 같이 되었고 이윽고 만주국이 감기에 걸리면 일본은 재채기를 하는 지경에 이르렀다. 1930년대 말과 1940년대에 발생한 인플레이션의 영향이나 1942년에서 1943년 사이 만철에서 시작된 일본인 공산주의자에 대한 체포 물결처럼, 이러한 재채기는 종종 일본 사회에 예측하지 못한 변화를 가져왔다. 이런 의미에서 총력 제국의 건설은 변증법적인 과정이었으며 시간이 지남에 따라 이러한 과정은 더욱 만주국 안에 더 많은 일본을, 일본 안에 더 많은 만주국을 남기는 결과를 가져왔다.

이 책은 변증법적 관계 중 후자, 즉 일본 안의 만주국에 초점을 맞추었다. 즉 만주국과 일본의 일상적인 삶—지역 정치, 학교, 또는 아침 뉴스—

에 교차점이 증가하는 것을 중심으로 일본 국내에서의 제국 건설 과정을 다룰 것이다. 이와 같은 빈번한 접촉은 새로운 제국을 자연스러운 것으로 느껴지게 했다. 1930년대를 거치면서 만주국은 다른 일상적인 풍경처럼 평범하고 흔한 것이 되었다. 전쟁으로 시작된 제국은 하나의 생활방식으로 발전했다.

이를 설명하면서 나는 일본인의 눈을 통해 제국주의를 바라보았다. 다른 제국 건설자와 마찬가지로 만주국에 대한 일본인의 시각은 기본적으로 자기중심적이었다. 중국 동북 지역의 중국인과 조선인 거주자들이 일본의 점령에 대해 각자 나름의 시각을 갖고 있었음에도 이것이 일본인의 의식 속까지 침투하는 경우는 매우 드물었다. 대신 일본은 중국의 행동을 그들 자신의 제국주의 이데올로기에 맞추어 해석했다. 그들은 중국의 군사 저항을 도적질로, 중국 남부 지방민의 대규모 이주를 일본식 질서와 정의를 바라는 신호로 왜곡했다. 그러나 일본의 제국주의 서사에서 아시아의 타자가 왜곡되어 나타난 것보다 더 주목할 만한 사실은, 이들 아시아인의 존재가 아예 지워지는 일 또한 빈번했다는 점이다. 일본이 만주사변을 극화할 때 적으로서의 중국인은 보통 무대 밖을 맴도는 얼굴 없는 위협일 뿐이었다. 만주국의 위생적인 신도시를 묘사하는 경우에도 도시의 중국인은 눈에 띄지 않는다. 만주의 농촌 지역은 일본인의 정착을 기다리고 있는 텅 비고 드넓은 변경으로 그려진다. 상상 속의 만주국 풍경에서 인구가 적게 느껴지는 것은 일본과 피지배국 사이에 존재하는 힘의 불균형을 표현한 것이었다. 만주국에 거주하는 중국인이나 조선인 모두 그들의 힘을 일본 본토에 행사할 수 있는 통로를 갖고 있지 않았으며, 일본제국주의 서사에 그들 자신을 온전히 녹일 수 있는 수단도 없었다. 그렇다고 일본제국의 지배를 받은 아시아인이 역사의 주체적 행위자가 아니라는 것은 아니다. 중국인이나 조선인이 일본에 협력하든 저항하든, 그들의 선택은 일본이 건설한 총력 제국의 모습에 영향을 미쳤다. 이들의 이야기는 일본에 대한 것만큼 매우 복잡하고 모순적이다. 그러나 일반적으로 피식민지민이 일본 국내에서의 만주국 건설에 참여하진 않았기 때문에, 이 책에서 주된 고찰의 대상으로 삼지는 않았다.

제국의 대리인

만주국을 건설한 이들은 다양한 배경을 지니고 있었다. 제국에 대한 각자의 비전을 가진 우익 장교와 혁신 관료, 그리고 좌우익 혁명가들은 한때 서로의 반대편에 서 있었지만, 곧 동지가 되었다. 우익 범아시아주의자 오카와 슈메이(大川周明), 일본의 가장 유명한 반전 시인 요사노 아키코(与謝野晶子), 좌익 혁명가이자 코민테른의 스파이였던 오자키 호쓰미(尾崎秀実), 잔인한 헌병장교 아마카스 마사히코(甘粕正彦) 등을 제국주의자라는 범주 아래하나로 묶을 수 있다고 생각하기는 쉽지 않다. 그러나 이들 모두, 그리고이 외에도 다른 많은 사람들이 만주국이란 꿈을 공유하며 그 꿈을 현실로만들기 위해 서로 협력했다.

그렇다고 해서 이들이 만주국의 미래에 대해 동일한 비전을 품은 것은아니다. 오히려 어떤 이의 생각은 상대방에게 이상하게 보이는 경우가 많았다. 지식인들은 만주국의 새로운 식민지 도시에서 유토피아를 발견했던반면, 농촌개혁가들은 만주국의 농촌에서 낙원을 꿈꿨다. 사업가들은 만주국을 흔들리는 자본주의 경제의 해결책이라 생각했지만, 급진적인 육군 장교들은 만주국을 자본주의를 전복할 수단으로 바라보았다. 상반된 비전과그것이 대표하는 정치, 사회적 갈등은 만주국의 이야기에서 매우 중요한 부분을 차지한다. 제국 건설을 반대하는 목소리는 때때로 침묵을 강요받거나 그대로 묻혀버리곤 했지만, 그보다는 회유되는 경우가 더 많았다. 새로운 제국이 그들에게 무언가를 제공해 줄 수 있다는 설득은, 1920년대에 중국 동북 지역에서 일본의 영향력을 확대하는 것에 무관심하거나 심지어 반대했던 그룹들까지도 1930년대에는 만주국 건설에 합류하도록 만들었다.

요컨대 제국 건설은 공동의 프로젝트였다. 만주국의 건설이 정교하고 복잡해짐에 따라 국내 자원의 동원은 더욱 극심해졌으며 점점 더 포괄적으로 일본 사회를 끌어들였다. 군사 점령이 진행되는 동안 만주 정책은 정부 내 각 관료와 지역 정당 정치인 모두의 관심을 끌었다. 상공회의소와 노동조합은 만주 개발의 지분을 두고 열정적인 로비 활동을 벌였다. 만주 개척이민에는 소작농, 지주, 남성, 여성, 그리고 아이들까지 동원되었다. 위로부터의 동원이든, 아래로부터의 동원이든 제국의 대리인은 일본 사회 전체를 만주국 건설에 참여시키려 했다.

만주국에 대한 대중의 지지를 동원하기 위해 제국주의 활동가들은 이미 존재하는 조직을 이용하기도 하고 새로운 조직을 만들기도 했다. 이 책의 많은 부분은 학교, 군대, 정당, 대중매체와 기타 사회, 문화, 경제, 정치 단체에 주목함으로써 이들이 제국 건설을 위한 수단으로 만들어지고 재편성되는 방식을 보여주고 있다. 1930년대 초 전쟁열을 전파한 대중매체나 새로운 제국에 중공업 산업을 건설할 엔지니어를 모집한 학술기관, 만주 평원에 수십 만 명의 일본 농민을 정착시키고자 한 정부기관들을 보더라도, 이들 다양한 단체들이 제국 건설을 위한 지속적인 동원에 일정한 역할을 수행했음을 알 수 있다.

이처럼 다양한 제국의 대리인이 남긴 문서들은 역사가들이 습관적으로 검토하는 만주국 정부 문서나 주요 정치가들에 대한 기록들 너머를 보여준다. 그러나 정부 정책 문서와는 달리 시민 사회와 관련된 자료는 여기저기 흩어져 있다. 한 관료가 다른 관료에게 보낸 편지를 읽어보면 정책 결정 뒤편에 있는 생각을 알 수 있지만, 제국의 일반 대중이 갖고 있던 생각들은 어떻게 추적할 수 있을까? 최대한 폭넓은 시각을 갖기 위해 나는 본서에서 다양한 방면의 사료, 즉 대중잡지, 통속 소설, 상공회의소 기록, 군부나 식민지 관련 부처에서 발행한 선전 팸플릿, 헌병대 보고서 등에 나타난 만주국에 관한 생각을 탐구했다. 또한 만주사변과 전쟁 지원 운동이 지역 정치에 미친 영향을 파악하기 위해 일본 전역의 시현사(市縣史)를 열람했다. 만주 개발의 이미지를 퍼뜨리기 위한 수단이었던 대륙 여행의 중요성을 인식하여 여행기, 여행 관련 회사의 역사, 여행안내서, 그리고 지도, 엽서, 기념품 등 기타 잡다한 자료들도 살펴보았다. 또한 나는 제국농회(帝國農會), 농림성(農林省), 만주이주협회(滿洲移住協會)에서 발간한 수많은 촌락 연구를 분석했다. 이러한 연구는 만주 이주민의 역사와 이들의 이주가 고향 마을에 미친 영향에 대한 상세한 정보를 제공해 주었다. 이와 같은 자료들을 이용하여 새로운 제국을 건설한 일본 국민의 시각에서 만주국의 이야기를 서술해 보고자 한다.

문화와 제국주의

만주국이라는 제국의 건설은 대부분 상상의 영역에서 이루어졌다. 제국 프로젝트는 만주국에 대한 세 가지 각기 다른 상상의 산물을 만들었는데, 그것은 군사 점령, 경제 개발, 그리고 개척이민으로 제국이 확장됨에 따라 변화한 문화적 구조물이었다. 일본 국민은 처음에는 만주국을 전쟁터로 인식했다가 나중에는 다양한 경제 혁신 계획과 결부시켜 생각했으며, 마지막으로는 광활한 변경의 강인한 개척자를 상상했다. 일본 본토의 사람들에게 이러한 제국의 이미지는 바다 건너 존재하는 실체만큼 실재적인 것이었다. 다시 말해 대부분의 일본인이 만주국을 경험하는 주된 매개체는 대중문화에서 접한 관념과 상징이었다.

이 책에서는 상상 속 제국의 지형을 그려내기 위해 문화를 다음의 세 가지 방식으로 개념화했다. 첫째, 만주국에 대한 정부의 계획과 민간의 계획을 분리한 것처럼, 제국주의 문화 역시 정부 선전기관을 통해 전파된 공식적인 문화와 대중매체를 통해 전파된 대중적인 문화로 구분했다. 둘째, 만주국에 대한 관념을 1930년대라는 특정한 시대적 배경 안에 두고 살펴봄으로써 문화를 하나의 역사적 구조로서 이해했다. 이는 관념, 현실, 심지어 전통조차 영원히 변치 않는 과거로부터의 유산이 아닌, 특정한 역사적 흐름 안에서 발명된 것임을 표현한 것이다. 마지막으로 만주국을 일본 제국주의라는 더 큰 역사적 맥락 안에 두기 위해, 그리고 만주국 건설을 위한 계획들이 어떻게 과거와 단절되면서도 또다시 되풀이되었는지를 이해하기 위해 나는 문화를 하나의 과정으로 바라볼 것이다. 만주국에 대한 관념은 어디서 갑자기 완성된 형태로 나타난 것이 아니라 문화적 발명과 재발명의 과정을 거치며 진화한 것이다. 즉 일본인들은 50여 년 동안 제국을 건설하면서 축적된 문화 위에 새로운 제국주의 정책을 만드는 방식으로 만주국을 상상하고 다시 상상했다.

이러한 세 가지 점 모두에서 제국의 문화는 경제, 사회, 군사, 정치 영역과 교차했다. 미국학 연구자 리차드 슬로트킨(Richard Slotkin)은 "문화사 연구자는 의미의 변화를 역사적인 시각에서 구성하려고 하며 상징의 창조와 해석, 상상력의 현실 투사와 같은 활동이 어떻게 지속적으로 사회적 실체로 나아가는 정치적, 물질적 과정과 맞물려 있는지 보여주려고 노력한다"[10]

는 말을 통해 이를 잘 설명했다. 이는 사회적 실체가 상상을 만들어 낼 뿐만 아니라 그 반대이기도 함을 지적한 것이다. 경제에 관한 관념은 그 구조를 만들어 내며, 정치적 의견은 새로운 계획과 관료제로 제도화되고, 군국주의는 군의 행보를 결정하는 데 영향을 준다. 만주국이라는 맥락에서 관념과 제도 사이의 변증법적인 관계는 제국의 꿈과 현실을 뒤섞어 놓았다.

지금부터는 관점을 바꿔 만주국에서의 총력 제국에 대해 이야기해보겠다. 나는 2장에서 일본이 중국 동북 지역으로 진군한 역사를 국제적인 시각에서 서술함으로써 만주국을 일본의 식민지 제국이라는 보다 큰 역사적 맥락 안에 두고자 한다. 이 장에서는 동아시아에서 나타난 일본 팽창의 필연성을 추적하며 '만주국이 1930년대 일본제국에서 가장 주목할 만한 존재가 된 이유는 무엇인가'라는 질문에 답하기 위한 국제적 맥락을 살펴볼 것이다. 3장에서 9장까지는 본 연구의 중심으로 만주국에서 이루어진 제국 프로젝트의 세 가지 측면, 즉 군사적 지배, 경제 개발, 개척이민을 위한 국내 자원이 동원되는 과정에 초점을 맞추고 있다.

분수령이 되었던 1931년의 만주사변에 대한 논의를 시작으로 2부(3장과 4장)에서는 1930년대 새로운 군사적 제국주의 뒤에 있던 일본 내 세력을 사회적, 정치적 관점에서 설명했다. 왜 만주사변은 일본 제국주의의 전환점이 되었는가? 그리고 그것은 일본 본국에 있는 사람들에게 무엇을 의미했는가? 내가 찾은 대답은 새로운 제국주의의 대중화가 대중문화와 대중정치조직의 성장과 관련되어 있다는 것이다.

3부(5장과 6장)에서는 1930년대 중반 제국의 팽창을 가능하게 한 경제적 수단의 전환에 따라 식민지 개발 과정에서 이루어진 급진적 실험을 이야기하고자 한다. 여기서는 두 주요 중산계층인 경제인과 지식인의 동원에 초점을 맞추었다. 괴뢰국가 만주국의 군 정책을 신뢰하지 않았음에도, 이들

　　　　　　　　　　　　　　　　　　　　　제1부: 총력 제국의 건설

은 모두 만주국 개발에 필요한 막대한 자원을 공급하는 데 중요한 역할을 했다. 다양한 그룹이 새로운 제국에 투사한 희망과 두려움을 살펴봄으로써, 예상 밖의 동맹자들이 함께할 수 있었던 배경에는 이들이 만주국의 유토피아적인 잠재력에 대한 비전을 공유했기 때문이었음을 밝히려 한다.

4부(7장부터 9장)에서는 1930년대에 만주 개척이민이 어떻게 전 국가적인 사회운동이자 주요 정부 정책으로 발전했는지 설명했다. 여기에서 나는 산업 자본주의로 인해 일본 농촌에 발생한 사회적 위기를 해결하는 방법으로 농촌의 사회적 제국주의—일본의 빈농을 만주에 정착시키는 것에 대한 광범위한 지지—가 출현하는 과정을 추적했다. 만주를 통해 농촌 문제를 해결하려는 움직임은 정부 안팎의 개혁주의자에 의해 열정적으로 추진되었다. 이들이 개척이민운동에 참여하면서 국가, 사회, 그리고 제국 사이에 새로운 관계가 만들어졌다. 사회 관리 기술을 시험해 보고자 한 중앙정부 관료와 건강한 농촌사회를 위해 정부에 더욱 큰 책임을 요구하던 농촌 활동가들은 만주 개척이민을 통해 농촌사회에 대한 국가 개입과 제국에 대한 농촌의 참여를 더욱 강화할 수 있었다.

전체적으로 나는 본서에서 부유층과 빈민, 관료와 일반 시민, 도시민과 농촌 거주자들이 만주국을 건설하기 위해 기울인 노력을 묘사했다. 이 책은 주로 일본 국내에서 벌어진 일을 다루고 있지만 우선 제국에 대한 설명으로 그 이야기를 시작하려 한다. 1931년 관동군이 만주사변을 일으킨 것은 당시의 국제적 압력 때문이었으며, 이 사건 이후 과거와 급격한 단절을 보인 영역도 바로 외교정책 분야였기 때문이다.

2장

왕관의 보석:
만주국의 국제적 맥락

1930년대 중국 동북 지역에 대한 일본의 팽창은 일본, 아시아 태평양 지역의 제국주의 경쟁자들, 그리고 그들이 지배하려 한 민족들로 이루어진 복잡한 제국주의 구도의 일부였다. 정부와 지역 사회 모두 제국주의 사업에 참여했으며, 제국으로 나아가는 과정은 개인 또는 개인이 행동할 수 있도록 하는 여러 제도적 구조 안에서 결정되었다. 한 가지 예를 들면, 만주국의 건설에 중요한 역할을 했던 관동군 장교들은 다양한 틀 안에서 활동했다. 제도적으로 그들은 식민지 주둔군 내의 직위를 갖고 있었는데, 이는 육군 조직의 일부이자 더 나아가 일본 정부의 일부이기도 했다. 또한 중국 동북 지역에서 장교들은 만주 거류 일본인 사회의 일부였으며, 이들은 더 큰 범주인 식민지 엘리트 집단의 한 구성원이었다. 국제 정세에 따라 관동군 장교들과 중국 내 다른 세력 간의 상호관계가 결정되었으며, 이는 중국에 있던 서양인과의 관계에서도 마찬가지였다. 그런 의미에서 관동군 장교들의 제국주의적인 개입의 결과는 하나의 방정식만으로는 계산될 수 없으며 관료 정치, 중국인 부역자와의 협력 정치, 그리고 제국주의 외교까지 염두에 두고 좀 더 복잡한 계산이 필요했다. 이것이 만주 정세를 뒤덮고 있던 세력 구도였으며, 그 계산에 따라 제국의 지형이 결정되었다.

그러나 이 세력 구도는 고정적인 것이 아니었다. 제국의 공간적 규모는 시간에 따라 변화했고, 그 변화에는 타당한, 심지어는 논리적으로 필연적인 이유가 있었다. 만주국의 건국은 이러한 논리의 일부였으며, 그러므로 이는 일본 제국주의 연대기 안에서 특정한 단계를 차지한다. 1931년 중국 동북 지역에서 새로운 군사적 제국주의가 시작된 것은 일본 제국에게 하나의 전환점이 되었다. 이후 일본은 만주국을 제국의 '중앙 장식(centerpiece)'으로 삼아 일본제국이라는 왕관의 보석으로 만들었다. '1931년에 새로운 유형의 제국주의가 시작된 이유는 무엇인가'라는 질문은 내가 이 책에서 반복해서 다룰 복잡한 문제이다. 이 장에서 나는 일본의 정책에 대한 외부의 압력, 특히 중국의 민족주의 운동이라는 도전에 일본과 일본의 제국주의 경쟁 국가들이 대응한 방식에 초점을 맞추어 그에 대한 대답을 하려 한다. 제국주의의 진행 단계와 관련하여 '만주국에서 나타난 새로운 제국주의의 성격을 어떻게 정의할 수 있는가? 그리고 이는 이전 단계와는 어떻게 구분되는가?'라고 조금 다르게 질문할 수도 있다. 이 질문에 대답하기 위해서는 일본이 만주국의 성격을 어떻게 규정했는지에 대해 주목할 필요가 있다. 일본은 만주국이 서양에 홀로 맞섰기에 서양의 영향에 대해 '자주적'이며, 새로운 유형의 식민지 국가를 탄생시켜 중국 민족주의의 도전을 포용했기에 식민지 주민에게 접근하는 방식에 있어 '혁명적'이었다고 묘사했다.

새로운 제국주의를 일본과 서양 간의 관계, 그리고 일본과 아시아 간의 관계라는 측면에서 동시에 정의하는 것은 일본 제국주의 역사에서 지속적으로 반복되었던 이원론적 관계를 잘 보여준다. 1870~80년대 일본의 팽창주의가 시작된 이래 제국 건설은 몇 가지 뚜렷한 단계를 거쳤으며, 각 단계는 이와 같은 이원론적 구조가 변화하는 것에 의해 정의되었다. 즉 제국 건설의 각 단계는 한편으로는 일본과 구미 사이의 관계가 제국주의적 야심의 대상에서 제국의 라이벌이자 적대국으로 옮겨가는 중대한 전환을 보여준다. 또 다른 한편으로는 전 단계에서 식민지 대상과의 경험이 축적되고 새로운 문화 형태의 식민지 자본을 습득하면 이를 다음 단계에서 활용하는 양상을 보여주기도 한다. 제국주의 외교와 식민지 통치 기술로부터 얻은 풍부한 경험에 의해 축적된 지식은 만주국 건설의 토대가 되었다. 이러한 이유에서 '왕관의 보석'에 대한 이야기는 새로운 제국주의와 이전의 제국주의를 구분하기 위해 만주국의 건설이 시작되는 시점으로 돌아갈 필요가 있다.

제국의 시작

일본의 중국 동북 지역에 대한 첫 번째 영향력 행사는 일본제국의 역사에서 중요한 전환점이 되었다. 청일전쟁(1894~1895)과 러일전쟁(1904~1905)에서 얻은 승리는 일본을 세계 강대국 중 하나로 자리매김했다. 비슷한 시기에 맺은 1894년의 새로운 통상조약들과 1902년의 영일동맹은 일본이 평등한 조건으로 서양 국가 사이에 합류했음을 알리는 신호탄이었다. 1853년 미국의 포함외교로 불평등조약—이로 인해 중국은 유럽의 반식민지로 전락했다—을 수용했던 일본 입장에서 이는 엄청난 진전이었다. 중국의 굴욕이라는 망령은 일본이 자기방어를 위해 해외로 팽창해야 한다는 강력한 동기를 제공했다.

그러나 일본의 제국주의로의 전환은 서양의 압력에 대한 단순한 반응 이상의 것이었다. 팽창주의는 19세기 중반의 사회정치적 격변에서 비롯된 것으로 아시아에 대한 정교한 담론에 기반을 두었다.[1] 내외부의 요인이 합쳐지면서 이는 1970~80년대 일본을 일찌감치 제국주의의 길로 나아가도록 이끌었다. 미국 및 유럽과의 통상으로 국내 산업이 큰 타격을 입는 동안, 일본 정치인들은 유럽의 국제법을 이용해 에조(현재의 홋카이도), 쿠릴 열도, 류큐(오키나와), 보닌 제도에 대한 권리를 주장하며 영토를 확장했다. 일본 정부는 1874년 타이완에 원정군을 파견했으며, 1876년에는 인천에 군대와 군함을 보내 조선이 일본과 통상조약을 맺도록 강요했다. 이는 비록 성공적이지는 못했지만, 일본이 자국의 불평등조약을 개정하기 위해 유럽 외교관에게 로비를 벌이는 와중에 일어난 일이었다. 이렇게 일본은 제국주의의 총구 아래에서 근대 제국주의 국가로서의 활동을 시작했으며 스스로 침략자가 됨으로써 침략자들에게서 벗어났다.

일본제국의 건설자들은 먼저 조선을 향해 그 총칼을 겨누었다. 메이지 정부의 공식 담론에서, 조선 조정에 대한 정치 간섭 및 점차 격화되는 청과의 영향력 다툼은 아시아에 대한 새로운 접근 방식을 보여준다. 이는 구시대의 유교적 관념과 근대 서구의 국제관계 개념을 결합한 것이었다. 유교적 가족 관념 속에서 아시아 국가의 가장(家長) 역할을 했던 중국을 대신하여, 일본은 자신이 최근 지나온 서구식 근대화, 문명화, 계몽의 길로 어린 아시아 형제들을 인도할 특권을 가졌다고 주장했다. 군사 지정학적인 관점에서 보면, 한반도를 확보하는 것은 전략적으로 반드시 필요한 일이었다. 한반도는 '일본의 심장을 겨누는 단검'이라고 은유적으로 표현되었다. 약육강식의 국제 질서 속에서, 일본은 '식탁에 초대받은 손님'으로 서구 국가에 합류하지 못하면 청이나 조선과 함께 연회장에 차려진 요리가 될 것이 분명했다.[2] 이러한 것들이 제국 형성기에 나타난 제국의 사명이라는 서사였으며, 이는 한반도를 지배하려는 야심에 의해 만들어졌다. 그리고 이 사명이 바로 한반도에서 제국을 추구하던 일본을 중국 동북 지역으로 이끌었다.

　동삼성(東三省), 혹은 줄여서 동북(東北)이라고도 불리는 만주 지역에 거점을 마련하려는 욕망은 1880년대 초부터 일본 군부 내에서 대두되었다.[3] 한반도에 대한 지배가 일본 본토를 방어하기 위해 필요했다면, 만주의 전략적 거점인 요동반도는 한반도를 확보하는 데 필요한 곳이었다. 조선을 둘러싼 청과 일본의 경쟁으로 인해 발발한 1894년의 전쟁에서 일본이 승리를 거두자, 군부는 평화 조약의 조건으로 요동반도의 조차를 요구했다. 그러나 이 지역의 지배를 둘러싸고 새롭게 등장한 경쟁자는 일본의 만주에 대한 권리를 빼앗았으며, 곧 한반도 내 일본의 지위마저 위협했다. 프랑스와 독일의 지지를 얻은 러시아는 1895년의 삼국간섭을 통해 일본이 요동반도를 청에게 반환하도록 강요했다. 1898년 재빨리 요동반도 조차협정을 맺은 러시아는 만주에서 확보한 새로운 세력권에 막대한 투자를 했으며 한반도에도 영향력을 미치기 시작했다. 긴장은 점차 고조되었고 마침내 전쟁이 발발했다. 이는 조선을 둘러싼 일본의 두 번째 제국주의 경쟁이었다. 다시 한번 전쟁에서 승리한 일본은 조선이 일본의 보호국임을 선언했으며 남만주에서의 러시아의 이권도 차지했다. 훗날 러일전쟁이 만주를 두고 싸운 것이라 이야기되었음에도, 이 전쟁의 가장 중요한 목표이자 진정한 전리품은 한반도였다. 사실 군부와는 달리 일본 정부는 만주에 큰 관심이 없었으며, 1905년 러시아로부터 얻은 만주에 대한 권리를 미국의 철도왕에게 팔 것인지를 두고 진지한 논쟁이 벌어지기도 했다. 물론 일본 정부는 만주를 그대로 보유하기로 결정했다. 그러나 우리가 기억해야 할 점은, 처음에 중국 동북 지역에 대한 일본의 관심은 일본제국의 가장 훌륭한 성과인 한반도에 의해 가려져 있었다는 것이다.[4]

외교적 지위와 군사력에 대한 평판이 높아지고 식민지가 늘어나면서 일본제국의 역사는 새로운 전기를 맞이했다. 일본제국 발전의 두 번째 단계에서 일본은 중국 동북 지역에 세력권을 형성했다. 공식적인 것과 비공식적인 요소의 혼재는 만주에 건설된 초창기 일본제국의 두 얼굴을 보여준다.[5] 1905년의 포츠머스 강화조약은 일찍이 1898년 중국이 러시아에 양도한 남만주에서의 모든 권리와 이권을 일본에게 넘겨주었다. 여기에 포함된 것으로는 우선 러시아가 얻었던 요동반도에 대한 25년간의 조차권 중 남은 기간의 권리가 있었다. 일본은 이 지역을 관동주(關東州)라고 명명했으며 여기에는 다롄(大連)항과 뤼순(旅順) 해군기지가 포함되어 있었다. 두 번째는 러시아가 건설한 동청철도(東淸鐵道)의 남쪽 지선, 즉 창춘(長春)에서 뤼순까지의 철도에 대한 경영권이었다. 일본은 이를 남만주철도(줄여서 만철)라 명명했다. 그리고 마지막으로 철도 노선 양면에 인접한 좁은 지역과 주요 역 주변에 건설한 신시가지로 구성된 철도 부속지에 대한 권리가 있었다. 포츠머스 조약의 결과 관동주와 만철 주요 역에 설정된 부속지는 점차 성장하는 일본제국의 일부이자 공식적인 관리가 이루어지던 실질적 식민지가 되었다. 그러나 나머지 만주 지역은 여전히 중국 정부의 관할구역으로 남아 있었으며 일본의 영향력은 비공식적이었고 간접적이었다. 이러한 상황 속에서 일본은 이권을 확대하기 위해 협박과 뇌물을 적절히 사용하여 중국의 지방 관리로부터 더 많은 양보를 얻어내려 했다. 중요한 점은 이러한 협상이 단순히 일본과 중국 사이의 문제가 아니라 중국을 둘러싼 복잡한 다자 외교와 얽혀 있었다는 것이다.

중국에서의 제국주의 외교는 중국 국내 정치와 유럽 국가들 간의 경쟁이 복잡하게 얽힌 양상을 띠었다. 20세기 초 미국과 일본이 제국주의 무대에 합류하고, 러시아와 중국에서 혁명이 일어나며, 제1차 세계대전이 발발하자 상황은 다시 변화했다. 19세기 중반 불평등조약 체제의 수립부터 1890년대 말 '중국의 분할'로 세력권을 형성하는 데에 이르기까지, 유럽 열강은 중국으로부터 공동의 이익을 얻어내기 위해 서로 힘을 합쳤다.[6] 그러나 이러한 협력의 이면에서는 각국의 통상 경쟁이 치열하게 벌어졌으며, 유럽 국가들은 경쟁국의 움직임을 의심의 눈초리로 주의 깊게 살피곤 했다.

제국주의의 압력으로 중국 국내의 정치적 위기가 고조되면서, 1911년 청조가 무너지고 중화민국이 수립되었다. 그러나 청이 멸망했다고 해서 외국의 침략이 멈추거나 국내의 정치 불안이 줄어든 것은 아니었다. 오히려 반대로 국내외의 압력은 혁명 이후 더욱 강화되었다. 중국의 지도자가 나타났다 사라지길 반복하고 정부가 여러 도시를 떠돌면서 중국은 군사적, 정치적 혼란 속으로 빠져들었다. 1915년에서 1922년 사이 지방 군벌들은 10여 차례의 내전을 일으켰으며, 중국의 정치 지형은 계속하여 변화했다. 이처럼 변화무쌍한 정치 상황을 일본은 점차 계산적인 시선으로 바라보았다. 수출 확대의 중요성을 깨달은 일본의 관료 집단은, 거대한 시장과 막대한 상업적 기회를 가진 중국이 차세대 개척지가 될 수 있다고 주장했다.[7] 한반도에서의 일본의 지위가 1910년의 한일합병으로 공고해지자, 이제 일본은 중국의 일부를 차지하기 위해 서구 경쟁국을 대상으로 외교적 책략을 꾸미는 일에 몰두했다.

삼국간섭의 경험을 통해 외교적 고립의 위험성을 깨달은 일본의 정책 입안자들은 자국의 영토 확장에 대한 지지를 얻기 위해 유럽 열강 사이의 경쟁을 이용하는 전략을 발전시켰다. 1902년의 영일동맹은 이러한 전략이 처음으로 적용된 성공적인 사례였다. 영국은 중국에서 러시아의 팽창을 저지하려 했다. 프랑스의 중립을 약속받은 뒤, 영국은 일본이 동맹을 위해 러시아를 견제하도록 장려했다. 아시아에서 영국의 이익에 부합하는 정책을

  제1부: 총력 제국의 건설

펼친 것은 일본에도 많은 도움이 되었다. 영일동맹은 일본이 러시아에 승리하기 위해 필수적이었으며, 1차 세계대전 중 일본이 독일의 아시아 거점을 획득하는 데도 도움이 되었다. 1차 세계대전의 영향으로 유럽 열강이 중국에서 물러나자, 일본은 중국 정부에게 동북 지역 내 일본의 조차 기한 연장과 산둥에서의 독일 이권 이전, 그리고 일본이 중국에서 갖는 '특수한 이해관계'라고 일컬어지는 기타 권리에 대한 내용이 담긴 21개조 요구를 수용하라며 압력을 가했다. 전쟁이 끝나면서 일방적인 행동을 할 기회는 사라졌지만, 1922년 워싱턴 회의에서 마련된 새로운 합의에 따라 일본은 중국에 대한 제국주의 국가의 공동 전선에 합류했다. 돌이켜보면 일본제국은 삼국간섭 이래로 많은 발전을 이루었다. 대영제국에 비하면 미숙한 후발주자였던 일본은 유럽의 정치적 폭풍 속에서 바람을 타는 법을 배웠으며, 중국과의 특수 관계는 제국주의 외교무대에서 합법적인 용인을 얻음으로써 더욱 공고해졌다.[8]

　일본의 외교정책 입안자들이 대중국 외교에 몰두하고 있는 동안, 새로이 등장한 제국주의 행정가 그룹은 점점 늘어나던 식민지 영토의 개발에 관심을 가졌다. 타이완(1895년 할양), 남사할린(일본명 가라후토, 1905년 병합), 관동주(1905년 조차), 조선(1905년 보호국화, 1910년 합병), 남양군도(1914년 점령, 1919년 국제연맹이 통치를 위탁)에 식민지 지배 기구를 설립함으로써, 메이지 정부의 아시아 담론에서 막연하게 그려졌을 뿐이었던 일본제국은 현실로 나타나 경험적 뿌리를 단단히 내렸다.[9] 일본은 다양한 아시아 사회를 지배하면서 정치권력을 집중시키고 경제적 이익을 얻으며 일본이 강요하는 정치, 경제 질서에 대한 저항을 억누르고자 새로운 제도들로 이루어진 네트워크를 구축했다. 첫 번째 목적을 위해 일본인 통치자들은 행정권, 사법권, 입법권을 모두 행사할 수 있는 강력한 총독부를 설치했다. 총독의 권력을 뒷받침해 주었던 것은 상당한 규모의 주둔군으로 조선에 두 개 사단, 관동주에 한 개 사단, 그리고 타이완에 여러 개의 연대가 주둔하고 있었다. 특히 조선과 관동주의 주둔군은 다른 군대와 구별되는 독특한 소속감을 지닌 제국의 숙련된 군대로 발전했다.

식민지 체제에서 수익을 얻기 위해 일본 당국은 조선은행이나 대만은행 같은 금융기관을 설립하여 화폐 시스템을 통제하고 식민지 무역과 투자에 자금을 지원하게 했다. 식민지 병합 당시 농업이 지배적인 위치를 차지했던 이들 지역에서 착취를 용이하게 할 수 있도록 일본은 만철이나 동양척식주식회사(東洋拓殖株式會社)와 같은 반관반민(半官半民) 회사를 설립했다. 이들 회사는 토지소유관계를 재편했으며 일본인에게 대규모의 토지가 이전되는 것을 감독했다. 또한 농업의 상업화를 촉진했으며, 타이완의 사탕수수나 조선의 쌀, 관동주의 대두(大豆) 등 수익성이 높은 수출용 작물을 생산하도록 유도했다.

식민지 국가의 정치, 경제 기구와 토착 사회 사이에는 식민지 경찰이 자리하고 있었다. 일제 식민지 행정의 말단에서 이들은 다양한 임무를 수행했다. 일반적인 경찰 업무 외에도 이들은 세금을 징수하고 도로 공사를 위한 노동력을 동원했다. 또 토지 매입을 감독하고 소작계약을 강제했으며 학교에서 교육을 담당하기도 했다. 이러한 모든 기능을 수행하기 위해 일본은 거대한 식민지 경찰조직을 만들었다. 예컨대 조선과 타이완의 경찰은 네 단계의 행정 체계를 통해 운용되었다. 이러한 구조를 바탕으로 일제는 1926년 조선에 2,599개, 1931년 대만에 1,510개의 경찰 주재소를 유지했다. 총 경찰 수는 조선이 18,463명(현지인 40%), 타이완은 11,166명(현지인 20%)에 달했다.[10]

이러한 것들이 20세기 초 일본이 그들의 공식적인 제국을 지배하기 위해 발전시킨 제도들이었으며, 이를 통해 일본은 식민지 엘리트의 첫 번째 세대를 양성하고 교육했다. 식민 통치의 경험을 과거 상상 속 아시아의 이미지에 맞추어 조정하면서 일본의 제국주의 담론은 제국 프로젝트와 그 지역적 특색을 더욱 명확히 정의했다. 이제 일본인들이 '일본과 아시아'를 말할 때는 타이완, 조선, 중국, 그리고 만주에 대한 뚜렷한 이미지가 마음속에 떠올랐다. '제국'이라는 추상적인 개념에 서울의 경찰서, 타이완의 식민지 화폐, 대련항 부두에 산처럼 쌓여 있는 두병(豆餅)과 같은 구체적인 디테일이 덧붙여진 것이다. 제국은 냄새와 소리가 있으며, 만지고 맛볼 수 있는 것이었다.

처음 제국의 사명을 표현하면서 일본은 아시아와의 새로운 관계를 설명하기 위해 여러 가지 은유를 사용했다. 그것은 동아시아 국가의 가장(家長), 국제적 생존 경쟁의 승리자, 일본을 겨냥하고 있는 단검인 한반도의 위협에 대해 경계하는 수호자의 모습으로 나타났다. 유교적인 사상으로 표현되든, 아니면 사회진화론의 관점이나 지정학적인 용어로 표현되든지 간에, 아시아에서 일본의 이익을 확대해야 한다는 메이지 초기의 주장은 기존 관계에 대한 설명이 아닌 미래에 어떻게 행동해야 하는지에 대한 처방이었다. 그러나 식민지에서의 경험은 점차 유교 사상에 입각하여 다른 나라를 지도해야 한다는 도덕적인 의무를 식민지 경영이라는 딱딱한 관료주의적 전문성을 추구하는 것으로 변화시켰다. 즉 개화(開化)라는 이전의 목표가 발달(發達)이라는 새로운 목표에 자리를 내어준 것이다.

정글과도 같은 새로운 시대의 국제관계에서 일본이 생존을 위해 싸울 상대는 이제 아시아가 아니라 서양이었다. 1890년대 일본의 군 지휘자들이 일본 국민에게 지키기를 요구한 이익선(利益線)은 이후 수십 년간 주권선(主權線)이 되었다. 군인들은 처음에는 이 영역을 확보하기 위해 싸웠으며, 이를 차지한 뒤에는 적의 침입에 대비하여 안팎을 지켰다. 이러한 과정에서 얻은 경험은 지정학적으로 필수적이라고 생각되었던 사명에 희생, 죽음, 전쟁에 대한 염증의 기억을 불어넣었다.

다른 곳과 마찬가지로 중국 동북 지역에서도 식민지 사명의 분명한 변화가 나타났는데, 이는 해당 지역의 역사적 특수성을 전체 제국을 위한 보다 광범위한 목표에 결합시킨 것이었다. '만주 경영'이라는 슬로건으로 묘사된 동북 지역에서 제국의 임무는 전략적인 면과 경제적인 면에서 긴요한 목표를 동시에 추구한 것이었다. 이제부터는 '만주 경영' 초기 몇 년간 이루어진 이러한 이해관계의 발전에 관해 이야기해 보도록 하겠다.

만주 경영

1905~06년 일본 정부는 관동주의 통치를 위해 관동총독부를 설치했으며 동북 지역 도처에 외무성을 대리하여 활동할 영사관 네트워크를 구축했다. 그러나 이들 기관의 영향력은 대륙 진출의 발판이 될 만주를 군사적, 경제적으로 침투하기 위해 만들어진 기관들이 점차 두각을 나타내면서 곧 유명무실해졌다. 실제로 관동군과 만철의 존재는 동북 지역에 건설된 제국의 본질이 무엇이었는지 잘 보여준다.

새로 획득한 동북 지역에는 그 전략적 중요성에 걸맞은 수준의 주둔군이 상당수 배치되었다. 관동 주둔군(1919년에 관동군으로 재편성됨)은 1개 정규 사단과 공성중포병대대로 구성되어 있었으며 모두 관동주 내에 배치되어 있었다.[11] 이를 보완하기 위해 철도 부속지를 따라 6개 독립수비대대가 철도 경비대로 배치된 것을 더하면 총 주둔군 수는 약 1만 명에 달했다. 1920년대 말의 군축으로 2개의 수비대대가 일시적으로 줄어들었던 때를 제외하

제1부: 총력 제국의 건설

면 관동군은 1931년 만주사변이 일어나기 전까지 이와 같은 규모를 계속 유지했다.

러일전쟁 이후 러시아의 보복을 경계하던 일본군은 만주를 전략적 완충 지대로 만들어 그 위협에 대응하는 데 주력했다. 군 참모들은 일본의 이익을 보호하기 위해서는 남만주철도를 일본과 조선의 철도망에 연결될 수 있도록 연장하여 병력과 물자를 신속하게 북만주로 운반하는 것이 꼭 필요하다고 믿었다. 따라서 관동군에게는 다음과 같은 두 가지 전략적 임무가 부여되었다. 첫째는 전략적으로 필요한 새로운 철도 노선의 건설을 위해 중국으로부터 이권을 확보하는 일을 돕는 것이었으며, 둘째는 중국 전체에 퍼지기 시작한 정치, 군사적 혼란으로부터 만주가 안전할 수 있도록 보호하는 것이었다.

이후 20년 동안 관동군은 이 임무를 열정적으로 수행했다. 때로는 군 최고사령부의 명령에 따라, 때로는 정부 관료의 비공식적인 지원을 받아, 또 때로는 독자적인 판단으로 행동하면서 관동군 장교들은 군을 아제국주의의 대리인으로 만들었다. 만주를 차지하기 위한 음모를 꾸미던 관동군에게 1911년의 신해혁명과 청조의 멸망, 그리고 그 이후의 내전 상황은 중국의 정치 지형을 일본에 유리하게 만들 좋은 기회였다. 동북 지역에서 관동군은 협력적이던 군벌 장쭤린(張作霖)의 세력 기반을 키우고 만주와 몽골을 중국의 지배에서 벗어나게 하는 데 집중했다.[12]

군벌 지도자에게 군사고문을 파견하는 관행(1928년에는 50여 명의 일본인 장교가 장쭤린의 군대에서 고문 역할을 했다)은 일본이 다양한 방식으로 개입할 기회를 제공했다.[13] 1910년대 말부터 1920년대까지 군사고문들은 장쭤린이 경쟁 군벌로부터 승리를 거둘 수 있도록 정보, 자금, 무기, 심지어 일본 군인들까지 제공했다. 물론 이것은 공짜가 아니었다. 이에 대한 대가로 일본은 광산, 철도, 삼림 및 기타 여러 이권을 약속받았다.

불편하게 유지되던 장쭤린과 일본의 동업관계가 결국 파탄에 이르자, 관동군은 그를 제거하는 것이 최선이라고 생각했다. 음모를 주도한 고모토 다이사쿠(河本大作) 대좌는 장쭤린이 펑톈(奉天)으로 돌아오는 중에 그가 탄 열차를 폭파하라고 명령했다. 그리고 혐의를 장쭤린의 경쟁 군벌 중 하나에게 돌리기 위해 러시아제 폭탄, 적절한 옷차림을 한 세 구의 중국인 시체, 그리고 밀서가 현장에 남겨졌다. 그들은 장쭤린의 죽음이 동북 지역에 큰 혼란을 불러와 관동군이 만주를 점령하고 꼭두각시 지도자를 세울 구실이 될 수 있을 것이라 예상했다. 그러나 육군대신이 만주로 추가 병력을 파견할 것을 제안했음에도 내각의 다른 구성원은 이를 모두 거부했고, 결국 중국과의 전쟁을 촉발하여 동북 지역을 점령하려는 관동군의 계획은 실패하고 말았다. 하지만 음모에 가담한 이들이 제거되거나, 군사적 음모를 획책하고 제국의 동요를 불러온 관동군 장교들의 불안정한 성향을 잠재우기 위해 별도의 조치가 취해지지는 않았다.

관동군이 대륙에서 일본의 전략적 입지를 강화하기 위해 애쓰고 있는 동안, 거대 기업 남만주철도주식회사는 경제적 착취를 용이하게 하고자 만주를 개방하는 작업에 착수했다. 반관반민의 특수회사인 만철은 만주에 이미 부설되어 있던 러시아 철도망을 관리하기 위해 1906년에 설립되었다. 자본총액 2억 엔(1920년에는 4억 4천만 엔으로 증자)의 만철은 손쉽게 일본의 최대 기업이 되었다. 만철은 러시아가 부설한 철도를 바탕으로 하여 엄청난 규모의 기업으로 빠르게 성장했다. 화물 및 여객의 수송과 더불어 만철은 푸순(撫順)과 옌타이(煙臺)의 탄광을 경영했으며 안둥(安東), 잉커우(營口), 그리고 동북 지역 내 일본 활동의 중심지였던 다롄의 항만시설까지 운영했다. 만철은 상품의 저장을 위해 창고를, 여행객을 위해 호텔을 보유하고 있었으며, 만철 부속지를 운영하면서 그 안에서 학교와 병원을 경영하고 세금을 징수하며 공공시설을 관리했다. 만철조사부(滿鐵調査部)는 일본의 식민지 연구센터로, 공식적인 식민지이든 비공식적인 식민지이든 관계없이 일본의 제국 정책에 대한 모든 분야의 연구를 수행했다. 만철은 운영을 시작한 지 10년 만에 다롄요업(大連窯業), 다롄유지공업(大連油脂工業), 남만유리(南滿硝子), 안산제철소(鞍山製鐵所), 주요 도시의 전등회사와 가스공장, 셰일오일 공장, 기계제작소, 제분(製粉)공장, 제당(製糖)공장 등 여러 자회사를 설립했다.[14]

설립 후 25년 동안 만철은 막대한 영업이익을 거두었다. 만철의 자산은 1908년 1억 6,300만 엔에서 1930년 10억 엔 이상으로 증가했다. 몇 년을 제외하고 대부분의 기간에 거둔 20~30%의 수익률은 만철이 이제는 일본에서 가장 큰 회사일 뿐만 아니라 가장 수익률이 높은 회사이기도 함을 의미했다.[15] 1920년대 만철의 연간 수입은 평균 2억 1,800만 엔으로 이는 일본 국가 세입의 4분의 1에 해당하는 금액이었다.[16] 만철의 수입 중 가장 큰 부분을 차지한 것은 화물 운송(75%)이었다.[17] 철도를 이용하여 상당한 양의 기장, 수수, 석탄이 운반되었지만, 만철이 거둔 이익의 대부분은 대두(大豆)의 운반으로 인한 것이었다. 대두는 유럽으로는 식물성 기름을 제조하기 위해, 일본으로는 비료나 사료로 사용되기 위해 수출되었다. 대두 무역에서 만철의 성장은 만주의 농업경제를 단일 작물생산에 의존하는 고도로 상업화된 수출경제로 재편했다. 이는 식민지 착취 경제의 전형적인 양상이었다. 대두의 생산은 1907년에서 1927년 사이 4배로 증가했으며, 이 시기 중국 동북 지역에서 생산된 대두는 세계 공급량의 절반을 차지했다. 만철은 독점적인 수송과 저장 설비를 이용하여 수출용 농산물에 대한 할증요금을 부과했으며, 이를 통해 엄청난 수익률을 유지할 수 있었다.[18]

1931년에 이르기까지 많은 일본인이 관동군이나 만철을 위해 일하면서 제국을 직접적으로 경험했다. 관동군은 상설 주둔 부대가 아니라 2년을 주기로 순환되는 지역 사단으로 구성되어 있었기 때문에, 일본 전역에서 온 장교와 징집병이 만주에서 복무했다. 1930년까지 우쓰노미야(宇都宮), 교토(京都), 히메지(姬路), 젠쓰지(善通寺), 히로시마(広島), 센다이(仙台), 아사히카와(旭川), 구마모토(熊本)에 주둔한 사단들이 관동군에서 임무를 수행했다.[19] 게다가 일본은 만주에서 러일전쟁을 치렀으며 이후 관동군은 만주사변을 일으켰다. 러일전쟁에 동원된 병사는 백만 명이 넘었는데, 이는 일본의 예비역 시스템을 고갈시킬 정도의 수치로 8가구 중 한 가구가 가족을 만주로 보냈음을 의미했다. 사상자 비율은 50만 명이 죽거나 다쳤을 정도로 매우 높았으며, 이로 인해 만주 전장에 대한 대중의 이미지는 희생과 비통함으로 가득했다.[20] 1918~1922년 새로 성립된 소비에트 연방을 상대로 이루어진 시베리아 출병에는 24만 명이 참여했다. 이 원정은 러일전쟁에 비해 덜 격렬하고 사상자도 적었지만, 4년간의 전투는 만주에 대한 대중의 기억에 또 하나의 군사적 경험을 남겼다.[21]

만철의 사업이 급속하게 성장하면서 만주의 일본인 인구는 1906년 1만 6,612명에서 1930년 23만 3,749명으로 빠르게 증가했다.[22] 만주에서의 만철의 영향력이 큰 만큼 이 인구 중 3분의 1은 만철에 소속된 직원과 그 부양가족이었다. 나머지 인구의 대부분도 간접적으로 만철에 의존하는 상업 활동에 종사했다. 만철의 사업—운송, 주택공급, 하수 처리, 전기 공급, 오락 등—이 만주 일본인의 삶 어디에나 존재했듯이, 만주에 거주하는 모든 일본인의 생계는 만철 사업의 지속 여부에 달려 있었다.[23]

만철의 존재로 인해 만주의 일본인은 대체로 엘리트 계층에 속했으며 도시에 거주하는 경우가 압도적으로 많았다. 잠시 일본의 비숙련 노동자들을 시험 삼아 고용해 보았던 만철은 경제적인 이유로 고임금의 일본인 노동자 대신 저임금의 중국인 노동자를 선호하게 되었다. 이것은 만철의 일본인 노동력—1910년에는 1만 754명이었다가 1930년에는 2만 1,824명으로 증가했다—이 숙련노동자, 사무직 노동자, 전문가, 관리자, 행정가들로 구성된 완전한 엘리트 집단이었음을 의미한다.[24] 만철을 기반으로 성장한 민간의 상업 및 제조 부문 역시 만주 일본인 공동체의 사회 구성을 변화시키지 못했다. 민간 영역은 두 그룹으로 나뉘어 있었는데, 하나는 만철과 거래하거나 자금을 조달하던 미쓰이물산(三井物産), 요코하마정금은행(横浜正金銀行), 오쿠라상회(大倉組商會)와 같은 대기업이었고 다른 하나는 이민 사회의 필요를 위한 소규모의 상점, 음식점, 소비재 제조업체 등이었다. 대기업에 고용된 이들은 관리직과 전문직이었고, 소규모 업체에서 일하는 이들은 프티 부르주아 계층이었다. 1930년 만주 거주 일본인(약 23만 명)의 거의 절반(약 10만 명)이 살고 있던 항구도시 다롄은 이러한 경향을 잘 보여준다. 1% 미만의 일본인(1,000명)이 농업, 어업과 같은 육체노동에 종사했으며, 0.3%(282명)만이 광업에 종사했다. 반면 25%(24,507명)는 제조업에, 23%(22,575명)는 상업에, 22%(21,823명)은 운송업에, 20%(19,532명)은 공공서비스(교사, 관료, 경찰)에 종사했다.[25]

전장에서의 희생에 대한 기억이나 관동군에서 복무했다는 자부심과 마찬가지로, 만주의 경제 프로젝트에 참여했다는 경험은 제국주의적 상상력의 비옥한 토양이 되었으며 식민지 특권과 세계주의에 대한 환상을 만들어냈다. 관동군의 전략적 필요성에서 '만주 경영'은 주민들의 소요를 진압하고 군벌을 조종하는 것을 의미했다. 만철의 경제적 목적에서 '만주 경영'은 대두 무역을 관리하고 회사의 투자를 조절하며, 일본인 공동체를 위해 서비스를 제공하고 중국인 사회를 통제하는 것을 의미했다. 이상이 만주사변이 발발하기 전 '만주 경영'에 대한 일본의 이해로, 이는 관동군과 만철이 전략적, 경제적 목적에 따라 건설한 제국의 산물이었다.

80여 년 동안 제국주의 외교를 경험하고 두 차례의 제국주의 전쟁과 35년간의 식민지 통치를 거치면서 일본은 국제법에 대한 수준 높은 이해와 식민지 전쟁으로 숙련된 군대, 노련한 식민지 관료를 갖추게 되었다. 이는 1931년 일본이 보유한 제국주의 자산이 전반적으로 축적되었음을 의미한다. 25년간의 만주 경영을 통해 관동주라는 식민 중심지로부터 뻗어 나온 일본의 세력권은 단단히 자리를 잡았다. 이는 만철의 다방면에 걸친 투자와 관동군의 보호에 기반한 것이었다. 25만 명의 일본인이 이 비공식 제국에 거주했으며 더 많은 이들이 일본과 만주를 오갔다. 그러나 이후의 노력과 비교하면 이 모든 것은 하찮게 보일 것이다. 이는 만주국이라는 특수한 역사의 짧은 서막에 불과했다. 1931년에 생긴 변화로 인해 제국 건설은 이전과는 다른 절박함과 대담함, 그리고 새로운 비전을 갖게 되었다.

중국 민족주의의 도전

1920년대 말 중국에서 제국주의 외교 체제가 붕괴하면서 일본의 전략 변화를 직접적으로 촉발한 요인들이 나타나기 시작했다. 바로 중국의 정치 지형에서 내전의 성격이 변화한 것이다. 파괴적인 군벌 간의 전쟁에서 민족주의자와 공산주의자 조직이 대중의 지지를 얻고 나라를 다시 통합하기 위한 투쟁으로 내전의 성격이 변화하면서, 이는 외국 세력들에게 중대한 영향을 미쳤다. 중국 최초의 근대적 정당인 국민당은 1912년 쑨원(孫文)과 관련된 반만(反滿) 혁명가들에 의해 처음 조직되었다. 몇 번의 재편을 거친 뒤 1920년대 국민당은 장제스(蔣介石)의 영도 아래에서 급속히 세력을 확대했다. 1926년 국민당은 강력하고 전국적인 조직과 8만 5천 명의 병력을 지니고 있었다. 중국 공산당 역시 1920년대의 격변 속에서 힘을 길렀다. 1921년 소련으로부터 고문과 자금, 무기를 지원받아 결성된 공산당은 초기에 국민당과 합작하여 노동자와 학생을 대규모로 조직하기 시작했다. 1925년 말 중국의 공산당원은 2만 명에 달했다.[26]

국민당과 공산당은 모두 새로운 형식의 대중 동원을 보여주었으며, 이렇게 동원된 대중의 힘은 우선 군벌들의 정치적 지배력을 느슨하게 만드는 데 집중되었다. 군벌에 대한 도전은 1926~1928년의 북벌에서 절정에 달했다. 장제스는 남쪽의 광저우(廣州)에서 출발하여 북쪽의 베이징을 향해 진군했으며 군벌들을 퇴각시키거나 흡수하면서 더욱 세력을 확대해 나갔다. 국민당이라는 하나의 중앙집권적인 정치권력 아래 중국이 통합되면서 장제스의 북벌은 정치적 분열과 혼란의 시대를 끝냈다. 그러나 곧 국공합작은 흐트러지기 시작했고 이는 새로운 형태의 내전으로 이어졌다. 내전의 첫 단계에서 승리자로 부상한 것은 국민당이었다. 장제스는 1927년 4월 상하이의 공산당 조직을 불시에 공격했으며, 다가올 가을에 맞춰 공산당이 계획한 추수기의(秋收起義) 또한 진압함으로써 공산당의 활동에 큰 타격을 입혔다. 잔존 세력은 동남부의 산악 지대로 후퇴했으며 그곳에서 마오쩌둥(毛澤東)의 지도 아래 농민을 기반으로 한 인민해방군을 조직하고 게릴라 전략을 발전시켰다. 공산당은 이러한 전략을 점점 더 효과적으로 사용하며 국민당이 정치적으로 중국을 통일하려는 것에 도전했다.

국민당과 공산당은 모두 반제(反帝) 민족주의가 고조되는 물결을 타고 권력을 획득했다. 중국의 민족주의 운동은 일반적으로 1919년 5·4운동으로부터 시작되었다고 여겨진다. 파리강화회의에서 독일이 가지고 있던 산둥(山東)반도의 이권을 일본에 양도하기로 결정한 것이 알려지자, 격분한 학생들은 일련의 전국적인 시위를 조직했다. 이후 반제국주의 시위는 상하이, 한커우(漢口) 및 기타 외국인 제조업과 무역 중심지에서 점점 더 빈번해졌다. 상인과 노동자도 학생들과 함께 외국 회사에 대한 보이콧과 파업에 동참했다. 시위대는 주로 영국과 일본계 회사를 표적으로 삼았는데, 이는 중국에서 이들 두 나라의 경제적 영향력이 가장 강력했기 때문이었다. 두 나라 모두 중국의 민족주의적 요구에 어떻게 대응해야 할지 의견일치를 보지 못했으며, 군사 진압과 회유 사이에서 갈팡질팡했다. 이러한 혼란 속에서 제국주의 국가들은 공동의 이익을 위해 서로 협조하는 모습을 보이지 못했다. 예를 들면 1925년 5월과 6월 영국이 무력을 동원하여 시위를 진압했을 때, 일본의 관료들은 면방직업자로 하여금 시위대와 타협할 것을 촉구하며 유화적인 태도를 취했다. 이후 영국이 공산당의 급진주의에 반대하는 장제스의 온건파를 지지하면서 차관과 외교적 지원을 보냈을 때, 일본은 1927년과 28년에 산둥 출병을 결정하는 대조적인 모습을 보였다. 영국과 일본처럼 중국 내 다른 열강들의 대처도 동일했다. 워싱턴 회의에서 결의된 협력적 외교가 양자 협상에 밀려나면서, 각국은 개별적인 이익을 추구하는 것이 집단행동의 이점을 압도한다는 것을 깨달았다.

1929년 미국 주식시장의 붕괴와 뒤따른 세계대공황으로 인한 여파는 제국주의 열강 간의 동맹에 또 다른 타격을 가했다. 경제 위기에 대응하기 위해 모든 국가가 경제적 민족주의를 채택했다. 경쟁자로부터 자국의 이익을 지키고자 바리케이드를 치면서 경제적 생존의 절박함은 타협의 여지를 점점 줄어들게 했다. 이러한 상황 속에서 일본은 광범위한 투자가 이루어진 만주를 중국의 다른 지역으로부터 분리해야 한다고 느꼈다. 중국의 민족주의적 영향력으로부터 그들의 이익권(利益圈)을 확보하기 위한 특별한 조치가 필요하다고 보았기 때문이었다.

　중국의 동북 지역에서 민족주의 운동이 고조되면서 일본과 현지 협력자 간의 관계도 변화했다. 일본에게 빼앗긴 경제적, 정치적 권리를 회복하라는 요구가 신문 기사나 불매 운동, 파업, 시위를 통해 점차 강력하게 표출되자, 현지 군벌 장쭤린은 남쪽 경쟁자들의 사례에서 보았듯이 분노의 화살이 자신에게 돌아오지 않도록 이러한 요구의 일부를 들어주어야 했다. 장쭤린은 민족주의자들의 압력을 핑계로 삼아 1920년대 지속적으로 이권을 요구하던 일본과의 협상에서 자신의 입지를 강화했다. 그는 각 세력을 상대방의 요구를 모면하기 위한 방패로 사용하면서 이들을 교묘히 조종했다. 장쭤린의 탄압으로 시위나 파업이 중국 남부와 같이 격렬해지지는 않았지만, 1923년 지린(吉林)과 치치하얼(齊齊哈爾)에서 관동주와 철도에 대한 권리를 반환하라며 일어난 시위처럼, 우연히 혹은 의도적으로 그의 통제에서 벗어나는 사건들이 발생하기도 했다. 일본은 장쭤린의 어쩔 수 없었다는 말을 전부 믿지는 않았다. 기다려 달라는 부탁이나 민족주의적 감정이 식었을 때 요청을 들어주겠다는 약속에 일본은 점점 불만을 품게 되었다.[27]

　상황을 더욱 나쁘게 만든 것은 장쭤린과 그의 동업자들이 시작한 투자였다. 이는 일본회사들과 경쟁하며 일본의 경제적 지배를 위협할 우려가 있었다. 이 사업에는 만철의 독점적 지위를 무너뜨리고 중국의 운송, 판매망을 구축하고자 계획된 만철 병행선의 부설과 항만의 건설이 포함되어 있었다. 장쭤린은 또한 펑톈(奉天)에 면사 공장을 세웠으며 그의 동업자들은 설탕, 목재, 석탄 회사들을 설립했다. 장쭤린의 지원하에 중국 자본의 공공시설들이 우후죽순 생겨났으며 중국 상인들은 동북 도시 전역에서 새로운 사업체를 열었다. 일본의 식민지 관료들은 격분했다. 지금까지 전쟁자금을 지원하고 군대를 보호해 주었음에도 장쭤린은 일본의 믿음을 저버릴 것만

같았다.

　장쭤린의 진실하지 못한 모습에 불만을 가진 관동군 장교들은 그를 암살함으로써 상황을 타개하려 했지만, 그것은 심각한 오판이었다. 장쭤린의 뒤를 이어받은 아들 장쉐량(張學良)은 아버지보다 더 다루기 어려운 인물이었다. 아버지의 죽음에 일본이 관련되어 있다는 것을 잘 알고 있던 그는 만주의 권리 회복을 강하게 요구하며 투자에 박차를 가했으며, 결정적으로 장제스와의 합의를 통해 만주를 국민당의 통제 아래에 두는 것에 동의함으로써 일본에 복수했다. 이것이 완전한 정치 군사적 통합을 의미하지는 않았지만, 장쉐량은 모든 외교 문제를 국민당의 소관으로 돌림으로써 만주에 대한 일본의 협상을 매우 복잡하게 만들었다. 1931년 봄에 장제스가 관동주의 반환과 만철이 운영하는 이권의 회복을 포함한 국민당 대외정책의 새 원칙을 발표하자, 일본은 그들이 가장 두려워했던 상황이 현실로 나타났음을 깨달았다.

　1920년대 말 일본의 수익 감소가 중국 민족주의자들의 경제적 포위 전략 때문이라는 생각이 들면서 동북 지역의 일본인 사이에서 위기감이 고조되었다. 하지만 식민지에서 수익이 감소한 것은 사실 다른 요인으로 인한 것이었다. 만철의 수입이 줄어든 이유는 중국의 철도망 때문이 아니라 외국의 대두 수요가 줄어들었기 때문이었으며, 일본인 소매상들을 위태롭게 한 것은 중국인 상인이 아니라 만철소비조합(滿鐵消費組合)과의 경쟁 때문이었다. 하지만 일본인들은 이른바 '반일(反日)운동'에 그 책임을 전가했다. 만주 일본인의 불만은 차곡차곡 쌓여가고 있었다. 이는 토지 매매 제한, 상품의 불법적 압류, 삼중 과세, 이전에 합의된 철도 건설 허가의 거부, 미지급 채무, 악의적인 신문 기사, 교본에 적힌 일본인에 대한 적대감, 폭행, 공공 기물 파손, 살인 등 다양한 영역에 걸쳐 모든 사회계층을 망라한 광범위한 것이었다. 만주 일본인 사회는 일본 정부에 조직적인 로비 활동을 벌이기 시작했다. 청원과 연설을 통해 그들은 '500건이 넘는 미결사건'이라는 표현을 선전 문구로 삼아 군사적 개입이라는 강력한 조치를 취해 달라고 요구했다.[28]

이에 정부 관료들은 만주의 분리 독립을 논의하기 시작했다. 재만 일본인 사회의 로비에 일정 부분 영향을 받기도 했지만, 다른 한편으로는 만주에서의 위기가 점차 심화되고 있다는 인식 때문이기도 했다. 만주의 분리 독립은 완전히 새로운 생각이 아니었다. 1911년 신해혁명 이래 일본의 정책 입안자들은 만주를 중국으로부터 분리할 수 있을지 가늠해 왔다. 이 문제는 1927년의 동방회의(東方會議)에서 진지하게 거론되었으며, 1929년 관동군은 만주 점령을 위한 작전 계획을 발전시키기 시작했다. 상황이 절정에 이른 것은 1931년 여름으로, 만보산(萬寶山) 사건과 나카무라(中村) 사건은 군사 개입을 위한 좋은 구실이 되었다.

만보산 사건은 일본 당국에 의해 만주 지린 지역에 정착했던 200여 명의 조선인 이민자와 중국인 지주들 사이에서 농지의 관개수로 공사 문제를 둘러싸고 발생한 분쟁이었다. 중국인들은 조선인을 일본의 만주 침략을 위한 도구로 여겼으며, 일본은 만주의 조선인을 일본 국민으로 간주했기 때문에 이들에 대한 괴롭힘에 분노로 대응했다. 이와 같은 적대적 분위기 속에서 분쟁은 빠르게 확대되었다. 중국 경찰은 조선인을 추방하고자 했지만, 일본 영사관 소속 경관들은 그들이 계속 거주할 수 있다고 주장했다. 400여 명의 중국인 농부들이 조선인을 공격하자 일본 경찰은 이들을 향해 발포하여 물러나게 했다.[29]

한편 일본의 정보장교가 중국 군인에게 붙잡혀 처형되면서 두 번째 사건이 발생했다. 내몽고와의 국경 근처, 북만주의 러시아 세력권 깊숙한 곳에서 나카무라 신타로(中村震太郎) 대위가 발견되었을 때 그는 자신이 농업 기사라고 주장했다. 그러나 그의 소지품에 군용 지도와 아편, 무기, 측량기가 포함되어 있었기 때문에 중국 군인들은 나카무라를 군사 스파이라 의심하여 총살했다.[30]

이 두 사건은 그다지 특별한 일이 아니었으며 이와 비슷한 사건들은 과거에도 수없이 많이 발생했다. 그러나 1931년의 민감한 분위기에서 이 사건들은 양쪽 모두를 분개하게 만드는 촉발제가 되었다. 중국 민족주의자들이 일본을 상대로 폭동을 일으키자, 일본 이민자 조직인 대웅봉회(大雄峰會)와 만주청년동맹(滿洲靑年同盟)은 일본에 대표를 보내 연설을 하면서 정부 관료들을 설득했다. '도발'을 끝내기 위해서는 정부의 행동이 필요하다고 주장한 이들은 의견을 같이하는 우익단체, 정당 내 강경파, 군 대변인 등과 힘을 합쳤다.[31]

1931년 중국 동북 지역의 일본인들 사이에는 새로운 접근법이 필요하다는 광범위한 합의가 있었다. 만주에서의 제국주의적 기반이 재만 일본인에게 중요한 일이었음에도 당시 일본을 괴롭히던 국내외의 현안에 비하면 이는 그리 중요하게 여겨지지 않았다. 그러나 1930년대 일련의 야심 찬 제국주의 프로젝트들이 만주를 일본제국의 중심으로 만들고 만주국이 탄생하게 되면서 상황은 변화했다.

괴뢰국가 만주국

관동군은 만주사변으로 알려진 중국 동북 지역에 대한 군사 점령을 통해 만주국의 건설을 시작했다. 1931년 9월 18일부터 1933년 5월 31일 탕구협정(塘沽協定)이 체결될 때까지 치러진 여러 차례의 전투를 통해 일본군은 지린, 랴오닝, 헤이룽장, 러허의 4개 성(省)을 점령했다. 만주사변은 관동군 장교가 획책한 음모로 인해 발발했다. 1928년의 장쭤린 폭사 사건은 실패로 돌아갔지만 1931년의 시도는 엄청난 결과를 가져왔다. 펑톈(지금의 선양) 중국군 기지 근처의 만철 철도를 폭파한 관동군은 이를 선제공격의 증거로 삼아 중국군을 향해 사격을 개시했다. 그 후 관동군은 점차 공격 범위를 확대하여 처음에는 철도 인근지역을 점령했다가 그다음에는 약 33만 명에 달하는 장쉐량의 군대를 만주로부터 몰아내는 작전에 착수했다. 1928년과는 달리 일본 정부도 결국 관동군의 군사 행동을 승인했다. 도쿄의 군 수뇌부는 만주의 병력을 통제하길 거부했으며, 내각도 이미 기정사실화된 영토의 획득을 포기하고 싶지 않았다. 동북 지역을 누비며 공격을 거듭한 관동군의 활약으로 곧 만주 전 지역이 일본의 수중에 떨어졌다.[32]

만주사변 발발 초기 관동군은 중국 동북 지역을 공식적으로 합병하여 식민지로 삼는 것은 일본 정부가 승인하지 않을 것으로 생각했다. 대신 이들은 유력한 중국인의 협력을 구해 '만주인을 위한 만주'를 만들자는 만주국 건국 운동을 조직하고, 독립국가 만주국의 건국을 선언했다. 1932년 3월에 세워진 만주국은 중국인을 국무총리와 각 부 장관으로 임명했으나 이는 명목상의 것일 뿐이었고, 실질적인 권력은 일본인 차관과 일본인이 대부분 장악한 총무청(總務廳)에 있었다. 일본은 신속하게 만주국의 건국을 승인하고 '일만(日滿) 공동방위'의 명목으로 관동군이 만주국의 국가방위를 책임지도록 했다. 괴뢰국가라는 허구 뒤에서 일본은 사실상 만주를 식민 지배하에 두었다. 이는 뻔히 보이는 허상에 불과했지만, 일본은 스스로에게나 다른 이들에게 만주의 독립이 사실임을 납득시키려고 많은 노력을 기울였다. 괴뢰국가라는 정치 체제 안에서 일본은 제국주의자와 피지배자 사이에 새로운 종류의 협력이 가능한 식민지 국가 형태, 즉 주권과 민족자결권이라는 민족주의적 요구를 수용할 수 있는 공식적이지도 비공식적이지도 않은 식민 지배 방안을 모색했다.

만주의 독립으로 관동군은 더 큰 권력을 갖게 되었다. 신생 국가의 주요 직책을 모두 차지한 관동군은 '국가 안의 국가'가 되었다. 만주국 수립 이전에 관동군은 만철과 권력을 나누어 가지고 있었으며, 관동도독부와 일본영사관도 일부 영향력을 지니고 있었다. 그러나 행정 기구의 개편이 이루어지면서 뒤의 두 기관은 의사결정 과정에서 배제되었으며, 만철은 관동군에 종속되고 말았다. 이러한 재편은 일본 본토에서도 비슷하게 이루어졌다. 육군성은 척무성(拓務省)과 외무성(外務省)을 제치고서 신설된 대만사무국(對滿事務局)을 장악했다. 이로써 군부는 일본과 만주국 사이의 공식적인 의사소통을 통제할 수 있게 되었다. 즉 관동군은 만주국 정부를 통해 중국 동북지역에서 그들의 권력을 확대했으며 일본 정부에 영향력을 미칠 수 있는 통로 또한 확보할 수 있었다.

새로운 식민국가에서 세력 기반을 확대하면서 관동군의 규모와 명성 그리고 오만함도 함께 커졌다. 관동군의 병력은 빠른 속도로 증가하여 1941년에는 12개 사단에 이르렀다. 빠르고 효율적인 만주의 점령은 관동군의 위신을 크게 높였고 이들에 대한 찬사의 물결이 넘쳐났다. 군 전략의 초점이 만주국–시베리아 국경을 따라 소련으로부터의 위협에 대비하는 것으로 옮겨지면서 관동군은 제국군의 핵심 전력으로 거듭났다. 북쪽으로의 결정적인 공격을 준비하던 관동군은 소련의 영토로 진격하여 국경에서의 소규모 접전을 유발했고 이는 1939년의 노몬한 전투로 번졌다. 같은 시기 만리장성 남쪽으로 장쉐량의 군대를 몰아내면서 새로이 불안정한 국경이 그어졌다. 이 지역을 통제하고자 애썼던 관동군은 북중국, 혹은 그 너머까지 진출하기 위해 일련의 음모와 간계를 꾸몄다. 관동군은 만주국의 방위를

위한 것이라는 미명하에 더 넓은 영토를 확보하고자 끊임없이 앞으로 나아 갔다.[33]

만주국 건설의 두 번째 단계는 경제적인 것이었다. 일본 정부가 식민지 경제 구조의 개편이라는 대담한 실험에 과감히 투자하며 만주국에 개입을 강화하자, 괴뢰국가의 건설은 단순한 군사 프로젝트 이상의 것이 되었다. 전례 없는 경제 위기 속에서 일본 정부는 만주국의 산업 개발을 통해 일본 경제를 활성화하고 자급자족권을 형성하여 세계 시장의 불확실성으로부터 보호받을 수 있기를 원했다. 관동군의 승리로 획득한 군사적 영광은 이제 만주국에 대한 경제적 투자로 더욱 빛났으며, 만주국을 타의 추종을 불허 하는 가치를 지닌 보석으로 만들었다. 만주국에 투입된 자금의 규모는 일 본이 만주국의 경제 개발에 얼마나 열심이었는지를 보여주는 인상적인 증 거이다. 만주국의 건국 이후 5년 동안 일본은 만주국에 약 12억 엔을 투자 했는데, 이것은 이전 25년간 만주에 투자한 금액인 약 17억 5천 엔과 거의 비슷한 수준이었다. 1932년부터 41년 사이 약 58억 6천만 엔이 만주국에 투입되었으며, 이는 1930년까지 기타 모든 해외 식민지—중국, 조선, 타이 완, 만주, 사할린 남부, 남양군도—에 투입된 것을 합친 금액인 54억 엔보 다 많았다.[34]

일본이 투자한 것은 자본만이 아니었다. 1933년부터 일본 정부는 만주 국 행정의 요직에 기시 노부스케(岸信介), 시나 에쓰사부로(椎名悦三郎), 미노 베 요오지(美濃部洋次), 고다 노보루, 시세키 이헤이(始関伊平) 등의 관료들을 임명하기 시작했다.[35] 대부분 상공성(商工省) 출신이었던 이들은 '혁신관료' 라 불리는 새로운 유형의 인물들로, 국가경영을 경제의 영역까지 확장하기 위해 산업정책을 개발하는 일에 관심이 있었다.[36] 식민지에서 관료로 경 력을 쌓으며 자신이 경영한 식민지에 일체감을 가졌던 기존 관료들과는 달리, 이들은 해외에서의 경험이 거의 없었으며 그 관심 또한 국내 경제에 있었다. 이들에게 있어 만주국은 장차 일본에 적용할 경제 이론을 시험해 볼 수 있는 실험실이었다.

만주에서 행해질 실험 중 가장 중요한 것은 선진국에서 유행하기 시작했으나 식민지에는 아직 적용된 적이 없었던 경제 통제에 대한 두 가지 새로운 아이디어였다. 첫 번째 아이디어는 국가 주도의 경제 개발로 소련의 계획경제 모델을 차용한 것이었다. 두 번째 것은 자급자족 생산권 또는 블록경제로 제1차 세계대전 시기 군수 생산에 대한 경제 분석에서 교훈을 얻은 것이었다. 이전의 '만주 경영'을 대체한 '만주 개발'이라는 새로운 경제 목표는 일본과 만주국의 상호 보완적인 산업화와 군사적 자급자족권의 형성을 목표로 했다.[37]

'만주 개발'의 기치 아래 만주국 정부는 1936년까지 하나의 회사가 항공, 정유, 해운, 자동차 등 하나의 특정 산업 분야를 담당하는 형식으로 총 26개의 회사를 새로이 설립했다.[38] 1937년부터는 야심 찬 생산 목표를 설정한 5개년 계획이 시작되었다. 만주 개발이 중공업 일변도로 치우쳤지만, 농업 부문 역시 국가계획의 범위 안에 포함되었다. 새로운 작물의 도입이나 농촌지도사업의 수립, 판매조합의 설립과 같은 정책은 주로 일본 농업의 자급자족을 강화하기 위한 것이었지만, 만주국 정부는 또한 개발주의적 정책을 통해 피식민지 주민으로부터 식민지 프로젝트에 대한 정당성을 인정받고자 했다. 빈곤이 반제국주의 정서와 공산주의 선동의 온상이 된다고 생각한 만주국 관료들은 불만을 초래하는 경제적 요인들을 제거하려 노력했다. 물론 중국 농민의 복지 향상을 목표로 한 개발정책들은 자원 수탈의 필요성이나 중국인 엘리트 협력자들의 이익과 충돌할 때 쉽게 위태로워졌다. 그럼에도 식민지 개발이라는 수사는 일본 내 농촌 빈곤 완화 운동에서 차용한 사회개혁의 새로운 이상을 보여주었다.

새로운 만주 개발 프로그램은 식민지 경제에서 만철의 역할을 변화시켰다. 본래 경제는 만철의 영역이었고 만철 경영진은 만주를 지배하고 있었다. 그러나 관동군이 경제 영역에 나서기 시작하면서 만철은 광업과 제조업 분야에서 후퇴하여 교통망의 운영에만 전념했다. 만철의 자회사에 대한 통제는 1937년 만주중공업개발주식회사(滿洲重工業開發株式會社, 줄여서 滿業)에게 그 지배권을 내어주면서 끝이 났다. 만업은 5개년 계획의 산업 생산 목표를 달성하기 위해 설립된 대규모 반민반관 회사였다. 만업의 설립은 장쉐량의 만주 철수 이후 정부기관의 통제를 두고 관동군과 투쟁했던 만철이 결국 패배했음을 의미한다. 경쟁에서 승리한 관동군은 괴뢰국가 만주국의 식민지 경제를 중공업화하는 데 착수했으며 만주 운영을 위한 기관을 재편했다. 새로운 국영산업이나 전략적 철도망 등 수익성이 낮은 영역에 투자할 것을 강요받은 만철의 자본력과 수익성은 점차 줄어들었다.

그러나 반대급부도 있었다. 새로운 식민지 프로그램으로 계획 입안의 중요성이 높아지고 연구조사에 대한 수요가 크게 증가하면서 만철은 만주 개발을 위한 전문가 집단이 되었으며, 이후 전체 일본제국을 위한 계획을 입안하는 연구센터로 그 영역을 확장했다. 연구기관으로서 만철의 명성은 1940년대 초 만철 조사부의 연구원이 2,200~2,300여 명에 달하면서 그 정점을 찍었다.[39] 연구 분야에서의 새로운 역할에 더해 만철은 일본제국의 다음 확장지로 급부상하던 북중국의 경제 개발에 자유롭게 참여할 수 있었는데 이는 만주 경제에서 잃어버린 만철의 영향력을 상쇄해 주었다.

새로운 군사 및 경제 프로그램에 이어 1936년 일본 정부가 만주로 일본인을 대거 이주시키겠다고 발표한 것은 제국 프로젝트의 세 번째 단계를 알리는 신호였다. 이민계획은 '새로운 낙원'인 만주에 20년간 5백만 명의 농민을 보내는 것을 목표로 했는데, 이는 1936년 일본 농업 인구의 5분의 1에 해당하는 숫자였다. 일본은 중국 동북 지역에 자생적인 거대한 정착민 사회를 만들어 만주라는 보석이 제국의 왕관 위에서 영원히 빛나길 바랐다.[40]

농업이민으로 건설된 정착민 사회는 만주국 건립 이전 만주에 형성된 일본인 사회와는 거의 비슷한 점이 없었다. 기존 일본인 사회는 도시에 집중되어 있었으나 새로운 정착촌은 농촌에 자리했다. 또한 행정가, 사업가, 전문직 엘리트 특권층이 도시 일본인 사회의 구성원이었던 반면, 농촌 이민자들은 빈농이나 일용 노동자 계층 출신이었다. 1930년대에 자발적으로 대륙에 모여들어 1940년대에는 도시 인구가 약 백만 명에 육박할 정도로 급증했던 식민지 엘리트 계층과는 달리,[41] 농촌 이민자의 경우에는 여비와 토지를 무료로 제공하는 것 외에도 기타 다양한 유인책을 사용해야만 만주국에서의 기회를 잡도록 설득할 수 있었다.

무엇보다 도시 생활이 더욱 매력적이었던 이유는 만주의 도시에서 일본인 인구가 차지하는 비율이 상당히 높았기 때문이었다. 만주 일본인 사회의 중심 도시였던 다롄과 펑톈에서 일본인이 차지하고 있는 비율은 1932년의 경우 각각 29%와 59%였다. 반면 30만 명의 농촌 이민자들은 3,400만의 현지 인구에 비하면 소수에 불과했다.[42] 이민자들은 농촌 내륙 지역에 흩어져 있는 천여 개의 마을에 나뉘어 살았다. 어떤 경우 일본의 이민자 마을은 몇 마일씩 혼자 떨어져 있어 주변을 둘러싸고 있는 중국인 마을에 삼켜진 것과 같을 때도 있었다. 또한 식민주의 주창자들이 크게 한탄했듯이 도시 거주 일본인은 영구적으로 만주에 남아 있으려 하지 않았다. 도시 거주자들은 경제적인 여유가 있었기에 군대의 주둔 기간을 마치거나 만주 지사에서의 근무가 끝나면 보통 일본으로 돌아갔다. 그러나 농업이민자의 만주행은 영구적이었다. 정부의 지원을 받은 이상 그들은 새로운 삶의 터전에서 평생토록 헌신해야 했다. 마음이 바뀌어 일본의 고향으로 돌아가려 해도 이는 쉽지 않은 일이었다. 땅과 재산을 팔아버린 이민자들은 만주의 정착지에 단단히 묶여 있었고, 대부분은 경제적으로 정부에 종속되어 있어 고향으로 가는 데 필요한 자금을 구하기 어려웠다. 도시의 일본인과는 달리 농업이민자들은 만주에서 빠져나갈 수 없는 영구적인 거주민이었으며 이는 선택의 문제가 아닌 어쩔 수 없는 일이었다.

농촌 정착지의 복지에 대한 정부의 개입은 도시 주민들에게 제공된 것보다 훨씬 광범위했다. 경제 문제와 마찬가지로, 개척촌에 대한 계획과 운영도 모두 국가에 의해 이루어졌다. 개척촌을 세밀하게 관리하기 위해 더 많은 관료와 예산이 투입되었다. 가축의 수에서부터 재배하는 작물에 이르기까지 모든 것이 계획적으로 지시되었다. 국책회사는 이민자들이 수확한 상품을 구매했으며 또 이들에게 종자와 비료, 그리고 일상 잡화 등을 판매했다. 농업지도사는 이민자에게 농사에 관한 조언을 해주었으며 그 진행 상황을 보고했다. 이러한 관심은 이민자들이 장기간 생존할 수 있게 하는 동시에 그 지역에 잘 정착하도록 하기 위한 것이었다.

만주국의 여타 정부 정책이 그러했듯이 농업 개척이민정책에도 강한 군사적 색채가 있었다. 대규모 예산과 국가 역량을 기울인 이민자에 대한 지원 뒤에는 두 가지 측면의 전략적인 의도가 숨어 있었다. 첫째, 시베리아의 국경선을 따라 북만주 지역에 일본인 정착촌을 건설함으로써 소련에 대한 완충지역을 만들고자 했다. 둘째, 저항 운동의 중심이었던 농촌 지역에 일본인을 정착시킴으로써 만주국에 대한 추가적인 게릴라 활동을 막고자 했다. 이러한 준군사적인 역할을 수행하기 위해 국가는 모든 농업이민자들이 이수해야 하는 교육과정에 군사기동훈련을 포함시켰으며 이들이 정착지에

도착했을 때 농기구, 종자와 함께 무기도 지급했다. 사실상 이민자들은 전략적으로 배치된 관동군의 예비군이었다.

농업이민 프로그램을 통해 만주국 행정가들은 새로운 식민지 사회를 건설했다. 이는 도시의 일본인 거주자에게는 불가능한 방식으로 국가에 의해 통제되는 힘없고 종속적인 농민 계층으로 구성되어 있었다. 1931년 관동군이 권력 획득을 위해 도박을 한 것이나 계획경제를 시험하면서 위험을 각오했던 것처럼, 이민정책은 식민국가의 새로운 도구를 만들기 위한 실험이었다.

지금까지 살펴본 이 세 가지 프로젝트는 시간이 지날수록 더 많은 자금과 자원, 인력을 요구했다. 만주국이 점점 더 제국주의 정책의 최첨단을 달리면서 제국 프로젝트의 각 단계는 더욱 대담하고 무모해졌다. 1930년대 말 만주국은 제국군의 자랑인 관동군, 계획경제와 엔 블록, 만주의 비옥한 땅을 경작하는 개척민들의 숭고한 노동과 동의어가 되었다. 중국 민족주의의 도전에 대응하기 위해 일본은 동북 지역에 새로운 유형의 제국 건설 모델을 창조했다. 일본은 반제 민족주의가 대두하면서 제국주의적 협력이나 식민지 경영이라는 오래된 공식이 위협받던 아시아에 이 모델을 적용했다. 그리하여 만주국의 건설은 아시아에 일본의 자주적인 제국주의 시대를 열었다.

자주적 제국주의

제국주의의 3번째 단계는 제2차 세계대전의 종전까지 지속되었다. 일본 관료들이 '자주외교'라고 부른 것은 두 가지 측면에서 이전의 관행에서 벗어났음을 보여준다. 첫째, 그것은 서구와의 관계를 고려하지 않고 아시아

내 이권 문제에 자유롭게 행동하는 것을 의미했다. 과거 외교적 고립을 두려워한 일본의 정책 담당자들은 아시아에서의 향후 행보가 서구에 어떻게 받아들여질지 조심스럽게 검토해 왔다. 개입에 앞서 신중하고 다각적인 협상이 우선적으로 이루어졌다. 그러나 1931년 이후 '만주 문제', '중국 문제,' 그리고 '남진'은 모두 서양의 반대에도 불구하고 일방적으로 결정되었다. 1932~33년 국제연맹에서의 일본과 열강 간의 대립은 이러한 방향 전환의 신호탄이었다. 1933년 봄, 일본은 중국 동북 지역에서의 행동에 대해 서구의 지지를 얻는 데 실패하자 국제연맹을 탈퇴하고 외교적으로 고립되는 것을 선택했다. 오랫동안 가입하길 원했던 강대국 클럽에서 스스로 나온 것이다.

둘째, 자주성은 식민지 군대가 새로이 독립성을 가지게 되었음을 의미했다. 그런 의미에서 제국주의의 새로운 국면을 연 관동군의 음모는 단순히 일시적인 사건 이상의 중요성을 지니고 있었다. 실제로 만주사변의 성공 이후 호전적인 장교들이 주도권을 잡으면서 비슷한 일이 연이어 일어났다. 메이지 시대 이래 제국의 확장은 군사 정복을 통해 이루어졌다. 그러나 1930년대에 이르러 제국 주둔군의 수가 크게 증가하고 군대의 제도적 복잡성이 더해지면서 아제국주의자에게 새로운 가능성이 열렸다. 주둔군의 호전적인 성향에 힘입어 제국의 경계는 계속 확장되었다. 군부가 본국과 식민지의 정치 기관에 영향력을 행사하게 되면서 협상이 교착 상태에 빠졌을 때 이를 무력으로 해결하려는 경향이 더욱 강해졌다.

제국 건설 과정에서 군부가 취한 '생각하기 전 먼저 행동'하는 접근방식은 일본을 일련의 군사 충돌로 이끌었다. 처음에 중국과 소련은 일본의 '급행(go-fast) 제국주의'에 양보로 대응했다.[43] 1930년대 초 국민당은 공산당과 싸우느라 일본의 만주 점령에 저항할 여력이 없었다. 농업 집단화, 5개년 계획, 당내 숙청에 몰두해 있던 스탈린은 1935년 동청철도를 매각하고 일본이 북만주로 진격하기 전에 한발 먼저 만주에서 철수하기로 결정했다. 그러나 1936년 중국에서 국공합작이 이루어지고 만주와의 국경에 소련의 방어시설이 건설되면서 중국과 소련은 더 이상 물러서지 않기 시작했다. 이에 1937년에는 중국과, 1938년과 39년에는 소련과 전쟁이 발발했다.

마찬가지로 미국과 유럽은 국내 경제 문제와 국제 금융 체제의 붕괴로 아시아에 관심을 가질 여유가 없었다. 만주사변이 발발한 무렵 금본위제를 포기한 영국은 극동 지역에 관심을 가지지 못했다. 미국은 1937년 이후 장제스에게 전쟁 물자를 조달해 주면서 간접적으로 일본의 반대편에 섰지만, 유럽에서 전쟁이 발발하고 일본이 인도차이나까지 진출한 1940년 이후에서야 일본에 대해 전략 물자 금수 조치를 취하기 시작했다. 경제 제재가 강화되자 일본은 다시 한번 전쟁을 일으키기로 결심했다. 1941년 12월의 진주만 공격을 시작으로 일본은 영미와 전쟁을 벌였으며 일본제국의 국경은 끝없는 전선이 되었다. 그 과정에서 제국과 전쟁은 일체화되었다. 새로운 제국주의의 특징은 바로 끊임없는 전쟁상태였다. 만주국의 건국에서부터 동남아시아의 점령에 이르기까지 일본의 정책 담당자들과 일반 병사들은 모두 전시 국가의 위기감 속에서 전쟁 수행을 위한 특수한 목적에 동원되었다.

만주국이라는 선구적인 모델을 만들어 내면서, 제국 건설의 자주적인 단계는 식민 통치의 새로운 방식을 보여주었다. 이는 먼저 일본의 식민지 국가를 '반(反)식민지 민족주의 동맹'으로 묘사하는 공식적 수사의 등장으로 나타났다. 이에 의하면 만주는 독립운동을 통해 중국으로부터 '해방'된 것이었다. 이어 일본은 '아시아인을 위한 아시아'라는 슬로건 아래 동남아시아에 행정 기구를 설치했다. 지금 와서 생각하면 이러한 선언은 공허하고 자기중심적

제1부: 총력 제국의 건설

인 것으로 보이지만, 당시에는 이와 같은 수사가 본국의 일본인이나 새로운 식민지 기구 수립을 돕던 아시아인의 지지를 동원하는 데 효과적이었다.

만주국에서 발전시킨 괴뢰국가의 조직 구조는 이후 일본에 의해 점령된 중국에서 부역 정권을 건설할 때 그 원형이 되었다.[44] 동남아시아의 상황은 더욱 복잡했다. 해당 지역의 민족주의 운동을 지원하면서 서양 식민 지배자를 몰아낸 일본은 두 가지 형태의 행정 기구를 만들었다. 태국(점령 당시 유일한 독립국이었다), 그리고 1943년 1월 이후에는 버마와 필리핀에서 일본은 동맹을 통해 간접적인 통치권을 얻었다. 반면 인도네시아와 말레이반도에서는 일본 점령군에 의한 군정이 실시되었다. 프랑스령 인도차이나에서 일본과 프랑스의 지배에 대해 호치민이 조직한 베트민이 저항한 것을 제외하고는 그 외의 동남아시아 민족주의자들은 처음부터 대체로 일본의 식민지 지배에 협조적이었다.[45]

일본 식민지에서 시행된 동원 전략은 만주에서의 공식을 빌려온 것이었다. 일본의 지배를 지지하는 새로운 공동체를 조직하기 위해 군사, 정치, 경제, 문화 기관이 새롭게 만들어지나 재편되었다. 야심 찬 중국의 젊은이들은 제국 전역의 다른 젊은이들과 마찬가지로 만주국 군대와 사관학교가 출세를 위한 길이 될 수 있음을 깨달았다. 식민지 시대 말기 버마, 조선, 그 밖의 다른 지역에서 만들어진 군사 기관들은 식민지 독립 후 활동했던 엘리트들의 훈련장이었다. 또한 일본은 필리핀의 푸테라(Putera)나 인도네시아의 칼리바피(Kalibapi) 등의 대중정당을 만들었는데 이는 만주국의 협화회(協和會)를 본딴 것이었다. 일본은 제국 전역에서 현지 자본가와 합작회사를 설립했다. 이러한 합작회사는 일본의 통치를 위한 가면이자 민족자본을 수탈하기 위한 구실이었으며, 때로는 조선의 경우처럼 협력자를 양성하고 민족주의 운동을 분열시키기 위한 수단이기도 했다.[46] 식민지 문화에 대한 동화정책은 1930~40년대에 걸쳐 널리 시행되었는데 이는 일본의 통치에 충성하는 젊은 엘리트 그룹을 만들기 위한 것이었다. 동화정책이 가장 철저히 행해졌던 곳은 대만과 조선으로, 그 일환인 황민화(皇民化) 정책은 민족 문화의 전통을 지우고 그 대신 일본의 종교관습인 신사참배나 일본어 사용, 창씨개명을 요구하는 것이었다.[47]

식민지 국가기관의 설치뿐 아니라 만주국에서 경제적 자급자족권을 형성하기 위해 했던 실험 또한 전시 일본제국 전체에서 시행되었다. 일만 블록 경제로 통합된 산업 및 무역 단위는 먼저 중국 화북 지역으로 확대되었으며 이어서 중국의 나머지 지역, 마지막으로 동남아시아까지 자급자족적인 엔 블록 안에 포함되었다. 조선, 타이완, 그리고 중국 화북 지역에는 만주국과 마찬가지로 산업화와 대규모 투자가 이루어졌다. 화폐의 통일, 생산 목표의 설정, 반관반민의 개발회사, 기타 국가 통제 수단 등 일본이 만주국을 통해 얻은 경제 운영의 교훈은 새로운 지역의 경제에도 적용되었다.

이처럼 모든 면에서 만주국에서의 실험은 새로운 제국주의의 시작을 알렸다. 이 새로운 제국주의는 아시아의 식민지 전역에 혁명적인 민족주의 운동이 급증하면서 나타난 것이었다. 유럽 열강은 아시아에 민족주의가 대두하자 중동과 인도에서 정치적 양보를 하는 등 흔들리고 있는 식민지 체제를 강화하기 위해 유화정책을 폈다. 일본은 이와 같은 도전을 아시아 민족주의의 일치단결을 주장하는 것을 통해 해결하고자 했다. 일본은 그들의 식민지 제국이 민족해방의 주체임을 선언함으로써 반식민지 운동을 자신의 편으로 끌어들이려고 노력했다.

◆

국제적 맥락 속에서 만주국의 이야기는 시간과 공간을 넘나들며 국가와 사회 간의 상호작용에 초점을 두고 진행된다. 세계 무대에서 일본의 제국 건설자들은 특정한 세력 구도의 영향을 받으며 행동하고 반응했으며, 이는 일본의 선택지를 늘리기도 제한하기도 했다. 중국 민족주의 저항의 격화와 대공황의 충격으로 인해 중국에서 열강 간의 동맹이 흔들리자, 1920년대 말 일본은 독자적인 행동을 취할 기회를 잡았으나 이는 동시에 타국과의 협력 외교 가능성을 차단했다. 다른 지역(특히 중국)에 비해 일본의 군사와 산업 면에서의 성장이 두드러진 것은 대륙에 대한 침략의 가능성을 열어주었다. 동시에 국민당의 세력이 커짐에 따라 중국과의 우호 관계를 맺는다는 선택지는 사라졌으며, 일본은 중국 민족주의 세력이 너무 강해지기 전에 중국에서 세력을 확대해야 한다는 조급함에 휩싸였다. 또한 일본, 소련, 미국, 영국 간 군비 경쟁이 심해지면서 일본은 상대방이 군사활동을 억제하기 전에 영토를 확대하기 위해 급박하고 선제적인 조치를 취하곤 했다. 동맹의 형성과 해체, 끊임없이 변화하는 세력 구도, 그러한 변화가 가져온 협력과 경쟁 사이의 역학관계는 모두 일본의 제국주의 구조에 영향을 미쳤다.

이와 같은 구조 속에서 만주 또한 상호 연결된 여러 제국 프로젝트의 영향을 받을 수밖에 없었다. 만주에서 일어난 일이 타이완에 영향을 준 것처럼 중국에서 일어난 일은 만주에도 영향을 미쳤다. 조선에서 발전시킨 관행은 만주에서도 적용되었고, 만주는 또 다른 면에서 조선이 본받아야 할 모델이 되었다. 1930년대 만주가 역동적인 제국의 중심으로 자주외교의 보루이자 혁명적인 제국주의의 선봉이긴 했지만, 중국 동북 지역에서 혁신을 거듭한 제국주의 전략은 제국의 다른 지역에도 적용되었으며 이는 종종 더 대담한 시도와 커다란 결과를 보여주었다. 이어지는 장에서는 대부분 만주국에 대한 일본 본토의 반응에 초점이 맞추어져 있다. 이 때문에 타이완, 조선과의 관계나 일본제국의 새로운 변경인 동남아시아에서의 대중 동원 문제에 대해서는 소홀히 다룰 수밖에 없었다. 그러나 본서에서 이러한 문제들이 언급되지 않는다고 하더라도, 전체 일본제국이 1930년대의 사회문화적 맥락의 중요한 부분을 차지하고 있었음은 분명하다.

만주국이 1930년대 일본제국의 중심적인 위치를 차지하긴 했지만, 그 지위는 시간에 따라 발전해 나간 것이었다. 이러한 발전단계는 시대에 따른 일본제국의 변화와 연결되어 있다. 첫 번째 단계는 19세기 말 일본제국이 탄생했을 무렵으로 이 시기에 대륙 진출에 대한 관심과 중국 북부에서의 제국주의 사명이 형성되었다. 그런 점에서 조선은 일본 제국주의 야망의 정점이었다. 만주는 그저 조선을 식민지화하는 데 방해가 되는 라이벌들을 배제하기 위한 전략적 완충지대였다. 동북 지역에 대륙 진출의 교두보를 마련한 것은 급성장하는 제국을 지배하기 위해 식민기구를 건설하고 발전시키기 시작한 제국 건설의 두 번째 단계와 동시에 일어났다. 1910~20년대 만주 조차지에 식민지 제도를 구축하는 과정을 통해, 만주는 단순한 전략적 완충지에서 벗어나 근대적인 만철과 투철한 군인 정신의 관동군으로 유명한 제국의 일부로 자리매김했다. 다만 중국 동북 지역에서 일본이 요구한 '권익'이 점차 중국 민족주의 운동의 끈질긴 도전을 받고 있다고 느끼기 전까지, 만주는 전체 일본제국에서 단지 주변부에 지나지 않았다.

불매 운동, 파업, 이권 반환 요구, 그리고 정치적 통합을 위한 꾸준한 노력이 기존에 만들어 놓은 모든 것을 위태롭게 할 것처럼 보이자, 만주는 갑자기 새로운 중요성과 책무를 가진 곳이 되었다. 지역 군벌과의 협력이라는 오래된 원칙이 실패하면서 이미 행동할 준비를 마친 일본은 재빨리 군사적 대결의 길을 선택했다. 이 과정에서 만주는 괴뢰국가, 계획경제, 국가 주도의 이민사업 등 여러 실험적인 식민지 제도의 시험장이 되었다. 만주에서의 실험이 확고히 자리를 잡고 성공한 것으로 평가되자 만주는 새로운 제국주의의 모델이 되었다. 세 번째 단계에서 일본은 식민지 군대를 아시아 곳곳에 투입했다. 일본의 지배에 지역민의 지지를 동원하기 위한 굉장히 성공적인 제도를 만들었음에도, 일본제국의 군대는 위험할 뿐 아니라 결국 파멸로 치닫게 될 지역 강대국과의 벼랑 끝 전술 게임에 돌입했다. 요컨대 중국 동북 지역에서 제국이 확장되어 가는 과정—20세기로의 전환기에 시작되어 1930년대 자주적 제국주의 시대에 이르기까지—에는 일본 제국주의의 발전 논리가 새겨져 있었다.

제국의 거대한 시공간적 구조에 대한 이러한 고찰은 이어지는 다음 장을 이해하는 데 필요한 국제적 맥락을 제공해 준다. 그러한 맥락이 중요한 이유는 본서가 전체 제국이라는 넓은 공간 중 단지 한 부분에 불과한 만주국을 일본이 어떻게 바라보았는가를 주로 다루기 때문이다. 그 점은 이 책이 만주에서의 오랜 일본 역사 가운데 1931년에서 1945년 사이의 기간—이 시기는 짧으나 결정적이었다—에 집중하고 있기에 더욱 중요하다. 이제 연구 범위를 좁혀 전쟁 열기가 온 나라를 휩쓸었던 1931년의 일본으로 들어가 보도록 하자.

제2부

THE MANCHURIAN
INCIDENT AND
THE NEW MILITARY
IMPERIALISM, 1931-1933

만주사변과 새로운 군사적 제국주의, 1931~1933

3장

전쟁열:
제국주의적 징고이즘과 대중매체

1931년 9월 18일 펑텐에서 군사 충돌이 발생했다는 소식이 전해진 이후, 중국 대륙에서 들려오는 최신 전황에 대한 뉴스는 몇 달 동안이나 대서특필되었다. 군가는 대중음악처럼 유행했고 전쟁극이 무대와 스크린을 가득 채웠다. 물론 이는 특별히 새로운 현상이 아니었다. 전쟁으로 인한 붐(boom)은 이미 중국(1894~1895)이나 러시아(1904~1905)와의 전쟁을 통해 겪은 바 있었기 때문이다. 이들 전쟁 붐이 일본의 문화 발전에 깊은 영향을 주었듯이, 만주사변기의 전쟁열은 '다이쇼 데모크라시'라 불리는 시대에서 이른바 '비상시(非常時)'로 불리는 쇼와(昭和) 초기로의 전환점이 되었다.

여러 흐름이 모여 1930년대 초 커다란 변화가 생겨났다. 일본의 정책 결정자들은 동북 지역에서 중국 민족주의가 대두하는 것을 억누르기 위해 군사적 방법을 선택했다. 1933년 국제연맹에서 탈퇴하면서 국제무대에서 고립된 일본은 경쟁 제국주의 국가와 충돌하는 길로 들어섰다. 정치적으로는 이 시기에 정당 내각제가 실패하고 좌익 조직이 붕괴했다. 전쟁은 급속한 군비 증강을 가져왔으며 소위 '준전시경제(準戰時經濟)'의 토대를 놓았다. 전쟁열은 대중문화의 군사화를 촉진했으며 총력전을 지원하기 위한 사회 조직의 확산을 부추겼다. 이러한 변화는 모두 새로운 군사적 제국주의의 형성에 기여했다.

1930년대를 일컫는 일본의 상투적인 표현인 '어두운 골짜기(暗い谷間)'는 육군 팽창주의자의 계획에 협조하지 않으려는 무력한 대중에게 정치 탄압을 가하고자 무제한의 권력을 행사한 군국주의적인 경찰국가의 이미지를 떠오르게 한다. 1930년대의 '어두운 골짜기'를 보여주는 한 가지 사례는, 대륙에서의 전투 상황을 전하는 뉴스를 삭제하거나 심지어 거짓으로 보도하는 등 일본 국민을 고의로 기만한 것이다. 정부의 허위 정보를 유포하는 데 있어 언론과 출판사가 수행한 역할은 보통 1925년 제정되어 내무성(內務省)에 광범위한 체포, 검열 권한을 부여한 악명 높은 〈치안유지법〉에 의해 설명되었다. 그러나 만주사변의 발발을 다룬 대중매체의 반응을 좀 더 자세히 들여다보면, 정부의 검열이 언론에 재갈을 물렸으며 언론은 만주 일본군의 군사 행동에 대한 정부의 공식적인 입장을 선전하는 것에 매우 거부감을 갖고 있었다는 묘사에서 몇 가지 오류를 발견할 수 있다. 사실 뉴스매체는 정부의 어떤 강요 없이도 전쟁을 부추기는 일에 앞장섰다. 출판 및 연예 산업은 자발적으로 군 선전가와 협력하여 중국 동북 지역의 군사 점령을 후방에서 지원하기 위해 국민을 동원하는 일에 힘을 보탰다. 그들이 이처럼 행동한 이유는 매우 간단했다. 제국주의 전쟁이 대중문화 생산자에게 사업을 확장하고 이익을 거둘 수 있는 거부하기 힘든 기회를 제공해 주었기 때문이다.

이는 물론 일본에만 국한된 현상이 아니었다. 존 맥켄지(John Mackenzie)가 영국의 사례를 통해, 그리고 다른 이들이 미국, 프랑스의 사례를 통해 증명했듯이 산업화된 세계 전반에 걸쳐 대중매체는 19세기와 20세기 군사적 제국주의를 자극하는 데 커다란 역할을 했다.[1] 기존 연구는 제국주의와 대중문화 사이의 관계에 대한 여러 중요하고 복잡한 이론적 문제를 제기하고 있는데, 그중 일본의 전쟁열과 관련해서 다음의 세 가지를 거론할 필요가 있다. 첫째, 대중매체가 점점 정교한 방식으로 정부와 대중 사이에 개입하기 시작한 것은 제국의 정치에서 어떤 의미를 가지는가? 대중매체는 정부의 선전을 대중에게 전파하는 중요한 채널이었다. 동시에 대중매체는 정부가 사건이나 정책에 대한 대중의 반응을 판단하는 수단이었으며, 이는 대중매체가 '여론'으로 정의되는 것의 표현 통로이기도 했음을 의미한다. 정부와 대중 사이에서 미디어가 당시 사건을 다루는 방식은 종종 양쪽 모두에게 해당 사건의 정치적 의미를 변화시키곤 했다.

미디어에 관한 기존 연구를 통해 제기되는 두 번째 논점은, 신문이나 영화, 기타 대중매체의 여러 기관을 분석함에 있어 우리의 시각이 대중문화의 소비보다 생산 쪽에 치우쳐 볼 수밖에 없는 상황에서 제국의 문화 구조를 어떻게 이해할 것인지의 문제이다. 제국의 대중문화를 연구하는 역사가들이 말하는 '제국의 대중적 이미지'나 '국가 신화(national myths)'라는 표현은 대중의 인식이 하나로 통일되어 있었음을 암시한다. 이들의 연구는 미국의 서부 개척시대나 영국의 기독교적 군국주의라는 신화가 대중을 위해 생산되고 대중에 의해 소비된 제국주의적 산물이었음을 설득력 있게 보여준다. 그러나 제국주의 문화의 소비자들이 어떻게 이야기를 읽고 영화를 해석했는지 알 수 없는 상황에서 '대중적'인 것이 무엇을 의미하는지 의문을 가질 수밖에 없다. 게다가 신문사나 영화사가 그들의 상품을 소비 시장에 맞추어 내놓는다는 사실을 고려해 볼 때, 제국에 대한 대중의 시각 중 얼마나 많은 부분이 미디어에 의해서 결정되었으며 또 얼마나 많은 부분이 소비자의 수요에 의해 형성되었는지 생각해 보아야 한다.

셋째, 기존의 대중매체 연구는 군사적 제국주의의 특정 사건에 대한 미디어의 표현을 제국주의 이데올로기라는 보다 넓은 관점에 맞추어 설명하는 데에 관심이 있었다. 영웅담이나 감동적인 연설 등의 형태로 이루어진 제국 건설에 대한 표현은 도덕성이나 필요성의 관점에서 청중을 설득했다. 이는 사회가 군사적 침략을 정당화하기 위해 만들어 낸 논리적 틀이었다. 그런데 제국주의 이데올로기는 지속적으로 진화했기에 다음과 같은 질문을 던질 수 있다. 당시 표명한 제국의 선결과제 중에서 새롭게 나타난 것은 무엇이고 그다지 새롭지 않은 것은 무엇인가? 다시 말해서 1930년대 초 일본의 전쟁열이 고조되었을 때의 선동 중에서 얼마나 많은 것이 오래된 제국의 전통에서 말미암은 것이었으며, 또 얼마나 많은 것이 당시 역사적 순간의 산물이었는가?

이 장에서 이러한 복잡한 문제에 대한 해답을 모두 찾을 수는 없다. 그러나 이 질문들은 만주사변이 일어난 기간 동안 일본의 대중문화에 생기를 불어넣은 제국주의적 징고이즘이 어떤 의의가 있었는지 알아내기 위한 시도이다. 유럽이나 미국의 제국주의적 전쟁열과 마찬가지로 1930년대 일본의 전쟁열은 문화산업의 확대와 군사적 제국주의 뒤에 존재하는 핵심 요소인 징고이즘의 대두 사이의 관계를 보여준다.

보도 전쟁

1931년 중국 동북 지역에서 전쟁이 발발했다는 소식이 언론을 통해 처음으로 전파되었다. 관동군이 비밀리에 철도를 폭파하고 펑톈의 중국 군사 기지를 급습한 지 몇 시간도 채 지나지 않았을 때인 9월 19일 아침, 장쉐량의 군대가 일본군을 공격했다는 사실이 조간신문을 통해 전국적으로 보도되었다. 이날 일본인들은 일본의 주요 일간지인 오사카 아사히신문(大阪朝日新聞) 1면에서 "'포악한' 중국군이 북대영(北大營) 북서쪽의 만철 선로 일부를 폭파하고 우리 수비병을 습격했다. 우리 수비대는 즉시 응전하여 대포로 북대영의 중국군을 포격하여 그 일부를 점령했다."라는 기사를 읽었다.

이후 몇 달 동안 뉴스는 계속 이어졌으며 각 언론사는 전날 있었던 군의 움직임을 누구보다 먼저 대중에게 전하기 위해 경쟁했다. 9월에 신문사들은 관동군의 일일 진군 상황을 특종으로 보도하는 데에 혈안이 되어 있었다. 이들은 펑톈, 지린, 기타 만철 연선 도시의 점령 소식이나, 장쉐량의 군사들이 만주 남서쪽 도시인 진저우(錦州)까지 철수했다는 사실을 차례차례 보도했다. 또 10월에는 진저우 폭격, 11월에는 만주 북방의 도시인 치치하얼의 점령, 12월에는 진저우에 대한 지상공격 등의 소식도 다투어 전했다. 다음 해 1월 하얼빈의 점령은 일본이 만주 모든 주요 도시를 장악하게 된 것을 의미했다. 이에 각 신문사는 헤드라인을 가장 극적으로 뽑기 위해 경쟁했다. 2월이 되자 독자들은 일본 조계 내의 반일 시위를 진압하기 위해 해군 육전대(陸戰隊)가 상하이에 상륙했다는 기사를 읽게 되었다. 또 3월에는 신생 만주국을 건설하기 위한 만주 독립운동이 최고조에 달했음을 여러 매체를 통해 알게 되었다. 약 여섯 달 동안 만주에 대한 보도 경쟁이 미디어를 장악했고, 이들의 보도는 온 나라를 사로잡았다.

1931년에 전쟁열이 나타난 것은 무엇 때문일까? 또한 그것이 보도 전쟁으로부터 시작한 것은 어째서일까? 그 대답의 일부는 일본의 고도로 발전되고 매우 경쟁적이었던 상업 뉴스매체 속에서 찾을 수 있다. 고도로 발전된 뉴스매체로 인해 만주 전선으로부터 전해지는 뉴스에 대한 수요가 증가하면서 뉴스 시장의 확대를 위한 미디어 간의 경쟁은 더욱 격렬해졌다. 이

　　　　　　　　　　　　　제2부: 만주사변과 새로운 군사적 제국주의, 1931~1933

는 결국 신문 인쇄 기술의 혁신과 새로운 미디어인 라디오의 보급을 촉진했다. 경쟁, 기술 혁신 그리고 시장의 확대는 갑자기 일본을 휩쓴 제국주의적 징고이즘의 중요한 동력으로 작용했다.

신문은 1931년 당시 문맹률이 낮으며 압도적인 구독률을 보였던 대중에게 전쟁 뉴스를 전파하는 전달자 역할을 훌륭하게 수행했다.[2] 중산층과 상류층은 오랫동안 확장되어 온 신문 산업의 핵심 독자층을 이루고 있었다. 1920년대에 이르자 도시와 향촌의 노동 계급까지 신문을 구독하는 습관이 퍼졌다. 1870년대 이래 시행된 보편적 의무교육 제도 덕분에 가장 경제적으로 열악한 사회집단조차도 문맹률이 상당히 낮아졌다. 예컨대 1922년 도쿄 빈민가 일용직 남성의 대부분—일인 가구일 경우에는 92%, 다인 가구의 가장일 경우 89%—이 글을 읽고 쓸 줄 알았다.[3] 신문을 구독할 만한 경제적 여유가 없는 사람들도 술집, 음식점, 이발소, 그리고 지역 청년회나 예비군의 모임 장소에서 이를 접할 수 있었다. 물론 신문의 영향력은 실제 구독자 수보다 더 컸지만, 접근 가능한 제한적인 조사 데이터를 통해 볼 때 구독자의 비율 또한 상당히 높았으며 또 늘어나고 있었음은 명확했다. 예를 들어 1919년 도쿄의 노동자 계층 거주지역인 쓰키시마(月島)에서 실시한 조사에 따르면 이곳의 659개 노동자 가구 중 80%가 신문을 구독했으며 18%는 두 개 이상의 신문을 구독하고 있었다.[4] 도쿄의 여성 노동자 계층(간호사, 교사, 사무원, 타자수, 점원, 전차 승무원)을 대상으로 한 비슷한 조사에서도 이들의 88%가 신문을 구독하고 있는 것으로 나타났다. 또한 규슈의 한 광산에서는 약 절반에 해당하는 노동자가, 도쿄 인근 농촌 마을 주민 중에서는 87%가 신문을 구독하고 있었다.[5]

1860년대 정치 언론으로 출발한 이래 일본의 근대 신문 산업은 1890년대와 1900년대를 거치면서 대규모의 발행 부수를 자랑하는 뉴스 보도기관으로 빠르게 성장했다. 1911년 당시 전국적으로 236개의 신문사가 존재하고 있었으며 그중 상위 7개 대형 신문들의 발행 부수는 10만 부가 넘었다.[6] 이러한 추세는 1910년대와 1920년대에 더욱 가속화되어 〈신문지법〉 하에서 등록된 잡지와 신문의 수는 1918년의 3,123개에서 1932년의 11,118개로 증가했다. 1927년 일본의 2대 일간지인 오사카 아사히신문과 오사카 마이니치신문(大阪每日新聞)의 발행 부수는 1백만 부를 넘어섰고 이외에도 9개의 일간지가 10만에서 50만 부 사이의 발행 부수를 자랑했다.[7]

점차 신문 산업은 국민 통합의 도구가 되었다. 철도망의 확대와 두 차례의 전쟁으로 인한 자극은 주요 일간지들이 오사카나 도쿄 같은 대도시 시장을 벗어나 그 영향력을 넓힐 수 있는 원동력이 되었다. 1909년에는 오사카 아사히신문이 발행한 부수의 31.5%만이 오사카시 내에서 소화되었으며, 그 나머지인 68.5% 중 14%는 교토로 보내졌고 12%는 이웃의 효고(兵庫)현으로, 10%는 긴키(近畿) 지방의 시가(滋賀), 와카야마(和歌山), 미에(三重), 나라(奈良)현으로, 7%는 주부(中部) 지방의 이시카와(石川), 후쿠이(福井), 도야마(富山), 아이치(愛知), 기후(岐阜)현으로, 그리고 6%는 규슈 남부로 보내졌다.[8] 1923년에는 도쿄에서 발행되는 신문의 70%가 도시 밖에서 팔렸다.[9]

다이쇼 시대 말기에 대도시의 신문들이 주요 도시와 마을까지 깊숙하게 파고들었음에도 많은 지역에서 지방 신문들은 대도시 문화의 침입에 저항했다. 실제로 오사카와 도쿄의 신문사들이 급속하게 발전한 것과 비슷하게 각 지방의 지역 언론 역시 활발하게 활동했다. 대부분의 지방 도시는 각자 몇 개의 신문사를 지원했으며, 이로 인해 각 현과 지역을 기반으로 하는 신문사의 수가 늘어날 수 있었다. 예컨대 도야마현은 26개의 정기 간행물 외에도 3개의 조간지와 2개의 석간지를 발행했다.[10] 대도시의 신문사가 지역 시장을 장악하려고 할 때도 사이타마(埼玉)나 가나가와(神奈川) 같은 대도시 인근지역을 제외한 대부분 지역 신문사는 이에 맞설 수 있었다.[11] 이러한 저항은 대부분 대도시의 마케팅 및 생산 기술을 모방함으로써 가능했으며, 때로는 합병이나 구조조정도 이루어졌다. 지역 신문의 생존을 도와준 또 다른 주요 요인으로는 당시 사람들이 하나 이상의 신문을 구독하는 경향이 증가한 것이다. 1930년 13,688개 청년단체를 대상으로 한 전국적인 조사를 살펴보면 각 단체는 평균 3.3개의 신문을 구독하고 있었으며, 이 중 약 50%가 지역 신문이었다.[12]

국내 시장에서 대도시 일간지가 영향력을 높이고 대중 마케팅 기술이 전파되면서 이루어진 신문 산업의 성장은 전국적으로 통일된 대중문화의 형성을 촉진했다. 이는 만주사변과 같은 국가적으로 중요한 사건에 대한 뉴스가 전국적으로 신속히 퍼져나가게 되었음을 의미했다. 또한 경쟁 신문사들이 서로의 기사를 참고하고 새로운 마케팅 기법을 모방하면서 각 신문사 간에 어느 정도 통일된 보도가 이루어졌다. 무엇보다도 1931년 일본에는 뉴스를 열정적으로 소비하는 사람들이 넘쳐났다. 상류층, 중산층, 노동자 계층을 막론하고, 또 도시민이든 농민이든, 남성과 여성 그리고 심지어 어린이들까지도 상업적 뉴스매체를 통해 매일의 사건 소식을 들을 수 있었다. 따라서 일본 사회를 전쟁열로 물들이며 만주사변의 영향을 처음으로 후방인 일본 본국까지 미치게 만든 매개체가 신문이 되었던 것은 자연스러운 일이었다.

신문사의 입장에서 전쟁열은 시장 확대를 노릴 수 있는 절호의 기회였다. 도시의 시장은 대체로 포화상태였기에 이 단계에서의 목표는 농촌 시장에 더욱 철저히 침투하는 것이었다. 역사학자인 도야마 시게키(遠山茂樹)는 당시 그가 살던 마을에 대도시 신문이 진출한 것에 대해 다음과 같이 말했다.

이전에 전쟁이 발발했을 때와 마찬가지로 신문사들은 신문의 구성, 생산, 판매 기술의 혁신을 통해 발행 부수를 늘리고자 노력했다. 청일전쟁과 러일전쟁 기간 이루어진 신문 시장의 엄청난 성장은 전선에 대한 보도기사와 함께 삽화나 사진의 사용을 늘리고, 정치 위주의 '무거운' 저널리즘과 엔터테인먼트 중심의 '가벼운' 저널리즘을 섞으며, 광고를 주요 수익원으로 삼는 등의 여러 변화로 이루어졌다. [14] 이제 만주사변 시기의 뉴스 전쟁은 빠른 속도로 뉴스가 생산되는 시대를 열었다.

이러한 변화의 선두에 선 것은 마이니치신문과 아사히신문이었다. [15] 모두 오사카에 본사를 두고서 다양하고 상당히 독립적인 지역판을 발행했던 이들 신문사—각각의 주력 신문은 도쿄 아사히, 오사카 아사히, 오사카 마이니치, 도쿄 마이니치신문이었다—들은 전국 뉴스 시장을 지배했다. [16] 이 4대 일간지는 뉴스 전쟁에서 승리하기 위해 항공기나 자동차를 새로 구매하고 최신 인쇄기와 사진 인화 기계를 동원했다. 오사카 아사히신문은 1928년 장쭤린이 폭사했을 때 타고 있었던 기차의 사진을 서울에서 오사카로 비행기에 실어 보내 사건 발생 24시간 안에 일본의 거리까지 소식이 전해지게 했다. 신속한 뉴스 전달에서 항공기가 가진 잠재력을 극적으로 보여준 사례였다. [17]

1931~32년 두 신문사는 비행기를 이용해 일본과 만주 사이를 오가

며 기자들과 장비를 수송했다. 1931년 9월 20일 오사카 아사히신문은 이미 "여러 대의 비행기를 동원하여 8명의 특파원을 파견했다"라고 자랑했다.[18] 그해 11월 15일까지 아사히신문은 최소 33명의 특파원을 만주로 보냈으며, 다음 해 1월까지 마이니치신문은 50명의 특파원을 보냈다.[19] 물론 비행기가 등장하기 전부터 신문사는 중요한 사건을 취재하기 위해 특파원을 파견해 왔다. 예를 들면 1894~95년 청일전쟁 동안 66개 신문사가 총 114명의 기자와 11명의 삽화가, 4명의 사진기자를 중국으로 보냈다.[20] 그러나 비행기의 출현으로 변화된 뉴스 취재 방식은 그 규모와 속도 면에서 더욱 큰 발전을 가져왔다.

새로운 기술과 오래된 관행의 결합은 신문 제작 측면에서도 분명했으며, 이는 만주사변기 '호외' 경쟁에 반영되었다. 신문사들은 이전의 제국주의 전쟁에서 취재를 위한 특파원을 보냈듯이, 전선에서 전해지는 소식을 빠르게 알리기 위해 호외를 사용했다. 이제 이 경쟁에서 승리를 좌우한 것은 새로 도입된 고속 실린더 인쇄기와 유선 사진 전송장치였다. 아사히와 마이니치신문의 자본력은 이들 신문사가 새로운 기술 분야에서 우위를 차지할 수 있게 해주었다. 이들은 뉴스 통신사인 덴쓰(電通, 日本電報通信社의 약칭)와 함께 1928년 일본 최초로 사진 전송기를 수입해 왔다.[21] 1930년 이들 신문사는 전국에 있는 108개 고속 실린더 인쇄기 중 74개를 소유하고 있었다.[22] 그리하여 아사히와 마이니치신문은 많은 비용을 들여 여러 차례 호외를 발행하고—때때로 조간과 석간 사이에 여러 쪽으로 된 호외를 두 차례 발행하기도 했다—전선에서 보내온 최신 사진을 싣는 것과 같은 방법으로 작은 신문사들을 제압할 수 있었다. 1931년 10월 어떤 이는 "호외 경쟁이 시작된 이후… 모든 신문사는 호외를 발행했다. 그러나 최초의 호외 이후의 보도는 뉴스라기보다는 그저 사진에 불과했다. 그러므로 호외 전쟁은

두 거대 신문사, 아사히와 마이니치에 의해 좌우되었고 나머지는 옆에서 지켜볼 뿐이었다"라고 말했다.[23]

불행히도 1931~32년의 뉴스 전쟁에서 이들 군소 신문사만이 거대 일간지의 경쟁자였던 것은 아니었다. 대륙에서 전쟁이 발발하자마자 신문사들은 '특종'을 위해 새로 경쟁하게 될 라이벌을 발견하게 되었다. 바로 라디오였다. 라디오와 신문 간의 격렬한 경쟁은 새로운 현상이었다. 일본의 국영 방송사인 일본방송협회(日本放送協會, NHK)는 1926년에 설립된 이래 뉴스 제작에는 한발 물러난 채 교육적 사명을 위해 노력해 왔다. NHK는 신문사나 뉴스 통신사에 뉴스를 의존했으며, 이들의 정보를 무료로 공급받는 대신 편집권을 주고 모든 소식을 전달하게 했다. 그러나 1930년 신문사의 그늘에서 벗어나기 위한 움직임으로 라디오는 뉴스 통신사와 직접 접촉하기 시작했으며 편집권도 다시 가져왔다.[24] 만주사변기 NHK는 뉴스 산업에서 자신의 위치를 확보하기 위해 적극적으로 움직였다.

라디오는 정규 뉴스 프로그램을 하루 4회에서 6회로 늘렸으며, 비정규 특별 뉴스 방송인 '임시 뉴스'나 뉴스 속보와 같은 방법을 통해 신문과 경쟁했다. 이러한 방식은 적절하게도 9월 18일 대형 일간지보다 먼저 만주사변의 발발을 보도하면서 처음 사용되었다. 아침 일찍부터 체조 프로그램을 중단하고 방송된 특별보도는 6분 동안 "우리 측 철도 수비대와… (중국) 제1여단 사이의 충돌" 소식을 전했다.[25] 속도만 놓고 보자면 '임시 뉴스'는 신문과의 경쟁에서 큰 우위를 점했다. 이러한 강점을 살려 NHK는 9월 19일에서 30일 사이 17차례나 '임시 뉴스'를 방송했다.[26]

국가적 위기의 순간 라디오 청취자의 수는 빠르게 증가했다. 라디오 수신기를 구매(광석 라디오의 가격은 10~30엔, 진공관 라디오는 50~100엔)하기만 하면 라디오 요금은 매달 75센(錢)으로 한 달에 1엔인 신문 구독료보다 저렴했다. 그러나 수신기는 매우 부유한 사람들을 제외하고는 구매하기 부담스러운 물건이었다.[27] 이러한 점은 라디오 청취자 수의 증가를 더욱 인상적으로 보이게 만든다. 1930년 말에는 778,948가구(인구의 6.1%)가 라디오 방송을 청취했으며, 1933년 말 이 수는 1,714,223가구(인구의 13.4%)로 늘어 3년 사이에 거의 백만 가구가 증가했다.[28]

이 단계에서 라디오 청취는 주로 도시에서 이루어졌다. NHK는 1934년 도시 거주 가구의 36%가 라디오를 보유한 반면, 농촌 지역에서는 단지 6%의 가구만이 라디오를 지니고 있다고 추정했다. 여기서 말하는 도시는 대도시에 국한된 것이 아니었다. 상당한 수의 라디오 청취 가구는 오사카나 도쿄 바깥에 거주하고 있었다. 물론 인구가 밀집된 곳일수록 라디오 청취자의 비율도 높았다. 1935년 도쿄에 거주하고 있는 가구의 49.8%, 오사카 거주 가구의 36.3%, 교토 거주 가구의 26.8%가 라디오를 갖고 있었다. 그러나 나고야가 있는 아이치현, 고베가 있는 효고현, 요코하마가 있는 가나가와현처럼 도시화가 많이 진행된 현들 또한 각각 23.9%, 22.9%, 23.7%의 높은 라디오 보급률을 자랑했다. 게다가 동북쪽의 미야기(宮城)현이나 남부 규슈에 위치한 후쿠오카(福岡)현과 같은 대도시와 먼 지역에서도, 현청 소재지의 많은 청취자 수로 인해 보급률이 각각 12.3%와 12.4%까지 올라갔다.[29]

라디오와 신문 간의 뉴스 전쟁은 신속하고 선정적인 '긴급 속보'의 제공에서 대중에게 볼거리를 전달해 주는 것으로 더욱 확대되었다. 물론 신문사들은 오래전부터 '이벤트' 사업을 하고 있었다. 19세기 말 유럽과 미국에서 유행한 '뉴저널리즘'과 마찬가지로, 일본의 신문은 1890년대부터 독자의 참여를 늘리고 시장을 확대하기 위해 여러 행사를 후원하기 시작했다. 메이지 말기 전국의 신문 독자들은 신문사가 재난 피해자를 위한 모금 운동이나 각종 대회, 복권, 연주회, 전시회, 강연, 스포츠 행사 등의 후원자가 되는 것에 익숙했다.[30] 이러한 모든 활동은 청일전쟁과 러일전쟁 중 큰 효과를 발휘했다. 만주사변기 신문은 기존의 전통적인 '이벤트'에 더해 새로이 '뉴스 영화(newsreel)'를 상영하기 시작하면서 시장을 더욱 확대했다.

만주 점령 과정을 단계적으로 보여주는 아사히와 마이니치의 뉴스 영화가 공회당과 도시의 공원을 가득 채웠다. 1920년대에 신문사나 영화사 모두 정규 뉴스 영화를 이따금 제작하긴 했지만, 만주사변을 다룬 신문사의 영상은 뉴스 영화를 처음으로 널리 확산시켰다. 아사히나 마이니치신문은 만주로부터 뉴스 영화가 담긴 필름통이 전달되어 오는 대로 이를 오사카, 고베, 교토, 도쿄와 같은 도시의 공원에서 상영했으며, 다시 백화점, 소학교, 기타 전국의 다른 장소에서 상영하기 위해 필름을 배포했다. 예컨대 오사카에서는 첫 번째 편인 '일본군과 중국군의 군사 충돌'이라는 제목의 뉴스 영화가 만주사변 발발 후 단지 3일이 지난 9월 21일에 상영되었고, 그 후 군중의 수요를 감당하기 위해 밤마다 여러 차례 상영되었다. 북만주 전투의 시작을 보여주는 '눈강(嫩江) 전선'이란 뉴스 영화는 하룻밤 만에 2만 명이 관람하면서 11월의 최고 인기작이 되었다. 1월의 추운 저녁에는 5천 명의 사람들이 '진저우(錦州) 입성'에서 일본군의 행진을 보기 위해 야외에 서 있었다.[31] 무료 뉴스 영화는 하나의 마케팅 도구였기 때문에 거대 신문사들이 판매 부수를 늘리길 원하는 농촌 지역을 포함한 도시 외곽에서 널리 상영되었다. 예를 들면 아이치현에서는 1931년 9월부터 1932년 9월까지 오사카 아사히신문사에서 상영하는 뉴스 영화가 총 102개 장소에서 상영되었는데 그중 최소 46개 장소가 농촌 지역이었다.[32]

뉴스 영화의 인기와 마찬가지로 순회강연이나 군대용품 전시회도 열렬한 반응을 얻었다. 11월 25일 오사카 아사히신문은 '전장으로부터의 보고'라는 강연 시리즈를 3일간 진행하며 강연 붐을 일으켰다. 전선의 상황에 대한 인상을 이야기하는 특파원들의 강연은 오사카, 고베, 교토, 나고야에서 모두 만석이었다. 12월 3일 오사카에서는 6천 명의 군중이 운집했고, 1월에 도쿄에서 열린 진저우 침공에 대한 강연에서는 열광적인 군중들이 기립박수를 치고 만세 삼창을 했다. 진저우 강연의 반응에 고무된 아사히신문사는 요코하마, 요코스카(橫須賀), 지바, 센다이, 후쿠시마, 와카마츠(若松), 니가타(新潟), 나가오카(長岡), 다카다(高田), 모리오카(盛岡), 히로사키(弘前), 아오모리(青森), 아키타(秋田), 야마가타(山形), 가나자와(金沢)로 강연자를 보내는 등 순회 일정의 방문지를 늘렸다. [33]

11월과 12월에 대형 백화점들은 마이니치와 아사히 신문사에게 공간을 제공하여 만주사변을 기념하기 위한 군사용품 전시회를 열었다. 도쿄 아사히신문사가 후원한 '펑톈 북대영의 격렬한 전투 유품' 전시는 도쿄를 시작으로 하여 전국 70여 지역을 순회했다. 500만 인구의 도시 도쿄에서 관람객은 하루에 11,000여 명에 달했으며 전국적으로 60만 명이 넘는 사람들이 전시를 관람했다. 9월 21일을 시작으로 오사카 아사히신문은 '만주사변 사진전'을 서일본 전역에서 열었으며, 11월에는 '중국의 반일(反日) 벽보' 전시를 개최했다. [34]

이에 뒤질세라 NHK 역시 만주사변에 관한 제국주의적 행사에서 필수적인 파트너가 되기 위해 분주히 움직였다. 이 과정에서 NHK는 1930~40년대 방송의 중요한 특징이 될 새로운 기술의 선구자가 되었다. 그중 가장 많은 사람의 관심을 끌었던 것은 바로 행사 장소에서 동시에 이루어지는 라디오 생방송이었다. 1931년과 32년에 NHK는 군 환송식이나 환영 퍼레이드, 장례식, 사열식, 후원회, 무기 축성의식 등 전국의 공식적인 행사에 빈번히 참여하기 시작했다. 사진과 마찬가지로 라디오 생방송은 마치 바로 옆에서 행사가 진행되는 것처럼 느껴지게 하여 청취자와 행사 사이의 거리 감을 줄여주었다. 러일전쟁 당시 전장의 모습을 담은 사진이 널리 이용되 면서 사진 보도가 갖는 잠재력을 보여주었듯이, 이번의 라디오 선전전(宣傳 戰)은 방송 통신이 갖는 힘을 입증했다.

라디오 생방송은 해당 지역에만 국한되었던 군 행사의 성격을 바꾸어 행 사의 매력과 뉴스의 가치를 크게 상승시켰다. 가장 먼저 생방송으로 중계 된 행사는 1931년 11월 11일 고베, 교토, 오사카의 세 도시에서 실시된 방 공(防空) 훈련이었다. 같은 해 말까지 NHK는 니가타와 센다이에서 거행된 세 번의 대규모 장례식을 방송했으며, 히로시마 우지나항(宇品港)에서 열린 다섯 번의 출정식에 참여했다. 다음 해에 라디오 청취자들은 평균적으로 일주일에 한 번씩 생방송을 들을 수 있었다. 총 53번의 라디오 생방송 중 에는 전사자의 영령을 군신(軍神)으로 모시는 국가적 종교시설인 야스쿠니 신사에서의 참배를 중계한 것이 3차례, 방공 훈련 1차례, 센다이에서 거행 된 '센다이 제2사단 전사자를 위한 제4차 추도식' 외 기타 장례식 13차례, 센다이역 앞에서 행해진 '제2사단 승전 귀환'을 포함한 환영 퍼레이드 7차 례, 출정식 2차례, 항공기 축성식 20차례, 무기 기증 행사 3차례, 6월 29 일 도쿄의 히비야 공회당에서 열린 '영광스러운 승리를 기념하는 전쟁담(戰 爭談)의 밤'과 같은 행사들이 포함되어 있었다.[35]

NHK는 또한 군인들을 위한 위문 공연을 생중계하기도 했다. 만주와의 라디오 연결이 새로 구축된 것을 과시하기 위해 NHK는 만담가, 가수, 악 단, 희극배우, 기타 대중 연예인을 동원하여 '재만(在滿) 형제들을 위한 위 문의 밤'에 참여시켰다. 10월 30일 도쿄극장에서 열린 '위문의 밤' 생방송 이 큰 성공을 거두자, 1932년 1월 24일까지 10개의 유사한 프로그램이 새 로 제작되었다.[36] 이러한 방식으로 NHK는 전쟁을 이용해서 그들이 새롭게 발전시킨 뉴스 서비스를 대중에게 선보였으며 혁신적인 뉴스 제작과 뉴스 영역의 확대에 힘씀으로써 신문사와 경쟁했다. 1930~1931년 사이 라디오나 신문이 전쟁에 대해 보인 선동적인 태도는 고도로 발전한 상업적인 뉴스 시장에서의 압력을 생각해 볼 때 자연히 예상할 수 있는 것이었다. 독자들이 신문을 많이 구매하고 라디오 청취자가 늘어날수록, 미디어는 전쟁을 더욱 선정적으로 다루었다. 청일전쟁이나 러일전쟁 시기의 전쟁 붐과 마찬가지로, 만주사변기에 보인 신문사나 라디오 방송국의 활동은 뉴스 시장의 변화를 가져왔다. 만주사변 이후 아사히, 마이니치 신문사와 NHK는 뉴스 시장에서 확실한 선두 주자로 자리매김했으며, 제국의 군사적 위기에 대해 전국적으로 통일된 반응을 형성하는 데에 도움을 주었다. 뉴스 미디어의 행보를 통해 알 수 있듯이 대중매체와 대중의 상업적인 관계는 전쟁을 주제로 한 미디어 상품의 생산과 소비에 있어 선순환적인 구조를 형성했고 만주사변기 전쟁 붐을 부풀리는 데 기여했다. 이러한 역학관계는 '징고이즘'이란 현상의 필요불가결한 요소였다. 이 시기 전쟁은 의학, 무기, 중공업 분야에서 기술적 도약을 촉진했다. 일본이 1931~33년의 전쟁열을 겪으며 얻은 경험에서 알 수 있듯이, 전쟁은 또한 대중매체의 발전도 가져왔다. 만주사변기 미디어에 대한 수요 증가는 신문사나 라디오 방송국이 새로운 포맷의 도입을 시험하고 기술 개선에 투자하며 새로운 판촉 기법을 실행해 볼 수 있는 기회를 제공했다. 이러한 진전은 잘 발달된 전국적인 뉴스 시장이란 기반 위에서 이루어졌다. 1920년대 이미 기술적, 상업적 발전이 있었던 바탕에 적절한 시장 조건이 주어지자, 뉴스 산업은 급성장했다. 대중매체는 이러한 기회를 적극적으로 활용하며 전국을 전쟁열로 물들였다. 즉 제국주의적 징고이즘이 나타나기 위해서는 산업화한 대중문화가 대량 생산될 수 있는 기술의 혁신과 영역의 확대가 반드시 필요했다.

비공식 선전가들

거대 언론의 활동에 힘입어, 만주에서 일어난 사건을 일차원적으로 바라보는 해석은 점차 대중문화의 다른 영역까지 퍼져나갔다. 서적, 잡지, 영화, 음반 등의 여러 대중 오락물은 신문이나 라디오가 선동한 국가적 위기의식 위에 축제와도 같은 떠들썩함을 가미했다. 만주는 공연이나 가부키 비극, 심지어 음식점 메뉴의 주제가 되었다. 이와 같은 문화적 홍수는 만주사변기 제국주의적 징고이즘의 두 번째 특징을 구성하는 배경이 되었다. 대중문화 산업 속에는 만주를 주제로 한 상품들이 넘쳐났으며, 이를 통해 대륙에서 발생한 사건에 대한 특정 정보나 해석이 퍼져나갔다. 만주를 주제로 한 대중문화 상품은 군사 행동을 찬양하고 제국의 군대를 영웅시했으며 만주국의 건국을 칭송했다.

상상할 수 있는 대중문화의 모든 분야에서 중일 갈등의 극적인 순간들이 반복해서 다뤄짐으로써, 대중매체는 만주사변에 대한 대중의 기억을 형성하는 데 기여했다. 만주에 대한 묘사가 비록 선택적이었을지언정 사실적인 뉴스 보도를 기반으로 했던 것에서 무대 위나 스크린 속 허구적으로 각색된 극에 의한 것으로 변화하면서, 군사 점령이라는 복잡한 현실은 단순하고 신성화된 신화의 패턴으로 축소되었다.[37] 만주에 대한 과잉 보도, 일본이 일으킨 전쟁의 정당성을 상징적으로 보여주는 이야기의 선별, 그리고 다양한 매체를 통해 이러한 이야기가 재현되는 것은 모두 제국주의적 징고이즘을 정의하는 특징이었다.

언론의 경우와 마찬가지로 출판이나 연예 산업에서 징고이즘은 새로운 것이 아니었다. 대중 잡지의 등장부터 현대극의 탄생에 이르기까지 대중문화 산업의 발전은 청일전쟁과 러일전쟁 시기의 문화 생산에 큰 영향을 받

았다.[38] 청일, 러일전쟁 시기부터 만주사변에 이르는 몇십 년 사이에 '엔폰
(円本, 권 당 1엔의 저가 서적)'의 대량 생산은 서적의 가격을 낮추었고, 연예잡지
『킹(キング, King)』의 발행 부수는 최고 기록을 갱신했다.[39] 동시에 대중 엔터
테인먼트는 영화와 음반 산업의 등장으로 혁명적인 변화를 겪었다. 1920
년대에 일어난 신문 산업의 기술적 진보와 마찬가지로, 대중문화 산업에서
의 이와 같은 발전은 제국주의적 징고이즘이 널리 퍼지는 데 크게 기여하
여 일본 사회에 많은 영향력을 끼쳤다.

만주사변으로 인한 전쟁열이 강한 전염성을 가질 수 있었던 또 다른 요
인은 이 시기 대중문화 산업의 도달 범위가 확대되었다는 점이었다. 메이
지 시대 말기 구축된 유통망은 대도시에서 생산된 대중문화가 전국의 도시
와 농촌에 있는 소비자까지 도달할 수 있게 해주었다. 대도시의 서적, 잡지
출판사가 지방 시장에까지 침투하게 되는 역사는 신문의 그것과 아주 유사
했다. 도쿄를 기반으로 한 출판사의 지역 간 거래는 1890~1912년 사이에
설립된 7개의 주요 취급사를 통해 이루어졌다.[40] 별도의 회사에 의해 유통
이 이루어졌던 출판업계와는 달리, 초기의 영화관은 닛카쓰(日活)나 텐카쓰
(天活) 같은 영화 수입 및 제작사에 의해 운영되었다. 1903년 도쿄 아사쿠사
(浅草)에 일본 최초의 영화관이 개관한 이래 영화관의 수는 급속도로 증가했
다. 1912년 전국 164개의 영화관은 주로 도쿄, 오사카, 교토, 고베, 요코하
마, 나고야 등에 집중되어 있었으며 일본 현의 절반 이상은 여전히 영화관
이 없었다. 그러다 10년이 채 지나지 않아서 모든 현에 최소한 하나 이상의
영화관이 생겼으며 개봉관도 694개로 증가했다. 그중 86개가 도쿄에, 54
개가 후쿠오카에, 47개가 홋카이도에, 39개가 오사카에, 34개가 시즈오카
(静岡)에 있었으며 나머지 지역에는 평균 10개 정도가 존재했다.[41] 1920년
대에 대량 생산을 위한 설비 투자와 전국적인 유통망의 성장으로 출판, 연

예 산업은 전쟁열을 청일전쟁이나 러일전쟁 때보다 더 멀리, 더 빠르게, 그리고 더욱 강력한 방식으로 퍼트릴 수 있었다.

1929년 이후 경제를 황폐하게 만든 대공황으로 엄청난 타격을 입은 연예, 출판업계는 만주사변의 발발을 하늘로부터 내려온 축복이라 여겼다. 한 출판연감은 출판 산업의 동향을 정리하면서 "만주 관련 서적의 판매 증가는 완전히 침체한 출판 산업에 새로운 활기를 불어넣었다"라고 평가했다.[42] 만주 점령 이전에는 만철이나 중일문화협회(中日文化協會), 오사카야고쇼텐(大阪屋號書店)과 같은 전문출판사만이 만주 관련 서적을 출판했지만, 만주에 관한 관심이 증가하자 주요 출판사들도 이 분야에 의욕적으로 뛰어들기 시작했다. 니혼효론샤(日本評論社), 지츠교노니혼샤(實業之日本社), 헤이본샤(平凡社), 신코샤(新光社)를 비롯한 기타 여러 출판사는 1932년에만 만주에 관한 책을 500종 이상 출판했다. 도쿄의 대형 출판업체인 산세이도(三省堂)와 도쿄도(東京堂)는 이러한 현상을 "만주 문제를 다루는 출판물의 홍수"라 표현했으며 또 "도쿄 외의 지역에서 만주 관련 서적의 주문이 쇄도했다"라고 묘사했다.[43]

모든 출판연감에서 대중 취향의 기준으로 사용한 도쿄시립도서관 독자조사는 어떤 종류의 책들이 주로 인기가 많았는지 알려준다. 예컨대 1932년에 가장 많이 읽힌 책으로는 『신무기의 이해』, 『육군독본(陸軍讀本)』, 『해군독본(海軍讀本)』 등이 있었으며, 전선의 여성 기자를 찬미하는 이야기인 『남장종군기(男裝從軍記)』, 임무 수행 중 자폭 공격으로 전사한 세 병사들을 다룬 유명한 이야기인 『충렬폭탄 삼용사 ─ 부록: 장렬육탄 오용사(忠烈爆彈三勇士─附壯烈肉彈五勇士)』와 같은 책도 있었다. 또 청소년 문학 분야에서 1932~1933년 사이 가장 인기 있었던 책으로는 『우리의 육군(我が陸軍)』, 『우리의 해군(我が海軍)』, 『우리의 공군(我が空軍)』, 『우리들의 육해군(われ等の

陸海軍)』 등이 있었고, 이 외에도 러일전쟁의 영웅인 노기 마레스케(乃木希典)의 전기, 어린이를 위한 전함(戰艦) 이야기나 전쟁 이야기, 공군이나 공중전에 대한 입문서, '세 영웅 이야기'와 같은 애국적인 이야기를 담은 아동도서들이 인기가 있었다.[44]

도서 출판업자들이 자신의 이익을 위해 군국주의를 고취한 것과 마찬가지로, 대중 잡지 역시 만주에 쏠린 관심을 이용할 요량으로 군의 입장을 대변하는 글을 지면에 싣기 시작했다. 1932년과 1933년에 발행된 특별호에는 육군의 시각에서 본 '만주 문제'에 대한 글이 잇따라 실렸다. 『역사공론(歷史公論)』은 1933년 4월에 '만몽(滿蒙)' 특별판을 발행했는데, 여기에는 일본과 만주의 '특수 관계'를 전근대까지 거슬러 올라가 추적한 기사가 실렸다. 『문예춘추(文藝春秋)』는 전선에서 들려오는 소문을 다룬 칼럼인 「만주전쟁에 대한 사소한 이야기」를 실었으며 여기에 더해 1932년 3월부터 5월까지 만주에 대한 특별기획을 신설했다.[45] 심지어 통속 잡지인 『범죄과학(犯罪科學)』과 같은 의외의 지면에서도 군 전문가의 글이 실려 있는 것을 발견할 수 있다. '만몽생명선(滿蒙生命線)'을 주제로 한 특별호를 위해 이 잡지의 편집자는 '만주의 사법제도와 형벌'에 관한 글을 써줄 것을 어느 육군 장군에게 의뢰했다.[46]

거대 출판사인 고단샤(講談社)에서 발행하는 인기 잡지들은 관동군을 찬양하는 수단으로 전락했다. 고단샤의 『킹(キング)』, 『웅변(雄弁)』, 『고단구락부(講談俱樂部)』, 『소년구락부(少年俱樂部)』와 같은 잡지는 1931년 10월 전만 하더라도 만주에 대해 거의 언급하지 않았다. 하지만 만주사변 발발 이후 이들 잡지는 육군 병사와 장교가 함께 쓴 「충성스럽고 용감한 일본의 혼—우리 장병의 최후를 말한다」라던가 유작(遺作)으로 출판된 「비적토벌수기(討匪行手記)」와 같은 글들로 가득 채워졌다.[47] 『소년구락부』는 1932년 2월

'만주사변 기념 특별호(滿洲事變記念特大號)'를 발행했으며, 3월에는 '만주사변 기념 그림엽서'가 부록으로 실렸다. 그리고 4월에는 만주사변을 위한 모금 캠페인과 종이로 된 비행기 모형이 포함된 '애국특별호'가 발행되었고, 5월과 6월에는 각각 해군과 공군을 다뤘다. 군의 유명 인사들도 정기적으로 잡지에 글을 기고했다. 예컨대 러일전쟁에서의 경험을 바탕으로 한 『육탄(肉彈)』의 저자이자 이후 군 선전기관인 육군성 신문반(新聞班)의 수장을 역임한 육군 소장 사쿠라이 다다요시(櫻井忠溫)는 「그의 최후」라는 글을 썼으며,[48] 육군대신 아라키 사다오(荒木貞夫)도 『부인구락부(婦人俱樂部)』에 「비상시국! 일본 부인의 사명(使命)」이란 글을 싣는 등 대중적인 잡지에서 그의 글을 자주 볼 수 있었다.[49]

불과 몇 주 전만 하더라도 나른한 재즈가 울려 퍼지던 음악계에도 변화가 일어 군가(軍歌)가 유행하기 시작했으며 청일전쟁과 러일전쟁 시기의 노래가 다시 불리기도 했다. 『아사히연감(朝日年鑑)』은 이에 대해 "현재의 상황이 국민들에게 옛 명곡을 다시 음미할 기회를 제공했다"라고 설명했다.[50] 음반 회사는 '일어나라 국민이여(起てよ國民)', '아, 우리의 만주(おお我が滿洲)', '황군 출정가(皇軍進發の歌)', '폭격기(爆擊機)', '만주의 연인, 만주 아가씨(滿洲のラバ-滿洲娘)'와 같은 군가를 여러 곡 내놓았다.[51]

스크린과 무대의 열기는 이보다 더 뜨거웠다. 1932년 상반기 극장과 영화관은 '빛나는 국기(輝く國旗)', '아침 해에 빛나는 남만주: 펑톈성으로의 첫 걸음(旭日輝く南滿洲: 奉天城一番乘)', '네 용사의 희생(人柱四勇士)', '용감한 나팔수(勇敢なる喇叭手)'와 같은 작품들로 가득했다.[52] 영화사들은 '소집령(召集令)', '센타로의 만주 출정(三太郎滿州出征)', '출정하세, 우리의 아들이여(征けよ我が子)' 등과 같은 영화를 통해 병사들이 자신들의 징집을 긍정적으로 바라볼 수 있도록 만들었다. 예컨대 잡지 『영화와 연예(映畫と演藝)』는 '출정하세,

우리의 아들이여'라는 영화에 대해 "우리 농촌은 전례 없는 흉년을 맞이했다. 그러나 이는 일본제국이 맞닥뜨린 위기에 비하면 아무것도 아니다… 이러한 정신에 입각해서 이 영화는 용감하게 출정하여 조국을 위해 기꺼이 전사한 보병대 이등병 아오키 센타로의 이야기를 담고 있다"라고 설명했다.[53]

　제국의 위기, 전투에서의 영웅적 행위, 그리고 영광스러운 희생은 1931~32년 일본 대중매체를 지배하며 문화산업에 쏟아져 나온 만주사변을 주제로 한 문화상품이 전하고자 했던 메시지였다. 물론 이러한 메시지는 만주사변에 대해 군이 일반 대중에게 들려주고자 했던 것과 정확히 일치했다. 그러나 군이 이러한 입장을 문화 산업계에 억지로 강요할 필요는 없었다. 노골적인 군국주의가 유행하자 문화 산업은 스스로 비공식 선전가의 역할을 떠맡았다. 사람들은 전투에서 사람들이 죽는 비극을 보기 위해 몰려들었으며, 제국의 영광을 찬미하는 잡지를 사들였다. '제국'은 유행이었고, 이러한 문화적 유행은 대중매체가 생존하기 위해 꼭 필요한 것이었다. 비공식 선전이 효과를 얻기 위해서는 일반 대중에게 자신들이 보고 있는 것이 실제 역사임을 믿도록 하는 것이 중요했다. 작사가나 극작가들은 작품의 소재가 될 만한 것을 신문에서 바로 가져왔으며, 신문에 실린 사실들을 자연스럽게 픽션으로 바꾸었다. 그들은 현재 펼쳐지는 역사를 극적으로 각색하여 뉴스와 오락의 경계를 흐릿하게 만들었으며, 중국 대륙에서 일어난 실제 사건을 유사하게 바꾼 버전을 대중에게 선보였다. 오늘날이라면 '인포테인먼트(infortainment)'라고 불렸을 이러한 문화상품의 제작은 당시의 제국주의적 징고이즘을 잘 보여주는 또 다른 특징이었다. 전쟁의 잔인함을 멜로드라마나 대중가요 같은 익숙한 방식으로 표현하면서, 연예 산업은 이러한 문화상품이 국가적 위기를 대중에게 알리고 있는 것이라 주장하는 한편 군사적 침략의 현실은 모호하게 만들었다.

거대 신문사들이 후원한 '뉴스 영화'는 이미 역사를 재미있는 대중의 볼거리로 변화시키기 시작했다. 영화사들의 광범위한 로케이션 촬영은 더욱 사실과 픽션의 경계를 모호하게 만들었다. 모든 영화 촬영소는 배우와 기술자들을 만주로 보내 하루는 군대 위문 공연을 하고 다음 날은 영화 촬영을 하게 했다. 펑톈과 창춘에서 촬영한 영화 '아! 난링의 38용사(噫!南領三十八勇士)'가 그랬듯이 영화사들은 로케이션 촬영을 해당 영화의 강점으로 삼곤 했다. 도카쓰영화사(東活映畵社)는 '북만주의 낙화', '얼어붙은 평원에서 피어난 사랑'과 같이 눈강(嫩江)과 치치하얼(齊齊哈爾) 전투에서의 영웅적 이야기를 다룬 영화 대부분을 현장에서 촬영했다.[54]

'육군 대행진'이나 '만주 행진곡'과 같은 작품은 만주사변을 오락적인 방식으로 다루었다. 영화의 각 장면은 1931년 6월 중일 간의 긴장을 절정에 달하게 했던 중국의 육군 대위 나카무라의 처형, 같은 해 9월의 펑톈 점령, 10월 국제연맹에서 일본 외교관들의 군사 행동 옹호와 같은 상징적인 순간을 묘사했다. 쇼치쿠(松竹), 도카쓰, 신코(新興)와 같은 영화사들은 각 회사 버전의 '만주 행진곡'을 내놓았는데, 이는 모두 동명의 히트곡을 주제 음악으로 삼은 것이었다.[55]

이들 작품은 만주사변의 역사적인 순간을 민족주의적인 은유로 변모시켰으며, 중국 동북 지역의 점령을 제국주의 신화라는 익숙한 언어를 사용하여 상징적으로 표현했다. 영웅적인 일본이 서양의 악한들에게 당당히 맞서고 있다던가, 겁 많은 중국인은 손쉽게 이길 수 있다는 등의 기존 '신화'에 새로 발생한 사건들이 어떻게 동화되었는지에 대해서는 이후에 더 자세히 다루어야 할 문제이다. 여기에서 주목할 점은 허구화된 역사의 전파를 통해 만주의 일본 제국에 대한 대중의 인식을 높임으로써 연예 산업이 제

     제2부: 만주사변과 새로운 군사적 제국주의, 1931~1933

국 신화 만들기의 주체가 되었다는 사실이다.

연예 산업은 그들의 신화 만들기 능력을 발휘하여 연이은 군사 작전에 대한 보도를 바탕으로 만주사변의 영웅들을 대중에게 선보였다. 가와이 영화제작사(河合映畵製作社)는 '인정 많은 중대장, 아! 구라모토 대위(人情中隊長 噫倉本大尉)'라는 영화에서 구라모토 대위(사후 소좌로 진급)의 전사를 선정적으로 표현했으며, 도카쓰 영화사는 '아! 구라모토 소좌, 피로 물든 군기(噫倉本少佐 血染の軍旗)'에서 그의 용감함을 추모했다.[56] 정찰 임무 중 중국군에게 붙잡혔다가 이후 조선인 간수의 도움으로 탈출에 성공한 야마다 일등병의 이야기는 '북만주의 정찰(北滿の偵察)'이라는 영화와 '치치하얼 입성(チチハル入城)'이란 연극으로 만들어졌으며, 빅터(Victor) 음반사에서 발매한 '야마다 일등병과 정씨(山田一等兵と鄭さん)'라는 노래도 있었다.[57]

일본의 7개 영화 제작사는 모두 구가 노보루(空閑昇) 소좌의 자살을 다룬 영화를 만들었는데, 예를 들면 신코는 '무인의 정화, 구가 소좌(武人の精華 空閑少佐)'를, 가와이는 '야마토 정신, 구가 소좌'를, 도카쓰는 '무사도의 정화, 아! 구가 소좌'를 제작하여 그를 미화했다.[58] 제1차 상하이사변에서 공격에 실패한 뒤 그는 후퇴하던 도중 부상을 입고 낙오되었으며 중국군에게 포로로 잡혔다. 이후 그는 풀려나 다시 전장으로 돌아갔지만, 적의 포로가 되었다는 치욕을 씻기 위해 결국 권총 자살을 하고 만다. 1932년 4월 1일 구가 노보루의 자살 소식이 알려지자, 육군대신 아라키 사다오는 그의 군인 정신을 칭찬하며 "제국의 군인들이 전장에 가는 것은 승리하거나 죽기 위해서이다. 구가 소좌는 최고의 군인 정신을 발휘해 죽음의 길을 선택했다. 우리는 그가 명예롭게 전사한 것으로 간주하고 전사자로 대우할 것이다"[59]라고 말했다. 오사카 마이니치신문의 기자가 전선에서 취재하다 사망한 일조차 이러한 영웅적인 이야기의 소재가 되었다. 닛카츠(日活)의 영화

'대륙 최전방, 피에 젖은 펜(大陸第一線 血染の鐵筆)'은 특종을 위해 적진으로 뛰어든 기자의 용기와 열의를 찬미했다. 잡지『영화와 연예』는 그의 순교자적인 죽음을 묘사하면서 그가 "비할 데 없이 폭력적인 적"에 의해 쓰러졌다고 이야기했다.[60]

청일전쟁이나 러일전쟁과 같은 일본의 초기 제국주의 전쟁에서도 대중매체는 전쟁 영웅을 탄생시키는 데 기여했지만, 만주사변에서 탄생한 전쟁 영웅의 수는 이전보다 훨씬 많았다. 물론 전쟁에 동원된 군인의 수만 두고 본다면 이전 전쟁의 규모가 훨씬 컸다. 1931~33년 실제로 전투에 참여한 군인의 수가 적었던 것은 오히려 문화적으로 부각시킬 전쟁 영웅의 수를 더욱 늘어나게 하는 결과를 가져온 것 같다. 전사자가 그다지 많이 발생하지 않았을 경우 죽음을 미화하고 찬양하기가 더 쉬웠기 때문이다. 전쟁 영웅에 대한 대중의 갈망은 전쟁이 확대되고 희생자가 늘어날수록 줄어들 테지만, 1931년만 하더라도 대다수 일본인은 대륙에서 일어난 전쟁에 자신의 아들이나 남편이 희생될 수도 있다는 사실을 아직 실감하지 못했다. 만주사변에서 전쟁 영웅의 수가 크게 늘어난 두 번째 이유는 이전보다 발전한 대중매체의 존재 때문이었다. 1931년의 대중문화 시장에는 전보다 많은 생산자와 소비자가 존재했으며, 경쟁과 혼란도 더욱 격심했다. 대중문화 생산자는 자신의 상품을 보다 많이 판매하기 위해 시장이 감당할 수 있는 범위 내에서 최대한 많은 영웅을 만들어 냈으며 서로 경쟁하듯 열정적인 용맹함과 선정적인 죽음을 묘사했다. 군의 선전보다 대중매체의 상업적인 목적이 만주사변에서의 영웅적 행위를 규정하고 대중화하는 데 보다 효과적이었다. 군이 전장의 정보를 제공해 주면 미디어는 이러한 이야기를 대중에게 반복해서 전달했으며 노래, 출판물, 무대공연을 통해 계속하여 되풀이되면서 대중의 기억 속에 영웅적인 행동을 각인시켰다. 이런 방식으로 대중매체에 의한 선전은 유명인의 희생이나 순교에 문화적 권위를 부여해 주었다. 만약 미디어의 찬양이 없었더라면 구가 소좌나 구라모토 대위는 이름 없는 한 군인에 불과했을 것이다.

만주사변 시기 대중문화 전반에 전쟁 영웅들을 위한 찬사가 울려 퍼졌다고 해서 모든 죽음이 똑같이 찬양받았던 것은 아니었다. 1930년대 초 제국주의적 징고이즘이 가진 또 다른 뚜렷한 특징은 영웅과 초영웅(超英雄)의 출현이었다. 상하이사변에서 임무를 수행하던 중 폭사한 '육탄 삼용사(肉彈三勇士)'—혹은 '폭탄 삼용사(爆彈三勇士)'라고도 불렸다—에 대한 선정적인 묘사는 다른 전쟁 영웅들을 그 그림자 뒤로 사라지게 했다. 군 당국은 이들 세 병사가 아군의 전진을 방해하는 철조망을 폭파하기 위해 자진해서 자살 공격을 감행했다고 선전했다. 그러나 당시에도 군의 발표와는 모순되는 여러 소문이 존재했다. 어떤 이는 세 군사가 사망한 것은 이들의 지휘관이 폭탄의 도화선을 너무 짧게 잘랐거나 혹은 잘못된 도화선을 주었기 때문이라고 주장했다. 혹은 이들 세 병사가 임무를 포기하려 했는데 그들의 지휘관이 임무를 완수할 것을 강요했다고 말하기도 한다. 이는 군의 공식적인 보고서에 거짓이 있었음을 시사한다. 당시 동일한 공격을 감행했던 다른 조의 병사들은 무사히 살아 돌아왔다는 사실도 이를 뒷받침해 준다.[61] 그러나 이러한 주장들은 곧 아무런 의미가 없게 되었다. 대중매체가 '육탄 삼용사'를 열광적으로 다루기 시작하자, 이 사건에 대한 군 당국의 입장만이 대중적인 권위를 갖게 되었기 때문이었다.

3월 한 달 동안 '육탄 삼용사'를 다룬 작품들이 연예 산업을 휩쓸었다. 『영화와 연예』는 이러한 현상에 대해 "모든 주요 극장을 포함한 도쿄의 극장들은 '육탄 삼용사'로 가득하다. 이 이야기는 신파극에서부터 구극(舊劇)에 이르기까지 모든 형식으로 극화되었다"라고 전하고 있다. 3월에만 적

어도 6편의 영화가 만들어졌으며, 호리에 댄스홀 같은 곳에서 열리는 쇼의 코러스 라인은 '육탄 삼용사의 노래(肉弾三勇士の歌)'[62]에 맞춰 춤을 추었다. 음반 회사들도 관련 음반을 여럿 발매했는데 아사히, 마이니치 등의 신문사나 『소년구락부』, 『레코드』와 같은 잡지에서 진행한 노래 공모도 이러한 유행에 기여했다. 도쿄 필하모닉(東京フィルハーモニー会)의 설립자인 야마다 고사쿠(山田耕筰)는 유명 대중음악 작곡가인 고가 마사오(古賀政男)와 협업하여 이 중 한 공모대회의 우승을 차지했다.[63] 하지만 이 곡은 곧 요사노 히로시(与謝野寛)가 작곡한 '폭탄 삼용사의 노래(爆弾三勇士の歌)'가 유명해지면서 밀려나고 말았다.[64] 오래지 않아 '삼용사'와 관련된 상품을 상점에서도 쉽게 볼 수 있게 되었다. 이들의 출신 부대가 있는 지역의 한 사업가는 '삼용사'를 붙인 술과 만쥬(饅頭)를 판매하기 시작했으며, 오사카 백화점의 한 식당에서는 무를 잘라 폭약통 모양으로 만들고 머위로 세 병사를 표현한 '육탄 삼용사 요리'를 선보이기도 했다.[65]

이전의 비슷한 사례가 그랬듯 대중매체에서 '육탄 삼용사'의 유행은 그리 오래가지 않았다. 1932년 여름이 되자 연예계의 관심은 경마대회인 도쿄 유슌(東京優駿)의 개막이나 빈번하게 발생한 동반자살 사건, LA 올림픽에서의 일본의 메달 획득 등으로 옮겨갔다. 그러나 같은 해 겨울 국제연맹에서 중일 분쟁에 대한 리튼 조사단의 보고서가 발표되고 만주국의 정당성을 둘러싼 토론이 진행되면서 만주에 대한 관심이 다시 살아났다. 일본의 행동에 비판적인 리튼 조사단의 보고서가 발표되고 만주국을 둘러싼 중국과의 논쟁에서 패배할 것이 확실시되자, 일본은 이에 대한 대응으로 홍수와도 같은 기사를 쏟아내며 유럽과 미국이 일본에 간섭하고 있다고 비난했다. 이 시기 발생한 두 번째 보도 전쟁 역시 이전과 마찬가지로 일시적이었다. 하지만 전쟁열이 문화산업에 끼친 영향은 헤드라인을 장식하는 것 이상으

     제2부: 만주사변과 새로운 군사적 제국주의, 1931~1933

로 오래 지속되었다. 미디어의 선정주의는 대중의 의식 속에 전쟁과 제국에 대한 이미지를 가득 채워 넣었다. 이러한 징고이즘은 제국에 대한 비공식 선전이 되었기 때문에 중요했다. 군국주의를 상품화함으로써 대중매체는 중국에 대한 군사적 침략이라는 군의 정책이 대중의 지지를 얻을 수 있도록 했으며, 이는 제국의 외교정책과 정치에도 영향을 미쳤다.

대중매체의 군국주의와 검열 문제

1920년대에 반전(反戰)운동과 국제연대를 위해 싸웠다는 평가를 받던 일본의 대중매체는 1930년대 초 매우 극적인 변화를 보였다. 이러한 변화는 '만주사변의 결과 나타난 미디어의 제국주의로의 전환을 어떻게 설명해야 하는가?'라는 도발적이고 논쟁적인 질문을 불러일으켰다. 지금까지의 논의에서 미디어의 행동주의(activism)는 문화산업 시장의 변덕스러운 특성에서 기인한 것으로 여겨졌으며, 1920년대와 30년대의 문화사를 구분 짓는 일련의 미디어 유행 중 하나로 징고이즘을 이해해 왔다. 이 문제에 대하여 다른 입장에 선 것 중 일본에서 가장 빈번히 언급되는 설명은 바로 이것이 외부의 강압으로 인한 것이었다는 주장이다. 정부의 검열 때문에 미디어는 군을 비판하는 대신 침묵했으며 자유롭게 정서를 표현하지 못했다는 것이다. 그러나 두 주장 모두 이 문제를 부분적으로 설명할 수 있을 뿐이다. 신문과 잡지는 독자의 요구에 부응하지 않을 수 없었지만, 편집상의 결정은 또한 정치적이거나 이념적인 믿음에 따라 좌우되기도 했다. 정부는 분명히 만주사변기에 검열을 강화하기 시작했으며 이는 그 후 10년 동안 더욱 심해졌다. 그러나 30년대 초에는 편집자나 감독이 원한다면 정부의 검열을 회피하는 것이 여전히 가능했다. 결국 대중매체의 군국주의로의 전환을 설명하기 위해서는 당시 편집자나 기자의 정치적인 신념이 어떠했는지 탐색할 필요가 있다. 그들은 군의 정책이 정당하다고 믿었기에 만주사변을 지지하는 기사를 썼다.

만주 열풍에 편승하기 전, 대중문화 생산자들은 도시적인 다이쇼 문화의 유행을 따랐다. 제1차 세계대전 이후 발행 부수가 큰 폭으로 증가하면서, 잡지 출판업계는 새로운 시대를 맞이했다. 이 시기의 주요 잡지였던 『중앙공론(中央公論)』이나 『개조(改造)』는 보통선거권 쟁취 운동의 대변자였다. 20년대 초 좌익서적의 출판은 훌륭한 사업 수단이었다. 이틀 동안 만 부가 팔려나간 시마다 세이지로(島田清次郎)의 『지상(地上)』 제2부나 100만 부 이상 판매된 것으로 유명한 가가와 도요히코(賀川豊彦)의 『사선을 넘어서(死線を越えて)』와 같은 예를 통해 출판업자들은 베스트셀러가 무엇을 의미하는지 알게 되었다. 이 두 책은 모두 도시 빈곤 문제의 부당함을 묘사했으며 비하와 착취에 대항하는 노동자 계층의 투쟁을 옹호했다. 1920년 고베 파업에 관여했다는 이유로 가가와가 투옥되자, 그의 책에 관해 관심이 높아졌다. 이러한 분위기는 그의 구속을 알리는 신문의 전면 광고를 통해 더욱 고조되었다.[66] 1929년 소설, 영화, 음반의 세 분야에서 모두 히트한 '도쿄행진곡'—원래 잡지 『킹』에서 연재된 기쿠치 칸(菊池寛)의 소설이었으나 이후 영화로 제작되었으며 이 영화의 주제가가 실린 음반은 25만 장이나 판매되었다—은 백화점, 재즈 홀, 카페가 즐비하며 가로수 길을 거니는 '모던걸'로 가득한 도쿄 긴자의 소비문화를 찬미했다.[67] 요컨대 대중문화의 생산자들은 대중의 관심이 민주주의나 사회정의, 또는 소비지상주의, 그 어디에 있든지 모두 동일한 대응을 하는 것이 가능한 집단이었다. 그리고 이는 대중이 군사적 제국주의에 열광하고 있을 때도 마찬가지였다.

한편 군은 군비 축소와 대중국 '온건 노선'을 옹호하는 입장을 오랫동안

   제2부: 만주사변과 새로운 군사적 제국주의, 1931~1933

고수해 왔던 아사히나 마이니치 신문사에 적대감을 가지고 있었으며, 이들 신문의 편집자들은 우익단체의 테러 대상이 되기도 했다.[68] 제1차 세계대전 이전 대형 일간지들은 정부의 군비 지출을 지지했으며, 청일전쟁과 러일전쟁 당시 군이 보여준 성과에 찬사를 보냈다. 그러나 1914년 지멘스(Siemens) 뇌물수수 스캔들에 해군이 연루된 이래 연이어 불거진 실책은 언론에게 군을 점점 신랄히 공격할 빌미를 주었다. 두 신문사 모두 1918~22년의 시베리아 출병을 강하게 비판했다. 군대와 함께 전장에 파견된 기자들을 함선에 태우면서 이들을 선내 마구간에 묵도록 했던 군의 고집도 원정에 대한 신문사의 시각을 나아지게 하는 데 도움이 되지 않았던 것 같다.[69] 1921년 첫 번째 군 예산 삭감안이 부결되자, 신문들은 '군부의 횡포'를 비난하며 군축이라는 대의에 앞장섰다. 또한 이들은 1922년 워싱턴 해군 군축조약에 일본이 합의한 것을 환영했으며 뒤이어 이루어진 4개 사단의 해산과 전함 건조계획의 포기에 박수를 보냈다.[70]

1923년 육군 장교와 헌병이 14명의 사회주의자와 노동운동가를 살해된 사건이 세간에 알려지면서 군의 명성은 더욱 추락했다. 희생자들은 관동대지진 이후 벌어진 혼란 중에 살해되었다. 군 당국이 해당 사건에 대한 보도를 모두 금지했음에도 불구하고 오사카 아사히신문은 군의 검열에 저항하며 후속 보도를 이어갔다.[71] 육군의 중국 정책은 더욱 격렬한 비판을 받았다. 1927년과 1928년에 다나카 기이치(田中義一) 내각이 장제스의 국민당 정부의 북벌을 견제하기 위해 산둥에 군대를 파병하자, 신문에는 강압적인 전술 대신 외교적으로 해결할 것을 요구하는 글들이 실렸다. 도쿄일일신문(東京日日新聞)은 1928년의 제2차 산둥 파병 당시 지난(齊南)에서 발생한 중국군과 일본군의 충돌에 대한 육군의 주장을 받아들이지 않았다. 한 사설은 정부에 "사실을 말할 것"을 요구하면서 차후 이루어질 병력의 증원에 반대

했다.[72]

10여 년이 넘도록 군의 지나친 행보를 비판하고 '중국 문제'의 외교적 해결을 지지하던 아사히, 마이니치신문은 1931년이 되자 갑자기 태도를 바꾸었다. 9월 18일 직후 아사히신문의 중역은 "군축을 찬성하는 입장은 그대로 유지"하겠지만, "군부를 지지하고 국론을 통일"하기 위해서 본지는 "군사 행동이나 군부에 대해 비판하거나 반대하지 않겠다"라고 결의했다. 마이니치신문의 편집자는 좀 더 노골적인 태도로 해당 신문이 앞으로 중국을 "적국"으로 간주할 것이며 "중국인에 대해서도 존칭을 사용하지 않겠다"라고 결정했다고 밝혔다.[73] 실제로 전장에 파견된 특파원은 관동군의 입에서 나온 내용을 그대로 보도했다. 어떤 이는 당시의 상황을 가리켜 "강경한 시각을 가지고 있었던 것은 전선의 특파원뿐만이 아니었으며" 도쿄의 기자들 또한 "군의 정보를 특별 대우하였다"고 묘사했다. 다른 지역의 기자들은 이러한 추세를 따라가기만 할 뿐이었다.[74]

이러한 결정이 내려진 데에는 여러 가지 요인이 작용했다. 물론 정부는 각 신문의 보도가 만주사변을 어떻게 다루는지 주의 깊게 지켜보았으며 친정부 성향의 기사를 내도록 압력을 행사했다. 또한 신문의 편집자들은 만주사변에 관한 친 군사적인 보도를 함으로써 전쟁열이라는 상업적 기회에 편승하기도 했다. 그러나 정부의 억압과 시장의 압력이라는 요인은 마이니치나 아사히신문 편집자가 만주에 대한 군의 정책을 수용할 때 보여준 기민함과 열정적인 태도가 어디에서 기인한 것이었는지 완전히 설명하지 못한다. 1920년대 산둥 출병에 진심으로 반대했던 이들도 만주 점령에 대해서는 진심으로 찬동하는 모습을 보였다. 한때는 군을 비판했다가 나중에는 군의 영토 확장을 지지하는 태도가 정치적으로 일관적이지 않아 보일 수도 있다. 하지만 두 입장 모두 제국에 헌신적이란 면에서는 일관적이었다. 다

　　　　제2부: 만주사변과 새로운 군사적 제국주의, 1931~1933

시 말해 1920년대에 이들은 일본의 이익을 지키기 위해 경제적, 외교적 방법을 지지했으나, 1930년대에 들어서 만주에 군사력을 행사할 필요가 있다고 여기자 그 태도를 바꾼 것이었다. 즉, 편집자들은 군의 행동이 옳다고 믿었기 때문에 만주 점령에 대한 여론을 통일하는 데 헌신했던 것이다.

NHK에서 나타난 라디오 프로그램의 변화와 공공교육 캠페인의 개시 역시 전국 일간지들이 군을 지지하던 태도와 비슷한 양상을 보였다. 만주사변이 발발한 뒤 한 해 동안 NHK는 만주에 관한 강의와 교육 프로그램을 279회 방송했으며, 이 중에는 여성이나 어린이를 겨냥한 특별 프로그램도 포함되어 있었다. NHK는 9월 마지막 날 프로그램을 4개의 강의로 꽉 채우는 등 여론 선동 운동을 재빨리 시작했다. 또한 12월에는 무려 40개의 프로그램을 편성했으며 대중 교육 프로그램에 군인을 연사로 출연시키는 일도 잦았다. 더욱이 정치인 모리 가쿠(森恪)나 우익 학자 야노 진이치(失野仁一) 같은 민간인 출연자들은 만주에 관한 외교정책 토론에서 전혀 중립적인 관찰자가 아니었다.[75] 예컨대 모리 가쿠는 강경파인 정우회(政友會) 내에서도 극단적인 인물로 온건파 민정당(民政黨)이 주창한 '유약한' 전술에 대해 거침없는 공격을 가함으로써 명성을 얻었다. '적극적'인 대중국 정책의 상징이었던 다나카 기이치(田中義一)와 가까운 관계였던 모리 가쿠는 대륙에서 이루어진 군의 팽창정책과 국내 정치에서의 군부의 역할 강화에 모두 강한 지지를 보냈다. 교토대학 교수인 야노 진이치 역시 만주에 대한 일본의 영향력 강화를 오랫동안 옹호해 왔으며, 1932년에는 만주국에 가서 관동군을 위해 선전 활동을 수행하기도 했다.

신문과는 달리 라디오의 군부 지지는 종래의 입장을 바꾼 것이 아니었다. 그러기에 NHK의 역사는 너무 짧았다. 1926년 설립된 이래 NHK는 엄밀히 말하자면 민간이 경영하고 민간이 소유한 회사였다. 그러나 정부는 여러 규제를 통해 라디오에 강력한 통제를 가했으며 사실상 체신성(遞信省)의 도구로 전락시켰다. 다만 만주사변 이전의 NHK는 뉴스 보도 분야에서 적극적인 역할을 하지 않았으며 정치 선전의 수단으로 이용되지도 않았다. 라디오의 정치적, 이데올로기적 역할은 아직 고정되지 않았으며 많은 이들은 1931년에 NHK가 보여준 정치적인 태도를 곧 다시 되돌릴 수 있을 것으로 생각했다. 민정당 내각은 NHK가 1931년 11월 모리 가쿠의 연설을 방송한 것에 항의했으며, 모리 가쿠가 사전에 승인된 원고를 벗어나 내각의 정책을 공격하자 격분했다. 좌익 지식인들은 라디오가 보여준 새로운 태도에 크게 실망했으며, 소설가 노가미 야에코(野上弥生子)는 "전쟁이 시작된 이래 라디오는 국가의 어용기관이 되었으며… 그릇된 이데올로기로 점철되었다"라고 한탄했다.

노가미와 같은 이들의 비판에 대해 NHK 오사카 지사의 한 간부는 다음과 같이 반박했다.

> 이들 좌익 인사들은 일본 방송이 보수적인 사상을 전파하는 것을 스스로의 가장 중요한 기능으로 삼아 이를 완수하고자 노력하고 있다고 말하곤 한다. 방송을 관리 감독하는 국가와의 관계 또는 방송 콘텐츠의 제한 범위 등을 볼 때 그러한 세간의 평가를 부인할 수는 없을 것이다. 그러나 보수적인 방침에 찬성하는 여러 기능을 강요하는 것은 조직과 시스템일 뿐이며, 이러한 방침을 무조건 따르라는 요구를 우리가 꼭 회피할 수 없는 것은 아니다. [76]

이상의 발언은 국가 통제의 한계를 강조한 것이다. NHK가 정부의 특정 세력으로부터 압력을 받은 분명하지만, 오사카 지사의 한 간부가 지적한 것처럼 최종적인 결정은 그들의 손에 달려 있었다. 각 개인과 파벌에 의해 운영되는 기관 안에서 구조 그 자체는 특정 결과를 보장할 수 없었다. 자신의 성향에 따라 NHK의 간부들은 친군부적인 프로그램을 편성했으며 이는 한쪽 진영으로부터는 찬사를, 반대 진영으로부터는 야유를 받았다. 그들의 이러한 태도 변화는 정부의 친군부 세력을 계속 흡족하게 하고자 했던 것도 있었겠지만, 대중의 환호를 받고 싶었던 것이기도 하다.

대중 연예 산업의 흐름도 신여성 '모던걸'의 가벼움에서 만주에서의 군사작전이라는 극적인 사건으로 전환되었다. 대중문화는 점점 유행에 지배당했으며 매 시즌마다 바뀌는 각종 '붐(boom)'의 세계가 되었다. 따라서 프롤레타리아 문화가 쇠락하자 '시소'처럼 선정적이고 군국주의적인 상품이 인기를 얻는 것은 놀라운 일이 아니었다.[77] 그러나 다이쇼 시대에 유행했던 요요나 통속 소설이 결국 다시 인기를 얻었던 것과는 달리 프롤레타리아 문화는 결코 부활할 수 없었다.

그렇게 된 데에는 내무성이 좌익 출판물을 탄압한 것이 상당한 영향을 끼쳤다. 광범위한 출판물의 사후 검열을 가능하게 한 신문지법과 출판법에 더해, 1925년에 제정된 〈치안유지법〉은 사유재산을 부정하고 국체(國體)를 변혁시키고자 하는 자는 누구든지 체포할 수 있는 권한을 내무성에 부여했다. 원칙적으로 이 법은 정부에게 모든 종류의 반정부적인 표현을 탄압할 수 있는 백지위임장을 준 것이나 다름없었다. 그러나 이 법은 '일본 프롤레타리아 미술가동맹'이나 '일본 프롤레타리아 영화동맹'과 같은 조직에 대해서만 선택적으로 행사되었다. 이러한 법들이 주류 출판사나 회사에는 일반적으로 적용되지 않았지만, 좌익조직에 가해진 부정적인 사례가 업계를 위축시켰음은 의심할 여지가 없다.[78]

어쨌든 좌익 예술계가 만주 문제에 대해 발언하지 못하도록 재갈을 물릴 필요는 없었다. 만주 점령에 반대하는 목소리를 내는 사람은 거의 없었기 때문이다. 오히려 많은 예술가들이 일본의 유명한 평화주의자였던 요사노 아키코(与謝野晶子)와 같은 반응을 보였다. 아키코와 그녀의 남편 요사노 뎃칸(与謝野鉄幹)은 군사 점령을 찬양하는 수많은 시와 노래를 썼다. 젊은 시절 요사노 아키코는 러일전쟁에 대한 반전시 「그대여 죽지 말지어다」를 써서 큰 반향을 불러일으켰다. 그녀의 막내 남동생에게 부치는 이 시는 "부모님이 칼을 쥐고 사람을 죽이라고 가르쳤더냐… 뤼순의 성이 무너지든 말든 무슨 상관이겠느냐"라고 물었다.

그러나 1932년 그녀의 남편이 '폭탄 삼용사의 노래' 가사를 쓰는 동안 그녀는 「일본 국민, 아침의 노래」를 발표했다. 여기에서 그녀는 일본군이 "타협적이고 나약한 꿈을 깨뜨려"야 하며 이를 위해서 "백 가지 고난으로 돌격하라"고 했다. 러일전쟁 시기의 반전시에서 전쟁 때문에 목숨을 버리는 행위를 비난했던 것과는 달리, 아키코의 새로운 시는 "꽃보다 깨끗한 몸을 산화하여 무사의 명예를 소생시킨" 병사의 영웅적인 죽음을 찬양했다. 그녀의 심경 변화는 1928년에 만철의 후원으로 떠난 만주 여행에서 영향받은 것으로 보인다. 만주 전역을 40일 동안 여행한 뒤 그녀는 일본의 관리하에 있던 만주의 발전상에 깊은 인상을 받았으며 일본의 식민지 경영이 정당하다는 확신을 품고 일본으로 돌아왔다.[79]

1931~32년에는 기자나 편집자가 마음만 먹으면 반전사상을 표출할 수 있었다. 신문지법과 출판법의 존재는 일본을 경찰국가로 보이게 하지만, 실제로 이를 집행하기 어려웠다는 사실은 이미 잘 알려져 있다. 출판물 사후 검열 체제의 중요한 무기인 발행 금지는 경찰이 출판물을 압수하러 도착하기 전에 출판사가 미리 상품을 판매해버리는 것으로 무력화되었다. 1932년 발행 금지를 당한 신문의 압수 비율은 25%로 추정되며, 서적이나 잡지의 경우는 13.7%였다.[80] 신문사들은 1931년에 262회, 1932년에는 1,080회에 걸쳐 내려진 내무성의 사전 경고를 무시했다. 이 중에는 주요

신문사들도 포함되어 있었다.[81] 러일전쟁 기간에 요사노 아키코의 시나 『평민신문(平民新聞)』과 같은 반전 출판물들이 다른 기자나 출판사들의 거센 항의를 받았음에도 정부의 검열법은 이들 출판물의 발행이나 판매를 금지 하지 못했다.[82] 그러한 상황은 1931년에도 여전했다.

아사히신문은 이후 과거를 회고하면서 당시 신문사의 입장 변화는 정부 로부터 압력이 가해졌기 때문이었다고 해명했다. 『아사히신문 70년 소사 (朝日新聞七十年小史)』는 "사변 이후 자유로운 논의는 허락되지 않았다. … 류 타오거우(柳條溝)에서의 폭발로 일거에 준전시상태에 돌입하자 신문은 모두 침묵을 지킬 수밖에 없었다"라고 썼다.[83] 그러나 비판적인 글들은 검열관 이 쳐놓은 그물을 어떻게든 빠져나갈 수 있었다. 가장 눈에 띄는 사례로, 1931년~32년에 이르는 겨울과 가을 사이 자유주의적인 좌익 지식인들을 위한 잡지인 『중앙공론(中央公論)』과 『개조(改造)』에 전쟁열에 대한 회의적인 글들로 가득했던 것을 들 수 있다.

특히 『중앙공론』 1931년 10월호에 실린 한 사설은, 일본의 궁극적인 목 표는 군사력을 통해 얻을 수 있는 것이 아니라고 주장하며 만주 파병을 반대했고 일본 내 일부 세력이 침략적인 정책을 강요하기 위해 만주에서 의 사소한 분쟁을 이용하고 있다고 비난했다. 내무성의 검열관이 『중앙공 론』의 편집자에게 다시는 이와 같은 의견을 개진하지 말라고 경고했음에 도,[84] 11월호에는 마르크스주의자인 이노마타 쓰나오(猪俣津南雄)의 「독점 자본주의와 만몽의 위기」라는 글이 실렸다. 11월호가 즉각 발행 금지를 당 하자,[85] 편집자는 다음 호에서 만주사변에 대한 비판의 강도를 낮추었다. 그러나 12월호에는 표현이 부드러워지긴 했어도 만주의 점령으로 인해 일 본과 서양의 관계가 악화할 것이라며 정부 정책을 비판하는 글이 여전히 실렸다. 다음 해 1월호에는 만주 점령이 일본의 조약상의 권리를 보호하려

면 필요한 일이었다는 육군의 주장을 반박하는 글이 실리기까지 했다.[86]

『개조』에 실린 글 역시 비판적 입장이기는 마찬가지였으며, 자기 이익만 추구하는 언론사들의 뉴스 전쟁과 군부에 고분고분한 아사히, 마이니치 신문의 태도를 비난했다.[87] 『개조』의 31년 11월호에서 고토 시노부(後藤信夫)는 만주에서의 육군의 행동을 두고 이것이 중국 정부에 반하는 행위일 뿐만 아니라, 일본의 민정당 내각과 시데하라 외무상의 평화주의 정책에 반하는 행위이기에 '이중 쿠테타'라고 주장했다.[88] 1932년 4월 『개조』는 도쿄대학 교수이자 자유주의적인 지식인으로 유명한 야나이하라 다다오(矢内原忠雄)의 글을 실어 군사적 수단을 통해 중국의 민족주의를 극복하려는 근시안적인 태도를 비판했다.[89] 군부에 대한 비판은 여전히 존재했으며 자유주의 잡지들은 그들의 의견을 지면에 실었다.

1931년 9월과 10월 민정당 계열의 지역 신문에도 군 정책에 대한 강한 비판이 실렸다. 예컨대 후쿠이일보(福井日報) 9월 24일자 지면에는 다음과 같은 기사가 실렸다.

> 최근 중국과 일본 사이의 마찰을 고려해 볼 때 우리 수비대와 중국군 사이의 긴장상태가 첨예해지고 있음은 상상하기 어렵지 않다. 첨예한 갈등상태에 있는 양국 군대가 바로 눈앞에 주둔해 있으니 이들이 충돌하는 것은 그리 놀라운 사건이 아닐 것이다. 더 이상 지역적인 작은 문제가 아니라 거대한 충돌이 발생할지도 모르는 것은 국민들이 전쟁이 일어날 것이라 예감하고 있기 때문이다. … 특히 군인들의 입에서 빈번히 만몽의 권익 옹호를 주장하는 말이 나오고 나카무라 대위 학살 사건에 관한 자세한 내용이 보고되면서 음으로 양으로 중국에 대한 적대감을 자아내고 있는 와중에 이번 충돌 사건의 발발을 보게 되었다. 우리의 예상대로 중일 간에 전쟁이 시작되었다는 소식이 사람들의 귀에 마른 하늘에 날벼락이 치듯 들려올지도 모른다. 사태는 과연 어디까지 진전될 것인가.[90]

    제2부: 만주사변과 새로운 군사적 제국주의, 1931~1933

헌병대는 이 기사가 육군이 음모를 꾸몄음을 암시하고 있다며 항의했지만, 후쿠이신문은 해당 기사를 실어 신문을 발행했고 독자들은 이를 그대로 읽어볼 수 있었다.

유력 경제지인 『동양경제신문(東洋經濟新報)』의 편집자이자 오랫동안 '소일본주의'를 옹호해 온 이시바시 단잔(石橋湛山) 역시 만주사변 발발 후 몇 개월 동안 그의 잡지를 통해 일본은 '만주에 대한 특수권익을 포기해야 한다'는 '만몽방기론(滿蒙放棄論)'을 주장했다. 과거 중국에서의 군사 행동을 비판했던 것과 같이 1931년 가을 그는 "만주를 획득하지 못하면 일본이 망할 것이다"라는 "명백히 잘못된" 생각에 반대하는 뜻을 밝혔으며, "중국과 서구열강을 일본의 적으로 돌리는 것은 아무런 이득이 없다"라고도 논했다. 또한 그는 "군사 행동은 내각의 의도나 지향하는 방식과는 반대되는 것"이라 말하면서, 만주의 상황은 진정한 "국가 위기"를 보여주는 것이 아니며 육군이 "내각의 권위를 업신여기고 있다"라고 비난했다.[91] 만주 점령에 대한 반대 목소리가 동양경제신문 등 여러 매체를 통해 강하게 표명되었음에도, 이러한 의견이 라디오나 전국적인 신문들이 쏟아내는 친군부적인 보도의 폭풍을 뚫고 나가기에는 역부족이었다. 결국 반대 목소리는 정부의 압력이 아니라 주류 뉴스매체에 의해 묻혀버린 것이다. 이것이 바로 제국주의적 징고이즘의 세 번째 특징이다. 일반적으로 선전과 검열은 국가가 여론을 형성하고 통제하는 데 사용하는 수단으로 여겨져 왔다. 그러나 제국주의적 징고이즘은 비공식 선전과 자기 검열의 산물이었다. 일본에서 나타난 제국주의적 징고이즘은 정부의 지시에 반응하긴 했지만, 전적으로 정부의 통제를 받지는 않았다. 국가적 위기가 만주를 소재로 한 상품의 수요를 자극하자 기술적, 상업적 발전을 이룰 호기를 맞이한 대중매체는 자기 의지로 이익을 추구하기 위해 전쟁을 옹호했다.

생명선 만주를 수호하라!

전쟁열이 뜨겁게 일었던 1931년에서 1933년 사이는 제국의 이데올로기 구축에 있어 매우 중요한 시기였다. 만주사변 1주년을 맞이하여 일본군 제3사단 참모장 이누즈카 히로시(犬塚博) 대좌는 전쟁이 시작된 이래 얼마나 많은 것들이 변화했는지에 대해 다음과 같이 말했다. "처음에는 마치 법정에서처럼 객관적인 입장에서 육군의 행동을 바라보는 일본인들이 꽤 있었다. 만주에 대한 인식은 전무했다."[92] 그러나 6개월 만에 사람들은 이 전쟁에 마음을 온통 빼앗기고 말았다. 만주는 그것을 지키기 위해서는 어떠한 희생도 아깝지 않은 '생명선'이 되었다.

일본 대중이 만주에 대한 무관심과 무지에서 민족주의적인 집착 상태로 변화하는 과정은 매일의 뉴스를 훑어보고 유행가를 들으며 좋아하는 잡지를 읽는 것을 통해 이루어졌다. 대중매체에서 이른바 '교육자'로 자처하던 이들은 열정적으로 자신의 소임에 매진하면서 '우리는 무엇을 위해 싸우는가?'라는 질문을 대중에게 던졌다. 이 질문은 1931년에 이르기까지 성공적으로 발전해 온 제국주의적 이데올로기의 틀 안에서 만주사변을 설명하기 위한 것이었다. 그러나 만주에서의 일본의 행동이 1920년대에 시행됐던 여러 정책과 궤를 달리하고 있음을 부인할 수는 없었다. 새로운 현상을 이해하기 위해서는 새로운 설명 방식이 필요했다. 그리하여 1930년대 초 제국의 신화 만들기는 오래된 이야기 안에 새로운 요소를 받아들여 제국의 이데올로기를 재구성함으로써 만주국을 위한 공간을 마련했다.

대중을 향해 던져진 '우리는 무엇을 위해 싸우는가?'라는 질문에 대한 첫 번째 대답은 '만주 생명선을 수호하라!'는 만주사변에 대한 캐치프레이즈 형태로 나타났다. '생명선'이란 용어는 외교관이자 정우회 소속 정치인인

   제2부: 만주사변과 새로운 군사적 제국주의, 1931~1933

마쓰오카 요스케(松岡洋右)가 1931년 1월 의회 연설에서 즉흥적으로 만들어
낸 것이었다.[93] 전투가 벌어진 초기 일간신문에 의해 채용되어 대중매체
를 통해 널리 퍼져나간 이 캐치프레이즈는 재빠르게 대중의 상상력을 사로
잡았다. '생명선'은 일본과 만주 사이의 본능적이고 유기적인 연대감을 표
현하는 용어였다. 만주는 일본의 생존에 있어 필수적이었기에 일본의 운명
또한 이 지역에 달려 있다는 것이다.

일본인의 마음속에 자리한 만주에 대한 의존적인 태도는 25년 동안 일
본이 이 지역을 영유하면서 점차 강화되었다. 1931년까지 만철과 관동주
는 대만이나 조선과 마찬가지로 일본의 한 일부로 여겨졌다. 이러한 감각
은 제국에 대한 일본인의 태도를 복잡하게 만들었다. 메이지 시대 제국이
만들어지기 시작한 이래, 일본인은 제국을 그들의 국가 정체성의 일부로
받아들였다. 일본은 어쨌든 제국이었다. 게다가 같은 시기 일본인은 국가
의 생존이 식민지의 보유 여부에 달려 있으며, 자위(自衛)를 위해 식민지를
확대해 나가야 한다고 교육받았다. 조직화한 중국 민족주의의 대두는 일본
의 만주 영유를 위태롭게 할 것처럼 느껴졌으며, 그 위협은 이와 같은 넓은
맥락 안에서 이해되었다. 그러나 '생명선'은 새로이 만주에 적용된 용어로
중국 동북 지역에서의 위기의식을 대변했다. 이 용어가 대중적 인기를 얻
을 수 있었던 것은 이전에는 당연하게 여겨졌던 것에 새로운 중요성을 부
여했기 때문이었다. 대중매체 속에 나타난 '생명선 만주'의 이미지는 일반
대중과 지도상에 멀리 떨어진 지역 사이의 새로운 유대감을 바탕으로 했
다. 이러한 유대감은 같은 만주 땅에서 전투가 벌어졌던 과거 러일전쟁의
기억을 되살려내고 현재 심각한 경제적 어려움을 겪고 있는 사람들의 불안
감을 자극하는 등 개인적인 차원에서 형성된 것이었다.

일반 대중은 러일전쟁의 당초 목적을 잊은 채 전쟁 이후 체결된 강화조

약만을 기억했다. '만주를 위해 10만의 생령(生靈)이 희생되고 20억의 국고가 소진되었다'라는 오래된 슬로건은 일본이 1904년 러시아와 싸운 것이 만주를 위한 것이었다고 암시했다. 대중잡지 『이에노 히카리(家の光)』의 한 기고자는 "일본은 청일전쟁과 러일전쟁에서 싸우면서 10만의 생령을 만주 벌판에 묻었으며 국가의 운명을 걸고 오늘날 만주에서의 권익을 얻었다. 이는 일본 민족이 흘린 귀중한 피와 땀의 결정체이다"라고 표현하기도 했다.[94] 러일전쟁이 본래 조선에 대한 영향력의 확대를 두고 벌어진 대결이었으며 그 전쟁에서 승리한 결과 일본이 조선을 식민지로 획득했다는 사실은 잊은 채, 1930년대 일본인들은 과거 개인과 국가 측면에서 헤아릴 수 없을 정도로 큰 피해를 본 것에 대한 유일한 보상이 바로 만주라고 생각했다.

어떻게 계산하더라도 러일전쟁은 커다란 대가와 희생을 치른 경험이었으며, 일본의 첫 번째 제국주의 전쟁이었던 청일전쟁보다 더욱 깊은 상처를 남겼다. 러일전쟁에 동원된 병사는 1,088,996명에 달했는데 이는 청일전쟁보다 약 5배가 더 많은 수였으며, 이 외에도 945,395명이 비전투 인원으로 전방에 배치되었다. 사망자는 81,455명(청일전쟁의 6배)이었고 부상자는 381,313명이었다. 18억 엔에 달하는 전쟁 비용은 청일전쟁의 약 9배로, 이는 해외와 국내의 금융시장에서 막대한 차관을 끌어오고 대규모로 새로운 세금을 부과하는 것을 통해 충당되었다.[95] 이러한 희생은 세계열강 중 하나인 러시아에 대한 놀라운 승리로 보상받았다. 당시 일본인에게 이 승리는 일본이 대국(大國)으로 변모했으며 '세계열강 중 하나로 진입'했다는 신호탄이었다. 그러나 캐롤 글럭이 지적했듯이, 이 전쟁은 전후 '굴욕적인 강화'가 이루어졌다는 측면에서 부정적으로 평가되기도 했다.[96] 기대했던 것에 훨씬 못 미치는 수준의 강화조건을 정부가 받아들이자, 대중의 실망감과 배신감은 1905년 강화조약에 반대하는 도쿄의 폭동으로 표출되었다. 전후 불황, 전쟁으로 인한 국채 발행, 불구가 된 병사의 귀환, 돌아오지 못한 이들로 인한 공허함 등 전쟁의 여파와 함께 나타난 모든 괴로움은 자신들이 부당한 대우를 받았으며 희생에 대한 보상을 받지 못했다는 기억을 대중에게 남겨주었다. 1931년의 전쟁열 속에서 승리의 환희와 강화조약의 쓰라림 모두 '생명선 만주'라는 용어 위에 투영되었다.

러일전쟁 시기에 불렸던 군가가 다시 유행하고, 만주사변의 결정적인 순간을 극화한 연극과 영화가 제작되자 일본 국민은 과거 조국의 위세와 국력이 국제무대에서 선두로 발돋움했을 때 느꼈던 자부심을 들뜬 마음으로 다시 되살렸다. 도쿄의 극장들은 '조국을 위해서' 등의 연극이나 '금(金) 단추의 병대(兵隊)'와 같은 가부키 비극을 공연했다.[97] 대규모의 전사자가 나온 뤼순 전투를 지휘했으며, 이후 자신이 모셨던 메이지 천황이 사망하자 그를 따라 자살함으로써 전국적인 충격을 주었던 노기 마레스케 장군은 어린이용 위인전과 노래 속에서 러일전쟁의 영웅으로 칭송받았다.[98] 도쿄의 메이지자(明治座)에서는 1932년 1월 연극 '노기 장군'이 공연되었고 가와이 영화사는 같은 해 2월 '기억하라, 노기 장군!'이란 영화를 공개했다.[99] 사후 '군신(軍神)'으로 추앙된 히로세 중좌(広瀬中佐)와 같은 다른 전쟁 영웅들도 어린이를 위한 노래나 이야기에 등장했다. 소년 잡지 『소년구락부』는 히로세의 마지막 영광스러운 순간을 삽화와 함께 소개하면서 도쿄의 히로세 동상을 본뜬 종이 공작 세트를 부록으로 나눠주었다. 『소년구락부』는 위대한 영웅의 이 "감동적"인 기념물에 대해 "바라보면 볼수록 그의 고결함에 더욱 겸허한 마음을 지닐 수 있게 된다"라는 설명을 덧붙였다.[100] 러일전쟁 관련 상품의 유행은 세계를 놀라게 한 러일전쟁에서의 승리를 만주와 연결함으로써 만주 생명선에 과거의 영광을 투영시켰다.

동시에 러일전쟁 시기에 불렸던 '전우'와 같은 슬픈 곡조의 군가가 재유행하면서 이는 전쟁으로 희생된 사람들에 대한 기억을 다시 상기시켰고, 만주 생명선의 이미지에 죽음과 희생의 고통스러운 기억을 덧씌웠다.

만주사변기 이 노래가 다시 유행하기 전에도 여기에 쓰인 '붉은 석양'이나 '고향에서 수백 리' 등의 문구는 만주를 가리키는 흔한 수식어로 사용되었다. 1931년에 부활한 '전우'는 중국 동북 지역의 교두보를 지켜야 하는 이유를 일본인들에게 상기시켜 주었다. '전우'는 만주를 상실의 공간, 즉 영웅적인 희생으로 죽은 나의 아버지, 형제, 전우가 품 안에서 스러져 갔던 곳으로 묘사했으며 이는 생명선이 내포하고 있던 만주와의 유대감을 더욱 강화했다. 만주는 반드시 지켜져야 했다. 사랑하는 사람을 떠나보낸 이들에게 남겨진 유일한 것이 바로 만주였기 때문이다.

개인화된 상실의 내러티브는 '전우'에서도 보여지듯 언제나 국가를 위한 희생과 연결되어 있었다. 1932년에 유행했던 노래인 '만주 행진곡'은 만주를 러일전쟁에서 죽은 이들을 기리는 기념비로 바라보았다.

> 지난 러일전쟁에서 용사의 뼈를 묻었던 충령탑을 우러러보라
> 붉게 흘린 피로 물든 석양을 받으며 하늘 높이 천 리 광야에 우뚝 솟았네[102]

이 곡은 전우의 죽음이라는 개인적인 상실을 영웅적인 용사의 죽음이라는 국가적인 상실로 일반화했다. 용사가 만주에 묻히게 되자 그 땅은 국가의 (혹은 가족의) 묘지로 변모했으며 '붉게 흘린 피'는 만주의 토지에 대한 일본의 권리를 요구하는 근거가 되었다. 만주사변을 러일전쟁과 동일시함으로써, '만주 행진곡' 같은 노래들은 생명선에 고통 분담의 은유를 담는 한편 만주의 영토에 대해 일본이 피의 권리를 갖고 있다고 주장하는 근거를 제공했다.

만주 생명선을 수호하라는 피의 책무는 러일전쟁 세대에 빚지고 있는 '피의 은의(恩義)'에 보답해야 한다는 말로도 표현되었다. 1931~1933년 대중매체에 오르내리던 '피의 은의'에 대한 호소는 가족에 대한 의무라는 친숙한 유교적 관념을 빌려옴으로써, 젊은 세대는 그들의 부모 세대가 만주를 수호한 것에 대해 마음의 빚을 가져야 한다는 것을 암시했다. 대중잡지 『킹』에 실린 한 독자의 시는 만주 전선에서의 군사 복무를 통해 아버지와 아들 사이에 특별한 유대감이 형성되는 모습을 묘사했다.

> 만몽(滿蒙)을 생각하며 고다쓰(炬燵)를 나온 아버지
> 만몽으로 향하는 장남을 배웅하네[103]

이 시는 만주사변이 사실상 러일전쟁의 재현임을 암시하고 있다. 물론 이러한 생각은 터무니없는 것이었다. 무기도 형편없고 군비도 부족한 군벌

(대부분 군벌은 일본의 점령에 군사적으로 저항하지 않았다)과의 전투는 러시아 황제의 군대와 직면했던 경험과 결코 비교할 만한 대상이 아니었기 때문이다. 그것이 시적 허용의 범주에 있는지 아닌지의 여부는 우선 제쳐두도록 하겠다. 이러한 호소가 갖는 목적은 러일전쟁에서 쏟아져 나왔던 영웅적인 희생을 현재 시점에도 다시 끌어내고자 하는 것이었다.

러일전쟁을 만주사변과 연결한 대중의 기억은 만주를 전 세대가 지켜야 할 생명선으로 만들었으며, 과거와 현재를 이어 만주 수호의 의무를 아버지 세대에서 그다음 세대인 아들에게로 넘겨주었다. 잡지『킹』에 실린 첫 번째 전사자에 대한 헌사에는 구라모토 대위(倉本大尉)가 특별히 언급되는데 이는 "아버지는 러일전쟁에서, 아들은 이번 사변에서 장렬히 전사했으니 모두 만주의 들판에 유해가 버려졌다"라는 표현에서도 볼 수 있듯 그의 특별한 가족사 때문이었다.[104] 세대를 아우르는 생명선이라는 관념은 모든 일본인이 천황이라는 가장(家長) 아래에 속해있는 가족 구성원이라는 가족적 국가관과도 맞닿아 있다. 법적으로는 메이지 헌법에서 용인되었으며 교육제도를 통해 고취되었던 '충성심'과 '애국심'이라는 도덕적 명령은 부모를 공경하는 것과 같이 천황과 국가에 대해 복종하라고 요구했다. 만주사변기의 전쟁열이 만들어 낸 '피의 은의'라는 관념은 가족 국가를 향한 애국적인 의무를 친구나 가족을 향한 개인적인 도의와 결부시켰다.

'피와 영혼의 계보'—살아 있는 자는 죽은 자에게 빚을 지고 있으며 만주를 수호해야 하는 의무로 묶여 있음을 뜻한다—로 잘 알려진 이러한 대중적 이미지 외에도 생명선은 '경제적인 생명줄'을 상징하기도 했다. 러일전쟁과 관련된 이미지와는 달리, '경제 안보'란 표현은 제국주의 사전에 새로 추가된 것이었다. 1900년대 이전부터 제국의 선구자들은 상업 경쟁력과 국제적 위신 사이의 연관성을 지적하며 일본은 조선, 중국과의 무역에 힘써야 한다고 주장했다.[105] 그러나 당시 일본제국의 주요 경제 목표는 수출 시장의 확보였다. 1차 세계대전에서 교훈을 얻고 나서야 군사정책 입안자들은 자원의 공급처로서 식민지의 가치를 깨달았으며, 일본은 제국의 식민지를 산업 생산을 위한 자원 보급기지의 기준에서 다시 평가하기 시작했다.[106] 전략적 수입 물자의 기지로서 식민지를 새롭게 인식한 것은 1918년 발생한 '쌀 소동' 이후 조선과 대만으로부터 대량의 쌀이 수입되기 시작하면서 더욱 강화되었다. 처음으로 일본은 국내 식량 소비를 식민지에 의존하게 된 것이다.

1931~1933년 만주에 대한 대중매체의 담론은 제국의 새로운 경제적 언어로 생명선을 규정하고 있다. 『킹』이나 『이에노 히카리』 같은 인기 잡지에 실린 글에서 만주는 "끝없는 대지"와 "무궁무진한 자원"을 지닌 "무한한 보고(寶庫)"로 묘사되었다. 요컨대 만주는 "국가 경제의 관건"이었다.[107] 새롭게 대중화된 중국 동북 지방에 대한 비전에서 제국은 일본의 경제 안보를 위해, 좀 더 심하게 말해서 일본의 경제적 생존을 위해 꼭 필요한 자원기지로 표현되었다. 경제공황의 늪에 빠진 사람들에게 경제적 생명선의 이미지는 강력한 상징이었으며, 몰락할지도 모른다는 공포와 만병통치약이 될 수 있다는 희망을 동시에 대변했다.

잡지 『킹』에 실린 한 그림지도 역시 만주를 자원의 보고로 묘사하고 있다. 이 지도 한 켠에는 가득 쌓인 철광석과 반짝거리며 빛나는 금광, 그리고 연기가 자욱한 탄광이 그려져 있다. 끝없이 넓은 초원에는 들판을 달리는 말들과 음매 우는 소 떼, 배회하는 낙타와 풀을 뜯고 있는 양 떼들 같은 가축들로 가득 차 있으며 또 비옥한 농토에는 대두, 목화, 밀, 수수, 보리 등 셀 수 없을 정도로 많은 곡식이 빼곡히 채워져 있다. 해당 기사는 낙관적인 태도로, 일본이 보고의 문을 여는 순간 만주의 풍요로움이 일본의 해

안가로 밀려올 것이라고 예측했다.[108]

「만몽이 보유한 자원」이란 글에서 저자는 만주를 "일본의 산업 발전을 위한 신천지(新天地)"로 표현하며 그곳에 "개척을 기다리는 무한의 토지"가 있다고 독자들에게 설명했다. 이 글은 풍요로움을 수량화하면서 만주를 "세계 최고 수준의 대두 생산지"이자 매년 천만 석의 밀과 3600만 석의 수수, 270만 마리의 소, 350만 마리의 말, 460만 마리의 양 등 수많은 농작물과 가축이 자라는 자연의 낙원으로 묘사했다. 만주는 "문명 건설에 필수적인 철과 석탄"이 묻혀있는 저장소이자 "광활한 처녀림"이 펼쳐진 곳이었다. "만몽은 진정 끝없는 천연의 옥토이며 지금 개척되기만을 기다리고 있다"라고 단언하며 이 글은 마무리된다.[109]

지도와 만화, 그리고 통계는 독자에게 만주의 자원이 자신의 생계와 번영을 보장해 줄 열쇠라는 사실을 실감나게 전달했다. 동시에 이러한 자료들은 일본제국의 자급자족적 경제에 대한 초기 구상을 대중화하는 데 기여했다. 미디어는 일본의 부족한 자원과 유럽과 미국으로부터 수입에 의지하는 취약성을 강조함으로써 제국주의의 언어에 경제적 위협에 대한 공포심을 주입했다.[110] 이러한 세계에서 만주 자원의 장악은 일본의 자립을 보장하는 안전장치를 의미했다.

'생명선'은 여러 의미를 지닌 은유였다. 생명선이란 용어가 1931년에 사람들을 결집하는 호소력을 가질 수 있었던 것은 그것이 제국의 과거에 대한 공적 기억을 효과적으로 상기시키는 동시에 현재의 경제적 불안을 대변했기 때문이었다. 과거와 현재를 연결하면서 생명선으로써의 만주를 건설하는 것은 제국 이데올로기라는 기존의 바탕에 새로운 무늬를 그려 넣는 일이었다. '피의 은의'라는 오래된 관념, 그리고 중국 동북 지역에 일본제국을 건설하기 위해 커다란 대가를 치렀다는 인식은 산업 국가가 생존하기 위해서는 제국이 경제적으로 반드시 필요하다는 새로운 개념과 결합했다. 그리하여 생명선의 이미지는 제국을 하나의 유기체로 바라보는 정의 안에서 만주를 일본과 함께 결속시켰다. 일본이 만주를 상실하는 것은 인간이 중요한 장기를 적출당하고 살아남는 것보다 어려울 것이었다. 만주는 문화적으로 제국의 심장부로서 재구성되었다.

겁쟁이 중국인과 불량배 서양인

일본과 만주를 결합시킨 관계의 재정의는 1930년대 초 제국주의적 징고이즘으로부터 나온 주제 중 하나에 불과했다. 전쟁을 선동하는 목소리는 일본에서 인종적 '타자'의 개념을 불러일으켰다. 일본인은 이 타자와의 대비를 통해 자신의 국가 정체성을 구축했다. 메이지 시대 이래 일본은 인종, 문화, 군사력의 계층구조 안에서 국제관계를 이해해 왔다. 일본은 이러한 체제 안에서 자신의 지위가 어디에 있는지 매우 민감하게 반응했으며, 급속히 성장하는 제국을 여타 아시아 국가에 대한 우월성의 증거이자 서구를 '추격'하기 위한 사업으로 여겼다. 1930년대 일본 제국주의가 새로운 국면으로 진입하자, 자신과 타자에 대한 제국의 담론은 노골적으로 타민족에 대한 증오와 공포를 드러내며 보다 공공연하게 극단적 애국주의로 흘러갔다. 자국의 군대가 만주를 점령하고 있는 동안 일본인들은 자신들이 중국인보다 더 우월할 뿐 아니라 서구열강을 두려워하지 않기 때문에 싸운다고 생각했다. 가상의 전장에서 일본인들은 더 공격적이고 대립적인 제국 건설 방식을 수용하기 위해 인종적 타자에게 열등한 자질을 투사했다.

중국이 감히 일본의 소중한 만주 생명선을 빼앗으려 했다는 분노는 전신(電信)을 통해 만주의 도시들이 순차적으로 함락되어 가는 뉴스가 전해짐에 따라 빠르게 승리의 기쁨으로 변했다. 힘들이지 않고 손쉽게 승리한 듯이 보였기에, 압도적인 일본이 중국을 완패시켰다거나 혹은 중국군의 기량이 부족했다는 등의 자축하는 글이 지면에 넘쳐났다. 이러한 폄하가 분출되기 시작한 것은 청일전쟁 이후부터였다. 도널드 킨(Donald Keene)이 말했듯이, 1894~95년은 중국에 대한 일본의 시각이 변화하기 시작한 전환점이었다. 대부분의 일본 역사에서 중국은 보고 배워야 할 대상이었으며 중국 문명은 일본 문화의 원천으로 숭상되었다. 아편전쟁으로 중국이 굴욕을 당하고 새로이 등장한 서양의 문화 모델과 경쟁하게 되면서 중국에 대한 경외감이 흔들렸음에도 불구하고, 적어도 1890년 중국함대가 일본에 방문했을 때만 하더라도 중국은 일본에 두려움과 존경심을 불러일으킬 수 있었다. 그러나 이 모든 것은 중국에 대한 격렬한 경멸과 증오를 가져온 전쟁을 거치며 변화했다.[111]

하지만 전쟁으로 인한 증오가 수 세기 동안 중국을 숭상해 오던 전통을 완전히 지워버린 것은 아니었다. 그러한 전통은 중국의 영향을 받은 예술, 철학, 학문, 기타 문화적 관습 속에 여전히 남아 있었다. 얼마 전까지만 해도 문명의 모델로 여기던 나라에 대한 일본인의 태도는 이중적이었으며 모순으로 가득했다. 1931~33년 중국인의 국민성에 대해 쏟아진 경멸의 시선은 기존에 상반된 감정이 공존하던 것을 하나로 만드는 프로젝트가 새로운 단계에 돌입했음을 보여준다. 일본의 문화 생산자들은 중국에 대한 독설을 쏟아냄으로써 좀처럼 지워지지 않는 문화적 부채 의식을 완전히 없애버리려 한 것처럼 보인다.

만주 점령에 대한 대중적인 묘사에서 중국인은 가능한 부정적인 모습으로 그려졌다. 일본은 "20만 명의 중국인을 만 명의 일본인이 대적한다"며 끊임없이 자랑했지만, 이는 널리 알려진 장제스의 무저항주의를 고려하지 않은 것이었다. 수적 통계를 중국의 군사적 열등함을 주장하는 근거로 변환시킴으로써, 일본의 대중 잡지는 일본군 한 명이 적 스무 명만큼의 가치가 있다는 생각을 갖게 했다.[112] 일본군이 주요 군사 점령 목표였던 펑톈과 지린에 무혈입성하자, 『소년구락부』와 같은 잡지는 중국군의 자발적인 철수와 무장해제 등의 무저항적인 대응을 비겁하고 무질서한 후퇴로 변모시켰다. '겁 많은 중국인'이라는 청일전쟁에서의 이미지가 되살아나면서, 만주사변에 관한 이야기에는 언제나 도망치고 탈주하거나 숨어버리는, 또는 즐겨 사용되었던 관용구처럼 "거미 새끼들이 흩어지듯이 달아나는" 모습의 중국군을 볼 수 있었다.[113] 신원이 확인되지 않은 어느 '목격자'는 일본군이 "숨어 있던 병사들을 뛰쳐나오게 하려고 중국군의 막사에 불을 지르자, 장교들이 마루 아래에서 기어 나왔다"라고 증언하며 놀라움을 표했다. 이러한 이야기는 중국인이 겁쟁이라는 편견을 만드는 증거로 사용되었다.[114]

여기에 더해 상대가 정정당당하게 싸우지 않는다는 생각은 중국인에 대한 이미지를 더욱 다양하게 만들었다. 「만주의 중국 병사」란 글에서 저자는 '마적(馬賊)'에 대해 "마치 파리 떼와 같이 쫓아내자마자 곧 다시 나타난다"고 표현했다. 적을 범법자로 규정하는 것은 청일전쟁에서 기원한 것이 아니다. 오히려 이는 조선을 탄압하면서 쓰인 표현이었다. 조선에서 일어난 1907~09년의 반일 의병운동을 '강도와 폭도'의 소행이라 비난하고 1919년의 3·1 만세운동을 '무법자'들이 일으킨 소요 사태라 규정했듯이, 1931년 만주의 중국인 적들은 '강도의 무리'에 비견되었다. 더 악질적인 상대는 편의대(便衣隊)였다. 이들은 평범한 중국인으로 변장하고 몰래 숨어들어 문제를 일으키는 '성가신 자'들이었다. 이 글의 저자는 "공개적으로 정정당당하게 싸우면 질 것이 분명하니까 일본군을 괴롭히기 위해 이런 비겁

한 방법을 사용한다"라고 결론지었다.[115]

중국이 국제연맹을 향해 만주를 둘러싼 중일분쟁을 중재해 달라고 요청하자, 일본 대중의 이와 같은 인식은 더욱 확고해졌다. '만주를 둘러싼 원숭이와 게의 싸움'이라는 제목의 만화는 중국이 전쟁에서 패한 뒤에야 외교적 수단을 사용하려 한다고 주장하기 위해 중일 간에 벌어졌던 사건들을 재구성하여 보여주었다. 만화는 선견지명이 있는 게와 욕심 많은 원숭이에 대한 일본의 전래동화를 빌려와서 중일 간 분쟁의 역사를 이야기하고 있다. 전래동화에서 원숭이는 자신의 감 씨앗과 게가 가진 주먹밥을 바꾼다. 원숭이는 주먹밥을 바로 먹어버렸고 게는 감 씨를 정원에 잘 심었다. 둘 사이의 진짜 갈등은 게가 정성껏 보살핀 감나무에 감이 열리면서 시작된다. 만화에 그려진 것은 원숭이(중국)가 감나무의 감(남만주)을 원래 주인이었던 게(일본)로부터 훔쳐 가려는 장면이다. 원숭이는 신사 차림을 한 게를 수차례 때려눕힌 다음 도끼로 나무를 찍어내기 시작한다. 오랫동안 고통 받았던 게는 그제야 "마침내 화가 나서 원숭이의 빨간 엉덩이를 힘껏 밀어버렸다." 다음 장면은 원숭이가 울먹이며 '동물 회의'[116]에서 자신이 당한 일을 호소하는 모습이다. 이것이 바로 만주사변에 대한 대중적인 내러티브를 구성하는 일련의 사건들이었다. 한 소년의 입을 빌려 말해진 이 이야기의 교훈은 "일본은 전쟁에 강하다. 중국은 전쟁에 이기지 못하자 문제를 국제연맹으로 가져갔다"라는 것이었다.[117]

중국인의 국민성에 대한 호의적이지 않은 묘사는 중국인이 돈에 쉽게 매수된다는 결론으로 마무리되었다. 다시 말하지만, 이러한 이미지는 청일전쟁으로 만들어진 것이 아닌 1910~20년대에 나타난 것으로, 중국인이 정직하지 못하다는 일반적인 인식에 더해 일본인의 남을 매수하려는 성향을 반영한 것이다. 일본인들은 중국에서 여러 군벌에게 뇌물을 주며 관계를 맺은 뒤 가장 큰 이권을 주는 상대를 후원했으며, 더 좋은 조건을 제안하는 이가 나타나면 이전의 관계를 끊었다. 아이러니하게도 일본인 중국통의 이러한 행동은 중국인이 돈에 쉽게 좌우된다는 사실을 깨닫게 했으며 중국인의 민족성을 재평가하는 근거가 되었다. 중국인이 돈을 밝힌다는 이야기는 1931~33년 사이에 광범위하게 퍼졌다. 「매수와 배신의 상습범」이란 글은 두 군벌을 그린 그림을 통해 중국군의 성격을 설명하고 있다. 이 그림에서 한 군벌은 '금(金)'이라고 쓰인 커다란 자석을 들고서 그보다 작은 자석을 가진 다른 군벌의 군대를 끌어들이고 있다. 그림에는 다음과 같은 글이 덧붙여 있다. "중국에서 자주 내전이 발생하지만, 이러한 갈등이 군사적 승리로써 해결되는 경우는 드물다. 오히려 승리는 한 쪽이 돈으로 적군의 배신을 이끌어내는 것에 의해 결정된다. … 일본의 무사도에서 돈으로 매수되는 것은 치욕적인 일이다." 그러나 중국인은 "돈을 손에 쥐자마자" 상대방의 편에 서버리곤 했다.[118]

청일전쟁 시기의 저자들이 일본의 진보와 중국의 후진성을 대비시켰던 것과 마찬가지로, 만주사변기의 일본인은 자신의 애국심에 자부심을 가졌으며 이기적이고 나라의 운명에 무관심한 중국 대중에 대해서는 비웃는 태도를 보였다. 유명한 학자이자 여행가였던 고토 아사타로(後藤朝太郎)는 중국인에게 민족 감정이 부재하다는 점을 자주 언급했다. 1932년에 쓴 글에서 그는 "중국인 노동자들은 돈만 벌 수 있다면 일본군을 위해 모래주머니를 쌓는 일도 기꺼이 한다. 다음 날 그들은 모래주머니 위에 앉아 고량주를 마시며 자국의 군대가 일본인에게 무너지는 것을 보고서 '이야! 저것 좀 보게'라고 말할 뿐이다"라고 했다.[119]

잡지와 신문은 조선과 대만에서의 식민지 지배 경험으로부터 나온 가부장적인 어휘들을 바탕으로 겁 많고 부패한 중국군과 '양민'을 주의 깊게 구분하여 다루었다. 한 소년의 말처럼 "일본은 중국 모두와 싸우지 않는다. 악랄한 군인들과 싸울 뿐"이었다.[120] 1907년 조선의 항일 투쟁을 진압하는 임무를 수행했던 한 군인은 상층민이야말로 진정한 적이라고 말하면서 그 이유에 대해 "하층민은 관리나 상류 계급에게 억압을 받아왔기 때문에 일본 관리를 자신들의 보호자라 여길 것이다"라고 말했다.[121] 억압적인 관리와 일본의 구원이 필요한 하층민이라는 구도가 만주사변에 대한 묘사에서도 유사하게 나타났다. 어떤 글에서 저자는 '양민'은 일본군을 해방자로 바라보며 환영했고 '마적의 약탈'과 '부패한 군벌'의 손아귀로부터 구해 준 것을 고마워했다고 했다.[122] 「전쟁이야기」라는 글에서도 한 일본인 병사는 "비열한 중국군"에 대해서는 조금의 인정도 베풀고 싶지 않지만 "죄 없는 양민이나 굶주리는 아이들에게는 측은한 마음이 들어" 자신이 배급받은 식량을 양보했다고 이야기하기도 했다.[123]

이러한 구분에도 불구하고 고향으로 귀환한 병사들이 본국 국민에게 전한 이야기에 따르면, 실제 전장에서 적과 아군을 분별한다는 것은 어려운 문제였다. 한 잡지에 실린 만주사변 참전용사의 좌담회는 상당히 오랜 시간을 이 문제에 할애했다. 한 병사는 "양민을 죽이지 말라는 지시를 받긴 했지만, 그들을 구분할 수는 없었습니다"라고 털어놓았다. 또 다른 이는 "당신은 진짜 중국 군인의 수가 얼마나 되는지 들으면 아마 믿을 수 없을 겁니다. 기본적으로 만주 거리에 있는 누구든지 편의대일 수 있다고 생각해야 합니다. 진저우 한 곳에만 30만 명이 넘는 수가 있다고 합니다"라고 말했다. 이런 상황에서 병사들은 적과 아군을 구분하는 간단한 방법을 개발했다고 설명했다. "누가 다가오면 총을 들어 그에게 겨누어 보면 됩니다. 만약 놀라 울부짖거나 달아난다면 그 사람은 양민일 것입니다. 만약 손을 머리 위로 든다면 그가 변복한 군인임을 알아차릴 수 있습니다." 그러나 한

제2부: 만주사변과 새로운 군사적 제국주의, 1931~1933

개인의 일화를 통해 알 수 있듯이 이러한 상황에서는 아무리 조심해도 지나친 것이 아니었다.

> 다들 편의대는 오직 남자뿐일 것으로 생각합니다. 그러나 그 안에는 여자, 아이 등 모든 사람이 포함되어 있습니다. … 한 번은 22, 23세 정도의 한 젊은 여자가 매우 상냥한 눈빛을 보내며 다가왔습니다. 여자의 집 앞에는 절름발이 노파가 서 있었는데 그 노파도 호의적인 웃음을 지어 보였습니다. 자연스럽게 나는 그들이 양민이라고 생각했습니다. 그러나 나는 그들 중 한 명으로부터 불길한 예감을 느끼고 큰 소리로 경고했습니다. 노파는 절뚝거리며 달아났습니다. 나는 여자의 몸을 수색했습니다. … 그 여자는 내 말을 알아듣지 못해서 나는 손짓으로 설명했습니다. … 여자의 옷을 들춰 보니 아래에 두 벌의 바지를 입고 있었습니다. 안에는 아니나 다를까 총 한 자루가 숨겨져 있었습니다. 나는 죽이고 싶지 않았지만, 그 여자가 총으로 나를 치려고 했기 때문에 죽일 수밖에 없었습니다. 그녀는 죽으면서 무언가 욕설을 내뱉었습니다. 나중에 나는 미안한 마음이 들었지만, 그때 만약 바로 손을 쓰지 않았다면 아마 죽은 사람은 내가 되었을 것입니다. 나는 도발당했을 뿐입니다. [124]

이러한 말들은 일본인이 만주 점령지에서 중국인에게 가졌던 두려움과 불신의 정도가 어느 정도였는지 드러낸다. 한 중국인 여성을 살해했다는 이 잔혹한 이야기는 국내에 있는 사람들에게 만주 점령 당시 일반적인 대응 규칙이란 이름하에 자행되었던 민간인에 대한 괴롭힘과 탄압을 전달했다. 중국인의 목숨은 하찮게 여겨졌다. 대중잡지에서 이 이야기가 무미건조하게 언급된 것은 군인과 편집자들에게, 그리고 아마 독자들에게도 이 살인 행위가 별다른 일이 아니라고 생각되었음을 보여준다. 이런 방식으로 제국주의의 잔인함은 그 실행자들도 잔인하게 만들었다. 그것은 실제로 총검을 휘두른 병사뿐 아니라 간접적인 방식으로 폭력에 가담한 문화 소비자의 경우도 마찬가지였다.

전쟁열이 한창이던 와중에 행해진 중국의 국민성에 대한 공격은 일본 대중의 상상 속 중국에 대한 관념을 재구성하는 데 기여했다. 일본인은 과거에도 여러 번 그러했듯이, 일본 고유의 문화를 형성하는 데 근본적으로 영향을 끼친 중국과의 관계에 담긴 상징적 의미를 재해석했다. 그 과정의 가장 마지막 단계에서 1930년대의 새로운 제국주의는 여러 방식으로 중국이라는 '타자'를 새롭게 묘사했다. 전쟁열을 통해 새롭게 생겨난 중국인을 향한 인종적 멸시는 대륙에 제국을 건설하는 데 방해가 되는 문화적 채무의식의 잔재를 덮어 버리는 데 도움이 되었다. 더욱이 타민족에 대한 혐오를 조장함으로써 대중매체에 나타난 중국에 대한 새로운 시각은 사람들로 하여금 전쟁의 잔인함에 익숙해지게 하고 점점 중국인과 치룬 끔찍한 전투에 관한 이야기를 듣는 것에 무뎌지게 했다. 메이지 시대 이후 중국에 대한 인종적 비하는 일본이 민족 정체성을 구축하는 데 필요한 대조적인 대상을 제공했다. 1930년대 초 유포되었던 중국군을 폄하하는 묘사들은 곧 일본인의 국민성에 대한 간접적인 찬사였으며, 더 공격적인 성격의 군사 제국주의에 적합한 국가 정체성을 다시 구축하는 데 도움을 주었다. 요컨대 급행 제국주의는 민족 우월의식의 빠른 성장을 필요로 했다.

이러한 과정은 일본의 또 다른 중요한 '타자'인 서양에 대한 이미지에도 영향을 주었다. 비겁한 중국인에 대한 과장된 이야기가 유포되고 일본군의 전설적인 무용담에 찬사를 보내는 동안, 서양의 강한 비판에 대해서는 외부의 압력이라 소리 높여 비난했으며 반대로 자기의 행동은 정의로운 것이라고 주장했다. 중국을 향한 적대감의 분출과 마찬가지로, 이런 반응은 서양에 대해 오랫동안 양가적인 감정을 가졌던 역사에서 나온 것이었다. 페리의 내항 이래 서구 열강 그룹에 들어가기 위해 싸우고 노력하는 동안, 일본은 서양을 두려워하는 동시에 선망했다. 80여 년 동안 서양과 관계를 맺으며 여러 차례 겪었던 모욕과 찬사에 일본 국민은 매우 민감하게 반응했다. 1931~33년 국제연맹에서 벌어진 논쟁을 바라보는 대중의 시선은 대체로 불만으로 가득했는데, 이는 오랫동안 서양의 인정을 받길 바란 욕망과 외교적 고립에 대한 공포가 분노로 표출된 것이었다. 그러나 일본은 서방의 반대에도 불구하고 만주를 점령하고 국제연맹을 탈퇴함으로써 외교적으로 고립되는 길을 선택했다. 외교정책의 패러다임을 통째로 바꾼 이러한 변화를 계기로 일본은 서양에 대한 시각을 근본적으로 재정립했다.

『이에노 히카리』 같은 농촌 독자를 대상으로 하는 잡지마저 국제연맹에서 벌어진 중일분쟁에 대해 자세히 설명했다. 이 잡지는 용어사전을 통해 '치외법권'이나 '9개국 조약', '켈로그–브리앙 조약'과 같은 생소한 단어를 해설하면서 독자들에게 리튼 보고서가 세간에서는 '인식 부족'이라 불린다고 말했다. 또한 만주사변을 둘러싼 외교 상황을 보도하면서 국제사회의 적의를 과장되게 표현했다.[125] 오랫동안 유럽인, 미국인, 그리고 캐나다, 호주, 뉴질랜드의 영국 이민자들로부터 받은 인종차별적인 경험은 서양의 외교적 입장을 차별로 받아들이게 했다. 『이에노 히카리』의 한 글은 "시종 국제연맹은 일본에 반대하는 입장을 조금도 바꾸지 않았다"며 "이는 백인에 의해 지배되는 지금의 국제연맹에서는 당연한 결과"라고 주장했다.[126] 인종적 고립감은 새로운 것이 아니었지만 그것이 부풀려져 극복할 수 없는 장애물처럼 비친 것은 처음 있는 일이었다. 제1차 세계대전 이후 열린 파리강화회의에서 일본의 외교관들은 국제연맹의 규약에 인종 평등을 보장하는 조항을 삽입할 것을 강하게 요구했다. 결국 이러한 시도가 실패로 돌아가자, 일본 언론은 더욱 분노의 말을 쏟아냈다. 하지만 강화회의에서 했던 일본의 두 가지 주요 요구—본래 독일이 보유했던 중국 산둥성과 남양군도에 대한 권리를 일본이 획득했음을 승인해 줄 것―가 받아들여지면서 씁쓸한 기분은 누그러졌다.[127] 과거에는 일본과 서구열강 사이의 인종적 차이는 노련한 외교력으로 대처할 수 있는 어려움이라고 생각되었다. 그러나 1931년의 일본은 외교적 실패의 원인을 인종 차이에서 찾았다.

일본에 대적하기 위해 백인 국가들이 견고한 진영을 구축했다는 생각은 일본이 경제적으로 착취당할 것이며 앞으로 경제 상황이 더욱 악화될 것이라는 비관적인 시나리오로 이어졌다. 국제사회의 반일 외교를 분석한 한 글은 1931년 가을 국제연맹의 결의안을 설명하면서 "마치 일본을 도둑처럼 취급했다. … 불쌍하게도 일본은 국제무대에서 고립되고 말았다."라고 말했다. 국제연맹에서 심각한 제재가 논의된 적이 없었음에도 대중매체는 최악의 시나리오를 그리면서 "일본의 행동을 비난하는 위원회의 결의안은 일본이 군대를 철수하지 않으면 국제적인 경제 봉쇄를 가할 것이라 위협했다"라고 보도했다.[128] 이처럼 매일같이 국제연맹에서 일어난 일들이 자세하게 보도되면서 일본과 서양 열강의 관계에 대한 새로운 묘사가 나타났다. 국제연맹이 창설된 이래 일본은 자신이 이사회의 구성원이라는 사실에 자부심을 느꼈다. 일본은 세계열강 중 하나였다. 그러나 1930년대 초 이러한 이미지는 변화했다. 이제 국제연맹은 일본을 괴롭히고 고립시키는 백인 국가에 의해 통제되는 조직이었다.

대립과 적대의 틀 안에서 일본과 서구 열강 간의 관계를 재정립하는 것은 미국과 일본 사이에 임박한 갈등을 묘사하는 이미지가 범람하면서 강화되었다. 「일본이 만약 전쟁을 한다면」이란 제목의 글은 전쟁에 대한 불안을 그리면서 "극동에 전운이 드리우고 있다"는 불길한 언급으로 가득했으며, "미국과 일본 간의 피할 수 없는 충돌"은 단지 시간문제일 뿐이라고 경고했다.[129] 1932년 한 해에만 곧 다가올 미국과의 전쟁을 주제로 한 책이 17권이나 출판되었으며 유명 잡지에도 36편의 관련 글이 실렸다. 일본과 미국 사이에 전쟁이 일어날지도 모른다는 불안은 19세기 말 이래 여러 번 있었으며 1920년대에는 두 차례에 걸쳐 나타났다. 1919~21년과 1924~25년에 나타난 불안은 모두 해군의 군비 확대 경쟁과 일본인 이민에 대한 미국의 법 제정을 둘러싼 갈등이 결합하여 드러난 것이었다. 1932년 5월 미국이 대서양 정찰함대를 태평양에 배치하겠다고 발표한 것도 영향을 미치긴 했지만,[130] 1932~33년 미국과 일본이 대립하게 된 실제 원인은 일본의 중국 침략이었다. 과거 전쟁을 예견한 사람들은 아마도 태평양의 제해권을 둘러싼 싸움이나 인종 간의 적대감 때문에 갈등이 촉발되지 않을까 상상했다. 이제 중국의 지배를 둘러싼 싸움 역시 이러한 가상전쟁 시나리오 안에 들어가게 되었다.

전쟁 불안을 다룬 글들이 서양의 위협을 과장했던 반면, 같은 시기의 대중잡지는 서양으로부터 보복을 당하지 않을까 하는 대중의 두려움을 해소하기 위해 노력을 아끼지 않았다. 반(反)서방을 외치는 허세 뒤에 희미하게 가려진 불안감은, 처음에는 위협의 정도를 과장했다가 나중에는 그 의미를 축소하는 모순적인 모습으로 나타났다. 잡지『킹』의 1933년 4월호에는 일본의 국제연맹 탈퇴에 관한 좌담회가 삽화와 함께 실려 있는데, 이 좌담회의 참석자들은 다음과 같이 말하며 전쟁에 대한 공포를 떨쳐내었다. 한 육군 장군은 "나는 경제 제재가 전쟁으로 이어진다고 생각하지 않습니다"라고 말했다. 또 다른 참석자는 미국은 일본의 상품 수입에 의존하고 있기에 절대로 경제 봉쇄 조치를 취하지 못할 것이라 지적했다. 미국을 상징하는 엉클 샘(Uncle Sam)이 걱정스러운 표정으로 경제 봉쇄에 따르는 비용을 계산해 보는 만화 일러스트에는 "일본에서 생사를 수입할 수 없게 되면 미국의 견직물 산업은 커다란 타격을 입을 것이다"라는 설명이 덧붙여졌다. 또 일본의 면직물 시장을 잃게 되면 "면직물 가격이 크게 떨어져 미국 인구의 절반을 차지하는 농민들이 고통받을 것이다"라고도 했다. 그 뒤에 이어지는 그림은 이와 같은 인식을 상징적으로 표현하고 있다. 수유를 하지 못해 고통스러워하는 어머니가 젖병을 빨며 만족스러운 표정의 아이를 바라보고 있는 모습으로 미국의 상황을 빗댄 이 그림에는 "경제 제재를 가하는 나라 쪽이 곤란해질 것이다"[131]라는 설명이 적혀 있다. 이와 같은 이미지들은 일본과 미국 사이의 무역이 상호의존적이라는 메시지를 독자에게 전달했다. 일본은 삽화 속의 어린아이와 같이 경제적 어려움에 취약하지만, 일본보다 강한 미국 역시 경제적 고통을 피해 갈 수 없다는 뜻이었다.

이러한 논의는 제국주의적 수사 안에 경제적 자급자족이나 경제 전쟁 같은 새로운 개념을 도입했다. 과거 외교적 고립에 대한 두려움은 군사적 강압에 기인한 것이었다. 이제 여기에 경제적 압박이란 요소가 더해졌다. 위에서 언급한 잡지 『킹』의 좌담회에서 어떤 이는 외부 압력에 대한 공포를 가라앉히기 위해 과장된 표현을 사용하며 말하기를, 만약 미국이 경제 제재를 가한다면 몇 가지 대체 상품과 "국민의 의지"로 식량, 석유, 면직물 등에 대한 무역 의존성을 극복할 수 있으며 이는 "어렵지 않을 것"이라 주장했다. 우아한 서양식 식탁을 뒤로한 채 생선, 국, 쌀밥으로 된 일본 전통 상차림 앞에 앉아 있는 한 농부의 모습을 그린 만화는 이 점을 명확히 설명해 주고 있다. 농부는 웃으며 "자급자족해도 충분합니다"라고 단언하고 있다.[132]

'국제연맹탈퇴 이후 일본은 어떻게 될까?'라는 질문을 던진 한 특별 기사는 "일본은 조금도 고통 받지 않을 것이다. 괴로운 것은 국제연맹 자신이다. … 일본의 탈퇴로 연맹은 힘과 영향력을 잃게 될 것이다"라고 하며 독자들을 안심시키는 답을 내놓았다. 게다가 일본의 고립은 오래가지 않을 것이라고 하면서 그 이유에 대해 다음과 같이 말했다.

> 머지않아 열강 중 한 나라가 일본과 동맹을 맺게 될 것이다. 연맹에 속한 백인 국가들은 일본과 대립하고 있지만 이들은 서로 이해관계가 다르다. 지금은 친밀해 보이는 미국과 영국조차 사실은 서로 크게 대립하고 있다. 극동에 이해관계를 가지고 있는 열강들이 일본을 영구히 적으로 두고 있는 것은 매우 불리한 일이다. 따라서 그들은 앞으로 모든 기회를 이용해 일본과 더 가까워지려고 할 것이다. [133]

실제로 어떤 이는 연맹 탈퇴의 유일한 영향은 일본을 제약에서 자유롭게 해 준 것이라는 결론을 내렸다. 한 사무라이가 '정의의 칼'로 국제연맹을 의미하는 쇠뭉치에 달린 사슬을 끊어내는 만화는 이러한 시각을 잘 보여준다.[134] 이러한 표현은 도전적인 고립주의의 메시지를 드러내며 일본이 서양 제국주의 국가 그룹에서 나온 이점을 설명하고 있다.

만주사변 이후의 외교 상황을 보도하면서 대중매체는 서양의 위협에 대해 과장하기도 하고 축소하기도 했는데, 일본의 외교정책 역시 이와 맞물려 무력하고 수동적인 것으로 묘사되기도 하고 때로는 강경하고 도전적인 것으로 그려지기도 했다. 일본과 중국이 국제연맹이라는 배에 타고 있는 만화는 일본의 수동적인 모습을 보여준다. 이 만화에서 중국은 '탈퇴'라는 해안가를 향해 배를 저어가려 애쓰는 반면, 일본은 기를 쓰고 해안으로부터 멀어지려 하고 있다.[135] 동시에 총검을 높이 들고 보초를 서는 고독한 일본 병사의 반복되는 이미지는 일본의 비장한 허세를 표현했다. 이러한 일러스트와 더불어 『킹』에 실린 「덤벼보아라」라는 시는 1933년 2월 국제연맹이 일본에 반하는 표결을 진행했다는 뉴스에 대중작가들이 환영의 의사를 표했던 도전적인 고립주의를 담아내고 있다.

이와 같은 삽화와 노래를 통해 대중매체는 현재의 대외 위기에 대한 강력한 메시지를 대중에게 전달했다. 일본의 외교적 고립정책을 정당화하면서 대중매체는 나라가 통제할 수 없는 힘에 끌려가고 있다고 묘사했다. 일본은 홀로 설 것을 강요받았다. 중국 침략으로 인한 외교적 반향이 도덕적 비난 수준에 머물러 있던 상황에서, 대중매체는 일본이 홀로 여러 서양의 강력한 적들을 상대하고 있다고 이야기했다. 외교적 갈등을 보여주는 군사적 은유의 선택은 서양에 대한 이미지를 재구성하는 데 매우 중요한 요소였다. 정부가 급행 제국주의의 길로 들어서면서 일본인은 전쟁의 가능성에 대비하기 시작했다.

반서방을 외치는 허세나 중국에 대한 조롱은 모두 일본의 제국주의 수사에서 새로운 것이 아니었지만, 1930년대 초 나타난 새로운 외국인 혐오 풍조 속에서 이는 폭발력과 포괄성을 발휘하게 되었다. 그러나 영화, 음악, 문학과 같은 서양 문화의 유입이 동원 전략으로서의 반외세주의의 유용성에 일정한 한계를 갖게 했다는 것도 언급할 필요가 있다. 더구나 일본은 완성된 상품뿐 아니라 그러한 것들을 만들어 내는 문화 양식까지 수입했다. 일본은 서양의 문화 양식을 받아들이면서 그것을 자신의 관습 안에 포함시켰다. 수 세기 동안 중국으로부터 문화 양식을 빌려왔던 것과 같이 서양으로부터 받은 영향은 적개심의 분출로 지워버릴 수 없었다. 극도로 중국화, 서구화된 일본으로서는 중국과 서양이라는 타자에 대한 비판은 바로 자기 비판으로 귀결되었다. 특히 서양의 경우 인종적 대립이라는 새로운 이미지와 서양 문화에 대한 지속적인 수용 사이에 존재하는 모순은 개인이나 정부 차원에서 서양 문화의 영향을 제거하는 데 솔선수범하는 모습을 보이게 만들었으며, 이는 태평양전쟁 시기 외국 스타일의 옷이나 외래어를 금지하는 것으로 그 절정에 이르렀다.[137] 태평양전쟁의 발발이 예상되었던 것과 마찬가지로, 서양의 퇴폐적인 문화를 배격하는 캠페인 역시 만주사변으로 전쟁열이 뜨거웠던 기간 동안 서양에 대한 이미지가 재구축되었던 것을 고려해 볼 때 충분히 예견할 수 있는 일이었다.

영웅적 자아

제국의 새로운 현실에 맞추어 인종적 타자의 이미지가 재구성되었듯이, 대중매체에 나타난 일본인의 이미지는 새 시대에 맞추어 애국심의 의미를 재정의했다. 이는 신문, 대중잡지, 연극, 영화 속에 만주사변에 관한 '미담' 또는 '영웅담'이 넘쳐나는 것을 통해 이루어졌다. 미담은 선한 행동을 찬양하는 도덕적 이야기를 전통적인 형식에 따라 서술하는 것으로 개인적인 경험의 측면에서 만주사변을 묘사했다. 이러한 '미담' 형식으로 각색된 전쟁 경험은 실제 현실을 반영하듯 성별에 따라 다르게 구성되었다. 남성에 대한 미담은 전장에서의 영웅적 행위를 찬양했던 반면, 여성의 미담은 후방에서의 희생을 칭송했다. 전쟁열이 만들어 낸 이러한 미담은 두 가지의 인상적인 방식으로 애국심을 재정의했다.

첫 번째 방법은 놀랄 만큼이나 죽음에 집착하는 전쟁 미담의 특징과 관련되어 있다. 죽음은 이야기의 극적인 중심이 되었으며 애국적 영웅주의는 곧 죽음을 통한 순교로 규정되었다. 순교자적인 영웅을 추구하며 미담은 만주사변에서 전사한 이들의 이야기를 과장했다. 일부 교전에서 사상자가 많이 발생하긴 했지만, 가공의 전장에서 산화한 전사자는 실제보다 더 많은 것처럼 보였다. 1931년 9월에서 1933년 7월까지 만주사변에서 전사한 일본군의 수는 모두 2,530명으로 이전 전쟁의 사망자에 비하면 그리 많지 않은 수였다. 1937~41년의 중일전쟁에서 185,647명의 전사자가 발생했듯이 앞으로 대량 학살이 이루어질 순간이 점차 다가오고 있었지만, 만주사변의 비교적 적은 사망자 수는 아직 사람들이 이를 실감하지 못하게 했다.[138] 이 때문에 대중매체는 가상의 이야기 속에서 수없이 많은 영웅을 죽일 수 있었다. 일본에 대한 서양의 압력을 과장되게 이야기했던 것과 매우 흡사하게, 전장의 미담 속 수많은 죽음의 묘사는 의도한 것은 아니었지만 일본 국민이 앞으로 다가올 미래에 마음의 준비를 하도록 만들었다.

　애국심을 재정의한 두 번째 방법은 국가를 위해 희생해야 한다는 관념과 관련되어 있다. 1931년 당시 희생이란 단어는 여러 오래된 전통에서 끌어올 수 있었다. 가족이나 마을 공동체를 위한 자기희생의 미덕은 농촌 개량주의자들이 상투적으로 이용하던 수단이었으며, 공공의 이익을 위해 사적 욕망을 제거하는 것은 유교적 도덕관의 주축을 이루었다. 무사도는 남성에게 전쟁터에의 희생을 강요했으며, 현모양처라는 이름으로 요구된 부덕(婦德)은 여성이 가족을 위해 희생을 감수하도록 만들었다. 그러나 이러한 전통은 입신출세(立身出世)를 바라는 메이지 시대의 욕망과 생존을 위한 투쟁 같은 다윈주의적 은유로부터 개인주의적인 경쟁 관념이 대두하면서 위기를 맞이했다.[139] 1920년대 소비문화의 성장과 중산층의 교육 및 고용 기회를 둘러싼 경쟁이 더욱 치열해지면서, 자기 계발과 개인의 성공을 중시하는 개인주의는 유리한 고지를 차지했다. 공장 노동자는 더 많은 임금을 요구하고 소작농은 소작료를 낮추어 달라고 요구했다. 어느덧 사회지도층에 복종하며 공공의 선을 위해 희생하라는 요구는 점점 더 먹혀들지 않게 되었다.

그러나 만주사변의 미담은 곧 사라질 위기에 처했던 희생의 전통을 되살렸다. 군인과 여성 양쪽 모두의 경험을 바탕으로 하는 미담은 일본인에게 전장에서의 보기 드문 용기와 후방에서의 평범하지 않은 희생이야말로 국가적 미덕의 가장 숭고한 표현이라고 이야기했다. 아이러니하게도 희생을 요구하는 호소는 일본의 집단주의에 기댄 훈계가 아닌 사적(私的)인 영광과 개인주의적인 경쟁의 언어로 이루어졌다. 지금까지 연구자들 사이에서 군중심리와 집단주의 이데올로기가 1930년대 전쟁과 파시즘을 향한 지지를 동원하는 데 중요한 역할을 했다는 주장이 빈번히 제기되어 왔기에,[140] 1930년대 초 제국 신화에서 찾아볼 수 있는 개인주의적이고 경쟁적인 측면은 좀 더 강조할 만한 가치가 있다고 생각한다.

순교한 여러 남성 영웅 중 주목할 만한 인물로 고가 덴타로(古賀伝太郎) 연대장을 들 수 있다. 1932년 1월 초 진저우(錦洲) 점령 후 이루어진 '소탕' 작전에서 고가의 기병연대는 진저우 서남쪽에 위치한 성곽도시 진시(錦西)를 점령했다. 대규모의 '비적(匪賊)'이 진시를 탈환하려는 것을 포착한 고가는 상부의 명령을 무시하고 이들을 공격하기로 결정했다. 조바심이 난 그는 도시를 지키면서 소극적으로 지원을 기다리고 싶지 않았다. 진시에 21명으로 구성된 소대만을 남겨 군기(軍旗)를 지키게 한 뒤, 고가는 나머지 130명과 함께 1,000명이 넘는 적에 대한 공격을 감행했다. 고가의 부대는 곧 절체절명의 위기에 처했지만, 군기를 지키던 소대가 위험에 처했다는 소식을 듣자, 그는 다시 부대를 나누어 군기를 탈환하러 보내고 나머지는 '적을 막기 위해' 남겨두었다. 이러한 무모한 행동으로 얻은 성과는 아무것도 없었으며, 고가 외에 11명이 죽고 19명이 부상을 당하는 등 연대의 거의 모든 장교가 죽는 희생을 치렀다.[141] 그러나 고가는 만주사변에서 칭송받는 영웅 중 한 명이 되었다. 그의 이야기는 폴리도르(Polydor) 레코드에서 나니와부시(浪花節, 일본 전통 창가의 한 장르)로 만들어지거나 도카쓰, 신코 영화사에서 제작한 영화의 소재가 되었으며, 도쿄의 유명 극장에서 연극으로 공연되기도 했다.[142] 고가의 미담은 모든 종류의 대중 연예 매체에서 수없이 되풀이되었으며 이를 통해 그의 행동은 전장에서의 영웅적 행동의 전형으로 미화되었다.

『소년구락부』에 삽화와 함께 실린 고가의 영웅담인 「아! 군기가 위험하다」에서 적들(이 버전의 이야기에서는 그 수가 5천 명으로 부풀려져 있다)에 대한 자살 공격은 용기 있고 대담한 행동으로 묘사되고 있다. 고가의 명령 불복종에 대해서는 언급하지 않은 채, 『소년구락부』는 이 미담을 진시에서 벌어졌던 영광스러운 최후의 항전이었다고 이야기한다. 이야기가 진행되는 동안 점점 병력이 줄어들어 절망적인 상황이 되는 와중에서도 이들은 군기를 지키기 위해 최후까지 싸웠다. 이 이야기는 군기로 상징되는 나라를 위한 희생을 칭송하면서 개인의 영웅적 행동을 찬양했다. 인원수가 점점 줄어들면서도 저항이 계속 이어지는 모습은 이야기를 더 극적이고 영웅적으로 만들었다. 실제로 이는 일종의 경쟁이었다. 토너먼트 경기를 한 단계씩 올라가듯 이야기를 따라가다 보면 독자는 마침내 가장 위대한 영웅적 행위를 한 고가가 승리하는 것을 목도하게 된다.[143]

이러한 경쟁적인 희생정신이야말로 만주사변의 미담이 이전의 것과 구분되는 점이었다. 청일전쟁을 대표하는 영웅으로는 현무문(玄武門)을 올라가 일본군이 평양성에 들어갈 수 있게 한 하라다 주키치(原田重吉), 죽어가면서도 나팔을 불며 진격 명령을 전달한 나팔수 기구치 고헤이(木口小平), 선상의 화재를 진압한 뒤 적의 배는 아직 침몰하지 않았냐고 묻고서 사망한 신원 미상의 수병 등을 들 수 있다. 이들의 이야기는 새로운 일본군의 구성원이자 대중매체의 영웅이 된 징집병의 용감한 행동을 칭송하고 있다.[144] 무모하고 헛된 행동이 오히려 찬양의 대상이 되었던 고가의 미담과는 달리, 청일전쟁의 영웅담은 전황에 긍정적인 결과를 가져다준 이들의 희생을 묘사했다. 하라다 주키치는 일본군이 평양을 점령하는 데 기여하면서 영웅이 되었지만, 고가는 자신의 무모함과 조급함 때문에 위험에 빠진 군기와 도시를 탈환하기 위해 자신과 부하들의 목숨을 바쳤다

러일전쟁의 영웅인 노기 마레스케, 도고 헤이하치로, 다치바나 슈타, 히로세 다케오, 그리고 메이지 천황 자신은 모두 고가와 같이 군대를 통솔하는 입장이었지만, 이들의 미담은 위대한 리더십의 다른 자질을 찬미의 대상으로 삼았다. 예를 들면, 실종된 휘하 수병을 찾다가 전사한 히로세 다케오는 그의 부성애적인 온정으로 말미암아 영웅시되었다. 이와 비슷하게 메이지 천황은 전쟁 중 7,526편의 시가(詩歌)를 써서 그의 군대와 신민을 염려하는 마음을 표현했다는 점에서 존경의 대상이 되었다. 히로세나 메이지 천황 이야기에서 볼 수 있듯이 러일전쟁의 영웅은 장병들을 염려하는 모범적인 지휘관으로 묘사되었다.[145] 반면 부하의 생명조차 돌보지 않는 고가의 무심한 태도는, 훌륭한 리더십이란 인간에 대한 연민보다는 오히려 무자비함과 전장의 손실은 신경 쓰지 않는 냉혹함이 요구됨을 시사했다. 대담하고 심지어 무모하기까지 한 고가의 강력한 리더십은 기꺼이 위험을 무릅쓰고자 하는 의지라고 정의할 수 있다. 대원을 염려하는 마음은 리더십을 발휘하는 데 오히려 방해가 되었다. 러일전쟁의 영웅들 역시 대담한 행동을 하긴 했지만, 여기에는 전술적인 전문성이 결합해 있었다. 러시아 발

트함대를 패퇴시킨 도고 헤이하치로와 뤼순 포위공격을 이끈 노기 마레스케는 전쟁의 주요 전투를 지휘한 뛰어난 장군으로서 유명해진 것이었다. 반면 고가는 소규모 작전에서 맡은 수비 임무도 제대로 수행하지 못했다. 그러나 이제 그런 것은 중요하지 않았다. 만주사변의 미담은 노련함보다는 무모함을, 지혜보다는 용감함을 찬양함으로써 영웅적 리더십의 의미를 재정의했다.

병사의 영웅적 행위에 초점을 맞추었던 청일전쟁의 영웅담과 리더의 영웅적 행위를 강조한 러일전쟁의 영웅담은 모두 영웅적인 희생을 집단적 노력의 하나로 묘사했다. 지휘관과 그 휘하의 병사에 초점을 두었는지, 아니면 병사와 그의 부대원에 초점을 두었는지는 상관없이 이들이 한 행동의 배경에는 승리를 향해 분명한 목적의식을 갖고 거침없이 달려가는 군대 집단이 있었다. 청일전쟁과 러일전쟁의 미담에서 일본 집단의 이미지는 조화로우며, 마음과 정신, 목표가 하나로 통합된 유기적인 전투 조직체로 그려졌다. 한편 고가의 이야기에서 집단은 조각조각 나뉘어졌으며 영웅적 행동은 개별적이고 비협력적인 작전의 연속으로 세분화되었다. 각 사람은 군기를 구하기 위해 혹은 감동적인 희생을 하기 위해 싸웠으며 더 영웅적인 죽음을 맞이하기 위해 노력했다. 그 과정에서 애국심의 의미는 집단을 위한 희생에서 개인 간의 경쟁으로 변화했다.

다른 미담과 마찬가지로 고가의 이야기는 죽음을 통한 희생만이 군인이 갈 수 있는 유일하고 올바른 길이라는 메시지를 전해주었다. 기존 영웅의 경우 작전을 마친 뒤에도 생존했던 예가 많았던 것과 달리 만주사변의 영웅 중 그 누구도 영광의 순간을 넘어 살아남지 못했다. '붉게 물든 눈송이', '빛나는 죽음', 또는 전통적으로 사용된 은유인 '흩날리는 벚꽃'과 같은 이미지로 표현된 죽음은 이들 미담에서 통렬한 아름다움의 상징이 되었다.[146] 『소년구락부』 버전의 고다 미담은 이러한 관습에서 벗어나 그의 마지막 순간을 '피로 토해낸 명령'이란 표제 하에 묘사했다. 확실히 아름답지는 않으나 시선을 끌기에 충분한 그의 죽어가는 얼굴의 이미지는 독자에게 거칠고 강력한 시각적 인상을 남겼다. 고가의 이야기에서 인간은 죽음의 순간 영웅이 되었다. 고가가 '위대한 희생자'란 칭호를 얻은 것은 그의 죽음으로 인한 것이었다. 임무 수행 중 고가가 희생하는 장면은 이 이야기에 극적인 클라이막스와 미학적인 핵심을 모두 부여했다. 마지막 순간 공격을 받고 쓰러진 그는 칼에 의지하여 다시 일어나 진격 명령을 내렸다.

> 너무나도 끔찍한 모습에 이들은 잠시 멍하니 서 있었다. 바로 그때 그는 갑자기 시체 사이에서 비틀거리며 일어났다. 큰 소리로 외치는 소리가 들려오기 시작했다.
>
> "군기를 지켜라! 앞으로, 앞으로!"
>
> 그가 소리치자, 입에서 피가 울컥 뿜어져 나왔다. 그는 쓰러졌다. 그러나 그는 군도(軍刀)에 의지하여 다시 일어나 쉬어버린 목소리를 쥐어짜며 외쳤다.
>
> "앞으로, 앞으로…"
>
> 그는 서너 번 쓰러지고 다시 일어나기를 반복하다가 마침내 초원 위에 엎드려져 다시는 일어나지 못하게 되어서야 그만두었다.[147]

미담에서 죽음의 순간은 또한 승리의 순간이었다. 고가의 이야기에서 그 순간은 바로 그의 부관이 군기를 구했을 때였다. "얼굴에서 적군의 피가 뚝뚝 떨어지는 모습이 마치 무시무시한 붉은 야차 같은" 부관 오야도마리(親泊朝省)는 "군기는, 군기는 어떻게 됐소?"라고 물었다. 군기가 소대(小隊)와 함께 무사하다는 것을 알고 나서 오야도마리는 숨을 헐떡거리며 마지막 말을 내뱉었다. "무사한가? 나, 나는 군기가 무사하다면 죽어도 여한이 없소.” 지켜보던 다른 이들의 “두 뺨에 눈물이 흘러내릴 때” 오야도마리는 일본의 승리를 확신하며 쓰러졌다.[148] 승리를 죽음과 동일시하면서 전장에서의 미담은 개인적인 영광, 죽음, 그리고 애국심이라는 주제를 다시 한번 엮어냈다. 나라를 위해 깃발을 지킨 오야도마리는 개인적인 영광의 순간을 맞이하며 죽었다. 그러나 전우의 목숨을 구했거나 소대를 보호했거나 혹은 집단의 이익을 위해 자신을 희생한 사람들의 영웅적 행동에 대한 묘사는 눈에 잘 띄지 않는다. 이러한 이야기는 집단주의 이데올로기를 고취하기보다는 오히려 그 반대였다. 개인의 용기에 대한 찬사와 영웅적인 순교를 위한 경쟁은 개인적인 영광에 호소하는 것을 통해, 그리고 개인의 성공이라는 이데올로기적인 언어를 사용함으로써 애국적 희생을 요구했다.

전장의 미담이 남자다운 젊은 병사가 전선에서 죽음으로써 자신을 증명하는 것을 보여주었다면, 후방의 미담이라는 또 다른 장르는 여성의 영웅적 행동을 미화했다. 전국 및 지역 신문들은 모금 운동이나 다른 전쟁 지원 운동을 위해 개인이 위대한 희생을 보였다는 기사를 쏟아내며 미담 열풍을 불러일으켰다. 그 전형적인 예로, 오사카의 어느 신문은 직물공장 여공의 가슴 아픈 이야기를 실었다. 보잘것없는 수입으로 두 아이와 연로한 부모를 부양하고 있으면서도 이 여공은 3엔(거의 1주일 치 임금에 달한다)을 모아 전선으로 보냈다.[149] 여기서 중요한 점은 그 돈이 누군가에게 도움이 되었다는 것이 아니다. 이러한 행동의 결말은 보통 모호하게 처리되는데, 그것은 이 이야기의 교훈이 희생적 행동 그 자체의 고결함을 전하는 것뿐이었기 때문이다.

전장의 미담과 마찬가지로 후방에서의 미덕에 대한 감동적인 이야기들은 희생적인 행동으로 인한 손해의 정도를 국가적 미덕의 척도로 삼았다. 희생이 클수록 그 사람이 가진 미덕도 훌륭한 것이었다. 『부인구락부』

    제2부: 만주사변과 새로운 군사적 제국주의, 1931~1933

에 실린 가난한 소작농의 아내 이야기는 무수히 많은 여성 미담 중 하나이다.[150] 고가의 미담과 마찬가지로 이 이야기도 개인주의적 경쟁의 언어로 희생의 숭고함을 전했다. 이 이야기는 어느 나이 많은 부인이 20엔이라는 당시로서는 상당히 큰 금액의 돈을 가지고 파출소에 들어오면서 시작된다. 부인은 전쟁 의연금을 내놓으면서 자신의 이름이 밝혀지거나 어떤 방식으로든 자신의 행동이 알려지는 것을 거부했다. 그러나 경관 중 한 명이 부인의 정체와 그녀가 처한 힘든 상황을 알아내고 말았다. 오사카 여직공의 이야기, 그리고 신문과 잡지에 소개된 수많은 후방 영웅의 이야기처럼 이 희생적 행동에 대한 이야기는 세상에 알려지게 되었다. 겸손하게 익명으로 남기를 바랐음에도 그녀의 행동은 대중매체의 스포트라이트를 받음으로써 유명세를 탔다. 이러한 사례를 통해 애국적 희생은 유명세와 영광을 얻는 수단이자 애국자로서 스타덤에 이르는 길로 표현되었다.

이 영웅담에서 중요한 점은 그녀가 길고 슬픈 삶을 살아가는 내내 다른 이에게 짐이 되기를 끝내 거부했다는 것이었다. 둘째 아들이 징집되고 남편과 큰아들은 병에 걸려 쇠약해졌을 때, 그녀의 곁에 남은 사람은 15살짜리 딸과 74세의 노모뿐이었다. 그렇지만 그녀는 마을의 어떠한 도움도 사양하며 "여러분의 마음은 고맙지만, 제 아들이 나라를 위한 의무를 다하는 것은 저희에게 영광스러운 일입니다. 어떤 어려움이 있을지라도 저는 돈을 조금도 받을 수 없습니다"라고 말했다. 이처럼 공동체의 도움을 받길 거절하는 것은 농본주의적 이상을 지닌 관료나 지역 독지가 단체의 이데올로기가 이야기하는 상호부조의 가르침을 거스르는 것이었다. 이들 곁에 경작이나 수확을 도와주고자 뛰어든 이웃은 없었다. 마을 공동체의 서로 돕는 집단의식에 의지하는 대신, 이 영웅적인 여인은 홀로 씩씩하게 분투하며 국가적 대의를 위한 순교자가 되었다. 이러한 서사는 전적으로 개인적이었으며 애국적 희생을 집단정신보다는 개인 의지의 표현으로 바라보았다.

더욱이 가족국가의 논리가 전복되면서 국민국가는 더 이상 가족으로 비유되지 않았으며 오히려 가족이 국가로 비유되었다. 국가를 위한 복무는 가족이라는 단위 안에서 수행되었다. 소작농의 아내 이야기에서 애국적 희생의 행동은 다른 가족 구성원의 모범적인 모습에 고무되어 나타난 것이다. 그녀의 둘째 아들은 만주사변 직전 만주에서 복무를 마치고 돌아오자마자 병석에 누웠다. 전쟁이 발발했다는 소식을 듣자, 그는 자신이 그곳에서 "비적과 싸우고 나라를 위해 목숨을 바칠" 수 없다는 사실에 조바심을 냈다. 아들의 숭고한 뜻을 들은 어머니는 눈물을 흘리며 만주에 있는 병사들을 위해 무언가 해야겠다고 생각했다. 그리하여 그녀는 집안에 모아둔 돈 20엔 전부를 전쟁 의연금으로 내놓았다. 주목할 점은 이러한 행동이 누군가를 돕기 위해서가 아니라, 더 큰 애국심을 과시하기 위해서였다는 것이다. 이는 가족 구성원 각각이 상대보다 뛰어나기 위해 분투하며 더 훌륭한 희생적 행동을 하려고 경쟁함으로써 결국 자멸에 이르게 하는 게임과 같았다.

이러한 미담은 개인의 애국적 희생을 과장함으로써 독특한 형태의 후방 지원 활동을 장려했다. 위기의 시기에 국내 생산을 늘리기 위해 사람들을 열심히 일하도록 독려하는 대신, 이 이야기는 가족이 점차 해체되어 무능력하고 비생산적인 껍데기만 남는 것을 묘사하고 있다. 가족의 재산을 기부한 이후 둘째 아들의 병세는 더욱 나빠졌다. 그는 죽기 전 여동생의 손을 잡고 가족들에게 걱정을 끼친 데 대해 미안해하며, "내 친구 오카모토처럼 만주에서 죽을 수 있었다면 좋았을 텐데"라며 한탄했다. 그는 여동생에게 자기 대신 "국가를 위해 일하라"고 당부한 뒤 마지막으로 "잘 있거라, 만주 주둔군 만세!"라고 말하며 숨을 거두었다. 오빠의 바람대로 여동생은 전선의 간호사로 자원하여 복무했다. 집에는 부인과 노모만이 남아 두 병자를 돌보았다. 이야기는 부인이 황군(皇軍)의 안녕을 기원하기 위해 매일 마을 신사에 참배하는 것으로 끝이 난다. 만약 모든 일본의 농촌 가정이 이런 식의 애국적 행동을 한다면 아마 모두 굶주려 죽고 말 것이다. 이 미담은 밭을 일구고 단란한 가정을 꾸려나가는 숭고한 이상을 추구하기보다는, 한 부인과 그녀의 가족들이 하나하나 만주라는 매력에 굴복하여 가족의 논밭을 황폐하게 만들고 마는 과정을 보여준다. 모든 영광은 만주에 부여되었고 애국심은 제국에 투영되었다. 이야기의 마지막에서도 여전히 만주라는 꿈속에서 헤매는 부인은 신사에서 기원하는 것을 통해 애국적 희생의 행동을 재개했다.

이러한 후방의 미담은 자기희생을 과장함으로써 고가 소좌의 미담 같은 전장 속 영웅의 국내 여성 버전을 창조했다. 누가 가장 위대한 순교자인가를 보여주기 위한 경쟁에서 어떤 이의 측은함은 다른 이의 측은함을 능가했고, 어떤 이의 비극은 다른 이의 비극을 무색하게 했으며, 어떤 이의 희생은 다른 이의 희생보다 더 뛰어났다. 이러한 방식으로 만주사변 미담의 유행은 개인의 영광과 성공을 위한 수단으로 희생이란 미덕을 부활시켜 새로운 형식의 경쟁적 애국심을 고취했다.

◈

이렇듯 미담의 유행은 1930년대 초 일본 대중문화의 형식과 내용 모두를 변화시킨 제국주의 징고이즘이 만들어 낸 하나의 현상이었다. 뉴스 미디어를 시작으로, 상업화된 대중문화 산업은 과거 그랬던 것처럼 산업의 규모를 키우기 위해 전쟁이라는 기회를 놓치지 않았다. 문화상품 시장을 확대하기 위해 전쟁열을 이용하면서 대중매체는 기술적으로 더욱 복잡해졌으며 국내 시장에 더 철저히 침투할 수 있었다. 문화산업의 기술과 조직 면에서 거둔 이와 같은 발전은 1931~33년의 전쟁열이 청일전쟁, 러일전쟁 시기의 전쟁열보다 더 규모가 커질 수 있도록 하는 데 기여했다. 제국 초기의 전쟁들과 만주사변 사이의 기간에 미디어는 점진적으로 더욱 대중화되었다. 신문, 도서, 잡지 출판의 기계화와 대량 생산으로의 전환은 라디오, 영화, 음반 등 새로운 미디어의 등장과 함께 제국의 선전 수단을 더욱 세련되게 만들어 주었다. 그런 의미에서 대중화는 제국주의에 대한 국민의 여론을 형성하고 통일시키며 확고히 하는 힘을 미디어에 부여했다.

1931년 9월 18일 시작된 군사적 제국주의는 만주에 대한 새로운 이미지를 만들어 냈으며 그 과정에서 일본 대중문화의 콘텐츠를 바꾸어 놓았다. '일본은 왜 전쟁을 하는가'라는 질문에 답하기 위해 일부는 재창조되고 일부는 새로 고안된 대중적 캐치프레이즈는 제국 건설을 적극적으로 추진하는 데 사용된 언어 중 하나가 되었다. 1933년 5월의 정전협정 이후에도 만주에서는 저항 세력을 진압하기 위한 군사 작전이 계속 이어졌지만, 대중매체의 제국주의 선전은 처음 몇 년간 보여준 강도를 다시 보여주지 못했다. 이처럼 급속히 이루어진 문화 생산은 만주국이라는 문화적 건축물의 첫 번째 구성요소를 만들어 냈으며 이를 통해 일본 국민은 새로운 제국에서 살아가는 법을 배웠다. 가족적 의무, 외국인에 대한 혐오, 소비지상주의, 그리고 경쟁의 내러티브를 이용해 사람들의 마음을 사로잡은 만주국에 대한 첫 번째 이미지는 일본 문화가 다이쇼 데모크라시에서 쇼와 군국주의로 재편되는데 기여했다.

이 장에서는 대중매체가 만주사변기 전쟁열의 발생을 자극하고 새로운 군사적 제국주의에 대한 국민적 지지를 동원하는 데 중요한 역할을 했음을 설명했다. 그러나 그 영향력이 강력했음에도 불구하고 미디어 혼자만의 힘으로 구미와 협력하고 군축에 나서며 중국에 대한 경제적 제국주의 정책을 지지하던 종전의 외교 노선을 다른 방향으로 전환한 것은 아니었다. 대중매체의 영향력을 더욱 강화한 것은 다른 제국주의 주체들의 활동이었다. 만주에서의 군사적 팽창은 정치권력과 사회적 지위를 열망하는 이들의 이익에도 부합하는 것이었다. 다음 장에서는 이들이 만주국을 어떻게 정부 정책의 대상이자 대중의 제국으로 만들어 갔는지에 대해 이야기하도록 하겠다.

4장

급행 제국주의

엘리트 정치와 대중 동원

만주사변은 일본 군부가 식민지와 일본 국내에서 정치권력을 획득하기 위해 공격적인 움직인 사건이었다. 만주에서 군사 행동이 시작된 초기에 관동군은 도쿄 중앙정부의 권위를 의도적으로 무시한 채 자체적으로 전역을 확대했다. 만주 점령 이후 관동군은 이 지역의 정치권력으로 자리매김했으며 만주국이라는 괴뢰정부를 통해 만주를 다스렸다. 대륙에서 보인 관동군의 행동은 존 다우어(John Dower)가 '급행(go-fast) 제국주의'[1]로 적절하게 명명했듯이 급속한 군사적 팽창주의가 시작되었음을 보여주었다. 동시에 만주사변은 일본 본토에서도 정치적 연쇄반응을 일으켜, 정부 조직에 대한 군의 영향력을 확대하고 일본 외교정책의 패러다임 변화를 향한 국민적 공감대를 형성하는 것으로 이어졌다. 이러한 제도와 정책상의 변화는 모두 정치적인 방면에서 급행 제국주의를 정의하는 것이었다.

1928년 만주를 장악하기 위한 비슷한 시도가 실패로 돌아간 것에 반해, 1931년의 만주사변이라는 음모는 어떻게 성공할 수 있었는가에 대한 의문은 여전히 풀리지 않고 있다. 1931년이 일본제국의 전환점이 된 이유는 무엇일까? 일본의 외교정책을 연구하는 역사가들은 정부 지도자들의 사고방식을 살펴본 결과 이들이 당시 중요한 정책을 결정하면서 자율성과 경제적 안보를 추구했음을 확인했다.[2] 이러한 연구는 관료적 사고방식의 한 측면을 정확히 묘사해 주긴 하지만 전체 그림 중 일부만을 우리에게 보여줄 뿐이다. 30년대 초 상황이 급변한 배경을 이해하기 위해서 우리는 먼저 다른 대안이 있었음에도 왜 이러한 행동 방침이 선택되었는지 생각해 보아야 한다. 이 질문에 대한 답은 정부 관료 사이에 대륙으로의 진출이 일본의 미래를 보장받는 유일한 방법이라는 생각이 점차 합의를 이루어 가고 있었다는 점과 어느 정도 관계가 있다. 그러나 또한 일본 국내에서 군부가 정치적 자율성을 추구했으며 군 장교들이 일본 중앙정부의 파벌화된 관료제 내의 권력투쟁에서 어떻게 승리를 쟁취했는지와도 관련이 있다. 둘째, 새로운 군사적 제국주의에 들어서게 만든 결정들이 중앙정부의 권력에서 멀리 떨어진 사회적, 정치적 투쟁의 장에서 어떻게 전개되었는지를 알기 위해 관료정치의 영역 너머를 살펴보아야 한다. 그렇게 함으로써 우리는 관동군의 만주 점령에 대한 대중적 지지의 물결이 다른 무엇보다 군부의 권력 획득 시도를 성공케 한 중요한 요인이었음을 발견할 수 있다.

이러한 대중의 지지는 자연스럽게 생겨난 것이 아니었다. 오히려 그와는 반대로 새로운 제국에 대중을 동원하기 위해 오랫동안 많은 이들의 노력이 있어 왔다. 1931년 당시 정당, 노동조합, 기타 자발적 단체 등 다양한 사회, 정치조직의 존재는 이러한 시도를 더욱 효과적으로 만들었다. 유럽과 마찬가지로 19세기 말에서 20세기 초에 이루어졌던 정치의 민주화와 대중 조직의 성장은 제국의 정책 결정 과정에 변화를 가져왔다.[3] 정부 관료는 새로운 대중 동원 수단을 이용하여 자신들이 세운 정책방침에 대한 대중 정치세력의 지지를 얻고자 노력했다. 동시에 정치조직은 대중 지지기반을 얻기 위해 제국주의적인 대의를 이용했다. 제국주의가 정부 관료와 일반 시민 모두에게 국내 정치의 도구로 이용되기 시작하면서 이제 더 이상 정부는 제국의 정책을 독점적으로 결정할 수 없게 되었다. 이제 정책 결정은 집단으로 이루어지게 되었다. 이러한 역학관계는 만주국 건설 과정에도 영향을 미쳤다.

제국 건설을 위한 국민 동원의 필요성은 새롭게 등장한 '대중'을 '상위 정치(high politics)[2]'와 연결했다. 1889년 일본에서 입헌정치 체제가 수립된 이래, 국가와 사회의 관계는 그 안에서 발전해 왔다. 입헌정치 체제는 당초 국가와 사회집단 간의 관계를 설정함에 오직 여러 사회집단 중 특정한 일부 집단만이 정치에 접근할 수 있으며 국가에 의해 대표성을 부여받을 수 있다는 중요한 제한을 두었다. 이러한 집단만이 '여론'을 형성했으며 정부의 정책은 여기에 민감히 반응했다. 그러나 1931년에 이르기까지 40년간의 정치 발전을 통해 오직 유권자(1890년대의 유권자는 전체 인구의 1%일 뿐이었지만 1925년 성인 남성의 보통 선거권 획득으로 그 수가 증가했다)의 의견만이 포함되던 여론의 정의는 대중매체나 사업가, 지주, 지식인, 군 장교 등의 엘리트 이익집단의 의견까지 아우르는 것으로 확대되었다. 여기에 만주 문제에 있어 이른바 '거국일치'로 동참했던 엘리트 집단 밖의 소작 농민과 노동자, 투표권이 없는 여성과 청년의 의견까지 여론에 포함되기 시작했다. 중국 동북 지역에 대한 정책이 새로운 군사적 제국주의로 전환되는 과정에서 정부 안팎의 움직임은 여론의 의미를 재정의했다. 정부가 새로운 선전기법을 사용하여 만주사변에 대한 여론을 동원하고 통합하려 힘쓰는 동안, 노동자와 여성의 이익을 대변하는 민간 조직들은 통합되어 가는 '대중'에 포함되고자 노력했

---

2. 국가안보, 대외정책 등 국가 안위에 직접적인 영향을 미치는 정치 영역

  제2부: 만주사변과 새로운 군사적 제국주의, 1931~1933

다. 서로에게 영향을 미치기 위한 정부와 민간의 노력은 국가와 사회의 정치적 관계를 새로운 단계로 진입시켰다. 제국 건설은 이러한 변화와 불가분한 관계에 있었다.

정치 무대에서의 투쟁

9월 18일 전투가 시작된 이후 몇 주 동안, 내각은 만주 정책을 둘러싼 정치적 투쟁의 중심이 되었다. 관동군의 잇따른 군사 행동으로 일본의 만주 점령이 기정사실화된 상황에서, 중앙정부는 만주에서의 군사적 확장을 그대로 추진하려는 입장과 관동군의 행동을 억제하려는 입장으로 나뉘었다. 이러한 정책논쟁은 전술이나 외교적 우선순위에 대한 의견 차이 이상의 의미가 있었다. 1920년대 내내 '중국 문제'와 '만주 문제'를 어떻게 처리해야 가장 좋은 결과를 가져올 것인가를 두고 벌어진 논쟁은 자신이 어느 부처, 어느 정당 소속인지에 따라 정해진 정치적 입장에 맞추어 싸우는 전쟁터였다. 여기서 중요한 것은 단지 어떤 정책이 선택될 것인지—즉 만주, 산둥, 상하이에 대한 일본의 투자와 그로 인한 중국 시장에서의 지분, 그리고 동북에서의 군사적 지위를 어떻게 보호하고 확대해 나갈 것인지—가 아니라 일본 정부에서 제도상 권력의 정점에 있는 내각을 어느 편이 장악하느냐 하는 문제였다.

'상위 정치'의 전장에서 군부가 승리를 거두면서 만주사변은 국내 정치의 전환점이 되었다. 과거 메이지 시대에 정치적 영향력을 가졌다가 다이쇼 시대를 거치며 위축되었던 군부는 1930년대에 들어 여러 측면에서 권력을 강화하면서 예전의 모습을 다시 회복했다. 이들은 정당들이 20세기 초 정권을 차지하기 위해 사용했던 것과 같은 타협의 정치를 함으로써 자신의 정치적 생명을 이어나갔다. 군부는 정치 영역의 주요 인사들과 연합했으며, 이를 통해 차후 군의 정책 방향이나 권력 추구에 대한 지지를 얻었다. 이 점에 대해서는 이미 다른 역사가들이 많이 지적해 왔지만,[4] 여기에서 다시 강조할 만한 점은 1930년대 일본의 군국화가 정부 조직 내 정치인과의 단절을 통해 이루어진 것이 아니었다는 사실이다. 새로운 군사적 제국주의는 일본 헌법의 의사결정과정을 통한 결과이자 일본 정치 엘리트 다수의 의견을 대변한 것이었다.

대외정책의 공론화와 정치화는 1931년에 이미 정치적 전통으로 자리 잡았다. 1853년 미국 페리 함대의 내항으로 서구와의 외교가 시작된 이래, 정부의 외교 실책은 반대파의 결집이 시작되는 계기가 되곤 했다. 1868년 막부 타도 과정에서 효과를 입증한 이 전략은 이후 수십 년 동안 계속하여 새 정부를 반대하는 데 사용되었다. 메이지 과두정 내의 여러 파벌과 신정부에서 배제된 여타 그룹들은 '조선 문제'에 적극적이지 않은 정부의 태도와 불평등조약 개정 실패를 정쟁의 도구로 삼아 권력을 차지하기 위해 서로 싸웠다. 물론 대외정책의 공론화가 오직 정치적 야망만을 위해 이루어진 것은 아니었다. 1873년에 정한론을 강하게 주장하거나 1880년대 말 조약개정 결과를 두고 맹렬한 비난을 가한 이들 중에는 기회주의자뿐만 아니라 그 길이 옳다고 진심으로 굳게 믿는 사람들도 포함되어 있었다.[5] 서로 다른 목적을 가진 정치인들 속에 이상을 위해서라면 남을 죽이거나 자신의 목숨까지 버릴 수 있었던 과격파가 존재했다는 사실은 외교정책에 대한 공적 논의가 일본 정치에서 강력하고 지속적인 힘을 발휘할 수 있게 했다.

1890년대와 1900년대에 있었던 청일, 러일전쟁의 전개와 그 여파에서부터 1910~20년대 대륙정책을 둘러싼 논쟁에 이르기까지, 제국주의 정치

　　　　제2부: 만주사변과 새로운 군사적 제국주의, 1931~1933

는 대중정치라는 새로운 현실에 적응하며 발전해 왔다. 그 과정에서 집회, 폭동 등 군중의 여러 정치적 집단행동은 이른바 '급행(go-fast) 제국주의'와 '완행(go-slow) 제국주의' 간의 줄다리기에서 둘 중 한쪽에 무게를 실어 주곤 했다.[6] 메이지 시대 초기에는 조선의 즉각적인 정벌을 지지하는 이들과 일본이 경제력과 군사력을 더 기를 때까지 기다려야 한다고 주장하는 이들 사이에 선이 그어져 있었다. 1920년대 말에는 중국 문제가 중요한 정치 쟁점이 되었다. 중국 국민당에 맞서 대륙에서의 권익을 수호하기 위해 주둔군을 파견해야 한다고 주장하는 이들이 '급행 제국주의'의 입장에 섰고, 이에 반해 외교에 의거하여 서양 동맹국들과 협력하여 행동할 것을 권하는 이들이 '완행 제국주의'의 입장에 섰다.

1931년 가을 관동군의 군사 행동으로 촉발된 정쟁에서 이와 같은 대립 구조는 빠르게 재구축되었다. 1920년대의 유산으로부터 두 대립축이 등장했다. 가장 눈에 잘 띄는 것은 민정당(民政黨)과 정우회(政友會)라는 양대 정당 간의 대립이었다. 지난 10년 동안 이 두 정당은 상대 당의 외교정책을 공격하는 정쟁을 거듭하며 내각을 차지하기 위해 노력해 왔다. 그 과정에서 양당은 자신만의 특징적인 외교정책을 갖게 되었다. 이들 정책은 각각 '시데하라 외교'와 '다나카 외교'라고 불렸는데, 이는 민정당 내각, 그리고 그 전신인 헌정회(憲政會)의 외무상이었던 시데하라 기주로(幣原喜重郎)와 정우회 내각의 외무상이었던 다나카 기이치(田中義一)의 이름에서 각각 따온 것이었다. 민정당(헌정회)이 권력을 가졌을 때 반대 정파인 정우회는 시데하라의 '연약 외교'를 공격하면서 중국의 일본상품 불매 운동이 중국 당국(일본 정치 지도자들은 불매 운동의 뒤에 중국 당국이 있다고 생각했다)에 대한 일본 정부의 유화적인 태도 탓이라 비난했다. 정우회의 입장에서 현 상황을 타개하기 위해 필요한 것은 일본의 의지를 보여주고 중국 지도자들의 협력을 얻어 내기 위한 무력시위였다. 정우회는 또한 서구에 대한 시데하라의 줏대 없는 태도를 비판하고 대규모 군축을 시행함으로써 국가방위를 위태롭게 한 민정당 내각을 질책했으며 그들이 대기업의 손에 좌지우지되고 있다고 비난했다. 정우회가 권력을 장악하자 전세는 역전되었다. 민정당은 다나카의 지나친 무력행사가 중국의 불매 운동을 불러일으켰다고 비난했다. 민정당 정치인들이 생각하기에 현 상황에 필요한 것은 중국 지도자들의 협조를 구하기 위해 경제적 보상을 해주고 상대방을 이해하는 태도를 보이는 것이었다. 민정당은 다나카가 서구 열강의 반감을 사 국가안보를 위태롭게 하고 막대한 국방예산으로 국가재정을 어렵게 만들었다고 비판했으며 정우회가 지나치게 군의 영향을 받고 있다고 비난했다.[7]

1931년 가을 민정당은 수상인 와카쓰키 레이지로(若槻禮次郎)와 외무상 시데하라를 주축으로 내각을 구성하고 있었다. 관동군의 군사 행동은 민정당의 외교정책에 정면으로 반하는 것이었다. 군사 원정은 재정 긴축 계획을 위태롭게 만들었고 무력의 사용은 중국에서 추진했던 시데하라의 경제외교를 망쳐놓았다. 게다가 만주 점령은 워싱턴 회의의 9개국 조약에서 "중국의 영토적 통합성을 존중한다"라고 합의한 사항을 위반한 것이어서 미국과 영국의 적대적 반응을 불러일으켰다. 관동군이 만주사변을 일으키자, 일본 정부는 대경실색했다. 나중에 시데하라는 자신이 9월 19일 조간신문을 보고 나서야 이 사건을 처음 알게 되었다고 주장했다.[8] 그의 말을 모두 믿기는 어렵지만, 내각이 사후에 이 일을 알게 되었던 것은 확실해 보인다. 거의 일주일간 열띤 논의가 이루어진 뒤에야 내각은 이해 당사자 모두를 만족시킬 수 있는 결정을 내릴 수 있었다. '불확대 방침'은 9월 24일 발표된 '정부 제1차 성명'에서 언급된 것으로 만주의 전면적인 점령 및 더 이상의 군사 행동에 대한 반대 입장을 명확히 표명한 것이었다.[9] 그 후 몇 달

                              제2부: 만주사변과 새로운 군사적 제국주의, 1931~1933

동안 민정당 내각은 '불확대 방침'을 고수하는 한편, 내각을 무너뜨리기 위한 정우회의 기도를 막아내기 위해 힘썼다. 시데하라 외교에 대해 한층 거센 공격을 가할 기회를 얻은 야당은 관동군의 결단에 찬사를 보내면서 '정부 제1차 성명'은 "시종일관 비굴"한 언사로 가득 차 있다고 혹평했다.[10]

이러한 정쟁은 중앙 정계뿐 아니라 지방 정치 무대에서도 전개되었다. 만주사변 소식이 전해지자, 지역 민정당 정치인들은 그 진위를 의심했다. 9월과 10월에 현(縣)의원 선거가 예정되어 있었기에 갑작스럽게 벌어진 중일 간의 전투가 더욱 예사롭지 않게 생각되었다. 사실 많은 민정당 소속 정치인들은 만주사변이 선거에서 민정당을 패배시키고 재무장과 강경 외교 정책으로 가는 길을 닦기 위해 정우회와 육군이 꾸민 음모라고 여겼다.[11] 민정당 정치인들은 육군이 "아전인수 격의 태도"를 보이고 있다고 공격하며 이들이 "정우회와 내밀히 연락"하면서 "대중을 기만"하고 있다고 비난했다. 또한 육군이 "현 정부에 반역적인 태도"를 가지고서 만주사변을 민정당 내각의 "수명을 단축"하기 위해 이용하는 것은 명백히 군의 정치개입 금지를 위반한 것이라 주장했다.[12] 9월에서 10월 내내 민정당계 신문은 군부를 비판하는 사설을 실었으며 민정당 소속 공직자들은 자신의 지위를 이용하여 시데하라 외교정책을 옹호하는 데 힘썼다.[13]

그러는 사이 내각과 만주 현지에서는 외교관과 육군 장교들 사이의 긴장이 고조되었다. 이들이 만주사변을 어떻게 처리할 것인가를 두고 갈등했던 두 번째 대립축이었다. 육군대신과 외무대신 사이의 의견 충돌로, 9월 18일 만주사변의 발발 이후 적대행위 개시에 대한 '정부 제1차 성명'이 나오기까지 일주일이 넘는 시간이 소요되었다. 육군성을 통해 내각에 제출된 관동군 보고에는 철로의 폭파와 중국군에 대한 공격 개시에 관동군이 실제 어떤 역할을 했는지에 관해서는 어떠한 정보도 나와 있지 않았다. 대신

보고서에는 정부의 공식적인 입장이 되어야 할 것, 즉 중국군이 선로를 폭파했고 먼저 공격을 시작했다는 내용이 적혀 있었다. 그 때문에 도쿄의 내각과 육군 모두 만주사변을 일으킨 것이 사실 관동군의 참모들이었다는 것을 미처 알지 못했다.[14] 하지만 만주에서 전달된 공식 보고를 의심할 만한 여지가 없는 것은 아니었다. 8월부터 이미 만주 파병이 임박했다는 소문이 파다했으며 기자들은 와카쓰키와 시데하라에게 '언제 전쟁이 시작될 것인지'에 대해 빈번히 질문했다.[15] 펑톈에서의 사건이 육군의 음모일 것이라는 루머가 돌자, 이시하라는 육군의 원군파병 요청에 반대했으며 내각의 승인도 없이 육군이 멋대로 행동한 것이 적법한지에 대해 이의를 제기했다.[16] 만주에서 관동군 참모와 외무성 외교관들이 서로를 비난하기 시작한 것은 상황을 더욱 나쁘게 만들었다. 9월 18일 전투가 시작된 직후 관동군의 펑톈 점령을 저지하려 했던 영사관의 모리시마 모리토(森島守人)는 칼로 위협을 당하며 방 밖으로 쫓겨나기까지 했다.[17] 다음 날 펑톈 총영사 하야시 규지로(林久治郎)가 만주사변이 관동군의 음모로 일어난 일이라는 증거를 관동군사령관 혼조 시게루(本庄繁)에게 제시했지만, 이들의 면담은 곧 비난과 사과 요구가 오가는 적대적인 회합이 연이어 이어지는 것으로 귀결되었다.[18]

정우회와 민정당의 대립과 마찬가지로 육군성과 외무성 사이의 불화는 중국 정책을 둘러싼 오랜 갈등의 역사에서 비롯된 것이었다. 이러한 갈등은 특히 만주 문제에서 두드러졌다. 1906년 식민지 기구가 설립된 이래 육군성과 외무성은 만주에서 영역 다툼을 벌었다. 처음부터 이들은 어느 한쪽이 만주에 대한 최종적인 권한을 가지는 것에 합의할 수 없었기에, 결국 서로 중첩된 관할구역을 지닌 4개의 식민지 기구(만철, 관동군, 영사관, 관동도독부)를 두기로 타협했다. 양쪽 모두 처음의 합의(관동도독은 육군이 임명하고 군사 업무 외의 제반 사항은 외무성의 지휘 아래에 둔다)에 만족하지 못했으며 이후에도 논쟁과 조정이 계속되었다. 식민지 기관의 재조직과 '통합'이 빈번히 시도되었으며 그 과정에서 어느 한쪽의 희생은 필연적이었다.

1919년에 있었던 대규모의 조직 재편은 외무성의 승리를 의미했다. 관동주에 새로 설치된 민정기관인 관동청 장관으로 외교관 출신이 부임했으며 외무성에 중국 정치 지도자와 협의할 수 있는 권한이 주어졌다. 투자나 도로 건설 등을 진행하는 경우 모두 중국 지방 당국의 동의가 필요했기에 이러한 권리는 해당 조직이 자유롭게 일을 처리하기 위해서 꼭 필요한 것이었다. 사실상 관동주의 통치조직에서 배제된 육군에게 남은 것은 이 시기 관동군으로 재편된 만주 주둔군뿐이었다. 이러한 현실은 육군이 이미 갖고 있었던 경향, 즉 독자적인 행동과 모략을 통해 자신의 목적을 수행하고자 하는 경향을 더욱 강화했다.[19]

육군과 외무성 사이에 벌어진 관할권 다툼은 '이중외교(二重外交, 이는 1910년대. 외무성에 의해 만들어진 표현이다)'에 대한 대중의 인식을 키웠다.[20] 이로써 군인 출신 다나카의 '적극적인' 정책과 외교관 출신 시데하라의 '협조적인' 외교가 갖는 차이가 극명해졌다. 그러나 아무리 이러한 세력다툼이 실재했고 대중국 정책의 간극이 컸다고 하더라도, 외무성과 육군, 또는 정우회와 민정당의 각 파벌이 일치단결하여 상대방과 대결했다는 식으로 상황을 과장해서는 안 된다. 만주사변을 둘러싼 정치 투쟁 속에는 강경한 태도의 외교관도 있었고 온건한 생각을 지닌 육군 장교도 존재했다. 각 정당과 정부 부처를 대표하는 파벌 사이에 대립만 있었던 것은 아니며 때로는 서로 제휴하기도 했다는 사실은 시데하라 외교나 다나카 외교가 연상시키는 이미지보다 당시 상황이 좀 더 복잡하고 유동적이었음을 의미한다. 사태를 더욱 해결하기 어렵게 만든 것은 만주 위기가 똑같이 시급한 문제였던 국내의 재정적, 사회적 위기와 맞물려 있었다는 점이었다. 이들 위기 모두 각자 나름의 정치투쟁의 무대에서 별도의 정책 싸움이 벌어지고 있었으며 상대 정당과 관료 조직 내의 동맹 역시 존재했다. 다양한 정치적 위기로 긴박감이 고조되고 조직 간 대립이 유동성을 띠었던 당시의 상황으로 인해 결국 만주 문제는 타협을 통해 해결하는 방향으로 흘러갔다.

새로운 정책과 새로운 정치

지난 수십 년 동안 그래왔듯이 1931년 가을 제국주의 정치는 정책상의 실질적인 쟁점 뿐만 아니라 정치 집단 사이의 경쟁에도 큰 영향을 받았다. 정부와 정당 시스템 내의 특정 정치그룹은 만주 문제에 대한 특정 정책을 옹호했으며, 각각의 정책과 그 지지자들은 정치적 운명을 함께했다. 이러한 이유로 지배적인 여론의 변화는 정책 시행의 주도권을 어느 정치집단이 차지할 것인지 결정하는 권력 구조의 재편으로 이어졌다.

1931년 9월부터 1933년 12월에 이르는 기간 동안 있었던 일련의 정치적 타협은 일본 외교정책을 변화시켰다. 1931년 이전의 외교정책은 국제적인 군비제한에 참여하고 외교적 협상을 통해 중국 문제를 해결하며 국제연합에 협조하는 것을 전제로 했다. 그러나 이후 등장한 독자 외교정책은 이 세 가지 원칙을 모두 폐기했다. '아시아 먼로주의'라 불린 새로운 정책은 소련, 중국 국민당 정부, 영미 국가의 영향력을 무력화할 수 있는 군사력을 키우는 데 전념했다.[21] 이와 같은 패러다임의 전환은 외교정책 수립에 영향을 미치는 제도적 환경을 재구성하고 본국과 식민지에서 군부가 권력을 강화하는 데 도움을 주었다. 그러나 일본의 외교정책과 국내 정책의 분수령이 된 이러한 변화가 하루아침에 일어난 것은 아니었다. 이는 내각이 세

차례나 교체되는 과정을 거치며 여러 번의 결단을 통해 점진적으로 이루어졌다.

첫 번째 변화는 와카쓰키 내각(1931년 4월~1931년 12월) 하에서 일어났다. 관동군이 아무런 승인도 얻지 않고 군사 행동을 강행했을 때, 와카쓰키는 군사 행동의 적법성에 대해 공개적으로 이의를 제기해야 한다는 외무대신과 대장대신의 권고를 무시했다. 대신 그는 육군대신이 제안한 타협안을 따르기로 결정했다. 최고사령부가 관동군의 군사 행동을 억제하고 점령지역에 새로운 정치기구를 세우지 못하게 막는다는 것을 전제로, 내각은 9월 18~22일의 군사 행동을 승인했다. 내각은 펑톈에서의 사태를 이용하여 국민당 정부와 새로운 조약을 체결한다면 일본이 보유한 만주에서의 이권을 보장받는 데 유리하게 작용할 것이라는 점에 동의했다.[22] 그러나 11월 말이 되자 '불확장 정책'이 실패했음이 명확해졌다. 10월과 11월 내내 관동군은 내각의 명령에도 불구하고 끊임없이 작전을 확대했고 내각은 만주의 점령을 계속하여 승인했기 때문이다.

이러한 패턴은 다음 내각에서도 반복되었다. 같은 해 12월부터 내각을 이끌게 된 노련한 정치가 이누카이 쓰요시는 전임자들과 마찬가지로 육군을 회유하는 정책을 펼쳤으나 결과는 비슷했다. 영국 투자가 상당히 이루어졌던 만주 남서부 도시인 진저우와 소련 소유의 동청철도가 지나는 북만주 지역을 관동군이 점령하자 그는 이를 신속히 승인해 주었다. 한편 이누카이는 개인 특사를 파견하여 국민당 정부와 협상을 시도했는데, 이는 중국의 허울뿐인 주권을 인정하면서도 만주에 세워질 새로운 정치 체제에 대한 장제스의 동의를 확보하기 위한 것이었다.[23] 그러나 당시 육군의 계획은 정치적으로 중국 국민당 정부와 단절된 독립 국가를 만주에 세우는 것이었다. 육군의 반대로 이누카이의 비공식적인 외교활동은 실패로 돌아갔으며, 그의 군에 대한 회유 정책 역시 상하이에서 날조 사건이 발생하고 해군이 군대를 파견하기까지 사태가 발전하는 것을 막기에는 역부족임을 증명했다.

1932년 5월 이누카이를 대신하여 전임 조선 총독이자 해군대장 출신인 사이토 마코토가 내각을 이끌게 되었다. 그해 여름, 사이토의 외무대신 우치다 고사이(内田康哉)는 국제연합과의 대립 강도를 높여나갔으며 1933년 2월 결국 국제연합의 탈퇴를 결정했다. 중국 국민당 정부가 1931년 9월 21일 처음으로 중일 분쟁에 개입할 것을 국제연합에 요청한 이래, 일본의 주장에 대한 국제 여론은 갈수록 나빠졌다. 당초에 국제연맹 이사회는 일본에 동조적인 입장이었다. 9월 30일 통과된 결의안은 가능한 빠른 시일 내에 군대를 철수시킬 것만을 권고했다. 그러나 1932년 2월 이사회는 만주에서의 일본의 행동이 켈로그-브리앙 조약과 국제연맹 규약을 위반한 것이라는 공식적인 판단을 내렸다.[24] 이는 무엇보다도 일본에 의해 일방적으로 강요된 새로운 정치 체제가 국제법상 합법적이지 않다는 것을 의미했다. 이사회는 만주사변의 기원과 세부 사항을 조사하고 중일 양국에 공평한 중재안을 마련하기 위해 조사단을 구성했다.

이누카이 내각은 1932년 수립된 만주국을 공식 승인하길 보류함으로써 국제연맹 내에 존재하던 일본에 대한 반감을 누그러뜨리려고 노력했다. 그러나 사이토 내각은 1932년 여름 이러한 방침을 뒤집고 만주국의 승인을 결정했으며 국제연맹과의 대립을 준비하기 시작했다. 외무대신 우치다 고사이는 국회 연설 중 임박한 만주국의 승인에 대해 언급한 뒤, 한 질문을 받고서 "일본 국민은 이 사안에 대하여 일치단결하고 있다. … 나라가 초토화될지라도 한 걸음도 양보하지 않겠다."라고 대답했다.[25] 그러나 이러한 허세는 오래가지 않았다. 국제연맹이 리튼 보고서(1932년 10월 공표)에 대한 논의

　　　　　　　　　제2부: 만주사변과 새로운 군사적 제국주의, 1931~1933

를 시작하자 우치다는 러허를 점령하여 만주국의 남쪽 국경선을 만리장성까지 확장하려는 육군의 계획을 자제시키려 했다. 같은 해 초겨울, 국제연맹이 일본의 주장을 받아들이지 않은 리튼 조사단의 보고서를 채택할 것이 명확해지고 나서야 사이토 내각은 러허 점령을 승인했으며 연맹 탈퇴를 준비했다.

이러한 내각의 결정들은 결국 군의 요구에 굴복한 것이었다. 정책 싸움에서 거둔 군의 승리는 1930년대를 거치며 정부 기구 내 군부의 권력이 확대되었으며 그 지위가 더욱 공고해졌음을 의미했다. 반대로 외무성의 입지는 줄어들었다. 만주의 새로운 행정 체제에서 외무성의 권한은 대폭 축소되었으며, 이는 오랜 세력다툼에서 육군에게 지속적인 이점을 주었다. 또 하나의 명백한 패자는 정당이었다. 사이토 마코토의 관료적 '거국일치' 내각이 수립되면서 정당 또한 행정부 내 기존 영향력을 크게 상실했다. 종전 때까지 정당의 정치인들은 총리직을 맡을 수 없었으며 말단 자리를 제외하고 내각에서 모두 배제되었다.

1932년 5월 이후 이루어진 행정부에 대한 정당의 영향력 상실은 지난 40년간 구축해 온 제도적 성과를 뒤엎은 것이었다. 내각에 대한 정당의 권한은 법률로 보장된 것이 아니었으며 다만 선례에 의해 유지되어 왔을 뿐이었다. 헌법에 따르면 총리의 선출은 겐로(元老)의 추천과 천황의 임명을 거칠 뿐 이에 대한 정당의 권리는 아무런 헌법적 근거가 없었다. 40년 동안의 의회 역사에서 정당은 제한적인 헌법상의 권한—예산 거부권의 행사가 대표적이었다—을 교두보로 삼아 행정부에 진출하는 데 성공해 왔다. 1920년대에 이르러서는 다수당에서 총리를 배출하고 내각을 장악하며 관료를 지명하는 것이 관례가 되었다.

1932년에 정당이 그동안 힘들게 얻은 지위를 포기해야 했던 것은 군이 가한 교묘한 압력 때문이었다. 정당과 외무성을 조종하면서 군은 군사 테러로 위협하거나 명령에 복종하지 않는 등의 방법으로 외교정책을 좌지우지했다. 최고사령부는 매번 참모장교들을 통제하겠다고 약속하면서도 이와 동시에 어느 정도의 양보가 없으면 약속이행을 보장할 수 없다고 주장했다. 실제 1931년과 32년에 횡행했던 군의 음모는 이러한 위협을 상당히 통하게 했다. 9월과 10월 관동군과 조선 주둔군 장교들은 상부의 뜻에 반하여 승인 없이 펑톈을 점령하고 국경을 넘어 만주로 진군했으며, 진저우를 폭격하고 새로운 정치 체제를 수립했다. 그러나 군 반대파를 더욱 두렵게 만든 것은 본토에서 빈번히 벌어진 테러 사건이었던 것으로 보인다. 1931년 3월 육군 장교 집단에 의해 계획된 쿠데타는 마지막 순간 조직의 분열로 미수에 그쳤다. 사쿠라회(櫻會)가 같은 해 10월 두 번째로 시도한 쿠데타도 11시간 만에 중단되었다. 3월 사건은 각 정당 본부와 총리 관저를 모조 폭탄을 사용하여 공격한 뒤, 혼란이 일어나면 공모자들이 내각의 해산과 새로운 정부의 수립을 요구하려 한 것이었다. 10월 사건은 더 대규모였는데, 12개 부대와 16대의 비행기가 동원되었고 회의 중인 내각 구성원을 모두 말살하기 위해 실제 폭탄도 사용될 계획이었다.[26]

10월 사건 직후 일어난 몇 차례의 암살 사건 또한 정계에 큰 충격을 주었다. 1932년 봄에 혈맹단이라 자칭하는 해군 장교와 민간 극우주의자들의 조직은 정계, 재계, 정부 지도자들에 대한 암살대상자 명단을 작성하고, 전임 대장대신 이노우에 준노스케(井上準之助)와 미쓰이그룹 총수 단 다쿠마(團琢磨)를 암살했다. 이후 주동자들은 체포되었지만, 5월 15일 혈맹단의 잔당이 육군 사관후보생들을 포섭하여 다시 쿠데타를 시도했다. 이번에는 총리인 이누카이 쓰요시가 암살 대상이었으며 이와 함께 일본은행, 경시청, 정당 본부, 기타 정부 기구에 대한 공격도 결행되었다. 그러나 육군이 동조하지 않으면서 천황의 친정을 요구하는 쇼와 유신의 실현과 의회정치의 폐기라는 이들의 야망은 결국 실현되지 못했다.

이들 테러는 모두 정부를 장악하는 데 실패했지만, 공포 분위기를 조성하고 군의 불확실성을 증가시켜 군부의 요구에 반대하려는 정치인들의 의지를 약화하는 결과를 가져왔다. 상급 장교들이 어떤 역할을 했는지 모호했던 점도 불안감을 더욱 키웠다. 몇몇 장교들이 연루되었다는 소문이 횡행했음에도, 군 지도부는 실제 관여 정도와 관계없이 이들에게 전례 없이 관대한 처분을 내렸다. 예를 들어 3월 사건을 모의한 이들은 몇 주 동안 한 고급 숙박업소에 '연금'되었고 육군대신은 공공연하게 이누카이 쓰요시 암살범들을 옹호하며, "그들의 행동은 명성을 얻기 위해서도 아니고 반역을 꾀한 것도 아니었다. 그들은 그것이 제국의 이익을 위한 것이라는 진심 어린 신념을 가지고 행동했다"라고 힘주어 말했다. 이누카이의 후계자를 정하기 위한 협상에서 군 지도부는 정당이 주도하는 내각에 참여하라는 권유를 단호히 거부했다. 민간 정치인 사이에서는 "젊은 장교들은 근본적으로 (암살이란) 원칙에 동의하고 있다. 내각의 권력이 다시 정당에 넘어간다면 두 번째, 세 번째 사건이 발생할 것이다"라는 이야기까지 돌았다.[27]

군이 정부에 대해 더욱 강력한 통제력을 획득할 수 있었던 이유는 단순히 군의 고압적인 협상 전략으로 인한 것만이 아니었으며, 오히려 정당 정치인들의 활동에 힘입은 바가 컸다. 1931년 가을 내무대신 아다치 겐조(安達謙藏)가 이끄는 민정당 내 파벌은 와카쓰키 내각을 친군부적인 성격의 거국 연립내각으로 교체하려 했다. 12월 결국 내각을 무너뜨린 것은 육군대신이 아니라 바로 아다치 겐조였다. 한편 대외 강경론을 주장하던 정우회의 입장에서는 육군만큼이나 기존 이누카이 행정부의 정책 유연성을 제한할 수밖에 없었다. 실제로 내각 서기관상이자 정당 내 우익파벌의 수장인 모리 가쿠(森恪)는 이누카이가 장제스와 진행한 협상을 무력화시키려 했다. 아다치와 마찬가지로 모리도 기존 내각을 무너뜨리고 이를 정우회와 육군이 연합한 극우 민족주의 정부로 대체하고자 한 것이다. 2월의 선거에서 정우회와 그들이 주창한 강경 노선이 압도적인 승리를 거두면서 (정우회 304, 민정당 147) 양당의 우파가 득세할 수 있는 기반이 만들어졌다. 이누카이의 암살 이후 양당의 우파는 차기 내각을 위한 협상의 주도권을 차지했다. 민정당은 아다치가 진행했던 민정당-정우회 연립내각안의 새로운 버전을 제안했으며, 정우회는 모리가 계획했던 군-정우회 연립정부를 만들고자 했다.[28] 두 정당이 모두 우경화되면서 1932년 봄에 일본 국내 정치에서 정당의 입지는 약화되었으며, 정당은 지난 수십 년 동안 얻은 제도적 성과와 내각에 대한 장악력을 상실하고 말았다. 친군부 계파가 정당을 지배하는 상황에서 육군은 정당을 내각에서 배제하는 것에 부담을 느끼지 않았다. 그렇게 하더라도 의회는 여전히 육군의 계획을 지지할 가능성이 높았기 때문이었다.

어떤 의미에서 1931년 이후 군부의 정치적 권한 강화는 메이지 시대 말, 의회정치의 초창기에 누렸던 지위와 세력을 되찾은 것을 의미했다. 당시 군 지도부는 군인 출신 겐로들과 공감대를 형성하고 있었으며, 1882년과 96년의 군비 확충은 폭넓은 정치적 지지를 얻었다. 육군과 해군이 처음으로 예산 책정에 있어 심각한 저항에 직면한 것은 1907년과 1911년의 일이었다. 지역 발전이나 감세와 같은 군의 입장과 상충하는 요구로 인해 군부는 새로운 사단의 창설이나 함대의 증강 계획을 포기해야 했다. 1913년과 1914년 군이 연루된 정치 스캔들로 육군 출신 수상이 이끄는 가쓰라 내각과 해군 출신 수상이 이끄는 야마모토 내각이 불명예스럽게 무너지자, 정당들은 자신의 정치적 영향력을 발휘할 기회를 얻었다. 시베리아 출병

 제2부: 만주사변과 새로운 군사적 제국주의, 1931~1933

(1918~22년) 동안 하라 내각은 행정당국의 권한을 강화했으며 처음으로 정당은 군부를 통제할 수 있게 되었다.[29]

정당의 정치공세에 허를 찔린 육군은 다이쇼 시기의 대중정치에 적합한 대응 전략을 마련하는 데 어느 정도 시간이 걸렸다. 1910~20년대 육군이 겪은 정치적 패배는 장교단의 정치화를 빚었으며 메이지 시대 군의 정치 중립 원칙을 저버리게 했다. 20년 동안 고난의 시간을 지나오며 야망과 수완을 키워온 군은 마침내 만주사변을 일으킴으로써 정치 게임에서 정당 세력의 의표를 찌를 기회를 획득했다. 군부는 이 기회를 이용하여 다시 권력을 차지하는 동시에 정책의 중대한 변화를 일으키려 했다. 이러한 계획은 쿠데타를 통해서가 아니라, 외무성 및 정당과의 점진적인 타협으로 완수되었다.

정책의 전환과 이것이 가져온 제도적 변화는 일본 국내 정치를 국제정치와 긴밀히 연결했으며, 타국에 대한 침략이 어떤 식으로 국내 정치의 군국화를 초래하는지 분명히 보여주었다. 만주 점령에 대한 사람들의 열광적인 반응은 관료 조직 내 힘의 균형을 다시 군부 쪽으로 쏠리게 했으며 이는 결국 군사적 팽창주의라는 새로운 정책을 공고히 했다.[30]

군부의 프로파간다와 여론의 구축

당시 관찰자들이 반복해서 지적했듯이, 군부에 유리했던 점 중 하나는 여론이 그들의 주장을 지지했다는 사실이다. 이는 부분적으로 대중매체에 나타난 징고이즘의 분출을 가리킨다. 그러나 그것이 전부는 아니었다. 1920년대의 경험에서 정치적 교훈을 얻은 군은 대중의 지지를 동원하고 이를 정치적 힘으로 만들어 내기 위해 1931~32년 대규모 선전 작업에 착수했다. 이러한 노력을 통해 '여론'은 총력 제국의 구성요소 중 하나가 되었다. 군은 대중매체의 비공식 선전가들이 불러일으킨 제국에 대한 열광적인 분위기를 타고 '국방사상보급운동(國防思想普及運動)'을 펼침으로써 대중에게 군의 사상을 퍼뜨리는 데 성공했다. 이러한 성공은 어느 정도는 대중매체의 선례를 잘 따랐기 때문이라고 볼 수 있다. 군의 선전 활동에도 문화산업에서 사용되었던 시장전략이 쓰였으며 이를 통해 직접 동원이라는 새로운 기술을 실험하기 시작했다. 이 과정에서 군부는 군과 사회 사이의 새로운 연결고리를 만들어 냈다.

물론 이미 오래전부터 군의 행정관들은 자신들에 대한 대중의 지지를 높이는 일에 관심이 있었다. 하지만 1931년의 선전 활동은 더 큰 목적을 갖고 있었다. 이를 통해 다음의 두 가지 목표가 달성되었다. 첫째, 군은 지역 정치에까지 영향력을 미침으로써 새로운 지지층을 정치적으로 포섭했다. 둘째, 군은 정치적 영향력을 행사할 수 있는 엘리트 계층뿐만 아니라 그렇지 않은 일반인들까지 동원하기 위해 프로파간다를 이용함으로써 대중의 범위를 더 넓혔으며 이는 '여론'이라는 개념을 재정의하는 데 기여했다.

만주사변에 앞서 시작된 '국방사상보급운동'은 당초에 군축의 위험성을 대중에게 인식시키는 데 집중했으며, '만주 문제'를 이용하여 강력한 국방의 필요성을 주장했다. 지난 10년 동안 군의 예산은 외교적, 재정적 압박으로 감축되어 왔다. 1922년에는 6만 명의 장교와 병사가 동원 해제되었고, 23년에는 두 개의 독립수비대대와 다섯 개의 육군유년학교가 폐지되었다. 그중 가장 타격이 컸던 것은 1925년 다카타(高田), 도요하시(豊橋), 오카야마(岡山), 구루메(久留米) 사단이 해체되면서 3만 4천여 명의 장병이 소집 해제되고 6천여 마리의 군마(軍馬)가 퇴역한 일이었다.[31] 새로이 재계가 군의 예산 긴축을 요구하고 1932년에 예정된 또 다른 군축 회담이 다가오면서, 더 이상의 삭감은 받아들이지 않기로 결심한 군 지도부는 자신의 주장을 관철하기 위해 특별한 수단을 동원해야겠다고 판단했다. 그들이 언제나 기억하고 있었던 것은 하마구치 내각이 해군 군령부의 강한 반대에도 불구하고 체결했던 1930년의 런던 해군군축조약이라는 나쁜 선례였다. 군은 이 사건으로부터 두 가지 교훈을 얻었다. 육군의 계획 입안자들은 해군이 당시 패배했던 이유로 군축 문제에 대해 해군 내 의견이 분열되었던 점과 군축조약을 반대하는 여론을 일으키려는 노력이 너무 늦고 미미했다는 점을 들었다. 육군은 이와 같은 실수를 다시 반복하지 않을 것이었다.

육군은 오래전부터 군을 향한 대중의 태도에 신경을 써왔지만, 대중의 지지를 얻기 위해 프로파간다 활동을 전개하는 전략을 사용한 것은 얼마 되지 않은 일이었다. '총력전'이라는 새로운 개념의 영향을 받은 군부의 계획 입안자들은 1차 세계대전 이후 등장한 선전 활동과 '정신총동원' 기술을 연구하기 시작했다.[32] 동시에 좌익세력의 조직화를 염두하고서 문부성과 내무성, 그리고 육군성은 국민교육을 실시함으로써 '위험한 사상'에 대항하고자 했다. 군의 '국방사상보급운동' 계획은 1929년 내무성과 문부성에 의해 시작된 정부의 첫 번째 전국적인 프로파간다 캠페인인 '교화 운동'의 경험을 본받은 것이었다.[33]

1930년 6월 처음 입안된 국방사상보급운동의 계획서에는 "육군에 반대하는 분위기가 대두되고 있다"라고 한탄하며 군비 문제에 대한 여론의 동태를 비관적으로 보는 내용이 실려 있다. 입안자들은 이러한 상황을 "영향력과 사회적 지위를 지닌 언론인 및 저술가들"의 탓으로 돌리면서 "군축 문제에 관한 지식인 계층, 특히 청년층의 이해를 구하는 것"을 최우선 목표로 삼았다. 상황을 타개하기 위해 육군성은 만주에 관한 내용 및 러시아, 중국, 그리고 열강들의 군비 확충 실태와 일본의 군축 문제를 다루는 여러 소

책자를 간행할 것을 지시했다. 이러한 선전물은 정당, 대학, 상공회의소, 신문, 잡지 등에 뿌려졌으며 무엇보다도 대중매체에 노출시키기 위해 많은 노력을 기울였다. [34] 그러나 만주사변이 발발하면서 선전물을 통해 지식인 층의 여론을 변화시키려던 기존의 시도는 더 광범위한 대상에 다가서는 강연 활동으로 급속히 대체되었다. 육군성은 풀뿌리 단계에서부터 여론을 형성하기 위해 지방의 연대구(連隊區)를 활동 기반으로 삼았으며 구체적인 실행은 주로 해당 지역의 재향군인회에 맡겼다. 최초로 이루어진 이러한 종류의 선전 활동, 즉 군에 대한 직접적인 정치적 지지를 동원하기 위한 시도는 군과 사회 사이의 관계를 근본적으로 변화시켰다.

1872년 근대적 군대조직이 설립되고 징병제가 도입된 이래 학교와 각 지역의 연대는 군과 사회를 잇는 역할을 수행했다. 교육과정과 군사훈련 시스템이 국가에 대한 충성심을 높이고 국가적 자부심의 상징인 군을 경외하도록 고안되어 있었음에도, 육군지도부는 국민을 애국적인 '시민 군인'으로 만드는데 이들 조직이 충분하지 않다고 생각했다. 의무교육은 겨우 4년제였으며(1907년에 6년제로 확대되었다) 평시의 육군은 1937년까지 30만 명 미만의 작은 규모를 유지하고 있었기에, 매년 징집 연령대의 남성 중 12~16%(약 10만 명)만이 실제로 징집되고 있었다. [35]

그 간극을 채우기 위해 육군은 러일전쟁 이후 많은 보조 기관을 만들었다. 1910년에는 수천 개의 재향군인단체와 군사단체, 예비군 단체를 전국적인 조직으로 통합한 '제국재향군인회'가 설립되었다. 이는 명목상으로는 독립적인 조직이었지만 실제로는 중앙정부의 관리하에 있으면서 지방 당국의 재정 지원을 받았던 반관반민 단체 중 하나였다. 농촌 지역의 높은 입회율과 지역 엘리트와의 긴밀한 관계, 주변 공동체의 사회적 위계를 반영한 구조 등을 통해 볼 때 농촌의 재향군인회 지부는 일반적으로 도시의 경우보다 공동체 내에서 더 큰 영향력을 가지곤 했다. 재향군인회가 공동체 내에서 구심점을 확보하게 된 것은 이들이 여러 가지 중요한 임무, 예컨대 지역 행사, 건설 사업, 재난 구호 등에 인력을 동원하거나 가족 중 병역에 나간 이를 대신하여 노동력을 제공해 주는 것과 같은 일을 수행한 것에서 비롯했다. 재향군인회는 몇 가지 예외를 제외하고 매년 20세의 모든 남성을 대상으로 실시되는 징병검사를 통과한 20세에서 40세 사이의 남성이 가입할 수 있었다. 1918년에는 전국적으로 만 삼천 개 지부가 있었으며 그 회원은 2300만 명에 달했다.[36]

재향군인회를 본떠 육군은 내무성, 문부성과 함께 소학교 졸업 이후 아직 징집 연령대에 미치지 못한 청년을 대상으로 하는 유사 조직을 만들었다. 1915년 수천 개에 달하는 기존의 청년단은 모두 전국적인 조직으로 통합되었으며 곧 각지의 재향군인회와 연결되었다. 1935년 이 전국적인 청년조직의 회원은 270만 명으로 가입 가능 연령대의 40%가 소속되어 있었다.[37] 이에 더해 육군훈련소 또한 확대되어, 1926년에는 소학교 졸업생을 대상으로 하는 4년제 청년훈련소가 세워졌고, 소학교 졸업 후 학업을 계속하는 이들을 위해서는 장교를 중학교로 파견하여 군사훈련을 감독했다.[38]

서류상으로 이들 조직은 어마어마한 네트워크를 가진 것처럼 보인다. 그러나 그 관계망을 단단히 만들어가던 군은 이들 조직이 원하는 만큼의 성과를 보장해 주지 못한다는 사실을 발견했다. 사실 청년단과 재향군인회는 종종 육군이 절대 원하지 않는 활동의 제도적 수단을 제공해 주었다. 1918년 청년단과 재향군인회는 오사카, 오카야마, 교토, 효고, 시즈오카, 야마구치 등지에서 발생한 쌀 소동을 주도하며 지주와 쌀 상인에게 대항했다. 마이클 루이스(Michael Lewis)가 지적했듯이 "전국적으로 약 팔천 명에 달하는 폭동 연루자들의 가장 큰 공통점은 이들 중 많은 이가 재향군인회나 청년

단 소속이었다는 점"이었다. 990명의 전역 군인과 868명의 청년단 회원이
쌀 소동에 연루되어 체포되었다.[39] 아오모리, 나가노, 기타 지역에서 자유
주의 좌익 청년들은 경쟁 조직을 만들거나, 더 간단한 방법으로 지역 청년
단을 인수함으로써 이를 정치 활동의 근거지로 삼았다.[40]

 이처럼 힘겨운 상황에 더해 병역을 기피하는 이들 또한 갈수록 늘어났
다. 무거운 처벌을 받을 수 있었음에도 1920년대 매년 2천 명이 넘는 병사
가 병역을 회피했다.[41] 육군은 징병검사를 통과의례로 만들려고 했지만,
많은 젊은이들은 "무의미한 봉공(空奉公)"을 회피하기 위해 여러 방법을 고
안해 냈다. 검사에서 최고 등급을 받는 것을 엄청난 영광으로 추켜세웠음
에도, 청년들은 몰래 신사에 방문하여 "징병에서 제외되기 위한 기도"를
올리곤 했다.[42] 나가노의 한 신문은 1927년 징집 대상 남성 가운데 "놀랄
만큼 많은 수의 정신질환자와 지적장애자"가 나와 징병검사를 담당하는 당
국을 "당혹스럽게 만들었다"라고 보도했다.[43] 어떤 이는 심지어 병역을 피
하려 손가락을 절단하거나 시력을 훼손하기까지 했다.[44]

 프로파간다 캠페인을 통하여 육군 지도부는 이와 같은 상황을 역전시키
고 여러 단체와의 네트워크를 다시 구축하여 이를 기반으로 육군을 지지
하는 정치 집단을 만들고자 했다. 이를 위하여 캠페인의 첫 단계에서 육군
은 군부에 동조적인 재향군인회와 청년단, 지역 군부대의 도움을 받아 국
방보급운동의 사상을 전파하는 데 전력을 기울였다. 만주사변이 발발하기
일주일 전, 제16사단에서 진행된 캠페인 보고서에 따르면, 재향군인회, 지
역 군부대, 지역 정부 기관이 총 33차례 거행된 국방보급운동 행사 중 28
개를 개최했다고 한다.[45] 9월 18일 이후 만주에서의 군사 행동으로 육군
에 대한 대중적 이미지가 개선됨에 따라 조직 내 민족주의자들의 영향력
이 다시 강화되었으며, 이를 통해 군부는 지지 기반을 더욱 수월하게 동원

할 수 있게 되었다. 전쟁열의 확산으로 고무된 군은 국방 강화의 메시지를 퍼뜨리기 위해 새로운 집단에게 다가갔다. 지역 신문과 사업체들이 군부의 요청에 응하여 국방보급운동 행사의 후원자 목록에 이름을 올리기 시작한 것이다. 도쿄 가메이도(亀戶) 지역의 부유한 주민들은 캠페인을 홍보하기 위한 후원회를 조직하여 재향군인회 본부에 회비를 보냈다.[46] 교토의 한 백화점은 건물 4층의 일부를 국방보급운동 전람회에 제공했으며, 이 행사를 위해 5,500엔의 예산을 책정하여 2,000부의 선전 포스터를 배포했다. 한 도시의 극장주는 재향군인 모임과 강연회를 위해 무대를 무료로 제공하기도 했다.[47] 기후현의 한 지역 신문은 10월 5일 국방보급운동의 일환으로 기후현민대회를 주최했으며 이 행사에서 "군대를 위문"하고 실상을 살피기 위해 기자 두 명을 만주로 파견할 것을 결의했다.[48] 군 네트워크 밖에 있는 집단의 자발적인 움직임은 프로파간다 캠페인의 위상을 높였다. 이제 군은 네트워크를 탈환하는 데 그치지 않고 그 확장에 목표를 두었다.

더 많은 민간단체가 국방보급운동 캠페인에 참여하면서 운동의 성격도 변화하기 시작했다. 처음에 군은 거의 대부분 강연회의 형식으로 캠페인을 진행했다. 보통 해당 지역 출신의 현역 장교가 연단에 올랐으며, 가능하다면 만주사변 참전 병사도 여기에 함께했다. 육군성이 발행한 선전물의 내용을 반영한 강연에서는 몇 가지 핵심 내용이 집중적으로 되풀이되었다. 연사들은 만주 문제를 "단호하게 대처"해야 하는 필요성을 강조했으며 "이권을 수호하기 위한 생명선"에 대해 설명했다. 또한 중국의 "터무니없고 오만한" 태도를 지적하고 국제연맹의 지나친 간섭과 위선적인 태도를 비난했다. 강연이 끝난 뒤에는 종종 교사, 언론인, 사업가, 지주와 같은 지역 엘리트가 무대에 모여 간담회를 열고 군의 주장에 지지를 표명했다.[49]

오래지 않아 이러한 강연회는 축제나 화려한 행사들로 대체되기 시작했다. 나가노 지역 연대(連隊)는 1932년 9월 18일에 만주사변 발발 1주년 기념식을 열고 기념식이 끝난 뒤 "국체(國體)를 수호"하고 "황군의 무운이 장구하기를 기원"하기 위해 지역 신사를 참배하는 행진을 했다.[50] 1934년 우츠노미야(宇都宮)의 연대는 국방보급운동 사상을 퍼뜨리기 위해 공휴일에 퍼레이드 행사를 열고 각종 구경거리를 제공하기로 계획했다. 이 중에는 "도치기(栃木) 현민이 나니와부시(浪花節)를 좋아하기 때문에" "새로 녹음한 음반"과 함께 뉴스를 상영한다는 계획도 포함되어 있었다.[51] 1934년 육군은 팸플릿을 통해 지식인에게 자신들의 메시지를 선전해 오던 방식에서 멀어졌다. 이제는 대중에게 다가가기 위해 대중매체의 예를 따라 징고이즘의 예술적 수단을 활용하는 방법을 배우기 시작했다.

대중은 대중매체라는 비공식 선전가에게 보여준 것과 같이 육군의 캠페인에도 열광적으로 반응했다. 만주사변 이후 한 달 동안 6,500만 인구 중 165만 5,410명이 1,866개 행사에 참가했다.[52] 군에 큰 반감을 가지고 있을 것이라는 당초 예상과는 달리, 9월 18일 이후 진행된 국방보급운동 보고서는 "청중들은 매우 진지한 태도"를 보였으며 "국방보급운동은 전례 없이 성황을 이루었다"라고 감탄했다.[53] 나고야에서는 집회가 연일 개최되었으며 다른 지역에서도 "강연 후원자나 연사로 나서겠다는 병사들의 계속되는 요청"이 쇄도했다.[54] 육군의 한 군무원은 당시 상황을 관찰하면서 "지역 여론이 중국 문제를 일거에 근본적으로 해결하자는 강경론"으로 기울고 있다고 보고했으며 "국방사상보급 강연이 시작된 이후 국방의 필요, 만몽의 권익 옹호에 대하여 지방 관민 사이에 확고한 인식"이 고취되고 있다며 기뻐했다.[55]

이 시기에 행해진 설문조사의 결과 또한 군의 자체적인 평가가 타당했음을 뒷받침해 주고 있다. 도쿄대학에서 두 차례의 강연을 마친 뒤 854명의 학생을 대상으로 실시된 설문조사에서 첫째, 만몽을 일본 또는 일본 민족의 생명선이라 생각하는지, 둘째, 만몽 문제를 해결하기 위해 무력을 행사해야 한다고 생각하는지에 대해 질문하자 그중 90%의 학생이 위의 두 문항에 대해 모두 그렇다고 대답했다.[56] 나고야시의 한 출판사가 우편을 통해 230명의 재계 및 정계 지도자들을 대상으로 시행한 조사에서도 일본이 중국을 응징해야 하는지 아니면 자제해야 하는가의 질문에 응답자 208명 중 164명이 '응징해야 한다'라고 대답했으며 오직 44명만이 '자제해야 한다'라고 대답했다.[57] 지식인만을 대상으로 실시된 설문조사이긴 하지만, 이를 통해 지식인 중 상당수가 군의 선전에 동조했음을 알 수 있다. 대중매체와 군의 선전 활동이 동시에 진행됨에 따라 중국 침략을 지지하는 국내 여론이 형성된 것이다.

국방사상보급운동을 통해 대중에게 자신의 사상을 주입하여 여론을 형성하는 데 성공한 군 지도부는 이를 군부에 유리한 정치적 의사 표시를 하는 데 이용했다. 이러한 의도는 첫째, 정치 결사를 조직하고 둘째, 청원을 진행함으로써 달성되었다. 만주사변 발발 이후 18개월 동안 각 지역의 육군 사단과 재향군인회는 현·시·정(町)·촌(村) 단위로 '국방연구회'를 설립했다. 다카다(高田)시에서는 제2사단 사령부가 해당 지역의 신문기자단과 명망가들을 국방 관련 회의에 초청했으며 이 회의에서 '국방충실기성동맹(國防充實期成同盟)'이 발족되었다. 이와 비슷한 방법으로 기후현 모토스군(本巣郡)에서는 해당 지역의 재향군인회장과 정·촌장, 교사 등이 모여 간담회를 진행하고 '만몽 문제 연구회'를 창설했다.[58] 이러한 조직은 다른 지역에서도 빠르게 확산되었다. 나고야시에서는 4곳의 국방협회가 만들어졌으며 이시카와현(石川縣)에서는 1933년 4월까지 80개의 단체가 생겨났다.[59]

이와 같은 각종 국방 관련 단체의 등장은 지역 정치단위에서 군이 승리를 거두었음을 의미했다. 국방 단체는 군의 프로파간다 운동을 실행하기 위해 민간 조직을 만들었으며, 정부 관료, 사업가, 지주, 신문사 중역, 교육계나 종교계 지도자, 각종 단체장과 같은 지역 엘리트가 이들 조직을 이끌었다.[60] 지역 지도자들은 군에 대한 대중의 지지를 동원하기 위해 자신의 영향 아래 있는 신문, 잡지, 신사, 사찰, 회사, 학교, 재향군인회, 청년단, 여성단체 등을 이용했다. 예를 들면 삿포로에서 1931년 10월 9일에 열린 홋카이도 국방회의 발족식에는 2천 명이 참석했는데 그중 재향군인회 회원이 500명, 공무원이 500명, 학생이 100명, 주부가 30명을 차지했고 기타 인원은 870명이었다. 창립 멤버 중에는 제7사단장이자 '홋카이도 제국대학의 아버지'라 불린 사토 쇼스케(佐藤昌介) 남작, 현임 홋카이도 제국대학 총장 미나미 다카지로(南鷹次郎), 삿포로 시장, 홋카이도 의회 의장, 삿포로 시의회 의원 등 기타 지역 유지 30명이 포함되어 있었다. 홋카이도청 장관을 시작으로 지역 엘리트라 할 수 있는 거의 모든 이들이 회의의 결의에 따라 다음과 같이 맹세했다.

> 모름지기 동아시아의 위기를 인지하며, 메이지 유신 이래 우리 제국이 경영해 온 만몽의 절대적 위치를 깨닫고, 현재와 미래에 우리 민족의 행복과 이익이 될 것임을 인식하며, 정당과 정파를 초월하여 거국일치로 국방을 충실히 함으로써 제국의 위엄을 높이 드러낼 것임을 엄숙히 선언한다.[61]

이는 군이 설정한 국내외 의제를 향한 강력한 지지의 표현이었다.

이러한 단체들은 중앙의 정책 결정자와 권력의 주변부에 있는 정치화된 대중 사이에 만들어진 새로운 관계의 매개체가 됨으로써 군의 강력한 정치적 도구가 되었다. 도쿄에서 예산과 대외정책에 관한 중요한 결정을 내리던 정책 입안자들은 무수히 많은 국방 관련 단체의 등장에 깊은 인상을 받앉으며, 소작농, 소상인, 가정주부 등은 자신들이 의지하던 지역 엘리트 계층이 전적으로 군을 지지하고 있다고 생각했다. 국방 관련 단체의 급증은 군과 사회의 관계를 이어주는 조직들의 네트워크를 크게 확장했을 뿐만 아니라 군이 장악한 정부가 기치로 내걸었던 '거국일치'를 이루는 한 축이 되었다.

국방 관련 단체의 조직이 지역 정치에서 군의 영향력을 확보하는 동안 청원 운동은 각료, 외교관, 양원 의원, 기타 정부 기관의 대표에게 영향력을 미치고자 했다. 강연이나 국방단체의 회의, 기타 국방사상보급운동 관련 행사는 보통 결의안의 초안을 작성하는 것으로 순서를 마무리했다. 이들 단체는 홋카이도 국방회의 성명서에 나타난 것과 같은 정서로 가득 찬 결의안 사본을 당국과 언론에 보냈다. 대중의 성명을 통해 당국에 호소하는 것은 예전부터 존재하던 정치적 전통이었다. 만주사변 시기의 청원 운동이 예전과 다른 점은 중요한 정치 문제에 대해 모두가 같은 의견을 가지고 있는 것처럼 성명서를 교묘히 조작하여 이를 당국에 전달했다는 것이다. 보통 단체의 지도부가 성명서의 초안을 작성하면 일반 회원들은 이에 찬성했다. 이렇게 만들어진 성명서가 정치 지도자들이나 언론에 배포되면, 이는 단순히 엘리트 계층의 의지가 아닌 홋카이도나 나가노에 사는 '대중'의 뜻을 나타내는 것이 되었다. 성명서의 초안을 직접 작성하지 않았음에도 '대중'의 범주 안에 이들 일반인이 포함되어 있었던 것이다.

제5사단 사령부(히로시마)가 작성한 계획은 청원 운동에 군이 어떠한 기대를 가지고 있었는지를 잘 보여준다. 이 계획은 첫째, "일반 지방 관민으로 하여금 도쿄나 오사카의 큰 신문사에 수많은 전보(최소 각 정·촌 당 하나)를 보내 국제연맹 탈퇴를 위한 여론 조성을 촉구하도록 한다"라고 되어 있으며, 둘째, 청원 운동의 지도자는 "각 정·촌에 지역구를 갖는 양원 의원들에게 국

민의 뜻을 전달한다"고 결정하였다. 히로시마의 모든 마을이 이러한 청원
운동에 참여했는지는 의문이지만, 같은 5사단이 계획하여 1933년 2월 히
로시마에서 열린 건국제 기념 집회에서는 '민중의 열의'가 가득한 결의문이
작성되어 이것이 "수상, 육군대신, 해군대신, 참모총장, 마쓰오카 요스케
전권대사에게 전보로 보내졌으며, 각 사단장과 연대구 사령관, 각 부·현의
지사에게는 우편으로 전달되었다"고 한다.[62] 이러한 방식으로 군은 청원
운동을 새로이 형성된 여론에 정치적 의사 표현을 부여하는 수단으로 이용
하려 했다.

국방사상보급운동의 성과를 확인한 군은 이를 모델로 이후 비슷한 캠페
인을 계속 진행했다. 1933년 가을 육군대신 아라키 사다오는 육군성 관료
들에게 런던 및 워싱턴 군축조약의 만기가 다가옴에 따라 곧 임박할 '1936
년의 위기'를 선전하는 일에 착수하도록 했다. 1934~35년 겨울 자유주의
학자들을 공격한 '국체명징운동(國體明徵運動)'이나 1935년 의회정치를 공격
한 내무성의 '선거숙정운동(選擧肅正運動)'은 모두 동일한 방식을 사용한 것이
었다. 육군성의 국방사상보급운동과 마찬가지로 이들 운동은 국가 내의 한
정파가 대의적 의회정치 제도를 뛰어넘어 일반 대중과 직접적이고 독립적
인 연결고리를 만들고자 한 것이었다. 그 과정에서 여론의 의미는 변화했
다. 국방사상보급운동의 동원 전략은 미디어나 의회 밖 정치 활동을 통해
일반 민중의 관심을 끄는 데 중점을 두었다. 이로 인해 '대중'은 여론을 형
성하기 위한 캠페인의 대상으로 자리매김하게 되었다. 이러한 '대중'은 연
령, 재산, 사회적 지위, 성별, 선거권의 유무와는 상관없는 집단이었다. 이
제 이들도 과거 여론을 형성하는 계층으로 여겨졌던 언론인, 정치인, 자산
가와 같은 제한적인 공동체 안에 합류하게 되었다. 직접적인 정치적 호소
를 통해 대중과 여론이 동일시되는 새로운 현상은 대중에게 상징적인 정치

권한을 부여해 주었지만, 이는 아이러니하게도 오히려 대중을 대의 민주주의로부터 멀어지게 했다.

만주사변에 대한 공식 입장

일본은 기나긴 정치 투쟁을 거친 뒤에야 만주 점령과 국제연맹 탈퇴에 대한 정치적 합의에 도달할 수 있었다. 정치 투쟁의 결과 정치제도의 재편이 이루어졌으며 각 정치세력의 흥망성쇠가 결정되었다. 한 세력의 승리는 곧 만주나 국제연맹에서 일어난 사건을 해석함에 승자의 견해만이 정부 안팎에 수용됨을 의미했다. 그리고 이는 국내외 청중들에게 군사 점령의 정당성을 설득하기 위해 고안된 공식 입장이 되었다. 만주사변에 대한 공식 입장은 일본 정부가 대륙에서 진행하고 있는 새로운 군사적 제국주의의 정당성을 공개적으로 표명했다. 그것은 일본 외교정책에서 일어나고 있던 패러다임의 전환을 이데올로기의 도덕적인 언어로 바꾸어 놓았다. 이러한 변화가 하루아침에 이루어진 것은 아니었기에, 새로운 정책을 옹호하기 위한 정부의 주장 역시 구체화될 때까지 상당한 시간이 걸렸다. 1931년 가을 당초에 육군성과 외무성이 발표했던 입장은 다음 해가 되자 상당히 많은 내용이 바뀌었다. 이러한 변화는 정책의 방향을 두고 정계가 점진적으로 합의를 이룬 결과를 반영한 것이었다. 이와 동시에 급변하는 만주와 국제연맹의 상황에 대응하기 위한 수정을 거듭하면서, 일본 국민을 피해자의 자리에 두는 지배적 서사(master narrative)가 등장했다. 이는 오랫동안 일본의 제국 신화에 결부되어 있던 두려움과 분노라는 감정이 응축되어 나타난 것이다.

펑톈과 만철 연선의 여러 지역에서 중국군과 일본군 간 교전이 발생했다는 육군성의 첫 발표는 관동군이 남만주에 있는 중국군 진지에 전면적인 공격을 한 이유를 설명하려 노력했다. 육군은 일본에 대한 중국의 행동을 '도전', '모욕', '박해', 심지어 '구축'과 같은 단어를 사용해 묘사하면서, 중국 정부가 일본을 만주에서 몰아내려 획책했다고 비난했다. 1931년 9월 25일 육군이 발행한 팸플릿은 철도의 폭파가 어떻게 대규모 군사 행동에 이르기까지 사태를 악화시켰는지 설명하면서, 육군은 어디까지나 '자위(自衛)'를 위해 공격한 것이었다고 독자를 설득하는 데 노력을 아끼지 않았다. 일본은 중국군이 "철도수비대를 공격"한 뒤 펑톈의 북대영으로 도망가자 그곳을 공격하지 않고 다만 "진입"하려 했을 뿐이며, "중국군의 맹렬한 포격"을 받고 어쩔 수 없이 다음 단계로 나아가 북대영을 전부 포위하고 점령했던 것이라고 주장했다. 중국군의 적대 행위와 펑톈에서의 무력 충돌은 일본인의 생명을 위험에 빠뜨리는 행위였기에, 펑톈 외곽에 주둔한 육군 부대는 이를 반격하며 관동주와 만철 연선 지역에서 중국군을 몰아내야 했다. '자위'를 위해 육군은 작전구역을 더욱 확대해야 했으며 만철의 북단 종점인 창춘에서 '소탕 작전'을 신속하게 수행했다.[63]

9월 18일 밤과 이튿날 아침 펑톈과 창춘에서 중국군을 몰아낸 관동군은 만철 연선의 합법적인 활동 구역 바깥까지 군사 활동을 확대하기 시작하여 장쉐량과 그 동맹 군벌의 군대를 동북 지역에서 몰아내고 이 지역 전체를 일본의 점령하에 두었다. 이러한 군사 행동에 중국은 저항하지 않았다. 1928년 국민당 중앙정부에 충성 선언을 한 장쉐량은 그 수반인 장제스의 권유에 따라 일본군의 침략에 저항하지 않고 스스로 군대의 무장을 해제했으며, 국민당 정부의 외교관들은 중일 분쟁에 국제연맹이 외교적으로 개입할 것을 호소했다. 전쟁의 목표가 확대됨에 따라 일본 육군은 공식 입장을 수정함으로써 저항하지 않는 적을 향해 군사 행동을 한 것을 정당화하기

위한 논리를 새롭게 만들어 냈다.[64]

군의 새로운 주장은 "모든 비적은 중국 군병이며 따라서 모든 중국 군병은 비적이다"라는 단순한 논리에 바탕을 두었다. 그 근거는 다음과 같았다. 1) 장쉐량은 "만주 각지를 불안에 빠뜨리고 치안을 무너뜨리려는 분명한 목적"을 가진 '책동'에 관여하고 있다. 2) 이를 실행하기 위해 그는 "편의대를 각지에 잠입시키고 비적을 선동하여 소란을 일으켰으며 주요 건물의 방화와 파괴를 모의했다."[65] 이러한 주장은 사실상 만주 내 모든 범법 행위를 중국군 용병의 소행으로 간주한 것이며 이 지역에서 행해진 범죄 행위는 바로 장쉐량의 음모임을 암시하는 것이었다.

'모든 비적은 곧 중국 군병'이라는 논리가 만들어진 뒤 군은 그 반대 역시 사실임을 증명하고자 했다. 한 팸플릿은 중국군이 퇴각할 때 "일부는 대오를 유지했지만 … 대부분은 통제를 벗어나 사방으로 흩어졌다. 중국군이 비적이 되어 약탈 행위를 자행하는 것은 예나 지금이나 같다"라고 주장했다.[66] 또 중국 병사들은 "병적(兵賊) 혹은 병비(兵匪)—마적이나 비적과는 구분된다—가 되어 "약탈과 폭력"을 자행하고 "만주 각지에 있는 일본인 또는 일본의 이권"을 대상으로 여러 차례 "잔학한 습격"을 하여 치안을 어지럽혔으며 만철 연선 지역에 위협을 가했다고 설명했다.[67] 이런 방식으로 군은 장쉐량과 그 무리를 무질서한 폭력 집단으로 변모시켰으며, 이와 동시에 일본의 군사 점령에 저항하는 무장 집단은 모두 마적일 뿐임을 암시했다. 군은 이러한 궤변을 통해 항복한 적에 대한 지속적인 군사 활동을 정당화했다.

새롭게 등장한 위협에 군사적 조치를 취하는 것을 정당화하기 위해 1932년부터는 '자위'라는 개념보다 '치안 유지'라는 표현이 자주 사용되었다. 새롭게 수정된 군사 행동의 목표는 비적을 '소탕', '진무(鎭撫)', '토벌'하는 것이었다.[68] 군사 행동의 목적이 자위에서 치안 유지로 점차 변화하면서 관동군의 임무 또한 재해석되었다. 1925년 제정된 〈치안유지법〉이 국체나 사유재산에 대한 정치적 반대를 금지했던 것을 통해서도 알 수 있듯이, '치안 유지'는 일본 국내에서 자행된 정치적 탄압을 연상시키는 모호한 표현이었다. 만주에서 치안 유지라는 새로운 표현이 사용되면서 만주사변은 두 나라 사이에 벌어진 전쟁이기보다는 국내에서 경찰이 임무를 수행하는 문제로 변모했다. 이러한 표현에 '만주는 일본의 영토'라는 주장이 내재하고 있음은 명백했다.

만주의 군사 점령이 완료되고 만주사변에 저항하기 위해 일어난 반일 불매 운동을 진압하고자 남쪽 상하이로 군대를 파견(제1차 상하이사변)한 일까지 일단락되자, 관동군은 1933년 1월 러허성 및 북중국과 만주국 사이의 국경 지대로 눈을 돌렸다. 만주국 국경 밖 장성 이남의 군사 거점을 점령하고자 군사 활동의 영역을 더욱 확대하면서, 육군 선전가들은 이러한 움직임을 정당화하기 위해 또 한 번 공식적인 입장을 바꾸었다. 1933년 상반기에 발행된 팸플릿에서도 찾아볼 수 있듯이, 이번에는 국민당의 지원을 받는 장쉐량의 만주 침략 음모가 새로운 위협으로 설정되었다.[69] 국경 너머의 적으로부터 만주국을 지키기 위해 '자위'라는 표현이 다시 등장했다.

이제 육군은 일본 국민들에게는 익숙한 주장을 하며 "중국이 만주국 국경을 넘어 일본을 침략했다"고 비난했다. 육군의 선전가들은 중국이 그동안 만주국을 침략하기 위한 준비를 하고 있었다고 말하면서 "반일 잔당들이 … 러허성에 숨어들어 수많은 의용군과 합류했으며 … 중국 국민당 정부의 지원을 받고 있다"라고 말했다.[70] 육군은 장쉐량의 병력을 74,000여 명으로 추산하면서 중국이 일본으로부터 만주를 빼앗기 위한 군사 작전을 시작했다고 주장했다. 이러한 침략 시도를 미연에 방지하기 위해 육군은

  제2부: 만주사변과 새로운 군사적 제국주의, 1931~1933

중국과 만주국 간의 새로운 국경선이 된 장성 북변을 따라 군대를 주둔시켰다. 육군의 주장에 따르면, 이 지역에서 중국은 일본이 장성을 넘어 남하하도록 자극했다.[71]

다시 한번 육군은 최근 구체화된 중국의 위협에 일본이 반응한 것뿐이라 주장했다. 여기서 말하는 '중국의 위협'은 처음에는 반일 운동의 형태로 나타났다가 이후 평화를 무너뜨리는 비적의 모습으로 재출현했으며 마침내 만주를 빼앗으려는 국민당의 음모로 등장했다. 육군은 공식 입장에서 피해자와 가해자를 뒤바꿈으로써 일본의 군사 음모를 '자위'를 위한 정의로운 전쟁으로 변모시켰다.

육군 선전가들은 침략자 중국을 비난하는 동시에, 서양의 아시아 진출이 빚어낸 심각한 위협에도 주목했다.[72] 1933년 3월 국제연맹에서 일본이 탈퇴하기까지 일어난 사건들을 시간순으로 기록한 육군의 팸플릿은 국제연맹이 일본의 행동을 실제로 비난하기 전인 1933년 2월부터 이미 일본이 제네바에서 고립되고 포위되어 있었던 것처럼 묘사하고 있다. 1932년 7월의 한 팸플릿은 "이번의 중일사변에도 각국이 개입하려 한다"라고 서술했으며, "제1차 이사회부터 분위기는 이미 매우 나빴다"라고 설명했다. 하지만 이때의 이사회는 일본을 우선 지켜보기로 했을 뿐이었다.[73] 육군의 팸플릿은 국제연맹이 일본과 대립하기 시작한 시기를 소급하여 주장했을 뿐만 아니라, 단지 설전에 불과했던 것을 물리력을 암시하는 언어로 표현했다. 팸플릿에는 '위압', '압박', '저지'와 같은 표현이 사용되었으며 외교적인 해결 과정은 서양이 일본을 '굴복'시키고자 하는 시도로 묘사되었다.[74] 또한 이러한 강압적인 전술은 강대국이 다른 나라를 억압했던 오랜 역사가 되풀이된 것일 뿐이라 설명했다. 『만몽 발전의 역사와 열국 간섭에 대한 회고』라는 제목의 한 팸플릿에서 저자는 "왜 열강이 최근 중국의 이이제이

정책에 부화뇌동하는지 이해하기 위해서는 청일전쟁 이후 우리 대륙정책에 서양이 간섭하고 압력을 가해 온 지난 역사를 살펴보아야 한다"라고 말했다. 또한 돌이켜보면 "메이지 시대 이후의 역사는 열강의 간섭과 압박의 역사였다고 말해도 과언이 아니다"라고 주장했다.[75]

군은 이러한 간섭과 압력의 역사가 1895년의 삼국간섭을 계기로 시작되었음을 상기시켰다. 이 일로 일본은 "아시아 대륙으로 진출하기 위한 교두보"를 빼앗겼으며 이후 "열강의 중국 침략"은 러일전쟁으로 이어졌다. 러일전쟁 후 일본은 "만주에서 일본을 몰아내려는" 서구의 차관과 철도 건설 계획을 무력화하기 위해 "인고의 시간을 보냈다." 이러한 시련을 겪은 뒤 제1차 세계대전이 발발하자 일본의 대륙 진출은 약간의 진전을 이룰 수 있었다. 그러나 1922년의 회담으로 일본의 권익은 크게 손상되었으며 1920년대의 만몽 정책은 후퇴했다.[76] 육군의 선전물에서 이야기하는 지난 40년간 일본의 역사는—실제 두 곳의 식민지와 만주, 남양군도 등 여러 지역에서 이권을 획득한 아시아의 제국으로 눈부시게 성장했음에도—실패와 상실, 후퇴에 방점이 찍혀있었다.

육군은 일본의 국방을 위협하는 소련에 대해서도 특별한 주의를 기울였다.[77] 한 팸플릿에서 저자는 러시아의 위험성을 설명하면서 "만약 당신이 러시아인의 국민성을 알고 싶다면 그들의 역사를 살펴보라. 러시아의 역사를 한마디로 표현한다면 침략의 역사라 할 수 있다"라고 말했다. 빈번히 영토 확장을 시도하는 러시아의 국민성이 잘 나타난 최근 사례로 '적화침략(赤化侵略)'을 지적하면서 "타국을 침략하길 좋아하는 러시아인의 국민성은 제정 시기나 소련연방이 되어서나 별반 차이가 없다. 러시아의 침략성은 그들의 천성이자 국시이다. … 소련의 성립 이래 하루도 쉬지 않고 러시아인들은 볼셰비즘의 마수를 사방에 뻗쳤으며, … 그 해악은 일본제국에까지 미쳤다"라고 주장했다. 또한 5개년 계획은 아시아를 적화하려는 소련 계획의 일부이며 "국방을 강화하여 전쟁을 준비하는 것"을 그 목적으로 하고 있다고 경고했다.[78] 그러므로 일본은 "군사적 침략에 대해서만 아니라, 경제적 혼란을 유발하거나 중국인과 조선인을 선동하여 유해한 사상을 퍼뜨려 일본을 위태롭게 하려는 음모에 대해서도 경각심을 가져야" 했다.[79]

육군이 구미와의 관계를 묘사할 때 적의와 대립의 언어를 사용한 것은 서양을 악마화하려는 전략의 일환이었다. 『백화(白禍)에 대비하자』는 제목의 한 팸플릿은 이러한 전략을 잘 보여준다.

> 보라, 동양 근세의 외교사를! 그 대부분은 사실 백인에 의한 동양 침탈의 역사이다. 그들은 정의, 인간의 도리, 평화를 부르짖지만, 미개발 지역을 위협하고 기만하며 침탈할 뿐이다. 서양 문명이 막다른 길목에 다다르면 분명 동양을 향해 침략의 마수를 뻗칠 것이니 황인은 앞으로 백화가 미칠 수 있음에 유념해야 한다.[80]

이러한 선전물에서 육군은 서양의 인종차별주의에 일본인이 민감하게 느끼는 것을 이용하여 제국주의 국가 사이에서 일본이 갖는 고립감을 부채질하는 동시에, 아시아에서 일본이 새로운 군사적 제국주의의 길로 나아가는 것에 대한 인종적 정당성을 부여해 주었다.

육군은 일부러 선동적인 표현을 사용하여 새롭고 대담한 국가 비전을 제시했다. 이 새로운 비전을 달성하기 위해서는 일본의 외교정책 접근법을 전반적으로 수정할 필요가 있었다. 이는 일본이 앞으로 아시아에서 더욱 강력한 리더십을 발휘해야 할 뿐만 아니라 서양에 맞서야 한다는 의미였다. 한 팸플릿은 이에 대해 다음과 같이 말했다.

> 지금까지의 설명을 이해했다면 만몽 문제를 근본적으로 해결하기 위해서는

중국 문제를 해결하는 것만으로는 부족하다는 사실을 분명히 알 수 있다. 우리 나라가 지금까지 중국의 횡포를 저지하는 것에 주저해 온 이유는 외국의 억압에 순응했기 때문이다. 다른 나라와의 관계를 조정, 또는 극복하지 않고서 단순히 중국에 실력행사를 한다면 국력을 소모할 뿐임을 지난 역사를 통해 잘 알 수 있다. 그러므로 우리는 앞으로 제3국의 간섭을 극복하겠다고 결심할 필요가 있다. 자주적인 정책을 추구하지 않는다면 중국 문제의 긍정적인 해결을 기대할 수 없음은 자명하다. [81]

육군 선전물에서 저자는 이 접근법을 '아시아 먼로주의'라 부르며, 이 새로운 정책이 "소극적이고 무기력한 외교"를 타도하고 '자주독자외교'로 나아가는 획기적 도약을 의미한다고 설명했다. [82]

본질적으로 자주적 외교정책은 벼랑 끝 전술을 구사하는 것으로, 자신의 입장을 견지할 수만 있다면 승리할 수 있었다. 그러나 이는 또한 일본이 "최악의 상황에 대비해야 함"을 의미하기도 했다. [83] 1934년 초에 발행된 한 팸플릿은 마니교적인 이분법으로 세계를 바라보면서 제국주의가 절정에 이르면 아시아에서 나타나게 일본과 서양의 대결을 다음과 같이 묘사했다.

만주사변은 … 황국(皇國) 일본의 성스럽고 의로운 방어 전쟁이었다. 천시(天時)를 만나 일본은 도약했다. 이제 일본은 태평양 시대의 세계 중심에 섰다. 만주사변은 세계 역사를 바꾸어 놓았다. 극동의 감시견 취급을 받던 일본은 이제 세계 대국 중 하나가 되었다. 백인 만능의 구시대는 종언을 고했고 황국 일본을 중심으로 하는 세계도의시대(世界道義時代)가 장차 전개될 것이다. [84]

육군은 전쟁과 대결을 연상시키는 표현으로 선전물을 가득 채움으로써 서양을 향한 적개심과 피해망상을 조장했으며 공포 전략을 통해 만주국에서 군사적 제국주의를 추진하고자 했다.

이러한 메시지는 대중매체의 외국인 혐오 정서와 함께 공명하면서, 만주사변의 공식 입장을 국가적 피해의식과 자위를 위한 팽창이라는 지배적 서사 안에 위치시켰다. 1931년까지 일본이 불량배와 같은 적대적인 서구열강에 둘러싸여 있다는 이미지는 대부분 일본인에게 친숙한 것이었다. 이는 1895년의 굴욕적인 삼국간섭 이래 세계 무대에서 일본이 처한 위치를 인식하면서 형성된 무력감과 고립감을 표현한 것이었다. 참을 수 없을 만큼 화가 나서 마침내 적대적인 서양 열강에 일격을 날리는 일본의 모습 또한 일본 국민에게 친숙하면서도 강력하게 자리 잡은 이미지였다. 서양 열강의 침략으로부터 일본을 보호하기 위해 조선에 개입할 것을 주장했던 1870년대 이래, 제국주의 이데올로기는 자위를 위해서는 영토 확장이 필연적이라는 논리를 만들어 냈다. 비록 만주사변의 피해자가 일본이라는 주장을 믿는 이는 일본인 외에 아무도 없었지만, 일본인에게 이러한 논리는 제국주의 이데올로기의 맥락 안에서 상당히 일리 있는 것이었다. 다시 말해, 만주사변에 대한 일본의 공식 입장은 제국주의 신화의 관습을 통해 설명되었기 때문에 효과적으로 기능할 수 있었다.

국제연맹에서의 일본의 주장

군이 일본을 백인 제국주의 국가와 중국의 공격에 고통받는 모습으로 묘사한 것과 마찬가지로, 국제연맹에서 만주사변이 어떻게 처리될 것인지에 대한 외무성의 보고서 역시 일본이 부당한 대우를 받고 있다는 인상을 주었다. 중국 외교관들은 사건을 국제연맹에 제소하면서 자위를 위해 공격했다는 일본의 주장에 이의를 제기하고 일본의 불법적인 중국 영토 침략을 고발했다. 중국의 비난에 맞서 자국을 변호하고 만주의 점령이 서양과의 관계에 악영향을 미치지 않을까 하는 국내 여론의 의구심을 가라앉히기 위해, 일본 외교관들은 일본을 중국의 허위 주장과 서양의 무지함에 매도당하고 있는 피해자로 묘사하려 했다.

중국의 주장을 반박하기 위해 외무성은 우선 중국 정부를 비방하는 간접적인 전략을 택했다. 일본 외교관들은 중국 당국자들이 "일방적인 조약 파기 운동과 반외세 선동, 엄숙히 체결된 조약의 조직적인 위반" 등으로 "국제 질서의 무법자가 되었다"라고 거듭 강조했다. 또한 외무성은 "중국 중앙 당국과 만주의 통치자들, 특히 장쉐량"이 이와 같은 불법적인 수단을 써서 "만주에서 일본인의 모든 사업을 파괴하려 시도했고 그러한 시도는 지금까지도 계속되고 있다"라고 주장했다.[85] 어느 한 관료가 요약한 대로 이는 "은밀히 진행되는 전쟁"이었다.[86]

1932년 가을에 리튼 보고서가 공표되자 외무성은 중국을 폄훼하는 새로운 전략을 내놓았다. 일본의 외교관들은 중국이 "군벌 간의 전쟁으로 10년 이상 내전 상태에 있으면서 완전한 혼돈과 믿을 수 없을 정도의 무정부 상태"에 처했던 점을 지적하면서 일본 정부는 "중국이 국제연맹 규약에서 말하는 '조직화된 인민'이라 생각하지 않으며 또한 그럴 수도 없다"라고 선언했다. 중국이 조직화된 국가가 아니라는 주장은 곧 중국이 국가 간 공동체의 정당한 일원이 아니며, 따라서 국제법상의 권리나 보호를 받을 자격이 없음을 의미하는 것이었다. 외무부는 "만약 적절하게 조직화되고 유능한 행정부를 지닌 나라에서 이러한 어려움이 있었다면 우리는 다르게 행동했을 것이다. 그렇다면 지금의 상황까지 이를 필요가 없었을 것이며 국제연맹 규약의 조문을 문자 그대로 따랐을 것이다"라고 말하면서 중국 국내 정치의 혼란으로 "중국에 이권을 보유한 나라들은, 만일 동일한 어려움이 정말로 잘 조직된 나라에서 발생했다면 허용되지 않았을 방법을 사용할 수밖에 없는 상황에 직면하고 만다. … 우리는 자신의 힘으로 동포의 생명과 권리를 보호하지 않으면 안 된다"라고 한탄했다.[87]

중국의 신용을 떨어뜨리려 노력한 외무성은 동시에 일본을 모범적인 세계시민으로 보이도록 했다. 1931년 가을 일본의 외교관들은 중국영토에 대한 부당한 군사 침략이라는 비난에 대응하며 단지 "합법적으로 체결된 조약 및 협정 또는 여러 권익"으로부터 파생한 권리를 보호하고 있을 뿐이라고 주장했다. 이러한 '권익'은 "일본의 존립에 절대적으로 필요한 것"이기 때문에 "이를 보호하라는 요구는 일본 국민 모두의 일치된 뜻"이라고 선언했다. 국제연맹에서 중일 간의 논쟁은 국민성 문제로 비화했다. 한쪽에 법을 준수하고 신실하며 결단력 있는 일본이 국제사회의 모범적인 구성원으로 서 있다면, 다른 한쪽에는 불법적으로 조약을 파기하는 무질서한 집단인 중국이 서 있었다. 1932년 마츠오카 유스케는 국제연맹에서 어느 쪽을 더 신뢰할 수 있는지를 두고 다음과 같이 말했다.

> 나는 여러분이 우리의 요구조건에 따라 이 일을 처리하고 우리를 신뢰해 주기를 간곡히 요청합니다. 나는 지난 60년간의 역사가 우리의 선의를 보증해 준다고 생각합니다. 극동에서 소란을 일으키고 파국을 초래했던 중국의 역사와 비교해 볼 때 우리의 역사는 아무런 가치도 없단 말입니까?[88]

처음부터 국제연맹에서의 논의를 일본과 중국의 인기투표로 몰고 가려 했던 외무성은 1931년 가을에 진행된 첫 번째 토의에서 일본이 확실한 승리를 얻지 못하자 곤경에 처했다. 여전히 국제연맹에서 유리한 평판을 유지하고 관동군을 통제 아래 두길 원했던 시데하라 기주로 외무상은 그해 가을 매우 신중한 태도를 취했다. 1931년 가을 국제연맹에서 세 번에 걸쳐 발표된 결의안에 대해 시데하라는 대체로 태연한 반응을 보였지만, 앞의 두 결의안은 그 내용 면에서 상당한 차이가 있었다. 9월 30일에 제출된 첫 번째 결의안은 일본의 확약을 얻어 양쪽 군대가 가능한 한 빠른 시일 내에 철수하도록 촉구한 것으로, 일본에 호의적인 내용이었다. 이 결의안은 만장일치로 통과되었다. 반면 10월 24일의 결의안은 2주 안에 관동군을 새로 점령한 지역에서 철수시킬 것을 일본에게 요구했다. 이는 일본 이외의 국가들이 모두 찬성했음에도 일본의 거부권 행사로 무산되었다. 10월의 결의안은 국제연맹의 태도가 변했음을 보여준다. 하지만 외무성은 공개적으로 그 차이를 드러내지 않기 위해 노력했다. 이들 결의안에 대한 일본 외교관의 공식 논평을 살펴보면, 첫 번째 결의안에 대해서는 그 규정을 준수할 의지가 일본 정부에게 있음을 여러 번 선언함으로써 찬성을 표시했지만, 두 번째 결의안에 대해서는 침묵을 지킴으로써 불만을 나타냈다.[89]

12월 10일의 세 번째 결의안은 논란이 되는 사실을 명확히 하고 그 해결책을 제안하기 위해 조사위원회를 설치하며 국제연맹에서의 논의는 잠시 보류한다는 것이었다. 위원회의 보고서는 상당한 도덕적 권위를 지닐 것이기 때문에, 그 보고서의 내용이 일본에게 유리한 것이라 확신할 수 없는 한 이는 일본이 긍정적인 외교 성과를 거두는데 위협이 될 수 있었다. 더욱이 일본의 외교관들은 제삼자가 중일 분쟁에 개입하는 것을 거듭 거부해 왔는데, 위원회의 설치에 찬성한다면 이 문제에 제삼자가 판단을 내리는 것을 사실상 인정하는 셈이었다. 그런 이유로 일본 외무성은 앞서 조사위원회의 설치가 제안되었을 때 강력히 반대한 바 있었다.

그러나 12월 일본 대표부는 위원회의 설치를 제안한 것이 자신들이었다고 공개적으로 주장했다. 외무성은 이를 일본의 입장을 설명하고 무죄를

    제2부: 만주사변과 새로운 군사적 제국주의, 1931~1933

입증할 좋은 기회로 여겼다. 일본 대표는 이 제안을 공개하면서 "일본 정부가 근본적인 해결을 위해 반드시 필요한 조건"이라고 생각하는 "사실에 입각한 명확한 입장과 상황에 대한 편중되지 않은 정보"가 위원회의 조사를 통해 전 세계에 제공될 수 있을 것으로 생각한다고 밝혔다.[90] 또한 위원회가 "극동의 평화를 어지럽히는 근원인 중국의 상황"을 "국제연맹이 깨달을 수 있는" 도구가 되기를 바란다고 하면서도 위원회가 "두 당사국 간의 직접 교섭에 간섭하거나 군의 움직임을 감시하는 권한을 가지진 않는다"라고 명확히 했다. 일본은 위원회의 조사 범위가 한정적일 것이라고 낙관했다. 따라서 일본 국내에서는 위원회의 보고서가 중국에 대한 일본의 주장이 옳다는 것을 증명하고 일본의 행동에 대해 어떤 논평도 자제하게 할 것이라는 기대감이 높아졌다.[91] 위원회의 설치를 공개적으로 찬성하면서 과연 일본에 이득이 될지 의심스러운 결의안을 대외 이미지 개선의 승리라고 묘사한 외무성의 모습은 1931년 가을 일본과 서구 사이의 외교 마찰을 최소화하려는 외무성의 열망이 얼마나 강했는지를 잘 보여준다.

1932년 11월 리튼 조사단의 보고서가 공표되고 국제연맹이 중일 분쟁에 대한 논의를 재개했을 무렵, 일본의 외무대신은 여러 차례 교체되었으며 사이토의 '거국일치' 내각은 일본의 외교기조를 더욱 강경하게 가져가고 있었다. 리튼 조사단이 중국에 비판적인 인식을 갖고 있었음에도 그들의 조사 결과는 일본에 치명적이었다. 조사단은 중국이 약하기는 하지만 존속 가능한 중앙정부가 있다고 판단하여 '조직화되지 않은 국가'라는 일본의 논리를 받아들이지 않았으며, 9월 18일의 일본의 행동 또한 합법적인 정당방위로 인정하지 않았다. 또한 만주는 중국의 불가분한 일부이며 만주국 정부는 자주적인 독립운동의 결과가 아닌 일본의 지원에 의해 성립된 것이라고 보았다. 리튼 보고서는 분쟁을 해결하기 위해서는 만주국을 승인하기보다는 복수의 국가가 참여하는 자문회의를 설치하여 새 정부를 건설하고 만주를 비무장화해야 한다고 제안했다.[92]

리튼 보고서의 내용에 충격과 불신, 분노를 오가던 외무성은 위원회가 이러한 결론을 내린 것에 대해 세계가 "중국의 편에 서서 일본을 적대시했다"라고 해석했다.[93] 보고서에 대한 논평에서 일본 전권대표 마쓰오카 요스케는 "서양인들에게 중국의 정세는 마치 해석하기 어려운 신화와 같기 때문에, 아래에서 드러나지 않는 형세까지 찾아내서 알기는 힘들다"며 위원회의 입장을 일부 인정했다.[94] 그러나 이것이 일본을 거짓말쟁이로 낙인찍을 이유가 될 순 없었다. 그는 "일본 정부의 엄숙한 성명은 받아들이지 않고 일본 정부가 제출한 상세한 문서에도 큰 가치를 부여하지 않던 위원회가 정체불명의 사람들의 의견에는 귀를 기울이고 의심스럽고 출처가 불분명한 편지와 정보는 신뢰했음이 분명하다"라고 주장했다.[95]

리튼 보고서가 공표되기 직전, 외무성은 국제연맹과의 대결에 대비해 국민들을 준비시키기 시작했다. 외무대신 우치다는 유명한 '초토화 외교' 선언을 했으며,[96] 국제연맹 일본 대표 마쓰오카 유스케의 연설은 도전적인 고립주의의 어조를 띠었다. 마쓰오카는 국제연맹에서 다음과 같이 선언했다.

> 여러분 중 일부에게는 충격적일 수 있겠지만 솔직하게 말하겠습니다. 지난 가을과 올해 봄에 제네바에서 제기된 무책임하고 제대로 이해하지 못한 이들의 목소리는 우리 국민이 연맹의 규약에 명시된 가장 엄중한 제재인 경제 봉쇄를 각오할 만큼 불안을 느끼게 했습니다. 우리 국민은 필요하다면 제재에 맞설 준비가 되어 있습니다. 여러분께 분명히 말하겠습니다. 이는 우리에게 어떠한 위협도 되지 않습니다. … 오늘이라도 겪을 준비가 되어 있습니다. 왜 그렇겠습니까? 이것이 뒤로 물러서서 안 되는 문제라고 믿기 때문입니다. 우리 국민

은 위협에 고개 숙이지 않으며 경제 제재하에서도 굽히지 않을 것입니다. 옳든
그르든 물러서면 안 된다고 믿기에 침착하게 맞설 것입니다. 그리고 우리 국민
은 자신이 옳다고 믿고 있습니다. [97]

도쿄와 제네바에서 일본의 외교관들은 국제적 비난과 추방, 불매, 경제
제재, 심지어 자멸을 감수하면서도 만주국을 위해서는 그 모든 희생을 마
다하지 않겠다고 독선적으로 말했다.

국제연맹이 일본의 주장을 기각하자 마쓰오카는 일본이 연맹에 저항하
는 것을 지난날 예수의 순교자적 행위에 비유했다.

가령 여론이 일부 사람들이 주장하는 것처럼 전적으로 일본에 반대하더라
도, 여러분은 이른바 세계 여론이란 것이 언제나 일관적이며 절대 변화하지 않
는다고 확신합니까? 인류는 이천 년 전 나사렛 예수를 십자가에 못 박았습니
다. 오늘날 여러분 중 누구라도 이른바 세계 여론이 잘못을 범한 것이 아니라
고 장담할 수 있습니까? 우리 일본인은 지금 재판장에 서 있는 것 같은 기분입
니다. 유럽과 미국의 어떤 이들은 20세기에 일본을 십자가에 못 박길 바랄지
도 모릅니다. 여러분, 일본은 십자가에 매달릴 각오가 되어 있습니다! 그러나
우리는 굳게 믿습니다. 몇 년 후에는 세계 여론이 바뀌어 나사렛 예수가 그랬
던 것처럼 세계로부터 이해를 받을 수 있다고 말입니다. [98]

일본을 국제연맹에서의 순교자로 표현한 마쓰오카의 이야기는, 육군이
백화나 중국의 위협을 선전함으로써 널리 퍼진 일본이 피해자라는 이미
지를 더욱 강화했다. 만주사변에 대한 공식 입장은 일본이 만주 공격의 길
로 내몰렸다는 인식을 조장했으며, 공격 외에는 다른 선택지가 없었기에
1931~33년의 군사적, 외교적 행동에 대해 일본은 아무런 책임이 없다는

인상을 만들어 냈다. 자신을 피해자로 생각하는 이러한 인식은 이후 중국, 소련, 미국, 영국을 공격하면서도 계속 이어지며 군사적 침략을 정당화하는 데 사용되었다.

공식 입장은 만주사변을 은폐하고 정당화하기 위해 고안되었지만, 국가에 의해 유포된 피해의식과 고립의 내러티브는 더 넓은 함의를 지니고 있었다. 실제로 만주사변에 대한 공식 입장은 서구와 아시아 모두를 상대하기 위한 새로운 전략의 필요성을 명시함으로써 아시아에서 일본이 새로운 군사적 제국주의 정책으로 전환할 것임을 예고했다. 국제연맹에서 서양 제국주의자들이 일본을 적대시했다는 묘사는 협조 외교의 가능성을 없애버렸다. 동시에 아시아 내셔널리즘의 위협에 맞서 일본의 식민지 이권을 지키기 위해 무장을 갖추어야 한다는 단호한 호소는 일본이 제국 내에서 더욱 광범위하게 무력을 사용하겠다는 뜻을 시인하는 것이었다. 일본 정부는 이 모든 것을 세계 여론과 일본 국내 여론을 향해 선포했다. 후자의 경우 제3장에서 논의했듯이, 새로운 외교정책에 이데올로기적 정당성을 부여하기 위한 정부의 노력은 대중매체의 보도에 큰 도움을 받았다. 비공식 선전가들은 정부보다 더 의식적이고 주도적으로 활동하며 정부의 선전 활동을 지원했다. 정부와 미디어의 내러티브는 상호 보완적이었다.

정부의 프로파간다와 제국주의 징고이즘은 진화하는 제국 신화에 두 가지 수정을 가했다. 첫째, 만주는 제국의 심장이자 생명선이라는 확고한 신념이 형성되었다. 둘째, 일본이 적대적인 세계에서 홀로 고립되어 있다는 시각이 크게 강화되었다. 정부 관료들이 국제적 고립과 군사적 대결이라는 강경한 표현을 사용한 것은 단순히 외교정책의 전환을 공개적으로 선언하거나 제국 신화를 수정하는 것 이상의 일을 했다. 또한 선전가들은 국내 정치에서 새로이 제국주의 정책이 시행되는데 힘을 실어 주었다. 그중에서도 가장 눈에 띄는 것은, 일본이 국제적으로 공격받고 있다는 수사가 군의 정부 장악에 대한 국내 정치의 합의를 이끌어 내기 위해 구심점으로 사용되었다는 점이다. 그 과정에서 선전 메시지는 육군의 '국방사상보급운동'을 통해 진행되고 있던 '국민' 개념의 재정의에 기여했다. 만주사변에 대한 공식 입장은 중국의 공격과 일본인의 순교라는 두 이미지를 결합하여 '국민'이 전장의 적과 공동체 내의 비방자에 맞서 싸운다는 국가 통합의 내러티브를 구성했다. 제국의 국민에게 상징적인 권력을 부여한 국가의 프로파간다는 자신의 정치적 목적을 위해 보다 넓게 해석된 새로운 여론을 동원하려는 육군 캠페인의 의도를 도왔다.

지역 사회에서의 제국

제국주의와 내셔널리즘의 밀접한 연관성을 발견한 것은 일본의 선전가들이 처음도, 마지막도 아니었다. 19세기 이래 제국 건설, 특히 제국주의 전쟁은 민족 감정을 자극했다. 국경 밖으로 영토를 확장하고 다른 민족이나 인종에 속한 '타자'를 하나의 국가로 공고히 지배하려는 노력은 국가적인 맥락 안에서 이들의 지지를 이끌어 낼 것을 요구했으며, 동시에 국가라는 상상의 공동체가 건설될 기회를 만들어 냈다.[99] 따라서 '국가'는 이러한 모든 사업을 담아내는 문화적 그릇이 되었다.

그러나 이처럼 거시적인 측면만을 강조하다 보면, 제국주의가 국가라는 구조 안에서 다양한 정체성이 성장하도록 자극하기도 했다는 점을 놓치기 쉽다. 풀뿌리의 시점에서 바라본다면 만주사변의 사회사적 의미는 전국 각지에서 일어난 전쟁 지원 운동에서 찾아볼 수 있다. 이와 같은 맥락에서 만주 점령에 대한 대중의 지지는 지방의 여러 단체를 통해 동원되었다. 이들

단체는 지역, 계급, 성별 등 국가보다 하위에 위치한 이익집단에 대한 충성심에 바탕을 두었다. 지역단체는 도쿄 중앙정부보다는 지역 사회에 존재하는 권력과 권위의 위계질서에 의해 조직되었으며, 만주의 국가 이권과는 거의 관계없는 사회정치적 의제를 표명했다. 1931년 가을에 조직된 전쟁 지원 캠페인은 국가적 결단과 헌신의 표현이라고 선전되었지만, 선전가들이 국가를 위해 '자발적인 지지가 쏟아졌다'고 주장했던 것은 사실 많은 경우 지역주의적인 관심사의 표현에 불과했다.

1931년 주요 신문사들은 위문 활동, 즉 군부대에 편지와 선물을 보내고 고향에 남아 있는 가족을 지원하도록 사람들을 동원하는 일에 앞장섰다. 만주사변이 발발한 지 불과 3일 뒤인 9월 21일, 오사카 아사히신문은 일본 군부대를 지원하기 위한 모금 운동을 촉구하는 기사를 싣기 시작했다. 10월 중순 아사히신문과 마이니치신문은 대규모 모금 운동을 펼쳐 두 달 만에 아사히신문은 25만 엔을, 마이니치신문은 9만 5천 엔을 모았다. 이는 전방에 보낼 위문품을 사는 데 필요한 금액의 두 배에 달했다.[100]

전국 일간지들은 두 가지 방법으로 모금 운동에 대한 열기를 고조시켰다. 첫째, 매일 모금에 참여한 개인이나 단체의 이름 및 기부 금액 목록을 신문에 게재했다. 유명 기업의 회장들은 자신의 애국심과 공익의식을 증명하기 위해 목록에 이름이 올라가길 바랐다. 둘째, 재산이 많지 않은 이들의 희생정신을 고취하고자, 가난한 여성이 가족의 저녁 식사비를 기부했다거나 어느 여학생이 꽃을 팔아 기부할 돈을 모았다는 등의 감동적인 미담을 신문에 실었다. 이러한 방법은 기부자가 최고 액수의 기부금을 내거나 가장 숭고한 희생을 하도록 경쟁을 부추겼으며, 자신의 행동이 지면에 실려 칭송받을 것이라는 기대감을 이용해 사람들의 참여를 유도했다.

1931년 무렵 독자들은 자연재해나 인재로 피해받은 사람들을 돕기 위한 언론사 후원 모금 운동에 이미 익숙해져 있었다. 1890년 사이타마 홍수 이재민이나 청일, 러일전쟁 참전 병사 가족들을 위한 모금 운동과 마찬가지로 만주사변 당시의 모금 운동은 신문에 대한 독자의 참여를 높이기 위한 마케팅 전략이자, 공익사업을 진행함으로써 신문사의 사회적 명성과 위상을 높이려는 의도가 있었다. 엘리노어 웨스트니(Eleanor Westney)가 지적했듯이 이러한 운동은 한 지역의 독자들을 다른 지역의 동포가 겪고 있는 시련에 참여시킴으로써 민족 정체성을 강화하는 데 기여했다.[101] 만주사변 동안 '거국일치(擧國一致)'나 '재만 동포(在滿同胞)'와 같은 표현이 군부대 위문 활동 관련 보도에서 널리 쓰이면서 국가 공동체 의식이 공고해졌다. 한편, 이러한 활동들이 전국으로 퍼져 나가고 지역 조직 기반이 만들어짐에 따라 제국 군대에 대한 지원은 점차 지역적 자부심이나 충성심의 표현이 되었으며 국가라는 상상의 공동체에 뚜렷한 지역적 색채를 부여했다.

아사히신문과 마이니치신문의 선례를 따라 전국 각지의 지방 신문도 자체적인 위문 운동을 시작했다. 이시카와현(石川県)에서 가장 큰 신문사였던 홋코쿠신문(北國新聞)은 11월 중순부터 모금을 시작하여 2월 말까지 일만 엔을 모았다. 같은 시기 아이치현(愛知県)의 아이치(愛知), 신아이치(新愛知), 나고야(名古屋), 나고야마이니치(名古屋毎日)신문은 현 당국, 상공회의소와 함께 모금 활동을 진행하여 4월 말까지 8만 725엔을 모았다.[102]

대중매체의 칭송을 받던 '육탄 삼용사' 등 국민 영웅들의 예를 본받아 지역 신문도 만주사변에서 활약한 해당 지역 출신의 영웅들을 부각했다. 야마나시일일신문(山梨日日新聞)과 야마나시민보(山梨民報)는 야마나시현 최초의 전사자를 선정적으로 보도했다. 모리시타(森下) 상등병의 영웅적 죽음을 기리는 기사가 신문에 실리자, 2월 28일 고후시(甲府市)에서 열린 그의 장례식에는 만 오천 명이나 되는 인파가 몰렸다. 언론은 모리시타의 이야기를 극화한 연극을 선전했으며 이 모범적인 병사에 관한 어린이들의 글과 시를 실었다. 또 비탄에 잠긴 모리시타의 어머니 이야기를 다루면서 그녀가 젊은이들에게 "저 가증스러운 중국군을 반드시 무찔러 주십시오"라고 부탁한 내용을 보도했다.[103] 지역 연대의 동원은 종종 해당 지역의 위문 운동을 조직하는 데 영향을 미쳤다. 전투가 벌어졌을 당시 만주에 주둔했던 부대는 일본 동북 지역의 미야기, 니가타, 후쿠시마 출신이었다. 따라서 군대 위문 운동도 이들 지역에서 가장 빨리 조직되었다. 미야기현에서 처음으로 29명의 전사자가 발생하자 가호쿠신보(河北新報)는 관련 기사에 이어 청년단, 재향군인회, 학교, 부인단체, 공장들로부터 연대 본부로 위문품을 담은 소포가 쇄도하고 있다고 보도했다. 10월 초 지방 정부는 나날이 커져 가는 위문 운동을 감독했다.[104]

이러한 지역적 일체감은 위문 운동의 여파로 생겨난 국방헌금운동에서 더 분명해졌다. 11월 초 부대원의 절반이 철모를 착용하지 못한 전선 부대의 사진을 본 군마현 다카사키시(群馬縣 高崎市)의 시민들은 병사들의 철모를 사기 위한 모금 운동을 시작했다. 비슷한 시기에 도쿄의 한 청년단은 아사히, 마이니치신문의 협조를 받아 관동군에 비행기를 헌납하는 전국적인 모금 운동을 시작했다. 육군성은 모금 운동을 장려하기 위해 모금으로 만들어진 비행기 측면에 기부자의 이름을 굵은 글씨로 새겨 넣기로 결정했다. 이는 사람들의 엄청난 호응을 얻었으며 11월부터 다음 해 4월까지 전국 각지의 지방정부, 기업 및 전문가 단체, 학생과 청년단체가 비행기에 자신들의 이름을 새기기 위해 모금 운동을 벌였다.[105]

모금 운동을 조직한 단체 중에서 '시'나 '현'을 기반으로 하는 단체들이 가장 뛰어난 성과를 보여주었다. 1933년 6월까지 육군에 헌납된 76대의 비행기 중 39대가 현, 2대가 시, 13대가 만주나 조선, 대만 거주 일본인의 이름으로 된 것이었다.[106] 이들 지역의 이름이 새겨진 54대의 비행기는 1933년 9월까지 모금된 1,050만 엔의 절반에 가까운 것으로, 제국을 지원하기 위해 많은 지역 공동체가 힘을 합쳤음을 알 수 있다.[107]

모금 운동이 성공할 수 있었던 것은 그것이 자기 지역에 대한 자부심과 지역 권위에 대한 존중의 표현이었기 때문이었다. 캠페인이 확산됨에 따라 위문, 헌금 운동 조직은 지역 사회를 구성하는 경제, 정치권력의 위계질서를 그대로 재현했다. 11월 중순부터 니가타현 다카다시(新潟縣 高田市)의 만몽권익옹호촉진회, 야마가타현(山形縣)의 재만황군위문방법협의회 같은 단체가 나타나 전쟁 지원 운동을 총괄하기 시작했다.[108] 이들 단체는 육군성의 프로파간다 캠페인 과정에서 등장한 정치 로비단체와 합쳐지는 경우가 많았으며, 그 구성 또한 국방사상보급운동 단체와 흡사했다. 따라서 이 단체에는 재향군인회, 육군연대, 지역 신문, 상공회의소, 청년단, 종교조직의 수장은 물론 정부 관료와 학교 당국까지 한데 모여 있었다. 문부성(학교), 내무성(지방 정부), 육군성(연대와 재향군인회)을 통해 중앙정부와 연결되어 있긴 했지만, 전쟁지원단체는 여전히 지역을 기반으로 했다.[109] 이들 단체는 중앙정부의 요청으로 만들어진 전국적 조직의 지역 분회가 아니었으며, 중앙정부의 영향력도 시장이나 현지사까지만 미칠 뿐이었다. 그러므로 모금 운동의 성패는 국가보다는 지역 사회의 권력과 권위를 얼마나 존중하는지에 달려 있었다.

예를 들어 야마가타에서는 1931년 11월 지역 연대가 동원된 뒤, 재만황군위문방법협의회가 결성되어 병사들에게 선물과 위문 사절단을 보내고 만주사변에 야마가타현이 공헌했음을 기념하는 팸플릿, 책자, 사진첩 등을 제작하기로 했다. 그리고 그 활동 비용을 마련하기 위해 협의회는 한 가구당 10센(錢)을 마을별로 거두도록 했다. 또 학교의 학생들과 청년단, 부인단체의 회원들도 1인당 1센씩 기부하도록 제안했다. 위문 운동 관계자의 계산에 따르면 이러한 방식으로 학생 12만 명, 청년단원 3만 천 명, 실업보습학교 학생 2만 9천 명, 청년훈련소 훈련생 2만 5천 명, 재향군인회원 6만 명, 애국부인회원 3만 5천 명으로부터 기부를 받을 것으로 예상되었다.[110]

거주 행정단위, 학교, 자발적 단체를 대상으로 모금 운동을 진행한 것은 사회적 권위에 순종하게 하기 위한 목적도 있었지만, 주변인들과의 관계에서 오는 압력을 통해 헌금을 강제하려는 의도도 있었다. 각 정촌이나 청년단 지부에는 할당된 모금액이 정해졌고 이들 조직은 그 할당액을 달성해야 할 책임이 있었기 때문에 개인이 자신의 몫을 내야 한다는 압박이 상당했다.[111] 모금 운동을 주도하는 단체의 지도자는 일반적으로 부유하고 학식이 있으며 사회적 지위가 높았기에 이러한 압력은 은혜를 갚아야 한다던가, 의무를 다해야 한다는 식으로 표현되었다.[112] 지주가 소작인에게, 교장이 학생에게, 또는 외상을 주는 가게 주인이 손님에게 헌금을 낼 것을 요청한다면 이를 거절하기란 쉽지 않았다. 이러한 모금 방법은 신문지상에 광고를 내 선전하고, 기부자 명단을 게재하여 그 헌신을 공개적으로 찬양함으로써 보상을 주는 신문사의 전략과는 다른 종류의 것이었다. 각 집단에 모금액을 할당하는 방식의 기부는 사실상 비공식적인 과세와 다를 바 없었다.

때로는 할당된 금액을 감당하지 못하는 경우도 있었다. 흉년으로 큰 피해를 입은 미야기현의 정촌장회(町村長會)는 현 정부에 모금을 중지해 달라고 요청했다. 결국 모금 운동을 감독하던 관료는 부유한 가구를 압박하여 부족한 금액을 채워 넣도록 했다.[113] 미국 시장의 생사 가격이 폭락하면서 경제적 타격을 입은 야마나시현도 모금 운동에 협조적이지 않았다. 1932년 11월까지 9개월 동안 모금이 진행되었는데도 모인 돈은 1천 500엔에 불과했다. 이는 비행기를 구매하는 데 필요한 금액인 7만 엔에 크게 못 미치는 수준이었다. 이에 모금 운동 담당자들은 부족한 부분을 채우기 위해 고후시에 더 많은 금액을 할당했으며 10엔 이상의 세금을 내는 시민에게 시에 할당된 모금액의 3분의 2를 부담하도록 했다. 사람들의 관심을 높이기 위해 현 당국은 해당 지역 내 애국적인 영웅들의 감동적인 이야기로 가득 찬 미담 모음집을 발간했다. 또한 모금에 불응하는 이에게 경찰을 보내 폭력을 행사하는 등 강압적인 수단도 마다하지 않았다. 이러한 전략은 결국 성공하여, 다음 해 4월 육군성은 새로 헌납된 비행기에 애국야마나시현민호(愛國山梨縣民號)라는 이름을 부여했다.[114] 모금 운동에서 국가의 강제력은 뚜렷한 지역적인 용어로 표현되었다. 야마나시 시민들은 야마나시가 '국가를 위해' 역할을 다할 수 있도록 희생을 감수하라는 요구를 받았다. 야마나시나 기타 다른 지역에서 전쟁지원운동—특히 국방헌금운동—을 벌이는 단체들은 거의 대부분 지역단위 조직이었다. 때문에 만주사변을 지원하기 위한 대중 동원은 지역 정체성에 의지하여 이루어진 동시에 또한 지역 정체성을 강화하는 데 기여했다. 그러나 이와 같은 지역주의의 형성은 같은 시기에 이루어진 국가주의의 성장을 방해하지 않았다. 사실 1930년대 일본의 대중 동원에서 가장 흥미로운 것은 지역주의와 국가주의가 상호 작용하는 방식이었다. 지역주의와 국가주의는 담론적인 차원에서 서로 중첩되어 있었다. 대중의 참여를 호소하는 언어는 지역 사회에 대한 것과 국가를 향한 것이 함께 엮여 있었다. 그러나 조직 차원에서는 둘 사이의 구분이 명확했다. 지방의 각 단체들은 국가의 간섭으로부터 어느 정도 자율성을 지닌 지역문화를 육성했다. 즉 제국, 국가, 그리고 지방사회 간의 역동적인 상호관계는 상당히 복잡한 양상을 띠었기 때문에 한쪽이 강화되면 다른 한쪽이 약화된다고 단순하게 범주화할 수 있는 것이 아니었다.

노동자, 여성, 그리고 제국

이와 같은 대중 동원의 역학관계는 여러 사회집단에도 마찬가지로 적용되었으며 그중에서도 특히 전쟁지원운동에 적극적으로 참여했던 공장 노동자, 청년, 여성 집단에서 두드러지게 나타났다. 1932년부터 33년에 이르기까지 대중매체는 모금 운동에 참여한 시민들의 헌신적인 모습에 박수를 보냈다. 4월 도쿄일일신문은 전국의 고등여학교 및 여자전문학교, 직업학교 학생 36만 명이 총 31,460엔을 모금했다고 자랑스럽게 보도했다. 모아진 돈은 "여성에게 어울리는 헌납 물품"인 구급 항공기(病院機)를 사는데 사용되었다.[115] 1932년 6월 NHK는 도쿄 요요기(代々木)에 있는 연병장에서 열린 대규모 축성식을 실황 중계했다. 이 행사에서 중학생이 헌납한 경폭격기와 여학생들이 헌납한 정찰기, 그리고 소학교 학생과 유치원 아동들이 헌납한 비행기들이 축성을 받았다.[116] 도쿄일일신문은 담배 판매상인 14,000명이 만 엔의 성금을 모은 일과, 규슈의 이발사 조합이 비행기를 헌납하기 위해 조합원들을 "학교와 청년단체에 보내 저렴한 가격으로 이발을 해주고 비누를 팔아서" 7만 5천 엔을 마련한 일에도 찬사를 보냈다.[117] 지역 기반 단체의 활동과 마찬가지로 이들 사회집단의 모금 운동 참여는 집단의 정체성을 규정하는 기관, 즉 학교, 청년단, 노동조합, 공장, 여성단체 등을 통해 동원되었다. 이러한 조직은 대부분 만주사변 이전에 이미 존재하고 있었지만 이후 대중 동원을 위한 수단이 되면서 변모했다. 그 과정에서 집단 구성원들은 자신의 사회적 정체성을 재형성하고 공적 역할의 범주를 재정의했다.

이 과정에서 특히 많은 영향을 받은 집단이 바로 노동자와 여성이었다. 두 집단 모두 19세기 이래 진행된 사회운동을 통해 이미 상당한 조직화가 이루어져 있었다. 노동자와 여성은 일본의 정치경제에서 더 많은 경제적 부와 정치적 권한을 나눠주길 요구했던 소외계층의 대열에 합류했으며, 1910~20년대에 나타난 '정체성 정치'에서 중요한 역할을 담당했다. 사회운동의 흡인력은 노동자와 여성을 이 시기에 행해진 사회문화적 실험의 선봉에 서게 했다.

만주사변기의 전쟁열 속에서 다이쇼 데모크라시를 상징하던 노동자와 여성은 그간의 흐름에 역행하여 군국주의와 제국주의를 지지하는 듯 보였다. 대중매체의 전향과 마찬가지로 노동운동의 양상과 노동자들이 소속된 좌익 정당의 태도가 180도 변화한 것은 일반적으로 정부의 탄압이 있었기 때문이라고 설명된다. 정치적 감시, 검열, 체포의 강화가 분명 사회운동 전략에 새로운 제한을 가하기는 했지만, 만주사변 이후 만연했던 징고이즘은 애국심과 제국의 수호에 호소함으로써 조직적 지지를 동원할 새로운 가능성을 열어주었다. 이러한 관점에서 생각한다면, 노동자와 여성이 군국주의를 지지한 것은 전향이기보다는 어떠한 수단을 이용하더라도 사회정치적 권력을 획득하려는 지속적인 노력의 연장이었다고 보아야 할 것이다.

만주사변의 발발로 1920년대 자본가와 노동자 사이에 형성되어 있던 전선은 어느 쪽이 더 열정적으로 전쟁을 지원하는지 보여주는 경쟁으로 변모했다. 십 년 넘게 지속된 격렬한 노동 갈등 끝에 양쪽 모두는 자신의 애국심을 증명함으로써 대중의 지지를 얻을 좋은 기회가 왔다고 생각했다. 노동단체는 제1차 세계대전 이후 일본 산업계의 중심에 뿌리를 내렸다. 단체에 소속된 노동자의 수는 적었지만, 노동조합의 존재감과 영향력은 기업가와 정부 관료의 주목을 얻었고 양측으로부터 양보를 얻어냈다. 1930년대 초 경제공황 속에서 자본가와 경영자들이 임금 삭감, 해고, 노동 강도 증가 등의 방법으로 위기에 대응하자 노사 간 분규가 빈번해졌다. 노동자와 자본가는 모두 필사적이었으며, 우익이 사용하던 극단주의와 파시즘적인 수사로 서로를 비난했다. 노동자는 자본가의 이기심과 탐욕을 공격했으며, 자본가는 노동자들의 행동이 일본 사회에 파멸을 가져올 것이라 주장했다.[118]

노동계의 공세에 몰린 사업가들은 1931~32년의 여러 전쟁지원 캠페인을 공개적으로 지지하고 열렬히 참여함으로써 사회에 널리 퍼져 있는 반자본가 정서를 희석하려 했다. 전국 각지의 실업가 단체가 모금에 동참했다. 야마나시현과 아이치현에서는 상공회의소가 군부대 위문과 헌금 운동을 이끌었다.[119] 고베, 도쿄, 오사카, 나고야의 상공회의소는 회원들로부터 각각 400엔씩의 기부금을 내게 한다는 계획을 세웠다. 이렇게 해서 모인 돈은 1931년 11월 위문사를 통해 만주에 전해졌다.[120] 오사카의 경제계 인사들은 1932년 3월 시작된 방공(防空) 모금 운동에 참여하여 스미토모(住友)가 30만엔, 미쓰이(三井)가 5만엔, 미쓰비시(三菱)가 5만엔, 오사카 상선(大阪商船)이 3만엔, 고노이케(鴻池), 야마구치(山口), 메이지 생명(明治生命), 노무라 도쿠시치(野村德七), 와다 추자에몬(和田忠左衛門)이 각각 2만 엔을 기부하는 등 모금액의 대부분을 부담했다.[121]

기업들은 모금 운동에 상당한 금액을 지출했다. 어떤 사업가는 개인적으로도 많은 기부금을 냈는데, 도쿄의 금융가 오부세 신자부로(小布施新三郎)가 두 대의 비행기를 헌납한 것이 그 한 예이다.[122] 전국 각지에 지사가 있고 다양한 사업을 벌였던 미쓰이나 미쓰비시 같은 재벌들은 여러 곳의 캠페인에 모두 참여하느라 더욱 많은 금액을 기부했다. 재계는 만주 점령을 열광적으로 지지하는 모습을 보임으로써 대중의 호감을 얻으려 했다. 전시에 기업이 적극적으로 기부에 참여하는 모습은 노동계 지도자들의 비난과는 달리 자본가들은 애국심이 매우 투철하며 만주 문제에 대한 국민적 단결을 지지하고 있다는 인상을 주었다.

만주사변 시기에 자본가가 보여준 모습은 노동자에게 도전이 되었다. 노동자들은 자본가만이 언론의 관심을 독차지하거나 애국심이라는 가치를 독점하는 상황이 발생하지 않도록 애썼다. 노동단체는 자체적인 모금 활동을 진행함으로써 신문에 이름을 올리고 조직의 힘을 보여주었다. 아사히신문이 진행한 기부 캠페인에서 노동자들은 전체 기부금의 4분의 1(22.8%)에 달하는 금액을 납부하여 기부 금액 순위 1위에 올라 신문사의 찬사를 받았다.[123] 미쓰이 광산, 마쓰시마(松島) 탄광, 가마이시(釜石) 광산 등 14군데의 미쓰이계 광산에서 일하는 3만 명의 광부와 정제기술자들은 '노동자의 힘을 보여주자'라는 슬로건 아래 헌금운동을 진행했다. 도쿄일일신문의 보도에 따르면 이들은 "부르주아 계급이 만주사변에 무관심한 것에 분개"하여 모금을 시작했으며 전투기를 헌납하기 위해 7만 엔의 성금을 모았다고 한다.[124] 이런 식으로 노동자는 모금 운동을 이용하여 자신과 자본가를 구별했으며 노동자는 애국심이 투철하며 나라를 위해 연대한다는 이미지를 만들었다. 또 다른 사례에서 노동자들은 나라를 위해 자본가가 양보할 것을 요구했다. 도쿄 지하철의 경영진이 징집된 고용인들을 해고하자 노동자들은 파업을 단행했다. 이들은 국가를 위해 복무하는 노동자를 해고하는 것은 비애국적인 행동임을 강조하기 위해 군가를 부르며 행진했다.[125]

애국심을 노동 연대의 집결 구호로 사용하는 전략은 노동 운동 내부의 일부 그룹을 희생시켰다. 1920년대 후반 좌익과 우익으로 분열된 노동운동에서, 국가주의적인 호소는 보수파의 입지를 강화했다. 1932년 12월 우익 일본주의 노동운동 지도자이자 이시카와지마 조선소 자강조합장(石川島造船所自彊組合長) 가미노 신이치(神野信一)는 도쿄와 요코하마의 4개 노동연맹과 함께 비행기헌상노동협회를 결성했다. 10만 엔을 모으는데 성공하자,

가미노는 남쪽의 간사이와 규슈 지방의 조합들도 협회에 가입시켰다. 도쿄일일신문은 가미노의 성공적인 모금 운동에 박수를 보내면서, "당초 노동자들은 모금에 전혀 참여하지 않았으나, 작년 8월부터 노동자들의 기여도가 높아지기 시작했으며 금년 3월의 헌금액은 164,900엔으로 전체의 24.8%에 달했다. … 전국 각지의 노동조합들은 '조국을 지키자'는 구호 아래 하나가 되기 시작했다"라고 보도했다.[126] 이러한 보도는 노동자의 애국심을 찬양하면서 노동운동에 공적 정당성을 부여하고 그들의 조직력을 선전했다.

이러한 결과를 두고 일반적으로 노동계의 선전이 승리했다고 평가할 수 있을지 모르지만, 노동운동의 파벌이 좌우로 나뉘어 있었던 상황을 생각해 본다면 이는 결국 우파 조직의 승리를 의미했다. 1933년 당시 우익 노동운동의 상황을 설명하면서 가미노는 헌상 운동이야말로 우익의 전술적 승리였다고 평가했다. 그는 첫째, 헌상 운동은 사회주의와 공산주의에 경도된 노동운동에 이념적인 반격을 가하여 계급론 대신 국가 의식을 자리 잡게 했으며 둘째, 헌상 운동 과정에서 '애국노동제'가 만들어지면서 좌익 노동자들이 중시하던 '노동절'을 대체하고 이에 대한 지지를 약화시켰다고 지적했다. 실제로 1933년 노동절 행사 참가자 수는 2만 8천 명으로 전년도의 4만 1천 명보다 그 수가 줄어들었다.[127]

내무성 보고서에 따르면 육해군 무기 공장의 노동자를 제외하고 노동조직에 가입된 8만 명의 노동자(전체 조직 노동자의 20%)와 미가입 노동자 2만 명이 헌금 운동에 참여한 것으로 추정된다.[128] 이처럼 많은 노동자가 중국에서의 군사 행동에 적극적인 지지를 보낸 것이 프롤레타리아 정당이 우경화되는 데에 일정 역할을 했음은 분명하다. 노동운동과 연계되어 있던 사회민주주의자들 역시 노동자들처럼 좌우로 분열되어 있었다. 만주사변 이전

사회민중당과 전국노농대중당은 모두 명백히 전쟁과 제국주의에 반대하는 입장이었다.[129] 그러나 노동운동과 마찬가지로 만주사변 이후 프롤레타리아 정당들은 애국심을 드러내고 중국 동북 지역 내 제국의 권익 수호를 지지하는 것이 조직에 이익이 됨을 깨달았다. 펑톈 점령 후 며칠이 지나지 않아 좀 더 보수적인 색채를 가진 사회민중당의 아카마쓰 가쓰마로(赤松克麿) 서기장은 "육군성과 참모본부의 방책에 무조건 찬성한다"라고 선언함으로써 제국주의에 반대하던 입장을 포기했음을 표명했다.[130]

두 프롤레타리아 정당은 만주의 상황을 살펴보기 위해 대표단을 파견했으며 이들은 육군의 행동을 긍정적으로 평가하는 보고서를 가지고 돌아왔다. 11월 22일의 국회 연설에서 전국노농대중당에 소속된 두 의원 중 한 명인 마쓰타니 요지로(松谷与二郎)는 "만주의 자원이 없다면 국가 산업이 파멸에 이를 것이기 때문에 만주의 권익을 수호하는 것에 노동자의 사활이 달려 있다"라고 선언했다.[131] 헌병대 동향보고서는 마쓰타니의 연설로 해당 정당의 "결속이 더욱 무너졌다"고 관찰했는데[132] 이는 당이 반전파, 국가사회주의파, 그리고 입장을 정하지 못한 주류 집단으로 분열되었기 때문이었다.[133] 헌병대 보고서는 만주사변이 사회민중당에 끼친 엄청난 영향에 대해서도 언급했다. 보고서에 따르면 "만주사변을 계기로 정당 간부들 사이에 사회민주주의를 버리고 국가사회주의로 옮겨가야 한다는 논의가 급격히 대두했다"라고 한다.[134]

사회주의 정당과는 대조적으로, 만주사변은 지하에서 활동하던 공산당의 반군국주의 정치 활동을 자극했다. 1931년 9월 18일에서 10월 31일 사이 JCP(일본공산당)와 그 산하 조직은 262건의 반전 활동을 벌였는데 그 대부분은 전단 살포 활동이었다. 짧은 기간 동안 일본공산당은 『병사의 벗(兵士の友)』이라는 월간지를 배포하며 군대 내에 조직을 형성하기 위해 열정

적으로 움직였다. 육군성 통계에 따르면 반전 활동의 수는 매년 증가하여, 1929년에는 1,055건이던 것이 1932에는 2,437건으로 최고치에 도달했다. 그러나 일본공산당의 성과는 이것이 마지막이었다. 1932년 10월 일본 정부는 12,622명의 공산주의 혐의자를 대규모로 검거했는데, 이는 1928년 3월 15일 12,000명이 체포된 이래 가장 큰 규모였다. 정치 탄압은 공산당의 활동 기반을 파괴했으며 이후의 반전 활동은 1933년의 1,694회, 1934년 597회에 그치는 등 크게 줄어들었다.[135]

대규모 검거 사태로 공산주의자의 수가 급감하기 이전에도 노동자들은 이미 일본공산당의 반제국주의적인 호소를 거부하고, 가미노 신이치 같은 노동운동 지도자들의 일본 중심주의적인 메시지를 선호하기 시작했다. 체포가 있기 몇 달 전인 2월에 작성된 육군성 보고서는 "극좌세력이 열정적으로 행한 선전 활동은 국민의 열광적인 애국심에 압도되어 어떤 효과도 거두지 못했다. 그 선전 대상인 노동자, 농민 등 소위 무산계급 또한 가장 열성적인 애국주의자였기에 공허한 국제주의와 공공연한 전쟁 반대는 국민의 동의를 불러일으키지 못할 것이 분명하다"라고 언급했다.[136] '국민의 애국심'은 상당 부분 육군성의 열성적인 프로파간다 운동의 결과 생겨난 것이었다. 또한 이는 우익 노동운동의 성공적인 동원 전략과 함께 제국주의적 메시지가 노동자들에게 갖는 기본적인 호소력 덕분이기도 했다. 공산당이 점차 주변화되고 비공산주의 좌익세력이 서둘러 반전 입장을 포기한 것은 정부의 탄압 때문이라기보다는 이미 많은 노동자가 만주사변을 지지하고 있었기 때문이었다. 〈치안유지법〉의 엄격한 규정에도 불구하고 만주사변 이전 좌익은 반제반전의 태도를 고수할 수 있었지만, 만주사변이 발발하자 이들은 거의 즉시 자신의 주장을 철회했다.

노동계가 전쟁지원운동에 참여했던 것처럼, 1931~33년 만주라는 대의를 위해 이루어진 여성 동원은 여성의 공적 활동을 매개했던 여성단체의 변화를 가져왔다. 이 시기 여성의 활동이 급증했던 것은 지난 20년 동안의 사회문화적 진보에 바탕을 둔 것이었다. 전쟁의 열기 속에서 여성들은 노동자와 마찬가지로 새롭게 얻은 힘을 이용하여 일본의 군국화와 중국에서의 급진적인 제국주의 정책을 지지했다. 만주사변에 대한 지지는 노동자와 마찬가지로 여성이 공적 정당성을 얻고 조직력을 획기적으로 강화할 기회를 제공해 주었다.

전시 여성운동의 성장은 그리 새로운 현상이 아니었다. 1895년과 1905년, 그리고 1931년에 발발한 제국주의 전쟁을 계기로 여성단체는 조직을 확대했으며 새로운 형태의 사회참여 기회를 얻었다. 이는 1889년과 1890년에 법률을 제정함으로써 여성의 정치 참여를 금지하고 여성 활동에 한계를 두었던 당시의 사회적 맥락 속에서 이해할 필요가 있다. 1922년에 일부 개정이 이루어지기 전까지, 이 법은 여성이 정치적인 주제가 논의되는 모임에 참관하는 것조차 금지했다.[137] 해당 법의 시행 초기, 정부 관리들은 법안을 대체로 폭넓게 해석했으며 대부분의 여성운동을 못마땅하게 생각했다. 그러나 청일전쟁 동안 엘리트 여성들은 그들의 활동에 가해진 제약을 뛰어넘었다. 그들은 애국적 활동을 한다는 명목하에 후쿠오카 부녀회와 같은 단체를 결성했으며 나가노의 신세이부인교회(信正婦人敎會) 같은 여성 불교단체를 전쟁후원조직으로 전환했다.[138] 이들 여성단체는 전시 합법적인 범위 내에서 여성의 역할이 있음을 납득시켰으며, 결국 1901년 정부는 마지못해 애국부인회의 설립을 승인했다. 육군과 내무부의 지원을 받아 애국부인회는 전국에 지부를 설치했다. 이들 지부는 황실과 귀족 가문의 구성원뿐 아니라 지방 관료와 고위 군관의 부인 등 상류층 여성으로 구성되었다. 공익사업이라는 이름 아래 여성의 사회활동에 청신호가 켜지자 여성들은 이후 몇 년 동안 여러 지방 도시에서 자선 단체를 결성했다. 러일전쟁 기간에 여성이 주축이 된 전쟁지원단체들은 전국적으로 급증했다.[139]

여성운동의 선구자들은 이러한 전쟁지원단체가 공식적인 승인을 얻었다는 사실을 여성의 정치적 권리를 주장하는 근거로 사용했다. 잡지 『세계부인』의 창립자 후쿠다 히데코(福田英子)는 애국부인회에 대해 쓴 글에서 "이 단체를 만든 수만 명은 일본 헌법이 무능력자로 취급하는 바로 그 여성들"이라는 사실을 지적했다. 그녀는 전쟁에 대한 지지는 정치적인 표현이기에, "정부 당국과 사회 전반이 애국부인회의 공적에 대해서는 아낌없는 찬사를 보내"면서도 여성의 정치 참여를 금지하는 것은 모순이라고 주장했다.[140] 결국 여성은 전시 공익사업에 동원됨으로써 더 많은 사회정치적 권리를 주장할 기회를 얻었다. 1905년에서 1931년까지 여성의 사회참여는 여러 방면으로 확장되었다. 먼저, 내무성과 문부성은 일련의 공공교육 캠페인을 추진하는 과정에서 정촌 단위의 여성단체 설립을 적극적으로 장려하기 시작했다. 그 결과 지역 부인회와 여성청년회는 당시 활발히 만들어지던 준정부 단체 중 하나로 자리 잡았다. 1920년에 실시된 내무성 조사에 따르면, 이러한 단체들은 전국적으로 5,570개에 달했으며, 회원 수는 총 872,407명이었다고 한다.[141] 애국부인회 같은 단체들을 하나의 조직 아래에 두기 위한 정부의 노력은 1930년 대일본연합부인회의 창설로 절정에 달했다. 도쿄 아사히신문은 창립식을 취재하면서 6,000개가 넘는 단체에서 2만 5,000여 명의 대표가 참석했다고 보도했으며, 참가 여성단체의 회원 수는 전국적으로 200만 명에 이를 것으로 추산했다.[142]

정부 지원 여성단체의 성장과 함께, 여성의 사회주의 단체 참여나 여성 참정권 운동은 여성이 공적 활동을 할 수 있는 두 번째 영역을 만들어 냈다. 정부의 탄압으로 사회주의 운동이 일시적으로 중단되기 전 여성들은 비록 적은 수이긴 하지만 신생 사회주의 결사인 헤이민샤(平民社, 1903~1905)나 일본사회당(1906~1907)에서 활동했다. 여성 사회주의 운동가들은 제1차 세계대전 이후 활동을 재개하여 1921년 세키란카이(赤瀾會)를 결성했으며 1920년대 후반 프롤레타리아 문화운동에서 여성의 권리를 위해 싸웠다. 1911년 중산층 지식인 여성들이 세이토샤(靑鞜社)를 설립했고 그 뒤를 이어 신부인협회(新夫人協會, 1919년)와 부인참정권획득동맹(1925년)이 설립되었다. 비록 참정권의 획득은 궁극적으로 실패했지만 여성의 요구를 공론화함으로써 여성들은 정치적 가능성의 경계를 확장할 수 있었다.

마지막으로, 제1차 세계대전 시기 산업화의 물결은 여성이 생산자와 소비자로서 공적 활동을 할 수 있는 새로운 길을 열어주었다. 제1차 세계대전 이전 여성의 노동 패턴은 정형화되어 있었다. 소작농가 출신 여성은 결혼 전 공장에서 일하다가 결혼을 하면 가족과 함께 농사를 짓거나 가족 사업체에서 일을 했다. 그러나 20년대 도시 중산층 여성들이 백화점이나 사무실, 병원, 학교 등에서 일하면서 이러한 패턴이 깨지기 시작했다.[143] 동시에 도시 중산층이나 다른 노동자보다 상대적으로 높은 보수를 받는 '노동귀족'의 성장은 소비 시장의 확대를 가져왔다. 1919년과 1920년 전국의 각 도시에 백화점이 문을 열면서 새로운 상품이 잇따라 등장했다.[144] 가정의 재정을 맡고 있는 여성들은 새로운 가전제품, 생활용품, 식품, 옷, 화장품의 구매자였다. 엄청난 성공을 거둔 『주부의 벗(主婦の友)』을 시작으로 여성 잡지가 쏟아져 나오면서 여성문화를 형성하는 공론의 장이 만들어졌다. 다이쇼 소비문화의 아이콘이자 모던함의 최첨단을 달리는 대중적인 여성을 일컫는 '모던걸'의 출현은 대중이 소비자로서 여성의 사회적 권위를 인식했음을 보여주는 상징이었다.[145]

준정부 여성단체의 조직, 여성 참정권 운동, 소비 시장의 확대를 통해 만주사변 이전 20년간 여성의 사회참여 형태가 다양해진 것은 만주사변기 여성의 사회활동이 폭발하는 토대가 되었다. 만주사변 초기 전쟁 지원 활동을 다룬 뉴스 보도는 대부분 여성의 활약에 관한 것이었다. 9월 23일 가호쿠신보(河北新報)에 따르면 도호쿠 지역 도키와기(常磐木) 여학원 학생들이 처음으로 72개의 위문꾸러미(慰問袋, 천으로 만든 주머니 안에 일용품, 식료품, 약품, 사진, 편지 등을 넣은 것)를 병사들에게 보냈다고 한다. 곧 다른 학교들도 뒤따라 위문품을 보내기 시작했다. 가호쿠신보는 가타쿠라제사소(片倉製糸所) 여직공 1,000명이 만주에 위문품을 전달하려는 계획에 찬사를 보냈으며, 대학병원 간호사들이 꽃을 팔아 산처럼 많은 위문품을 살 수 있을 만큼 돈을 모았다고 칭찬했다. 또한 카페 여급들이 화장품 살 돈을 모아 만주의 병사들에게 보낸 일이나, 고등여학교 전교생이 한 시간의 수업 시간을 할애하여 병사들에게 위문편지를 쓴 일을 칭찬하는 기사가 신문에 실리기도 했다.[146] 이처럼 신문에 간호사들이 거리로 나와 꽃을 판 것을 격려하고 카페 여급과 같이 도덕적으로 비난받던 이들의 행동을 칭찬하는 기사가 실리는 일은 청일전쟁이나 러일전쟁기에는 생각지도 못한 일이었다. 1931년 만주사변이 발발하자 거의 즉각적으로 여성들이 공적 활동에 나설 수 있었던 것은 1910~20년대에 거둔 사회문화적 진보에 힘입은 바가 컸다.

만주사변기 대중매체가 여성의 새로운 공적 활동을 장려하기 위해 취한 또 다른 방법은 여성에게 '군국의 어머니'로서의 역할을 수행하게 한 것이다. 1931년 전만 하더라도 교과서에 묘사된 '군국의 어머니'는 나라를 위해 목숨을 바치도록 아들에게 용기를 북돋아 주는 여성의 이미지였다. 집 안에서 여성은 자신의 아들이 애국적 행동을 다하기를 기원하며 그를 사지로 보냈다.[147] 만주사변 시기 잡지에는 '군국의 어머니'들이 역 앞에 나와 부대의 출정이나 귀환 시에 차를 대접한 일을 칭찬하는 글이 실리기 시작했

   제2부: 만주사변과 새로운 군사적 제국주의, 1931~1933

다. 또 부대와 함께 만주로 가는 군사령관의 아내와 같은 여성들은 어머니의 대리인으로 존경받았다. 병사들에 대한 "지칠 줄 모르는 헌신"으로 이들은 '랴오양(遼陽)의 어머니,' '펑톈의 어머니'라는 칭호를 얻었다.[148] 1931년 여성을 부엌에서 끌어낸 대중매체는 다이쇼 시대 대중문화에 나타난 여성상을 가공하여 '군국의 어머니'가 가지는 이미지를 재창조했다. 여성들은 이제 단순히 근로자나 소비자로서 능력을 갖췄을 뿐만 아니라 어머니의 모습으로도 공적 영역에서 자리하게 되었다.

만주사변기 여성의 전쟁지원 활동에 대한 정부 관료들의 반응도 이전과는 현저히 달랐다. 1895년이나 1905년의 경우와는 달리 이들은 1931~32년의 위문 운동에서 여성의 활동을 전폭적으로 환영했다. 이전에는 여성이 공적인 자선활동에 참여하는 것을 찬성했던 정부 관료조차 여성들은 자선활동에 '간접적'으로 참여해야 하며, "후방에 머물러 있어야 한다"고 주장했다.[149] 그러나 만주사변기 혼조 시게루(本庄繁)나 아라키 사다오(荒木貞夫)와 같은 군 지도자들은 부인 잡지에 국가적 위기 상황에서 후방에 있는 여성이 가져야 할 책임 의식을 강조하는 글을 썼다.[150] 1931년 12월 육군성에서 출간한 만주사변 미담집의 앞부분에는 여러 장의 사진이 실려 있었다. 그 대부분은 만주의 병사들이 군기를 들고 있거나 만세를 하거나 전사자를 애도하는 모습을 찍은 것이었다. 미담집에 실린 사진 중 일본 국내의 모습을 찍은 유일한 사진은 두 여성(관동군 장교의 아내)이 집회의 선두에 서 있는 것으로 이들의 왼쪽에는 젊은 여성의 줄이, 오른쪽에는 젊은 남성의 줄이 늘어서 있다.[151] 이 사진에서 여성들은 중심에 있으며 배경 중 하나로 처리되지 않았다. 1931년에 정부 관료들이 여성의 전쟁지원 활동을 환영한 것은 1920년대 내무성과 문부성이 여성들을 준정부 단체의 네트워크에 포함시키려는 계획의 연장선상에서 여성의 활동을 바라보았기 때문이다.

러일전쟁에서 만주사변에 이르는 시기에 정부는 여성을 국가의 공적 영역으로 끌어들이고자 노력했으며 1931년 여성들은 이에 부응했다.

여성단체들은 주로 해당 지역의 위문 운동을 조직하는 데 주도적인 역할을 함으로써 전쟁지원운동에 협력했다. 니가타현에서 애국부인회의 현 지부는 지역 위문 활동의 사령탑이 되었다. 애국부인회 니가타현 지부는 여성 회원들과 지방행정조직을 지휘하여 1931년 10월 니가타현에서 만주로 파병된 부대에 3,050개의 위문꾸러미를 전달했다. 1932년 3월과 4월에는 장병 가족들을 위해 영화를 상영했으며, 5월에는 여자청년단과 함께 위로금과 간식 등의 선물을 가지고 부상병 및 유가족을 방문하는 '봉사 주간'을 실시했다. 1933년 3월, 애국부인회 기관지『애국부인』니가타현 지부판은 모금액 21,015엔, 현지 부대에 위문꾸러미 발송 2회(총 2만 7433개), 군대 환송 및 송별 17회, 장례식 127회, 유가족 방문 2391회 등 위문 활동의 성과를 자랑스럽게 발표했다.[152] 다른 지역의 경우도 마찬가지였지만 애국부녀회 니가타현 지부가 이처럼 효과적으로 위문 활동을 수행할 수 있었던 것은 이전 수십 년간 발전해 온 여성단체의 조직적 기반이 있었기 때문이다. 여성단체는 전쟁지원운동에 단순히 참여하기만 한 것이 아니라 적극적으로 운동을 이끌었으며, 활동에 참여한 여성들의 사회적 구성도 1931년 이전 단지 엘리트 여성에 국한되었던 것을 뛰어넘어 더욱 다양해졌다. 그중에서도 여성 노동자 계층의 참여가 가장 활발했다. 가타쿠라제사소 여직공 3만 명은 방공(防空)헌금으로 20만 엔을 모아 대공포, 군용 지프차, 탐조등, 공중청음기를 구매했다. 가메이도, 센주, 나고야, 오카자키, 하마마쓰, 다카오카, 가와고에, 아오시마 등에 위치한 닛신방적(日淸紡績) 공장의 여공 6,000명도 전쟁지원 캠페인을 시작하고 회사의 중역들에게 동참을 요청하여 6만 엔의 성금을 모았다.[153] 방적 공장 노동자나 백화점 점원들이 진

　　　　　　　　　　제2부: 만주사변과 새로운 군사적 제국주의, 1931~1933

행한 위문 운동에서 특별히 고액이 모금됨에 따라 여성 노동자가 헌금 액수 순위에서 1위를 차지하기도 했다.[154] 이보다 더 인상적인 일은 오사카의 게이샤 500명이 전선으로 보내지는 1만 5,000개의 위문꾸러미에 자신들의 사진을 동봉하여 언론의 주목을 받은 것이었다. 후에 이 게이샤들은 방공헌금으로 1만 652엔을 모았으며 대일본국방부인회 간사이 본부 발족식의 행진에도 대거 참여했다. 이 일반적이지 않은 행동의 동기를 묻자, 이들의 대표는 "이런 일을 하는 여성일지라도 나라를 위해 무언가 보탬이 되고 싶다"라고 말했다.[155] 전쟁지원운동에 여성 노동자들의 참여가 유독 눈에 띄었던 것은 자신들도 국가의 정당한 구성원임을 인정받고 싶었기 때문이다. 오사카의 게이샤들처럼 여성들은 자신의 사회계층이나 직업 정체성이 공적 활동을 수행하는 데 약점이 되기보다 오히려 강점이라고 주장하면서 자신들도 일본 여성 집단 중의 하나라고 주장했다.

국방부인회의 등장은 여성에 대한 공적 인식이 더욱 확대되었음을 극명하게 보여주는 사례이다. 국방부인회는 1932년 오사카의 방공헌금 운동을 계기로 설립되어 빠르게 그 규모를 키워나갔다. 1933년 1월 1,000명에 불과하던 회원 수는 연말이 되자 15만 명으로 늘어났다. 국방부인회는 우선 도쿄, 고베, 교토 등 대도시를 중심으로 퍼져 나갔으며 이후에는 전국 각지의 지방 도시에도 급속히 뿌리를 내렸다. 1935년 말에는 그 회원 수가 100만 명을 넘어 국방부인회의 주된 경쟁자이자 선배 조직인 애국부인회를 넘어섰다. 1938년에는 회원 수가 800만 명 가까이 되면서 재향군인회마저 능가했다. 국방부인회는 일본 내 모든 시정촌(市町村)에 지부를 두고 지속적으로 성장했다. 국방부인회가 급속히 성장할 수 있었던 것은 그 포용성 때문이었다. 경쟁 조직인 애국부인회가 엘리트 여성 중심이었던 것과 달리 국방부인회는 중하류층 노동자나 게이샤, 카페 여급 같은 사회적 평판이 좋지 않은 여성에게조차 적극적으로 가입을 권했다. 여성 회원 간의 계층 차이를 덮는 흰색 앞치마 유니폼은 회원들을 하나로 만들었으며 반엘리트주의를 나타내는 상징이 되었다.[156] 국방부인회는 육군과 연계되어 있었으며 '현모양처'라는 보수적인 관념을 옹호했기에, 이치카와 후사에(市川房枝) 같은 노동운동가이자 여성 참정권론자들은 처음에는 이에 반대했다. 그러나 이치카와는 결국 마음을 바꿔 국방부인회의 지도자 중 한 명이 되었다. 이치카와는 이에 대해 "일찍이 자신의 시간조차 가져본 적이 없는 일반적인 농촌 여성이 반나절이나마 집안에서 해방되어 강연을 듣는 것이야말로 여성해방이다"라고 말했다.[157] 새롭게 주어진 기회에 적응했던 이치카와나 다른 여성 활동가들은 일본제국의 건설이나 전쟁을 위한 동원이 1920년대 여성참정권 획득 운동의 실패로 좌절되었던 여성의 정치적 해방을 대신할 길을 제공할지도 모른다고 생각했다.

다이쇼 시대의 노동 운동과 여성 운동이 거둔 성과 위에서 노동단체와 여성단체는 만주사변을 자신들의 대의를 위해 이용했다. 노동단체와 여성단체는 자신들의 애국심을 표현함으로써 사회의 인정을 받고자 했으며 또한 이를 통해 자신들의 집단 정체성을 재구성하고 강화했다. 모금 운동에 동참하거나 집회, 퍼레이드, 행사 등에 참석하고 군부대에 편지와 선물을 보내는 등 이들 단체가 보인 행동은 만주 점령에 대한 대중의 지지 여론을 조성했으며, 마침내 일본의 정책 결정자에게 대중의 의견이 하나로 통일되었다는 인상을 심어주었다.

대리 만족 제국주의

당시 서적, 잡지, 신문, 연설 등을 통해 알 수 있듯이, 모금 운동은 놀라운 성공을 거두었다. 실제로 모금 운동의 결과는 상당히 인상적이었다. 위문 운동 첫 해에만 구휼금 5,348,444엔, 위문꾸러미 3,500,978개, 술, 엽서, 일용품, 속옷, 부적과 같은 위문품 20,250,840개가 모였다.[158] 이는 모두 공황으로 경제가 어려운 와중에 모인 것이었다. 당시 공식적으로 집계된 도쿄의 빈민 수는 1929년의 5만 9,706명에서 1931년의 12만 4,035명으로 증가했으며, 1930년 11월부터 1931년 10월 사이 도쿄의 실업률은 29%에 달했다.[159] 더 놀라운 것은 많은 일본인이 하루 일당으로 겨우 1엔을 받던 시기에 국방헌금운동으로 2년 동안 1,050만 엔을 모았다는 사실이다. 1933년 9월까지 육군성은 이 헌금을 사용하여 비행기(대당 7~8만 엔) 100대와 다수의 폭격기(20만 엔), 전차(8만 엔), 기관총(1,600엔), 철모(13엔 50센), 방한복(19엔), 방한화(8엔), 방한모(5엔) 등을 구매했다.[160]

육군성이 이러한 모금 운동을 장려한 것은 재정적인 이유보다는 이념적인 이유가 더 컸다. 1934년 9월까지 육군성에 헌납된 2천만 엔은 1932~34년 전체 군사 예산(약 25억 엔)의 극히 일부(0.8%)일 뿐이었다.[161] 어떤 명목의 모금에 가장 많은 액수가 모였는지를 살펴보면 모금 운동이 상징한 것이 무엇이었는지 더욱 잘 알 수 있다. 유가족을 돕는 일에 약간의 금액이 사용되기는 했지만, 전시의 자선활동을 위해 모인 물품과 자금 중 빈곤한 군인 가족에게 전해진 것은 거의 없었다. 오히려 기부금은 전쟁 영웅의 가족들을 위해 사용되거나 성대한 장례식, 퍼레이드, 기념물 제작 또는 전장의 영광을 기리는 서적을 출판하는 일에 쓰였다. 이와 같은 명목의 모금에 많은 금액이 모였다는 것은 대중매체나 선전가가 전파하는 메시지를 대중이 지지했음을 보여준다. 사람들을 헌금 운동에 참여하도록 만든 것은 전장에서의 용맹함이나 영웅적인 희생과 같은 드라마였다. 기부 대상을 선택하는 것은 대중이 위대한 군사적 모험에 간접적으로 참여하고자 하는 욕구, 즉 만주사변의 영광을 공유하고자 하는 욕구를 드러내는 일이었다. 이를 통해 모금 운동의 참여자들은 제국 신화를 만들어 가는 적극적인 주체가 되었다. 전쟁 지원 캠페인에 동반된 성대하고 화려한 행사와 볼거리를 통해 대중은 영광과 희생의 언어로 만주사변에 대한 각자의 이야기를 만들어 냈다.

만주사변 이전, 청일전쟁과 러일전쟁 동안에 발전한 전시 자선 활동은 대부분 전선에 있는 병사들의 가족을 돕는 일에 집중되었다. 중앙정부가 명목상으로 일부 재정 지원을 하긴 했지만 실제로 장병 가족의 농사일을 돕고 재정, 의료 지원을 제공하면서 이들을 돌본 주체는 지역 공동체였다. 1931년에 처음으로 전투에 참여한 지역 연대가 있던 미야기현 등 도호쿠 지방의 여러 현의 경우, 초기의 만주사변 전사자 가족에 대한 지원은 이러한 기존의 관행에 따라 이루어졌다. 전투가 벌어진 뒤 첫 일주일 동안 미야기현의 가호쿠신보에는 「중일 간 군사충돌로 인한 희생자 유족 조문」이나 「사상자 가족을 위문하는 방법」과 같은 기사로 가득했다. 특히 "장남이 전투에서 사망한 뒤 자리에 누운 부모와 여섯 형제자매로 이루어진 소작농 일가가 곤궁한 지경에 빠졌다"는 등의 불행한 사례가 보도되는 경우가 많았다. 이 기사의 헤드라인은 「가난에 우는 용사의 부모, '이제 어쩌면 좋을까'」였다.[162] 이 기사는 의도대로 사람들의 동정심과 지원을 불러일으켰다. '영웅의 어머니'에 대한 기사가 실린 다음 날 유가족을 돕기 위한 이웃의 손길이 쇄도했다.[163]

그러나 9월 말이 되자 이런 종류의 기사는 거의 사라졌고, 초점은 잠재적 수혜자의 비극적 상황에서 기부자의 자비와 아량으로 옮겨갔다. 이후 유가족들이 일시적으로 주목을 받을 때도 있긴 했지만, 대부분 개인이 겪은 비극적인 이야기는 열광적인 애국자가 보여준 희생적인 행동을 찬양하는 기사에 비해 하찮은 일이 되고 말았다. 이런 경향을 보인 것은 미야기현 만이 아니었다. 1932~35년도에 도쿄일일신문에 실린 만주사변 관련 기사를 살펴보면 유가족에 대한 관심이 상대적으로 얼마나 적었는지 알 수 있다. 이 시기 기부자와 기부액을 다룬 기사가 290편이었던 것에 반해 전사자의 유가족을 다룬 기사는 35편에 불과했다.[164]

충분치 않은 모금액조차 유가족들에게 공평히 나눠지지 않았다. 대중에게 잘 알려진 사상자 가족에게는 지원이 쏟아졌지만, 평범한 유가족에게는 적은 액수의 지원금만 주어졌다. 예컨대 육탄 삼용사의 가족은 갑자기 운명이 바뀌어 하루아침에 부자가 되었다. 2월 27일 도쿄일일신문은 「육탄 삼용사 유족 위문금 일만엔 돌파—국민 찬양 고조」라는 제목의 기사를 실었다. 그다음 날에는 이들의 장례식를 위한 추가모금이 진행되고 있다고 보도했다. 도쿄일일신문의 초청으로 육탄 삼용사의 어머니들은 간사이에 있는 본사에 가서 각각 일만 엔씩의 모금액을 수령했다.[165] 같은 해 4월에는 2만 엔을 들여 영웅들의 동상이 세워졌으며 기부도 계속되었다.[166]

반면 매체의 주목을 받지 못한 일반 병사의 가족은 요청할 경우만 중앙 정부로부터 최대 30엔의 일회성 지원과 거주하는 현에서 약간의 추가금을 받을 수 있을 뿐이었다. 예컨대 이시카와현의 위문 운동 단체는 모금액을 다음과 같이 분배했다. 즉 전장의 군인을 위한 위문 꾸러미 발송에 2만 엔(병사 1인당 5엔), 유가족 지원금 4만 엔(10개월간 매달 4엔씩), 전사자 장례비용 1만 엔(1건당 10엔), 부상병 병문안 선물 1만 엔 (병사 1인당 20엔) 등이 배당되었다.[167] 이처럼 육탄 삼용사의 유족이 받은 기부금이 막대했던 것과 대조적으로 이시카와현의 일반적인 유가족은 정부나 현 당국으로부터 장례비를 포함해 고작 80엔밖에 받지 못했다.

1932년 초, 유가족에 대한 지원이 부족한 것을 우려한 내무성은 이를 해결하기 위해 내무차관과 내무정무차관 이하 국장 전원이 참석하는 특별위원회를 소집했다. 회의에서 정부는 유가족에게 추가적인 재정 지원을 확보하도록 노력하겠다고 약속했다. 동시에 지역 사회에 대한 압력도 가해졌다. 기업들은 귀환 병사를 위해 일자리를 비워두어야 했고 지방정부는 지원을 위한 추가 자금을 마련하라는 압력을 받았다. 적십자사, 애국부인회, 재향군인회, 청년단 등을 향해서도 유가족을 위한 자선사업에 더욱 심혈을 기울이도록 촉구했다.[168]

군인 가족에 대한 관심의 부족은 전쟁지원운동에 사람들이 열광적으로 참여한 이유가 전쟁 피해자에 대한 동정심 때문이 아니었음을 보여준다. 그들을 움직이게 한 것은 전장의 영광이었다. 병사들의 가족이 고향에서 굶주리고 있는 동안 전방의 병사들에게는 위문품이 물밀듯이 몰려들었다. 관동군 사령부에는 위문꾸러미가 넘쳐났다. 위문꾸러미에는 보통 위문편지와 함께 속옷, 휴지, 잡지, 칫솔, 부적, 우메보시(절인 매실) 등이 들어 있었다. 육군성의 보고서에 따르면 1월 중순까지 기증받은 위문꾸러미의 개수는 153만 3,495개로 이는 현지에 파병된 병력의 수를 훨씬 넘어서는 것이었다. 병사들은 부족한 방한구를 대신하여 온몸에 위문꾸러미를 포장했던 천을 덧대고 있었으며, 병사 한 명당 10개에서 20개의 부적을 지니고 평균 26개의 칫솔을 갖고 있었다고 한다.[169] 위문품을 넘치게 받았던 병사들은 보도를 통해 고향의 비참한 상황을 접하게 되자 고향 집에 돈을 부치려 노력했다.[170] 이들의 걱정에는 그만한 이유가 있었다. 미야기현이 파병 병사 가족의 실태를 조사한 것에 따르면, 조사 대상 1,319개 가족 중 45%가 생활에 어려움을 겪고 있었다고 한다. 또한 그 45% 중 219세대만이 도움을 요청했는데 그중 실제 도움을 받은 것은 121세대에 그쳤다.[171]

만주사변기 전사자를 향한 관심도 불균형한 모습을 보였다. 미야기현에서 처음 전사자가 발생했다는 보도가 나오자, 지역 신문사들은 병사들의 유해가 고향으로 돌아가기까지의 긴 여정을 따라가며 자세히 보도했다. 언론은 운구행렬이 다롄이나 고베 등에서 머물 때마다 거행된 의식을 보도했으며, 센다이역에서 열린 엄숙한 추도식은 그 절정을 이루었다.[172] 만주사변의 전사자를 위해서는 보통 여러 번의 추도식이 열리곤 했다. 예를 들어 아이치현에서 발생한 첫 번째 전사자를 위해서는 6번이나 추도식이 열렸다. 유족 등의 일부 인원이 유해가 배에서 내려지는 것을 지켜보기 위해 고베까지 마중 나왔으며 나머지 사람들은 나고야 역에서 유해를 기다렸다. 중간에 멈춰서 몇 차례의 추도식이 추가로 거행된 뒤에야 열차는 고향에 도착하여 추모객을 만날 수 있었다. 이 모든 것이 아직 장례식이 시작도 되기 전에 벌어진 일이었다.[173]

많은 지역에서 전사자들을 기리는 출판물을 간행하는 데 귀중한 자금이 사용되었다. 예컨대 시가 현은 558쪽에 달하는 『충성록』을 제작했다. 이 방대한 책에는 현 지사의 서문과 함께 시가현 출신 전사자의 사진과 약력(병사는 1인당 1페이지, 장교는 1인당 3~10페이지)이 포함되어 있었다. 전사자의 약력은 "전장의 용사이자 집안에서는 효자", "야마토 민족의 자랑", "용맹하면서도 부드러운 무인의 전형", "희생정신의 화신", 혹은 좀 더 단순히 "훌륭한 청년"과 같은 미사여구로 꾸며졌다.[174] 이런 책들은 장례식과 마찬가지로 유가족에게 국가적 명예를 부여함으로써 가족을 잃은 것에 대한 보상을 하려한 것이었다. 물질적 보상보다 정신적 보상을 위해 기부금을 사용하는 것은 유가족의 입장에서는 최선이 아니었을지 몰라도 공동체의 관점에서는 가치 있는 지출이었다. 모여진 기금이 화려한 행사에 사용됨으로써 이를 통해 누구나 유가족의 상실감을 공유할 수 있었으며, 타인의 몸을 통해 희생을 간접적으로 체험하고 순교에 동참할 수 있었다.

후방지원운동은 순교자적 희생과 자위를 위한 영토 확장이라는 서사를 강화하는 데 도움이 되었다. 만주사변에서 발생한 전사자가 비교적 적었음에도 전쟁 영웅담과 공개 장례식은 많은 사망자가 발생한 것 같은 인상을 주었다. 만주의 전장 묘사가 순교자적인 희생에 대한 집착을 부추겼듯이, 후방 위문 운동이 영웅을 대우하는 방식은 사람들의 피해의식을 조장했다. 기부자의 대부분이 부유층이었음에도 대중매체의 시선은 국민 중 가장 가난한 이가 보여준 희생과 열정에 집중되었다. 동시에 국방부인회 등의 전쟁지원조직이 본토 방공에 몰두했던 것은 이 전쟁이 자위를 위한 것이라는 주장을 더욱 강화했다. 공군이 전혀 없는 적에 대비하여 방공 태세를 갖추는 데 힘을 쏟으면서, 사람들은 일본이 적에게 포위되어 있으며 장쉐량의 군대에 대해 방어적인 군사 작전을 수행하고 있을 뿐이라고 생각했다. 이리한 방식을 통해 전쟁지원운동 참가자들은 육군과 언론의 선전가들이 기울인 노력에 동참하여 만주사변의 역사를 제국 신화라는 익숙한 범주 안에서 표현했다. 일본 제국주의의 지배적 서사에 만주사변을 포함시킴으로써 제국주의 이데올로기는 새로운 활기를 얻었다.

◆

제국주의 이데올로기가 활기를 되찾은 것은 새로운 군사적 제국주의가 일본 문화에 가져온 영향 중 하나였다. 또한 만주사변이 여성 운동, 노동 운동, 정당, 군부에 끼친 영향은 정치 사회면에서도 중요한 변화를 가져왔다. 정치인, 육군 장교, 여성 운동가 중 어느 쪽에 의해 시작되었든지 중국 동북 지역 점령에 대해 공동체의 지지를 동원하려는 노력은 제국, 국가, 사회 사이에 새로운 연결고리를 만들었다. 이러한 연결은 메이지 시대 이래 계속되어 온 제국주의적 개입이라는 전통 위에 세워졌다. 일본의 제국주의 전통이 변화하는 과정은 제국주의 정책이 바뀌면 국내 상황 역시 바뀌게 되고 그 반대의 경우도 마찬가지라는 점을 구체적으로 보여준다. 제국과 본국의 변증법적 관계 속에서, 일본 국내에 대중 사회와 대중정치가 형성됨에 따라 대중 제국주의가 출현했다. 동시에 제국을 위한 동원이 이루어지면서 이들 대중 조직의 확대가 촉진되었다.

국내외에서 가해진 힘이 1931~32년에 이르러 어째서 이와 같은 제국주의적 변화를 가져왔는지는 여전히 답해야 할 중요한 문제로 남아 있다. 일본의 대외정책이 1920년대의 '완행 제국주의'에서 1930년대의 '급행 제국주의'로 전환했던 정치적인 요인으로는 첫째, 육군의 정치 전략이 성공적이었던 것과 둘째, 이에 반대하는 정부 안팎 세력의 힘이 부족했던 것을 들 수 있다. 1928년 장쭤린 폭사 사건 당시 미온적이었던 사회문화적 반응과 1931년 만주사변기의 열광적 반응의 차이는 상당 부분 경제 불황으로 인한 압박 때문이라고 볼 수 있다. 그러나 그것만으로는 대답이 충분치 않다. 전쟁열과 새로운 군사적 제국주의는 일본 제국주의의 패러다임이 변화했음을 보여주는 한 가지 측면에 불과하기 때문이다. 제국의 건설은 중국 동북부의 군사 점령으로 그치지 않았다. 경제 안보를 위해 설정된 만몽 생명선이 경제적 만병통치약으로 변모하기 시작하면서 만주국은 전혀 다른 종류의 급진적이고 유토피아적인 제국주의 프로젝트가 되었다. 다음 장에서는 식민지 개발을 위해 만주에서 진행된 실험으로 눈을 돌려 이에 대해 살펴보도록 하겠다.

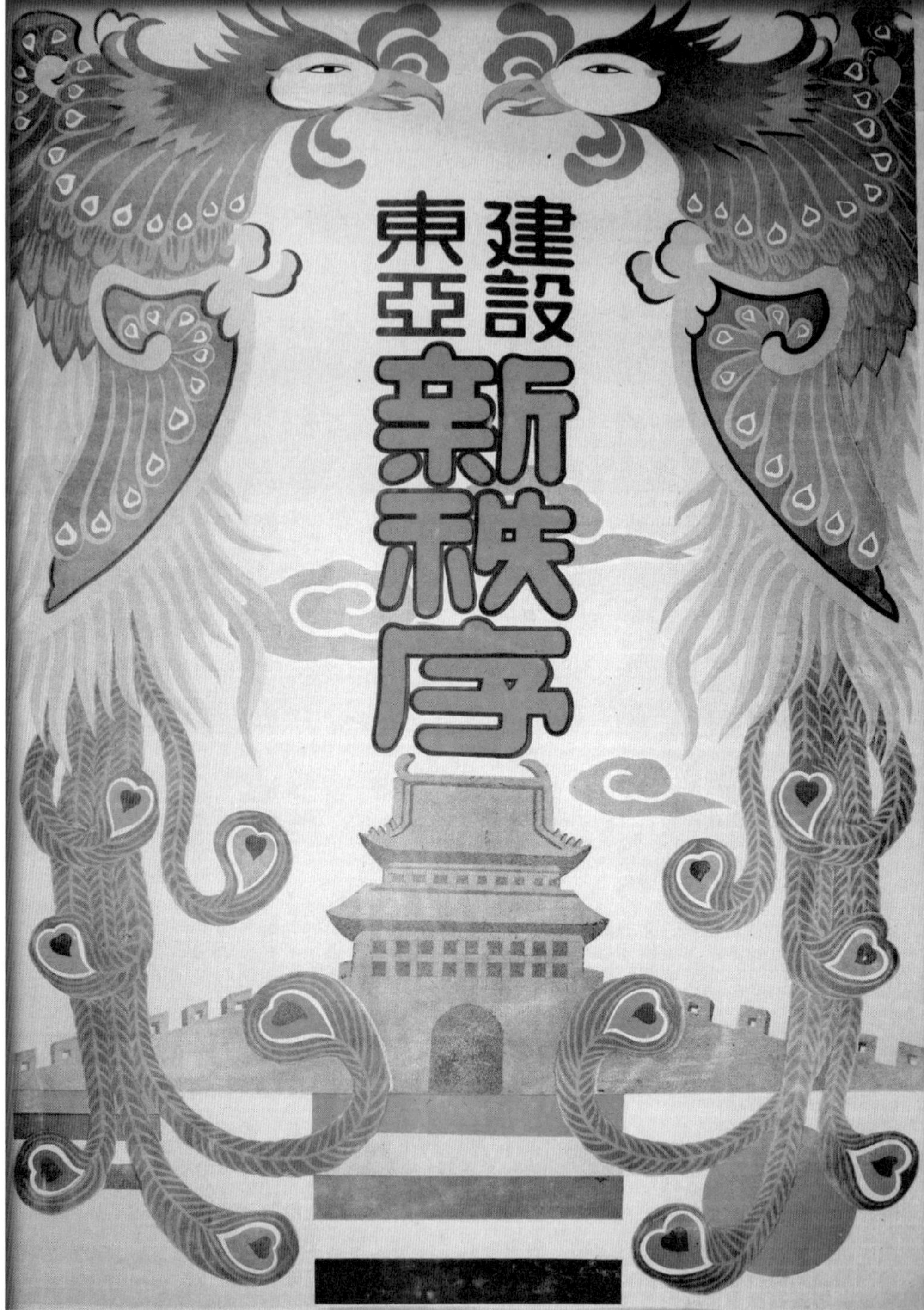

建設
東亞新秩序

제3부

THE MANCHURIAN
EXPERIMENT IN COLONIAL
DEVELOPMENT, 1932-1941

식민지 개발과 만주에서의 실험, 1932~1941

5장

불편한 동업 관계:
식민지 경제에서 군인과 자본가의 관계

1932년 이전 중국 동북 지역에서 일본의 활동 반경은 관동주와 만철 부속지 내로 한정되어 있었다. 또한 만주에 침투하기 위한 수단이었던 거대한 반관반민의 식민지 철도회사 만철은 주로 대두 무역에 종사하고 있었다. 그러나 만주국의 건국 이후 급격히 변화한 경제 제국주의 구조는 만주와 일본의 경제 정책뿐만 아니라 두 지역 간의 경제적 관계까지 바꾸어 놓았다. 첫째, 새로운 제국 관리 체제인 통제경제 하에서 육군에 의해 장악된 만주국 정부는 계획경제 발전과 국가 자본주의라는 실험을 시작했다. 둘째, 만주국의 경제 발전은 일본 경제 정책의 중요한 도구가 되어 침체된 일본 국내 경제가 다시 활성화되는 데에 기여했다. 대규모 사회 기간사업과 산업 개발에 공공과 민간의 자금이 대거 투입되면서 유휴 자본이 흡수되었으며, 만주로 수출이 증가함에 따라 국내 공장들의 조업 재개에 도움을 주었다. 셋째, '일만 블록 경제'라 불리는 일본과 만주 경제의 통합은 두 지역을 쉽게 철회할 수 없는 상호의존 전략 아래에 묶어 놓았다. 만주와 일본,

그리고 두 지역 간의 관계에 나타난 이 세 가지 현상이 새로운 경제적 제국주의의 양상을 정의하는 요소이다.

만주국의 개발에는 많은 비용이 들었다. 1932년부터 41년까지 일본이 만주국에 투자한 총액은 59억 엔으로 추산되는데 이는 국내 투자액과 비교해 볼 때 상당한 양이었다.[1] 개발은 전간기(戰間期) 유럽 식민주의 담론의 하나였지만, 이 정도 규모의 식민지 경제 투자는 비교적 드문 일이었다. 일본이 경영했던 만철 조직이 확대되었던 것과 마찬가지로, 이 시기 유럽도 식민지 경제 현황을 연구하기 위한 농업, 의학 연구센터 등을 활발히 설립했다. 또한 알베르 사로(Albert Saurrat),[3] 루이스 프랭크(Louis Frank),[4] 프레드릭 거기스버그(Frederick Guggisberg)[5] 같은 유럽의 식민지 관료들은 일본이 만주국에서 실험했던 것에 필적할 만한 기술관료적인 경제 개발 계획을 구상했다. 그러나 식민지가 본국의 재정에 부담이 되어서는 곤란하다는 생각 때문에, 제2차 세계대전이 끝날 때까지 식민지 개발 계획에 재정적 지원이 이루어지는 일은 거의 없었다.[2]

1930년대 일본은 만주의 경제 개발에 자금을 지원했지만, 투자의 규모와 성격이 어떠해야 하는지를 두고 정치적 갈등을 빚었다. 이러한 갈등은 경제외교 정책을 둘러싸고 민관 협력이 강화되는 과정에서 해결되었다. 정부 관료와 기업인들은 국내의 사회경제를 안정시키는 것뿐만 아니라 국제적인 문제에서도 경제 안보와 경제 진출이라는 동일한 목표를 공유하고 있었기 때문에 점차 서로 긴밀히 협력하며 경제 정책을 수립했다. 미국의 한 외교정책사 연구자는 전간기 미국에서 이와 비슷한 경향을 발견하고서 국

---

3. 1911~13, 1916~19년 프랑스령 인도차이나 총독으로 재직

4. 1918~24년까지 벨기에 식민부장관을 지냈으며 벨기에령 콩고의 통치 방침을 책정한 벨기에 정치인

5. 1919년~29년까지 서아프리카 영국령 황금해안의 총독을 지낸 영국 정치인

가와 기업 간의 이해 일치, 민관 엘리트의 상호 침투, 무역협회나 정부 관료제 등의 조직적 수단을 통한 정책의 공동 수립과 같은 현상을 설명하기 위해 '코퍼라티즘(corporatism)'이라는 용어를 사용했다.[3] 그러나 일본의 예가 보여주듯이 급박한 국제경제 상황으로 인해 국가와 기업이 뜻을 같이했다고 해서 꼭 그 협력 과정이 원활했거나 이해관계의 조정이 조화롭게 이루어진 것은 아니었다. 만주 개발에 대한 기대는 거대 기업과 관동군이 불편한 동업 관계를 이어가도록 만들었다. 그러나 둘 사이에는 경제 정책의 방향성에서 근본적인 차이가 있었으며 일본판 코퍼라티즘은 내부 모순으로 가득 차 있었다.

어떤 면에서 경제계는 이 대립 관계에서 우위를 점하고 있었다. 자본과 전문지식을 지닌 은행가와 기업가는 만주 개발의 운명을 결정할 힘을 갖고 있었다. 그러나 경제계의 역할에 대한 역사적 기록은 일관적이지 않으며 우리에게 두 가지 상반된 인상을 준다. 자본가는 관동군의 개발 계획이 잘못되었고 수익성이 없다고 여겨 만주 개발에 참여하지 않으려 했다. 하지만 만주로의 경제 진출은 전례 없는 규모의 자본 수출을 동반했다.[4] 경제계, 특히 대기업이 협조적이지 않았다면 그 자금은 대체 어디에서 나온 것일까?

이 의문의 답은 재계와 육군 지배하 만주국 정부 사이에 만들어진 독특한 성격의 협력관계에서 찾을 수 있다. 이들은 사실 만주에서 일종의 거래를 하고 있었다. 재계와 군부는 만주의 장래와 경제 개발 목표를 두고 의견이 일치하지 않는 경우가 많았지만 양쪽 모두 갈등을 겉으로 드러내고 싶어 하지 않았다. 육군은 대장성이나 상공성의 비난을 감수하면서까지 재계를 배척할 수 없었으며 재계도 육군의 도움 없이는 만주에서 어떤 일도 할 수 없었기에 서로 협력할 수밖에 없었다. 이들의 협력으로 만주국 건설의 재정적 기반이 만들어졌다. 재계와 육군의 협력은 실질적인 동맹 관계라기보다는 불가침조약에 가까웠으며 단지 상호 간의 선의를 공개적으로 보장하는 정도에 그쳤다. 이들의 동업 관계가 내내 불안정했다는 사실은 만주국의 경제가 불안정한 기반 위에 서 있었음을 의미했다. 만주 개발의 목적과 실행에 일관성이 없었다는 점은 만주 경제가 위기를 맞이한 주요 원인이었으며 이를 해결하기 위한 노력에도 악영향을 미쳤다.

군부와 자본가는 비록 정책의 세부 사항에서 갈등을 빚긴 했지만 만주 경제 개발의 잠재력을 믿는다는 점에서는 뜻을 같이했다. 양쪽 모두 새로운 제국에서 일본의 경제 위기를 해결할 희망을 보았다. 당시 일본 경제는 국내외 시장에서 어려움을 겪고 있었으며 세간의 말로는 '막다른 길'에 서 있는 상태였다. 만주국에서의 식민지 개발은 불확실한 시대의 경제적 만병통치약이자 세계 경제의 폭풍 속에서 표류하는 일본의 생명선이 되었다. 군부와 기업가의 불편한 동업 관계가 만주국이 존속했던 시기 내내 유지될 수 있었던 것은 새로운 제국에 대한 꿈이 이들을 하나로 묶어 놓았기 때문이었다.

일본 경제계의 만주 개발 계획, 1932~1933

1932년 초 일본의 재계 지도자들은 만주국의 경제적 잠재력에 대한 기대감을 드러내기 시작했다. 같은 해 3월 괴뢰국가 만주국이 세워지자, 사업가들은 만주국 내 이권을 조정하고 발전시키며 로비를 진행하는 데 필요한 조직을 설립하기 위해 빠르게 움직였다. 건국 선언 후 몇 주가 지나지 않아서 도쿄의 사업가들은 "도쿄시 상공업의 발전을 위해 만몽의 경제방면 조사를 수행"할 위원회를 임명하도록 시의회를 압박했다. 그 결과 1933년,

400쪽에 달하는 만주 수출 시장 안내서가 출간되었다. 이 책에는 만주의 일본 기업과 도쿄 수출업체의 목록도 포함되어 있었다.[5] 또한 도쿄상공회의소는 여름 내내 도쿄만몽수출조합 설립에 힘썼다.[6] 한편 오사카 상공회의소 대지(對支) 문제 조사위원회는 만주로 조사단을 파견했다. 이들의 조사 결과는 『현지조사 만몽 경제의 실상』이라는 제목으로 발표되었다.[7] 당시 큰 영향력을 갖고 있던 일본상공회의소는 1992년 2월 재계 지도자들을 만주로 보내 관동군과 만나고 현지를 돌아보게 했다.[8] 같은 해 5월부터 12월까지 도쿄와 오사카 소재 은행과 기업의 경영진들은 만주의 산업·관세·금융 및 기타 정책에 대한 경제계의 입장을 정리하고 제안서를 작성하기 위해 모임을 가졌다.[9]

이처럼 부산한 움직임은 일본 경제계가 만주의 경제적 가능성에 상당히 큰 기대를 갖고 있음을 보여주는 것이었다. 그 기회를 살리기 위해 경제계가 수립했던 경제 개발 계획은 만주 경제의 제국주의적 코퍼라티즘을 형성하는 데 근본적인 역할을 했다. 만주국 건국의 초기 몇 년 동안 제국주의적 코퍼라티즘의 두 가지 주요 특징이 나타났다. 첫째, 새로운 제국에서 자본가의 이익을 대변하기 위한 제도적 장치가 어느 정도 마련되었지만, 일본 경제계 내의 다양한 목소리를 하나로 통일하기에는 역부족이었다. 제국 전체를 넓은 시야에서 바라보았던 기업가들은 새로운 시장의 가치와 기타 해외 지역에서 얻을 수 있는 기회비용을 저울질했으며, 이런 점에서 각자 만주국의 경제적 가능성을 달리 평가했다. 결국 자본가 전체를 대변하는 목소리는 만들어지지 못했다. 둘째, 관동군은 만주합작투자의 가능성에 대해 어떤 때는 호의적으로, 또 어떤 때는 냉담하게 반응함으로써 경제계에 혼란을 가중시켜 상황을 더욱 복잡하게 만들었다. 관동군은 코퍼라티즘적인 동맹 관계에 불신과 우유부단한 태도를 보임으로써 갈등을 한층 깊어지게

 　　　　　　　　　제3부: 식민지 개발과 만주에서의 실험, 1932~1941

했다.

만주 점령 초기에 경제계가 보인 반응은 이들 내부의 분열을 분명히 보여준다. 만주사변은 경제계의 여러 주요 분야에 영향을 미쳤지만 모든 곳이 동일한 영향을 받은 것은 아니었다. 중국 내 군사 지배 영역이 확대되면서 생긴 이해관계에 따라 기업가들은 크게 두 가지 기준으로 나뉘어졌다. 첫째는 만주에서 상업 활동이나 철도 등 운수업에 종사하는 경우와 일본 국내 사업체 간의 구분이며, 둘째는 중국 시장 관련 일본 사업체 중에서도 주로 만주를 제외한 중국 내지를 주요 거래 대상으로 삼고 있는 경우(섬유업체)와 만주를 포함한 중국 전역에서 이윤을 얻는 경우(대규모 금융-산업 복합체, 이른바 재벌)로 나누는 것이다. 첫 번째 경우 만주의 일본 기업들은 중국 내 이권회수운동에 직접적인 위협을 느꼈기 때문에 자신들의 이익을 보호하고자 일본의 군사 개입을 환영했다. 만주 상공회의소와 만철로 대표되는 만주 기반 기업들은 대체로 잘 조직되고 단결되어 있었으며 육군에 대한 지지를 노골적으로 표명했다. 만주에서의 사업을 기반으로 하는 자본가에게 만주 권익의 보호는 중요하고도 유일한 문제였지만 일본 국내 기업인의 상황은 그렇지 않았다. 국내 기업인들은 만주에서 어떻게 움직여야 할지에 대해 정보가 적었을 뿐 아니라 열정적이거나 조직적이지도 않았다. 이는 기업 대부분이 만주나 중국의 다른 지역에서 활동했던 경험이 적었기 때문이기도 하다. 그러나 중국 시장과 오랫동안 관계를 맺어왔던 기업조차 만주의 군사 개입으로 얻는 이익은 다른 여러 요인에 의해 얻는 이익과 비교해 볼 때 그다지 매력적이지 않았다.

재벌의 경우 군사 행동으로 이익을 얻을지 아니면 손해를 볼지 가늠하기가 더욱 복잡했다. 재벌은 만주 경제에 깊이 관여하고 있었으며 이들은 만철의 민간 소유 주식 대부분을 보유하고 있었다. 그러나 일본의 해외 무역을 지배하고 있던 재벌에게 중국의 장성 이남 지역 또한 중요한 투자처였다. 무역 외에도 미쓰이나 미쓰비시 같은 재벌은 국내외 여러 분야에 투자하면서 광업, 은행업, 제조업 등으로 사업을 다각화하고 있었다.[10] 그렇기에 재벌은 만주에서의 군사 행동을 공개적으로 지지하기로 결정하기 전에 만주사변이 만철 주식에 끼칠 영향을 여러 각도에서 평가했을 것이다.

이해관계의 복잡함 외에도 만주사변을 공개적으로 지지할지 결정하기 전에 재벌이 고려해야 할 또 다른 요소는 바로 대중의 신뢰 문제였다. 이는 어쩌면 경제적 이해관계보다 더욱 중요한 것일지도 몰랐다. 1930년대 초 재벌은 이미 대중의 신뢰를 잃어버린 상태였다. 대기업이 거두는 막대한 수입에 대한 반감이나 미쓰이와 미쓰비시가 각각 정우회와 민정당을 매수했다는 인식이 널리 퍼졌다는 사실 외에도,[11] 1931년과 32년에 터진 몇 차례의 스캔들은 이들이 국익을 해치는 매국노 집단이라는 평판을 얻게 했다. 그중 가장 악명 높은 것이 1931년 가을의 '달러 매수 사건'이었다. 수년 동안 고정환율제를 유지할 것이라고 일본 정부가 공언했음에도, 1931년 9월과 10월 재벌계 은행들이 저지른 막대한 금액의 환투기는 금본위제를 유지하기 위해 사력을 다했던 정부의 노력을 헛되게 했다.[12] 더욱이 미쓰이 물산이 중국 제19로군(1932년 상하이에서 일본군과 싸웠던 부대이다)에게 철조망을 판매했으며 장쉐량 군에게도 소금을 공급했다는 뉴스는 재벌은 이익을 얻기 위해서는 나라도 팔아넘기려 한다는 거센 비난을 불러일으켰다.[13] 1932년 3월 미쓰이 그룹 총수였던 단 다쿠마(團琢磨)가 암살되고 우익 테러단체의 암살 대상 명단에 재벌의 이름이 빈번히 오르내렸던 것은 재벌에 대한 대중의 적개심이 극에 달했음을 보여준다. 이 모든 상황으로 인해 재벌은 만주국 건설에 적극적으로 지지를 표명할 수밖에 없었다. 만주 점령 초기, 민정당 내각이 더 이상 점령지를 확대하려 하지 않자 재벌의 영향력 하에 있

　　　　　　제3부: 식민지 개발과 만주에서의 실험, 1932~1941

던 일본공업클럽은 불확대 방침을 폐기해 달라는 청원을 했다.[14] 재벌의 군 지지는 이후에도 계속되어서 미쓰이, 미쓰비시, 스미토모 등은 만주사변 지원 모금 운동에도 적극적으로 참여하는 모범을 보였다.[15]

만주에서의 군사 행동으로 가장 큰 손해를 입을 수 있는 일본 국내기업은 섬유 산업과 관련된 제조, 무역, 선박회사였다. 1890년대 이래 오사카와 고베를 중심으로 하는 간사이 지역의 섬유 산업은 일본의 산업화를 선도해 왔다. 아시아 시장에서의 판매량 증가는 면포를 생사(生絲) 다음가는 주요 수출품으로 자리 잡게 했다. 재벌 자본의 지배를 받지 않던 유일한 분야인 섬유 산업은 일본에서 가장 오래되었으며 강력한 산업 카르텔인 일본 방적연합회(1882년 설립) 아래 일찍부터 조직되어 있었다.[16] 1896년 청일통상항해조약(청일전쟁 이후 체결된 불평등조약) 이래 1931년 만주사변에 이르기까지 일본의 섬유 산업은 중국 시장에 의존하여 성장했다. 생산품의 수출 비중이 증가함에 따라(1900년에 8%였던 것이 1930년에는 42%를 차지했다) 중국은 수출 확대의 중심이 되었다. 1900년에는 중국이 섬유 수출의 30%를 차지했으며 1910년에는 78%까지 증가했다가 1920년에는 47%, 1930년에는 42%로 감소했다.[17] 제1차 세계대전 전까지 대중국 수출품은 면사가 대부분을 차지했으나, 중국 민족자본으로 세워진 면방적공장이 등장하고 현지에 일본인 소유의 방직공장이 늘어나면서 주요 수출품은 면사에서 면포나 면제품으로 바뀌었다.

이러한 수출은 대부분 동북 지방보다는 중국 본토, 즉 장성 이남 지역을 대상으로 한 것이었다. 일본 섬유 산업계의 해외 투자가 집중된 지역은 상하이와 칭다오였다. 1920년대 만주 지역으로의 수출은 중국 내지의 10분의 1에도 미치지 못했다.[18] 군벌이 통제하는 동북 지역에서 무장병력의 보호를 받던 만철과는 달리 중국 내지의 섬유 산업은 중국 민족주의자들의 손쉬운 표적이었다. 대표적인 것만 들더라도 1915년, 1919년, 1923년, 1925년, 1928년에 일본상품 불매 운동이 있었으며 상하이에 있는 일본인 소유 방직공장들은 1918년에서 1929년 사이 무려 119차례나 파업을 겪었다.[19] 이와 같은 이유로, 만주에서 군사 행동이 시작되었다는 소식을 들은 간사이의 산업계는 두 가지 상반된 반응을 보였다.

처음에 간사이의 자본가들은 공개적으로 군부를 지지하며 재벌과 같은 입장을 취했다. 전국적으로 자본가에 대한 적대감이 만연한 분위기 속에서, 이들은 전쟁지원 캠페인에 거액을 기부하고 신문의 기부자 명단에 이름을 싣는 등의 방법을 통해 적대감을 희석하려 했다. 그러한 맥락에서 9월 28일 오사카 상공회의소, 재화방적연합회(在華紡績連合會), 오사카 경제회 등 12개 오사카 경제단체는 오사카 대지경제연맹(大阪對支經濟聯盟)을 설립하고 군사 행동에 대해 지지를 표명했다. 연맹은 "이번 기회에 중국을 철저히 응징하고 만몽 문제의 해결을 꾀하는 것이야말로 나라를 위하는 것이라고 일반 상공업자의 여론을 환기"할 것을 결의했으며, 도쿄로 대표단을 보내 내각과 외교 당국자에게 불확대 방침을 폐기할 것을 청원했다.[20] 그러나 만주의 군사 점령에 항의하는 반일 불매 운동과 파업사태가 번져 나가자, 섬유업계의 태도는 빠르게 바뀌었다. 국민당이 이끄는 반일 운동은 섬유 산업에 큰 타격을 주었다. 한 달 만에 중국 내륙 수출은 76% 감소했으며 10월 초에는 칭다오와 상하이의 많은 공장이 문을 닫았다.[21] 섬유업계는 이러다가는 중국과 전면전을 피할 수 없을 거란 불안감에 휩싸였으며 이는 10월 6일 섬유업계의 비공개회의에서 육군에 대한 강한 비판으로 터져 나왔다.[22] 이달 중순이 되자 섬유업계의 분위기는 군부에 등을 돌리는 것처럼 보였고 한 사업가는 "군부는 만몽의 권익을 보호하는 것에만 힘을 쓸 뿐 중국 무역의 중요성은 등한시하고 있다"라고 불평했다.[23]

만주사변 초기 경제계는 복잡하고 다양한 반응을 보였다. 자본가들은 만주 점령에 열광하는 대중의 모습을 바라보면서 전쟁에 반대하는 목소리를 내는 것을 자중한 채 한발 물러서 있었다. 그러나 여기에는 대외적인 이미지 관리보다 더 중요한 것이 걸려 있었다. 만주의 군사 점령에 간사이 섬유업계가 모순적인 태도를 보였던 것은 중국 시장과의 구조적 관계 때문이었다. 일본제국에서 간사이 섬유업계는 재벌이나 다롄·펑톈 지역의 일본 상인, 그리고 만주국 경제 개발 계획을 지지했던 다른 기업가들과는 서로 입장이 달랐다. 그러나 이 시기 만주국에 대한 경제계의 움직임에서 주목해보아야 할 점은 단순히 통일성이 부족했다는 것뿐만 아니라 가장 손해를 입게 될 사람들조차 반대 의사를 분명히 하지 못했다는 사실이다.

괴뢰국가 만주국에서 사업상의 이익을 보호하기 위해 조직을 만들려는 시도가 처음으로 있었을 때에도 각 구성원들의 이해관계는 서로 일치하지 않았으며, 관동군을 향해 오락가락하는 메시지를 보낸 것에서도 알 수 있듯이 섬유업계는 여기에 그다지 열정적으로 임하지 않았다. 그러나 이런 어려움에도 불구하고 도쿄의 경제 지도자들은 업체의 규모나 입장의 차이를 넘어서는 전국적인 규모의 조직을 만들기 위해 애썼다. 1933년 8월에 열린 회의에서 설립된 일만실업협회는 오사카 섬유업자를 비롯하여 전국 상공업자의 열광적인 지지를 얻었으며, 도쿄, 요코하마, 오사카, 고베, 나고야, 교토 등 6대 공업도시뿐 아니라 가고시마, 니가타, 마쓰모토, 아오모리와 같은 중소도시에 이르기까지 전국의 53개 상공회의소가 협회에 가입했다. 지방 중소도시의 상공업자까지 조직에 참여시킨 것은 그렇게 해야만 협회가 더 큰 대표성을 가질 수 있다고 생각한 도쿄 자본가들의 의향을 반영했기 때문이었다. 만주국의 경제 정책 방향에 대해 관동군과 협상하면서, 협회는 자신들이 전국 경제계를 대표하고 있다고 주장할 수 있었다. 동시에 만주 시장과 관련성이 적은 지역의 기업인들까지 협회에 적극적으로 참여했던 것은 만주국이 가진 흡인력을 보여준다.[24]

　일만실업협회의 주목할 만한 또 다른 특징은 그 구성원이 매우 다양했다는 점이다. 예를 들어 1933년 1월 도쿄에서 처음으로 회원을 모으기 시작하자 은행가와 제조업자, 상인 다수가 이에 참여했다. 이들은 모두 만주 개발에 각자의 역할이 있으며 만족할 만한 이익이 있을 것으로 생각했다. 즉 각 참여를 표명한 도쿄의 기업으로는, 보험 회사, 조선 회사, 제분 회사, 시멘트 제조회사, 백화점. 항공기 제조사, 영화 제작사, 제과업체 등이 있었다. 일만실업협회가 여러 분야의 크고 작은 업체를 망라한 것은 협회에 중소도시 소재의 업체가 포함된 것과 마찬가지로 협회의 조직 전략과 이들의 메시지가 가진 호소력에 기인했다. 협회는 다양한 집단을 포함하여 협회 내 재벌의 영향력을 축소하려 했다. 제과업체와 같은 업종까지 그 호소에 응한 것은 만주 시장이 가진 가능성에 이들이 설득되었기 때문이었다.[25]

　그러나 포괄성이라는 외피를 두르고 있었음에도 일만실업협회는 여전히 여러 면에서 도쿄 중심적이며 재벌 지배하의 조직이었다. 지역 상공회의소를 통해 참여한 것이 아니라 독자적으로 회원권을 구입한 회사는 주로 도쿄에 집중되어 있었으며 그중 가장 큰 비중을 차지한 것은 재벌계 회사였다. 미쓰이 은행, 미쓰이 물산, 그리고 지주회사인 미쓰이 합명회사 등 미쓰이 그룹 계열사만 하더라도 1934년 2월 도쿄의 273개 회원사 중 70개에 달했다. 오지제지(王子製紙), 도쿄 모슬린, 동양 레이온 등 미쓰이 산하 회사도 25개에 이르렀다.[26] 게다가 협회 회장인 고 세이노스케(鄕誠之助)와 부회장 유우키 도요타로(結城豊太郎)는 각각 재벌기업인 미쓰이, 야스다와 관련된 인물이었다.

　그럼에도 만주에서 모두의 이익을 대변하겠다고 나선 협회의 목표가 그저 말뿐이었던 것은 아니었다. 협회는 지방에 있는 회원들과 소통하기 위해 진지한 노력을 기울임으로써 이를 증명했다. 협회는 본부를 도쿄에 두긴 했지만 전국 상공회의소 회원과 연락망을 유지하는 데 특별히 신경을 썼다. 실제로 협회 간부 중 한 명은 1934년 내내 협회의 조사 결과를 지방에 전달하여 설명하고 또 해당 지역의 의견을 청취하기 위해 일본 전역을 오갔다.[27] 협회는 1936년에 오사카 지부를 설립함으로써 도쿄에 편중된 문제를 바로잡으려 했다.[28] 재벌의 지도자들이 협회의 회장과 부회장을 맡은 반면, 오사카, 도쿄, 나고야, 교토, 고베, 요코하마, 하카타, 히로시마, 모지, 니가타의 상공회의소 회장들은 협회의 중역을 차지했다.[29] 이처럼 경제계는 내부의 분열에도 불구하고 만주국에서 자본가를 대표하는 목소리를 낼 수 있도록 통일된 조직을 만들었다.

일본 경제계가 만주 경제에 대대적으로 진출한 것은 새로운 시작을 의미했다. 만주에서의 경험이 부족한 이들을 돕기 위해 협회는 회원들에게 만주 경제에 대한 기본적인 정보를 제공해 주었으며, 낯선 지역에서 사업을 확대하는 방법도 알려주었다. 이런 의미에서 협회는 많은 기업인이 만주와 처음 접할 수 있도록 도와주는 중개자였다. 1933년 8월 다롄에서 열린 일만실업간담회(이때 일만실업협회가 설립되었다)를 계기로 많은 일본 기업인이 처음 만주를 방문했다. 참석자들은 정부 고위 관료, 만철 총재, 만주의 일본실업협회 등의 강의를 듣고 간담회를 가졌다. 또한 이들은 만주를 여행하며 직접 곳곳의 상황을 살펴보기도 했다. 이 행사의 참가자들은 일곱 개의 각기 다른 코스로 나뉘어 만주국 전역을 돌아보았다. 2주 일정의 이 여행 코스는 대부분 신징(新京), 펑톈, 지린을 경유했으며 그 후 일부는 조선이나 북중국 방면으로, 다른 일부는 북만주나 안산, 푸순과 같은 광업 중심지로 향했다.[30]

일본의 경제계 지도자 상당수가 이 회의에 참석했다. 회의에 참석한 119명의 기업인과 12명의 지방 관료 중에는 53개의 상공회의소 직원과 일본 주요 도시의 시장도 포함되어 있었다.[31] 만주 시장을 전혀 고려하지 않았던 일본의 국내 기업가들에게 만주의 새로운 면모를 소개함으로써, 이 회의는 국내 시장을 지배하던 이들에게 큰 영향을 주었다. 오사카 시장은 "어쨌든 나는 메이지 39년 러일전쟁 직후 군정이 성립했을 때의 만주밖에 알지 못하기 때문에, 신(新)만주국의 전모를 보고 모든 것에 경탄할 따름이다"라고 말했다.[32] 협회의 의도대로 이 회의를 통해 오사카 시장뿐 아니라 여러 유력 인사들이 만주국을 기회의 땅으로 보기 시작했다. 협회는 연구회, 강연, 선전물, 보고서 등의 수단을 통해 이 메시지를 전국의 기업인에게 전파했다. 그 결과 만주국 건국 초기에 수많은 사업 계획이 세워질 수 있었다. 그러나 협회가 일본 사회에 준 가장 큰 영향은 무엇보다 '기회의 땅' 만주국의 이미지를 대중화한 것이었다.

군부의 엇갈린 신호

일만실업협회가 만들어지는 사이에, 관동군과 만주국 정부는 당시 군사 점령하에 있던 중국 동북 4성(랴오닝, 지린, 헤이룽장, 러허)의 경제에 침투하기 위한 정책을 마련하고 있었다. 처음 관동군은 만주의 새로운 경제 체제에서 민간이 어떤 역할을 할 것인지에 대해 모호한 태도를 보였다. 1932년 1월에 열린 경제정책회의에 일본상공회의소 대표를 초대하거나 군 대표자가 기업인과 만나 함께 논의하는 자리를 마련하는 등 때때로 관동군은 기업인들의 호의를 얻고자 노력했다.[33] 이러한 자리에서 군 관계자는 관동군이 민간 기업과 협력하길 원한다고 이야기했으며 기업인은 군과 협력하는 것

　　　　　　　　　　　제3부: 식민지 개발과 만주에서의 실험, 1932~1941

에 대해 낙관적인 전망을 가지고 돌아갔다. 1932년 3월 말 만주에서 돌아온 일본 상공회의소의 한 일원은 "만주에서 현지 군부 수뇌부를 비롯한 민관 유력 인사들과 의견을 나누었지만 군부 당국 또한 국내 자본의 투자를 환영하고 있으며, 군부가 자본가를 압박한다는 것은 인정할 수 없다. 신만주가 건설됨에 따라 우리 일본은 가능한 많은 재정을 지원하여 공존공영을 도모해야 한다"고 언론에 전했다.[34]

그러나 관동군이 자본가에게 적의를 가지고 있다는 내용이 언론에 보도되기 시작하면서 훈훈했던 분위기는 사라지고 말았다. 1913년 12월 기업인 야마모토 조타로(山本条太郎)와 만난 자리에서 아라키 사다오 육군대신은 육군의 의도가 만주에서 "자본가가 이익을 농단하는 것을 배제"하고, "만몽의 수익을 신만몽의 완전한 건설과 철저한 개발에 재투자"하는 데 있다고 말했다고 한다. 혼조 시게루 관동군 사령관 또한 어느 기업인 손님과 건배하면서 "일본의 개조를 만주를 통해 이루고 싶다. 그것이 어렵다면 최소한 만주에서 금융자본이나 정당 세력은 반드시 배제하고 싶다"라고 말한 것으로 알려졌다. 일본 우익과 국가 사회주의자들이 널리 공유했던 이와 같은 견해는 한마디로 '재벌은 만주에 들어오면 안 된다'는 관동군의 비공식적인 슬로건으로 요약되었다.[35]

1933년 3월 만주국 정부가 '만주국 경제건설강요(滿洲國經濟建設綱要)'를 발표하자 관동군이 기업인을 적대시한다는 이야기가 사실임이 드러났다. 도쿄와 오사카의 재계는 국가계획과 통제경제는 기존 국내 생산과 경쟁할 수 있는 산업을 규제하는 데 그쳐야 한다는 견해를 군부에 분명히 전달했다. 또한 이들은 통제경제라는 명목 하에 만주 개발을 위한 자유로운 투자를 막거나 산업 경영에 개입하고 수익률을 규제하며 수익의 사용처를 제한해서는 안 된다고 목소리를 높였다.[36] 그러나 '만주국 경제건설강요'는 이를 모두 무시한채 경제 개발이 "일부 계급에 농단"되는 것을 막고 "국민 전체의 이익"을 보호하기 위해 "중요경제 부문에 국가 통제가 적용"될 것이라고 공표했다.[37]

'만주국 경제건설강요'는 '일만 통제경제' 또는 '일만 블록 경제'라고 불리는 경제 개발을 감독하기 위한 복잡한 규제 절차를 마련했다. "국방 또는 공익적 견지에서 중요한" 첫 번째 그룹의 산업은 특수회사를 통한 국가 통제의 대상이 되었다. 또한 "국내 수요에 따라 통제 하에 순차적으로" 발달해야 하는 두 번째 그룹의 산업에 뛰어 들려면 정부의 허가를 받아야 했다. 그 외의 모든 산업은 세 번째 그룹에 속하며 표면적으로는 민간의 자유로운 진입이 가능했다. 그러나 실제로는 두 번째 그룹의 허가보다 간단하긴 하지만 정부의 허가가 필요했다.[38]

'만주국 경제건설강요'의 발표는 만주국에서 제국주의적 코퍼라티즘 체제를 만들고자 한 일만실업협회의 노력이 실패로 돌아갔음을 보여준다. 관동군은 협회의 조언을 단호히 거절했으며 만주국의 경제정책 결정 과정에서 이들을 일방적으로 배제했다. 이러한 관동군의 행태에 기업인들은 분노했다. 오사카의 어느 사업가가 한 말에서도 알 수 있듯이 이들은 '만주국 경제건설강요'가 자본에 대한 근시안적인 적대감을 드러냈다며 비난했다.

> 만약 만주국 산업에 완전한 통제경제 방침이 실행된다면, 당장 필요한 일본으로부터의 자본 유입은 제한될 것이다. … (이러한 주문은 적어도) 자본주의 하의 자본을 끌어들일 수 없다. 더욱이 만주 일부에서 자본가를 배격하라는 목소리가 크게 울려 퍼지고 있는 점도 자본의 유입을 상상 이상으로 저해하고 있다. … 이론(理論)은 접어두더라도 만주 신국가가 당장 자금을 조달할 수 있는 방법은 일본 자본가의 진출 말고는 다른 것이 없다. … 현재 이야기하는 자본의 의미로는 애국심만으로 자본을 제공하게 할 수 없다.[39]

만주 개발에 자본가의 투자를 용인할지 말지 결정하는 과정에서 군부가 보인 변덕스러운 태도는 기업인들에게 식민지 경영에서 군부를 신뢰할 수 없다는 인상을 남겼다. 관동군과 협조하여 만주국에서 신경제 체제를 수립하기 위해 힘써 왔던 일만실업협회 등의 경제단체는 군부가 실업계의 제안을 거부하자 이를 담담히 받아들였다.

만주국에서 흘러나오는 정보나 '만주국 경제건설강요'의 반자본적인 태도가 국가가 통제하는 산업 개발 계획에 참여하는 이들의 열의를 꺾긴 했지만 민간 기업들은 만주국에서 물러날 생각이 전혀 없었다. 만주국을 군부의 손에 내버려 두지 않겠다고 결정한 것은 국내외 경제가 모두 위기였던 당시의 상황이 영향을 미쳤다. 1920년대 말부터 30년대 초에 이르기까지 일본 경제는 은행 도산, 주식시장 붕괴, 금본위제의 채택과 폐지, 환율의 극심한 변동, 국제 무역의 침체와 보호무역주의 대두, 계속되는 중국의 일본상품 불매 운동 등의 어려움을 겪었다. 위태롭고 불확실한 경제 상황 속에서 기업인들은 일본이 지배하는 만주 시장의 확보를 간절히 바랬다. 만주국 정부와 달리 기업인들은 이윤의 획득을 최우선 가치로 삼았다. 그렇다고 이들이 정부 정책에 노골적으로 반대했던 것은 아니었다. 다만 상황을 자신에게 유리하게 바꾸기 위해 노력했을 뿐이다. 경제단체들은 자원 개발을 위한 국책사업 등 경제 건설에 핵심적인 분야에는 관망하는 태도를 취하는 반면 소비재 수출처럼 과거 이미 수익성이 증명된 분야에는 과감하게 뛰어들었다.

이러한 이유로 일만실업협회는 공식성명을 통해 경제 건설에 관한 정부의 레토릭에 적극 지지를 보내기로 결정했음을 밝혔다. 이 글에서 일만실업협회의 설립은 "만주국의 건국으로 제반 환경"이 "급격히 변화"하는 상황 속에서 이루어진 것이라 규정하면서 협회의 설립을 통해 "동아시아 전체에 평화를 확립하려 한다"고 당당히 천명했다.

> 우리는 밀접하고 서로 떨어질 수 없는 관계임을 깨달아 … 일만 경제 협력
> 및 일만 산업 통제라는 명분 아래 긴밀한 협력과 친선을 증진시키기 위해 이에
> 일만실업협회를 설립한다. 양국 기업가 간의 전적이고 조화로운 협력을 장려
> 함으로써 만주국의 경제 건설과 일만 경제 협력에 기여하며 양국의 공동 번영
> 과 공존을 위한 길을 닦는 것을 목표로 한다. [40]

일만실업협회는 일만 경제를 통제하고 통합하는 정책을 과장된 언사로
칭송하면서 만주국의 정책을 지지하고 있음을 공개적으로 표명했다.

일만실업협회 등의 조직을 통해 일본의 경제 지도자들은 만주국 개발을
위해 등장한 새로운 경제적 제국주의에 적극적으로 동참했다. 비록 이들은
만주국 정부 정책에 근본적인 의구심을 갖고 있었지만 이미 결정이 내려지
고 돌이킬 수 없게 된 이상, 중요한 초기 단계부터 공공연히 적대감을 드러
내기보다는 계획에 협조하면서 이익을 얻어 내는 것이 최선이라고 생각했
다. 이렇게 해서 대기업과 만주국 사이에 허울뿐인 협력관계가 시작되었
다. 이들의 관계는 겉으로는 존경과 우호를 표했지만, 그 미소 뒤에는 서로
의 목표를 냉소적으로 경멸하면서 자신의 행동이 상대방의 이익을 해치는
것도 마다하지 않는 냉혹함이 도사리고 있었다.

경제 개발에 대한 두 상충된 비전

민간 기업과 만주국 정부 모두 일만 경제 통합을 촉진하기 위해 노력했
지만, 만주 개발의 구체적인 방법을 두고 벌어진 논쟁은 두 집단이 가진 생
각의 차이를 드러냈다. 경제단체와 만주국 정부에서 발행했던 일간지, 종

합잡지, 경제지, 팸플릿 등의 대중매체에 이러한 논쟁이 넘쳐나면서 갖가지 슬로건과 이론이 서로 뒤엉켜 경쟁하기 시작했다. '일만 통제경제', '일만 블록', '일만 제휴', '불가분의 관계', '경제 건설', '경제 개발', '공존공영', '경제적 자급자족' 같은 용어의 유행은 상충하는 여러 정책이 가진 다면적이고 자기 모순적이며 혼란스러운 특징을 잘 보여준다. 어떤 이는 "너무나 많은 이론의 생산은 만몽경제사정의 '인식 부족'이 아닌 '인식 과잉'을 가져와 사람들을 혼란에 빠뜨린다. 일만 통제경제론의 통제되지 않는 과잉생산을 하루 빨리 정리하고 통제해야 하지 않겠는가"라고 말하면서 이 문제를 '인식 과잉'의 측면에서 다루었다.[41] 1930년대 초 새로운 경제적 제국주의를 실현하기 위한 이러한 상반된 비전들은 적어도 만주국이 모두의 이익을 수용할 수 있을 만큼 충분히 크다는 점에서는 생각의 일치를 이룰 수 있었다. 이해관계가 상충하더라도 파이 자체가 무궁무진하기에 그 몫을 두고 다툴 필요가 없었던 것이다. 양쪽 모두 만주국을 유토피아의 관점에서 바라보았지만, 그 유토피아가 구체적으로 무엇을 의미하는지는 보는 사람에 따라 서로 달랐다.

만주국 정부가 그린 낙원은 잘 짜인 계획에 따라 단계적으로 산업화를 진행하는 국가 자본주의의 모델이었다. 소련의 국민경제 5개년 계획의 영향을 받아 만들어진 '만주국 경제건설강요' 초안은 마르크스주의 이데올로기와 분리하기 위해 만들어진 개념인 '왕도주의 경제'의 실천을 주창했다.[42] "세계에서 그 유례를 찾을 수 없는 새로운 경제 구조"의 건설을 약속하면서 '주요 경제 부문'에 대한 급진적인 국가 통제 프로그램이야말로 각 경제 영역의 종합적인 발전을 가능하게 할 것이라 주장한 '만주국 경제건설강요'는 '합리화', '협조', '통제' 등의 표현을 사용하며 국가의 관리하에 자본주의의 근본적인 개혁이 있을 것임을 알렸다.[43]

그러나 경제 성장을 위한 전략으로 이러한 생각은 전혀 새로운 것이 아니었다. 일본이 대만, 조선, 관동주를 식민지로 삼은 이래 동양척식주식회사, 만철 등의 국책회사나 대만은행, 조선은행 같은 국책은행은 이들 지역의 경제 운용에 관여해 왔다. 중국에서도 일본 정부는 일본 민간 기업의 활동을 면밀하게 감시했다. 예컨대 양쯔강 무역에서 일본 기업 간의 경쟁이 파괴적인 양상으로 흘러가자 1906년 정부는 해운회사 4곳을 합병하여 정부의 통제를 받는 닛신기선회사(日清汽船會社)로 만들었다.[44] 국책회사는 줄곧 일본의 식민지 경제를 지배해 왔으며 민간의 관여를 규제하고 기업 활동을 감독했다. 또한 국책회사는 철도 건설 장기계획과 산미증식계획을 실행하는 등 이미 식민지 경제를 조정하고 통제하는 중요한 역할을 하고 있었다. 그러나 '만주국 경제건설강요'의 내용은 이들 국책회사의 활동과 두 가지 점에서 큰 차이가 있었다. 첫째, 만주국의 군 입안자들은 국가 자본주의를 중공업화를 이루는데 사용하려 했는데, 이러한 생각은 급진적이며 지금까지 시도된 적이 없는 것이었다. 둘째, 이들은 터무니없게도 만주국이라는 실험이 일본 국내에 국가 통제주의가 이루어지는 새로운 시대로 인도할 것이라 예측했다. 일단 만주에서 자본주의의 개혁이 성공하고 나면 그 교훈이 본국의 경제에도 적용될 것이라 생각한 것이다.

민간 부문도 만주국의 미래에 대한 자기 나름의 비전이 있었다. 다만 이들은 자본주의 개혁의 유토피아를 추구하기보다는 경제공황에서 벗어나길 바랐다. 동양경제신보 등의 경제신문은 "만주의 번영"으로 인한 치유력에 대해 열광적으로 이야기했다.[45] 신문 기사는 무역이 확대되고 있으며 경제에 긍정적인 영향을 주는 인플레이션이 나타났다고 언급했다. 투자업계 또한 "만주로 눈을 돌렸다." 신체제 아래에서 그동안 일본의 권익 추구를 방해했던 속박이 풀리고 '만주국 경제건설강요'로 일본 제품의 수요가 증가했으며 일만 블록 경제가 확립되면서 새로운 만주에 대한 "기대가 커졌다."[46] 경제평론가 다카하시 가메키치(高橋亀吉)는 어려움에 봉착한 일본 경제에 만주가 해결책이 되어 줄 것이라는 세간의 인식을 일본 본토와 식민지가 상호보완적인 필요성을 갖고 있다는 측면에서 다음과 같이 설명했다.

오늘날 세계는 이른바 상품 과잉생산 시대로 일본 또한 많은 생산설비와 노동자가 유휴 상태에 있다. 그저 유휴 상태에 있는 것을 동원하기만 해도 만주 문제로 물자의 수요가 급격히 증가한 것을 큰 어려움 없이 해결할 수 있다. 즉 과거의 일본이라면 만주국 건설비용을 '돈'으로 지불해야 했지만, 오늘날의 일본은 이를 '물자'로 지불할 수 있게 된 것이다. 게다가 돈으로 지출할 수밖에 없는 적은 부분도, 만주국이 없었다면 불가피하게 '사업 구제' 및 '실업 구제'에 쓰였을 비용을 만주국 건설에 사용하는 것이니 일석이조라 할 수 있다. … 국제연맹의 예상처럼 만주 독립 문제로 일본이 파산하기는커녕, 오히려 일본 자본주의 경제의 경기가 회복되고 내실이 강화되기에 이르렀다.[47]

다카하시의 글에 보이는 자축과 자신감이 넘치는 분위기는 일만 제휴를 다루는 경제지 기사의 공통된 특징이었다. 다카하시가 이 기사를 쓴 1934년만 해도 사태를 낙관할 만한 충분한 이유가 있었다. 세계 대공황 이후 2년간 급감했던 일본의 무역은 1932~33년에 들어 뚜렷한 회복세를 보이고 있었다. 1931년 12월 일본이 금본위제를 폐기하면서 엔화 가치가 급격히 떨어지자, 일본 수출품은 세계 시장에서 경쟁력을 갖게 되었다. 군비 지출의 증가와 더불어 이러한 무역에서의 호황은 일본 경제를 부양하는 데 도움이 되었다. 1933년이 되자 경기 회복의 조짐은 이미 뚜렷하게 나타났다. 미국의 물가 수준이 사상 최저치를 기록하고 유럽에서 공업생산지수가 일제히 하락한 반면, 일본에서는 물가가 20% 회복되고 공업생산지수는

1920년대 수준을 넘어섰다. 일본은 의기양양했다. 군사 작전은 승리했으며 경제 개발은 만주의 모습을 바꾸어 놓았다. 세계 다른 나라들이 여전히 공황에 허덕이는 가운데 일본 경제는 반전을 이루었다.[48]

낙관주의에 취한 이들의 말과 감각 속에서 만주 개발에 대한 다양한 이론들은 모두 공통된 틀을 공유하고 있었다. 그러나 거창한 구호만 같을 뿐, 일만 제휴를 위한 구체적인 비전은 결국 근본적으로 서로 모순된 것이었다. '만주국 경제건설강요'에서 제시된 경제 블록은 전시에 자급자족을 가능하게 하는 무역권의 형성을 의미했다. 이 개념은 이미 여러 사람에 의해 지적되었듯이 제1차 세계대전 당시 세계 각국의 전시 동원 과정을 지켜본 결과 등장한 것이었다.

> 전시경제의 관점에서 일만 경제 블록의 목적은 자원 확보에 있다. … 전시에, 그리고 전후에 걸쳐 나타난 유럽의 물자 부족 사태로 각국은 자원을 확보하기 위해 전력을 다했다. 어떤 이들은 이러한 상황을 근거로 등장한 만주 개발론을 여전히 지지하고 있다.[49]

군 지배하의 만주국 정부는 만주를 일종의 자원기지, 즉 군수산업에 필요한 자원의 공급처로 만들고 싶어 했다. 따라서 자원 개발에 대한 관심은 석탄, 철, 마그네사이트 등 중공업 및 경금속 생산에 필요한 자원 채굴에 한정돼 있었다. 농업 생산은 주요 생산품인 대두조차 그 우선순위가 낮았다. 더욱이 육군은 경제 건설 계획을 통해 만주에서 전략 물자를 확보하는 것뿐 아니라 그곳에서 정련과 제조를 하는 것까지 제안했다. 요컨대 신만주에 대한 육군의 구상은 국방과 공업화를 연계해 전략 물자의 개발과 관리를 효율적으로 수행하는 특수회사의 전시장과 같았다. 만주국 정부나 육군이 간행하는 출판물에는 만주중공업개발회사, 쇼와제강소, 만주화학공업주식회사, 만주석유주식회사, 도와(同和)자동차주식회사가 거둔 "산업 분야에서의 성공"을 과시하는 내용으로 가득했다.[50]

그러나 일본 국내 기업가들이 일만 제휴로 얻고자 한 것은 전혀 다른 것이었다. 오사카의 어느 사업가는 1933년에 다음과 같이 말했다.

최근 만주는 일본상품의 소비 시장으로 큰 호황을 누리고 있다. 대만주 수출액은 3억 엔에 이르렀는데 이는 몇 년 전에 비해 수십 배 증가한 것이며 대중국 수출액을 훨씬 능가했다. 게다가 그 수출품의 60~70%는 오사카에서 생산된 상품이다. 때문에 우리는 만주국의 장래에 큰 기대를 걸고 있으며, 더욱 노력하여 만주국의 발전을 도모하고 그 구매력을 증대시키고자 한다. 특히 영국의 경제적 압박을 비롯하여 일본의 해외 무역이 난관에 빠져 있는 상황에서 유일하게 자유로운 만주에서만이라도 무역을 증진시키고자 내지의 상공인들은 전력을 다해 노력하고 있다.[51]

유례없이 심각한 경제 위기를 타개하기 위해서는 과감하고 새로운 해결책이 필요하며 세계적 추세인 경제 블록화를 따라야 한다는 논의 속에서, 만주라는 희망은 일본 기업가들에게 전설적인 중국 시장을 떠올리게 했다. 그러나 이 익숙한 신화는 지난 몇 년 사이에 수정되었다. 이제 그것은 단순히 거대한 규모의 시장을 의미할 뿐만 아니라 자유로운 활동이 보장되는 시장을 의미했다. 이 새롭고 이상적인 시장은 대영 제국 내 일본의 수출 호황에 찬물을 끼얹은 관세 조치나 기타 보호주의 정책의 위협을 받지 않을 수 있는 곳이었다. 군이 전시 비상사태를 대비하는 것에 중점을 뒀던 것과 달리, 기업인들은 일만 블록 경제를 평상시의 무역권이란 측면에서 바라보았다. 군의 판단에 영향을 준 것은 제1차 세계대전 중의 경제 동원이었지만, 민간업자에게는 세계 경제 공황의 경험이 뇌리에 박혀 있었다. 이들은 세계 경제가 생산 과잉으로 위기에 빠진 시기에 핵심은 군이 생각하는 것처럼 자원을 확보하는 것이 아니라 시장을 확보하는 것에 있다고 생각했다.[52] 그런 의미에서 오사카의 기업가들은 만주가 가진 무역의 '생명선'으로서의 가치를 강조했다.

군부와 달리 경제계는 만주의 공업화를 강하게 반대했다. 강력한 영향력을 지녔던 일본공업클럽(日本工業俱樂部)은 "만주는 가능한 원료 공급지로 남아 있어야 한다. 만주를 일본과 충돌하는 독자적인 신공업지대로 발전시키는 것은 잘못이다. … 만주의 관세는 가능한 저율로 하여 내지 상품의 진출을 장려해야 한다. 공업품은 되도록 내지에서 만들어 만주에 판매해야 한다"[53]라고 주장했다. 요컨대 경제계는 일본이 원자재를 수입한 뒤 소비재를 만들어 만주에 수출하는 식민지 경제 구조의 근본적인 변화를 원하지 않았던 것이다. 이들은 만주에 제조업을 육성하여 국내 산업과 경쟁하게 되는 것에 반대했다. 경제계가 생각하는 만주 개발이란 군과는 완전히 달랐다. 이들의 관점에서 만주 개발은 곧 농업의 발전이었다. 그래야만 중국 농민이 더 많은 돈을 벌 수 있으며, 일본 제품 시장도 성장할 수 있기 때문이었다. 많은 기업인은 확실한 시장의 확보를 환영하면서도 일만 블록이 세계에 전하는 메시지에 대해 복잡한 감정을 가졌다. 오사카의 한 실업가는 "이 용어에는 오해의 소지가 많다. (우리는 일만 경제 블록이란 말보다는) 일만 제휴협조라는 말이 가장 적절하게 그 의미를 나타낸다고 생각한다"[54]라고 말했다. 경제계 지도자들은 자신들이 구미 시장에 의존하고 있다는 것을 잘 알고 있었기 때문에 전 세계적인 보호무역주의의 부상을 부추기지 않으려 했다. 그런 의미에서 일만 제휴에 대한 재계의 시각은 구미와의 관계 지속을 전제로 하고 있어 구미와의 관계 단절을 전제로 한 만주국 정부와는 대조적이었다.

만주국의 경제 개발 구상 초기에 나타난 상반된 비전은 같은 시기 형성된 코퍼라티즘적 협력관계에 존재하던 긴장을 그대로 보여준다. 양쪽 모두 군부와 자본가의 동맹이 가진 모순을 알지 못한 것은 아니었다. 실제로 이들은 서로의 이익이 근본적으로 대립하고 있음을 언급하기도 했다. 이러한 사실을 잘 알면서도 군부와 실업계는 모두 만주 개발의 무한한 가능성을 믿으며 서로 협력했다. 일만실업협회가 전파한 기회의 땅이란 만주국의 이미지는 군의 통제경제계획에 깃든 유토피아적인 이상을 강화했으며, 만주국이 가진 무한한 가능성에 대한 믿음은 군과 기업을 하나로 묶어주었다. 만주국에서 코퍼라티즘적인 협력관계가 유지될 수 있었던 것은 이들 사이에 주저함과 불신, 갈등과 더불어 만주국의 잠재력에 대한 믿음이 있었기 때문이었다.

제국주의적 코퍼라티즘과 엔 블록

만주국 관료와 민간 기업이 그린 두 청사진에 존재하는 모순은 이들이 겉으로는 협조했을지언정 결국은 서로 다른 목적을 가지고 만주 개발 계획을 추진했음을 의미한다. 그러나 이와 같은 균열에도 불구하고 이들은 만주에 새로운 형태의 경제 제국을 건설하는 데 성공했다. 군 관료가 건설 사업을 계획하고 감독하면 민간 금융업자는 자본을 제공했으며, 민간 사업체는 식민지에 국가 자본주의라는 새로운 체제를 유지하는 데 필요한 상품과 물자를 공급했다. 기업인들은 군부가 만주국에서 추진하는 경제 개발 계획의 방향에 기본적으로 동의하지 않았지만 개발 계획에 경제적 지원을 하는 데는 적극적으로 나섰다. 만약 이들이 경제적 지원을 꺼렸다면 식민지 건설은 중단될 수밖에 없었을 것이다. 기업인들이 만주국 건설에 협력한 것은 정부의 강제력이 두려워서가 아니라 협력을 통해 얻을 수 있는 이득이 충분히 매력적이었기 때문이었다.

엔 블록으로 알려진 경제권의 형성은 이 공동 사업의 관건이었다. 일만 블록 경제의 형성은 군에게는 자급자족적 생산권으로 나아가는 첫걸음이었으며 기업의 입장에서는 안정적인 수출 시장을 확보하기 위해 필요한 것이었다. 1930년대 이들이 각각 자신의 목표를 추구해 나감에 따라, 엔 블록은 점차 제도적 형태를 갖추기 시작했다. 1933~34년의 관세 및 통화 정책은 일본과 식민지, 그리고 만주국 사이에 새로운 무역 체제를 만들었다. 그리고 이는 1935~36년 화북 지역까지 확대되었다. 1937년 중일전쟁의 발발 이후 일본의 군사 점령지가 확대되면서 중국의 더 많은 지역이 엔 블록의 영향권 안으로 들어갔다. 이는 마침내 동남아시아의 옛 유럽 식민지 지역까지 확장되어 이른바 대동아공영권을 탄생시켰다. 만주국에서 시작하여 대동아공영권에 이르기까지 엔 블록의 형성 과정은 난관의 연속이었다. 우선 만주국 정부와 민간 기업의 이익이 상충하는 것에서 여러 문제가 발생했다. 또한 제국주의적인 무역 블록으로는 수출입과 자본에 있어 서양 시장에 의존적인 일본의 현실을 극복할 수 없었다. 그럼에도 만주라는 시장이 가진 신화는 마지막까지 강력했다. 만주국에 투영된 낙관주의와 희망은 일본이 불편한 진실을 번번이 무시하게 했다.

엔 블록 구축을 위한 첫 단계에서 경제계는 정부를 대상으로 로비 활동을 하고 엔 블록을 홍보하는 데 적극적인 노력을 기울였다. 경제단체가 만주에서 경제적 기회를 추구하기 시작했을 때 이들이 목표로 삼은 것은 일본 소비재 수출 시장의 개척이었다. 1933년 일본상공회의소가 만주국 문제를 다루면서 가장 강력히 호소한 것은 만주에 들어가는 일본 상품에 대한 수입 관세를 전반적으로 인하할 필요가 있다는 것이었다.[55] 이후 같은 해 다롄에서 개최된 일만실업협회 설립회의에서 기업가들은 이 문제를 두고 강력한 로비를 펼쳤다.

1934년 일만실업협회는 수출업체의 이익을 보호하기 위해 "철도 운임, 통화 개혁, 관세 문제에 대한 장기적인 대책"을 세우는 데 주력했다. 또한 협회는 도쿄, 요코하마 등 대도시뿐 아니라 고치현, 아이치현, 돗토리현 등 전국의 지자체 인사와 무역조합 회원들이 참여한 대규모 만주수출회의를 주최했다. 이 회의에서 육군성, 외무성, 척무성, 만주세무국 등 여러 정부 기관에 진정서를 제출하여 만주의 수입 관세 인하를 촉구한다는 결정이 내려졌다. 협회는 또 수출업체와 관련된 문제를 해결하기 위해 여러 차례 간담회를 가졌으며 만주 무역에 관한 각종 팸플릿을 발행했다.[56] 일본 서해안 및 북일본 지역 항구에서의 수출을 촉진하기 위해 일만실업협회 지부도 만들어졌다. 오사카항이나 요코하마항, 고베항과는 이해를 달리하는 후쿠이현, 이시카와현, 도야마현, 아키타현, 니가타현, 홋카이도의 실업가들이 여기에 참여했다.[57] 또한 동해를 횡단한 뒤 조선을 거쳐 만주로 들어가는 새로운 수출 루트를 촉진하기 위해 수많은 지역단체가 설립되었다. 이들 중 몇은 1936년 4월부터 6월까지 열린 '일만 산업 대박람회'를 도야마시와 함께 공동으로 개최했다. 이 행사는 "일본 산업문화의 진흥과 일만 양국의 친선 및 무역의 진전에 이바지"하는 것을 목적으로 했다.[58] 만주에서의 사업적 이익을 도모하기 위한 조직이 이러한 활동에 열심이었던 것으로 볼 때, 만주에서 사업가가 얻고자 한 것이 소비 시장이었음은 분명해 보인다.

수출 촉진이 일본 민간 기업의 최우선 과제였던 것에 비해 군은 여기에 그다지 관심을 가지지 않았다. 일본 국내 제조업자의 바람에도 불구하고 군부는 경제 발전 비용을 낮게 유지하고 만주국 정부 재정(1932년부터 36년에을 보호하려 했다. 이를 위해 군부는 국내 제조업자를 희생시키는 것도 마다하지 않았다. 목재, 시멘트와 같은 건설 자재 및 철강, 기계류 등 중공업 제품의 관세가 대폭 줄거나 사라진 반면 소비재는 관세가 약간 인하된 것에 그쳤다.[59] 더욱이 만주국 정부는 만주 농업의 만성적인 불황을 해결하기 위해 거의 노력하지 않았으며, 이러한 상황은 만주 농민과 도시 노동자들이 꿈꾸었던 시장의 성장을 가로막았다.

세계 대공황과 만주 주요 수출품이었던 대두의 시장가치 폭락으로 나타난 문제들은 일본의 정책으로 더욱 악화되었다. 일본의 군사 활동은 농업 생산에 지장을 주었으며 경제구조 개혁은 금융시장을 혼란스럽게 했다. 또한 중국 남부에서 유입되던 이민이 제한되면서 농촌은 노동력 부족을 겪었다. 만주국의 경제 정책은 농업보다 공업 발전을 우선시하는 것이었으며, 중국 농민의 부는 만주국 정부로 흘러들어갔다. 경제 개발 비용을 마련하기 위해 농민을 착취함으로써 만주국 정부는 원래도 그리 크지 않던 중국인 노동 인구의 구매력을 더욱 약화시켰다.[60] 만주국 정부가 대만주 수출을 지원해 줄지도 모른다는 일본 수출업자들의 마지막 희망은 1938년 이후 통과된 일련의 법률 제정으로 완전히 사라졌다. 이 법률들은 외환위기를 진정시키기 위해 만주의 수입 무역을 제한하는 것이었다.[61]

그럼에도 경제 개발 계획과 후속 계획 하에서 만주 경제가 성장하자 일본의 대만 수출 무역 또한 증가했으며, 만주 시장의 호황은 일만 블록이 성공적임을 보여주는 증거로 널리 선전되었다. 일본의 수출액은 1931년의 1억 3,600만 엔에서 1936년 5억 700만 엔으로 5년 만에 3배가 넘게 증가했다. 게다가 만주 시장은 일본에 점점 더 중요해져 갔다. 일본 총수출에서 만주국과의 무역이 차지하는 비율이 1935년의 17%에서 1940년의 39%

로 늘어났다.[62] 그러나 이처럼 고무적인 통계 수치에도 불구하고 만주는 결코 일본의 소비재 수출을 위한 생명선이 되지 못했다. 오히려 만주국 정부의 정책은 철강, 기계류 등 생산재의 수요를 자극했다. 이들 생산재는 일본으로부터 공급되어 일본 중공업의 성장을 이끌었다. 예컨대 일본의 대만 소비재 수출은 1932년의 약 1억 6,700만 엔에서 1936년의 2억 7,700만 엔으로, 또한 1939년에는 6억 6,000만 엔으로 증가했다. 이에 비해 중공업 제품 및 건설 자재의 수출액은 더욱 급격하게 증가하여 1932년의 3,700만 엔에서 1936년에는 1억 4,500만 엔이 되었고, 1939년에는 5억 3,900만 엔에 이르렀다. 중공업 제품의 수출액이 15배 이상 증가한 것에 비해 4배 성장에 그친 소비재 수출의 규모는 왜소해 보인다.[63]

이러한 성장 패턴은 만주국 건국 이후 대만 수출 품목의 비중을 크게 바꾸어 놓았다. 1928년에는 면직물이 34%로 1위를 차지했고, 밀가루 6%, 기계류가 3%로 그 뒤를 이었다. 그러나 1936년이 되자 면직물의 점유율은 15%까지 떨어진 반면 기계류 및 철도 차량이 전체의 16%로 1위를 차지했다.[64] 동시에 계속 흑자를 기록했던 만주의 대일 무역은 일본의 만주 점령 이후 역전되기 시작했는데, 대두 생산량이 1931년부터 1940년 사이에 520만 톤에서 350만 톤으로 꾸준히 감소했기 때문이다.[65] 그 결과 1931년에 1억 3,600만 엔에 달했던 대일 무역흑자는 1933년에는 1억 3,900만 엔의 적자로 바뀌었다. 일본으로부터의 수입이 계속 증가함에 따라 무역 적자는 더욱 심각해져, 1940년에는 10억 엔 이상으로 증가했다.[66] 이에 따라 1931년 이전 일본과 만주 사이에 행해졌던 전형적인 식민지 무역 패턴이 변화했다. 대두를 수출하고 일본의 소비재를 수입하던 만주는 일본 중공업 제품의 수출 시장이 되는 한편 자체 수출 동력은 상실하고 말았다.

당시의 무역통계는 일만 블록의 형성을 보여주는 놀라운 증거로 받아들

여겼지만 사실 일만 무역의 증가는 일본의 대외 무역수지에 거의 영향을 미치지 못했다. 자급자족 경제권을 확립하겠다는 군부의 꿈도, 수출 시장을 확보하려는 기업인의 비전도 세계 경제에서 일본이 처한 위치라는 현실 앞에 좌절되었다. 이러한 조건에서 경제 안보를 추구하는 것은 비현실적이었다. 서양이 지배하는 시장에 이미 깊이 연결되어 있던 일본 경제는 제국주의적 무역 블록에 적합한 형태로 재편될 수 없었기 때문이다.

우선 엔 블록 내에 자급자족 경제권을 만들고자 했던 군부의 노력은 서구 수입품에 대한 일본의 의존도를 완화시키지 못했다. 만주국의 중공업화는 이러한 연결 관계를 해소하기는커녕 엔 블록 밖에서의 생산재 수입을 자극했다. 시간이 지날수록, 특히 1937년 이후가 되면 미국 등 엔 블록 밖 국가에 대한 철강, 기계, 석유의 의존도가 급격히 높아졌다.[67] 하라 아키라가 지적했듯이 질과 양 모두 수준이 떨어지는 만주산 제품으로는 서구의 수입품을 대체할 수 없었던 것이 엔 블록의 최대 약점이었다.[68]

동시에 일만 무역의 확대는 안정적인 소비 시장을 확보하려는 사업가들의 희망도 충족시키지 못했다. 만주는 중공업 관련 상품의 수출 시장으로서 중요성을 가질 뿐 일본 소비재 상품의 수입은 제한적이었다. 1930년대 초 이래 면포가 생사를 제치고 일본의 주요 수출품이 되었다. 일본의 주요 외화 수입원이 미국의 생사 시장에서 아시아의 면포 시장으로 이동하자 네덜란드령 동인도, 프랑스령 인도차이나, 영국령 인도 같은 식민지 시장이 일본 수출 무역의 진정한 생명선이 되었다. 이들 식민지 총독부가 일본에 적대적이었던 것에 반해 만주는 일본 정부 관료가 관세율을 설정할 수 있는 만큼 훨씬 안정적인 시장이었다. 그러나 실제로는 영국령 인도가 엄격한 수입 제한을 일본 제품에 부과한 뒤에도 만주 시장의 규모는 영국령 인도 시장에 한참 못 미치는 수준이었다. 게다가 중국 동북 점령의 대가로 일본은 만주 시장보다 거대한 장성 이남의 중국 시장을 잃어버렸다. 일본상품 불매 운동으로 일본의 대중국 수출 무역은 크게 위축되어 1928년 3억 400만 엔에 달했던 수출액은 1936년 거의 절반 수준으로 떨어졌다. 결국 만주 점령으로 얻은 초기 이득은 장성 이남 중국 시장에서의 손해로 거의 전부 상쇄되고 말았다.[69]

엔 블록을 구축하자는 수사와 현실 사이에 존재하는 모순은 만주 무역 자금의 만성적인 부족 현상으로 나타났다. 1935년 초 경제 분석가들은 일만 블록 경제의 결함을 지적하기 시작했다. 농업 문제에 제대로 대처하지 못하면서 대두 수출 무역은 파멸적인 타격을 입었다. 만주 농업은 불황에서 회복될 기미가 보이지 않았으며 일본의 수입 정책은 오히려 문제를 악화시켰다. 일본 정부는 불황에 빠진 국내 농업을 보호하기 위해 만주산 대두, 보리, 수수에 대한 관세를 인상했다.[70] 대두 수출로 외화를 벌 수 없게 된 만주국은 경제 건설에 필요한 철강, 기계 등을 수입하기 위해 계속 일본 자본에 의존할 수밖에 없었다. 그러나 1935년 일본 경제가 회복되고 국내 투자 역시 활발해지자, 만주로 투자금을 유치하기는 전보다 어려워졌다.

1936년 이후 '제1차 산업 개발 5개년 계획'이 시작되고 군비 증강이 가속화되면서 자금 조달 문제는 더욱 심각해졌다. 그 원인은 일본과 엔 블록(만주국, 중국 내 일본 점령지역, 기타 일본 식민지), 그리고 비(非) 엔 블록 간 이루어진 삼각무역에 있었다. 일본의 중공업화로 미국과 유럽으로부터 기계나 광물의 수입이 급격히 증가하자 엔 블록 밖 무역에서 일본은 만성적인 적자 상태에 빠졌다. 반면 엔 블록 밖으로의 수출은 군비 증강을 계속하는 데 필요한 물자를 사기 충분할 만큼 외화를 벌어들이지 못했다. 일본의 외환 보유고가 바닥나고 외국으로부터의 차관도 불가능해지자 국제수지는 더욱 심각해졌다.

외환 부족 문제를 해결하기 위해 일본 정부는 엔 블록권 밖에서 비군사 물자를 수입하는 것을 제한하는 한편 엔 블록 내부에서 외부로 수출을 전환하려 했다. 그러나 면화, 양모 등 비군사 제품의 일본 수입 제한은 이를 원료로 삼는 면포 등 경공업 제품의 생산 감소를 초래했다. 경공업 제품은 일본이 엔 블록권 밖으로 수출하는 주요 상품이었기 때문에 면화, 양모의 수입 규제는 외환위기를 더욱 악화시켰다. 1930년대 말이 되자 원료 부족으로 가격이 상승했을 뿐만 아니라 때로는 상품 생산이 중단되기도 했다. 게다가 엔 블록 내의 무역규제는 만주국과 화북 지역의 급격한 인플레이션으로 실패했으며, 이로 인해 일본 제품 가격은 크게 상승했다.[71] 제조업체들은 정부의 규제를 피해서 당시 활발한 거래가 이루어지던 만주의 암시장에 상품을 판매했다. 아이러니하게도 그동안 꿈꿔 왔던 만주 시장의 획득은 일본 경제를 파멸의 길로 이끈 원인 중 하나가 되었다.

1940년이 되자 일본 정부는 동아시아 무역의 주도권을 잃은 것이 분명해 보였다. 그러나 엔 블록이 순전히 재앙이기만 했던 것은 아니었다. 만주 무역의 호황은 많은 이익을 가져다주기도 했다. 엔 블록의 성패 여부를 판단하는 기준은 서로 긴밀하게 연결된 일본 경제의 어느 부분에 초점을 두느냐에 달려 있었다. 한 회사에 큰 행운이었던 일은 다른 회사에게는 불행으로 다가왔다. 암시장에서 얻은 수익은 공급선이 끊긴 일본 국내 생산자의 손해와 상쇄되었다. 게다가 엔 블록을 통해 얻는 수익은 변동성이 컸다. 초창기에는 많은 이들이 큰 이익을 보았다. 그러나 무역 자금 문제로 엔 블록이 지속 불가능하다는 사실을 모든 관련자가 명확히 깨달았던 순간까지도 만주에서의 사업은 계속되었다.

엔 블록의 성공과 실패에는 일본의 제국주의적 코퍼라티즘 내부에 존재하던 갈등이 새겨져 있었다. 만주 시장이라는 꿈을 위해 군부와 기업가는 협력하기 시작했지만 제국주의적 코퍼라티즘은 대외 무역에서 둘 사이에 존재하는 이해관계의 차이를 넘어설 수 없었다. 엔 블록에 대한 당시의 기록이 일관적이지 않은 것처럼 보이는 것은 경제적 제국주의를 위해 사람들을 동원했던 과정에 그 뿌리를 두고 있다. 광범위한 계층으로부터 지지를 얻기 위해 만주국에 대한 비전은 포괄적인 모습을 갖도록 고안되었으며 이는 당시 일본의 정치경제를 괴롭히던 갈등을 그대로 식민지에 이식하는 결과를 초래했다. 만주국을 개발하기 위해 협력했던 이들이 가진 이해관계의 다양성은 역동성과 불안정성이란 강점과 약점을 만주국에 부여함으로써 제국 프로젝트에 모순을 가져왔다.

국가 자본주의 하에서의 공동 사업

1930년대 초 낙관적인 희망에 들떴던 일본의 수출업자들은 30년대 말이 되자 절망에 빠졌다. 만주 개발에 투자한 자본가들 역시 다른 경로를 거치긴 했지만 결과는 마찬가지였다. 수출업자들이 만주를 수출 시장으로 삼을 수 있을 거란 기대를 가졌던 것과 달리, 만주국을 공업화하려는 육군의 계획에 기업가들은 처음부터 회의적이었다. 그러나 이러한 분위기에도 불구하고 위험으로부터 보호받고 이익이 보장될 수 있다면, 기업가들은 기꺼이 군부의 만주 개발 프로젝트에 동참할 의향이 있었다. 실제로 만주에서의 국가 자본주의에 대한 투자는 놀라운 속도로 증가했다. 1932년부터 1941년 사이에 58억 6,000만 엔이 만주에 투자되었는데 이처럼 많은 양의 일본 자본이 유출된 것은 전례가 없는 일이었다.[72] 이러한 투자는 일본과 만주가 불가분의 관계라는 수사에 의미를 부여해 주었으며, 시간이 지날수록 일본은 만주에서 쉽게 철수할 수 없게 되었다. 일반적으로 기업인들은 군의 실험에 비판적이었다고 알려져 있지만, 이처럼 많은 양의 투자는 이들이 군부를 어느 정도 지지했음을 보여준다.

1930년대 전반은 만주 개발을 위한 경제 건설이 이루어진 시기로, 이 시기 일본의 투자는 두 가지 눈에 띄는 특징을 가지고 있다. 첫째, 일본의 투자는 거의 대부분 국가 주도 사업에 집중되어 있었다(표1 참조). 1932년부터 36년까지 약 12억 엔의 투자금 중 77%인 8억 9,100만 엔이 반관반민의 국책회사인 만철이나 만주국 정부로 유입되었다. 둘째, 투자액 중 채권이 차지하는 비중이 상당히 높았다. 총 투자액의 약 3분의 2에 해당하는 7억 7,900만 엔이 국채나 회사채의 구입 또는 직접차관의 형태로 투자되었다(표2 참조). 나머지 3분의 1은 주식의 매입을 통한 투자였다.

〈표1〉 국영 기업과 민간 기업의 만주국 투자 (단위: 백만 엔)

연도	국영 기업	민간 기업	합계
1932~1941	4,441	1,421	5,862
1932~1936	891	265	1,156
1932	86	12	97
1933	131	30	161
1934	186	66	252
1935	321	61	382
1936	168	96	264
1937~1941	3,550	1,156	4,706
1937	324	129	453
1938	376	150	526
1939	785	291	1,076
1940	1,029	197	1,226
1941	1,036	389	1,425

출전: 金子文夫, 「資本輸出と植民地」, 大石嘉一郎 編, 『日本帝國主義史 2: 世界大恐慌期』, 東京大學出版社, 1987, p. 337; 林健久, 山崎広明, 柴均和夫 著, 『講座帝國主義の研究: 兩大戰間におけるその再編成 6 日本資本主義』, 青木書店, 1973, pp. 872-877; 疋田康行, 「財政金融構造」, 浅田喬二, 小林英夫 編, 『日本帝國主義の滿洲支配: 一五年戰爭期を中心に』, 時潮社, 1986, pp. 866, 889, 890.

주: 국영 기업에는 만주국 정부, 만철, 만주중공업개발주식회사, 만주흥업은행(滿洲興業銀行)등이 포함되어 있다. 만철에서 분리된 '특수회사'는 이 표에서 민간 기업에 포함했다.

〈표2〉 만주국에 투자된 주식, 채권, 차관 (단위: 백만 엔)

연도	주식	채권과 차관	합계
1932~1941	2,035	3,783	5,818
1932~1936			
만철	212	480	692
민간 기업	197	103	300
만주국 정부	0	180	180
합계(1932~1936)	409	763	1,172
1937~1941			
만철	366	1,102	1,468
만주중공업개발	774	395	1,169
만주흥업은행	0	125	125
민간 기업	486	663	1,149
만주국 정부	0	735	735
합계(1937~1941)	1,626	3,020	4,646

출전: 金子文夫, 「資本輸出と植民地」, 大石嘉一郎 編, 『日本帝國主義史 2: 世界大恐慌期』, 東京大學出版社, 1987, p. 337; 林健久, 山崎広明, 柴均和夫 著, 『講座帝國主義の研究: 兩大戰間におけるその再編成 6 日本資本主義』, 青木書店, 1973, pp. 872~877; 疋田康行, 「財政金融構造」, 浅田喬二, 小林英夫 編, 『日本帝國主義の滿洲支配: 一五年戰争期を中心に』, 時潮社, 1986, pp. 866, 889, 890.

이 결정적인 초기 단계에 일본의 투자자들은 주식보다는 채권, 즉 민간 기업보다는 국영사업에 투자하는 것을 선택했다. 이러한 선택은 불확실한 실험으로 여겨졌던 만주 개발사업에 투자하는 리스크를 최소화하기 위한 것이었다. 수익성은 주식이 더 높을지는 몰라도 사업이 실패했을 경우 그 손실은 모두 투자자의 몫이었다. 그러나 채권은 투자자가 손해를 입을 위험을 줄여주었다. 금리는 고정적이었으며 상환 기일은 단기로 설정되어 있었다. 채권의 구매는 리스크가 적은 신중한 투자였다. 국책회사의 회사채를 매입하는 것도 리스크로부터 거리를 두는 방법이었다. 기업이 도산하면 회사채는 가치가 없어지지만 공채는 그럴 염려가 없었다.

민간 기업들은 군부의 국가 자본주의적인 방식을 비난했지만, 이러한 경제 개발 프로그램이 살아남은 것 또한 자본가의 투자 덕분이었다. 자본가의 지원이 있었기에 국책회사가 번창할 수 있었다. 반면 자본가들이 민간 투자를 외면하면서 국가 권력에 대항할 만한 민간 기업 네트워크가 형성되지 않았다. 또한 직접적인 개입을 최소화하는 방식의 투자는 군부가 사업을 좌지우지할 수 있게 했다. 결국 정부 정책뿐 아니라 민간의 선택 역시 사기업을 배제하는 경제 질서를 만드는 데 기여한 것이다.

이러한 민간 영역의 결정은 대부분 재벌에 의해 좌우되었는데, 이와 관련하여 다음의 두 가지 중요한 문제를 짚고 넘어갈 필요가 있다. 첫째, 만주(더 일반적으로는 전시경제)에 재벌이 얼마나 연관되어 있는지를 논할 때 종종 언급되는 신흥재벌과 기존재벌의 차이에 대한 것이다. 보통 닛산과 같은 신흥재벌은 제국의 군수산업에 그 명운을 걸었던 반면 미쓰이나 미쓰비시 같은 기존재벌은 이를 기피했다고 알려져 있다.[73] 그러나 아래 〈표3〉을 통해서도 알 수 있듯이 직접 투자를 가장 많이 한 것은 기존재벌이지 신흥재벌이 아니었다. 만주국 건국 이후 5년 동안 기존재벌의 투자는 1억 8,710만 엔에 달했으나 신흥재벌의 투자는 1,140만 엔에 불과했다. 닛산이 만주국으로 이전한 뒤인 1937~41년 동안에도 기존재벌의 직접 투자는 신흥재벌보다 3,340만 엔이나 더 많았다.[74] 둘째, 재벌의 직접 투자는 만주국에 유입된 전체 자본 중 비교적 적은 비중밖에 차지하지 못했다. 하라 아키라의 연구에 따르면, 1932년부터 41년까지 재벌이 만주국에 직접 투자한 금액은 약 5억 6,500만 엔으로, 이는 같은 시기 만주에 대한 전체 투자액인 58억 6,000만 엔의 10%에도 미치지 못하는 수준이었다. 그러나 이는 재벌이 실제로 만주에 제공한 자본의 일부일 뿐이었다. 30년대 초 재벌계 은행들은 만철과 만주국의 채권을 사들이기 위해 신디케이트를 구성했다.[6]

---

6. 공채, 사채 등의 유가증권을 인수하기 위한 금융기관의 연합체

예컨대 만철 사채(社債) 신디케이트에는 세 곳의 특수은행(일본흥업은행, 요코하마 정금은행, 조선은행)을 포함한 열 개 은행(다이이치은행, 미쓰이은행, 미쓰비시은행, 야스다은행, 스미토모은행 등)이 참여했다. 1937년 이후 이러한 방식은 '산업 개발 5개년 계획'으로 자본에 대한 수요가 증가함에 따라 더욱 확대되었다. 1937년부터 41년까지 은행 신디케이트를 통해 총 27억 700만 엔이 만주 개발에 투자되었다. 그중 만철에 투자된 것은 10억 3,100만 엔이었으며 만주 정부 공채(6억 3,000만 엔)와 만주중공업개발(3억 9,500만 엔)에도 상당한 투자가 이루어졌다.[75]

<표3> 신흥재벌과 기존재벌의 만주국에 대한 직접 투자 (단위: 백만 엔)

연도	기존재벌	신흥재벌
1932~1941	387.0	177.9
1932~1936	187.1	11.4
1932	6.5	0
1933	9.2	1.3
1934	63.8	7.5
1935	49.4	0.1
1936	58.2	2.5
1937~1941	199.9	166.5
1937	43.5	61.4
1938	37.4	30.5
1939	107.1	66.9
1940	5.7	2.7
1941	6.2	5.0

출전: 原郎, 「1930年代の滿洲經濟統制政策」, 滿洲史硏究會 編, 『日本帝國主義下の滿洲』, 御茶の水書房, 1972, p. 55.

주: 하라 아키라는 미쓰이(三井), 미쓰비시, 스미토모(住友), 오쿠라(大倉), 아사노(淺野)를 기존재벌로 분류했으며, 노무라(野村), 스즈키, 닛산, 닛치쓰, 네즈(根津)는 신흥재벌에 포함시켰다.

보수적인 투자를 하기로 유명한 이들 은행이 수익은 낮고 리스크는 큰 만주 개발 관련 회사에 투자했던 것은 1930년대 만주국 정부가 투자 원금 및 이윤을 보장해 주는 방침을 확대했기 때문이었다.[76] 재벌들은 사실상 모든 투자 리스크를 만주국 정부가 떠맡는 대신 정책 결정에는 관여하지 않는 것에 합의했다. 1930년대 초 일본 국내 경제의 불황과 투자수요 감소로 일시적인 자금 과잉 상태에 빠지자 군부는 유리한 위치에서 자본가와 협상할 수 있었다. 이런 상황에서 만철의 채권은 은행이 잉여 자본을 운용할 수 있는 수익성 있고 안전한 투자처가 되었다.[77] 그러나 1936년 이후 점차 경제가 회복되면서 상황은 역전되었다. 이제 자본가가 우위에 서게 된 것이다. 하지만 은행들은 새롭게 얻은 협상력을 발휘하여 투자금의 사용 방식에 관여하기보다는 오히려 더 많은 이윤을 보장해 줄 것을 요구했다. 1930년대 후반에는 정부가 물적 담보를 설정해 만주 채권의 원금 및 이자를 완전히 보증해 주는 것이 일반적이었다. 실제로 1938년 회사채에 대한 새로운 담보 시스템을 합법화하는 몇 가지 법률이 통과되었다.[78]

재벌이 만주국에 새로운 회사를 설립하여 직접 투자한 경우에도 이들의 투자 조건은 만주국 정부가 중요한 결정을 내리고 대부분의 리스크를 부담하는 기존의 패턴을 그대로 따랐다. 기업이 직접 투자를 할 경우 어느 정도 손실을 입을 위험은 언제나 있는 것이었지만, 재벌들은 투자 수익을 보장받는 대가로 정부가 경영에 개입하는 것을 허용했다. 신흥재벌인 닛산의 경우가 그 전형적인 예였다. 닛산의 창립자인 아이카와 요시스케(鮎川義介)는 1937년 회사를 만주로 옮겨 만주중공업개발주식회사(약칭 만업)로 재편했다. 만업도 만철과 마찬가지로 국책회사가 되었으며, 만주국 정부가 절반의 지분을 소유하고서 이를 통제했다. 아이카와 요시스케는 만업을 통해 육군의 5개년 계획을 실행하는 대신 여러 방식으로 사업의 안정성을 보장받았다. 그 자세한 내용을 살펴보면, 1) 이익 배분은 민간 대 정부가 2:1의

     제3부: 식민지 개발과 만주에서의 실험, 1932~1941

배당률로 나눈다. 2) 사업체의 해산 시 잔여재산 분배도 동일한 비율로 한다. 3) 만업 설립 후 10년 동안 만주국 정부는 일체의 투자에 대한 연 6%의 수익과 원금을 보증해 준다. 4) 과세 특권을 갖는다. 5) 배당금의 상한이나 사용처의 제한을 두지 않는다. 6) 주식시장에서 만업의 주가 변동을 보호해 준다는 등의 조항이 있었다.[79]

아이카와가 만업의 경영에 전혀 관여할 수 없었던 것은 아니었지만, 실권은 모두 만주국 정부가 장악하고 있었다. 회사 경영에서 배제되었어도 아이카와는 자신이 바라던 바를 손에 넣을 수 있었다. 이윤이 낮긴 했지만 만주국 재정에서 보조금을 받아 1940년경에는 민간 소유 주식에 10%, 정부 소유 주식에 5%의 배당금을 지급할 수 있었다. 그러나 그 대가는 컸다. 닛산 경영진과 만주국 정부 사이의 갈등은 처음부터 만업의 경영에 걸림돌로 작용했으며 이에 질려버린 아이카와는 결국 1942년 총재 자리에서 물러났다.[80]

만주 개발 초기 기업가와 군부의 상호협약은 상당히 잘 작동했다. 그러나 1930년대 말이 되자 군부의 경영은 만주뿐 아니라 일본 경제에도 영향을 미치기 시작했다. 처음 만주국으로 자본이 급격히 유입될 때만 하더라도 이는 일본 수출경제에 호황을 가져와 국내 경제가 불황에서 벗어나는 데 도움을 주었다.[81] 그러나 30년대 중반이 되자 만주의 통제경제에 위험한 징후가 나타나기 시작했다. 1935년 경제학자들은 만주국의 개발이 교착 상태에 빠졌다고 보았다. 만주국 정부의 경제 건설 계획은 자본의 부족으로 좌초될 지경이었으며 소규모의 민간 직접 투자도 '심각한 문제'에 빠져 있었다. 가장 걱정스러운 것은 만주 개발의 사령탑이었던 만철의 경영 부실이었다. 육군의 지시로 만철의 자원은 군사 목적의 철도를 건설하거나 도와(同和)자동차공업, 만주화학산업회사와 같은 특수회사에 투자하는 등 수익을 내기 힘든 군사 관련 분야로 전용되었다. 한 은행가는 최근 만철이 사업 영역을 확대하는 것이 도를 넘었으며 건실했던 회사의 미래가 "불확실한 것"으로 바뀌어버렸다고 불평했다.[82]

한편 만주로의 자금 흐름이 오히려 일본 경제에 악영향을 주기 시작하자 다카하시 대장대신은 "만주국에 무분별한 투자가 계속"되는 것에 대해 공개적으로 경고했다.[83] 만주국 국채와 다카하시의 적극재정 정책을 뒷받침하기 위한 일본 국채, 그리고 일본 국내 산업의 회복으로 인한 새로운 자금 수요가 서로 경합하면서 1935년경에는 자본 부족 현상이 나타났다. 자본 부족은 해가 갈수록 심해져 1930년대 말 정부는 부족분을 메우기 위해 화폐 증쇄를 하기 시작했으며 이는 악성 인플레이션으로 이어졌다.[84]

군부의 경험 부족과 잘못된 우선순위가 통제경제에 위기를 불러왔다고 보았던 당시 경제학자들의 견해에 역사가들도 동의하고 있지만, 민간 자본 역시 만주 개발의 방향을 설정하는 데 동등한 역할을 했다. 민간업체는 역사상 유례가 없는 엄청난 규모의 투자를 하는 방식으로 군이 주도하는 국가 자본주의라는 실험을 뒷받침했다. 이를 통해 육군은 만주국의 국가 자본주의를 작동하고 유지하기 위한 자본을 얻을 수 있었다. 민간 기업보다는 리스크가 적은 국영사업에 투자가 집중되었던 현상은 만주 경제에서 국가의 영향력을 키웠다. 결국 만주국의 국가 자본주의는 군의 힘과 비전으로 만들어졌다기보다는 1930년대 제국주의 코퍼라티즘의 영향으로 형성된 것이라 보아야 할 것이다. 민간 기업은 자본을 제공하고 육군은 정책을 세웠으며 일본의 납세자들은 그 위험을 감수했다.

기업가와 군이 만주 개발을 통해 이루고자 했던 꿈은 모두 성공하지 못했다. 만주는 일본 소비재를 판매할 시장으로 일본 경제의 생명선이 되지 못했으며 국가 자본주의 체제를 건설하는 데도 실패했다. 1930년대 중반에 이미 일만 제휴 계획이 실패했음은 분명해졌다. 통상 블록과 생산 블록도 심각한 어려움에 빠져있었다. 그러나 일본은 한발 물러나 손실을 최소화하기 보다는 수렁으로 더욱 깊이 빠져 들어갔다. 1935년 만주 개발이 난관에 봉착했음을 보여주는 명쾌하고 날카로운 분석이 종종 발표되었음에도, 같은 해 말 화북 지역이 일본의 경제적 침투에 개방되고 1936년 5개년 계획이 발표되면서 낙관적인 분위기가 다시 고개를 들기 시작했다. 경제지에는 5개년 계획을 찬양하거나 1937년 아이카와 요시스케가 닛산을 만주로 이전하기로 한 결정을 칭찬하는 기사가 실렸다. 경제평론가들은 일본, 만주, 화북을 하나로 묶는 일만지(日滿支) 블록에 기대를 걸면서 만주에서의 실패가 중국에서는 반복되지 않을 것이라고 낙관적으로 바라보았다. 화북은 만주보다 인구가 집중된 지역이기 때문에 소비 시장을 개발하기 더욱 수월할 것이라고 생각한 것이다.[85]

1930년대 중반 일만 블록에 대한 비판이 일시적으로 나타났다가 곧 사라져 버린 것은 만주라는 이상향이 가진 힘이 점점 강해졌음을 보여준다. 만주가 일본 경제의 만병통치약이라는 환상은 아무리 그 위험성을 경고하고 끊임없이 의문을 제기할지라도 흔들리지 않을 정도로 단단히 뿌리내렸다. 사실 난관과 좌절은 경제 안보를 달성하겠다는 신념을 더욱 공고히 했을 뿐이었다. 화북 침공이라는 돌이킬 수 없는 길에 들어서면서, 일본은 더욱 확장된 경제 안보 방어선을 지키기 위해 군사 행동을 감행했으며 중국과의 전쟁이 재개되었다.

이 장에서 나는 만주국 경제 정책의 입안과 시행 과정에 보이는 비현실적인 측면에 주목했지만, 그것이 곧 만주국의 경제 개발 정책이 달성했던 실제 성과를 부정하는 것은 아니다. 여러 결함이 있었음에도, 만주 개발은 관련 기업에 큰 이익을 주는 사업이었다. 군의 지휘 아래 만주 경제는 몇 년 만에 완전히 변화했다. 그런 의미에서 '만주의 성공 신화'가 그저 공허한 수사에 그쳤던 것은 아니었다. 만주국의 실패를 초래한 지나친 낙관주의가 다른 한편으로는 극적인 성공 신화를 이루는데 기여했다는 점은 총력 제국이 가진 또 다른 역설이었다.

동아시아로 확장된 만주의 경제 실험

1937년 7월 중일전쟁이 발발하자, 일본은 다시 전쟁열에 휩싸였다. 5년 전의 만주사변기와 마찬가지로, 대중매체는 대륙에서의 군국주의에 대한 대중의 지지를 동원하는 데 중요한 역할을 했다. 1937년 가을, 군이 베이징에서 남하하여 화베이와 네이멍구(內蒙古)로 전선을 확대하고 상하이, 양쯔강 유역, 난징(南京)까지 진격하며 승승장구하고 있다는 기사가 연이어 실렸다.[86]

1937~39년에도 대중은 승리의 환희와 국내외의 경제 위기로 인한 불안을 동시에 느꼈다. 5년 전과 같이 사람들은 대륙이 가진 경제적 가능성에 열광했다. 관련 서적과 신문, 잡지, 라디오 프로그램들은 일본이 차지할 중국 시장의 가능성에 흥분했으며, 1938년 11월 고노에 내각이 발표한 '동아 신질서 성명'을 열렬히 환영했다. 이 외에도 제국의 일신을 표방하는 새로운 용어가 끊임없이 만들어졌다. '일만 블록'은 이미 옛 시대의 유물이 되었으며 '대륙 경영', '동아 연맹', '동아 협동체', '일만지 블록 경제', '동아 종합체', '신경제 체제' 등이 그것을 대체했다.

중일전쟁 시기에 새로이 등장한 슬로건들은 경제 안보를 위해 일본이 중국 대륙으로 진출할 수밖에 없다는 신념을 확산시켰다. 여러 이름으로 불리긴 했지만, 본질적으로 동아 신질서는 만주에서의 해법을 더욱 큰 규모로 재구성한 것이라 볼 수 있다. 동아 신질서의 비전은 통상 블록과 통제경제라는 만주 경제 개발 계획의 두 가지 중요한 요소를 포함했다. 동아 신질서는 블록의 범위를 중국까지 확대함으로써 수출 시장과 원자재의 확보를 지속적으로 추구했다. 전과 마찬가지로 이는 불확실성이 강하고 서양 각국의 정치적 개입이 횡행하는 세계 시장에서 일본 경제가 가질 수밖에 없는 한계를 극복하기 위한 것이었다. 또한 동아 신질서는 만주국을 위해 개발된 국가경제 경영 전략을 그대로 가져왔다. 이를 통해 일본은 자국에게 중요한 산업을 발전시키기 위해, 중국 내 일본의 괴뢰국가들을 계획적이고 통제적인 경제 정책을 집행하는 대리인으로 만들었다.

이 두 가지 공식은 모두 일본이 만주에서 경험한 특별한 역사에서 비롯된 것이었다. 일본은 동북 지역의 개발 계획을 중국 내지까지 확대하여 시행했다. 그러나 만주의 경우 광범위한 활동영역을 지닌 만철을 이용할 수 있었던 반면, 중국 내지의 경우 만주보다 넓은 면적에 인구 밀도도 높았으나 일본의 투자는 조약항 내의 해운회사, 무역상사, 방적공장 정도에 국한되어 있었다. 일본은 만주국을 위해 만들어진 방식이 중국 전역에 적용 가능한지 여부는 거의 검토하지 않은 채, 이를 화베이와 네이멍구, 화중(華中), 화난(華南)으로 계속 확대하여 시행했다. 만주국에서의 실험은 그것이 비록 엇갈린 결과를 낳았음에도 이미 경제적 병폐의 해결책으로 굳게 각인되어 있었기 때문에 동아 신질서를 위한 청사진이 될 수 있었다. 만주의 경제 개발 계획이 중국 내지에도 그대로 적용되었다는 사실은 1930년대 일본의 중국 침략 과정에서 우리가 간과하기 쉬운 한 가지 측면을 보여준다. 우리는 일본이 '중국이라는 수렁'에 빠졌다는 표현을 보통 군사적인 의미로 생각하는 경향이 있다. 즉 군사적 팽창주의가 가진 냉혹한 논리가 일본을 승산 없는 싸움으로 끌고 들어갔다는 것이다. 그러나 경제적 팽창주의의 논리 또한 강력했다. 그런 의미에서 일본을 남쪽으로 계속 나아가게 한 '개발의 병리'는 방어선의 끊임없는 확대를 초래한 '안보의 병리'만큼 일본을 수렁에 빠지게 한 요인으로 작용했다.

중국에 대한 경제 진출이 시작될 무렵, 학술지와 경제지에서는 새로운 경제 질서가 나아갈 방향을 두고 공개 토론이 벌어졌다. 여러 면에서 1938~39년의 논쟁은 1933~34년의 것과 닮아 있었다. 대중매체가 논쟁의 장이 되었다는 점, 정부의 과격한 국가주의적 입장과 기업가의 전통적인 자본주의 입장이 대립하는 양상이 반복되었다는 점, 그리고 새롭게 획득한 시장이 가진 경제적 기회에 대한 집단적 믿음으로 가득 차 있었다는 점이 그러했다. 그러나 눈에 띄는 차이점도 있었다. 먼저 논쟁의 대상이 만주에서 중국으로 이동하면서 사람들의 야망과 자신감 또한 커졌다는 점을 지적할 수 있다. 또 하나의 중요한 차이는 논쟁에 참여한 정부 측 인사의 구성이 바뀌었다는 점이다. 이 새로운 집단은 만주에 국가 자본주의를 도입하기를 주장했던 군부 내 급진적인 부류와 연합했다. 일본 정부가 육군성, 해군성, 상공성, 외무성, 대장성의 상반된 요구를 모두 만족시킬 수 있을 중일전쟁의 해결책을 찾느라 분주한 사이, 논쟁의 주도권은 고노에 후미마로(近衛文麿)의 사설 자문기관인 쇼와연구회의 지식인 집단이 차지했다. 쇼와연구회는 경험이 풍부한 정치인이자 총리를 세 번이나 역임한 고노에에게 국가정책을 조언하기 위해 1936년 11월 정식으로 발족한 조직이었다.

류 신타로(笠信太郎), 로야마 마사미치(蠟山政道), 가다 데쓰지(加田哲二), 다카하시 가메키치(高橋亀吉), 오자키 호쓰미(尾崎秀実) 등 쇼와연구회의 주요 멤버는 급진적인 지식인 그룹이었다. 국가가 이들 지식인을 동원한 문제에 대해서는 다음 장에서 보다 자세히 다룰 것이므로 여기서는 간단히 언급만

하는 정도에 그치도록 하겠다. 좌익정치에 잠시 발을 담궈 마르크스주의에 정통했던 이들은 일본의 자본주의를 개혁할 수 있으리라는 희망을 품고 고노에의 싱크탱크에 합류했다. 쇼와연구회는 군부로부터 급진주의 사상의 흐름을 이어받아 협력적 제국주의라는 새로운 비전을 만들어 냈다. 이를 통해 이들은 만주에서 군부가 시작했던 국가 수정 자본주의 실험을 완성하고자 했다.

쇼와연구회 회원들은 자신들의 구상을 '동아 협동체'라 명명했다. 이들은 새로운 대륙정책이 종래의 만주 개발보다 "더욱 확대된 규모"로 실행될 수 있을 것이라 확신했다.[87] 이는 단순히 중국을 블록 안으로 흡수하는 것이 아니라 "만주 건국 이데올로기의 이상"을 실현하는 것을 의미했다. 쇼와연구회는 군이 본래 계획한 만주국 프로젝트가 일본 자본주의의 요구로 훼손되었다고 생각했다. "동일한 위험이 오늘날에도 여전히 존재하고 있다"는 인식에도 불구하고 쇼와연구회는 제국주의와 자본주의의 폐단을 안으로부터 개혁할 수 있는 공식을 발견했다고 믿었다.[88]

쇼와연구회 지식인들의 마음 속에서 대륙에 대한 야망은 여러 가지 모습으로 나타나기 시작했다. 책과 잡지, 그리고 정책 제안서를 통해 이들은 그동안 실패를 거듭해 온 일본의 중국 정책이 출구를 찾을 방법을 제안하며 제국의 장밋빛 미래를 보여주었다. 동아 협동체는 중국의 왜곡된 반외세 내셔널리즘을 '초극'할 수 있는 수단이었다. 또한 일본 제국주의가 빠진 딜레마를 모두 해결해 줄 유일한 '만병통치약'이었다. 로야마 마사미치는 일본이 동아 협동체를 건설함으로써 "세계 경제 공황에서 탈출"하고 "일본 경제의 공간적, 지역적 구속성에서 벗어날 수 있다"고 내다보았다.[89] 이러한 표현은 1933년 군이 통제경제의 실현을 위해 사용한 과장된 표현을 훨씬 능가하는 것이었다. 확장된 형태의 만주 모델은 단순히 중국 내 일본의 문제뿐 아니라 전 세계 문제에 대한 해결책이었다.

쇼와연구회 지식인들에게 주어진 대륙정책의 첫 번째 과제는 중국의 내셔널리즘을 이해하는 것이었다. 로야마 마사미치, 오자키 호쓰미, 가다 데쓰지 등은 중국 민족주의 운동의 심각성을 호소하는 한편 이를 극복하기 위해 군사 전략을 넘어서는 보다 거시적인 시각을 가질 필요가 있다고 대중을 설득하는 데 힘썼다.

> 일본이 중국과 전쟁을 하는 것은 중국 대중을 미워하기 때문이 아니다. 일본은 중국 국민당 정부의 잘못된 정책을 바꾸기 위해 싸우는 것이다. 그러나 중국인에게 이 전쟁은 국가의 운명을 걸고 싸우는 민족주의 투쟁이다. 군사력을 사용하여 중국의 일부를 우리 편으로 만들 수는 있겠지만, 그것이 민족주의 문제를 해결하는 방법이 될 순 없다. 설령 전쟁이 우리가 원하는 방식대로 끝나고 일본이 결정적인 승리를 거두더라도 여전히 중국의 민족주의라는 성가신 문제에 직면하게 될 것이다. 현재 중국의 민족주의 운동은 일본의 진로를 가로막는 방향으로 나아가고 있다. … 우리 앞에 놓인 중국의 민족주의를 군사적으로 제거하는 것이 얼마나 어려울지 이제야 깨닫기 시작한 것이다. [90]

1930년대 말에 애국심이 없는 것처럼 보이거나 검열에 걸리는 일 없이 전쟁에 반대하는 글을 설득력 있게 쓰는 것은 쉬운 일이 아니었다. 그럼에도 오자키는 "중국의 민족주의 운동은 중일 갈등을 군사적으로 해결하려 한 일본에 실패를 안겨줄 것이다"라는 메시지를 일본 국민에게 전하려고 노력했다.

오자키와 그 동료들이 제안한 해결책은 "중국 민족의 적극적인 협력을 얻는 것"이었다. 그리고 이를 달성하기 위해서 일본은 "본래의 제국주의적 요구"를 포기하고 "일본의 일방적인 방식으로 동아시아 각국을 경제적으

    제3부: 식민지 개발과 만주에서의 실험, 1932~1941

로 조직"하는 것을 그만둘 필요가 있었다.[91] 그런 맥락에서 혁신파 지식인들은 자신들의 아이디어를 기존의 '블록 경제 방식'과 구분했는데 이는 영국, 프랑스, 미국이 실천한 바와 같이 또 다른 형태의 제국주의나 다름없었다. 일본에서 제국주의적인 블록 경제에 동조하는 사람들은 잘못된 길을 가고 있는 것이었다. 블록 경제에 반대하는 것은 도덕성의 문제 이전에 "개발자금 문제나 치안 문제에 대한 실제적인 고려"가 있기 때문이었다. 무엇보다도 이들은 "일본 경제는 전쟁 수행과 대륙의 개발을 모두 감당할 만한 여유가 없다"라고 생각했다.[92] 쇼와연구회는 전통적인 제국주의에 입각한 군부의 비도덕적이고 비현실적인 계획을 지지하지는 대신, 중국의 민족주의 운동과 협력하자는 실현 불가능한 해결책을 제시했다. 토지개혁을 통해 이를 실현할 수 있을 것이라 생각한 오자키는 민족주의 운동의 반봉건적인 측면에 주목했다. 가다는 중일 공동 개발사업에 중국 자본을 끌어들이자는 아이디어를 발전시켰다. 중국 내셔널리즘과의 화해를 꾀했던 이들의 제안은 모두 단호히 "제국주의를 폐기"했다는 공통점이 있다. 그러나 이들 중 그 누구도 대륙에서 일본이 철수해야 한다고 주장하지는 않았다.[93]

동아 협동체의 청사진이 어떻게든 중국에서 일본이 시도하는 군사 경제적 팽창의 본질을 바꿀 수 있을 것이며, 더 나아가 중국 민족주의 운동을 포섭할 수 있으리라는 믿음은 비현실적으로 보인다. 국민 정부군을 섬멸하려 혈안이 되어 있던 군부와, 일본 지배하의 중국에서 이익을 취하려는 사람들에게 협동주의를 설파해보았자 바뀌는 것은 아무것도 없었다. 사실 협동주의의 수사와 군사 점령이라는 현실 사이에 존재하는 괴리는 쇼와연구회의 비전을 기만적인 프로파간다의 하나로 쉽사리 치부하게 한다. 그러나 그것은 사실이 아니었다. 비현실적이었을지언정 이들의 마음은 진심이었다. 권력의 중심으로 빠르게 진입한 것에 압도되고 과장된 수사적 표현에

현혹된 쇼와연구회의 지식인들은 현실 세계에서는 가지지 못한 힘을 자신들의 말과 사상에 부여했다.

협동적 제국주의의 추구가 망상에 불과했듯, 동아 협동체 건설을 일본 국내 개혁과 연결시키겠다는 계획 역시 비현실적이기는 마찬가지였다. 1930년대 초 이미 군이 "만주국을 일본 개혁의 수단으로 삼겠다"고 선언한 적이 있긴 했지만, 쇼와연구회는 여기에서 더 나아가 협동적 제국주의의 기반을 마련하기 위해 일본의 자본주의를 철저히 개편할 것을 요구했다. 쇼와연구회의 개혁안에는 여러 가지가 있지만, 류 신타로가 쓴 『일본 경제의 재편성』이야말로 이 새로운 접근법에 대해 언급한 저작 중 가장 유명한 것이라 할 수 있다. 1939년 12월에 초판이 나온 뒤 이듬해 가을까지 무려 44판을 찍은 이 책에서 그는 자유기업제도를 정면으로 공격하면서 이를 타파하기 위해서는 이윤의 통제와 산업의 국유화가 이루어져야 한다고 주장했다. 그는 이익의 추구와 각 산업 사이에 존재하는 이해관계가 국가 경제 발전을 위한 합리적인 자원의 배분을 방해하고 있다고 말하며, 그렇기에 이윤은 통제되어야 하고 경제를 경영하는 주체는 자본의 개입으로부터 보호받아야 한다고 주장했다. "자본으로부터 경영을 분리"하며 각 산업에 대한 경제 계획을 수립하고 국가가 이를 감독하게 하기 위해서는 산업 카르텔과 경제관리위원회의 위계 구조가 만들어져야 했다. 과거 이윤을 극대화하는 데에만 몰두했던 산업 카르텔과는 달리 새롭게 형성된 카르텔은 생산의 사회화를 통해 상품 가격은 낮추고 생산성은 높일 것이었다. 또한 신체제 아래 재조직된 각 산업은 이윤 추구의 욕망을 버리고 '협동주의'라는 '새로운 경제 윤리'를 따르게 될 것이다. 자본이 자발적으로 국가정책에 협조하여 국가 권위의 개입이 필요 없는 것이 이상적이겠지만, 그렇지 않을 경우를 위해 신체제는 국가에 협력을 강제할 수 있는 권한을 부여했다.[94]

1930년대 초 군부가 만주국과 일본에서 동시에 혁신을 이루겠다는 아이디어를 처음 제시한 이래, 이러한 생각은 쇼와연구회의 국내 개혁 프로그램을 통해 제국주의 개혁과 자본주의 개혁을 연결하는 거대한 구상으로 발전했다. 육군은 우선 만주국에서 개혁을 완수한 뒤 그것을 가지고 일본 내 민간 자본의 지배를 완화할 수단으로 사용할 생각이었다. 그러나 류 신타로 같은 이들은 이와는 반대로 먼저 국내에서 개혁을 성취해야만 식민지 프로그램을 성공시킬 수 있다고 생각했다. 중국과의 협동주의는 일본 내 협동주의의 달성 여부에 달려 있었다. 이에 이들은 순서를 바꾸어 식민지에서의 신질서 확립보다 국내 자본주의의 개혁을 우선시했다. 지금에 와서 생각해보면 당시 일본의 정치경제 상황에서 이 두 가지 목표는 모두 실패로 돌아갈 운명이었음이 분명하다. 그러나 1930년대 말의 관점에서 볼 때, 만주의 빠른 변화는 그런 비관론을 발붙이지 못하게 했다. 오히려 급진주의와 혼란스러운 사회 분위기는 쇼와연구회가 꿈꾸었던 혁신을 현실화시킬 절호의 기회로 여겨졌다.

경제계는 쇼와연구회의 지식인과 군부, 관료 집단 내 동조자들이 추진한 급진적인 경제 개혁 구상에 반대했다. 처음에 경제계 지도자들은 이러한 구상을 공산주의자들의 음모로 간주했으며 개혁적 조치에 비협조적인 태도로 일관했다. 이후 경제계는 반격을 가하여 1941년 말 정부 내 '공산주의자'를 몰아내고 쇼와연구회를 몰락시켰다.[95] 경제계의 반격이 이처럼 강력할 것임을 미리 예측하지 못한 것도 쇼와연구회 회원들이 얼마나 현실과 동떨어져 있었는지 보여주는 명확한 증거이다.

쇼와연구회의 구성원들이 잘못된 판단을 내리게 된 것은 처음 이들이 경제 개혁을 이야기 했을 때 경제계가 표면적으로는 찬성하는 모습을 보였기 때문이었다. 실제로 1938~39년 기업인 단체의 성명이나 경제 신문에는 공산주의적인 구호가 가득했다. 경제계 지도자들이 자리했던 일만지 경제 간담회의 보고서는 동아 신질서와 신경제 체제에 대한 지지를 표명하는 상투적인 문구로 시작했다.[96] 경제계가 신질서에 대한 지지를 표명한 것은 대중에게 어필하기 위한 측면이 있었다. 만주사변기와 마찬가지로 사업가들은 중일전쟁 초기부터 자신들이 비애국적이라는 평판을 불식시키기 위해 노력했다. 1937년 경제 동원 계획에 반대하여 반역자라고 비난받았던 일이나 군비를 현재 수준으로 계속 유지하라는 요구를 공공연히 반대하다가 암살당한 다카하시 고레키요 대장대신의 사례를 기억하는 기업가들은 현 세태에 대한 비판을 자제할 수밖에 없었다. 하지만 처음에 경제계가 동아 신질서에 열광적인 반응을 보였던 것이 모두 거짓이었던 것은 아니었다. 기업인들은 쇼와연구회와는 달리 국내의 신질서와 식민지에서의 신질서를 구분했다. 이들은 쇼와연구회가 개혁의 과제로 내세운 국내에서의 이윤 통제나 산업의 국유화에는 단호히 반대했지만, 식민지 제국에서 신질서를 구축하는 것에 반감을 가지진 않았다. 중일전쟁으로 촉발된 위기는 대륙의 경제적 중요성을 재평가하도록 했다. 블록 경제의 '재인식'이나 '대만(對滿) 인식의 비약', '전시 투자와 만주산업의 재검토' 등의 헤드라인을 통해서도 알 수 있듯이, 1938~39년도 이코노미스트와 동양경제신보의 기사에는 만주 개발에 대한 자신감과 대륙의 경제적 기회를 강조하는 내용으로 가득했다.[97] 이코노미스트는 근래 "동아시아 블록 개발의 가속화"에 찬사를 보내며 그 "필요성"이 과거 만주사변기보다 더욱 분명해졌다고 설명했다.[98]

반제국주의적 제국을 건설함으로써 과거와 결별하려 했던 쇼와연구회의 구상과는 달리, 경제지에서 이야기하는 만주 개발의 재평가란 새로운 제국 건설의 동력을 일본의 제국주의 전통 안에서 찾는 것이었다. 경제평론가들

          제3부: 식민지 개발과 만주에서의 실험, 1932~1941

은 그 전통을 경제적 관점에서 정의하며 "대륙정책과 일본 자본주의" 사이의 역사적 연관성을 지적했다.[99] 한 평론가는 "일본 자본주의의 존립과 발전에 메이지 시대 이후의 대륙정책은 불가결한 것이었다. 일본의 수출 시장과 자원을 확보하는 것에 중점을 둔 최근의 동아 블록 운동도 본질적으로는 종래와 마찬가지로 일본 자본주의 발전을 위한 대륙 정책의 수행으로 보아야 할 것이다"[100]라고 말했다. 즉 중일전쟁의 발발이 일본의 정책 변화를 의미하는 것은 아니라는 것이다.

과거나 현재나 경제 성장을 위해서 전쟁은 불가피하다는 주장은 일본 제국주의의 연속성을 강조했다. 어떤 경제평론가는 1894~95년의 청일전쟁이나 1904~05년의 러일전쟁이 "일본 자본주의의 발전에 있어 숙명적인 과제"였다는 점에 주목하여 동아시아 블록을 분석했다.[101] 이전의 전쟁이 중국과 조선에서 일본 섬유제품의 수출 시장을 확보하기 위해 일어난 반면, 현재의 전쟁은 "북중국의 자원을 개발하고 전 중국에 대한 무역을 촉진"하려는 일본의 욕망으로 인해 발생했다.[102] 경제평론가들은 "일본의 자본주의가 존속하기 위해서는 대륙정책의 확대가 필수적임은 반복해서 말할 필요가 없을 것이다"라고 끊임없이 주장하면서, 제국을 확장하기 위해 화중과 화난 지역에 군사력을 행사하는 것을 지지했다.[103] 이러한 논의를 통해 사업가들은 일만지 블록을 만들자는 제안이 경제적으로 타당하며, 경제적 생존을 위해서는 중일전쟁이 반드시 필요하다고 확신했다.

쇼와연구회의 멤버들과 마찬가지로 경제평론가들도 '개발'의 의미를 '동아 신질서'에 적용시키며 이를 확대했다. '개발'에는 여전히 일본 제품의 수출 시장을 확보한다는 의미가 있었지만, 이제 그 일본 제품에는 경공업 제품뿐만 아니라 중공업 제품도 포함되었다. 또한 '개발'은 석탄. 철광, 면화 등 일본 산업에 필요한 자원을 확보하는 것도 의미했다. 기업가들은 일본 자본에 의해 화베이, 네이멍구, 화중, 화난의 아직 개발되지 않은 '자원의 보고'가 활짝 열리며 제2, 제3의 만주국이 중국 대륙에 등장하는 것을 꿈꿨다.[104] 자원의 중요성을 새롭게 깨달은 기업가들은 이전에 강하게 반대하던 입장을 바꾸어 군의 개발 계획을 지지하게 되었다.

만주의 경제 발전을 위한 종래의 처방과는 달리, 1930년대 후반의 사업가들은 "일본의 자본과 기술을 중국의 자원과 결합"시키는 것이 일본의 식민지 회사에서 완성한 대륙 개발의 최고 전략이라 주장했다. 오지 제지공업의 사장인 후지와라 긴은 "우리는 대만을 개발했고 조선을 개발했으며 그리고 홋카이도도 개발했다. 같은 방식으로 우리는 10년 혹은 20년 안에 일본의 자본, 일본의 노력, 일본의 기술로 대륙을 변화시킴으로써 세계를 놀라게 할 것이다"라고 말했다.[105] 이는 후지와라나 다른 기업가들이 만주국 건국 초기에 보여줬던 것보다 훨씬 더 열정적으로 식민지에 투자하고자 했음을 의미한다. 실제로 1938년과 1939년에 대륙 개발을 묘사하는 데 사용된 새로운 표현들은 이들이 가진 사고의 틀이 변화했음을 보여준다. 이전에 이야기해 왔던 '만주의 개발'이란 신화적인 중국 시장의 이미지와 조약항 체제에서의 무역확장 경험을 바탕으로 한 것이었다. 이제 경제계 지도자들은 대만의 설탕 산업 건설, 조선의 쌀 증산, 홋카이도의 탄광 개발, 그리고 도처에서 벌어지는 도로, 철도, 항만의 건설 등 전체 식민지 제국에 대해 이야기하기 시작했다.

사업가들에게 동아 신질서는 하나의 사업 제안이었다. 그런 의미에서 만주에 대한 평가가 단순한 소비재 시장에서 투자를 위한 수익 창출의 장으로 수정된 것은 모든 손익을 따져 보고 내린 결론이었다. 1939년 봄과 여름, 만주 관련 증권의 인기가 높아지고 있다는 경제지의 기사는 1934년 만주의 번영을 상기시켰다. 이코노미스트는 "만주 관련 주식의 갑작스러운 인기"에 대해 설명하면서 그 원인으로 "국내 증권시장의 부진"과 더불어 "투자하기를 주저하던 이들까지 마침내 만주를 이해하기 시작했다"는 사실을 지적했다. 또 만주 경제의 양대 주축인 만철과 만업의 주식이 최근 눈에 띄게 반등한 것을 언급하며 이들 주식에 투자할 것을 추천했다.[106] 동양경제신보도 "만주 관련 주가의 급격한 상승"을 다룬 사설에서 이와 동일한 의견을 피력하면서 "일본 자본가들이 만주 통제경제의 진가", 예컨대 만주 내 회사들이 "국내기업보다 더 높은 수익"을 거둘 수 있게 해 주는 낮은 세율 등의 요소를 이해하게 되었다고 설명했다.[107] 만주 개발 관련 보도를 통해 보듯이, 대륙에 대한 새로운 관심은 수익 추구라는 오래된 관심에서 촉발한 것이었다.

어떤 면에서, 대륙 개발을 바라보는 시각은 1930년대 초에 비해 통일되어 보인다. 쇼와연구회와 마찬가지로 기업가들 역시 대륙 진출을 "현재 위기를 탈출하기 위한 해결책"으로 보았다.[108] 이들 모두 경제 근대화와 자본주의 성장을 이룬 일본이 동아시아의 경제 통합을 이끄는 것은 역사적 '필연'이라 생각했으며 종종 동아시아 블록은 일본의 '숙명'이라 말하기도 했다. 또한 경제계와 정부 관료 모두 구미와의 경제 관계를 유지하는 것이 중요하다는 사실을 인정했다. 동아시아 블록의 발전을 위해서는 서구 자본시장의 차관과 서구 제품의 수입이 필요했으며 그러기 위해서는 일본도 이들 국가에 수출을 계속할 수밖에 없었다. 경제계와 정부는 국가 단위의 경제 정책이 필요하며 동아시아 블록의 발전을 위해 통일된 산업정책을 세워야 한다는 점에서도 의견의 일치를 보았다. 이들은 금융, 산업, 무역의 각 분야가 동아시아 블록의 발전에 상호의존적으로 작용함을 인식하고 다층적인 경제 통합의 필요성을 주장했다.

그러나 이러한 공감대가 있었음에도 30년대 말 대륙 개발을 둘러싼 의견의 대립과 모순은 여전했다. 쇼와연구회의 경우 자본주의는 곧 쇠퇴하고 신경제 패러다임으로 대체될 것이라 믿었지만 기업인들은 이와 정반대의 생각을 갖고 있었다. 또한 쇼와연구회가 제국주의적 관계의 변화를 일본 자본주의의 전복과 연결지은 반면, 기업인들은 국내 자본주의의 존속을 위해서는 예전 방식의 대륙 팽창주의가 필요하다고 생각했다. 게다가 화베이와 만주국, 그리고 일본 국내 산업이 자본과 자원의 확보를 두고 서로 경쟁하게 되면서 어느 쪽도 만족하지 못하게 되었다. 그러나 이해관계의 조정은 타협이나 우선순위를 정하는 것이 아닌, 그저 더 긴 위시리스트를 만드는 방식으로 이루어졌다. 5년 전 일만 블록의 경우와 마찬가지로 동아시아 블록의 위시리스트에는 각종 요구사항으로 가득했다. 모든 이해관계자의 요구사항이 목록에 오르면서 동아시아 블록의 개발은 일관성을 잃고 말았다.

예상대로 동아시아 블록은 이리저리 표류했고, 1940년이 되자 경제 정체의 원인으로 많은 비판을 받았다. 경제단체들은 통상 블록의 결함과 부적절함에 불만을 쏟아냈다.[109] 덕왕(德王, 뎀치그돈로프)의 몽장연합자치정부나 왕커민(王克敏)의 중화민국 임시정부 같은 괴뢰정권에서 실행되었던 경제적 협동주의는 결국 중국 내 항일운동의 변화를 끌어내는데 실패했다. 중국과의 전쟁이 지속되면서 오자키 호쓰미 등은 자신들의 슬로건이 그저 계속되는 학살을 정당화하는 데 사용되고 있음을 보았다. 하지만 다시 한 번 동남아시아까지 블록에 포함될 가능성이 생기자 일본인들은 의심과 불만을 누그러뜨리고 더 이상 비판의 목소리를 높이지 않았다. 1930년대 중반과 마찬가지로 30년대 말 잠시나마 들렸던 경고의 목소리는 대동아공영권의 확립을 알리는 열광적인 팡파레 소리에 묻혀 들리지 않게 되었다.[110]

만주의 청사진을 중국과 동남아시아에 차례로 적용해가는 모습은 국가와 기업의 제국주의적 코퍼라티즘이 가진 지속력을 보여주었다. 1930년대 초 군부와 재벌 지도부가 맺은 협력관계는 불안정해 보였지만 이는 만주국에 통제경제와 엔 블록을 등장시키는 놀라운 성과를 낳았다. 만주국의 청사진이 그랬듯이, 동아 신질서 계획도 식민지 경제에 대한 상반된 비전의 산물이었다. 동아 신질서에는 쇼와연구회의 급진주의와 경제계의 기회주의가 모두 포함되어 있었다. 두 그룹은 서로를 이해하지 못했지만 동아 신질서의 개념이나, 중국을 일본이 통제하는 경제권 안으로 끌어들이기 위해 군사력을 행사해야 한다는 점에는 모두 동의했다. 또한 이들 모두는 눈앞에 놓인 어려운 과제를 달성하는 데 식민지가 가진 힘이 필요하다는 사실을 굳게 믿었다. 그렇기에 경제 개발의 흐름을 멈추려고 노력하는 것보다는 그 성공을 믿고 나아가는 것이 훨씬 쉬웠다. 1930년대 초 작동하기 시작한 식민지 국가 자본주의는 그 자체의 추진력에 의해 계속해서 앞으로 나아갔다. 중국과의 전쟁이라는 끝없는 수렁으로 일본이 끌려 들어간 것은 대륙에서 군사적 안보를 추구한 것만큼이나 이러한 개발의 병리 때문이기도 했다.

실업계의 적극적 움직임, 1940~1941

1930년대 초 한껏 고조되었던 낙관주의가 30년대 말 깊은 실망으로 바뀌자 경제단체들은 만주 개발 문제를 놓고 정부와 새로 협상함으로써 앞으로 다가올 재앙을 미연에 방지하고자 많은 노력을 기울였다. 본질적으로 1940~41년 경제계는 제국주의적 코퍼라티즘의 조건을 다시 협상하고자 했다. 기본적으로 이들은 자신들의 입장이 개발정책에 좀 더 반영되길 요구했다. 자본가는 더 이상 정부가 만주 경제를 혼자 좌우하도록 놔두려 하지 않았다. 일본경제연합, 상공회의소연합, 일중실업협회, 일만실업협회 등 4개 주요 경제 단체로 구성된 동아경제간담회는 1940년대 초 만주 경제에 관한 일련의 회의를 열었다. 예전 일만실업협회가 그랬듯이 동아경제간담회는 모든 경제 분야의 대표들을 모아 제국의 경제 정책에 대한 업계의 목소리를 대변하고자 했다. 그러나 이번에는 전에 없던 절박함이 있었다. 실업계는 1933년 또는 1937년에는 직시하지 못했던 사실, 즉 만주국이라는 실험이 실패할 경우 그들도 손해를 면치 못할 것이라는 사실을 이제야 깨닫게 된 것이다. 위험 요소 없이 이익만을 얻을 수 있는 한, 기업인들은 기꺼이 정부의 감독을 감내했을 것이다. 그러나 경제 위기로 인한 손실을 함께 감당해야 한다는 사실이 밝혀지자 경제계 지도자들은 이제 만주국의 정책 결정에 직접 개입해야겠다고 마음먹었다.

1940년 5월에 열린 한 회의에 초대된 일본과 만주국 정부 인사들은 만주의 경제 문제를 해결하기 위해 기업인들과 머리를 맞대었다. 기업인들은 만주에서의 실험이 어려움을 겪는 것에 전 세계적인 요인이 있음을 인정하면서도, 정부의 만주 개발 계획이 국내 경제를 힘들게 만들고 있다며 날카롭게 비판했다. 금융계 인사들은 만주국으로의 자본 수출이 1937년부터 39년까지 일본 시장 회사채 발행액의 약 3분의 1인 8억 엔에 이르며 이로 인해 국내 금융이 큰 타격을 받고 있다고 말했다. 만주에 대한 지나친 자금 지원으로 은행은 "국내에 자본을 공급"하여 국가정책을 지원하는 역할을 수행할 수 없었다. 그러므로 그들은 "앞으로 만주국에 대한 융자를 제한해야 한다"고 주장했다.[111]

제조업자들도 만주 산업의 끝없는 생산재 수요에 부응하다가는 일본 국내 산업을 무너뜨리고 말 것이라 주장하며 불만을 토로했다. 시바 고시로(斯波孝四郎) 미쓰비시 중공업 사장은 만주국 관료들이 즐겨 쓰던 비유를 빌려 "자녀를 먹이기 위해 부모는 굶주려도 되는가"라고 말하며 이 문제를 설명했다.

만주 내 생산재의 부족은 결국 일본 내지에 의존해서 내지로부터 가져오면 되겠지만, 내지에 자재가 부족할 경우 그러한 요구에 응하기는 매우 어려울 것입니다. 물론 말할 것도 없이 일본 내지는 부모이고 만주는 아이이기 때문에 아이가 곤란할 때 부모가 돕는 것은 당연한 일입니다. 부모인 우리는 세 끼 중한 끼만 먹더라도 기꺼이 만주를 도울 수 있지마는, 내지는 여러분이 보시는 바와 같이 상당히 곤란한 상태에 있습니다. … 경우에 따라서는 만주 이상으로 부족한 것도 많습니다. [112]

통상 분야에서도 만주로의 지나친 수출이 일본 내 물자 부족을 야기했다는 의견이 주를 이루었다.[113] 금융가, 제조업자, 상인들은 서로 생각이 일치하지 않는 경우도 많았지만 만주 개발이 곤경에 처했다는 위기의식에는 뜻을 같이했다. 정부의 만주국 경영에 대한 인식 변화는 만주 산업의 저조한 성과보다는 만주가 국내 경제의 발목을 잡고 있다는 확신에서 비롯되었다.

이 회의에서 경제계 지도자들은 자신들이 만주 경제에 관여하는 것은 경제적 이득을 얻기 위한 것이 아니라고 주장하며 만주에서 벌어진 일에 거리를 두려 애썼다. 1930년대 초에 관동군은 자본가들이 애국심으로만 만주에 투자하지는 않을 것이기 때문에 반재벌적인 언동을 자제해야 한다는 말을 들었지만, 이제 자본가들은 자신들이 오직 애국심 때문에 만주에 투자했다고 주장했다. 미쓰비시 중공업의 시바 고시로 사장은 자신을 변호하면서 "일본 내지의 기업가는 상당한 희생을 치르고 만주에 진출했습니다. 이 때문에 내지와 다소 마찰을 빚었던 것은 당연한 일이라고 생각합니다.

… 그러나 그것이 정부 방침에 의해 결정된 이상 우리는 방침에 따라 희생을 치르고 만주에 진출했던 것입니다"[114]라고 말했다. 그의 말처럼 만주국의 개발은 분명 정부가 주도한 프로젝트였다. 민간 기업은 정부의 명령에 따랐을 뿐이니 자신들은 만주 경제의 현 사태에 아무 책임이 없다는 것이었다.

만주 문제에 자신들이 아무런 잘못이 없다고 생각한 기업인들은 정부의 정책 실패를 마구 비난하기 시작했다. 이들은 만주의 통제경제 운영에서 나타난 기본적인 실패를 거듭하여 지적했다. 정부 관료가 목표한 생산량이 달성되었음을 자랑스레 발표하자 한 기업인은 신랄한 어조로 다음과 같이 말했다.

> 지금 보고하신 바에 따르면 5개년 계획은 매우 좋은 성과를 보이고 있습니다. … (그러나) 조금 전에 말씀드린 바와 같이 현재 만주에서 그러한 자원을 확보하는 데에는 어려움을 느낍니다. … 보고에는 증산이 이루어졌다고 되어 있음에도 불구하고 민간에서는 석탄을 전혀 구할 수 없는 사태가 벌어지는 이유를 생각해 보면, 결국 이는 통제에 커다란 결함이 있기 때문이 아닐까 생각합니다. … 그렇다면 만주에 물자가 없는 것이 아니라 사실은 상당량이 존재하지만 통제에 의해 물자가 점점 시장에서 자취를 감추어 버리거나 오지로 보내져 보이지 않는 상태가 된 것이 아닐까 싶습니다. 통제는 매우 어려운 것이라 … 정부의 방침이 올바르지 않으면 더욱 통제하기 어려워집니다.[115]

이 회의에서 기업인들은 전과는 다르게 정부 관료에게 강경한 태도를 보였다. 긍정적인 지표로만 가득한 정부 보고서를 무작정 받아들이는 일은 더 이상 용인되지 않았다. 정부의 성과는 공개적인 검토의 대상이 되었고 부족한 부분은 가차 없이 비판받았다.

이 시점에서 기업가들이 지적했듯이 만주의 경제 정책이 실패한 것은 정책 입안자들에게 정책 시행에 필요한 전문성과 경험이 부족했다는 측면이 컸다.

> 양국의 친선을 촉진하고 경제 제휴를 실현하기 위해 그저 법률을 남발하고 권한을 남용하며 경험 부족으로 독선적인 관료행정의 폐단에 빠진다면, 가령 그것이 좋은 의도였다 하더라도 이 두 목적에 반대되는 방향으로 나아갈 우려가 없는 것은 아니기 때문에 … 이럴 때 가장 필요한 것은 과학과 경험을 총동원하는 것이며 이것이 국방에도, 산업에도, 생활에도 귀중한 힘을 가져다 줄 것입니다. … 소위 독선적 관료행정이라는 폐단에 빠지지 않도록 충분한 지식을 동원하여 과학과 경험을 활용하는 데 중점을 두어 주길 바랍니다. [116]

지금까지 침묵을 지켜오던 기업인들은 자신들의 요구를 정책에 반영하지 않는다면 만주 개발은 결국 실패하고 말 것이라며 마침내 정부를 향해 자신들의 목소리를 내기 시작했다.

기업인들은 경제 위기의 본질이 무엇인지에 대해 같은 의견을 갖고 있었던 만큼 과감한 해결책이 필요하다는 점에도 모두 동의했다. 그러나 정부의 통제정책이 상당한 비판을 받았음에도 경제계 지도자들이 제안한 해결책은 통제경제를 완화하는 것이 아닌 더욱 강화하는 것이었다. 작은 조치에도 큰 파급 효과를 일으킬 수 있는 금융과 같은 분야에서도 기업인들은 통제경제를 확대해야 한다고 주장했다. 그 제안은 주로 엔 블록 내 경제 제휴 정책을 위해 일종의 반관반민 기관을 설립해야 한다는 것이었다. 쓰시마 주이치(津島壽一) 일본은행 부총재는 인플레이션을 통제하기 위해 반관반민 기관을 설립할 필요가 있다면서 다음과 같이 말했다.

> 물가를 통제하기 위해 반드시 종합적인 대책을 강구해야 함은 오늘날 더욱

절실하게 대두하고 있다고 생각합니다. 이를 위해서는 일만 양국을 통괄하는 상설 통제기관을 설치하여 종합적인 가격통제를 도모하는 것이 가장 타당하고 효과적인 방법이라고 여겨집니다만, 그렇다고 해도 그 근본은 물자에 있습니다. 양국 간의 물자 수급 관계를 충분히 검토하여 장기적인 일만(日滿) 물자 동원 계획을 확립하는 것이 가장 급선무일 것입니다.[117]

구와바라 요시네(桑原幹根) 도쿄상공회의소 이사와 같은 이들은 그런 기관에 중국 측 인원도 포함시켜야 한다고 생각했다.[118] 참여국의 수가 둘이든 셋이든, 기본적으로 이 제안은 문제를 임시방편으로 해결하기보다는 전반적인 경제 정책을 기획하고 입안하는 상설위원회를 만들자는 것이었다. 이미 같은 목적의 기관이 기획원이란 이름으로 존재하고 있었던 것을 통해 볼 때, 이들은 그동안 만주경제가 대체로 자율적인 국가 경영으로 운영되던 것을 일정 정도 국내에서 통제할 필요가 있다고 제안한 것이다. 만주국의 관료들은 일본이 경제 문제를 해결할 수 있도록 자신들의 권한 일부를 내주어야 했다.

위원회의 설치는 만주를 일본의 통제 하에 둘 뿐 아니라 경제 운영에 대한 민간의 발언권을 더 강화하는 것을 의미하기도 했다. 구와바라는 이와 관련하여 다음과 같이 말했다.

지난해부터 일본과 만주국, 그리고 중국의 정부 당국자가 여러 차례 만났으며 … 저희는 그 성과에 대해 큰 기대를 갖고 있습니다. … 이와 같은 중요한 경제 방침을 결정할 때에는 각 정부 당국자의 의견뿐 아니라, 될 수 있는 한 여러 민간 전문가의 의견을 청취하여 실정에 잘 맞으면서도 실행 가능한 계획을 수립하는 것이 중요하다고 생각합니다.[119]

그의 말에 따르면 이러한 건설적인 의견 교환은 포괄적인 정책 결정 권한을 부여받은 '관민협의회'라는 친숙한 범주 내에서 이루어질 것이었다. 즉 구와바라 등의 사업가는 사실상 제국주의적 코퍼라티즘의 조건을 수정하여 국가와 자본이 공동으로 엔 블록을 경영할 것을 제안한 것이다.

경제계는 민간 영역이 가진 전문지식 등 여러 이점을 어필하는 한편, 만약 정부가 민간과 협력하지 않을 경우 어떤 대가를 치르게 될지 분명히 이야기했다. 일만실업협회 만주지부장의 다음 발언에는 은근한 협박의 뜻이 섞여 있었다.

> 물가 및 물자의 통제는 다른 법령을 시행할 때와 달리 단순히 강권하는 것만으로는 도저히 그 목적을 달성할 수 없습니다. 효과를 충분히 거두기 위해서는 반드시 민중의 충분한 이해와 협력이 필요합니다. 즉 강권하기보단 민중의 협조를 구하고 위반자를 처벌하기보단 충분한 이해를 구하지 않는다면 분명 그 목적을 달성할 수 없을 것입니다. [120]

즉 사업가들은 자신들과 미리 논의를 거치지 않은 법령에는 따를 생각이 없음을 만주국 정부에 밝힌 것이다.

간담회에서 나온 이러한 제안들에 대해 만주국 정부의 반응은 냉랭했다. 만주국 정부의 답변이라고는 "생각해 보겠다"거나 "자원을 통제하기 위한 일만 정부의 공동정책은 지금도 이미 시행하고 있다"는 것이었다. [121] 만주국 정부의 태도가 적극적이지 않은 것은 그리 놀라운 일이 아니다. 이제까지 만주국의 산업정책 결정 기구는 자율적인 분위기에서 실업계의 개입 없이 운영되어 왔다. 그런데 1941년에 들어서 갑자기 그동안 적대적인 관계였던 일본 실업계와 논의해야 한다고 느낄 이유는 없었다. 또한 현재 정책에 반대할 것이 분명한 집단의 의견을 수용하기 위해 정부 조직을 개편할 일도 만무했다.

경제계 지도자들의 제안이 받아들여지지 않은 것은 결과적으로 전화위복이 되었다. 기업인들은 스스로를 정부 정책의 희생자로 여길 수 있었다. 일본의 패전 이후 그들은 만주국의 실패에 도의적인 책임을 느끼지 않았고, 통제경제의 아이디어도 자신들이 제공한 것이 아니었으며 관동군은 끝내 그들을 멀리했다고 주장할 수 있었다. 이러한 인상은 현재까지도 남아 있다. 하지만 실제로 군부와 경제계는 모두 만주 경제에 큰 영향을 주었다. 만주 경영에 좀 더 일찍 개입하지 않은 것은 결국 기업가가 스스로 내린 결정이었고 그것은 관동군의 계획만큼 만주 경제에 영향을 미쳤다.

군부와 재계 모두 둘 사이에 긴장감이 있음을 잘 알고 있었다. 그러나 이들이 협력한다면 만주와 일본 본토의 경제 문제를 해결하는 데 도움이 될 수 있었음에도 어느 쪽도 관계 개선을 위해 노력하지 않았다. 사태가 더 이상 통제할 수 없는 지경에 이르게 된 1930년대 말까지 관동군은 만주국 경제 개발 계획의 성공을 자신했으며, 기업 역시 만주국의 실패가 가져올 결과를 예상하지 못하는 오판을 저질렀다. 양쪽 모두 현실을 제대로 인식하지 못했던 것은 만주 개발에 대한 맹목적인 낙관주의 때문이었다. 5개년 계획은 희망 사항에 불과했으며, 차관 또한 최상의 시나리오를 전제로 이루어졌다. 여기에는 비현실적인 '만주 개발'에 대한 허황된 믿음이 있었다.

◆

만주가 일본 경제의 만병통치약이라는 비전은 환상이었을지 몰라도 만주 개발의 이름으로 건설된 철도, 공장, 수력발전소 등은 그 아이디어의 힘을 보여주는 실제적인 흔적으로 남았다. 물론 오늘날 일본은 더 이상 이러

제3부: 식민지 개발과 만주에서의 실험, 1932~1941

한 만주 개발의 기념물을 소유하고 있지 않다. 이는 권력의 허망함을 보여주는 생생한 증거이기도 하다. 여기에서 우리는 만주국이 가진 흥미로운 역설을 발견할 수 있다. 만주국이라는 꿈은 일본의 자만심과 무모함을 부추겨 감당할 수 없을 정도로 제국을 팽창시킴으로써 식민지 개발 프로젝트를 더 이상 지속할 수 없게 했다. 그러나 동시에 이는 일본인에게 만주에서 식민지 개발이라는 실험을 시행할 수 있는 야망, 자신감, 창의성, 에너지를 제공해 주기도 했다.

만주에 대한 비전이 때로는 일본의 제국주의 팽창을 강화하기도 하고 불안정하게 만들기도 했다는 모순은 바로 만주에 건설된 일본의 총력 제국이 지닌 본질이었다. 중국 동북 지역에서의 군사 작전과 마찬가지로 식민지 경제 개발의 꿈 역시 낙관주의에 빠져 있었다. 이러한 제국주의 프로젝트는 다차원적이었기에 다양한 이해집단의 지지를 얻기 위해서는 모든 사람에게 무언가를 약속해 줄 수 있는 포괄적인 비전이 필요했다. 동원 전략은 날이 갈수록 상충하는 이익과 모순적인 의제를 조화시켜야 했으며, 이 때문에 긍정적이고 유리한 점만을 강조할 수밖에 없었던 제국주의자들은 마치 낙관주의자로만 구성된 합창단같이 보였다.

경제 개발과 같은 제국주의 프로젝트의 다차원적인 성격은 또 다른 결과도 가져왔다. 다양한 사람들에 의해 각기 다른 이유로 추진되고 점점 더 다양한 사회집단을 끌어들였던 제국주의 프로젝트는 지나칠 정도로 일관성이 없는 방향으로 나아갔다. 제국과 본국 간의 관계가 밀접해지고 연결망이 확대되면서 내부 모순이 증가했으며 이는 제국을 생각하지 못한 방향으로 끌고 갔다. 만주의 군인들은 본국 정부 당국을 전복시켰다. 일본 정부 내에서 육군성은 해군성을 상대로 음모를 꾸몄으며 때로는 양쪽이 함께 외무성을 속이기도 했다. 제국주의 정책을 수립할 때면 제국의 주변부와 중심 사이에서든, 정부 관료제 내부에서든, 아니면 문관과 무관 사이에서든 지 언제나 치열한 대결과 갈등이 나타났다. 민간과 공공의 다양한 이익 집단을 제국주의 프로젝트에 끌어들임으로써 고도의 포괄성을 추구했던 동원 전략은 의사 결정 과정을 상당히 복잡하게 만들었다. 모두의 이익을 만족시키는 정책을 수립하기 위해서는 국가와 사회 내부 및 양자 간의 협상을 필요로 했다. 이는 복잡한 관료제 국가와 복잡하고 계층화된 사회에 의해 추구된 제국의 결과였다.

제국주의적 이해관계를 갖고 있는 코퍼라티즘 동맹 내에 분열이 발생하는 일은 일본에만 국한된 것이 아니었지만, 만주국에서의 경제 개발 프로젝트는 일본 제국주의를 다른 제국주의 국가들이 가지 않은 길로 나아가게 했다. 19, 20세기의 다른 제국주의 국가들과 마찬가지로 일본은 식민지를 산업 자본주의가 성장하는 데 필요한 시장으로 바라보았다. 만주국에서의 경제 프로젝트는 식민지 경제를 본국 경제 안에 통합시키기 위해 식민지 경제를 개발하는 것을 포함했다. 상업 활동을 촉진하기 위해 항만과 철도를 건설하는 것은 이 시기의 식민지 정책의 공통된 특징이었다. 만주국이라는 실험이 기존의 식민지 정책과 달랐던 것은 그 투자의 규모와 야심의 정도가 모두 지나치게 컸다는 점이었다. 만주 개발에서 도로, 항만, 철도의 건설과 같은 사회 기간시설의 구축은 그 일부에 불과했다. 또한 단순히 대두를 증산한다거나 일본의 소비재를 수출할 수 있는 새로운 시장을 개척함으로써 식민지와의 관계를 개선하는 문제만도 아니었다. 만주 개발의 진정으로 급진적이고 새로운 면은 만주국을 중공업화하여 일본 산업 자본주의의 첨병으로 삼고자 한 계획이었다. 만주국을 산업 경영과 계획 기술의 실험장으로 삼음으로써 일본은 기존의 식민지 관행에서 벗어났다.

다음 장에서 후술하겠지만 만주 개발이 보여준 식민지 급진주의의 요소는 이 외에도 더 있었다. 군인과 사업가들의 노력에 동참하면서, 지식인들은 전쟁열 속에서 중국 동북 지역에 대한 제국 비전을 아직 탐구되지 않은 새로운 영역으로 확장시켰다. 지식인들은 만주국의 문화적 구조에 새로운 차원을 더했는데, 이들에게 만주국은 만주 개발을 통해 모든 사람에게 원하는 모든 것을 약속해 주는 희망의 제국처럼 보였다. 파시즘과 전쟁, 그리고 혁명의 도가니 속에서 일본인들은 한편으로는 경제 위기로부터 국가를 보호하고, 다른 한편으로는 정치와 사회를 변혁시키기 위한 공식을 실험할 수 있는 멋진 신제국을 상상했다.

6장

멋진 신제국:
유토피아 건설의 꿈과 지식인

만주 개발이란 명목 하에 일본의 전문가와 지식인들은 근대적이고 급진적인 식민 국가를 건설하기 시작했다. 1930년대 동안 만주국에 막대한 자본을 투입하여 건설 계획을 진행한 결과 새로운 철도 노선이 만주를 가로질렀으며 만주 도심지의 모습은 완전히 변모했다. 만주국 정부의 철도와 도시는 최신 기술과 넘치는 재능을 가진 젊은 도시계획가, 건축가, 기술자에 의해 근대적 편리함을 갖추면서도 급속한 인구 증가에 대응할 수 있도록 설계되었다. 매년 수백 수천 명의 일본인이 미래 도시의 건설을 위해 만주로 갔으며, 이들은 식민지의 전통적인 공동체를 근대적 유토피아의 이미지로 재구성했다.

동시에 일본의 학자와 중국 전문가들도 급속히 확장되어 가던 식민지 국가에서 연구와 정책 입안에 종사하기 위해 만주로 몰려들었다. 좌익사상에 깊은 영향을 받았으며 때로는 중국의 민족주의 운동에 공감하기도 했던 일본 내 중국 전문가들은 만주국에서 중일 문제의 해결책을 찾을 수 있을 것

　　　　　제3부: 식민지 개발과 만주에서의 실험, 1932~1941

이라 생각했다. 그들에게 만주의 개발과 만주국의 건설은 일본의 경제적 제국주의와 중국의 민족주의를 모두 만족시킬 수 있는 새로운 제국의 탄생을 약속하는 것이었다. 남만주철도(만철)나 괴뢰국가 만주국의 싱크탱크에 자리한 지식인들은 20세기 혼란에 빠진 중국 바깥에 새롭고 정의로운 사회를 건설하겠다는 꿈을 꾸었다.

만주에 이상사회를 건설하겠다는 생각은 엔 블록이나 통제경제를 꿈꾸던 낙관주의만큼이나 터무니없는 것이었다. 러시아 혁명기의 공상적 이상주의에 대한 리처드 스타이츠(Richard Stites)의 연구에 따르면, 이상사회를 꿈꾸는 것에는 다양한 형태가 있다고 한다. 꿈꾸는 것이 평등한 사회인지 풍요로운 사회인지, 혹은 코스모폴리탄적인 도시성을 추구하는지 전원에서의 소박하고 단순한 삶을 추구하는지, 마지막으로 기계화를 지향하는지 아니면 자연으로 회귀하고자 하는지에 따라 이를 분류해 볼 수 있다.[1] 어떤 형태의 유토피아를 꿈꾸든지 그 안에는 현재 상황에 대한 대안을 포함하고 있었다. 엔 블록과 통제경제를 구상했던 이들에게 변혁의 대상은 바로 자본주의였다. 따라서 그들은 금융과 산업, 상업의 구조를 개혁하고자 했다. 기술관료나 전문기술자, 중국 연구자들은 시대에 뒤처진 도시 경관이나 불편한 일상생활, 비참히 착취당하는 노동자계급 등 현실 세계의 다양한 문제점이 해결된 유토피아를 꿈꾸었다. 일본에서 사회적 비전을 실현하려다 좌절에 빠진 지식인들은 그 꿈을 제국으로 가져갔고, 만주국에 모더니즘과 혁명의 유토피아적 환상을 투영했다. 그러한 유토피아적인 비전이 실현된다면 만주는 일본인 개척자에게는 근대적인 도시 인프라가 제공되며 중국인 주민에게는 정치사회적 혁명을 통한 해방을 맛볼 수 있게 하는 '멋진 신제국'이 될 수 있었다.

일반적으로 이 시기 제국주의에 대한 인식은 슘페터(Schumpeter)의 용어를 빌려 말하자면, 구시대적이고 퇴행적인 통치자와 불한당들이 다스리는 곳으로 식민지를 상상하는 경우가 많다. 그러나 실제 일본의 식민지를 설계한 이들 중에는 당시 사회문화적 조류의 최전선에 서 있었던 진보적인 지식인들이 포함되어 있었다. 이상주의적인 개혁가이자 혁명가로서 학자, 언론인, 예술가, 기술자, 건축가 등으로 구성된 진보적 지식인은 사회정의의 실현과 복지 증진에 힘썼다. 이들의 고상한 관심사는 개인적인 이해관계와도 잘 맞아떨어졌다. 1933년 교토대학 법학부의 다키가와 유키토키(滝川幸辰) 교수가 공산주의 사상에 동조한 혐의로 면직되자 좌파 성향의 교수들이 일제히 사표를 제출한 사건을 계기로 일본에서 이념적 반동이 급속히 강해졌으며, 그 결과 진보적 지식인의 삶은 큰 위협을 받았다. 이들이 일본에서 탄압을 받고 직장이나 문화단체에서 쫓겨나던 무렵, 만주에서는 식민지 개발을 위해 막대한 투자가 이루어지면서 지식인을 위한 일자리가 여기저기 생겨나고 있었다. 그런 의미에서 만주국은 무엇보다도 기회의 땅이었다. 식민지 사업에 참여한 진보적 지식인들은 만주국을 자신의 유토피아적인 비전을 실현할 대상으로 삼았다.

유토피아의 건설을 꿈꾼 것은 일본 제국주의에만 국한된 것이 아니었다. 실제로 제1차 세계대전 이후, 전 세계의 식민지 담론에 진보적 사회 개혁주의나 윌슨의 민족자결주의, 혁명적 사회주의 등이 유입되었다. 영국의 T. E. 로렌스(Lawrence)가 아랍 민족운동에 뛰어들고, 또 아그네스 스메들리(Agnes Smedley)나 조지프 스틸웰(Joseph Stilwell)처럼 상반된 생각을 가진 미국인들이 중국의 민족주의 혁명에 개입할 수 있었던 것도 전간기에 나타난 이러한 지적 경향 때문이었다. [2] 근대주의자들이 상상했던 만주국 식민 도시의 이미지는 유럽의 식민지 도시 계획에 나타난 모습과 크게 다르지 않았다. 프랑스령 모로코, 영국령 인도, 이탈리아령 리비아와 같은 다양한 식민지에서 유럽인들은 1919년부터 20년대에 걸쳐 야심 찬 계획에 착수하여 카사블랑카, 뉴델리, 트리폴리 같은 식민지 도시 계획의 모범을 만들어 냈다.[3] 일본과 마찬가지로, 유럽과 미국의 식민지 프로젝트에 보이는 개혁적이고 근대적인 측면은 오랫동안 지속적으로 사용되던 식민주의 담론인 '문명화 사명'을 20세기적으로 재현한 것이었다. 지금 와서 보면 이런 사고방식 속에는 폭력과 착취를 정당화하려는 자기중심적이며 이기적인 의도가 숨어 있음을 분명히 알 수 있다. 하지만 당시에는 많은 이들이 여기에 감화되어 식민지 개발사업에 뛰어들었으며, 그 와중에 바람직하지 못한 측면을 발견하더라도 진보나 다른 숭고한 목적을 위해 그것을 무시해버리곤 했다.

그런 의미에서 문명화 사명은 새로운 제국의 중국인 주민들을 위한 것이 아니라 일본 국민을 위한 것이었다. 만주국에 대한 지지를 동원하기 위해 고안된 도시 개발 계획과 사회, 정치 개혁은 여기에 참여했던 일본인이 제국 프로젝트를 고상한 것으로 느끼게 만들었다.

미래 도시

만주사변이 발발했던 1931년부터 전쟁이 끝난 1945년까지 14년 동안 만철은 복선 궤도의 건설을 제외하고도 약 5,300km에 달하는 철도를 새로 건설했다. 철도건설은 만주국이 세워진 직후 시작되어 새로운 노선의 3분의 2(3,510km)가 건국 이후 첫 5년 사이에 만들어졌다. 이에 더해 만철은 1932년부터 38년까지 5,030km에 걸쳐 노반(路盤)을 추가로 건설했다.[4] 새로 만들어진 총 32개의 노선은 크게 세 방향으로 뻗어 나갔다. 첫 번째는 만주 동부 노선으로 쓰핑지에(四平街), 지린, 하얼빈, 쑤이화(綏化) 등 만주

중부에 위치한 철도 중심지를 만주와 한반도 경계에 위치한 지안(吉安), 투먼(圖們), 둥닝(東寧), 후린(虎林) 등과 이어주었다. 이들 노선의 개통으로 만주의 철도 네트워크는 조선의 운송망과 더욱 밀접하게 연결되었다. 이는 전략적 접근성을 높여 주었을 뿐만 아니라 한반도로 통하는 새로운 무역 루트를 열어 주는 효과를 가져왔다. 여기에 더하여 투먼에서 북쪽의 지아무쓰(佳木斯)에 이르는 노선이 건설되면서 만주 북동부의 새로운 지역을 일본의 경제적 지배하에 두었으며 해당 지역의 목재 산업 발전을 촉진했다. 두 번째는 북부 노선인데, 이를 통해 일본은 과거 러시아의 영향권 아래 있던 지역에 군사적, 상업적으로 침투했다. 여기에 해당되는 노선으로는 하얼빈에서 북만주 중앙부의 지린 및 라파(拉發)로 이어지는 노선, 신징을 멀리 북서부의 바이청(白城) 및 아얼산(阿尔山)과 연결하는 노선, 또 하얼빈과 치치하얼에서 베이안(北安), 넌장(嫩江)을 거쳐 북으로 가 만주와 시베리아 국경도시인 헤이허(黑河)로 이어지는 노선이 있었다. 세 번째는 신리툰(新立屯)과 러허(熱河)를 거쳐 구베이커우(古北口)까지 이르는 노선으로, 이 철도를 통해 일본 기업들은 러허성으로 진출했으며 중국으로 가는 새로운 무역 루트를 만들었다.

같은 시기 만주국 정부는 도시 건설 계획을 수립하고 만주 개발을 위한 도시 인프라 구축에 박차를 가했다. 그중 가장 먼저 의욕적으로 진행된 것은 무역 중심지 창춘(長春)을 신제국의 당당한 수도로 거듭나게 하는 것이었다. 새로운 수도라는 의미를 담아 신징(新京)이라 이름 붙여진 이 도시에는 1937년 제1기 건설 계획이 종료될 때까지 105곳의 공공건축물(이 중 만주국 정부가 17곳을 사용했으며 나머지 88곳은 기타 회사에서 사용했다)과 3,001개의 특별 저택, 5,550개의 일반 빌딩, 1,067의 임대 사무실, 421채의 주택이 들어섰다.[5]

만주국의 수도에서 건설 붐이 진행되는 동안, 하얼빈과 펑톈은 화물 집산지로 새롭게 태어나고 있었다. 1934~35년 철도망의 확대로 더 많은 도시들이 일본의 경제적 영향력 아래 편입되면서 무단장(牡丹江), 지아무쓰, 치치하얼, 타오안(洮安), 베이안, 헤이허, 옌지(延吉), 투먼, 러허, 츠펑(赤峰) 등의 도시에서도 신도시 계획이 수립되기 시작했다. 1932년부터 38년에 걸쳐 총 48개 도시에서 도시 계획이 세워졌다. 도시 개발의 정도는 매우 다양했으며 신수도 계획만큼 화려한 도시는 거의 없었지만, 일본이 새로 건설한 도시는 대부분 상하수도, 가스, 전기, 전화, 전선, 철도역과 이어지는 도로망 등의 기본적인 설비를 갖추고 있었다. 이에 더해 공원, 광장, 체육시설, 병원, 일본인 묘지와 같은 다양한 공공시설도 세워졌다.[6] 관동군의 입장에서 가장 중요한 것은 모든 새 정착지에 군사 시설이 설치되었다는 점이었다. 군사 시설의 존재는 일본의 투자를 보호해 줄 뿐 아니라 신도시를 군사 기지화하여 폭동을 방지하고 남쪽으로는 중국, 북쪽으로는 소련과 접한 국경 지역을 방비하는 역할을 수행했다. 그런 의미에서 철도망의 확대와 마찬가지로 신도시 건설은 전략적인 목표와 경제정책상의 목표를 모두 겨냥한 것이었다.

철도 부설과 도시 계획은 모두 만주국의 근대성을 보여주는 상징이었다. 제국주의적 맥락에서 이들 상징이 가진 힘은 일본의 근대화 담론에서 축적된 의미의 저수지에서 가져온 것이었다. 메이지 시대 이후, 일본은 유럽이나 미국을 근대화의 척도로 삼아 자국의 진보를 구미의 과학기술 및 정치경제적 선진성과 비교해 왔다. 근대화를 서구의 공격으로부터 일본을 지키기 위한 수단으로 생각했기 때문에 제국에 대한 담론 또한 이러한 비교와 밀접하게 연관되어 있었다. 이는 일본의 근대화뿐만 아니라 한반도와 중국의 근대화도 포함한 것이었다. 그렇기에 메이지 시대에 일본은 조선이나 중국의 후진성을 강조함으로써 일본의 제국주의적 팽창정책에 정당성을 부여했다. 1880년대 조선의 개화운동 대한 일본 자유주의자들의 개입에서 부터 식민지에 일본식 교육과 경찰 제도를 수립한 것까지 이러한 사명감은 제국 건설의 원동력 중 하나였다. 대륙에서 개혁이 성공하면 일본의 개혁 도 '자동적'으로 이루어질 것이라고 여긴 자유주의자나, 메이지 유신처럼 아시아를 근대화시키겠다는 식민지 관료 모두 일본의 진보와 아시아의 진 보가 밀접하게 연결되어 있다고 생각한 것에는 다름이 없었다.[7]

철도는 서양과 일본, 그리고 제국이 근대성과 갖는 이와 같은 관계에 대 해 일본이 느끼던 불안감을 보여주는 좋은 예시였다. 캐롤 글럭이 지적했 듯이 기관차는 메이지 시대에 문명과 진보를 대중에게 보여주는 상징으로 부상했다. 기관차는 1850년대에 미국이 서구의 과학기술이 가진 힘을 과 시하기 위해 증기기관차 모형을 가지고 오면서 처음으로 일본에 소개되었 다. 메이지 정부는 이에 확신을 갖고 식산흥업계획의 일환으로 철도 건설 을 적극 추진했다. 1872년 도쿄의 신바시(新橋)와 요코하마를 잇는 최초의 철도가 개통된 것을 시작으로, 1905년까지 약 5,000마일의 철도가 건설되 어 일본 본토 네 개 섬의 도시와 농촌사회를 연결했다. 철도의 부설로 물류 와 여객의 수송이 원활해졌으며 이는 상업화와 도시화를 촉진했다. 메이지 시대 말 철도는 근대화를 이끈 주역으로 평가되었다.[8]

식민 지배 초기 일본이 대만과 조선에 철도를 건설하고 만주에서 러시아 로부터 넘겨받은 남만주의 철도망을 확장해 나가면서, 이 서구의 수입품 은 일본 제국주의의 상징이 되기 시작했다. 일본 내에서와 마찬가지로 식 민지에서도 철도는 문명화와 진보의 상징이었다. 만주국의 고속 특급열 차 '아시아호'의 등장으로 이러한 인식은 더욱 강화되었다. 일본 최고의 열 차이자 서양에 필적하는 기술 수준을 지닌 아시아호는 최첨단 제국의 상 징이 되었으며 이러한 기술적 성과는 일본에게 새로운 가능성을 열어주었다. 1934년 운행을 시작한 아시아호는 다롄을 출발하여 중간에 다스지에 (大石橋), 펑톈, 쓰핑지에(四平街)에서 정차했다가 신징에 이르는 노선을 달렸 다. 다롄에서 신징까지 총 소요시간은 8시간 반이었으며 평균 속도는 시속 82.5km였다. 최고 속도는 시속 110km로 일본에서 최고 속도를 자랑하던 쓰바메호보다 시속 15km가 더 빨랐으며 서양의 특급열차에도 뒤지지 않았 다. 만철 기술자들은 증기기관차 디자인의 혁신을 통해 이러한 성과를 달 성했다. 새롭고 보다 강력한 엔진이 공기역학적으로 유리한 형태인 유선 형 몸체 안에 실렸다. 기존의 울퉁불퉁했던 기관차의 외형을 평평한 원통 모양으로 바꾸어 기관차에 매끈하고 근대적인 모습을 부여한 것이다. 당 시 유선형의 디자인은 자동차나 철도의 객차에 막 사용되기 시작했지만 복 잡한 구조의 기관차에까지 이를 적용시키기는 어려운 일이었다. 이에 더해 아시아호는 특별히 유리로 덮인 전망차를 갖추고 있었다. 두 량의 일등 객 차 중 하나에는 전망 라운지가 있는데, 그곳에는 우아하게 장식된 의자와 테이블, 책장이 살롱 스타일로 배치되어 촬영 장소로도 자주 이용되었다. 또한 만철 기술자를 미국으로 보내 냉방 및 공기조절 기술을 배워오게 한 뒤 이를 아시아호의 설계에 적용하여 냉방, 난방, 제습, 가습 설비를 모두 갖추도록 했다. 이는 식당차에만 냉난방 장치가 있었던 쓰바메호를 뛰어넘 는 것이었다.

이러한 최신 과학기술이 사용된 아시아호는 시대를 앞서간 열차였다. 실 제로 일본 본토에서 사용되던 철도 설계는 제2차 세계대전이 끝날 때까지 그 수준을 따라잡지 못했다. 만철은 아시아호가 거둔 새로운 기술적 성과 를 자랑하며 이를 선전에 이용했고 그 결과 아시아호는 만철의 마스코트가 되었다. 팸플릿과 포스터에는 언제나 아시아호의 초근대적인 이미지가 등 장했으며 만주국에 관한 사진집이나 가이드북, 기행문학에서도 아시아호를 자주 만날 수 있었다. 1934년에 개정된 소학교 국어 교과서에는 「아시아호를 타고」라는 글이 실리기도 했다.[9] 이런 선전 활동은 아시아호가(그리고 만주국 그 자체도) 일본 본토의 그 어떤 것보다 더 선진적이라는 메시지를 전달했다. 문화적, 정치적, 경제적으로 후진적인 중국이 일본의 과거에 비유되던 것과는 대조적으로 만주국은 일본의 미래를 대표했다.

철도와 마찬가지로 1931년 무렵 일본 본토와 식민지의 도시 계획은 서로 연관성을 갖고 있었다. 비교적 늦게 등장하긴 했지만, 도시 계획 또한 근대성의 강력한 상징이 되었다. 1880년대 일본 지도자들은 도쿄를 근대국가에 걸맞은 수도로 거듭나게 하려 했다. 1890년대에는 더 시급한 국제 문제 때문에 여기에 완전히 집중하지 못했지만, 인구의 급속한 증가로 오사카, 고베, 나고야 등지에서 여러 문제가 발생하자 각 지방정부는 도시 재개발에 관심을 가졌다. 1910년대 시의회는 주택, 교통, 공중위생 문제의 해결책으로 도시 계획을 고려하기 시작했다. 제1차 세계대전 이후 건축가, 토목기술자, 도시 행정관, 개발 전문가, 학자들은 도시의 개조를 목적으로 도시연구회, 건축학회, 간사이건축협회(후에 일본건축협회로 개칭)를 조직했다. 이들이 상상한 미래 도시의 모습은 서구의 영향을 크게 받은 것이었다. 일본에는 도시 계획에 관한 교육과정이 없었기 때문에 이들 대부분은 서양에서 훈련을 받았다. 서구의 관련 문헌을 널리 섭렵하는 과정에서 이들은 특히 19세기 오스만(Haussmann) 남작의 파리 개조사업이나 프레드릭 로 옴스테드(Frederick Law Olmsted)의 공원시스템, 도시미화운동 등으로부터 많은 영감을 받았다.[10]

일본 내에서 도시 계획에 대한 관심이 높아질 무렵 식민지 행정가들은 이미 도시 개발의 경험을 쌓아가고 있었다. 1890년대 말 고토 신페이(後藤新平)의 지휘 아래 일본이 최초로 획득한 식민지의 수도 타이페이는 근대 도

제3부: 식민지 개발과 만주에서의 실험, 1932~1941

시의 모습을 점차 갖춰갔다. 이후 몇 년 동안 서울, 다롄 등 제국의 식민 통치 중심지에서 도시 계획이 수립되고 실행되었다. 만철의 초대 총재이자 일본의 건축사가들로부터 '근대 도시 계획의 아버지'로 불린 고토 신페이는 만철 부속지 내 도시 개발에도 참여했다.[11] 관료 이전에 의사이기도 했던 그는 공중위생이나 상하수도 시스템을 적절히 정비하는 데에 큰 관심을 갖고 있었다. 일본으로 돌아간 후 고토는 식민지에서 얻은 경험과 관심을 일본의 도시 문제에 그대로 적용했다. 도시연구회의 회장이 된 그는 정치권력을 이용하여 열성적인 신진 도시계획가 그룹을 지원했으며 1923년 대지진의 참화 이후 도쿄를 재건하면서 이들을 기용했다.

도시연구회 등 세 단체의 노력으로 1918년 내무성 내에 도시계획과가 설치되었으며, 1919년에는 〈시가지 건축물법〉과 〈도시계획법〉이 제정되었다. 그러나 이런 가시적인 성과에 부풀었던 기대감은 곧 실망으로 바뀌었다. 오사카와 도쿄를 재건하기 위해 전문가들이 공들여 세운 도시 계획은 재정의 부족과 각종 이권을 지닌 지주들의 정치적 저항으로 많은 부분을 포기할 수밖에 없었던 것이다. 이때 좌절감을 느꼈던 도시계획가 그룹이 바로 만주국의 도시를 변모시킨 집단이었다. 그들은 억눌린 에너지와 미완의 꿈을 제국으로 가져갔다. 식민지 국가의 정치적, 재정적 지원을 등에 업은 이곳 만주국에는 이들을 좌절로 몰아넣었던 장애물이 존재하지 않았다. 만주국은 미래의 이상 도시를 그대로 실현시킬 수 있는 텅 빈 캔버스 같았다. 고시자와 아키라(越澤明)의 말처럼 만주국의 도시 계획은 "지금까지 일본의 도시 계획이 소화하고 축적해 온 이념과 기술을 전면적으로 적용한 하나의 커다란 실험장"이었다.[12]

아시아호와 마찬가지로 새로 건설된 만주의 도시들은 만주국의 초근대성을 보여주는 상징으로 널리 선전되었다. 도시 계획의 최고 걸작이라 할 수 있는 신징이 특히 그러했다. 오스만의 파리나 도시미화운동에서 추구한 이상처럼 신징은 일본의 식민 지배를 상징하는 전쟁 기념비, 괴뢰국 황제의 궁궐, 철도역, 주요 정부 청사 등의 건축물을 중심에 두고 이로부터 가로수가 심어진 넓은 대로가 사방으로 뻗어나가는 형태로 설계되었다. 도로의 배치에 나타난 기하학적 균형은 일본 여러 도시를 가로지르는 좁고 구부러진 미로와 같은 길과는 극명한 대비를 이루었다.

대로가 만나는 지점에는 거대한 나무로 가득한 광장이 자리했으며, 아름답게 가꾸어진 묘지, 주요 도로를 따라 이어지는 나무 정자와 멋진 공원들이 여기저기 들어섰다. 신징의 도시 계획에서 녹지가 차지하는 비율은 최고 수준의 녹지를 보유한 유럽 도시에 필적했다. 식물원이나 아름답게 꾸며진 호수와 개울, 동물원 등의 위락시설, 수많은 공원 등은 식민지 국가의 관대함을 보여주는 것이었다. 녹지가 거의 없는 일본 도시의 모습에 익숙한 일본인 거주자와 방문객에게 만주국 도시 곳곳에 있는 공원들은 이상적인 도시 경관의 또 다른 특징으로 생각되었다.[13]

하수도 정비가 근대화된 도시의 기본적인 지표였던 당시, 배수관과 수세식 변소가 건설되어 있었던 만주국의 신도시는 공중위생 측면에서도 최첨단을 달렸다. 고토 신페이의 계승자이자 신징의 도시 계획을 총괄했던 사노 도시카타(佐野利器) 또한 공중위생에 많은 신경을 썼다. 그는 새로 건설하는 모든 건물에 수세식 변소를 설치하도록 했다. 신징의 모든 주거용, 상업용, 사무용 빌딩에 수세식 화장실을 설치한 것은 아시아 최초의 일로 사노는 이를 매우 자랑스럽게 여겼다. 『만주 도시의 신면모』란 책에도 수도 신징의 하수 처리 시스템이 "세계적인 수준"임이 자랑스럽게 언급되어 있다.[14] 만주국의 도시 환경이 굉장히 위생적이었던 것과 달리 당시 일본에는 수세식 변소가 갖춰진 건물이 거의 없었다. 일본의 일반 가정에서 수세식 화장

실을 사용하기까지는 30년이 더 걸렸다.[15]

최신식의 대로, 공원, 수세식 화장실을 갖춘 만주국의 도시는 근대화의 주체로서 식민지 국가의 힘을 과시하는 화려한 전시장이었다. 식민지 국가가 이런 역할을 맡게 된 것은 관료 조직에 자리한 진보적 지식인들의 영향이 컸다. 만철과 만주국 정부 내의 지위를 이용하여 도시계획가, 건축가, 기술자 등은 자신의 창의적인 비전을 마음껏 발휘했다. 일본과는 달리 만주국에는 이들의 넘치는 상상력을 억누를 만한 재정 문제나 정치적인 고려 사항이 존재하지 않았다. 이들이 만주국에서 고속 열차를 만들고 녹지로 가득한 도시를 건설할 수 있었던 것은 마음대로 토지를 확보하고 자원을 동원하며 반대 의견을 잠재울 수 있는 권력이 있었기 때문이었다. 근대주의자들의 유토피아는 결국 식민지 국가의 절대적인 권력에 기반을 둔 것이었다. 그러나 그 절대성이 멋진 신제국에서 불협화음을 내는 것에 대해서 진보적 지식인들은 아무 말도 하지 않았다. 대신 그들은 식민지 개발을 찬양하면서 근대적인 도시 경관의 눈부신 아름다움과 꿈이 현실이 되었다는 짜릿한 흥분을 전달할 뿐이었다.

기회의 도시

만주국의 도시들이 미래 도시로 재창조되는 동안, 만주국 정부의 철도와 도시 건설 계획은 일본인 기업가들이 만주의 도시를 기회의 땅으로 여기도록 만들었다. 만주국 전역에 불어 닥친 건설 붐은 성공을 원하는 이들을 끊임없이 끌어들였다. 1930년부터 41년 사이의 기간 동안 만주의 인구는 80만 명까지 늘어나 해외 최대의 일본인 거주 지역이 되었다. 일본에서 만주로 인구 유입이 계속되면서 남만주철도의 역이 있는 곳마다 일본인 마을이 형성되었으며 많은 도시에서 일본인 인구가 중국인 인구를 앞질렀다. 만주의 도시는 일본인에 의해 계획되고 건설되었을 뿐만 아니라 일본인이 사는 곳이기도 했다. 근대적인 꿈의 도시에 거주하게 된 일본인들은 관동군 정책입안자들의 장대한 야망을 실현시키기 시작했다. 그들이 선전했던 '신천지'는 발견할 수 없었지만 만주에서의 새로운 삶에서 일본인들은 돈이 넘쳐나고 화려하며 코스모폴리탄적인 낙원에 가까운 모습을 접할 수 있었다.

1931년 이후 만주에 상업 및 산업 기업이 급속히 진출하기 시작하면서 중국 동북부 지역 내 일본 자본의 지형이 크게 변화했다. 만주사변 이전에는 관동 조차지와 철도 부속지에 1,241개의 일본 업체가 진출해 있었으며, 그 자본총액은 6억 2,782만 엔이었다(표4 참조). 당시 일본 자본은 관동주의 정치, 상업 중심지였던 다롄에 집중되어 있었다. 1930년 말 재만 일본 기업 1,180곳 중 다롄에 거점을 두고 있던 것은 전체의 61.7%에 해당하는 728개였으며, 전체 투자 자본에서 다롄이 차지하는 비중은 더욱 컸다(87.6%, 5억 5,628만 엔). 장쉐량의 권력 기반이자 철도 부속지 중 가장 큰 일본 조계지가 있었던 펑톈은 다롄에 이어 2위를 차지했지만 그 격차가 컸다. 오직 14.7%에 해당하는 174개 기업이 펑톈에 자리하고 있었으며 투자금은 4.8%에 해당하는 559만 엔에 불과했다.[16] 다롄은 관동도독부와 만철 본사의 소재지이자 수많은 일본 기업의 본거지였기에 만주에 있는 일본의 다른 거점들과는 현격한 차이가 있었다.

1931년 이후 여러 일본 기업이 진출하기 시작하자 중국 동북부에서 다롄이 가졌던 독점적 지위는 끝났으며, 이 지역의 양상 또한 크게 바뀌었다. 1932년 1월부터 1937년 12월까지 690개 기업이 설립되었으며 이들 기업의 납입자본금은 10억 엔을 넘어섰다(표5 참조). 표4와 표5의 수치를 비교해 보면(두 표 모두 영세한 비법인회사는 제외했음), 만주사변 전후로 일본 자본의 투자 경향이 변화하고 있음을 알 수 있다. 첫째, 두 시기 모두 교통에 많은 투자가 이루어지긴 했지만 1932년 이전에는 그것이 전체의 65%를 차지했던 반면 32년 이후에는 59%로 감소했다. 둘째, 이전에는 상업 관련 기업이 광업이나 제조업 관련 기업보다 수적으로 우세했으며(682 대 436), 납입자본도 9,646만 엔과 1억 1,065만 엔으로 엇비슷했다. 그러나 32년 이후에는 제조업과 광업이 상업 관련 기업을 수적으로도(240 대 138), 납입자본금 면에서도(2억 7,752만 8,000엔 대 3,731만 2,000엔) 압도적으로 앞질렀다.

〈표4〉 1931년 만주의 일본회사

업종	회사 수	납입자본금(엔)
농업	31	9,600,000
어업	6	420,000
광업	23	15,050,000
제조업	413	95,600,000
상업	682	96,460,000
운수업	86	410,690,000
합계	1,241	627,820,000

출전: 滿史會,『滿洲開發四十年史』下卷, 1964, p. 716.
주: 이 통계는 관동주와 철도부속지 내의 회사 수가 포함된 수치이다.

〈표5〉 1932년 1월~1937년 12월 만주국 및 관동주에 새로 설립된 일본회사

업종	회사 수	납입자본금(엔)
서비스업 및 금융업	220	99,305,000
운수업	40	673,060,000
상업	138	37,312,000
제조업	240	277,528,000
농업개척 및 개발	32	44,303,000
기타	20	2,010,000
합계	690	1,133,518,000

출전: 滿史會,『滿洲開發四十年史』下卷, 1964, p. 722.

또한 많은 제조업체가 다롄 이외의 지역에 공장을 건설하기 시작했다. 1931년에는 불과 403개의 공장만이 관동주 밖에 위치하고 있었다. 1932년부터 1940년에 이르는 기간 동안 관동주 밖에 건설된 공장의 수는 1,853개까지 늘어났다.[17] 제조업이 만주의 중부와 북부까지 그 기반을 확대해 나갔다는 것은 경제적 제국주의의 성격이 변화했음을 보여준다. 1931년 이전 다롄이 지배적인 위치를 점했던 것은 당시 일본이 항구에서의 무역을 통해 만주 경제에 침투하려 했기 때문이었다. 일본은 강력하지만 주변적인 존재로, 비유하자면 발가락을 통해 피를 뽑아내는 것처럼 만주의 한 구석에서 만주 전역의 물산을 빨아들이고 있었다. 그러나 1931년 이후부터 일본 기업은 만주 내의 교역과 상업뿐 아니라 제조업도 지배하게 되었다. 보다 다양한 지역과 업종에 진출함으로써 일본은 만주 경제의 동맥을 성공적으로 장악했다.

일본 제국주의의 경제적 관심이 북쪽으로 향하면서 여러 도시가 일본의 새로운 경제 중심지로 부상했다. 그중에서도 가장 극적인 변화를 보인 곳은 1931년 만철의 종착역이자 만철 연선 최북단의 일본인 정착지였던 창춘이었다. 만철과 러시아 소유의 동청철도가 만나는 지점이었던 창춘은 상품을 수송하는 두 철도와 여러 기업 사이의 상업 활동으로 번창했다. 또한 창춘은 북방에서 다롄항으로 운반되는 대두와 목재의 화물 집산지이기도 했다. 창고업, 일용품 판매, 착유업, 도자업 등의 가내 공업을 기반으로 하는 중국 자본이 창춘 지역 경제를 장악하고 있었으며 일본 자본은 창춘전기, 만주제분, 지린성냥공장에 투자되는 미미한 정도에 그쳤다.

〈표6〉 만주국 주요 도시들의 일본인 인구 증가

연도 지역	1931	1933	1935	1937	1939	1941
다롄	102,768	121,611	143,329	155,224	169,953	192,059
펑톈	47,567	-	66,674	83,542	110,736	163,591
하얼빈	4,151	11,856	27,399	36,347	38,220	53,295
신징	17,464	37,130	51,780	65,222	90,560	128,582
안둥	12,570	14,958	15,251	16,625	18,277	24,917
푸순	-	-	21,543	25,372	32,015	41,688
잉커우	-	-	372	5,433	6,270	7,739
지린	-	-	6,519	12,493	11,031	21,694
무단장	-	-	1,345	13,073	16,538	56,400
안산	-	-	15,470	22,206	36,809	46,375
진저우	-	-	4,584	8,649	12,334	-
쓰핑지에	-	-	6,400	7,169	-	9,215
치치하얼	-	-	6,898	7,085	-	13,823

출전: 『滿洲經濟圖表』(大連: 大連商工會議所, 1934~1940);
東亞旅行社 編, 『滿洲旅行年鑑: 昭和18年』(奉天: 東亞旅行社, 1942), pp. 540~541

만주사변 이후 창춘은 만주국의 수도 신징이 되었고 도시는 동북의 정치 행정 중심지로 변모했다. 매년 수많은 일본인이 점차 확대되는 국가조직 내의 자리를 차지하기 위해 이주해오면서 신징은 만주의 일본인 거주지 중 가장 빠른 속도로 성장했다. 정부의 도시 건설 계획은 건설 산업의 성장을 자극했다. 건설 붐으로 개발사업자와 건설업자가 몰려들었으며 목재저장소나 시멘트, 벽돌, 유리를 생산하는 공장이 번창했다. 화물의 집산지로서 신징의 중요성이 높아진 것은 만철 철도망의 확대로 만주 전역의 물류가 하얼빈에서 다롄으로 이어지는 중앙 간선과 직접 연결되었기 때문이었다. 대부분의 주요 무역상사는 신징에 사무소를 두었으며 본사를 두고 있는 경우도 많았다. 또한 신징은 새로운 제조업의 중심지가 되었는데 주로 일본인 이주민 사회를 겨냥한 생활소비재 생산에 특화되었다.[18] 1940년에 관동주의 일본인 거주지 외에 신징(227개)보다 많은 공장이 있었던 것은 펑톈(780개)이 유일했다.[19] 신징에 세워진 공장의 대부분은 벽돌이나 목재 등의 건축재나 서적, 신문, 제과, 수제 의류, 피혁 제품 등의 생필품을 생산했다. 일본인 사회가 점차 성장하면서 중소상인의 수도 증가했다. 1936년 말 신징에는 일본인이 경영하는 소매점, 레스토랑, 호텔 등이 938개나 있었다.[20]

만주의 정치적 중심이 다롄에서 신징으로 이동했다면 펑톈은 산업의 중심지로 부상했다. 1931년 일본인 인구수는 다롄이 33만 2,000명으로 더 많았지만 펑톈은 중국 동북의 최대 도시였다. 신징과 마찬가지로 교통의 요지였던 펑톈은 훈허(渾河)가 도시를 관통하고 여러 철도 노선이 교차하는 곳이었다. 1931년 이전 펑톈은 만주 중부의 집산지로 번창해 왔다. 이후 만주국 정부의 중공업 촉진 정책 아래 펑톈과 인근 안산, 푸순의 철광 및 탄광 지대는 중국 동북 산업의 중심지가 되었다. 1931년 펑톈성의 일본 공장은 겨우 72개뿐이었지만, 30년대 말에는 780개의 공장이 존재했다.[21] 잉커우(營口)의 일부 공장을 제외하고 이들은 모두 앞서 언급한 펑톈, 안산, 푸순의 산업벨트 지대에 자리하고 있었다.

1918년 만철의 안산제철소를 바탕으로 설립된 쇼와제강소(昭和製鋼所)는 만주 산업화의 주역이었다. 쇼와제강소에서 생산되는 선철이나 강철을 이용하기 쉽도록 인근에 만주스미토모강관(滿洲住友鋼管)이나 만주중기(滿洲重機)와 같은 생산시설이 건설되었다. 펑톈에서 동쪽으로 35㎞ 떨어진 곳에 위치한 푸순의 탄광 근처에도 발전소, 석탄 액화시설, 시멘트, 벽돌 제조공장 등 관련 산업체가 집중적으로 모여 있는 공업지대가 형성되었다. 만주국의 건설로 펑톈은 일본 산업의 황금기를 열었다.

     제3부: 식민지 개발과 만주에서의 실험, 1932~1941

이처럼 펑톈에 새로운 산업이 유입될 수 있었던 것은 1934년 설치된 특별공업구의 역할이 컸다. 만주 서부에 새로이 공업구가 만들어지면서 펑톈에는 신징에 필적할 정도의 건축 붐이 일어났으며 펑톈을 대표적인 근대 산업지구로 끌어올렸다. 일본은 펑톈의 건설업에 막대한 자금을 투자했다. 1931~37년에 걸쳐 총 1억 3,660만 엔이 투자되었으며, 그 증가세도 뚜렷하여 1931년에 100만 엔 정도에 불과하던 것이 1937년에는 4,700만 엔까지 늘어났다.[22] 1936년 말에는 만철 펑톈역과 산업구의 공장을 잇는 40km의 도로와 6km의 철로도 부설되었다. 또한 전화, 전보, 우편 등과 함께 수도, 가스, 전기 서비스도 갖추고 있었다. 1935년 말까지 서부공업구에는 175개의 새로운 공장이 세워졌으며, 37년까지 2년간 59개의 공장이 더 생겨났다. 공장 중 대부분은 중공업 제품을 생산하는 곳이었다. 예를 들어 1937년에 세워진 48개의 공장 중 14곳이 선철과 강철을, 12곳이 기계와 공구를, 6곳이 화학제품을 생산했다.[23]

만주의 개발은 분명히 일본의 기업인에게 최고의 기회를 제공했지만, 일부 중국인도 1930년대 만주 경제의 호황으로 큰 성공을 거두었다. 그러나 신체제 하에서 장쉐량과 협력한 중국인 기업가 집단은 명백한 패자였다. 이들이 소유한 펑톈무기회사와 펑톈성은행 등의 기업은 관동군에 의해 접수되어 만주국 정부 산하로 들어갔다. 관동군은 중국 동북의 중국계 근대 생산시설의 대부분을 접수했으며 특히 1920년대 장쭤린이 일본 제국주의에 대항하기 위해 설립했던 신산업이 그 대상이 됐다. 한편 착유업, 제분업, 도기 제조업 등 전통적이고 소규모의 산업은 여전히 중국계 자본이 주류를 차지했다. 그러나 제조업보다 더 중요했던 것은 상업 분야였다. 만주 사변 이전 도시로 이출입되는 상품의 대부분은 중국 상인들이 취급하고 있었다. 예를 들어, 1931년 펑톈의 교역에서 일본인 상인의 점유율은 38%였던 반면, 중국인의 점유율은 62%(5,600만 엔 상당)에 달했다. 하지만 이러한 상황은 만주국 건국 이후 역전되었다. 1935년이 되자 일본 상인이 펑톈으로 이출입되는 상품의 60%를 담당했으며 중국인의 점유율은 40%까지 떨어졌다. 그러나 이 점유율은 현상의 일부만을 보여줄 뿐이다. 펑톈이 상품의 집산지로서의 중요해지면서 펑톈 내 무역량이 급증했으며 그에 따라 중국인 상인의 수도 많아졌다. 중국계 상인이 담당하는 상품의 총액은 1931년에 3,500만 엔이던 것이 1935년에는 1억 3,000만 엔으로 4배 가까이 증가했다.[24] 만주 중국인 사회의 대부분, 특히 농촌 및 구체제와 관련된 이들은 일본의 통치하에서 몰락했지만 일부 중국인들은 경제 발전의 혜택을 맛볼 수 있었다.

일본의 영향력이 점차 확대됨에 따라 가장 크게 변화한 도시는 신징과 펑톈이었지만, 다른 여러 도시들도 작은 규모나마 비슷한 변화를 겪었다. 1941년 만주에 5만 명 이상의 일본인 거주자가 있는 도시는 다롄(19만 2,059명), 펑톈(16만 3,591명), 신징(12만 8,582명), 하얼빈(5만 3,295명), 무단장(5만 6,400명) 등 5곳이었다(표6 참조). 또한 안산, 푸순, 안둥, 지린 등의 도시에도 2만 명에서 5만 명 사이의 일본인이 살고 있었다. 이러한 소규모 일본인 공동체에서도 큰 도시와 마찬가지로, 고도로 자본화된 국영 기업에 유입되는 자금의 일부가 소규모 사업자의 손에 흘러 들어갔다. 예를 들어 1932~1935년 사이 하얼빈에 새로 설립된 일본계 사업체는 총 946개로 32년에 83곳, 33년에 110곳, 34년에 192곳, 35년에는 346곳이 만들어졌다. 그중 163곳이 음식점이나 카페였고, 70개가 건설업체, 그리고 약 200개가 성매매 업체나 유흥업소였다. 하얼빈의 신흥 산업에 나타난 소시민적인 특성은 하얼빈 상공회의소의 구성원에도 그대로 반영되었다. 상공회의소에는 사업체의 규모와 월 납부 회비에 따라 설정된 12개 회원 등급이 있었다. 1932

　　제3부: 식민지 개발과 만주에서의 실험, 1932~1941

년부터 35년 사이에 하위 여섯 등급 회원이 103개에서 275개로 증가한 반면, 상위 여섯 등급 회원은 24개에서 28개로 증가했을 뿐이었다. 또한 하위 증가분에 해당되는 172개의 새 회원 중 130곳은 10~12등급에 속해 있었다.[25] 만주가 일본인에게 기회의 땅이었음은 당시 1만 7,192명의 인구를 가지고 있던 안둥의 1939년 일본상공회의소 사업자 명단을 통해서도 잘 알 수 있다. 명단에는 868개의 사업자가 나열되어 있는데, 그 대부분이 일본인을 대상으로 하는 소매업과 서비스 업자였다. 그중에는 호텔, 레스토랑, 커피숍은 물론 자전거, 사무용품, 스포츠용품, 가구 판매업도 포함되어 있었다. 또 전당포, 직업 알선소, 목욕탕, 영화관을 운영하는 일본인도 있었으며 사진관도 10군데나 있었다.[26]

만주가 기회의 땅으로 각광받으면서 만주국의 일본인 인구 또한 급증했다. 1940년 이미 100만 명이 넘는 일본인이 만주에 거주하고 있었으며, 그중 80%가 만주사변 이후 정착한 이들이었다.[27] 1930년 이전 중국 동북부의 일본인은 매년 평균 9,350명씩 증가했다. 가장 빠르게 일본인 인구가 유입된 시기는 러일전쟁 직후와 제1차 세계대전의 호황기였다. 반면 1930년대에는 매년 평균 8만 3,132명의 일본인 인구가 만주로 유입되었으며, 이는 1931년 이전의 약 10배에 달했다.

만주로 건너온 사람들의 출신지는 다양했다. 오사카와 도쿄 소재 기업에서 많은 수의 직원이 파견되었지만 이는 전체 이주민의 극히 일부에 불과했다. 가장 많은 비중을 차지했던 것은 일본 남부에 위치하여 지리적으로 대륙과 가장 가까웠던 규슈 출신이었다.[28] 일찍부터 중국 개항장에 정착했던 일본인의 대다수는 규슈 출신이었지만 그렇게 된 것에 지리적인 요인 외에 다른 이유가 있었는지는 분명히 밝혀져 있지 않다.[29] 아마도 1895년 이래 규슈 출신 일본인들이 중국 내 개항장에 정착하면서 구축된 인적 네트워크가 중국으로 사람들을 끌어들였던 것으로 보인다. 중국이나 만주의 일본인 거주지에는 반드시 일본 각 현 출신들이 만든 단체가 있었는데 이들 단체가 그러한 네트워크의 하나였을 것이다.[30]

만주사변 이전과 마찬가지로, 중국 동북에 거주하는 일본인은 대부분 중산계층이었다. 1930년부터 35년까지 일본인 인구는 매년 50%씩 증가했지만 그 직업 구성 비율은 거의 변함이 없었다. 만주 거주 일본인 중 만주국 정부에서 일하는 이가 22%, 운수업에 종사하거나 만철에서 일하는 이가 18%, 상업 종사자가 25%, 만주국의 제조공장에서 일하는 이가 21%를 차지했다.[31] 만주국 정부나 운수업, 상업에 종사하는 일본인은 대부분 관료, 회사 중역, 도시계획가, 기술자, 경영자, 사무직원, 점원 등 지식 노동자이거나 전문가에 속했다. 제조업이나 건설업과 같은 분야에만 상당수의 일본인 육체노동자가 있었는데, 그들조차 숙련노동자로 이른바 노동귀족이라고 할 수 있는 사람들이었다.[32] 이들의 임금은 일본 본토보다 상당히 높았다. 예를 들어 1934년의 다롄, 펑톈, 신징에서 일하는 목수나 미장공은 도쿄, 나고야, 오사카에서보다 거의 두 배의 임금을 받았다.[33]

이처럼 일본에서 중국 동북의 식민지로 이주해 온 엘리트들에게 만주국은 식민지의 미래뿐 아니라 그들 자신의 미래도 달려 있는 곳이었다. 1930년대 중반의 시점에서 그 미래는 진정 밝아 보였다. 제국의 진보는 식민지의 경관을 합리적인 근대 도시로 재정비할 것이라 약속했다. 식민지 엘리트에게 도시의 개발과 건설 붐은 이익과 출세를 보장해 주었으며, 또 본국에서는 누릴 수 없는 국제적인 생활양식과 생활 수준을 경험하게 해 주었다. 만주의 도시에 거주했던 백만 명에 달하는 일본인들은 만주의 개발이 이야기하는 허황된 약속을 조금이나마 맛볼 수 있었다. 제국주의 프로젝트의 다른 영역에서 불협화음을 만들어 내던 꿈과 실제, 수사와 현실 사이의

　　　　　　　　　　제3부: 식민지 개발과 만주에서의 실험, 1932~1941

괴리는 기회로 가득 찬 도시에서만큼은 덜 두드러져 보였다.

만주 여행 붐

식민지 엘리트만이 신도시의 전시장 만주국을 경험했던 것은 아니었다. 학생, 교사, 교장, 사진가, 화가, 소설가 등 많은 이들이 만주라는 환상에 이끌려 1930년대 점차 증가하던 대륙 여행객 대열에 합류했다. 지식인 사이에서 만주 여행의 수요가 급증하자, 1920년대에 시작된 일본 내외의 관광 상업화는 더욱 빠르게 진전되었다. 여행 산업의 발전은 만주국의 문화적 초석 중 하나가 되었다. 활기 넘치는 다롄의 부두와 신징 중앙광장의 웅장한 정부 청사, 만철의 자랑거리였던 날렵한 자태의 아시아호 등 발전된 만주의 이미지는 대륙 여행을 선전하는 훌륭한 수단이었다. 만주 여행 홍보물이 여기저기 뿌려지면서 여행 산업은 비공식적으로 새로운 제국을 선전하는 역할을 했다. 만주의 명소를 직접 경험했든 아니면 단순히 만주 여행을 꿈꾸기만 했든, 만주 여행 프로그램은 사람들이 제국 프로젝트를 이해할 수 있게 도와주었다.

관광 산업은 이미 오래전부터 일본 제국주의의 문화적 측면 중 하나였다. 한반도와 남만주는 배나 기차로 접근하기 쉬워 많은 관광객을 끌어들였다. 점차 늘어나는 여행자를 수용하기 위한 기구도 빠르게 생겨났다. 전쟁 전인 1912년, 조직적으로 관광 산업을 발전시키기 위해 중앙부처에 재팬 투어리스트 뷰로(Japan Tourist Bureau, 약칭 JTB)가 설립되었으며 그 후 불과 2년 만에 다롄지점이 개설되었다.[34] JTB 다롄지점이 총괄하는 대륙 여행 서비스가 급속히 확대되면서 1920년대 후반부터 다롄지점은 도쿄와는 별로로 독립적인 경영을 하기 시작했다. 1930년 무렵 다롄 JTB는 중국 동북

부와 장성 이남에 12개의 안내소, 3개의 출장소, 7개의 소규모 주재원 사무소를 운영했다.[35]

JTB의 만주 내 조직은 1931년 이후 더욱 급속히 성장했다. 다롄 JTB는 계속해서 사무소를 설치해 나갔다. 1932년에는 펑톈의 중국인 구역에 새 사무소를 열었고, 1933년에는 한반도와 만주의 경계에 위치한 투먼(圖們)에 주재원을 배치했으며(1935년에 안내소로 승격), 1935년에는 북쪽으로 진출하여 하얼빈과 만저우리(滿洲里)에 안내소를 열었다. 1936년에 다롄 JTB는 만주에 17개의 안내소, 7개의 출장소, 그리고 2명의 주재원을 두었다. 직원 수도 1927년에는 48명이던 것이 36년에는 321명으로 약 6배 증가했다. 이들은 동아유람권(東亜遊覧券) 같은 중국대륙 여행용 특별 프로모션을 펼치기도 했다. 동아유람권을 이용하면 중국, 일본, 만주의 철도를 20% 할인된 가격으로 이용할 수 있었으며 배편은 30% 할인을 받을 수 있었다. 또한 다롄 JTB는 1934년에 『만주여행』이라는 잡지를 간행했으며 철도, 배, 여객기의 시간표와 가격표가 실린 여행 책자도 발행했다.[36]

다롄 JTB의 급속한 발전은 관광 산업 전체의 성장에 비하면 일부에 불과했다. 만주국 곳곳에는 일본인 관광객을 위한 호텔, 레스토랑, 관광버스가 운영되고 있었다. 1941년의 『만지여행연감(滿支旅行年鑑)』은 다롄에서 42개, 펑톈에서 24개, 신징에서 28개의 숙박시설을 추천했으며 다른 143개 도시에서도 최소 하나 이상의 숙박시설을 추천했다.[37] 일본 국내 여행업계 조직인 일본관광연맹은 1936년 조직을 개편하면서 만주와 한반도의 관광 업체를 포함했다.[38] 한편 만주에서도 1937년에 만주관광연맹이라는 자체 협회가 조직되었다. 만주관광연맹은 전시회 개최, 여행주간 시행, 안내소 설치, 팸플릿이나 전단지, 그림엽서 배포 등의 방법을 통해 적극적인 관광 촉진 캠페인을 벌였다.[39] 1935년부터 만주 각지의 상공회의소 역시 해당 지역의 관광 산업을 발전시키기 위해 관광연맹을 조직하기 시작하여 1940년에는 다롄, 뤼순, 안산, 펑톈, 티에링(鐵嶺), 쓰핑지에(四平街), 번시(本溪), 신징, 안둥, 잉커우, 지린, 하얼빈, 치치하얼, 진저우, 러허, 동만주 등에 이와 같은 단체들을 설립했다.[40]

이처럼 만주 각지의 관광 산업이 발전하게 되면서 일본인 여행자는 다양한 지역의 관광명소를 즐길 수 있게 되었다. 관광명소에는 유명 도심지뿐 아니라 사냥, 낚시, 등산을 할 수 있는 곳부터 유명한 전쟁터와 고고 유적지까지 포함되어 있었다. 일본인 관광객은 경마장과 골프장, 온천을 방문했으며 겨울에는 스키장을, 여름에는 해수욕장을 찾기도 했다. 만주국 어디에서나 신사 참배가 가능했고, 약 230개의 역과 관광명소에는 기념 스탬프가 놓여 있었다.[41] 만주 여행의 유행은 여가 활동의 측면에서 관광산업을 재정의하는 데 기여했다. 만주의 관광 상품 중에는 성지순례나 온천장에서의 휴양, 등산 등 일본 국내에서도 흔히 할 수 있는 익숙한 일도 있었지만 골프, 스키, 경마와 같은 유럽 귀족풍의 활동까지 포함되어 있어 일본인 관광객의 큰 인기를 얻었다. 대륙 여행의 유행으로 일본인들은 점차 관광을 만주 여행지의 이국적이고 럭셔리하며 초근대적인 성격과 연결 짓기 시작했다.

만주 여행의 이러한 점 때문에 사람들은 일본 국내 여행보다 만주 여행에 더 큰 매력을 느꼈으며, 이는 만주 JTB의 성장 속도가 본토의 JTB보다 빨랐다는 점에서도 잘 드러난다. 예컨대 지린, 치치하얼의 만주 내 중간급 도시에서 안내소가 문을 연 시기는 도호쿠와 규슈의 주요 도시인 센다이(仙台), 구마모토(熊本)의 경우보다 빨랐다. 마찬가지로 안산이나 투먼, 무단장이 기후(岐阜)나 도야마(富山)보다 일찍 안내소가 개설되었다.[42] 직원 수 통계를 살펴보아도 이러한 경향을 발견할 수 있다. 일본 내 JTB 본사의 직원 수는 1931년에 160명이었다가 1941년에는 1,021명으로 늘어났다. 한 편 다롄 JTB의 직원 수는 같은 시기 91명에서 1,408명으로 증가했다. 이 는 본사보다도 적은 인원으로 시작해 결국 본사의 직원 수를 넘어선 것이 다.[43] 근대적 화려함과 이국적인 풍요로움을 만끽할 수 있는 만주 여행은 점점 더 많은 일본인 관광객을 끌어들였다.

전쟁 와중에도 JTB는 만주 여행을 홍보하는 데 자원을 쏟아부었다. 1941년 JTB는 나고야, 쓰루가(敦賀), 나가사키, 오타루 네 지역에 만주-조 선 관광 안내소를 새로 개설했다.[44] 계속된 조직의 확장으로 일본인 남성 직원 수가 부족하게 된 다롄 JTB는 어쩔 수 없이 여성이나 중국인까지 직 원으로 고용했다. 1942년에는 200명의 중국인 직원을 위한 교육프로그램 이 도입되었으며 일부는 추가적인 훈련을 받기 위해 일본에 보내졌다.[45]

만주에서의 경험을 통해 일본 정부는 관광이 제국의 선전에 얼마나 효 과적인지 알게 되었다. 이 교훈은 JTB에도 바로 적용되어, JTB는 대동아 공영권이라 이름 붙여진 일본의 새로운 점령지역에서도 빠르게 조직을 확 대했다. 1942년 일본 정부는 JTB를 동아여행사로 개편했다. 개인 소유 소규모 여행사의 대부분을 흡수하면서 동아여행사는 1941년 자본총액이 5,707엔에 불과했던 것에서 42년에 3만 2,541엔, 43년에는 5만 5,805엔 으로 껑충 뛰어올랐다.[46]

1943년 말 신임 사장으로 취임한 오쿠라 긴모치(大蔵公望)는 대동아 공영 권 전역에 지점을 개설하고 이들 지역의 여행안내 책자를 간행하며 서비스 센터의 확대, 대동아 공영권 지식인 간의 문화 교류 촉진, 대규모 고용과 전 직원의 일괄적인 임금 상승 등을 약속하는 계획을 발표했다.[47] 전황이 일본에 불리하게 돌아가던 시기에 관광 관련 시설을 확대하겠다는 터무니 없는 계획이 발표된 것은 오쿠라의 무모함을 보여주기도 하지만, 다른 한편으로는 이를 통해 일본 정부가 선전이나 문화적 동원을 전략적으로 얼마나 중시했는지 알 수 있다.

안타깝게도 전쟁 말기의 일본인 여행객 통계는 찾아보기 힘들어 정확한 수치를 알 수 없다. 다만 일본군이 점령한 동남아시아 지역이 만주에 버금갈 만큼 인기 있는 여행지로 떠오르지는 않았을 것으로 보인다. 그러나 1930년대 중국 대륙에 관한 통계는 충분히 남아 있다. 이를 살펴보면 만주로의 관광수요가 높았을 뿐 아니라 30년대 내내 지속적으로 증가했다는 사실을 알 수 있다. 다롄, 잉커우, 안둥 등 주요 항구에 도착한 승객 수는 1930년에 53만 962명, 34년에 69만 6,241명, 39년에 96만 4,610명을 기록했다.[48] 물론 여기에는 일본인 여행자만 포함된 것이 아니다. 하지만 대부분 일본인 여행객만 타는 관광버스의 티켓 매출 역시 매년 빠르게 늘었다. 다롄의 관광버스 승객 수는 3년 만에 4배로 증가했으며, 신징의 경우 1936년에 905명이던 것이 39년에는 3만 8,741명으로 증가했다.[49] 호텔 관련 통계에서도 비슷한 추세를 찾아볼 수 있다. 만철이 경영하는 호텔의 투숙객 수는 1932년에 2만 1,865명이던 것이 36년에는 4만 2,112명으로 늘어났으며 39년 한해에만 5만 8,207명의 투숙객이 머물렀다.[50] 표7에서 보듯이 일본인 소유 호텔의 이용객 역시 해마다 그 수가 늘어났다. 1934년에서 39년 사이 다롄 소재 호텔의 이용객 수는 두 배로 증가했고(5만 8,639명에서 11만 6,125명) 펑톈은 10배로 증가했으며(11만 3,576명에서 125만 9,250명) 하얼빈은 약 2만 명에서 100만 명 이상으로 늘어났다.

〈표7〉 1934~39년 만주국 도시 내 호텔의 일본인 투숙객 수

지역	연도	1934	1937	1939
남부	다롄	58,639	71,903	116,125
	안산	22,000	334,500	53,890
	펑톈	113,576	254,573	1,259,250
	푸순	18,400	28,600	34,900
	잉커우	-	9,557	20,172
	안둥	25,439	31,570	65,500
	소계	238,054	730,703	1,549,837
중부	쓰핑지에	3,390	5,277	10,903
	신징	-	163,980	182,520
	지린	-	46,328	54,216
	소계	3,390	215,585	247,639
북부	하얼빈	21,633	15,252	1,083,220
	치치하얼	40,100	61,300	83,600
	만저우리	835	1,947	-
	소계	62,568	78,499	1,166,820
	합계	304,012	1,024,787	2,964,296

출전: ジャパン·ツーリスト·ビューロー, 『滿洲旅行年鑑 昭和十六年』, 博文館, 1941, pp. 293~295.

이처럼 만주 여행객의 수가 많았던 것에 비해 실제 만주로 떠날 수 있었던 이들은 일본 사회의 아주 일부 계층에 불과했다. 대부분의 일본인에게 대륙여행 비용은 너무 비싸게 느껴졌다. 예를 들어 2주 동안 만주와 조선을 여행한다고 가정할 때 교통비, 숙박비, 식비 등을 포함하는 2등급 코스는 183엔 43센, 3등급 코스는 124엔 97센이 들었다.[51] 이를 당시 임금으로 환산하면 일반적인 사무직이 받는 몇 달치 월급에 해당했다. 백화점 여직원이 3등급 코스의 여행을 가려면 다섯 달치 월급을 모아야 했으며, 지방 소학교 교사는 세 달치 월급 전부를 투자해야 했다. 대학 학위를 가지고 도쿄 중앙정부에서 일하는 이의 경우에도 동일한 패키지 상품을 구입하기

위해서는 두 달치 월급을 모아야 했다.[52]

『만지여행연감』에 따르면 1939년의 경우 저녁식사 비용은 1엔 20센으로 이는 당시 한 달치 신문 구독 비용과 맞먹었다. 식사가 제공되지 않는 숙소는 하룻밤에 2~3엔이 들었는데 이 돈으로는 도쿄 소재 아파트의 한 달치 월세를 낼 수 있었다. 비교적 저렴한 금액의 만주 버스 여행비는 일본 국내에서 국수 한 그릇, 또는 담배 한 갑을 살 수 있는 금액이었다. 다롄과 하얼빈을 잇는 편도 3등급 티켓은 17엔으로, 이 돈으로는 대략 남성 셔츠 5장을 살 수 있었다. 다롄과 고베를 오가는 오사카 상선회사의 노선은 3등급 편도 비용이 19엔으로 일본에서 예비배우자의 신원조회비용과 비슷했다.[53]

대륙 여행은 일본 중산층에게도 쉽게 가기 힘든 일임이 분명했다. 고액의 여행 대금을 마련하기 위한 하나의 방법으로 일본여행구락부 등에 가입하여 매달 일정 금액을 적립하는 방식이 있었다.[54] 어떤 이들은 비용의 전액 혹은 일부를 조직이나 회사가 부담하는 형식으로 여행을 떠나기도 했다. 경제단체에서 파견하는 경제시찰단이나 민간이나 공공기금의 지원을 받은 학교장 연수 프로그램, 언론인이나 예술가가 의뢰를 받고 여행길에 오르는 경우가 이에 포함되었다. 보조금을 받고 여행을 가는 가장 대표적인 사례는 바로 수학여행이었다. 학생 단체에는 철도, 여객선, 호텔 이용 시 할인이 적용되었으며 또 많은 경우 문부성이 비용의 일부를 부담해주었기 때문에 많은 학생들이 만주로 여행을 떠났다.[55]

『만지여행연감』에 따르면 1939년 JTB 여행 프로그램을 통해 만주를 찾은 여행자 1만 4,141명 중 학생은 9,854명으로 전체의 70%를 차지했다. 이들 학생은 모두 구마모토 사범학교 등의 사범학교 계열, 후쿠오카현 여자전문학교와 같은 기술학교 계열, 다카마쓰 상업고교와 같은 상업고교 계열 등 엘리트 양성 교육기관에서 수학하고 있었다.[56] 학창 시절 이러한 여행은 학생의 인생에서 중요한 이정표가 되었다. 주로 졸업여행으로 떠나던 만주 여행은 하나의 통과의례였으며 많은 학생에게 이는 해외로 나갈 수 있는 유일한 기회였다. 학생들에게 여행은 깊은 인상을 남겼으며 때론 삶의 목표를 바꾸어 놓기도 했다. 만철 연구원이었던 이토 다케오는 고교 시절 경험한 만주 여행을 통해 처음으로 중국학 연구에 관심을 가지게 되었던 일을 회상하며 다음과 같이 이야기했다.

> 만주와 조선, 중국에서의 여행으로 … 나는 중국인에 대해 깊은 관심을 갖게 되었으며 일본인에 대해 연구하는 것보다 더 흥미롭게 느꼈다. … 나는 소속 고교 학생으로 조직된 20명이 넘는 일행 중 하나로 45일간의 여행을 떠났다. 그전 해에는 일본의 새 점령지인 남양군도의 사이판과 트루크(추크 제도)로 학생들을 보냈다. 우리는 학교에서 보내는 두 번째 해외 여행단이었다. 여행의 목적은 새로운 점령지역을 관찰하는 것으로, 여행하는 동안 일본 군부대 안에 머물 수 있도록 배려를 받아 매우 적은 비용으로 여행할 수 있었다. 해외 여행비용은 1인당 75엔이었다. 당시 낮았던 물가를 고려해도 이는 여전히 저렴한 가격이었다. 이는 그때 학생들이 얼마나 잘 대우받았는지 알 수 있는 대목이기도 하다.[57]

이토가 여행을 떠난 1917년은 만주국이 세워지기 훨씬 전이긴 하지만, 그의 경험은 한창 감수성이 풍부한 나이에 대륙 여행이 얼마나 큰 지적 영향을 주었는지 보여준다.

관광업계는 만주 여행을 홍보하기 위한 일환으로 예술가, 사진작가, 언론인, 소설가 등을 동원했다. 여행구락부, 무역협회, 여행사는 이른바 '문화인'이라 불리는 이들에게 만주 여행 선전 캠페인에 동참해 줄 것을 요청

     제3부: 식민지 개발과 만주에서의 실험, 1932~1941

했다. 예를 들어 만주관광연맹은 '성스러운 만주'라는 주제로 포스터 콘테스트를 열고 사진가와 작가를 초청하여 사진이나 시구를 출품하게 했다. 같은 해인 1939년 만주관광연맹은 여행 홍보 사진집을 만들기 위해 일본에서 저명한 사진가 2명을 불렀으며, 또 같은 목적으로 『문예춘추』의 사진가와 저널리스트를 여러 명 초청했다. 만주관광연맹은 여행주간의 스폰서로 활동하기도 했다. 여행주간에는 시내를 청소하는 행사나 관광 홍보용 예술 전람회가 열렸으며 라디오 드라마가 방송되고 안전 운전을 위한 캠페인이 전개되기도 했다. 다롄여행협회는 시내 풍경을 담은 그림엽서를 제작했는데 이는 관광객에게 판매하기 위한 것이 아니라 일본 본토와 만주의 다른 지역에 배포하여 다롄에 관광객을 불러들이기 위한 것이었다. 평톈여행협회는 시내 풍경을 그린 파스텔화를 의뢰하고 지역 관광 전시회를 여러 차례 열었다. 무역협회도 일본 및 만주에서 '관광 예술'과 여행 사진, 지역 특산물 전시회를 끊임없이 후원했다. [58]

일본의 문화계 인사들이 제국의 성공을 보여주는 전시장인 만주국을 선전하면서 만주국은 고급스럽고 품격 있는 이미지를 갖게 되었다. 1909년 나쓰메 소세키(夏目漱石)가 만철의 요청으로 『만한 여기저기(満韓ところどころ)』라는 글을 쓴 이래, 많은 이들이 그 전례를 따랐다. [59] 1930년대 일본의 뛰어난 작가 대부분이 만주에 관한 기록을 남겼는데, 이는 대륙 여행이 엘리트 집단의 구성원이 되기 위한 일종의 통과의례였기 때문이었다. 예를 들어 잡지 『개조』는 인기 작가들의 기행문을 꾸준히 실었다. 1934년 1월호에는 유명한 자유주의 성향의 저널리스트인 하세가와 뇨제칸(長谷川如是閑)이 하얼빈에서의 유흥을 묘사한 글인 「하얼빈 판타지」와 등산가이자 여행가인 후지키 쿠조가 러허의 산세를 평한 글이 실렸다. 1937년도에는 중국통(中國通)으로 유명한 무라타 시로(村田四郎)가 쓴 만주국 도시에 대한 글과 저명한 예술가인 야스이 소타로(安井曾太郎)의 여행 스케치가 실렸다. 도쿄 마이니치 사장이자 잡지 『개조』를 창간한 야마모토 사네히코(山本実彦)는 잡지 기고 후 단행본으로 출판된 『몽고』와 『대륙 횡단』이란 글에서 대륙 여행을 하고 느낀 감상을 유려하게 써 내려갔다.[60] 잡지 『개조』의 현상 창작 당선자 출신 소설가 아라키 다카시(荒木巍)는 1938년 10월 「어느 여름날의 북만주 여행」이란 글을 썼으며 같은 동인 출신 닛타 준은 같은 해에 여러 편의 여행기를 발표했다. 1938년 12월에는 '에도 소년 켄짱(江戸っ子健ちゃん)'의 작가로 유명한 만화가 요코야마 류이치(横山隆一) 외 여러 명이 만주 여행에 대한 감상을 만화와 함께 표현한 「오직 만주에서만」이란 작품도 실렸다. 1939년 『개조』에는 문학평론가 고바야시 히데오의 기행문과 와카야마 기시코의 시가 실리기도 했다. 『개조』에 실린 것 외에 만주 여행기를 쓴 예로는 하야시 후미코, 야다 쓰세코, 단 가즈오, 야스다 요주로, 아사미 후카시, 다카미 준, 후쿠다 기요토, 이토 세이 등을 들 수 있다.[61]

이처럼 문화계 인사들이 앞다투어 여행기를 발표하면서 만주 여행은 문화적 차이를 드러내는 하나의 표식이 되었다. 이전 시기의 서구 유학이 그랬듯이 품격 있는 예술을 지향하는 이에게 만주 여행은 문화적 정당성을 얻을 수 있는 방법이었다.

여행 안내서나 여행기는 제국의 특정한 측면만을 묘사했다. 만주국 여행 상품은 관광객들이 일본의 업적을 보여주는 일련의 기념물을 빠른 속도로 돌아 볼 수 있도록 설계되어 있었다. 보통 만주 여행은 신도시의 중심지에서 시작했다. 그곳은 도시계획가와 건축가가 꿈꿔왔던 것을 만주에 실현한 자랑스러운 결과물이었다. 다음으로는 이국적이고 다소 냄새가 나는 중국인 거리를 지나갔는데 그곳의 무질서한 시장과 빈민가의 인상적인 모습은 풍요롭고 질서정연한 일본인 거주지역과 매우 대조적이었다. 여행 프로그램과 여행 문학 모두 오래된 것과 새로운 것, 혹은 중국인과 일본인이라는 이분법으로 구성되어 있었다. 실제로 이러한 대비는 만주 개발의 '전과 후'라는 실패한 적이 없는 선전 문구로 이용되었다. 이런 식으로 관광산업과 기성 작가들이 쏟아낸 기행문에 의해 포장된 만주국의 이미지는 일본 국내에서 소비되었다. 만주국의 도시 개발에 참여했던 도시계획가나 기업인들의 노력과 더불어, 이들의 활동은 광활한 만주 평원에 일본이 건설한 근대적인 엘도라도이자 유토피아 도시, 만주국의 이미지를 널리 전파하는 데 일조했다.

억압과 동원, 그리고 일본의 중국통

한편 또 다른 일본인 그룹 역시 만주국을 유토피아로 만들려고 했다. 이들은 중국에서 정치사회적 혁명을 일으키기 위한 주체로서의 식민지 국가를 꿈꾸었다. 새로운 '혁명적' 제국주의를 추진하는 원동력은 일본의 중국학 연구자들로부터 나왔다. 만주국에 근대적인 유토피아 건설을 꿈꾸었던 예술가나 도시계획가와 마찬가지로 이들 또한 진보적인 지식인의 일원이었다. 1920년대에 마르크스주의의 영향을 많이 받은 일본 학계에서 이들의 이념은 극좌에 속한 경우가 많았다. 중국학 연구자들은 마르크스주의를 연구하고 가르쳤을 뿐만 아니라 역사 연구를 하거나 당시 정세를 분석할 때도 마르크스주의적인 방법론을 이용했다. 스스로를 학자이자 활동가로 생각했던 이들은 자신의 연구 활동을 공장 노동자와 소작 농민, 그리고 신생 일본공산당을 조직하는 정치 활동과 연결시켰다.

1930년대까지만 해도 일본 내부에서 좌파 지식인의 지위는 비교적 안정적이었다. 그러나 학계에서 검열이 강화되기 시작하면서 상황은 완전히 달라졌다. 사상통제 아래 많은 혁명가가 만주로 떠났고 그들은 괴뢰국가의 관료 조직과 만철 조사부를 피난처로 삼았다. 제국주의를 격렬히 반대하던 중국학 연구자들이 도리어 만주국을 받아들이게 된 셈이었다. 만주국의 도시계획가가 그랬던 것처럼 이들은 만주국을 사회 변혁이라는 꿈이 실현될 수 있는 장소로 보았다. 일본의 억압을 받고 쫓겨나 만주국의 유토피아적 약속에 이끌려 만주국에 들어온 좌파 중국학 연구자들은 만주의 발전을 위한 연구와 계획 수립에 매진하며 신국가의 이데올로기를 설계했다.

여기에 1930년대 정치 상황의 커다란 모순 중 하나가 존재했다. 일본 정부는 좌파 지식인을 억압하는 동시에 동원했다. 결국 괴뢰국가에 좌파 연구자와 우파 군인이 공존하는 상황이 만들어졌다. 이 기이한 협력관계는 만철과 만주국 정부 내에서 좌익분자를 축출하기 시작한 1940년대 초까지 계속되었다. 개인적으로나 제도적으로나 지식인과 군부 사이의 협력관계가 파탄이 나면서 총력 제국 건설에 내재한 위험성이 드러났다. 상충하는 이해관계를 가진 이들끼리의 연합은 본질적으로 불안정했다. 앞에서 이미 이야기했듯이 모든 이해집단을 총동원하는 전략은 만주국에 강점과 약점을 동시에 가져다주었다. 중국학 연구자들은 만주국 개발 프로젝트에 지식과 경험, 창의성을 부여해 주었지만 동시에 식민지 국가의 핵심에 분열을 가져왔다.

이러한 모순이 심화된 것은 1930년대부터였지만, 중국학 연구자와 제국주의 사이의 양가적 관계는 만주국이 탄생하기 훨씬 전부터 존재했다. 중일관계에 대한 담론을 만들어 내며 지적 헤게모니를 장악하고 있었던 중국학 연구 네트워크는 제국의 발전과 함께 성장했다. 그럼에도 중국학 연구자들은 일본 제국의 확대에 거세게 반대했다. 지식인들에게 중국은 특별한 의미를 가지고 있었기 때문이다. 중국은 그들의 문화적 뿌리이자 근대성의 여러 문제를 비추는 거울이기도 했으며 또한 '아시아'라는 개념의 기준이기도 했다. 이처럼 중국학 연구자들은 중국에 대해 상당히 복잡한 태도를 갖고 있었다. 그러나 이들은 자신이 소속되어 있는 기관을 통해 일본이 대륙을 문화적으로 침략하는 과정에 깊이 관여했다.

대학에서 중국학은 아시아 역사의 한 분야로 발전했다. 1910년대에 일본이 중국 동북 지역에 교두보를 마련하고 조선을 합병한 직후, 동양사의 하위 분과로 만조사(滿朝史)가 생겨났다.[62] 만조사라는 역사 연구 분야가 새롭게 등장하면서 중국과 조선 사이에 놓여 있던 지리적, 문화적 경계선이 희미해졌다. 만주와 조선 모두 일본의 지배하에 놓였다는 이유로 역사 연구에서도 이 두 지역을 하나로 묶어버린 것은 학문 역시 제국을 모방했음을 보여준다. 게다가 학계의 연구도 주로 19세기 이전을 다루는 역사학과 근대 중국을 다루는 식민지학으로 나뉘어 있었다. 지난날 일본이 문화적으로 많은 영향을 받았을 만큼 '고도로 발달한 문명'이었던 과거의 중국과 '쇠퇴하고 후진적인' 현재의 중국을 학문적으로 분리함으로써 일본의 식민지배를 정당화한 것이다.[63]

중국학 연구의 두 번째 축은 제국의 연구와 개발을 위해 설립된 연구소들이었다. 그중에서도 상하이에 위치한 인재 양성기관이자 연구기관인 동아동문서원(東亞同文書院)이 가장 유명했다. 동아동문서원은 관동군이나 외무성 및 기타 기관을 위해 많은 실증적 연구 성과를 냈다. 이곳 출신의 저명한 중국학자나 식민지 관료, 중국 무역업자도 여럿 있었다.[64] 한편 중국에서 활동하던 기업이나 은행, 예컨대 만철이나 미쓰이, 조선은행, 대만은행 등도 산하에 조사부서를 갖고 있었다. 1906년 만철 설립 당시 함께 만들어졌던 만철 조사부는 그 연구 대상이 만주에 국한되어 있지 않았으며 연구 성과의 범위나 질도 월등히 뛰어나는 등 그야말로 당시 중국학 연구에서 가장 큰 영향력을 가진 기관이었다. 총 6284권의 만철 출판물 목록을 살펴보면 이들의 연구 범위가 만주의 철도와 소수민족을 다룬 것에서부터 중국과 동남아시아의 자원에 대한 것까지 망라하고 있었음을 알 수 있다.[65]

중국학 연구 네트워크의 세 번째 연결고리는 지식인 대상의 신문, 잡지 등을 출간하는 출판사였다. 지식인 사이에는 '중국 문제'나 '만몽 문제'를 깊이 있게 분석한 글에 대한 수요가 언제나 있었기 때문에 이러한 주제를 다룬 출판물이 많이 간행되었다. 아사히신문 같은 주요 신문사는 중국 관련 기사를 작성하기 위해 박식한 학자들을 고용했으며 『개조』, 『중앙공론』 등 지식인을 대상으로 하는 월간지도 정기적으로 일본의 저명한 중국학 연구자의 글을 실었다. 이 외에도 중국학을 전문으로 하는 잡지도 여럿 있었다. 1939년도 『잡지연감』에 실린 일본 식민지 관련 잡지 32종 중 가장 많은 비중을 차지한 것이 중국 관련 잡지였다. 여기에는 『신천지』, 『신동아』, 『동아』 등 만철 관련 잡지와 1931년 이후 높아진 만주에 대한 관심을 충족시키기 위한 『만주평론』, 『만주그라프(滿洲グラフ)』 등의 잡지, 그리고 『개조』의 자매지인 『대륙』이나 문예춘추의 『태양』, 30년대 후반에 등장한 『흥아(興亞)』 등이 포함된다.[66] 이처럼 일본의 지식 계층을 대상으로 하는 출판물은 중국을 광범위하게 다루었으며, 이를 통해 중국 전문가들의 시각이 식자층에 널리 공유되어 중국에 대한 강렬한 관심을 불러일으킬 수 있었다.

위에서 언급한 대학, 연구기관, 출판사로 이루어진 네트워크에 속한 중국학 연구자들은 소수의 결속력이 강한 그룹을 형성하여 서로 다른 조직을 하나로 연결했다. 이들 대부분은 한곳에 오래 정착하지 않고 여러 기관을 이리저리 옮겨 다녔다. 훗날 코민테른의 간첩으로 체포되어 처형된 중

　　제3부: 식민지 개발과 만주에서의 실험, 1932~1941

국학 전문가 오자키 호쓰미가 그 전형적인 예이다. 일본 최고의 교육기관인 제일고등학교(第一高等學校)와 도쿄제국대학을 졸업한 오자키는 아사히신문사에 입사했으며 이후 상하이 특파원으로 보내져 동아동문서원의 연구에 참여했다. 그는 오하라 사회문제연구소(大原社會問題硏究所)의 중국 세미나에 참가하고, 동아시아 문제를 다루기 위해 아사히신문사가 1934년에 설립한 동아문제조사회의 주요 멤버가 되었으며, 나중에는 공공정책 싱크탱크인 쇼와연구회의 중심 인물이 되었다. 그는 만철의 의뢰로 만철의 여러 잡지에 정기적으로 글을 실었으며 기타 월간지나 외무성 기관지인 『Contemporary Japan(당대 일본)』, 『Contemporary Manchuria(당대 만주)』에도 기고했다. 오자키의 경력은 다음 두 가지를 제외하고는 당시 다른 중국학 연구자와 크게 다르지 않았다. 첫째는 그가 코민테른에 소속되어 리하르트 조르게(Richard Sorge)의 정보원으로 활동했다는 것이며, 둘째는 고노에 내각의 촉탁을 받아 직접 일본 정부에 연결되어 있었다는 것이다. 그러나 그가 제국대학이나 고노에의 씽크탱크, 쇼와연구회, 만철 등 정부 관련 기관에서 일했다고 하더라도 정부 그 자체를 위해 일한 것은 아니었다.[67]

오자키처럼 저명한 중국학 연구자들은 거의 모두 여러 기관을 떠돌아다니며 일했다. 『만주평론』의 편집자로 유명한 다치바나 시라키(橘撲)는 그 자리에 오르기까지 여러 신문사를 거쳤으며, 『만주평론』의 편집자로 일하고 있을 때에도 만철이나 쇼와연구회에 관여했다. 식민지 연구가이자 저명한 마르크스주의 학자였던 호소카와 가로쿠(細川嘉六)도 오자키와 마찬가지로 제일고등학교와 도쿄제국대학을 졸업했다. 그는 오하라 사회문제연구소, 만철, 쇼와연구회 등에서 일했으며 그와 동시에 여러 잡지에 자주 글을 기고했다. 스즈에 겐이치(鈴江言一)는 좌익 운동가이자 존경받는 중국학 연구자로 다른 이들과 마찬가지로 1920년대 중국 국민혁명에 관여했다. 그는 여러 일본 신문사와 중국 내 뉴스 통신사에서 근무했으며 일본 잡지에도 글을 썼다. 30년대에는 외무성 문화사업부의 연구원이자 만철의 촉탁이 되기도 했다.[68]

일본의 중국학 연구자들이 끈끈한 동료 의식을 갖고 있으면서 이직도 쉽게 할 수 있었던 것은 이들이 대체로 비슷한 학문적 배경을 가지고 있었기 때문이다. 대부분의 중국학 연구자들은 도쿄제국대학을 졸업했으며 1920년대 좌익 조직인 신진카이(新人会) 같은 학생 단체에 가입하여 활동한 경험이 있었다. 학창 시절 만들어진 인간관계는 이후 이들이 일자리를 구할 때 도움이 되었다. 예를 들어, 오하라 사회문제연구소의 핵심 멤버는 도쿄제국대학 출신으로 채워져 있었다.[69] 오자키 호쓰미는 같은 학교 출신 친구를 만철이나 쇼와연구회에 추천했다.[70] 만철 소속 연구자들도 비슷한 방식으로 영향력을 행사했다. 가와사키 미사부로(川崎巳三郎)는 그의 친구인 시모죠 히데오(下條英雄)의 취업을 도왔다. 또 하자마 겐조(狹間源三)도 모교인 오사카 상업학교 동문인 히로세 유이치(広瀬雄一)와 노노무라 가즈오(野々村一雄)를 만철로 불러들였다.[71] 학창 시절에 맺은 인간관계를 이용하는 것은 언론계나 학계에 국한된 것이 아니었으며 관료 사회에 들어갈 때에도 비슷한 방식이 사용되었다. 오자키가 1936년에 태평양문제조사회에 들어가고 고노에 내각의 씽크탱크에 포함될 수 있었던 것도 이러한 인맥이 발휘된 결과였다.[72]

1930년대 이전의 중국학계는 구성원의 사상적 경향에 대해 상당히 관용적인 태도를 갖고 있었다. 도쿄제국대학 같은 기관들이 일본 사회의 모든 영역에서 활약할 국가의 미래 지도자를 양성하는 곳이라는 점과 무엇보다 이곳이 간접적이거나 때론 직접적으로 국가의 관할 아래 있었다는 점을 생각해 볼 때, 일본 제국주의에 대한 극우나 극좌의 비판에 관용적이었다는 것은 놀라운 일이다. 야마모토 미오노(山本美越乃)가 주도한 교토대학의 식민지학 연구가 국가 팽창주의를 옹호했던 반면, 도쿄대학은 진보적인 야나이하라 다다오(矢內原忠雄)의 지도 아래 제국주의적 팽창주의가 교착 상태에 빠졌음을 지적하며 식민지를 착취하고 이권을 독점하는 정책을 강하게 비판했다.[73] 동아동문서원과 만철도 급진주의의 온상이었다. 기타 잇키(北一輝)와 함께 활동했던 오카와 슈메이(大川周明)는 우익 급진주의의 대부로 범아시아주의와 쇼와유신의 옹호자였는데 우익 활동가 가사기 요시아키(笠木良明), 이노우에 니소우(井上日召), 미야자키 마사요시(宮崎正義) 등이 그랬듯이 그 역시 만철의 연구원으로 일한 바 있었다.[74] 사노 마나부(佐野學), 오우에 스에히로(大上末広), 이토 리츠(伊藤律), 나카니시 쓰토무(中西功) 등 일본의 유명한 마르크스주의자 중 많은 이도 그들과 함께 일했다.[75]

이처럼 다양한 사상적 경향을 가진 이들이 공존할 수 있었던 것은 지식인 스스로가 지식인 사회의 정치적 다양성에 관용적이었으며 정부 또한 이를 눈감아 주었기 때문이었다. 지식인 사회는 제국을 지키는 보루로 성장했지만, 그렇다고 그들이 국가 제국주의의 하수인인 것은 아니었다. 중국학 연구자와 국가의 관계는 훨씬 미묘했으며 서로 갈등을 빚는 경우가 많았다. 그러나 그들은 자신이 하는 일이 제국 정책에 긍정적인 영향을 주고 있다고 생각했기 때문에 동의할 수 없는 체제 안에서도 계속 자리를 지키며 일했다. 정부 관료 역시 급진적인 지식인들이 혹여 정치적 반역자가 될지라도 뛰어난 연구를 지속시키기 위해서는 어쩔 수 없이 감당할 대가라 생각하고 이들의 존재에 관용적 태도를 보였다.

일본 제국주의 초기에 우익과 좌익, 자유주의가 공존하던 중국학계는 30년대에 이르러 다양한 사상적 경향에 대한 관용이 무너지기 시작하면서 급격한 변화를 겪었다. 1930년대의 사상통제는 좌익 정치조직에 대한 탄압과 함께 진행되었지만, 학문의 자유에 대한 공격은 주기적으로 폭력적인 탄압을 자행해 왔던 정부가 1928년과 1932~33년에 공산주의자를 대거 체포했던 일과는 본질적으로 다른 것이었다. 학계에 대한 탄압은 체제를 전복시킬 수도 있는 사상에 대한 두려움과 학문의 자유를 보장함으로써 얻는 이익 사이에 존재하던 균형이 깨지면서 일어났다. 보수 관료와 우파 학자들은 오랫동안 정통 이론에 반하는 학설을 강단에서 가르친 다키가와 유키토키(滝川幸辰)나 미노베 다쓰키치(濃部達吉) 같은 지식인들을 대거 학계에서 몰아냈다. 1930년대 대학에서 벌어진 일련의 사건으로 일본의 역사, 정책, 사회에 대한 과학적 분석은 점점 더 많은 공격을 받게 되었다.

이와 같은 변화는 중국학 연구자에게도 큰 영향을 주었다. 제국 프로젝트가 만주로 확장되면서 중국학 연구자들은 새로운 기회를 얻은 동시에 이에 협력하라는 압력 또한 크게 받았다. 표현의 자유가 점차 제한되면서 중국학 연구자들은 정부의 대륙정책을 지지하고 있음을 보여주어야 했다. 학자들은 각자의 정치적 신념에 따라 다양한 방식으로 이러한 변화에 대응했다. 그러나 궁극적으로 그들에게 남은 선택지는 동원에 응하거나 탄압을 감내하는 두 가지뿐이었다.

교토대학 교수이자 1920년대 일본의 만주 진출을 주장했던 야노 진이치(矢野仁一) 같은 우익 지식인에게 그 선택은 매우 쉬운 일이었을 것이다. 만주국 건설 직후 만주로 건너간 그는 신국가의 철학적 바탕이 된 왕도주의(王道主義)를 고안하는 데 도움을 주었다. 그는 또한 책과 논문, 라디오 등을 통해 왕도주의를 설파하기도 했다. 만조사 전문가로 조선총독부 조선사편수회 편찬위원이자 만주국의 국립대학인 만주건국대학 교수였던 이나바 이와키치(稲葉岩吉)도 왕도주의를 적극 지지했다. 외무성은 이들 학자를 동원하기 위한 방편으로 일만문화협회를 설립하고 만몽사를 연구하도록 했다. 도쿄대에서는 만조사 전문가인 이케우치 히로시(池內均)가, 교토대학에서는 저명한 중국학자인 나이토 고난(內藤湖南)이 주도적으로 연구를 진행했다.[76]

그러나 일본의 팽창을 비판해 온 좌익 또는 진보적 학자들에게 자신의 신념을 지키는 것은 실직을 당하거나 더욱 심한 처벌을 받는 것을 의미했다. 식민지 연구 분야에서 자유주의 학풍을 대표했던 도쿄대의 야나이하라 다다오는 전시 다른 연구자들이 그랬듯이 학문 연구에 많은 제약을 받았다. 1937년 말 『중앙공론』에 중국 침략을 반대하는 글을 발표하자 그는 우익 성향의 도쿄제국대학 교수들로부터 거센 항의를 받았으며 문부성도 대학 당국에 그를 교직에서 추방하라는 압력을 가했다.[77] 야나이하라 이후 도쿄제국대학의 식민지 연구는 당대 식민지 정책을 분석하는 대신 연구 방법론이나 식민지학이 학문의 한 분야로 성립할 수 있는지를 논하는 난해한 논쟁에 빠져들었다.[78]

야노 진이치와 야나이하라 다다오는 1930년대 학계에 가해진 탄압에 서로 다른 반응을 보였지만, 이들 모두 전부터 갖고 있던 자신의 정치적 신념을 바꾸지는 않았다. 그러나 많은 일본 지식인들은 종전의 신념을 버리고 돌연 일본의 중국 침략을 지지하기 시작했다. 이는 그들이 이전에 표방했던 반제국주의적인 입장을 완전히 거스르는 것이었다. 지식인들이 1930년대 자신의 행동에 대해 남긴 자전적 기록을 통해 우리는 이들 '전향자'를 두 가지 부류, 즉 만주국이 표방한 이상을 진심으로 믿었던 자와 자신의 삶을 유지하기 위해 거짓으로 지지를 표한 자로 나누어 볼 수 있다.[79]

중국학 연구자 다치바나 시라키는 진정한 전향자였다. 1920년대 마르크스주의적 입장에서 중국 사회를 분석하는 연구의 선구자였던 그는 본래 중국의 국민혁명과 민족주의자들이 내건 목표에 깊이 공감했다. 그러나

1931년 그는 본인이 창간한 잡지인 『만주평론』에 쓴 글에서 스스로가 만주국의 열렬한 지지자임을 분명히 나타내었다. 그 글에서 다치바나는 '오족협화(五族協和)'를 표방하는 다민족 국가에서는 억압받던 중국 농민이 탐욕스런 지주로부터 해방될 것이며, 일본의 팽창주의도 중국의 민족주의와 조화를 이룰 수 있을 것이라는 믿음을 드러냈다. 이러한 생각은 장쉐량의 압제에 시달리는 중국 대중을 구제했다는 만주국 정부의 선전과 일맥상통하는 것이었다. 이후 다치바나는 점차 만주국의 국가 경영에 환멸을 느꼈으며, '오족협화' 역시 이론과 현실이 전혀 다르다는 것을 깨달았다. 그는 『만주평론』에서 만주국 정부가 그 이상을 현실에 적용하는 방식에 대해 비판했다. 하지만 그는 1942~43년 자유주의자와 좌파에 대한 대규모 검거로 자신 또한 체포될 때까지 만주국이라는 이상 자체에 대해서는 여전히 지지를 표했다.[80]

다치바나의 전향이 진심이었던 것과 달리 대부분의 좌익 중국학자들은 위장 전향을 했다. 그들은 겉으로는 군부의 중국 침략을 지지했는데, 이는 자신들이 체제 안에서 일함으로써 군의 정부 장악을 조금이라도 억제하거나 중국에 대한 공격을 완화할 수 있을 것이라는 희망을 품었기 때문이다. 나카니시 쓰토무나 오자키 호쓰미 같은 이들은 위장 전향을 한 뒤 자신의 지위를 이용하여 반전운동을 남몰래 도왔다. 나카니시는 만철 조사부에 있으면서 비밀리에 일본공산당을 위해 일했으며 대륙의 중국 공산주의 운동에 협력했다.[81] 한편, 오자키는 코민테른의 첩보원이었다. 찰머스 존슨(Chalmers Johnson)이 오자키의 전기에서 언급했듯이 오자키는 일본을 구하기 위해서는 전쟁을 조기에 종식시키고 아시아에서 혁명을 일으키는 것이 최선이라고 생각했다.[82] 다른 마르크스주의 학자들은 오가미 스에히로(大上末広)의 전례를 따랐다. 오가미는 만철 조사부에 근무하면서, 관동군을 이용하여 이른바 '위로부터의 혁명'을 이루고자 했다. 그는 반봉건적인 농업 생산 체제를 변혁함으로써 중국 농민의 처지를 개선하고자 하는 자신의 소망과 관동군의 식량증산계획을 모두 충족시킬 수 있을 것이라 생각했다. 이에 그는 지대를 낮추거나 농민의 소득을 높이는 방안에 관동군이 관심을 갖게 하려고 노력했다.[83]

이들의 동기가 무엇이었든지, 그리고 이들의 전향이 진심이었든지 아니었든지 불문하고, 다치바나, 오자키, 나카니시, 오가미 같은 전향자들은 연구자나 학자로서 제국주의를 위해 일했다. 결국 그들은 제국을 학문적으로 뒷받침하는 데 크게 기여했다. 그들은 만철 조사부나 쇼와연구회, 기획원 부속 동아연구소 등 국가 주도의 싱크탱크에 참여함으로써 자신의 영향력을 발휘했으며, 이들 조직은 모두 1930년대 말 제국 경제계획의 중심이 되었다.

30년대 말에 이러한 국가 주도 싱크탱크에서 일할 학자를 동원하기는 매우 쉬웠다. 얼 킨몬스(Earl Kinmonth)의 연구에 따르면, 당시 만주에는 대학 졸업자를 위한 좋은 일자리가 많았다. 1920년대 일본에 일자리가 부족했던 것과는 달리 도쿄대나 교토대, 혹은 와세다대의 학생신문은 만주에 대학을 졸업한 이들이 갈 만한 일자리가 많다는 사실을 보도하며 환호했다.[84] 특히 학내 정치 탄압이 거세지고 국내 학술연구기관의 전망이 불투명해지면서, 진보적 경향의 학자들은 자신의 학연을 동원하여 대거 만주의 연구기관과 국가 싱크탱크로 자리를 옮겼다. 기획원 부속 동아연구소는 1939년에 설립되자마자 바로 200명에 이르는 상근연구원을 고용했으며 1943년에는 1000명에 이르는 전문가가 그곳에서 일했다.[85] 만철 조사부는 최전성기에 2,200~2,300명에 이르는 연구원을 보유했으며, 그중 상당수가 진보적인 학자였다.[86] 만철의 전 조사부원은 당시 상황을 회고하기를 "쇼와 14년(1939)에 대조사부가 생길 무렵 내지의 좌파 인사들이 잇따라 만철 조사부에 들어왔습니다. 잘 알려진 이들만 해도 호리에 무라이치(堀江邑一), 오카자키 지로(岡崎次郎), 이토 고도(伊藤好道), 야마구치 쇼고(山口正吾), 후지와라 사다무(藤原定), 가와사키 미사부로(川崎已三郎), 히라다테 도시오(平館利雄), 구시마 겐자부로(具島兼三郎), 이시도 기요토모(石堂清倫), 이시다 세이이치(石田精一), 모타니 고이치로(藻谷小一郎), 노노무라 가즈오(野々村一雄), 안도 지로(安藤次郎), 도키 쓰요시(土岐強), 사토 히로시(佐藤洋), 이시카와 마사요시(石川正義), 스즈키 시게토시(鈴木重歳), 니시 마사오(西雅雄), 호소카와 가로쿠(細川嘉六), 오자키 호쓰미(尾崎秀実), 이토 리쓰(伊藤律) 등이 있었습니다"[87]라고 말했다.

만주국 정부가 이렇게 많은 좌파를 고용한 것이 이상하게 보일지도 모르지만, 통제경제의 운용에는 높은 수준의 연구 성과가 필요했다. 만주국은 중국을 전문으로 연구하는 사회과학자가 필요했지만 일본 중국학자들의 정치적 성향은 좌파인 경우가 많았다. 게다가 일본 노동시장에서의 전시 동원과 탄압으로 인해 만주국 연구기관의 좌파적 색채는 더욱 짙어졌다. 1930년대 말 일본의 노동시장은 전시 동원으로 대학 졸업자가 부족한 상황이었다. 따라서 이 시기에 여전히 직장을 구해야 하는 사람은 학계의 사상 탄압으로 자리에서 쫓겨난 좌파일 확률이 높았다.

만철을 위해 일했던 좌익 반제국주의 지식인들은 만주국의 경제 건설 계획을 수립하는 데 기여했다. 그 계획은 일본이 경제적 자급자족을 위해 동남아시아와 중국을 착취하는 길로 나아가게 하는 것이었다. 관동군의 요청에 따라 만철은 1932년에 경제조사회를 설립하고 군의 정책을 위한 연구와 입안 작업을 수행했다. 육군은 경제조사회를 '신이 점지해 준 아이'라 불렀는데 이는 그들의 협조를 미처 예상하지 못했기 때문이었다. 조사부 연구원으로 일했던 노마 기요시(野間清)는 만주국 건국 후 만철의 변화를 이야기하면서 새로 만들어진 경제조사회의 분위기에 대해 회상했다. 그는 관동군의 태도를 좋아하지 않고 그들의 중국 점령에 반대해 온 사람들이 "갑자기 적극적으로 일에 뛰어들기 시작했다"고 말했다. 이러한 모순에 대해 그는 연구자들이 마침내 자신이 가진 지식이나 경험을 이용하여 자기 이상을 실현할 수 있는 기회를 얻었다고 느꼈기 때문이라고 설명했다.[88]

다른 국가 싱크탱크와 마찬가지로 경제조사회의 존립은 연구자와 만주국 정부 사이에 암묵적으로 약속된 상호이익을 전제로 한 것이었다. 공적으로는 국가의 목표에 협력하며 관동군이 원하는 연구나 계획안을 제공하는 대가로 지식인들은 개인적인 연구도 수행할 수 있었다. 군은 『만주경제연보』의 마르크스주의적 논쟁에 대해 묵인했고, 오가미는 일본 공장에서의 노동관계에 대한 조사를 허가받았으며, 아마노 모토노스케(天野元之助)는 만주 자본주의의 발전단계를 규정하는 것을 목적으로 하는 농촌조사를 시행할 수 있었다.[89] 이들의 연구 성과는 만철 조사자료로 간행되어 일본 본토와 식민제국 전체의 중국 연구자들에게 전파되었다. 이와 같은 만주국의 상황은 1930년대 일본의 정치 검열에 실제로 상당한 불균형이 있었음을 보여주는 놀라운 사례이다. 당시 일본 대학에서는 정치 체제를 약간만 비판하더라도 투옥되곤 했던 것에 반해, 만주의 중국학 연구자들은 제국에 대한 혁명적인 사상을 자유롭게 드러낼 수 있었다.

반공주의적인 군부와 반제국주의적인 마르크스주의자 사이의 기묘한 협력관계는 1930년대 일본과 만주의 국가연구기관이 가진 특징이었다. 우익은 학내에서의 정치적 표현을 제한하려 했지만, 그 결과 좌파를 제거했다기보다는 단순히 그들을 학계에서 국가기관으로 옮겨가게 한 것에 지나지 않았다. 대학에서 쫓겨난 진보적 지식인들은 정부의 싱크탱크로 옮겨갔고,

기존에 학문적인 공개 토론에서 나타나던 좌파와 우파 사이의 긴장관계는 이제 전향이라는 암호화된 언어로 정책을 토의하는 사이에 다시 드러나게 되었다. 다양한 정파 사이에 존재하는 차이는 지적 회유 정책을 통해 조정되었으며, 각 진영은 서로 협력함으로써 상대방을 통제할 수 있다고 생각했다.

전쟁이라는 상황 속에서 누가 누구를 이용했는지 생각해 보면 좌파 지식인들은 분명 패배자였다. 그들이 자신들의 위치에서 군의 침략을 억제해 왔다고 아무리 스스로를 위안해 봐도 결국 이들의 작업은 군이 군사 행동을 할 수 있는 명분을 마련해주었을 뿐이었다. 이에 대해서는 동아 신질서를 주창한 철학자이자 쇼와연구회의 중심 인물이었던 미키 기요시(三木淸)의 노력이 대표적인 예이다. 그의 '동아공동체론'은 본래 평화를 촉진하기 위한 방안으로 제시된 것이었지만 결국 만주와 중국의 경제적 착취를 이념적으로 합리화하는 데 이용되었다. 그의 제안에 맞춰 목표를 설정하면서, 동아경제블록 연구반과 지나문제 연구반은 중국의 자원을 동원하여 일본의 전쟁 수행에 사용하며 전선을 남쪽으로 더욱 확대하기 위한 정책 대안을 수립했다.[90]

만철 연구원과 쇼와연구회의 중국학 연구자들은 중국 민족주의의 역량을 고려해볼 때 군사 침략은 문제를 더욱 악화시킬 뿐이라고 조언했다. 1938년에 시작된 '지나 항전력 조사'는 30년대 말 만철의 대형 연구 프로젝트 중 하나로 중국 민족주의의 저항력을 군부에 최대한 이해시키는 데 목적이 있었다. 상하이, 다롄, 난징, 한커우, 광저우, 도쿄, 홍콩 등지의 30명이 넘는 연구원이 동원되어 열 권의 보고서가 만들어졌다. 일본공산당의 공작원이었던 나카니시 쓰토무의 감수 하에 1940년 관동군에 제출된 보고서에는 중국 민족주의의 저항력 문제 외에도 일본의 침략이 중국 공산당과 중국 국민당의 합작을 초래했으며 전쟁은 민족주의자들의 조직력을 약화시키고 공산주의자들의 조직력은 강화시켰다는 주장이 실려 있었다. 또한 진정한 저항의 기반은 경제적으로 자급자족이 가능한 농촌 지역에 있으며, 일본이 점령한 연안 도시들은 배후 농촌 지역의 공급에 의존하고 있기 때문에 앞으로의 상황은 비관적일 것이라 전망했다.[91] 요컨대 이 보고서는 일본이 중국에 군사적으로 승리할 수 없다고 결론지었다. 나카니시가 도쿄의 참모본부에 일본이 정치적으로 전쟁을 종결시켜야 한다는 연구 결과를 보고하자 참모장교들은 한동안 침묵을 지켰다. 마침내 한 젊은 장교가 다음과 같이 물었다. "알았소. 그래서 우리는 어디를 폭격하는 것이 가장 좋겠습니까? 나는 요점을 알고 싶소." 당시 육군 역시 장기전을 피할 방법(예컨대 결정적인 기습 공격)을 열심히 찾고 있었음에도 이 보고서의 패배주의적인 결론은 1941년 말~42년 초 겨울에 거둔 승리에 취한 군부에 의해 무시당하고 말았다.[92]

지식인 중에는 진심으로 군부를 돕는 사람도 있었지만, 내부에서 군국주의를 통제하려는 중국학 연구자들의 노력 역시 군의 행동을 저지하기보다는 오히려 도움을 주는 경우가 많았다. 가령 군사 침략을 단념시키기 위해 군부에 '지나 항전력 조사' 같은 보고서를 보냈을 때에도 이는 결국 전시경제 계획에 관한 결정적인 데이터를 군부에 제공하는 결과를 가져왔다. 이 밖에도 1930년대 후반에 이루어진 일만지 블록 내의 인플레이션 연구, 전시경제의 재조직화, 엔 블록 내 전략 자원의 유효성, 산업입지론 등의 대형 연구 프로젝트는 모두 군부에 총력전을 수행하고 중국의 경제 자원을 동원하는 데 필요한 정보를 제공해 주었다.[93]

지금 와서 보면, 지식인들이 협력을 통해 중국에 대한 군사적 침략을 누그러뜨릴 수 있다고 생각한 것은 군부가 지배하는 식민지 국가 내 그들의 종속적인 지위로 볼 때 불가능한 일로 보인다. 그러나 중국 대륙의 침략을 막기 위한 다른 방법들에 비해 만주국의 체제 안에서 일한다는 생각은 그리 불합리한 것만은 아니었다. 이탈리아나 독일의 반체제 인사에 대한 규정과는 달리 일본의 출입국 관련 법률은 이들이 미국으로 도피하는 것을 금지했다. 이에 남은 선택지는 둘뿐이었다. 하나는 일본으로 돌아가 투옥될 때까지 중일전쟁 반대운동을 조직하고 목소리를 높이는 것이었으며, 다른 하나는 전쟁을 방관하면서 조용히 비협조적인 태도를 갖는 것이었다. 이러한 선택지를 고려해 볼 때 어떤 이에게는 만주국에 남는 것이 합리적인 판단으로 보였을 것이다.

중일전쟁을 막지 못하고 오히려 전쟁 수행을 도왔다는 측면에서 본다면 지식인들이 만주국에 남기로 한 선택은 결국 잘못이었다. 그러나 다른 한편으로는 만주국 정부 내에 혁명적 지식인이 다수 있었기에 일본의 만주국 건설은 원래 생각과는 다른 방식으로 흘러갔다. 이상주의적인 전문 관료들이 만주국의 도시 경관에 끼친 영향 못지않게, 좌익 중국학 연구자들의 혁명 의식은 괴뢰국가의 정치 이데올로기와 사회정책 수립과정에 많은 영향을 미쳤다.

혁명 국가, 만주국

만주국 정부 내 우익과 좌익은 기묘한 협력관계를 이어가면서 새로 건설된 식민지 국가와 만주의 중국인 사회를 통합하기 위한 계획을 수립했다. 만주국의 이념적 윤곽을 만들어 낸 혁명적 지식인들의 펜 끝에서 급진적이고 새로운 제국주의가 나타났다. 뇌물, 폭정, 착취 등 제국에 대한 나쁜 이미지를 떨쳐냈다는 점에서 이들에게 만주국은 새로운 제국의 탄생을 알리는 신호탄이었다. 만주국의 구상에는 일본의 지배와 중국의 민족주의, 민주주의와 제국주의적 통치 등 공존하기 어려운 다양한 요구가 담겨 있었다. 몽상가들은 여기에서 한 걸음 더 나아가 만주국에서 제국주의가 사회혁명의 주체가 되어 봉건적 착취를 당하던 농민에게 근대적인 경제력을 부여해 줄 수 있을 것이라 생각했다. 그리하여 꿈에 부푼 혁명가들은 자신이 중국에서 혁명을 일으킬 힘이 있다고 믿으며 평생의 희망을 이 괴뢰국가에 투영했다.

이러한 혁명적인 사상은 일본의 제국 건설 초기부터 '지사(志士)'들이 아시아에 대한 팽창주의와 정의로운 전쟁을 지지하도록 고무시켰다. 일본의 범아시아주의는 '대륙 낭인'이란 매우 오랜 역사를 가진 존재를 탄생시켰으며 이들은 개혁과 혁명의 편에 서서 아시아 정치에 개입했다. 이들은 1880년대 조선의 위정척사파와 개화파의 정치투쟁 속에서 김옥균이 이끄는 개화파를 지지했으며, 1900년대에는 쑨원과 함께 중국에서 혁명을 일으켰다. 그리고 1911년에는 몽고와 만주의 귀족과 모의해 만몽 독립운동을 지원했다.[94] 서구의 제국주의자들이 의사과학(疑似科學)적인 인종주의와 기독교적 사상을 바탕으로 하는 '문명화 사명'을 구실로 자신의 행위를 정당화했던 반면, 일본에서는 '황인의 의무'를 내세우며 아시아 대륙에서의 역사적 변혁에 참여할 것을 호소했다. 일본이야말로 아시아 혁명의 주체이기 때문이다.

1930년대에 등장한 혁명적 제국주의의 개념은 메이지 시대 이래 이어져 내려온 일본 제국주의의 전통을 뛰어넘는 것이었다. 물론 이 시기에 논의된 것 중에는 혁명 수출의 개념, 즉 일본의 개입이 동아시아의 반동 세력을 타도하는 데 도움이 된다는 인식을 재활용한 것이 많았다. 그러나 만주국에서 혁명이라는 말은 시대에 맞는 새로운 의미를 갖게 되었다. 1920년대

중국 민족주의자들이 제기한 비난에 자극받은 일본은 범아시아주의나 중일 공조 같은 제국주의 수사가 진정성 있게 들리도록 만들기 위해 고심했다. 더 나아가 만주국은 혁명적 제국주의를 국가의 공식 이념으로 삼은 최초의 국가이기도 했다. 과거에는 범아시아주의 혁명가가 정부 정책의 변방에서 활동했다면, 이제 '혁명'은 식민지 국가의 공식적인 사명이 되었다.

잡지 『만주평론』의 편집자이자 관동군과 만철 양쪽 모두와 좋은 관계를 갖고 있었던 다치바나 시라키는 만주국을 위해 열성적으로 활동했다. 다치바나는 저널리스트 경력의 대부분을 중국에서 보내며 일본의 군사 침략과 괴뢰국가의 건설을 눈앞에서 지켜보았다. 앞에서 언급했듯이 다치바나는 대표적인 전향자로, 괴뢰국가의 선전가가 되기 전 그는 공산당에 동조하면서 중국에서의 계급투쟁 과정을 관찰했다. 전향한 뒤에도 그는 양심적인 학자로 남아 여전히 자신을 중국인의 친구로 여겼다. 1932년 일본이 군사력을 동원해 만주의 중국인을 억압하는 것을 목격했음에도 그는 인민의 해방과 자치에 관한 글을 계속해서 써나갔다. 다치바나가 구상한 만주국의 건국이념에 따르면 만주국의 정통성은 혁명적 사명을 수행하는 데에 있었다. 지금 와서 보면 이러한 주장은 공허하고 자기만족적인 것처럼 보이지만, 당시 다치바나는 관동군에게 좋은 일이 중국 민중에게도 좋은 일이 될 수 있다고 믿었던 것 같다.

다치바나는 만주국의 건설이 중국 해방운동에 기반을 두고 있다고 주장하며 만주국에 혁명적 성격을 부여했다. 관동군의 선전에 의하면, 만주의 중국인들은 내전으로 혼란이 계속되고 만주가 '극동의 발칸'으로 변해 가는 현실에 지쳐 있었다. 이러한 상황에 불만을 가진 중국인들은 1920년대에 '보경안민(保境安民)'의 구호를 외치며 만주를 장성 이남의 중국과 분리할 것을 요구하기 시작했다. 1931년부터 32년까지 만주의 자립을 선동하던 일본군 장교들은 이러한 자생적인 독립운동을 만주국 건설의 명분으로 이용했다.

다치바나가 만주 해방운동을 설명한 것에 따르면 장쉐량 정권을 싫어한다는 점에서 중국 민중과 일본은 같은 목적을 가지고 있었다. '보경안민' 운동은 중국 동북부의 다양한 민족 집단과 사회계층—지주와 상인, 소작농과 농업 노동자, 공장 노동자와 룸펜 프롤레타리아—이 "각기 다른 사회적인 환경"에서도 장쉐량을 타도하고자 한다는 "공통의 이해"를 갖고 있다는 것을 "의식적이든 무의식적이든" 깨달으면서 시작되었다. 비록 그 이유가 다르긴 해도 일본인과 중국인이 같은 목표를 갖고 있다는 사실은 이들이 서로 협력하여 독립 국가를 세울 수 있음을 의미했다.[95] 이러한 수사적 장치를 통해 다치바나는 일본인과 중국인이 힘을 합쳐 독립을 쟁취했으며 중국 대중은 장쉐량의 축출을 지지했다는 만주국 건국 신화의 핵심적인 내용을 만들어 냈다.

다치바나의 해방 서사에서 보경안민 운동은 광범위하고 고상한 목표를 갖고 있었다. 이 운동은 권력의 중앙 집중 대신 지방 자치를, 군국주의 대신 평화주의를, 산업경제 대신 농본주의를, 반봉건적인 폭정 대신 농민 민주주의를 주장했다. 세상을 진보적 혁명 세력과 반동 세력 간의 투쟁으로 보는 세계관에서, 부르주아 계급과 반봉건 전제정치 세력의 기묘한 동맹으로 탄생한 장쉐량 정권은 반동 세력이었으며 이에 반대하는 보경안민 운동은 혁명 세력에 속했다. 다치바나가 인정했듯이 보경안민 운동의 주축이 '부유한 농촌 지주계급'이었음에도 말이다.[96] 과장되긴 했지만 이것이 담고 있는 메시지는 분명했다. 대지주야말로 군벌과 자본가에 맞서 중국 대중을 해방으로 이끈 영웅이라는 것이다. 이 시나리오가 가진 아이러니는 구체제에서 가장 반동적이었던 사회계급을 혁명의 주체로 삼았다는 사실이다. 만주에는 토지 소유자와 상업, 제조업 자본가 사이에 분명한 경계가 존재하지 않았기 때문에 농촌의 부유한 지주와 군벌, 부르주아 계급은 사실 하나의 동일한 집단이었다.

농업 위주의 만주 경제에서 부유한 지주 계층은 창고와 잡화점을 운영하며 농촌의 상업을 장악했다. 또한 이들은 지역 은행가이자 농산물 가공 산업의 투자자이기도 했다. 1931년 전까지만 해도 그들은 장쉐량이나 지린, 헤이룽장성의 군벌과 대체로 정치적인 동맹관계를 맺고 있었다. 이들 지주 계층은 군벌을 정치적으로 후원한 대가로 토지나 기타 여러 보상을 얻었지만 다른 한편으로는 잦은 전쟁에 군자금을 내도록 강요받기도 했다. 군벌과 지주의 관계는 그리 공고하지 않았고 군벌 세력의 이합집산에 따라 이들의 충성심은 이리저리 옮겨갔다. 1932년 일부 중국 지주들은 장쉐량을 지지했지만 나머지는 일본 편에 서서 괴뢰국의 협력자가 되었다. 다치바나는 이러한 기회주의자들을 혁명의 주인공으로 삼았는데, 이는 장쉐량에게 붙인 '부르주아'라는 꼬리표만큼이나 터무니없는 주장이었다. 그의 억지 논리는 만주국에 혁명적 성격을 부여하려는 다치바나의 절박함을 보여준다. 신국가의 이데올로기를 구축하는 데 참여했던 다치바나 등의 중국 전문가들은 자신의 행동을 정당화하기 위해 일본의 군사 개입이 중국 민중을 해방시켰다고 굳게 믿었다.

만주국의 국가 이념에 포함된 또 다른 요소인 '왕도(王道)' 사상도 '보경안민'만큼 혁명적 색채를 띠고 있었다. 일본의 오래된 정치사상 중 하나인 왕도 사상이 만주국의 국가 이념이 되었던 것은 그것이 중국에서 기원했기 때문이었다. 중국에서 '왕도'는 도덕적 통치자의 치세를 뜻하는 고대 유교의 개념으로 통치자를 하늘과 땅, 즉 신과 백성의 매개자로 삼음으로써 그 지배를 정당화했다. 유교 정치철학에서 왕도정치는 강압적인 수단에 의한 치세인 패도정치와 대비되는 개념이었다. 왕도정치에서 성인군자인 왕은 덕으로 백성을 다스리는데 비해 패도정치에서 왕은 군사력을 통해 백성을 통치한다. 1910~20년대 일본은 유럽식 정치 체제의 대안으로 왕도 사상을 꺼내 들었다. 제1차 세계대전 중 데라우치 내각의 각료들은 새로운 대중국 외교 방침을 보여주기 위해 '왕도'라는 유교적 표현을 사용했다. 이들은 이전 내각처럼 군사력으로 중국을 위협하는 것보다 중국을 회유하며 효율적인 외교정책을 펼치는 편이 중국을 일본 뜻대로 하기 쉽다고 생각했다.[97] 1920년대 쑨원과 같은 중국의 혁명가가 그러했듯이 다치바나 등의 일본인 중국학자들은 마르크스주의의 프롤레타리아 혁명보다는 왕도 사상이 정치 변화를 위한 기초 이념으로 중국 현실에 더 적합하다고 여겼다. 변혁과 혁명을 말하는 아시아의 정치 이념인 왕도 사상에 대한 여러 해석들은 만주국 체제를 개념화하는 과정에서 하나로 모아졌다. 일본은 이 왕도 사상을 이용하여 청의 마지막 황제 푸이가 만주국의 황위에 오르는 것을 정당화했다.

다치바나가 결국 '제정복고(帝政復古)'야 말로 혁명적 행위라는 결론에 이른 것은 그의 논리 구조에 따르면 당연한 귀결이었다. 첫째, 다치바나는 만주국의 국가원수를 유교적 전통의 '성인군자'로 규정했다. 다치바나는 전제 군벌 장쉐량의 타도가 20세기의 성인군자이자 계몽 군주인 푸이의 '덕치'로 가는 길을 열었다고 주장했다. 만주국 정부에 포진된 푸이의 일본인 각료들은 "백성의 생계를 보장"하기 위한 방편으로 유교적 이념인 "대동사회의 실현"을 감독할 것이었다.[98] 둘째, 푸이의 왕도정치라는 계몽 절대주의 체제에서 봉건적인 제도는 민중을 억압하는 수단에서 해방을 위한 수단으로 변모할 수 있었다. 다치바나에 의하면, 이 사회적 연금술이라 말할 수 있는 전환은 아주 간단했다. "민중을 봉건적 압제의 족쇄로부터 해방시키고 전통적인 생활사상과 자치적 기능에 따라 살아가게 함으로써 자유로 워질 때" 봉건주의는 해방으로 이어졌다.[99]

다치바나의 왕도 사상을 이해하는 핵심이자 제정복고를 혁명과 연결시 킨 논리의 마지막 단계는 자치와 왕도 사이의 관계 설정이었다. 그는 사람 들이 자치에 입각하여 살아야만 진정한 의미의 대동 사회에 도달할 수 있 다고 생각했다. 그때가 되면 사회는 자급자족과 자율이 실현되며 성인 군 주는 통치에서 물러나고 덕치도 점차 필요 없게 될 것이었다. 그러나 지역 사회가 사람들의 생업을 보장해 주지 못할 경우 지방 자치 조직을 강화하 기 위해 중앙권력에 의한 통치가 다시금 필요해진다. 이것이 왕도정치가 지방분권적인 성격을 갖고 있었음에도 중앙집권적이고 권위적이며 실천적 인 국가의 건설을 추구한 이유였다.[100]

보경안민과 왕도 사상에 '민족협화(民族協和)'가 추가되면서 만주국의 세 가지 혁명 사상이 완성되었다. 민족협화는 새로운 국가가 '민족'(사실은 일 부 지역에 불과했다)의 해방과 함께 정치 혁명에까지 헌신할 것을 약속했다. 민 족협화라는 슬로건 아래 괴뢰국가 만주국은 중국 농민에게 권력을 부여하 고 그들의 의견을 국가가 수용할 것을 약속하는 완전히 새로운 정치 구조 를 만들어 냈다고 과시했다. 민족협화의 개념은 원래 1920년대 말 만주 독 립을 위해 활동하던 일본인 만철 직원들의 모임인 만주청년연맹에서 유래 했다. 청년연맹이 만주 독립운동의 기치를 명확히 규정해 나가면서 민족협 화라는 개념은 의회정치, 반일운동, 일본의 인종적 편견에 차례차례 맞섰 다.[101] 이들은 그 대안으로 민족협화, 즉 중국인, 만주인, 몽골인, 조선인 그리고 일본인이 평등한 시민으로서 자치단체 내에서 서로 협력하는 다민 족 정치 체제를 제시했다. 새로운 정치 체제 아래 "중국인과 일본인은 하나 의 사회 안에서 조화롭게 섞여 살아갈 것"이며 그곳의 사람들은 "서로 사랑하고," "공존공영의 이상"을 현실로 이룰 것이었다.[102] 1932년 7월, 민족 협화는 만주국의 국가 이념이자 새로 창설된 중국 대중 정치조직인 협화회의 지도이념이 되었다.

협화회는 신정권에 대한 저항을 배제하고 중국 사회에 대한 정치적 지배를 확대하기 위한 관동군 전략의 일환으로 조직되었다. 본래 선전 활동과 정보 수집을 위한 기관이었던 협화회는 도시와 마을, 촌락을 보갑으로 조직하여 연대 책임을 지움으로써 각 행정단위 내의 질서를 유지하던 체제를 보완하고자 만들어졌다. 협화회는 신징에 본부를 두었으며 만주국 곳곳에 지부와 지방 조직을 갖고 있었다. 관동군은 지주와 상인, 지역 엘리트를 협화회에 참여시켜 새로운 체제에 협력하도록 했다. 1934년 협화회의 회원은 30만 명에 달했다. 협화회는 먼저 새로운 체제를 선전하고 정부 정책에 대한 지역 엘리트의 의견을 구하는 데 전념하면서 만주의 기존 지배계층이 만주국을 열렬히 지지하도록 만들고자 했다.[103]

일본은 협화회야말로 중국에서 일본을 괴롭히고 있는 여러 문제를 극복할 수 있는 선구적인 정치 형태라고 선전했다. 협화회는 일당(一黨) 체제에 찬성한다는 점에서 부르주아가 중심이 되는 서구식 민주주의를 거부하는 것이었다. 여기서 말하는 일당 체제란 "대표자는 민중의 의견을 진정으로 개진"하고 "의회는 만장일치로 결정을 내리며", "민중은 관료에게 자신의 생각을 솔직하게 말하고", "관료는 자신의 의도를 민중에게 이해"시켜 "민중과 관료가 서로 협력"하는 것이었다. 협화회는 지방 대표를 임명하거나 의제를 설정함에 중앙의 엄격한 통제가 작동하는 등 독단적으로 운영되었다. 그러나 일본의 선전 팸플릿에 가득한 "천부적인 지도력", "합의에 기초한 의사결정", "관민일치(官民一致)" 등의 표현은 협화회가 일반 대중을 대표하는 것처럼 보이게 했다.[104]

중국인 엘리트들이 이러한 수사를 받아들였든 아니든, 협화회가 표방한 정치적 목표는 일본의 진보적 지식인들의 마음을 강하게 사로잡았다. 중국 민족주의자들의 염원에 동조하던 다치바나와 같은 중국 전문가들은 중국 민족주의 운동이 일본 제국주의를 배격하는 데 힘을 다하기 시작하자 중국인의 염원과 자국에 대한 충성심 중 하나를 선택해야 하는 어려운 문제에 직면했다. 결국 이들은 일본 제국주의와 중국 민족주의 사이에서 고민하는 대신, 민족자결주의 원리를 거부하고 다민족 국가의 건설을 향해 나아감으로써 딜레마를 해결할 수 있었다. 다치바나는 일본인은 "신국가 건설에 참여한 유일한 민족도 아니고 주도적인 위치에 있는 것도 아니었다. 중국인을 비롯한 다른 민족 또한 국가건설에 참여하였다"라고 주장했다.[105] 그러나 이는 마음의 짐을 덜기 위한 거짓일 뿐이었으며, 만주국이 중국 동북에서의 중일 간 분쟁을 끝낼 것이라는 망상을 조장했다. 하지만 이 점이야말로 협화회와 민족협화가 호소력을 가질 수 있었던 이유였다. 진보적인 일본의 지식인은 이를 통해 애국주의자로서의 자신과 중국인의 친구로서의 자신이 동시에 양립할 수 있다고 믿을 수 있었다.

일본의 진보주의자들에게 협화회가 가진 또 하나의 매력은 정치권력을 중국 민중에게 주겠다고 한 약속에 있었다. 이들에게 중국 민중은 혁명적 계몽을 받아들일 준비가 된 동질적이고 억압받는 농민 계층이었다. 다치바나는 협화회를 "자본가 대신 생산자가 지배하는 사회를 창조"하기 위한 것이라 여겼다.[106] 농업의 비중이 압도적으로 높았던 만주국에서 생산계급은 농민을 의미했다. 다치바나의 구상에 의하면, 아나코 생디칼리즘(anarco-syndicalism)의 노선에 따라 만주국을 재편한다면 피땀 흘려 일하는 농민들이 권력을 부여받을 것이며 협화회 지방 지부는 생산집단과 자치적인 촌락사회, 그리고 중앙정부 사이의 의사소통이 이루어지는 기구가 될 것이었다.[107] 중국 대중의 정치교육이나 동원에 직접 관여할 수 있을 것이라는 예상에 많은 중국 전문가들은 기대감으로 부풀었다. 만철 조사부의 한 연구원은 "일본 내지로부터 수많은 이상주의자가 협화회에 들어왔습니다. 그들은 가장 말단의 중국 인민과 접촉하고 싶어했습니다"[108]라고 말했다. 협화회를 중국 농민에게 권력을 부여하기 위한 수단이라 믿은 일본의 진보주의자들은 그곳에서 일하는 것이 곧 중국 혁명의 최전선에 서는 것이라 생각했던 듯하다.

군사 점령을 통해 농민에게 권력을 부여한다는 것이 본질적으로 말이 되지 않음을 처음부터 느꼈을지도 모르지만, 1934년 10월 관동군이 협화회를 재편하고 혁명의 가능성을 제거하자 다치바나와 그의 동료들은 진심으로 충격을 받은 것처럼 보인다.[109] 대중정당에서 교화와 스파이 활동을 위한 도구로 변모한 협화회는 이후 헌병대와 협력하여 대게릴라 활동을 수행하며 괴뢰정권에 동원되었다.[110] 협화회가 재편되면서 민족 간의 평등이라는 이상마저 사라지고 말았다. 『만주와 민족협화: 새로운 만주인을 위해』라는 1939년의 팸플릿은 "지도적 지위의 일본인"을 설명하는 데 많은 지면을 할애했다.[111]

협화회가 명백히 타락해 버렸음에도 많은 일본인은 협화회에 대한 희망을 놓지 않았다. 다치바나 또한 그 신념을 완전히 버리지 않고 협화회의 '해방 사명'에 대해 다시 글을 쓰기 시작했다.[112] 혁명을 꿈꾸는 무리가 여전히 계속해서 협화회로 침투하는 바람에 관동군은 매년 협화회 간부 내 '적색분자'를 축출해내야 했다. 협화회에서 일하는 진보주의자들은 "자신이 할 수 있는 한도 내에서 최대한 중국 민중을 위해 좋은 일을 하고 있다"라고 믿으며 양심의 가책을 덜었다. 그러나 정작 도움을 받는 중국 농민들은 그들의 교묘하고 계산적인 선행을 특별히 고맙게 여기지 않았다. 점령

군과 함께 활동하던 일본인에 대한 중국 농민들의 평가는 매우 냉정하고 분명했다. 만철 연구원이었던 이시도 기요토모(石堂清倫)의 이야기는 당시의 상황을 잘 보여준다. 좌익 이상주의자였던 그의 한 친구는 "농민과 함께 일하길 원했던" 다른 이들처럼 협화회에 들어갔다. 그는 매년 반복되던 좌익 분자 색출은 피했지만 일본의 패전 이후 결국 중국 농민에 의해 살해되었다. 이시도는 "어째서 우리의 선의가 중국 민중에게 통하지 않았는지 깊이 생각해 보아야 한다"라고 말했다.[113]

이시도와 그 동료들은 계속해서 만주국의 본질을 선한 의도로 포장했다. 만주국이 실제로 일본인 제국주의자와 피지배 중국인 사이의 정치적 화합을 이룰 수 있을지는 어떤 의미에선 중요한 문제가 아니었다. 왜냐하면 그들은 만주국이 가진 고결한 이상에만 가치를 두었기 때문이었다. 그 숭고한 꿈은 만주국의 세 가지 공식 슬로건인 보경안민, 왕도, 민족협화로 표현되었다. 만주국의 건국 신화이자 해방운동인 보경안민, 개명된 통치 아래 자립과 자치를 추구하는 왕도, 정치 혁명에 의한 중일 민족 협력을 이야기하는 민족협화는 모두 선전 활동을 위해 만들어진 것이었다. 이 슬로건은 제국주의자들과 만주의 중국인, 그리고 일본인에게 만주국의 정당성을 설득하기 위한 것으로, 일본이 만주에서 수행하는 역할을 정당화했다. 이러한 메시지는 국제연맹과 같은 곳에서는 많은 지지를 얻지 못했지만, 일본의 지식인에게는 큰 호소력을 가졌다. 비록 불완전하게 실현되었을지라도, 만주국의 혁명론은 제국주의의 덕목을 보여준다는 점에서 제국의 고결한 이상을 제시했다. 다른 사람들은 몰라도 적어도 그들은 그 실현 여부보다는 의도의 숭고함이 더 중요하다고 믿었다.

제국에서의 사회적 실험과 좌익

이상주의자들은 자신들의 소망을 여러 방면으로 투사했다. 해방적 식민 국가의 개념처럼 만주에서의 사회 변혁이란 비전은 일본에서 쫓겨난 혁명 가를 불러들이는 자석과 같았다. 일본 내 억압적인 분위기에 좌절한 좌파 지식인들은 새로운 제국에서 사회적 행동주의를 실현할 기회에 이끌렸다. 체제에 순응할 것을 요구하는 일본 본토로부터의 압력이 만주에 미치기는 했지만 일본과 만주국 사이의 물리적 거리는 그 영향을 완화시켜 주었다. 이에 대해 만철 조사원 하마 마사오(浜正雄)는 "일본과 만주 사이에는 지적 시차가 있었다"라고 표현했다.[114] 이러한 상대적 개방성은 만주국을 더욱 매력 있고 가슴 설레는 장소로 만들었다. 만주국은 (일본과는 달리) 새로운 사상을 기꺼이 받아들이며 사회적 실험을 권장하고 도시계획가, 예술가, 사진가, 좌파 학자들이 자유롭게 창의성을 발휘할 수 있는 곳으로 보았다. 특히 일본에서 정치적으로 소외되었던 좌익에게 더욱 매력적으로 느껴졌던 것은 만주국이 그들에게 권력을 제공했다는 점이었다. 새로운 국가의 관료 조직에 합류함으로써 좌익 지식인들은 처음으로 국가 권력을 행사할 기회를 가졌다. 지식인들은 새로 얻은 힘을 최대한 사용하여 혁명사상을 실행에 옮기기 위해 빠르게 움직였다. 만철과 만주국 정부의 지위를 이용하여 이들은 만주국을 일종의 사회적 실험실로 만들려고 노력했다. 이는 사회 변혁 이론을 시험해 볼 수 있는 통제된 환경을 의미했다.

식민지 국가의 절대 권력에 근접했다고 해서 좌익 지식인들이 타락하거나 정의로운 혁명의 길에서 벗어난 것은 아니었다. 오히려 이는 그들을 허황된 생각에 사로잡히게 만들었다. 1911년 이래 중국 혁명 운동의 불안정한 모습과 특히 1920년대 국민당과 공산당의 소모적인 충돌을 목격한 일본의 좌익 지식인들은 중국인에게 도움이 필요하다고 생각했다. 만주국은 그들을 도울 기회를 제공해 주었다. 지식인들은 괴뢰국가 내 자신의 지위를 통해 중국 동북 지방을 혁명으로 이끌 수 있다고 믿었다. 자본주의 발전단계를 과학적으로 분석하고, 혁명에 걸림돌이 되는 것이 무엇인지 정확히 진단하며, 사회 변혁 프로그램을 실행에 옮김으로써 이들은 만주국을 중국인들이 따를 수 있는 모델로 만들고자 했다. 좌익 지식인은 괴뢰정권을 위해 일함으로써 중국의 형제들에게 혁명의 기술을 가르치고 중국 사회가 정치적 수렁에서 벗어나 정의로운 사회로 가는 길을 열어주고 있다고 상상했다.

만주국을 중국 혁명의 모태로 삼으려는 야심은 먼저 만주 경제에 관한 논쟁에서 뿌리를 내렸다. '만주경제논쟁'은 1934년에서 36년에 걸쳐 다치바나의 『만주평론』과 『만주경제연보』에서 치열하게 전개되었다. 논쟁에 참여한 주요 연구자로는 오가미 스에히로(大上末広), 나카니시 쓰토무(中西功), 스즈키 고헤이(鈴木小兵衛) 등이 있었는데, 이들은 모두 일본 좌익운동에 오랫동안 몸담았던 인물로 결국 만주에서도 비슷한 이유로 체포되었다. 자신을 활동가이자 학자라고 생각했던 이들은 이러한 이론 논쟁도 단순히 탁상공론에 그치는 것이 아니라, 사회혁명 전략을 발전시켜 나가기 위한 첫걸음이라 생각했다.

만주경제논쟁은 갑자기 등장한 것이 아니라 이른바 '중국사회사논전'이 그 무대를 바꾸어 계속된 것이었다. 중국사회사논전은 1927~28년 중국혁명의 실패로 촉발되었다. 당시 국민당과 공산당의 통일 전선 하에 국가를 통합하려는 시도는 장제스의 반공 쿠데타와 국공 내전의 발발로 끝나버렸다. 주로 장성 이남의 중국 사회에 초점을 맞춘 중국사회사논전은 중국사회의 '무엇이 잘못되었는가'라는 질문을 중심으로 논의를 전개해 나갔으며, 중국 농촌 사회를 혁명으로 이끌어 가는데 무엇이 걸림돌이 되는지 다양한 분석을 내놓았다.[115] 중국 혁명의 운명에 대한 일본의 중국학 연구자들의 관심을 생각해 볼 때, 이들이 1934년에 갑자기 연구의 대상을 바꾸어 만주를 향해 같은 질문을 던지기 시작한 것은 의미심장하다. 만주경제논쟁의 시작은 이제 그들이 동북을 혁명의 새로운 무대로 고려하고 있음을 보여주는 것이었다.

오가미, 나카니시, 스즈키가 만주 자본주의의 성격에 대해 쓴 글들은 일찍이 중국사회사논전을 불러일으킨 주요 논점을 중심으로 전개되었다. 요컨대 만주 사회는 본질적으로 봉건적인가 아니면 자본주의적인가 하는 문제에 답하기 위해, 이들은 높은 현물 지대나 농업 노동자의 계층화, 노동시장의 존재에 대해 논쟁을 벌였다. 또 소농민으로부터 잉여 농산물을 착취하는 지주계급의 권력은 순전히 경제적인 것인가, 아니면 농노가 지주에게 예속되었듯이 농민을 사회적으로 억압하는 경제 외적인 장치가 있었는가 하는 점에 대해서도 토론했다. 그들은 지주를 토지에 투자하는 자본가로 보기도 하고 자신의 토지를 경영하는 봉건영주로 보기도 했다. 아울러 만주 경제가 세계 시장에 어느 정도 통합되었는지, 그리고 지역 경제의 상업화에 그러한 통합이 갖는 의미가 무엇인지에 대해서도 토론했다. 요컨대 봉건적인 생산시스템이 자본주의 시장에 통합되는 것이 가능한가 하는 이론적인 문제를 논한 것이다. 그들은 국내외 자본의 제휴 및 세계 시장과의 연계 정도를 어떻게 평가하는가에 따라 외국의 제국주의가 자본주의의 발전을 방해할 수도 있고 촉진할 수도 있다고 생각했다.[116]

이러한 논의는 혁명 전략상 핵심적인 문제를 명확히 해주었다는 점에서 중요한 역할을 했다. 올바른 사회 행동을 하기 위해서는 만주가 자본주의 발전단계 중 어디에 위치하고 있는지 정확히 알 필요가 있었다. 그렇기에 오가미의 주장처럼 만주 경제에 자본주의적인 요소가 있긴 하지만 여전히 봉건 단계에 머물러 있다고 보는 것이 옳은지, 아니면 나카니시가 말한 것처럼 봉건적인 잔재가 남아 있음에도 만주는 본질적으로 자본주의 단계에 이르렀다고 보아야 할지 결정해야 했다. 일본의 마르크스주의가 도식적인 이론에 갇혀 때때로 사소한 문제에 지나치게 매달리는 것처럼 보이지만, 사실 거기에는 나름의 방법론이 존재하고 있었다. 만주에서 프롤레타리아 혁명만 달성하면 되는지, 아니면 부르주아 혁명 이후 프롤레타리아 혁명에 이르는 2단계 혁명이 요구되는지, 이 문제를 결정하는 데에는 마르크스주의 이론이 필요했다. 그 결정에 따라 농민, 노동자, 재지(在地) 자본가, 중국 공산당, 국민당, 통일전선 중 누구를 혁명의 주체로 삼을지도 정해졌다. 혁명이 일어날 정도로 사회가 무르익었는가, 국내 상황이 내부에서 사회 변혁 활동을 일으킬 수 있는 혁명적 에너지를 만들어 냈는가, 아니면 외부 자극을 필요로 하는가 등의 결정을 내리려면 반드시 철저한 분석이 선행되어야 했다. 만주경제논쟁에서 일본의 지식인들은 적어도 마지막 질문에 대해서는 명확한 해답을 얻었다. 만주에 혁명을 일으키려면 외부의 자극이 필요하며, 그 자극을 일본 제국주의가 줄 수 있다는 것이었다. 이런 식으로 만주경제논쟁은 적어도 만주의 사회혁명에 대한 이론적 가능성을 마련해 주었다.

일본 좌익에게 이러한 논쟁은 익숙한 것이었다. 그들의 논쟁은 중국 사회뿐 아니라 일본 자본주의의 성격에 대한 분석까지 미쳤다. 만주 경제가 본질적으로 봉건적인지 아니면 자본주의적인지 하는 해석의 차이는 일본 마르크스주의 내의 강좌파(講座派, 일본을 봉건적인 사회로 바라보는 입장)와 노농파(勞農派, 일본을 자본주의적인 사회로 보는 입장)의 분열을 반영했다. 실제로 중국, 일본, 만주에 관한 마르크스주의적인 분석은 지명만 바꾸면 사실상 서로 구별할 수 없을 만큼 정확히 일치했다. 문제 제기, 용어, 분류, 논리, 논점에 이르기까지 모두 동일했던 것이다. 때문에 만주의 혁명 가능성을 발견한 일본 좌익은 중국과 일본, 두 나라에서 기도하던 혁명을 그대로 만주로 가져갔다. 국공합작이 좌절되면서 중국에서의 혁명이 고착 상태에 빠진 것과 마찬가지로, 1933년 일본에서 발생한 대량 검거와 전향은 일본공산당의 조직을 와해시켰으며 이로 인해 일본에서 혁명이 일어날 희망은 사라져 버렸다. 두 번의 실패를 목도한 일본의 중국학 연구자들은 '만주에서 혁명이 일어날 수 있을까?'하는 질문을 던지기 시작했다. 이처럼 신속한 전환은 일본의 마르크스주의자들이 아시아 혁명의 무대를 찾아 헤매며 가졌던 혼란과 낙관주의를 여실히 보여준다. 혁명의 무대는 변했지만 사회정의를 이루겠다는 비전은 여전히 견고했다.

만주에서 혁명을 일으키겠다는 생각으로 가득 찬 중국학 연구자들은 괴뢰국가를 위해 일하면서 그 생각을 현실화시키기 위해 행동하기 시작했다. 이들이 가진 놀라운 자기기만 능력은 스스로 하고 있다고 생각하는 것(민중의 해방)과 실제로 하고 있는 것(일본 지배의 강화) 사이의 괴리를 무시하는 데 도움을 주었다. 이들 연구자의 회고록에는 낭만적인 자화상이 그려져 있는데, 정치적으로 혼란스러운 아시아의 이국적인 지하 세계에서 활동하던 대륙 낭인의 지식인 버전에 가깝다. 나카니시 쓰토무는 『중국 혁명의 폭풍 속에서』라는 회고록에서 자신이 대륙에서 자유의 투사로서 얼마나 중요한 역할을 했는지 자랑스럽게 이야기했다.[117] 지하 혁명 운동에 투신한 연구자들은 자신이 "새로운 사회를 발견"하고 있다고 생각했고 또 "중국 농민에게 가까워지고 있으며 지주나 부농뿐 아니라 실제 농사를 짓는 이들에게 친근감을 느끼고 있다"라고 믿었다.[118]

낭만적인 자아상과 일본 제국주의의 하수인이라는 실제 역할 사이의 모순은 1935년 이후 만철이 농촌실태조사를 진행하는 과정에서 더욱 분명히 드러났다. 이 연구를 담당한 것은 만철 경제조사회(이후 산업부로 재편되었다가 다시 조사부로 돌아갔다) 농업과로 이들은 관동군의 의뢰를 받아 만주국 정부의 농업정책 수립을 위한 기초조사를 시행했다.[119] 지식인들이 믿고 싶었던 것과는 달리 이 조사는 농촌의 생산성을 더욱 높일 방안을 찾아내기 위해서였다.

만주의 농촌실태조사는 만철의 가장 우수한 연구원들이 참여한 대규모 사업이었다. 실태조사는 1940년대에도 매년 계획되었으나 대다수는 1935년과 36년 사이에 이루어졌으며, 이 시기 약 40개 촌락이 조사되고 24권의 보고서가 간행되었다.[120] 일본의 점령지가 남쪽으로 확대되면서 농촌조사 영역도 늘어났다. 1930년대 후반, 만철이 중국 농촌연구로 내놓은 결과물은 매우 인상적이다. 『만철조사월보』와 같은 저널에 실린 수많은 논문 외에도, 1936년부터 42년까지 만철이 간행한 농촌연구 서적은 178종이었으며 그중 상당수는 여러 권으로 구성되어 있었다. 농촌연구는 1940년에 시작하여 42년에 끝난 '화북농촌 관행조사'라는 야심 찬 계획에서 그 절정을 이루었다. 이 조사보고서의 학술적 가치는 오늘날까지 높은 평가를 받고 있다.[121] 이는 자신을 혁명의 투사로 생각했던 수많은 학자이자 활동가들이 거둔 지적 성과였다.

만철 조사원들이 수행한 농촌조사의 출발점은 만주경제논쟁에서 시작된 만주의 혁명 가능성을 이론적으로 따져보는 것이었다. 어느 전직 만철 직원은 당시 "만철 고위층에서 농촌 연구에 대한 관심이 고조"되었음을 회고하며, 연구자들이 오가미의 생각이 옳다는 것을 증명하고자 "만주 농촌의 반봉건(半封建)적인 성격을 밝히려 했다"라고 말했다.[122] 실상은 괴뢰정권을 위한 데이터를 모으는 것에 불과했지만, 중국학 연구자들은 자신들이 혁명을 위해 필요한 정보를 수집하고 있다고 생각했다.

제3부: 식민지 개발과 만주에서의 실험, 1932~1941

일본의 연구자들은 스즈키 고헤이(鈴木小兵衛)가 쓴 『만주의 농업기구』를 농촌연구의 경전으로 삼고서 중국 사회의 혁명 가능성을 판단하는 작업에 용감하게 나섰다. 그러나 그 곁에는 기마 호위대가 함께 하면서 '반일 분자'로부터 그들을 지켜주고 있었다. 호위대의 존재는 분명 극적인 긴장감을 더해 주었지만 이보다 더 연구자와 식민지 국가의 관계를 잘 보여주는 것은 없었다. 통상 6, 7명의 조사단은 5, 6명의 통역, 10~20명의 기병과 함께 움직였는데, 그조차 만주에서 치안이 좋다고 여겨졌던 지역에 한해서였다. 조금이라도 문제가 발생할 수 있는 지역은 조사단의 출입이 금지되었다.[123] 일반 농촌 민중 속에서 현실적인 불편함에 직면하면서 모험은 그 매력을 잃고 말았다. 한 조사단원은 당시의 경험에 대해 회상하면서, "우리는 각자 재료를 가져와 일본식 식사를 할 수 있도록 준비했습니다. 하지만 중국인이 요리한 음식은 너무 기름졌습니다. 음식 때문이었는지 모험심이 강한 사람도 일주일쯤 뒤에는 지치고 말았습니다. 분위기는 점점 나빠졌고 말다툼이 일어나지 않는 것만 해도 다행이었습니다"[124]라고 말했다. 혁명운동에 헌신하겠다고 마음먹은 연구자들조차 기름진 음식과 지저분한 주거 공간, 동료와의 불편한 관계를 경험하고 나면 일주일도 채 되지 않아 모든 것을 그만두고 싶어 했다.

식민지 국가와의 관계를 합리화하면서 연구자들은 자신이 객관적인 입장에 서 있음을 '도의심', '고결함', '순수한 동기', '양식 있는 판단' 같은 표현을 사용하여 설명했다. 노마 기요시는 "우리는 정책에 도움을 주기 위해 조사 활동을 한 것이 아니었다. 이는 우리의 개인적인 관점에서 비롯한 것도 아니었다. '학문적'이라고 하면 어폐가 있긴 하지만 순수한 관심을 가지고 이 조사에 열의를 불태웠으며 여러 가지 신경이 쓰이는 일이었음에도 조사를 계속해 나갔다"[125]라고 말했다. 어떤 이는 이보다 한발 더 나아가서 조사자는 농민을 위해 싸우는 투사가 되어야 한다고 주장했다. 스즈키 다츠오(鈴木辰雄)는 "정부 권력을 등에 업고 지배자로서 농민에게 다가가는 것이 아니라, 그 반대로 농민을 등에 업고 성 정부와 중앙정부를 향하는 마음가짐을 가져야 한다"[126]라고 말했다.

아무리 자신이 식민지 국가와 거리를 둘 수 있다고 생각하더라도, 이들 조사원이 일본의 지배를 강화하고 만주의 농업 생산물을 수탈하는 것을 목적으로 하는 만주국의 농업정책을 위해 정보를 수집하고 있었음은 냉혹한 현실이었다. 무장 경비대와 함께 조사원이 내려오는 것을 지켜보던 농민들에게는 그 관계가 매우 분명히 보였을 것이다. 이후 연구자들은 당시를 회고하면서 농민들이 조사에 비협조적이었던 이유가 이 때문이었음을 깨달았다. 농민들은 때론 단순히 질문에 대답하기를 거부했으며, 종종 기억나지 않는다고 하거나 무지하고 어리석은 척하며 약자가 할 수 있는 교묘한 방식으로 대항했다.[127]

연구자들은 직접 농민과 대면할 때는 식민지 국가와의 관계에 아무 의미를 두지 않는 것이 더 낫다는 사실을 깨달았지만, 다른 상황에서는 자신의 지위에 지나칠 정도로 많은 의미를 부여했다. 대부분의 연구자에게 만주국은 그들이 권력에 근접했던 최초의 경험이었기에 이는 그들을 종종 기고만장하게 했다. 그런 모습은 오가미 스에히로(大上末広)가 말한 '위로부터의 혁명'을 촉발하기 위해 정부에 그들의 영향력을 행사하려는 야심에서 가장 잘 드러난다. 만주국 관료 집단의 일부에만 접근할 수 있었으며 정책 결정 과정에도 그리 큰 영향력을 발휘할 수 없었음에도, 관동군을 조종하여 만주에서 사회혁명을 이끌 수 있을 것이라 생각한 것은 어처구니없을 정도로 허황된 몽상이었다. 농민을 대신하여 혁명을 일으키고자 한 노력은 관동군의 편집증적인 반공 정서를 자극했고, 이들의 오만함은 결국 식민지 국가

     제3부: 식민지 개발과 만주에서의 실험, 1932~1941

의 철퇴를 얻어맞는 값비싼 대가를 치르게 되었다.

농촌 사회의 사회혁명을 실행하는 데 있어 토지 문제가 관건이라고 믿었던 만철 연구원들은 먼저 만주 농촌의 토지 소유 제도를 연구 대상으로 삼았다. 일본에서도 농촌 문제는 오랫동안 사회 문제의 하나로 여겨졌기에 연구자나 정책담당자들은 농촌경제를 사회구조, 특히 농촌 내 토지 소유 방식의 관점에서 생각하는 데 익숙했다. 1920년대 일본에서 토지개혁을 주장하던 이들은 소작인의 지위를 강화하고 안정적으로 자작농을 육성할 수 있는 몇 가지 방안을 제시했다. 그러나 지주의 반대에 부딪혀 일본 내에서 의미 있는 개혁은 불가능한 것으로 판명되었다. 그럼에도 만철 연구원들은 만주의 개혁안을 제시하는 것을 통해 '위로부터의 혁명'을 시도하며 새로운 식민국가에서 지주들의 억압적인 지배력을 제거하려 했다.

첫 번째 기회는 1936년 관동군이 만철 경제조사회에 만주국의 5개년 발전계획 초안을 준비할 것을 요청하면서 찾아왔다. 오가미 스에히로, 오시카와 이치로(押川一郎), 사이토 마사오(斉藤征生), 노마 기요시(野間清), 야마나카 지로(山中四郎) 등이 포함된 경제조사회는 관동군 담당자와의 회의에서 농업 개혁을 강력히 주장했다. 1933년 3월부터 시작된 '경제건설대강령'에 따른 만주국의 첫 번째 경제계획 실험이 실패한 것은 산업 분야에만 지나친 관심을 두었기 때문이었다고 지적하면서, 만철 연구원들은 "산업정책의 기반으로서 농업정책"을 수립해야 한다고 힘주어 말했다.[128] "극단적으로 복잡한 토지 제도를 근대화해 나감으로써 만주의 사회경제 발전을 촉진하자"는 초기 제안은 점진적 개혁론자들의 긍정적인 반응을 끌어냈다. 관동군의 담당자들은 "농업 생산력을 높여 광공업 개발에 필요한 노동력을 확보하며 그로 인해 안정적인 산업 발전이 가능하도록 하는 것"을 전제로 토지개혁의 필요성에 동의했다.[129] 점진적인 개혁안이 채택될 것이라는 전망에 고무된 오가미는 전면적인 토지개혁의 실현이라는 꿈을 잠시 포기했다. 이 개혁안에서 그는 현존하는 토지 소유관계를 그대로 둔 채, 북만주의 미개척지를 국가가 사들여 불하하고 농촌협동조합을 설립하여 농업의 기계화를 진행하며 영구적인 토지 임차권을 설정할 것을 주장했다.[130]

처음 계획 단계에서 개혁의 실행이 약속되었음에도, 농촌협동조합의 설립을 제외한 나머지 제안은 5개년 발전계획을 최종적으로 수정하는 과정에서 결국 삭제되고 말았다. 해당 계획의 책임자였던 한 고위 참모는 "이 제안들은 만주국 정부의 만계(滿系) 인사들을 불안하게 하고 동요시킬 우려가 있으며 또한 일본에 미치는 영향도 크다"[131]라고 말했다. 그리하여 혁명을 위한 첫 번째 시도로 오가미가 취했던 온건한 전략은 실패하고 말았다. 토지개혁은 그것이 아무리 온건하다 할지라도 일본과 만주 양쪽의 정치적인 금기를 건드리는 일이었다. 만주에서의 토지개혁이 일본 지주들의 이익을 침해할 것이라는 주장은 변명에 불과할지라도, '만주국 정부의 만계 인사'들이 겪을 위기는 매우 현실적이고 또 다루기 어려운 것이었다. 이러한 위험 요소가 존재했던 이유는 간단했다. 오가미가 말한 농촌 지역의 반봉건적인 사회구조가 여전히 만주국 정치경제의 중추를 이루고 있었기 때문이다. 중국인 지주는 괴뢰정권의 협력자였고 그들이 없다면 만주국은 붕괴되고 말 것이었다. 식민지 국가가 자신을 종말의 길로 인도할 혁명에 앞장설 이유는 전혀 없었다.

이러한 좌절을 겪은 뒤에도 혁명을 꿈꾸는 이들은 포기하지 않았다. 그들은 사토 다이시로(佐藤大四郎)의 주도로 북만주에서 농촌협동조합 운동에 참여함으로써 '위로부터의 혁명'을 다시 시도했다. 일찍이 만주국 정부는 1932년부터 지방의 상업 통제를 강화하고 농업 생산량을 늘리기 위한 수단으로 다양한 형태의 농촌협동조합을 실험적으로 설립해 왔다. 이러한 계획에는 만주의 지역 경제에서 지주들이 소유한 '연호(聯號)'의 영향력을 제한하는 것도 포함되어 있었다. 상업자본과 대부자본이 결합한 연호는 다양한 기능을 수행했다. 연호는 일용잡화나 농자재를 판매하고, 농산물을 구입하거나 보관해주었으며, 주조업(酒造業), 대두가공업(大豆加工業), 제분업(製粉業), 착유업(搾油業) 등 기본적인 농산물 가공업에도 종사했다. 연호가 가진 힘은 농촌과 지역 거점, 그리고 상업 중심지의 각 상점이 길드와 비슷한 조직으로 연결되어 자본을 공유하고 있다는 점에서 나왔다. 광범위한 활동 영역과 조직을 갖춘 연호는 지역 경제를 완전히 장악하고 있었다. 농촌협동조합 운동은 연호를 거치지 않고 생산자와 국가가 직접 연결될 수 있도록 연호 조직에 상응하는 금융 및 상업 네트워크를 확립하는 것을 목적으로 했다.[132]

일본인 혁명가들에게 협동조합운동은 국가 권력을 이용하여 농민들의 경제력과 독립성을 강화함으로써 농민들에 대한 연호의 봉건적 억압을 종식시킬 수 있는 수단이었다. 사토는 "농촌 내 대다수를 차지하는 빈농층에 중점을 두고 그들을 조직하여 그 경제적 실력을 기르고", "일정한 시간이 흘러 어느 정도 물질적 기초가 빈농층에 쌓이며 그 실력이 조직적으로 확보"되면 "그 기초 위에 행정 권력을 세워서 농촌의 본질적인 문제에 대해 효과적이고 철저한 위력을 발휘할 수 있다"라고 선언했다.[133] 그가 사회 문제의 최종적인 해결 방법에 대해 이야기하면서 염두에 두었던 것은 일본의 농본주의적인 이상향이었다. 그에게 협동조합운동은 극도로 빈곤하고 착취당하는 농민 계층이 경제력을 부여받을 수 있는 도구일 뿐 아니라 계급을 완전히 없애기 위한 수단이었다. 그는 "촌락 내 농민은 빈부를 불문하고 하나의 조직 안에 포함"되도록 했으며 "계급에 의해 왜곡된 자치적 연대를 합작운동을 통해 수정하고 신장"하는 것을 목표로 삼았다.[134]

협동조합을 조직한 일본인들은 농촌협동조합의 중요성과 그 안에서 자신들의 역할을 높게 평가하는 경향이 있었다. 그들은 북만주 일부 지역에서 진행된 소규모의 운동이 "프롤레타리아가 아니라 농민이 혁명의 기반이 되는 동양 해방운동의 단초가 될 것"이며 농민을 혁명의 기반으로 삼는 것은 "서양의 민주주의나 사회주의 농민운동의 사상적 대안"을 제시한 것이라 믿었다. 이들은 스스로의 지도력을 과대평가하며 자신을 "농민 의식을 깊이 체득한 선각자"로 바라보았다.[135]

그러나 협동조합운동의 성과에 기뻐하는 것도 그리 오래가지 못했다. 혁명 조직이 힘을 축적하기도 전에 1941년 11월 사토, 스즈키 고헤이 외 약 50명의 연구원은 국가 전복활동 혐의로 헌병대에 체포되었다. 이는 1942~43년 만철 조사부에 큰 타격을 입힌 대량 검거사태의 시작이었다. 1942~43년의 이른바 만철 조사부 사건 외에도 종전에 이르기까지 여러 차례의 숙청이 진행되었다. 만주에서 『만주평론』의 편집자가 체포된 것을 포함해 일본 엘리트 출판업계를 휩쓴 대규모 검거사건은 『개조』, 『중앙공론』, 『일본평론』 같은 잡지나 동양경제신보, 아사히신문 등의 신문사, 그리고 이와나미서점 같은 출판사에까지 영향을 미쳤다. 기획원과 쇼와연구회의 연구자들도 모두 체포되었는데 이는 일본 정부가 의심스러운 학자들을 일소하려 했기 때문이다.[136]

관동군은 만주국의 일본인 사회에 공산주의자들의 음모가 널리 퍼져 있는 것을 밝혀냈다고 주장하며 만철에서 좌파와 자유주의자를 숙청한 일을 정당화했다. 이와 같은 탄압으로 더 이상 지식인을 동원하지 못하게 되자, 만주 개발 역시 어려움에 봉착했다. 위기가 고조되면서 협력의 기반은 무너졌고, 군의 공산주의에 대한 편집증적인 집착은 통제할 수 없는 지경에 이르렀다. 연합군이 일본에 대한 공세를 강화하고 만주 경제가 서서히 무너지는 동안, 관동군은 귀중한 자원을 공산주의 음모론을 입증하기 위한 대규모 내사를 진행하는 데 사용했다. 그 결과물로 나온 850쪽에 달하는 『재만 일계 공산주의 운동』이란 책에는 만철의 수백 편에 달하는 출판물을 분석하고 '공산주의 성향'을 찾아내기 위해 여러 연구자의 경력과 활동을 조사한 내용이 실려 있었다.[137] 전황이 나빠지면서 군부가 그에 대한 책임을 지울 희생양이 필요했던 것인지, 아니면 숙청의 배후였던 권력자들이 단지 반공주의에 매몰되어 있었을 뿐인지는 분명하지 않다.[138] 동기가 무엇이든지 간에, 만철 연구원들은 자신들이 그토록 큰 기대를 걸었던 식민지 국가에게 배신당했음을 깨달았다. 이로써 진보적 지식인과 만주국 정부 사이의 기이한 협력관계는 종언을 고했다.

◆

만주국의 선진적인 도시 경관을 만들어 낸 건축가든 혁명을 위한 사회적 실험을 진행했던 지식인이든, 이들 신흥 중산층은 중국 동북에 멋진 신제국을 건설하기 위해 앞장섰다. 1937년 중일전쟁이 발발하면서 상황이 바뀌긴 했지만 건국 초만 하더라도 만주국에는 많은 지식인과 화이트칼라 전문가들이 몰려들었다. 여기에는 야심 찬 일본의 고교, 대학 졸업생들이 일본에서 더 이상 기회를 잡기 힘들어졌다는 사실도 일부 작용했다. 당시 일본에는 고등교육을 받은 젊은이가 넘쳐났을 뿐 아니라, 좌익 또는 자유주의 성향의 인물이 취업을 하거나 직장에서 계속 자리를 지키기가 점점 어려워지고 있었다. 운 좋게 일자리를 얻는데 성공하더라도 승진을 한다거나 대담하고 창조적인 일을 할 기회는 거의 주어지지 않았으며 이름을 날릴 기회도 드물었다. 그러나 일본에서 조금 떨어진 곳에 위치한 만주국은 이상주의적이고 진취적인 젊은 전문가를 찾고 있었다. 제국에는 권력과 영향력, 명성과 부를 키워나갈 기회가 무궁무진했다.

기회의 땅이 부르는 소리에 응답한 이들(그중에는 일부 여성도 있었다)은 엄청난 야망과 추진력을 가지고 있었다. 그들은 자신의 삶을 다시 시작하듯 제국을 재창조하는 일에 뛰어들었다. 근대성의 확립과 유토피아의 건설이라는 꿈에 사로잡힌 이들은 만주국에 모든 것을 쏟아 부었다. 이들은 만주국에 사회 개혁이라는 이상주의적 수사를 부여했으며, 중국의 민족주의적 염원이란 이름으로 만주국의 건국을 정당화했다. 또한 과시적인 건축물을 짓고 사치스러운 소비가 만연하도록 만들었으며, 만주국을 급진적인 변혁과 실험이 이루어지는 가능성의 땅으로 만들었다.

이처럼 유토피아적이고 긍정적인 제국주의는 20세기 초 제국 건설의 필수적인 부분이었으며, 이는 일본뿐 아니라 유럽과 미국의 경우도 마찬가지였다. 근대적인 도시와 경제 발전, 그리고 사회 개혁을 이야기하는 식민 담론은 제국 프로젝트에 대한 정치 사회적 지지를 동원하기 위한 것이었다. 희망과 낙관주의를 이용해 지지를 끌어내면서, 이러한 개발 계획은 식민지 사명을 더욱 공고히 하고 재생산했다. 개발 계획이 진행되는 동안 사람들은 제국주의가 선이며 근대화와 진보의 원동력이라고 믿게 되었다. 일본에서 나타난 20세기 버전의 문명화 사명은 육군을 혐오하고 중국 민족주의에 공감하는 자유주의적이고 급진적인 성향의 제국주의자를 만들어 냈다. 그러나 이들이 만주국의 발전을 위한 것이라 믿은 일은 결국 중국 민족주의에 대한 군사적 탄압을 도왔을 뿐이었다.

이 점이 중요한 의미를 갖는 것은 진보적인 지식인들이 자신의 이상을 현실화하기 위해 이용한 힘이 식민지 국가의 제도화된 폭력과 정치적 독재에 의지한 것임을 상기시켜 주기 때문이다. 일본의 진보주의자들이 아무리

내부에서 군국주의의 기반을 무너뜨리고 있다고 생각했더라도 이들이 만주국에 가담한 것은 관동군이 조종하는 꼭두각시 국가의 힘을 강화시켰을 뿐이었다. 멋진 신제국의 피지배 중국인들이 보기에 일본의 공상적 이상주의, 진보주의, 사회 실험 등은 모두 전제적인 외세 정권의 철권 아래 시행된 것이었다. 그러나 식민지 지배자의 입장에서 제국의 이면을 직시하는 것은 어려운 일이었다. 중국 대중을 위해 일하고 있다고 믿었던 일본의 진보주의자들에게 식민지의 발전으로 얻은 과실의 대부분을 일본인이 향유하고 있다는 사실은 깨닫기 힘든 것이었다.

日華滿協助 天下太平

제4부

THE MANCHURIAN
EXPERIMENT IN COLONIAL
DEVELOPMENT, 1932-1941

새로운 사회적 제국주의와
농업 개척이민 계획, 1932~1941

7장

농본주의의 재발명:
농촌 위기와 제국이라는 탈출구

1936년 일본 정부가 중국 동북부로의 대규모 이민계획을 발표하면서 만주국 건설의 세 번째 단계가 시작되었다. 이 야심 찬 계획은 당시 농업 인구의 5분의 1에 해당하는 100만 호의 농가를 20년에 걸쳐 만주국으로 이주시키는 것을 목표로 했다. 비록 목표를 달성하지는 못했지만, 1945년 일본의 항복으로 계획이 중단될 때까지 30만 명이 넘는 일본인이 만주에 정착했다.

만주사변기의 전쟁열이나 경제 개발과 마찬가지로, 정부 밖 세력은 이민운동에 많은 영향을 미쳤다. 1936년에 정부의 최우선 과제로 이민계획이 채택되면서 이 장대한 계획을 달성할 가능성이 높아지긴 했지만, 만주 이민은 국가주도 사업이 되기 전부터 이미 존재하던 사회운동이었다. 실제로 1930년대 초 일본의 농촌을 중심으로 만주 이민을 찬성하는 여론이 고조된 것은 국가가 나서서 이민사업을 제도적, 경제적으로 지원해야 한다고 정부 관료를 설득하는 밑거름이 되었다. 그러므로 만주 이민의 첫 번째 단계이자 첫 번째 성취는 만주 이민운동에 국가를 동원한 것이었다.

만주 이민의 목적 중 하나는 농촌 빈곤층을 만주국으로 보냄으로써 일본 농촌 사회의 문제를 해결하는 것이었다. 만주 이민이라는 해결책은 1930년대에 나타났지만 농촌의 위기는 오래된 것이었다. 19세기 말 농촌개혁운동가들은 농본주의의 기치 아래 산업화가 일본 농촌에 가져온 사회 혼란을 극복하기 위해 노력했다. 지속적인 농촌 위기를 겪으면서, 농촌개혁운동은 이민운동과 힘을 합쳤다. 이민운동 역시 오랜 역사를 지녔으며 경제공황으로 더욱 활성화되어 있었다. 농촌개혁운동과 이민운동의 결합으로 탄생한 만주 이민운동은 농업의 근대화로 발생한 딜레마를 해결하기 위해 만주국으로의 대규모 이민을 선택했다.

그런 의미에서 일본의 농촌 위기는 새로운 사회적 제국주의의 출현을 자극했다. 슘페터(Schumpeter)가 '사회적 제국주의'라는 용어를 대중화시킨 이래, 역사가들은 19세기 말~20세기 초 산업 자본주의와 사회 갈등, 그리고 신제국주의의 관계를 설명하기 위해 이 용어를 사용해 왔다. 본질적으로 사회적 제국주의 이론은 사회 안정을 이루고 대중의 지지를 얻기 위한 엘리트 계층의 정치 전략의 일환으로 제국 건설을 바라보았다. 정치적으로 조직된 노동자 계층이 사회 개혁을 요구하자 기득권을 가진 정치 지배층은 사회복지정책을 마련하는 대신 식민지 팽창주의의 사회경제적 이익을 선전했다. 즉 사회적 제국주의는 초기 복지국가에서 나타나는 현상으로, 자본주의의 불균형한 발전과 주기적으로 발생하는 불황으로 야기된 사회 불안에 대처하기 위해 개발된 다양한 사회 개입주의 정책의 하나인 것이다.[1]

그러나 이와 같은 사회적 제국주의 이론과 일본의 사례 사이에는 사회지리학적인 차이가 있었다. 1930년대 일본의 사회적 제국주의는 대도시가 아니라 정치 경제적으로 주변부에 해당하는 농촌 지역에서 큰 힘을 발휘했

다. 자본주의의 불균형한 발전의 영향을 가장 민감하게 느낀 것은 농촌의
정치경제였으며, 농업 프롤레타리아 계층인 소작농이 요구하는 사회정의
에 대한 대답으로 사회적 제국주의가 등장한 것도 농촌 엘리트 사회였다.
산업 자본주의의 출현으로 국내 시장 및 해외 시장과 연결되면서 농촌경제
는 그 취약성이 증가했으며, 예측하기 어려운 시장에 대비하여 사회적 안
전을 확보하기 위해 지주와 소작농 간의 갈등이 격화되었다. 지방 엘리트
계층은 농촌 사회에 긴장을 가져올 뿐인 자본주의로 인한 근대성을 거부했
으며, 만주 이민을 사회 개혁의 한 방편이라 여기며 이를 통해 자신들이 사
는 공동체에서 농업 근대화로 나아가는 대안을 발견하길 바랐다.

일본의 만주국 이민사업 같은 정부 주도의 이민사업은 17~18세기라면
몰라도 20세기의 제국 건설에서는 흔한 일이 아니었다. 일본을 포함한 대
부분의 열강에서 정부의 도움 없이 식민지로 이주하는 경우는 대부분 식
민지 도시, 주로 무역 중심지로 흘러들어갔다. 그들은 식민지 사회에서 언
제나 수적 우위에 있었던 것은 아니었지만 권력의 우위를 갖고 있었다. 따
라서 식민지 도시는 외국인 식민자의 창조물이자 거점이 되었다. 1930년
대 일본 정부가 만주 농촌 지역에 일본인 이민 사회를 성장시키고자 한 시
도는 일본의 제국주의 역사에서든 다른 제국주의 국가에서든 그 전례를 찾
아보기 힘든 프로젝트였다. 일본의 농업이민정책과 비슷한 것으로는 다음
의 두 가지 사례를 들 수 있다. 첫째는 1880년대 초 제정 러시아가 새로 획
득한 중앙아시아의 카자흐스탄과 투르키스탄 지역으로 농민의 이주를 장
려한 것이다. 러시아 정부의 이주 장려 정책은 스텝 지역의 인구 구성에
큰 변화를 가져왔다. 1914년이 되자 이민자가 지역 인구의 40%를 차지했
으며 이들 중 대다수가 농촌 지역에 거주했다.[2] 둘째는 1930년대 이탈리
아의 사례로 이들 역시 식민지였던 리비아에 대규모의 농업이민정책을 추

 제4부: 새로운 사회적 제국주의와 농업 개척이민 계획, 1932~1941

진했다. 파시스트의 로마 진군을 기념하기 위해 이탈리아는 1938년 호위 구축함 8척과 선박 9척으로 이루어진 함대에 농민 2만 명을 태워 수송했다.[3]

러시아와 이탈리아의 농업이민정책은 일본의 프로젝트와 몇 가지 비슷한 특징을 갖고 있었다. 세 가지 사례 모두 정치적, 사회적 불안이 계속 증가하여 농민 불만이 고조된 것의 해결책으로 이민정책을 펼쳤다. 또 이주를 장려하기 위해 국가가 막대한 지원에 나섰으며 식민지에 이상적인 농업 공동체를 만들고자 노력했다. 이러한 목적을 달성하기 위해 이들 국가는 토착민을 다른 지역으로 추방하고 농업이민자들에게 정착지를 조성해 주었다.

러시아, 이탈리아와 마찬가지로 일본에서도 사회적 제국주의는 농업과 제국 사이에 새로운 연결고리를 만들었다. 자신의 운명을 만주국에 걸었던 일본의 농촌개혁론자들은 제국을 수용하기 위해 농본주의의 정의를 확장했으며 동시에 농업 식민화를 포함하도록 제국주의의 의미를 확대했다. 이를 위해 그들은 새로운 제국주의적 농본주의를 구상함으로써 만주로의 대규모 농업이민을 일본 농촌 부흥의 수단으로 삼았으며, 다른 한편으로 새로운 농본주의적 제국주의를 고안하여 만주국에 이상적인 농촌 공동체를 만드는 것을 통해 제국 프로젝트의 지속적인 사회적 기반을 제공하고자 했다.

이민과 팽창주의

만주국이 건국되기 전, 일본의 농업이민이 중국 동북부의 제국을 떠받치는 필수적인 기둥이 될 것이라고 예상한 이는 아마 거의 없었을 것이다. 1906년 고토 신페이가 만철 총재로 있으면서 처음 이민계획을 논의한 이래 여러 번 비슷한 계획이 세워지긴 했지만 여론의 지지를 얻지는 못했다. 1932년에 어떤 이는 이민문제에 대해 "만몽이민(滿蒙移民)에 관해서는 종래에도 낙관적인 견해와 비관적인 견해가 모두 있었다. 그렇긴 해도 종래의 만몽이민은 비관적 견해가 우세했다"[4]라고 분석했다. 그러나 이는 사실을 축소하여 말한 것이다. 만주 관련 초기 출판물에서는 격렬한 논쟁은 고사하고 농업이민에 대한 관심조차 거의 없었다. 1936년 일본 학술진흥회에서 간행한 '만주 이민의 필요성과 성공 가능성'에 대한 학술서 및 논문 목록 가운데 만주사변 이전 출판된 것은 31개였다. 이 중 농업이민 문제를 다룬 것은 거의 없었으며, 대부분의 경우 일본인 이민은 전혀 언급되지 않았다.[5] 게다가 만주 이민정책으로 농업이민이 필요하다는 것도 아직 명확하지 않았다. 유서 깊은 일본식민협회가 1932년에 간행한 『만몽안내』에는 농민에 대한 설명이 거의 없었다. 만주의 여러 도시에 대한 소개와 무역상을 위한 만주의 금융 및 생산품에 대한 설명, 일당과 월급 정보 등이 나열된 총 406쪽 분량의 안내서는 농촌 정착에 단 6쪽만 할애했을 뿐이었다.[6]

그러나 만주국의 건국 이후 모든 것이 변하기 시작했다. 당시 어떤 이는 "만주국의 성립을 계기로 종래의 만몽이민 비관론이 급격히 낙관론으로 전환되고 있음을 알 수 있다"고 말했다.[7] '만주 농업 노동자 이민에 대한 구체적 제안'이라든가 '만주국의 건국과 일본의 실업 문제'와 같은 제목의 글들이 학술지나 정부 정책 저널, 만주 관련 월간지, 그리고 농업잡지, 경제잡지, 종합잡지 등에 쏟아져 나왔다. 1936년 일본학술진흥원은 1932년 1월부터 1935년 6월까지 『제국농회시보』, 『이코노미스트』, 『개조』, 『사회정책시보』, 『외교시보』, 『만몽』과 같은 잡지에 실린 글을 조사하고 농업이민을 다룬 196개의 연구 성과 목록을 펴냈다. 만주 이민에 대한 논의가 가장 정점에 이른 것은 1932년으로 이 시기 일본의 저명한 학자, 관료, 언론인들은

어떻게 하면 만주 이민을 성공적으로 시행할 수 있을지 열띤 토론을 벌였다.[8]

1932년에 농업이민에 대한 관심이 높아진 것은 갑자기 나타난 현상처럼 보이지만 사실 이는 일본의 이주와 팽창을 오랫동안 연관 지어온 결과였다. 이는 과거 에조라고 불리던 홋카이도가 대규모 이민계획의 첫 번째 대상이 된 1870년대에 시작되었다. 19세기 말 일본인 이민이 조직적으로 전개되기 전까지만 해도 홋카이도에는 일본인과는 민족적으로 다른 아이누족이 거주하고 있었다. 이 시기 아이누족은 다른 주요 섬에 살던 일본인들과는 정치 문화적으로 구분된 독자적인 생활양식을 가지고 있었다. 그러나 1986년 홋카이도 개척사(北海道開拓使)가 설치되면서 상황은 완전히 바뀌었다. 개척사는 경제 발전을 명목으로 아이누족의 토지 대부분을 빼앗아 일본인 이주자에게 넘겨주는 일을 감독했다. 질병과 굶주림으로 아이누 인구는 급격히 감소한 반면 일본인 이주자는 꾸준히 증가하여, 1873년에서 97년 사이 아이누의 인구 비율은 95%에서 22%로 줄어들었다. 아이누의 삶의 터전이었던 에조를 빼앗아 건설된 홋카이도는 일본이 팽창의 수단으로 이민을 사용한 첫 번째 사례였다.

이 시기 일본의 홋카이도 이민은 두 가지 측면에서 이후 이민운동의 조직과 이데올로기를 형성했다. 첫째, 메이지 초 대부분의 정책과 마찬가지로 초기 이민운동은 국가의 영향력이 강하게 작용했다. 정부는 개척사를 통해 지원금이나 보조금을 지급하는 등의 형태로 이민을 장려했다. 물론 홋카이도 이민사업의 궁극적인 성공은 대중의 적극적인 호응에 달려 있었다. 그럼에도 불구하고 정부의 개입은 이민운동에 강한 가부장적 색채를 부여했으며 이는 나중에까지 계속하여 영향을 미쳤다. 둘째, 일본 최초의 식민지로 간주되었던 홋카이도로의 대규모 이민은 행정적 지배와 정착을 동시에 진행함으로써 통제력을 확장하는 '이중 식민지화'의 전례를 만들었다. 비록 이후 일본은 다른 식민지에서 홋카이도만큼 성공적인 결과를 도출해내지는 못했지만, '이중 식민지화'의 이상은 일본 식민지 정책의 방침으로 자리 잡았다.

홋카이도에서 시작된 이민운동은 그 범위를 아메리카와 태평양의 유럽인 정착지로 확대했다. 1884년에 〈이민법〉이 제정되면서 정부와 민간단체들은 하와이, 미국과 캐나다 서부 해안, 남아메리카, 오스트레일리아, 뉴질랜드로의 이민을 장려했다. 꽤 성공적이었던 홋카이도 이민에 비해 바다 건너 낯설고 먼 땅으로 이주한다는 것은 현실에서보다는 관념 속에서만 인기가 있었던 듯하다. 이민의 필요성을 설파하던 사람도 정작 자신은 이민을 떠나고 싶어 하지 않았다. 일찍이 메이지 시대 초부터 관료, 기업가, 지식인들은 열성적으로 해외 이민으로 얻을 수 있는 이익을 이야기했으나 대중은 큰 관심을 보이지 않았다. 1870~80년대 문명개화운동에서 서양문화의 수입에 기여한 후쿠자와 유키치(福沢諭吉), 간다 고헤이(神田孝平), 아마노 다메스케(天野為介), 다구치 우키치(田口卯吉) 등은 토마스 맬서스의 인구론을 번역하거나 서양의 팽창에 식민지가 수행한 역할을 설명하는 등의 방식으로 서양의 식민지 이론을 소개했다. 메이지 시대에 '콜로니제이션(colonization)'이 '식민'으로 번역되면서 이 신조어는 20세기 초 식민협회, 일본역행회(日本力行會), 시나노 해외협회(信濃海外協會) 등의 단체에서 널리 사용되었다. 학술적인 성격의 『척식시보(拓殖時報)』나 외무성이 펴낸 『해외이주(海外移住)』 같이 다양한 전문잡지가 등장했으며, 여기에는 시나노 해외협회의 『바다 밖(海の外)』 등 이민단체가 간행했던 수많은 홍보잡지도 포함되어 있었다.[9]

이민법이 제정된 1884년부터 1930년까지 이민 기관의 권유와 물질적 지원을 받고 많은 일본인이 해외 이민을 떠났으며 그중 약 22만 7,830명이 아메리카 대륙으로, 14만 4,295명이 하와이로 이주했다(표8 참조). 이주민의 증가를 목도한 일본은 아메리카 대륙이나 환태평양 지역에 유럽인이 만든 '네오 유럽(neo-Europes)'에 필적할 정도의 일본인 디아스포라를 구축하려는 야심을 불태웠지만, 일본인 해외 이민자의 수는 결코 유럽인의 수에 미치지 못했다. 1850년부터 1950년까지 인구 증가 대비 이민자 비율을 각 국가별로 살펴보면 영국 75%, 이탈리아 47%, 독일 24%, 덴마크 22%, 프랑스 6%로 일본은 그보다 훨씬 적은 1%에 지나지 않았다.[10]

<표8> 1930년 해외 일본인 인구

아시아				
	중국			
		만주		
			관동주	119,770
			만철부속지	100,268
			기타(일본 점령지역 외)	13,282
			합계(만주)	233,320
		중국 본토		53,632
		합계(중국 본토와 만주)		286,952
	조선			500,000
	대만			228,000
	필리핀			19,695
	기타			19,409
	합계(아시아)			1,054,056
아메리카				
	미국 본토			103,996
	캐나다			20,156
	멕시코			5,930
	브라질			119,740
	아르헨티나			4,846
	페루			20,650
	기타			2,512

	합계(아메리카)	277,830
태평양		
	하와이	144,295
	일본령 태평양 제도	20,000
	기타	3,525
	합계(태평양)	167,820
유럽		
	합계(유럽)	3,696
아프리카		
	합계(아프리카)	104
해외 일본인 인구 총계		1,503,506

출전: 만주 관련 통계는『關東廳統計書』卷26, 1931, p. 19; 大連商工會議所,『滿洲經濟圖表』, 1936, p. 2 참조. 대만, 조선, 일본령 태평양 제도 관련 통계는 W. G. Beasley, Japanese Imperialism 1894~1945 (Oxford: Clarendon Press, 1987), pp. 151~155 참조. 기타 통계는『大日本帝國統計年鑑』, 1933, p. 67 참조.

일본인 이민자의 수가 다른 나라에 비해 많지 않았음에도, 열강 중 유일한 비백인 국가로 세계무대에 뛰어들었던 일본의 해외 이민자 수는 계속 증가하는 추세였다. 제국주의 국가 간의 경쟁이 인종적인 색채를 띠게 되고 이민의 확대가 곧 제국의 확대를 의미하게 되면서, 이는 1987년 미국이 하와이를 합병하고 미국, 태평양 지역에 일본인의 이민을 제한하는 데 일정 부분 영향을 미쳤다. 이러한 제한 조치에는 1901년과 1903년 오스트레일리아와 뉴질랜드의 백인우월주의 정책과 1907년과 1908년 미국과 캐나다와의 신사협정, 페루와 브라질에서의 이민 제한 등이 있었다. 그중에서도 일본인 이민을 금지한 1924년의 미국 이민법은 일본인에게 가장 치욕적으로 받아들여졌다.

자국민에 대한 대우가 곧 일본의 국제적 위신을 반영한다고 생각했기에, 외교관들은 일본인이 백인과 동등한 대우를 받을 수 있도록 힘썼다. 그들이 보기에 제국의 지위를 획득한 일본은 식민지가 된 아시아나 아프리카 사람들이 겪었던 인종차별에서 제외되어야 했다. 이민 문제를 외교적으로 해결하려는 노력이 실패하면서 서양 열강에 대한 일본의 분노와 적대감은 점점 커졌고, 이 문제는 전전기(戰前期) 일본의 대외관계를 어렵게 만들었다. 제국주의 열강 클럽에서 일본이 배제되었다고 느끼면서 이민 문제는 다시 한 번 제국과 연결되었다.[11]

이 두 번째 이민 물결은 홋카이도 개척이 이주운동에 새긴 문화적 패턴을 한층 강화했다. 초기 단계에서 뚜렷했던 가부장주의적 성격은 이민 관련 조직과 이데올로기에 지속적으로 영향을 끼쳤다. 이민은 농촌 사회의 복지를 위해 엘리트 계층이 위로부터 설득한 것이지, 토지를 원하는 농민들에 의해 아래로부터 요구된 것이 아니었다. 게다가 홋카이도의 개척이 일본을 부유하게 하고 영토의 확대를 이루기 위한 수단으로 간주되었듯, 아메리카 대륙이나 환태평양 지역으로의 이민도 일본의 강대국화나 국가 위신과 연계되었다. 하와이의 설탕수수 농장에서 노동자로 일한다거나 캘리포니아에서 하인으로 있으며 저축을 해서 자영농이 되었다는 경험담이 얼마든지 있었음에도, 노동자들이 부자가 되는 매력적인 성공 스토리는 이민문학에서 잘 보이지 않았다. 오히려 이민운동은 일본의 인구문제를 다루거나 국가의 부와 위신을 축적하는 데 해외 일본인 사회가 어떤 유용성을 갖고 있는지에 초점을 맞추는 경우가 많았다. 다시 말해 이민운동은 국가주의라는 이념적 가치를 다루었을 뿐 개인의 성공에는 큰 관심이 없었던 것이다.

홋카이도 개척의 성공과 미대륙 및 환태평양에 일본인 디아스포라를 만들겠다는 꿈이 미완으로 끝난 뒤, 일본 제국이 확장하면서 새로운 정착지가 열리자 일본에는 다시금 이민 열풍이 불었다. 1909년 제국의회에서 고무라 주타로(小村壽太郎) 외상은 20년 안에 100만 명의 일본인을 만주로 이주시키겠다는 계획을 발표했다.[12] 몇 년 후 역사학자 다케고시 요사부로 (竹越与三郎)는 1895년 이전의 일본은 식민지는 없고 식민주의자만 있었으나, "이제 조선에는 천만 명, 대만에는 이백만 명의 이민을 수용할 여지가 있다"라고 매우 기뻐하며 말했다.[13] 그러나 이 이주계획은 대만에서는 실현 불가능하다는 것이 드러났다. 대만은 이미 일본 제당회사가 현지 노동력을 이용하여 수익성이 높은 설탕 생산 시스템을 확립했기 때문에 일본인 이민자에게 토지를 나눠줄 여력이 전혀 없었다. 그러나 한반도와 남만주의 관동주에는 미개간지가 많았으며 일본 농민에게 익숙한 쌀이나 기타 농산물 생산에 적합했기 때문에, 일본은 이민계획의 대상으로 이들 지역을 선택했다.

조선에 일본인 이민이 증가할 것을 예상한 시부사와 에이이치(渋沢栄一), 도요카와 료헤이(豊川良平), 나카노 부에이(中野武営) 등의 사업가는 대장성 관료와 함께 1908년 반관반민의 동양척식주식회사(이하 동척)를 설립하여 관련 업무를 관할하게 했다. 자본금 1,000만 엔의 동척은 조선인의 저항을 막기 위한 목적으로 10년간 일본인 200만 명을 이주시키는 계획을 수립했다. 그러나 의욕적으로 추진된 이 계획은 결국 실현되지 못했다. 더 구체적인 계획을 세우기 위해 현지에 직원을 파견한 뒤에야 동척은 일본인이 농사를 지을 만한 토지는 이미 조선인에 의해 모두 개간되었다는 사실을 발견했다. 당시 그들이 보유한 통계에는 조선 농민의 수가 실제보다 적게 표시되어 있었던 것이다.[14] 동척은 매년 3만 가구의 농가를 모집하려던 목표치를 1,500개 가구로 축소하는 한편, 이주 농가에게 토지를 불하해주고 이주비 보조와 장기간 저금리 대출을 해 주는 등의 지원책을 폈다. 동척은 급속히 성장하여 12년 만에 자본금이 5,000만 엔으로 증자되었지만, 이민자 수는 여전히 실망스러운 수준에 머물렀다. 1926년까지 조선에 온 농업이민자는 2만 명에 불

     제4부: 새로운 사회적 제국주의와 농업 개척이민 계획, 1932~1941

과했으며 그 대부분은 지주 계층에 속했다.[15] 그 사이 동척 역시 식민지 조선의 최대 지주가 되었다. 1931년 동척이 소유한 토지는 15만 3,175정보(町步, 375,279에이커)로 약 8만 명의 조선인에게 소작을 주고 있었다.[16]

만주사변 이전 일본은 관동주와 만철 부속지에서도 농업이민을 시도했지만 실패를 거듭했다. 이들 대부분은 조선의 이민 사업과 비슷한 목표를 지닌 소규모 이민 집단이었으며 만철이나 관동도독부의 감독을 받았다. 일본 정부의 노력에도 불구하고 1931년까지 만주로 이주한 농민은 1,000명을 넘지 못했으며 그중 200여 명을 제외한 나머지는 다시 고향으로 돌아갔다.[17] 농업이민이 실패하면서 1930년 해외 거주 일본인 중 100만~150만 명이 만주에 살고 있었음에도 그중 농민이 차지하는 수는 매우 적었다. 국외 일본인 사회를 이루는 구성원의 대부분은 한시적으로 부임해 온 식민지 정부 관료와 상업, 철도업, 제조업 관련 기술자 및 경영자 등의 엘리트 계층이었다. 그러나 이러한 통계도 농업이민에 대한 꿈을 꺾지는 못했다. 한반도나 만주를 대상으로 시도한 첫 번째 이민계획은 실망스러운 결과를 가져왔지만, 이때의 경험은 1931년 이후 식민계획을 수립하는 데 중요한 교훈을 주었다.

19세기 말부터 20세기 초에 이르기까지 일본에서 이민운동이 전개되는 과정을 통해 메이지 시대의 식민 관념에는 여러 의미가 덧붙여졌다. 그중 가장 중요한 것은 식민에 더해진 제국주의적인 의미이다. 당시 일본인은 해외 일본인 사회의 성장을 아키라 이리에(入江昭)의 표현처럼 "평화로운 영토 확장"의 한 형태라 생각했다.[18] 그들이 보기에 유럽인 사회에서 일본인이 받는 대우는 국가 위신의 문제이며 세계에서의 일본의 지위를 반영하는 것이었다. 한편 그들은 식민지 내 일본인 이민 사회의 안정적인 성장을 제국 경영의 수단으로 여겼다. 이민은 제국 건설 프로젝트의 한 축이 되었다.

비록 이민이 위로부터 장려되기는 했지만 이민운동은 광범위한 사회운동으로 발전했다. 이민운동은 수십 년에 걸쳐 진행되면서 많은 선전가와 광범위한 출판 부문을 갖춘 정교한 제도적 장치를 발전시켰다. 1931년 이전에 이미 농업이민을 주장했음에도 불구하고 이민운동은 농촌개혁운동과는 단지 희미한 이념적, 조직적 연계만을 유지하고 있었다. 이민운동은 식민지 제국을 건설하기 위한 것이지 일본 농업을 구제하기 위한 것이 아니었다. 그러던 것이 1932년에 만주국이 세워지면서 변화가 일어나기 시작했다. 이민운동과 농촌개혁운동이 만주 식민지 건설에 힘을 합치면서 두 운동은 하나로 결합되었다.

만주국의 건국으로 농업이민의 새로운 지평이 열릴 것이라 믿었던 이민운동가들은 정부에 만주 이민의 가능성을 호소하기 위해 재빨리 움직였다. 이러한 활동의 중심에 있었던 것은 가토 간지(加藤完治)와 관련된 학자 및 관료 그룹이었다.[19] 도쿄제대 및 교토제대 농학부의 나스 시로시(那須皓)와 하시모토 덴자에몬(橋本伝左衛門), 농림성의 이시구로 다다아쓰(石黒忠篤)와 고다이라 곤이치(小平権一), 청년농민훈련소 소장 야마자키 요시오(山崎芳雄)와 소 미쓰히코(宗光彦) 등의 인물이 이른바 '간지 그룹'의 일원이었다. 이 그룹의 리더 가토 간지는 야마가타(山形)와 이바라키(茨城)에 농촌 청년을 위한 교육기관을 설립했던 우익 농본주의 교육가였다. 오래전부터 농촌 개혁을 위해 제국주의적인 주장을 해 온 그는 비록 성공적이지는 않았지만 자신의 학교를 통해 1920년대부터 한반도나 만주에 여러 차례 농업이민을 시도했다.[20] 1932년 만주국의 앞날을 두고 폭넓은 논의가 이루어지자 가토와 그 동조자들은 오랫동안 품어온 대륙 이민의 꿈을 실현시킬 기회를 붙잡았다.

다이쇼 시대 농촌개혁운동의 흐름 속에서, 가토처럼 식민지로의 이민을 주장하면서 농촌개혁운동과 이민운동을 연계한 경우는 드물었다. 가토가 양쪽 모두에 관심을 갖고 있었던 것은 이후 두 운동을 연결하는 데 기여했다. 그러나 1932년 만주 이민을 주장했던 이들은 여전히 이 문제를 가부장주의나 팽창주의의 맥락에서 이야기하고 있었다. 조선의 경우와 마찬가지로 만주국의 농경지는 이미 인구의 대부분을 차지하고 있던 중국 농민들이 경작 중인 상태였기에, 예전 방식대로 만주 이민계획을 실행한다면 결국 실패할 것이 분명했다.

1932년 만주 이민에 반대했던 측은 이 지점을 가장 우려했다. 도쿄제국대학의 저명한 식민지학 연구자인 야나이하라 다다오가 지적했듯이, 과거 일본의 농업이민이 실패했던 이유는 여전히 유효했다. 장쉐량을 만주에서 몰아내긴 했어도 일본 농민이 만주의 농산물 시장에서 중국인과 경쟁해야 한다는 사실은 여전히 변하지 않았다. 만주의 중국 농민은 일본인보다 생활에 필요한 비용이 적게 들었을 뿐 아니라 만주에서의 농사 경험도 풍부했다.

> 일반적으로 사람들은 임금과 생활 수준이 낮은 곳에서 높은 곳으로 이주한다. 그 반대 방향으로 이주하는 것은 물을 물살과는 반대로 상류를 향해 흐르게 하는 것처럼 부자연스럽다. 특수한 신분을 가지고 지역 노동시장과는 분리된 관료, 군 장교, 회사 경영자, 기술자와는 달리 만주로 이주하는 노동자와 농민은 이러한 기본적인 경제 법칙을 역행하고 있다. [21]

야나이하라 등 만주 이민을 반대하던 이들은 경제 법칙에 의해 일본인 농업이민이 실패로 돌아갈 것이라고 주장했다. 즉 만주에는 일본인 농민을 유인할 수 있는 요소가 없다는 것이다.

이러한 이의 제기에 가토 그룹은 이민에 찬성하는 이들의 전형적인 논리를 사용하여 반박에 나섰다. 즉 이민은 "정부의 원조와 이주자의 신념"으로 성공할 수 있다는 것이다.[22] 이들은 25년 전 한반도로의 이민을 감독했던 것처럼 준정부기관의 설립을 추진하라는 주장을 계속하는 한편, 정부가 적극적으로 이민자에게 보조금을 지급하고 이들을 관리한다면 만주 이민이 경제 원리를 극복하고 성공할 수 있다고 주장했다. 이들은 우선 이민자에 대한 지원책을 펼 것을 제안했다. 이민자들이 자급자족할 수 있도록 국가가 지원함으로써 중국 농민과의 시장경쟁을 피할 수 있게 한 것이다. 또한 국가가 나서서 중국 농민보다 뛰어난 농업기술과 농사법을 훈련시키고, 규모의 경제를 보장하기 위해 토지를 불하하고 기계화된 농기구 구입 경비를 지원할 것을 제의했다. 그리고 이러한 목표를 달성하기 위해 적합한 토지와 곡물을 선택하고 토지 소유 규모를 최적화하는 한편, 이민자에게 재정이나 기술적인 지원을 해줄 수 있는 수단을 강구하는 등의 다양한 제안을 했다.[23] 앞에서 이미 말했듯이 이들은 가부장적인 국가의 개입으로 많은 장애물을 극복할 수 있다고 생각한 것이다.

이민운동가에게 더 심각한 문제는 일본 대중이 이민에 대해 보인 부정적인 태도였다. 만주 이민 논쟁에서 제기되는 논점들은 이전부터 지속적으로 반복되어왔던 불만들로 가득했다. 가와즈 스스무(河津暹) 도쿄대 교수가 말했듯이, 일본인들은 "고향에 대한 애착"이 컸으며 이 때문에 과거 "인구 압력이 해외이주로 이어지지 않았다."[24] 더욱 골치 아픈 것은 실제로 떠난 사람들의 의도가 불순했다는 점이었다. 일확천금을 노리고 온 초기의 일본인 이민자는 자원 개발에 대한 적절한 개념도 없이 그저 하루빨리 돈을 번 뒤 떠나려고만 했다. 만철 연구원 오카가와 에이조(岡川栄蔵)는 "농사를 지으러 왔다는 사람들이 만주에는 단 한 발짝도 들어오지 않고서 일종의 부재지주처럼 굴었다. … 소자본가들처럼 이익을 짜내기만 하는 것이다"라고 분개했다.[25] 이민을 신분 상승과 개인의 이익 추구 수단으로 바라보는 이들에 대해 그 동기가 불순하다며 비난하는 목소리가 터져 나왔다. 이민운동의 지지자들은 만주 이민을 경제적 이익을 위한 것이 아닌 애국적인 사업으로 바라보았다. 그들은 여기서 더 나아가 이민에 대한 올바른 태도를 일본 대중에게 계몽시킬 필요가 있다고 생각했으며, 오래전부터 이민운동이 갖고 있던 교훈적인 경향을 다시 드러냈다.

1932년 식민지 전문가들 사이에서 이민운동이 열광적인 지지를 얻었음에도 불구하고, 이 사업을 국가가 지원할지 여부에 대해 정부 정책 담당자들의 합의가 바로 이루어진 것은 아니었다. 1908년 동척을 설립하기까지 복잡한 정치적 고려가 있었던 것과 마찬가지로, 만주 이민계획에 착수하는 데 필요한 비용을 마련하기 위해서는 매우 광범위한 정치적 합의가 필요했다. 가토 그룹은 일찌감치 척무성의 지지를 얻는 데 성공했지만, 대장성은 경제적, 재정상의 이유로 대규모 이민 정책에 반대했다. 1932년 3월 이민계획안이 부결되자 가토 그룹은 의원들을 상대로 한 로비에 전력을 다했으며, 그 결과 6월에는 10만 엔이라는 적은 금액이나마 연구 예산을 확보할 수 있었다. 같은 해 8월, 가토 그룹의 나스 시로시와 하시모토 덴자에몬의 구상을 바탕으로 한 시험이민계획이 의회와 내각의 승인을 얻었다.[26] 1932년 8월 이후 정부는 척무성의 주관 하에 500~1,000가구 사이의 적은 규모로 만주에 시험이민을 시행하기 위한 연간 예산을 할당하고 만주이민을 실행에 옮겼다.

1932년의 만주 이민 논쟁과 그 합의 과정을 거치면서 만주라는 장소에 대한 관심이 높아졌음에도 이민에 관한 새로운 논의는 거의 등장하지 않았다. 가토 그룹이 쉽게 정부의 지원을 얻어낼 수 있었던 것은 과거 국가가 관여했던 이민사업의 선례가 있었기 때문이었다. 더욱이 정부가 가토 그룹과 관동군, 척무성의 동조자들에게 제공한 것은 최소한의 지원에 불과했다. 요컨대 만주 이민운동의 초기 단계에서 과거 여러 차례 실패했던 이민운동을 가토 그룹이 성공으로 이끌 수 있으리라고 볼 근거는 전혀 없었다. 1932년 당시 만주 이민계획의 성공은 허황된 꿈처럼 보였다.

농촌 문제와 만주라는 해결책

전례와는 달리 1932~35년에 걸쳐 소규모로 진행된 시험이민계획은 1936년에 이르러 '만주농업이민 백만호(百萬戶) 이주계획'이라는 엄청난 규모의 프로젝트로 확대되었다.[27] 이민운동이 제도적으로 빠르게 정비되면서 일본 농촌에는 만주 이민을 장려하는 선전물이 넘쳐났다. 일본 농민들에게 만주가 매력적이지 않을 것이라 보았던 야나이하라 다다오 같은 비판자들의 예상과 달리, 많은 농민이 만주 이민에 관심을 보였다. 가토 그룹의 예측처럼 정부의 지원은 이민운동의 운명을 바꾸는데 결정적인 역할을 했다. 1936년 이후 만주 이민정책은 일본과 만주국 정부의 주요 정책이 되었다. 사실 만주 이민운동이 상대적으로 성공할 수 있었던 이유 중 하나는 이민운동에서 국가의 역할이 엄청나게 커졌다는 점이었다. 그러나 국가 역할의 확대를 말하기 전에 먼저 한 가지 질문에 답할 필요가 있다. 애초에 국가를 동원한 것은 누구였는가? 가토 그룹이 열성적이긴 했지만 정부를 설득하여 만주 이민을 이처럼 엄청난 규모로 뒷받침하게 하려면 그것만으로는 부족했다.

결국 정부가 입장을 바꾸게 된 것은 농촌 공동체 내에서 만주 이민을 지지하는 여론이 높아졌기 때문이었다. 이러한 지지 여론은 이른바 '농촌 문제'를 해결하기 위해 전국적으로 농촌개혁운동이 일어났던 당시 상황 속에서 등장했다. 30년대 초 잇따른 경제적 충격으로 일본 농촌은 극심한 사회

위기에 직면해 있었다. 농촌 불황을 타개할 방법을 모색하던 지방 엘리트는 만주 이민이라는 새로운 해결책에 귀를 기울이기 시작했다.

만주 이민을 통해 농촌 문제를 해결하자는 주장은 오랫동안 농촌 정치문화의 일부였던 농촌개혁운동의 급진적인 변화를 의미했다. 1980년대에서 1900년대 무렵 '농본주의'라는 용어가 처음으로 등장하면서 이와 함께 제도적 수단과 이념적 권위도 생겨났다. 캐롤 글럭이 "사회 변화에 대항하는 이념적 공세"라고 표현한 것처럼, 초기 농본주의 운동은 일본의 경제 발전과 세계 경제로의 편입으로 나타난 사회경제적 변화로부터 농촌을 지키려는 것이었다.[28] 이를 위해 초기 농본주의자들은 전통적인 농촌 공동체를 건설하겠다는 이상을 품었다. 그것은 상업적 농업의 확대를 막기 위해 고안된 것으로 공동체 이익의 조화로운 추구와 자조, 자립을 주장함으로써 점차 고조되는 계급 갈등에 대처하려 했다. 농촌개혁주의자들은 갈수록 강력한 통제를 가하는 중앙정부 대신 지방정부와 자치단체가 지방행정을 이끌어가는 농촌 공동체를 꿈꿨다. 또한 농촌의 토지 집중 현상으로 농촌 사회가 지주와 소작농의 복잡한 위계질서로 분열되고 자작농은 소수만 남게 되면서, 농촌 개혁주의자들은 이상적인 농촌 공동체의 근간으로 자작농의 역할을 중시했다.

1930년의 농본주의 사상은 도시와 그것이 대표하는 모든 것에 대해 반세기 동안 축적된 분노를 반영한 것이었다. 메이지 시대 이래 정부의 산업 정책과 민간의 개발 계획은 농촌을 희생시키며 도시와 산업의 발전을 도모해 왔다. 이 시기 농민들은 지나치게 많은 세금에 불만을 갖고 있었다. 사실 이러한 불만은 정당한 것이었다. 1870년대 말과 제1차 세계대전 중에 잠시 예외가 있기는 했지만, 농산물과 소비재의 상대적 가격 차이는 도농 간의 상품 거래에서 농촌에 불리하게 작용했다. 임금 격차와 계층이동의 가능성은 농촌 노동력을 도시로 끌어들였지만 경기가 나빠지거나 질병에 걸려 실직하게 되면 이들은 다시 고향으로 돌아갔다. 즉 농촌 사회는 산업화를 위한 경제적 부담을 강요받았을 뿐 아니라 사회적 비용까지 감당했다. 이러한 불평등은 대기업, 자본주의, 중앙정부에 대한 농본주의자들의 적대감을 부채질했으며 이들은 이 모든 것을 점점 강력해지는 일본의 도시와 동일시했다. 따라서 농본주의 운동은 40년의 역사 동안 도시의 악영향으로부터 농촌을 보호하기 위해 여러 전략을 모색했다. 그러나 그중 어느 것도 문제를 해결하지 못했다. 1930년대에 새로운 위기에 직면하면서 오랫동안 축적되어온 좌절과 울분은 농촌 개혁가들이 농촌을 구원해 줄 잠재적인 수단으로 제국에 관심을 갖게 했다. 만주 이민은 도시와의 갈등을 회피하면서 사회 안정을 실현하기 위한 길을 제시해 주었다.

농촌개혁 운동가들은 만주 이민이 농촌 문제의 해결책이 될 것이라 진심으로 믿었다. 그러나 농촌의 인구감소를 가져오게 될 만주 이민을 지지하는 것은 큰 결단이었으며 이들이 입장을 바꾸기 위해서는 보다 극적인 계기가 필요했다. 1930년대 초의 대공황은 농촌개혁운동과 이민운동이 결합하는 촉매제가 되었으며 만주 이민을 대중운동으로 전환시킨 대중적 지지의 토대를 제공했다. 전국적인 자본주의의 위기 속에서 농촌이 지나치게 많은 사회적 비용을 감당하고 있다는 농촌개혁주의자들의 인식은 어째서 1930년대에 사회적 제국주의가 농촌에서 특별히 강력한 힘을 발휘했는지 그 이유를 설명해 준다.

월스트리트로부터의 충격파가 일본에 미치기 훨씬 전부터 농촌 지역에서는 농본주의적 사회 제국주의에 대한 압력이 고조되고 있었다. 유효 고용인구 50%의 생계를 책임지고 있던 농촌경제는 제1차 세계대전 이후 불어 닥친 불황으로 어려움에 봉착했다. 주요 생산품이던 쌀과 생사의 가격이 불안정해지면서 농가 수입이 줄어들었다. 전답을 빌려주고 지주가 받던 소작료의 수익률도 급격히 떨어져 1919년에는 7.92%였던 것이 1925년 5.67%, 1931년 3.69%로 감소했다. 1925년 이전만 해도 제조업과 농업에 대한 투자 수익률은 거의 비슷했지만, 1931년 주식이나 채권 수익은 농업 수익의 두 배가 되었다. 농업 분야의 수익이 줄어들면서 소작료의 책정을 두고 지주와 소작인 간의 갈등이 격화되었다. 19세기 말부터 20세기 초 소작인구는 일정 수준에 머물고 있었음에도, 1920년대 일본 전역에 사회운동이 활발해지면서 소작쟁의의 수는 1918년의 256건에서 1924년의 1,532건, 그리고 1930년에는 2,478건으로 급증했다.[29]

1929년 월스트리트에서 시작된 세계 대공황은 이미 쇠약해진 농촌경제에 큰 충격을 주었다. 도시 노동력의 대부분은 본래 농촌에서 왔기에 도시의 공장이 문을 닫자 그들은 가족이 있는 고향으로 되돌아갔다. 화이트칼라 노동자나 자본가조차 실직하거나 파산하게 되면 출신지로 돌아갔다. 결국 농촌 사회는 대공황으로 인한 다양한 사회적 혼란을 흡수하는 역할을 해야 했다. 여기에 쌀과 생사 가격의 급격한 하락, 일본 북부 지역의 광범위한 흉작이 더해져 1930년대 초 농민들은 재앙의 시기를 맞이했다.[30] 아오모리, 이와테, 아키타 그리고 홋카이도 등 일본 북부 지역에서 기근을 겪은 사람의 수는 50만 명 가까이 되었다. 내무성의 기록에 따르면 아오모리, 아키타, 야마가타, 후쿠시마, 니가타에서 11,604명의 어린 여성들이 팔려 갔으며 이들 중 상당수는 매춘부가 되었다. 도시도 공황으로 타격을 입긴 했지만 농산물의 경우 공산품에 비해 가격이 크게 떨어진 반면 회복 속도는 느렸기 때문에 농촌은 도시보다 피해가 컸고 회복하는 데에도 더 많은 시간이 걸렸다.[31] 1931~32년 높아진 농촌 구제의 목소리는 이와 같은 상대적 박탈감에서 기인한 것이었다.

농촌 사회의 절박한 요청은 여러 방면에서 제기되었다. 곤도 세이쿄(権藤成卿), 다치바나 고사부로(橘孝三郞), 나가노 아키라(長野朗), 이나무라 류이치(稻村隆一), 와고 쓰네오(和合恒男) 등이 이끄는 우파 농촌개혁운동가들은 '자치농민협의회'를 설립하고 1932년 초 청원 운동에 앞장섰다. 이들은 정부를 향해 첫째, 농가 부채를 3년간 지급 유예하며, 둘째, 비료 구매를 위한 보조금을 지급하고 셋째, 만주 이민에 5,000만 엔의 지원금을 지급할 것 등을 요구하는 탄원서를 28,887명의 서명을 받아 제출했다. 차후 수정된 요구안에는 4만 2505명이 서명했다. 5·15 쿠데타 사건에 가담한 이들 중 상당수가 다치바나의 농촌개혁운동가 양성소인 '아이쿄주쿠(愛鄕塾)'와 관련되어 있었기 때문에, 총리대신이 암살되고 다른 주요 기관이 공격당하는 지경에 이르자 정부 당국자들은 청원 운동에 더욱 귀를 기울였다. 이런 가운데 일본 전역의 농업 단체들이 청원 운동에 동참하면서 1932년 제국의회에 '농촌광구(農村匡救) 특별위원회'가 설치되었다.[32]

정부 정책에 가장 충실히 반영된 것은 제국농회(帝國農會)의 제안이었다. 지주의 이익을 대변했던 제국농회의 제안은 농산물의 가격을 유지하고 농촌 내 계급 갈등을 억압함으로써 지주의 지위를 강화하고자 한 것이었다. 채무구제, 공공사업, 자력 회생 같은 정부 정책은 상층 농민, 특히 중급 자작농에게 유리할 뿐 가난한 소작농은 전혀 고려의 대상이 아니었으며, 이는 오히려 계층 분화를 더욱 심화시키는 결과를 가져왔다.[33]

결국 소작쟁의는 1930년대 전반 내내 계속 증가하여 1930년에는 2,478건이었던 것이 1936년에는 최고 6,804건까지 이르렀다.[34] 1930년대 전반의 소작쟁의는 20년대의 소작쟁의와 중요한 차이가 있었다. 그것은 전쟁 전 일본의 복잡한 소작관계와 관련된 것이었다. 일본의 농촌 사회는 크게 지주와 소작인으로 나뉘어져 있었지만, 이들은 각각 다양한 계층으로 복잡하게 분화되어 있었다. 지주 중에는 부재지주와 재촌지주가 있었고, 소유지도 반정(町)에서 1,000정까지 다양했으며, 소규모의 경공업, 상업, 대부업을 겸하는 경우도 있었다. 또 자신이 소유한 토지를 직접 경작하는 경우와 그것을 다른 이에게 빌려주는 경우, 두 가지를 겸하는 경우로 나뉘어져 있었다. 소작인 중에도 역시 전적으로 소작만 하는 경우와 자기 토지를 일정 보유하고 있으면서 소작도 하는 경우가 있었으며, 또 전업으로 농사를 짓는 경우와 겸업을 하는 경우로 구분되는 등 똑같이 복잡한 양상을 띠었다.[35]

농촌의 위기가 장기화되면서 중간계층의 토지 소유자와 하층 소작인 간의 갈등이 심화되었으며, 이로 인해 1930년대의 소작쟁의는 새로운 양상을 보였다. 세금은 화폐로 내고 소작료는 현물로 받던 당시 상황에서 경제적 어려움을 완화해 줄 재산도 거의 없던 소규모 토지 소유자들은 쌀 가격이 폭락하자 큰 타격을 입었다. 이에 이들은 자경지를 확대하기 위해 소작인을 퇴거시키거나, 지금까지 빌려주던 토지를 매각하거나, 또는 더 높은 소작료를 받는 방법 중 하나를 택하여 위기에 대처했다. 도시로부터 실업자가 몰려들면서 토지를 둘러싼 경쟁이 치열해지자 이러한 관행은 가속화되었다. 1930년대의 소작쟁의는 소작료 경감 요구는 줄어든 반면 퇴거에 항의하는 사례가 급격히 증가했다.[36] 그러자 사람들은 토지 부족 문제에 주목하기 시작했다. 농림성의 한 관료는 "농촌경제의 문제는 결코 공동체 경제 구조의 불합리함이나 미흡한 조직화, 부족한 계획성, 그리고 이른바 농민의 봉건적 성격 때문이 아니다. 기본적인 문제는 토지 자원이 인구 증가를 따라가지 못하는 것에 있다"[37]고 말했다. 당시 관찰자들이 보기에 농촌 문제는 결국 지나치게 많은 농민이 아주 적은 토지를 두고 경쟁하기 때문에 발생한 것이었다.

이러한 배경 속에서 과잉 인구를 끝없이 펼쳐진 만주 변경 지역으로 이주시키는데 자금을 지원하자는 의견이 힘을 얻었다. 농촌 빈곤 문제가 만주 이민으로 해결될 수 있다고 주장하는 단체들이 일본 농촌 전역에서 생겨났다. 만주국이 건국된 지 불과 6개월 만인 1932년 9월이 되자 이미 84개 이상의 지역단체가 이민계획을 수립했다.[38] 이들 단체는 일본의 잉여 인구가 심각한 결과를 초래할 것이라는 맬서스 인구학적인 예측과 괴뢰국가 건국 초기 가토 그룹이 만주에 광활한 미개척지가 남아 있을 것이라며 유포한 전망을 모두 받아들였다. 만주 이민을 옹호하는 이들은 이민이야말로 병든 농촌 사회를 구할 유일한 해결책이라 이야기했다. 이들은 인구 과잉이 "고인 물처럼 일본을 부패시키며" 이로 인해 "가족 동반 자살과 실업이라는 비극이 매일 신문지상을 가득 채우고 있다"고 주장하면서 이민은 일본을 "정화하는 수단"이라고 보았다.[39] 당시 널리 유포되었지만 10년도 되지 않아 반박된 주장에 따르면, 전문가들은 산업 규모를 키운다고 해도 결코 일본의 과잉 노동력을 흡수하지는 못할 것이며 "유일하게 남은 해결책은 해외 이민뿐이다"라고 말했다.[40] 잉여 인구 문제를 개탄하던 이들은 만주의 '흡수력'을 여러모로 계산하여 이를 대중에게 적극적으로 알렸다. 만주 이민에 관한 책자 중 어떤 것을 펼쳐보아도 만주는 "일본의 1.53배 만큼 넓지만 인구는 일본의 33%에 불과하다"는 상투적인 문구를 발견할 수 있다. 귀족원 의원 나카지마 구마키치(中島久万吉)의 낙관적인 예측에 따르면, 이 여유 공간은 "1조 명의 일본인 이민자"를 수용할 수 있는 것이었다.[41] 잉여 인구 문제의 심각성이 제기되면서 이민운동가들은 농촌개혁운동의 주장에 공감하기 시작했으며 이 두 운동 사이에 개념적인 연결고리가 형성되있다.

하지만 1932년만 하더라도 농회나 산업조합같은 농촌 조직은 물론, 현

    제4부: 새로운 사회적 제국주의와 농업 개척이민 계획, 1932~1941

청 또는 농림성 같은 국가조직 역시 이민운동이나 몇몇 지방 단체의 계획에 큰 관심을 보이지 않았다. 그러나 몇 해 만에 보수적 개혁운동인 농촌갱생운동이 실패로 돌아가고 그 대변인조차 농촌갱생운동이 "농촌의 계층 분화를 조장했을 뿐이었다"[42]라고 인정하면서, 새로운 대응책을 강구하던 농촌 엘리트들은 문제를 외부로 전가하는 급진적인 해결 방법을 생각하기 시작했다. 그리하여 1937년 농림성은 농촌 공동체와 농촌단체의 지지를 받아 농촌 마을의 자발적인 집단 이민을 금전적으로 지원하는 프로그램을 채택했다. 농림성은 농촌 인구의 3분의 1 가까이를 국외로 송출하는 목표를 세움으로써 대량 이민을 농촌갱생정책의 새로운 초석으로 삼았다.

새 정책의 효과는 놀라웠다. 1932년부터 1936년까지의 시험이민부터 1930년대 말 이민의 절정기를 지나 태평양전쟁에 이르기까지 32만 1,882명이 만주 이민계획에 동원되었다. 만주 이민자들의 출신지는 특정 지역에 편중되어 있었다. 나가노현과 야마가타현이 가장 많은 인원을 보냈으며 이 지역 출신이 전체의 17%를 차지했다(표9 참조). 상위 7개 현은 1개 현만 제외하고 모두 특정 지역, 즉 일본 주부 도카이(東海) 지방의 기후현에서 도호쿠 지방의 미야기현에 이르는 선상에 밀집되어 있었다.[43] 이러한 경향은 대상 범위를 이민자 수 6,000명 이상의 상위 18개 현으로 확대해 보면 더욱 분명하다.[44]

<표9> 행정구역 별 만주 이민자 수

순위	행정구역	만주 이민자 수
1	나가노	37,859
2	야마가타	17,177
3	구마모토	12,680
4	후쿠시마	12,673
5	니가타	12,651

6	미야기	12,419
7	지후	12,090
8	히로시마	11,172
9	도쿄	11,111
10	고치	10,482
11	아키타	9,452
12	스즈오카	9,206
13	구마	8,775
14	아오모리	8,365
15	가가와	7,885
16	이시카와	7,271
17	야마구치	6,508
18	이와테	6,436
19	오카야마	5,786
20	가고시마	5,700
21	나라	5,243
22	도야마	5,200
23	후쿠이	5,136
24	야마나시	5,104
25	사이타마	4,864
26	에히메	4,525
27	효고	4,400
28	사가	4,300
29	도치기	4,231
30	오사카	4,155
31	미에	4,062
32	돗토리	3,626
33	이바라키	3,573
34	미야자키	3,382
35	교토	3,370
36	도쿠시마	3,325
37	와카야마	3,149
38	홋카이도	3,129
39	후쿠오카	3,114

40	시마네	3,035
41	오키나와	2,994
42	오이타	2,571
43	아이치	2,358
44	나가사키	2,150
45	치바	2,148
46	가나가와	1,588
47	시가	1,447

출전: 『長野縣滿洲開拓史總編』, p. 309.

이민 촉진의 표면적인 이유가 농촌의 잉여 인구 문제였음에도, 이는 농촌 공동체에서 이민을 결정하는 데 그리 큰 요인으로 작용하지 않은 것으로 보인다. 농림성 통계에 따르면 인구 과잉은 오이타현이 가장 심각해서 이 지역의 인구는 농지 수용가능인구보다 61%나 많았다. 그러나 오이타현은 물론 인구 과잉도가 2위였던 나가사키현 또한 거의 이민을 보내지 않아 이민자수 통계에서 최하위권을 차지했다. 게다가 인구 과잉 비율이 41% 이상인 13개 현 중 오직 3개 현만이 이민자 수가 많은 상위 11개 현 중에 포함된 것에 반해, 인구 과잉이 심각하지 않은 12개 현(인구 과잉 비율 30% 이하) 중 5개 현이 이민자 수 상위 그룹에 속했다.

사실 특정 지역이 만주 이민에 동참한 것은 인구 과잉으로 인한 고충 때문이기보다는 농업 위기에 대한 체감도의 차이 때문이었다. 쌀값의 폭락이 농업 전반에 큰 타격을 주었던 것에 비해 1933~34년 생사 가격의 하락과 흉작은 특정 지역에 국한된 재난이었다. 이민에 가장 적극적인 움직임을 보였던 나가노현은 일본 제일가는 생사 생산지였다. 나가노현의 농업 수입 중 양잠업이 차지하는 비중은 70%에 달했다.[45] 도호쿠 지방의 6개 현도 심각한 흉작을 경험했던 곳으로 이 지역의 이민자는 전체의 21%인 6만

6,522명이었다. 이들 6개 현은 모두 기상 이상으로 쌀 생산량이 급감한 곳이었다.[46]

　이러한 상황 속에서 농촌경제는 무너지고 사회 갈등도 심각해졌다. 가계 부채와 소작쟁의는 지역 사회의 이민 운동 참여를 예측할 수 있는 좋은 지표였다. 우선 가구당 평균 부채액의 경우 나가노현이 666.7엔으로 가장 높은 수준이었다. 아키타(596.1엔), 후쿠시마(558.4엔), 야마가타(526.9엔), 니가타(517.8엔), 미야기(495.6엔)현도 가구당 부채액이 높은 상위 10개 현에 속했다.[47] 1930년대 동안 소작쟁의는 이민자가 많았던 도호쿠, 주부 지방에서 가장 빈번하게 발생했다. 특히 도호쿠 지방에서는 20년대에 비해 소작쟁의의 횟수가 616%나 증가했다. 게다가 긴키 지방과는 달리, 도호쿠 지방의 소작쟁의는 지주의 퇴거 요구로 인한 비율(1937년에는 78%)이 상당히 높았다.[48] 도호쿠 지방의 지주에게는 소작인을 해외로 이민시켜야 할 동기가 충분히 있었던 것이다.

　그러나 경제적 어려움이 그대로 이민운동으로 이어지지는 않았다. 예를 들어 주요 생사 생산지였던 야마나시현은 나가노현과는 달리 거의 이민자를 보내지 않았다. 또 벼농사의 흉작은 이와테현이 니가타현보다 더 심각했지만 이민자 수는 후자가 전자보다 약 2배 더 많았다. 시마네현과 사가현도 가계부채가 높은 지역이었으나 이민자 수는 그리 많지 않았다. 즉 경제적 어려움은 이민운동이 활발히 전개되기 위한 필요조건일 수는 있어도 충분조건은 아니었다. 경제적 어려움 외에도 이민을 추진하는 데 적극적인 지역 기관의 존재가 추가로 필요했던 것이다. 새로운 농본주의적 사회 제국주의는 이들 이민운동 조직을 동원했다.

　만주 이민에 앞장섰던 현들은 모두 이민운동과 관련된 오랜 역사를 가지고 있었다. 가장 많은 만주 이민자를 배출했던 나가노현은 아마도 그러한 지역적 전통이 가장 강한 현이었을 것이다. 시나노 교육회는 1888년 처음 이민 공고를 낸 이래 꾸준히 이민사업을 장려해 왔다. 러일전쟁 이후 나가노현에는 시나노 해외협회 등 이민 관련 단체가 여럿 조직되었다. 시나노 해외협회는 그 활동 범위를 점차 확대하여 1920년대에는 브라질에 나가노촌을 설립하기 위한 대규모 이민계획을 지원했다.[49] 두 번째로 많은 만주 이민자를 배출했던 야마가타현도 비슷한 역사를 가지고 있었다. 1910년부터 1940년까지 야마가타현의 이민자 수는 연평균 1,698명이었으며 제1차 세계대전 이후 이민자 수는 정점에 이르렀다. 지역 내 이민단체는 홋카이도, 남아메리카, 남양군도로의 대규모 이민을 정력적으로 추진했다.[50] 만주 이민자 수에서 8위를 차지한 히로시마현도 만주국 건국 이전부터 수십 년에 걸친 이민 역사를 갖고 있었다. 히로시마는 최초로 해외 현인회를 조직해 다른 현의 두 배 가까운 이민자를 미국으로 보냈다.[51] 미야기, 니가타를 비롯한 다른 현들도 비슷한 경험이 있었다.[52]

제1차 세계대전 이후 이들 지역은 가토 간지가 농촌개혁운동을 위해 설립한 교육기관의 주요 거점이 되었으며, 그가 설파한 식민지 농업이민 아이디어는 이후 정부의 이민계획에 반영되었다. 야마가타현의 지원을 받아 가토는 1915년 최초의 청년 교육기관을 세웠다. 이곳의 졸업생들은 1920년대에 실시된 조선과 만주 시험이민의 주축이 되었다.[53] 미야기, 나가노, 니가타현에도 교육기관이 세워져 1930년대에 만주 농업이민을 이끌 청년에게 가토의 사상을 주입시켰다.[54]

이처럼 과거 많은 이민을 보냈던 경험들은 30년대 초 만주 이민운동이 빠르게 성과를 거둘 수 있었던 중요한 기반이 되었다. 1936년 만주 이민이 국가 정책이 되기 전 시험이민이 진행되던 무렵은 각 현이 본격적으로 만주 이민을 주도하기 위해 조직화되던 시기였다. 나가노현의 경우가 그 대표적인 예이다. 1932년까지 나가노현의 여러 이민단체들은 각각 5개의 이민 계획안을 작성했다. 그중에서도 시나노 해외협회는 '만주 애국 시나노촌'이라는 이민촌을 형성하기 위해 매년 400가구를 10년간 송출한다는 계획을 세웠다. 지방정부도 만주 이민에 대해 민간단체가 보인 열의에 부응했다. 정부의 시험이민계획 지원자를 모집하라는 명령이 나가노 연대에 내려졌음에도, 1934년까지 이 임무는 사실상 나가노현청이 맡아서 진행했다. 현 정부는 시나노 교육회가 1932년 이민을 위한 시찰단을 만주에 파견할 때도 이를 지원했다. 33년 나가노 교육회는 만몽연구실을 설립하고 늘어나는 이민 관련 업무를 처리할 직책을 마련하기 시작했다. 산업조합 나가노현 지부도 1932년 만몽이주연구회를 조직하는 등 일찌감치 만주 이민에 대한 관심을 보였다. 이러한 조직들이 만들어짐에 따라 농촌 지역에는 이민을 권하는 목소리가 넘쳐나기 시작했다. 시나노 해외협회만 해도 만주 이민을 장려하기 위해 1993년까지 200회의 강연회를 열었으며 책 4,000권, 팸플릿 1만 5,000부, 포스터 35만 장을 배포했다.[55] 활동 규모 면에서 나가노현과 차이가 나긴 했지만 야마가타, 히로시마, 니가타, 미야기 등의 다른 현도 1936년 이전에 이미 이민단체를 설립했다.

이처럼 이민운동은 지역단위에서 먼저 시작되어 이후 전국적인 운동으로 나아갔다. 나가노 현과 야마가타현에서 만주 이민이 추진된 것을 계기로 종전에는 분리되어 진행되던 농촌개혁운동과 이민운동이 결합되었다. 1930년대의 심각한 농업 위기는 농촌 문제의 해결책으로 농촌개혁주의자들이 이민을 선택하도록 했다. 동시에 만주국이라는 새로운 식민지의 등장은 이민 기관이 일본의 잉여 인구를 해외로 송출하는 수단으로 농업이민에 힘을 쏟도록 만들었다. 이 두 운동이 하나가 되면서 강력한 농본주의적 사회 제국주의가 출현한 것이다.

　　　　　제4부: 새로운 사회적 제국주의와 농업 개척이민 계획, 1932~1941

1930년대의 사회적 제국주의는 그 힘과 형태 면에서 새롭게 나타난 현상이었다. 몇십 년 전부터 농업이민은 계속 논의되어 왔으며 비슷한 계획도 이미 한반도에서 부분적으로 실시된 바 있었지만, 만주 이민계획은 그보다 더욱 본격적이고 훨씬 많은 지지를 얻었다. 사회적 제국주의가 농촌에서 가장 큰 힘을 발휘했다는 사실도 주목할 만하다. 1930년대 중국 동북지역에서 제국주의를 추진하는 힘은 모두 사회적 제국주의 색채를 띠고 있었다. 만주사변에 따른 전쟁열은 분명 경제적 어려움에 기반했으며 엔 블록 구축의 야망도 마찬가지였다. 그러나 가장 활발하고 지속적인 사회적 제국주의 운동을 만들어 낸 것은 바로 농촌이었다. 농본주의적 사회 제국주의는 그 이름에 걸맞는 모습을 보였다. 군사 점령이나 만주 개발은 사람들의 시선을 만주라는 희망으로 향하게 함으로써 일본 국내의 사회적 긴장을 완화하는 역할을 했다. 이에 반해 만주 농업이민은 농촌의 사회 문제를 만주에 직접 수출하는 것을 목표로 했다.

일본의 제국주의적 농본주의

이민운동에 운명을 건 농본주의자들은 제국주의에 맞게 자신들의 사회개혁안을 수정했다. 이 새로운 제국주의적 농본주의에서 만주는 인구 과잉과 사회 갈등으로 고통받던 일본 농민에게 허락된 생활권이자 광활하고 비옥한 농토가 펼쳐져 있는 공간이었다. 농가 부채와 농지 부족은 과거 농본주의자들이 농촌 문제를 해결하는 데 걸림돌로 작용했다. 이들의 구제 방안은 지주와 소작인 사이의 이해관계를 조정하는 데 완전히 실패했다. 그러나 농촌 갱생에 만주라는 무한한 토지를 이용할 수 있게 되자 모든 문제는 순식간에 사라졌다. 제국이란 변수의 등장은 농촌의 이익과 도시의 이익이 대립하고 지주와 소작인이 대립한다는 사상적 전통을 갖고 있던 농본주의를 국가주의적 이데올로기로 변모하게 했다. 이러한 전환은 일본 정부의 중추와 주변부에 자리하며 정책 결정에 관여했던 엘리트 계층의 폭넓은 지지를 획득함으로서 만주 이민계획이 성공적으로 추진될 수 있었던 중요한 열쇠로 작용했다.

농본주의는 전체주의 운동과 연관되어 있을 뿐 아니라 이상적인 과거 사회로의 회귀를 추구했기 때문에 보통 보수적인 사상으로 간주된다. 그러나 제국주의적인 변용이 이루어진 농본주의 사상은 과거보다는 미래에 더 큰 관심을 가졌으며 그 사회개혁안은 급진적이고 '근대적'이었다. '만주농업이민 백만호이주계획'은 과거 시도되었던 것과는 달리 사회공학이라는 새로운 기술을 대거 적용하여 농촌 갱생을 실현하려는 구상이었다. 이민운동가들은 1920년대부터 널리 유행하기 시작한 과학적 경영, 사회 정책, 산업의 합리화를 통해 일본 농촌을 위로부터 근대화하길 원했다. 자본주의가 농촌에 가져온 것과는 다른 대안적 근대성을 탐색하던 이들은 과거로 되돌아가기보다는 미래로 나아가기로 결심한 것이다.

만주 이민계획은 사회과학이 거둔 성과에 크게 의지했다. 1937년 새로운 국가정책으로 결정된 만주 농업이민을 위한 사전 연구에서 농림성은 장기 채무를 지지 않고 농업 경영을 할 수 있는 최소한의 농지 면적을 설정하고자 전국적으로 1,000개 마을의 영세 지주를 조사했다. 이 조사를 통해 한 농가가 부채를 떠안지 않고 빈곤에서 벗어나 자립할 수 있는 경지 면적으로 1.6정(町)이라는 수치가 산출되었다. 이를 '표준 경지 면적'으로 규정한 농림성은 토지 자원을 최대한 분배하여 모든 농가가 표준 경지 면적을 소유할 수 있으려면 일본 농촌 인구의 31%를 송출해야 한다는 결론에 도달했다.[56] 사회과학에 대한 맹목적인 믿음으로 가득 찬 만주 농업이민 계

획의 입안자들은 이처럼 단순한 계산을 통해 전체 농촌 인구의 3분의 1을
이주시킨다는 계획을 추진한 것이다.

일본의 농촌 인구를 감소시키기 위해 농림성은 충분한 인구를 만주로 보
낸다면 남은 이들은 자영농으로 살아가기에 충분한 토지를 가질 수 있다고
선전하며 전국의 농촌 공동체를 설득했다. 또 농림성은 각 지역 공동체가
만주 이민을 어떻게 계획하고 조직해야 하는지에 대한 상세한 지침을 마련
해주며, 농촌 문제를 해결하고자 했던 농촌 엘리트에게 만주 이민이 그 타
개책이 될 수 있다고 설득했다. 농림성의 만주 이민 선전 팸플릿을 여러 차
례 작성한 스기노 다다오(杉野忠夫)는 '사회 개조', '대혁신', '농촌의 재편성',
'농업혁명'과 같은 급진적인 변화를 시사하는 용어를 사용하며 개혁안을 설
명했다.[57] 이러한 용어는 만주 이민계획을 과거의 정책과 차별화했으며
농림성이 과거 농촌갱생운동에서 실패한 조치를 포기하고 철저하고 효과
적인 농촌 개혁을 시도할 것임을 보여주었다.

만주 이민운동가들은 만주 이민이 농촌 문제를 해결할 수 있을 것이라는
희망을 제시하면서도 그러한 변화로 농촌의 부유층 사이에서 일어날 수 있
는 불만 역시 재빨리 잠재우려 했다. 부채 탕감, 공공사업, 자립 지원 같은
지금까지의 정책은 자신의 권력과 특권을 축소하는 것을 거부한 지주 계층
의 반대에 부딪혀 농촌 빈민을 구제하는 데 실패했다. 농촌갱생운동가들은
이러한 경험을 통해 중요한 교훈을 얻었다. 성과를 얻기 위해서는 농업 개
혁이 계급적 이해에 저촉되어서는 안 된다는 것이었다. 그리하여 그들은
이를 염두에 두고 잠재적인 장애물에 충분히 주의를 기울였다. 농업이민은
인구와 토지 사이의 비율을 변화시켜 토지가격과 소작료를 떨어뜨릴 수 있
었기에 지주 계층이 반대할 가능성이 높았다. 또한 소작인들은 많은 경우
지주에게 만성적인 부채를 지고 있었다. 이민을 제창하는 무리들이 채무자

를 꾀어 채권자로부터 야반도주를 하도록 만드는 것이 아닌가 하는 의혹이 확산된다면, 부채 문제가 만주 이민운동에 제동을 걸 수도 있었다. 더욱이 부유한 지주층이 비어 있는 토지의 처분 계획에 협조하지 않는다면 만주 이민 프로젝트 전체가 위기에 처할 수도 있었다. 만주 이민을 계획한 이들은 마을 밖에서 새로운 소작인이 유입되는 것만큼이나 대지주의 수중에 토지가 집중되는 것도 막고 싶어 했다.[58]

만주 이민계획은 농촌의 토지를 만주로 무한정 확장함으로써 농촌 문제를 해결하고자 했다. 만주국 정부로부터 제공받은 넓은 토지에 도착한 가난한 일본 농민들은 고향 마을의 분촌(分村)을 만주에 만들었다. 바다 건너 먼 곳에 떨어져 있었음에도 같은 생활 습관과 혈통을 가진 이 두 마을은 상상의 공동체로 묶여 있었다. 이러한 일체감을 통해 모촌(母村)은 앞으로 계속 아들 세대를 보낼 수 있는 무한히 확장 가능한 농토를 보유하게 되었다. 농촌 공동체가 확대되면서 중농 계층으로만 구성된 마을의 형성이라는 꿈은 더 이상 지주 계층의 이익을 해치지 않게 되었다. 빈농은 농토를 찾아 기쁘게 만주로 떠났고 그들이 남기고 간 땅은 필요한 이들에게 새로 분배되었으며 부유층의 토지 소유는 그대로 유지되었기에 누구도 손해 볼 필요가 없었다. 스기노 다다오가 자부했던 것처럼 모든 지주가 받아들일 수 있는 토지개혁이었던 '분촌계획'은 "지주에게 큰 희생을 강요하지 않고서 소작 조건을 소작인에게 가장 유리하게" 개선하여 소작 문제를 해결했다.[59]

그러자 "토지 문제와 같은" 성가신 문제들이 갑자기 "해결하기 쉬운" 문제로 보이기 시작했다.[60] 농림성은 대량 이민으로 생긴 토지를 "합리적으로 분배"하여 토지 문제를 해결하기 위한 방안을 제시했으며, 각 농촌 마을은 이를 다양하게 해석했다. 예를 들어, 후지미촌(富⊥見村)은 대부분의 토지를 산업조합이 구입한 뒤 다시 공동농장 부지 명목으로 인근 여러 협동조

　　　　　　　제4부: 새로운 사회적 제국주의와 농업 개척이민 계획, 1932~1941

합에 적절하게 분배하기로 했다. 후지미 위원회는 마을을 '협동주의' 모델로 개조하는 것에 토지 사용의 우선순위를 둔 것이다.[61] 이에 반해, 요미카키촌(讀書村)은 사실상 비어 있는 모든 땅을 중농을 만드는 데 사용했다. 토지를 팔거나 임차권을 이전하는 방법을 통해 그들은 요미카키촌에 중농으로 이루어진 이상향을 건설하고자 했다. 이민 이전에는 전체의 50%를 넘는 가구가 0.5정(1.2에이커) 이하의 땅을 경영했던 반면, 이민 후에는 약 57%의 가구가 0.5~1정을, 나머지 43%는 1정(2.45에이커) 이상의 땅을 보유하게 될 것이라 예상되었다. 즉 대지주를 건드리지 않고도 0.5정 미만의 땅을 갖고 있던 가구를 완전히 없앨 수 있게 된 것이다.[62]

이민계획은 소작인의 부채 청산이라는 풀기 어려워 보였던 문제도 해결해 주었다. 농림성 경제갱생부가 부채 청산에 대해 권고한 것에서도 볼 수 있듯이, 채무자인 빈농과 채권자인 지주 사이에 신뢰를 높이는 것이 문제를 해결하는 관건이었다. 농민이 가진 재산을 처분해도 채무액에 미치지 못할 경우 농림성 관료들은 경제갱생위원회나 산업조합, 또는 계획·조정과정을 통해 농민들이 이주하기 전에 부채 문제를 해결하도록 했다. 이런 방식으로도 해결되지 못했을 경우 이민자는 채무를 만주에서 갚는 것 말고는 다른 방도가 없었다. 이민운동가들은 '마을 유력자의 보증'과 서로 간의 '신용'을 통해 이것이 가능할 것이라고 주장했다.[63] 채권자와 채무자 사이의 '신용'은 모촌과 분촌간의 연결의식에서 나오는 것이었다. 채권자는 여전히 상대가 손이 닿는 범위 내에 있다는 환상 속에서 채무자인 빈농이 고향을 떠나 이주하는 것을 허락함으로써 그들에 대한 실질적인 통제권을 포기했다. 상상 속에 존재하는 식민지 정착촌과의 연결고리는 지금까지 사회개혁의 걸림돌로 남아 있던 농촌 부채 문제를 순식간에 해결해 주었다.

이러한 논리로 채권자들을 항상 설득할 수 있었던 것은 아니지만 이민계획을 추진하던 이들에게 이는 더할 나위 없는 논리였다. 그들은 만주국의 새로운 농토를 사회과학적 기법으로 계획하고 분석하여 적절하게 관리할 수만 있다면 마을의 부유층과 빈곤층 사이의 교착 상태를 마침내 해결할 수 있을 거라 확신했다. 과학적 경영에 대한 그들의 자신감은 제국의 미래에 대한 믿음과 일치했다. 실제로 제국은 농촌개혁을 막고 있던 오래된 사회적 장애물을 마법처럼 날려버릴 수 있는 유일한 희망이 되었다. 제국주의적 농본주의자들은 토지 소유자의 토지, 재산, 지위를 빼앗지 않고도 빈부 갈등을 끝낼 수 있다고 약속했다. 만주의 끝없이 펼쳐진 농토를 확보한다는 것은 곧 부유층의 희생 없이 농촌 빈곤을 없앨 수 있다는 것을 의미했다.

제국이 가진 새로운 가능성에서 희망을 발견한 농촌개혁주의자들은 만주 이민을 통해 중농 계층을 만들어 내는데 심혈을 기울였다. 스기노가 한 글에서 설명했듯이 "분촌계획은 농가 호수를 계획적으로 제한함으로써 전 마을 농민의 중농화를 도모하려는 것"이었다. 그렇게 하면 일본 농촌의 사회구조를 특징짓는 소작인, 반소작인, 지주, 반지주와 같은 복잡한 계급관계에서 벗어나 동질적이며 충분히 자립 가능한 중농 계층을 육성할 수 있다고 주장했다.

만주 이민계획은 전 농민이 중농이 되면 빈곤이나 계급 갈등 등의 문제는 저절로 소멸될 것이라는 농본주의적인 구호를 내걸었다. 이후 진행된 상세한 조사도 이러한 주장을 뒷받침하며 '흑자 농가'는 "대개 이 중농층에서 발견된다"는 것을 보여주었다. 모든 농가를 중농 계층으로 만들면 "약탈적이고 굶주릴 수 밖에 없는 소작은 사라지고… 지주와 소작인 간의 예속적인 관계를 청신"힐 수 있으며 또 "공정한 소작 조건과 소작료도 설정"할 수 있게 된다. 그렇게 되면 결국 토지 문제는 해결될 것이었다.[64]

농촌개혁주의자들은 중농만으로 농촌이 구성될 수 있다면 사회 문제가 소멸할 뿐 아니라 농업 생산량도 크게 증가할 것이라 약속했다. 중농 계급은 "노동생산성으로 보면 예외적으로 뛰어난 경영형태"이기 때문에 "전국의 농가 호수를 반으로 줄여도 농업 생산력은 쇠퇴하지 않고 오히려 상승할 가능성이 크다"고 낙관적으로 생각했다.[65]

마지막으로 중농 계급이 확대되면 농본주의 사상가들의 오랜 꿈인 "인보공조(隣保共助)의 물적 기초"도 각 농촌에 구축할 수 있게 될 것이라 보았다. 빈농층의 이주로 생긴 빈 땅을 이용하여 공동 수익지를 형성하고 이를 농촌 공동 활동의 기반으로 삼을 수 있는 것이다. 그리하면 농업 경영의 합리화가 가능해질 수 있었다. 농업 노동력 자체가 감소함에 따라 농민들은 "집단 경작", "축력, 농기계 이용의 확대", 나아가 "계획적인 인력 분배"를 통해 생산성을 높여야 했다. 그리고 이 모든 조치는 "지금까지 계획으로 그쳤던 것을 실제로 실행해야" 하는 것을 의미했다.[66] 요컨대 제국주의적 농본주의 사상에서 중농은 건실한 경제와 조화로운 사회를 가진 농촌을 만들 열쇠였다. 농촌 개혁주의자들은 중농이 중심이 되는 이상적인 사회를 건설함으로써 자본주의가 농촌에 가져온 결함이 있는 근대성을 대체할 유토피아를 구축하려 했다.

다만 중농이라는 개념을 설명하는 데 사용된 용어에서 알 수 있듯이, 농촌개혁주의자들은 그들이 말하는 중농이 실제로 존재하는지 아니면 이상적인 존재일 뿐인지 확신하지 못했다. 중농은 평범한 사람이라면 누구나 동일시할 수 있는 '대표'이기도 했고 모범으로 삼을 만한 '이상'이기도 했다.[67] 이러한 모호함은 각 농촌 이민위원회가 만주 이민계획의 기존 방침과 모순되지 않고도 적절한 목표를 설정할 수 있는 폭넓은 여지를 주었다.

중농이 현실 농민을 지칭하든지 아니면 이상적인 존재이든지 간에 그것은 한 가지 결정적인 특징을 갖고 있었다. 중농이 경영하는 농지에서는 적절한 잉여가 창출될 것이라는 점이다. 이 잉여는 전통적인 농본주의 가치에 근대적 농업 경영 기술이 결합됨으로써 얻을 수 있는 것이었다. 첫째, 농촌 개혁주의자들이 말하는 중농은 노동력을 전적으로 전통적인 가족 제도에 의존했다. 이들은 가족이라는 단위를 이상적인 농업경제의 기초로 여겼다. 당시 농촌의 젊은이들은 부자든 가난하든 경제적 필요나 사회적 지위 상승을 위해 도시로 떠나는 경우가 대부분이었으며 고향에서 농업에 종사하고 싶어 하는 이는 거의 없었다. 농촌갱생운동가들은 이 같은 추세를 뒤집기 위해 각 농가 구성원 전체의 생계를 보장해 주어 가족 제도가 갖는 유대력을 강화하려 했다. 둘째, 중농은 전통사회를 지지하는 한편 근대적 경영과 농경 기술을 도입하는 존재였다. 모범적인 흑자 농가는 복식부기와 과학적인 혼합작물 재배로 자금의 유출을 최소화하며 토지를 '합리적'으로 경영하는 존재였다.

무엇보다 이상적인 중농은 이를 달성하기에 충분한 농지를 보유해야 했다. 농업이민계획마다 "적정 경영규모의 표준 농가"를 결정하기 위해 다양한 방법이 사용되었다. 만주 이민에 관한 어느 팸플릿은 "안정적인 수입을 제공하면서도 해당 농가의 노동력이 경영 가능한 토지 규모"를 추정하여 산출하라고 지시했다. 이에 따라 야마가타현 쇼나이 지방(庄内地方) 이민위원회 등 많은 곳에서는 표준 농가의 경영 규모를 확정하기 위해 정밀 조사를 실시했다. 쇼나이지방 이민위원회는 22개 가구를 택하여 각 가구 구성원의 노동력을 면밀히 측정했으며 센(錢) 단위로 농가 수지를 분석했다. 그러나 다른 지역에서는 매뉴얼의 조언에 따라 실제 조사는 생략하고 대신 적합해 보이는 농가를 기준으로 삼는 방법을 택했다.[68]

따라서 표준 농가 단위의 계산 결과가 매우 다양했음은 그리 놀라운 일

　제4부: 새로운 사회적 제국주의와 농업 개척이민 계획, 1932~1941

은 아니었다. 1936년 농촌갱생협회가 이바라키현의 4개 군에서 실시한 선구적인 조사에 따르면 농가가 흑자 경영을 하기 위해서는 2정의 토지가 필요하다는 결론이 나왔다.[69] 한편 1937년에 농림성이 실시한 전국 조사에서는 전국적인 표준치로서 1.6정이라는 수치를 채택했다.[70] 쇼나이 지방 이민위원회는 농업 경영에 변화를 도입하고자 했다. 그들은 '안정 농가'를 원예업, 양잠업, 산림업, 어업, 소작료 등의 수입 없이 식량을 자급할 수 있는 농가로 가정했기 때문에 흑자를 유지하기 위해서는 3.3정의 농지가 필요하다는 결론을 내렸다.[71] 요미카키촌과 후지미촌 등 나가노현에 인접한 두 마을에서 발표된 농촌갱생계획에서는 두 촌의 기준치가 대략 0.74정이나 달랐다.[72] 표준 농가를 설정한다는 구상은 모든 농민을 일정 기준까지 끌어올리기 위함이었다. 그렇기에 전 농가를 중농으로 격상시키기 위해 필요한 총 토지 면적을 계산할 때 반 정의 차이는 상당히 큰 것이라고 할 수 있다.

각 지방의 다양한 결과가 보여주듯 농림성, 농회, 산업조합, 지방정부의 엄청난 노력에도 불구하고 안정적인 중농층을 사회공학적으로 만들어 낼 수 있는 정확한 토지 비율은 존재하지 않았다. 그러나 이들 농촌조사가 표준 농가의 토지 규모 계산에서 차이를 보였음에도 토지 문제의 해결을 위해 모두 적정 토지 면적이라는 개념에 주목했다는 면에는 공통점이 있었다. 이처럼 토지에 관심을 갖는 것은 제국주의적 농본주의 사상의 두드러진 특징이었다. 제국이 시야에 들어오면서 이들은 사회 개혁 노선을 수정했다. 근검절약, 공동체 의식 같은 그동안 농본주의에서 중시되던 정신을 부르짖는 대신 이제 토지의 측량과 분배라는 새로운 지침이 중심에 자리잡았다. 농촌개혁주의자들에게 제국이란 농토를 의미했기에 농촌 문제의 해결책으로 만주가 등장하면서 농본주의는 농촌 생활을 이상으로 하는 윤리관에서 토지개혁 프로그램으로 변모했다. 이처럼 만주와의 결합으로 농본주의는 혁신적인 경향을 띠게 되었으며 1930년대에 사회 개혁을 추진하는 힘이 어떻게 제국에 매료되었는지 다시 한 번 보여주었다.

만주에서의 농본주의적 제국주의

일본 국내의 농촌개혁가들은 이상적인 공동체를 만들기 위해서는 현실 사회를 충분히 고려해야 한다는 점을 잘 알고 있었다. 그러나 만주에 정착지를 건설했던 이들은 이러한 제약에서 완전히 자유로웠다. 만주 중국인 농업 사회의 복잡성을 잘 알고 있었음에도, 일본인 정착지에 대한 청사진은 순수한 사회경제적 황무지 위에서 성장하는 자급자족 공동체를 지향했다.

식민지 국가 내의 막강한 지위로 인해 이민운동가들은 훨씬 더 광범위한 영역에서 활약할 수 있었으며 만주에 유토피아를 건설하기 위해 작성된 계획안도 전보다 더욱 정교해졌다. 일본 국내의 농본주의자들이 어느 정도 통제할 수 있는 영역인 농토에만 관심을 두고 결국 농본주의 사상의 윤리성에는 매진하지 않았던 반면, 만주의 이민운동가들은 전통적인 농본주의의 가르침을 농본주의적 제국주의 비전의 기초로 삼았다. 또 국내 농촌개혁가들이 개별 농가를 분석 단위로 삼았던 것과는 달리, 만주의 이민운동가들은 공동체 전체를 다루었다. 그러나 이러한 차이에도 불구하고 농본주의적 제국주의는 일본 국내의 농본주의 운동과 많은 것을 공유하고 있었다. 이들 모두 일본 농촌에 대한 자본주의의 영향력을 차단하고자 했으며, 이를 위해 대안적인 근대성을 창출하는 수단으로 만주 이민을 이용했다. 또한 둘 다 사회공학을 중시하고 1920년대 사회 관료들의 언어를 받아들였다. 마지막으로 둘은 단점까지 공유했다. 둘 다 자본주의의 침입으로부

　제4부: 새로운 사회적 제국주의와 농업 개척이민 계획, 1932~1941

터 농촌을 구하지 못했으며 사회공학의 기계적 은유가 제시하는 방식으로
는 인간을 통제할 수 없다는 것을 보여주었다.

1935년 10월, 척무성은 만주 개척계획의 바이블이 되는 '북만 집단농업
이민 경영표준안'을 발표했다.[73] 이 문서는 농촌갱생운동의 기준을 마련하
기 위해 1937년에 일본 정부가 실시했던 조사의 만주판이었다. 일본 내 농
촌갱생운동가들의 염원을 받아들여 '표준안'은 사회 모순이 없는 모범적인
농촌 공동체이자 자본주의 밖에서도 존재할 수 있는 새로운 농촌을 만들기
위한 지침을 제공했다. 만주 개척계획은 경제적으로 자립적인 중농을 형성
한다는 이상에 따라 일본 농촌 사회를 괴롭혀 온 계급 차나 소작 제도를 완
전히 방지할 수 있도록 계획되었다. 계급 차가 없는 만주의 정착민 사회는
내지의 사회 문제가 만주로 유입되지 않아야 할 뿐 아니라 안정적이고 변
함없으며 무엇보다 지속적이어야 했다. 이는 그저 허황된 이상주의가 아니
었다. 개척촌이 만주 농촌에서 일본인 사회를 유지하는 닻과 같은 역할을
하기 위해서는 안정성이 반드시 필요했다.

'표준안'은 이민 사회를 안정시키는데 핵심이 되는 계층인 자영 농민을
표현하기 위해 '자작농'이라는 용어를 사용했다. 만주 개척을 계획한 이들
은 물자가 제대로 공급되고 적절한 조직과 올바른 계획이 확립되면 자영
경작자로 구성된 안정적인 인구 형태를 사회공학적으로 만들어낼 수 있다
고 생각했다. 이에 따라 '표준안'은 일본 농촌에서 유입된 사람들을 자작농
으로 만들기 위해 필요한 것을 자세히 나열했다. 20정의 농지와 더불어 개
척민 개개인에게 소 1마리, 말 1마리, 암퇘지 1마리, 암양 10마리가 주어졌
으며 창고 3동과 마차 1대 외에 쟁기 1자루와 기타 농기구도 지급되었다.
또한 다섯 농가마다 우물 하나를 공유하게 했으며 29가구를 하나의 담장
으로 둘러쌌다. 아울러 제분기, 정미기, 착유기, 주물공장, 각종 축사, 트

력 등은 개척촌 내 300가구가 공동으로 이용하도록 했다. 이처럼 세밀한 물적 기반만 갖춰진다면 만주 개척가들이 꿈꾸었던 자영 농민상인 자작농이 만들어질 수 있을 것이라 생각했다. 일본인 정착촌 건설에 사회공학적 이론이 유효할 것이라 생각했던 이들의 단순한 전망에는 조립 라인에서 생산되는 상품과 같이 개척민도 표준적인 형태로 규격화되어 만주에 도착할 것이라는 전제가 깔려 있었다. 똑같은 상태로 만주에 도착한 개척민들에게 똑같은 물자를 배급하면 결국 사회적으로 동질적인 일본인 이주민 집단을 양성할 수 있다는 것이다. 즉 만주국 모든 성(省) 농촌 촌락의 전체 농가, 즉 일백만 호의 개척민 모두가 동일한 상태가 되는 것이다.

표준적인 물자의 배급이 개척민을 같은 출발선상에 서게 했다면, 공동작업 조직 규정은 개척민을 동일한 상태 그대로 유지하기 위한 것이었다. 표준안은 공동 경작, 가축의 집단 관리, 착유기 및 제철공장과 같은 생산설비의 공동 관리, 그리고 공동 판매를 통한 이익과 손실의 분배 등 농업 경영의 모든 면에서 협동조합주의의 확대를 요구했다. 이 모든 것은 개척지의 일상적인 운영을 담당하는 광범위한 협동조합 조직 체계를 통해 이루어져야 했다. 이와 같은 방식으로 만주 개척운동가들은 사유재산에 대한 약속과 사회계층 상승에 대한 꿈을 가지고 만주로 건너온 개척민들에게 사익추구 동기를 단념시킴으로써 사적 이익의 축적 가능성을 제거하고자 했다.

만주 개척을 위한 물자와 조직이 마련되자 이상적인 공동체를 만들기 위해 필요한 것은 이제 적절한 계획뿐이었다. '표준안'은 3년 안에 개척촌 사회가 자급자족 체제를 만들 수 있다는 이상적인 개척 계획을 제시했다. 이 계획의 핵심은 자급자족 체제의 확립과 시장경제로부터의 격리에 있었다. 이는 농본주의 이론가들이 자본주의적인 근대성이라는 악마를 막아내기 위해 사용하던 정책을 만주로 가져온 것이다. 그러나 사적인 재산 형성의 금지와 자급자족 체제의 확립을 요구한 것은 일본에서 만주 개척을 정당화하는 논리 중 하나와 모순되는 것이었다. 1930년대 전반의 정책 논쟁 과정에서 많은 일본인, 특히 사업가들은 만주 내 일본인 인구의 성장이 일본 제품의 소비 시장을 창출할 수 있다는 주장에 설득되었다. 그러나 이러한 모순의 존재와 자급자족이 일본에서 실행 불가능한 것으로 판명되었다는 사실에도 불구하고, 만주 이민 계획자들은 다양한 농업 관행을 통해 필요한 소비재를 자체적으로 공급하는 엄격한 계획을 수립했다. 소비계획은 의식주(衣食住)의 세 가지 영역으로 나뉘어 있었다. '표준안'에 따르면 주거는 이주 시에 이미 준비되어 있었다. 의복은 동절기에 정착지에서 자체 생산한 양모로 직접 만들 수 있었다. 식량도 '표준안'에 제시된 식단을 유지한다고 가정하면 거의 대부분 자급자족할 수 있었다. 시장과의 관계를 최소화하는 이와 같은 구상은 이주 후 3년간은 정착지 건물의 개보수를 할 필요가 없고 각 가정의 난방과 조명은 현지에서 자급할 수 있으며, 개척민에 대한 다른 장비나 공급은 불필요하고 개척민은 모직 의류만 입으며, 좁쌀을 섞은 쌀밥이나 만주에서 나는 짐승고기와 채소만을 먹고 싶어할 것이라는 불확실한 가정에 근거했다.

생산 면에서 다양한 작물을 재배하고 혼합 농법을 사용하며 가축을 사육하도록 계획한 것은 정착지의 모든 수요를 충족시키고, 더 나아가 시장성 있는 잉여 생산품이 물가 변동의 충격을 덜 받게 하기 위한 목적에서 비롯되었다. 이에 따라 벼, 콩, 보리, 조, 밀, 옥수수 등의 연간 생산 목표가 설정되었으며 개척민들이 사육해야 할 양, 소, 말, 돼지 등의 수도 정해졌다. 표준안은 사료, 비료, 종자도 자급하게 하는 등 가계 경영과 마찬가지로 농업 경영도 시장 의존을 최소화하도록 맞춰져 있었다. 만주 개척을 계획한 이들은 개척민이 3년 안에 이 모든 것을 달성할 수 있다고 예상했으며 농기구나 가축, 기타 지급 물자가 부족할 리 없다고 생각했다. 또한 만주에서 양을 키워보기 전엔 양을 본 적도 없으며 만주의 작물이나 농기구, 재배 방법, 규모 등에 익숙하지 않았던 개척민이 실패할 가능성도 염두에 두지 않았다.

표준안은 자작농주의, 혼합 경작, 자급자족, 협동조합주의라는 만주 정착의 네 가지 원칙을 담고 있었다. 이 네 원칙은 만주에 이상적인 마을을 건설한다는 목표 하에 일본에서 현실화되지 못한 모델을 개선한 것이었다. 중국인 사회라는 큰 바다에 둘러싸인 섬처럼, 만주의 일본인 정착지는 영속적인 사회구조를 가지며 자급자족적이고 자체 완결적인 공동체로 설계되었다.

이러한 원대한 비전에도 불구하고 생존을 보장하기 위한 구체적인 규정은 전통적인 농본주의 낡은 윤리관을 대체할 새로운 변화를 보여주지 못했다. '표준안'에서 시장에서의 경쟁 문제를 다룬 것이 그 대표적인 예이다. 만주 이민에 관한 1930년대 초반의 논의에서 모두 인정했듯이, 자유로운 시장경제에서 만주의 중국인 농민들은 낮은 생활 수준을 유지하는 데 드는 비용이 적었기 때문에 일본 농민들보다 저렴한 가격에 생산물을 판매할 수 있었다. 그럼에도 '표준안'은 자급자족으로 이 문제에 대처하고자 할 뿐 농업기술을 통해 생산성을 높이는 것이 일본인 개척민이 중국인 농민과 경쟁할 수 있는 유일한 방법이라는 주장은 무시했다. 도쿄제국대학 교수 니시고리 히데오(錦織英夫)가 주장했듯이, 일본 정착민은 "중국 농민의 생활방식과 결코 같아질 수 없었으며" 수적으로 우세한 중국인들은 농촌 사회의 정기시(定期市)를 장악하고 있었다. 일본인 개척민이 상황을 통제하고 시장의 소선을 사신들에게 유리하게 바꾸기 위해서는 만주에 "보디 우수한 농업기술"을 도입하는 수밖에 없었다. 니시고리 교수의 주장대로 한다면 일본인 개척민은 중국인과의 경쟁에서 승리할 수 있을 뿐만 아니라, 중국인도 자신의 생활 수준을 높이고자 서서히 일본식 농업기술을 채택할 것이었다. 이처럼 만주 개척 전문가의 대부분은 농업기술이야말로 개척 계획에 꼭 필요한 것이라고 생각했다.[74]

그러나 '표준안'에는 농업기술에 대한 언급이 전혀 없었으며 새로 도착한 개척민에게 배급할 표준장비 중 트랙터와 콤바인, 기타 농기계는 포함되어 있지 않았다. 반면 농민에게 중국 대륙 이주를 권유하는 팸플릿과 서적, 기사 등에는 근대적인 대륙의 농업을 언급하면서 홋카이도 이외의 일본 본토에서는 볼 수 없었던 거대한 트랙터를 타고 미소 짓는 만주 개척민의 일러스트와 사진이 실려 있었다. 실제로 트랙터는 만주 농업이민의 상징이었다.[75] 그러나 전문가들의 조언과 기대에도 불구하고 대륙 이민의 첫 청사진은 기술보다 정신을 우선시했다. 본질적으로 공동 경영이나 자급자족에 관한 자세한 규정은 검약과 자조를 통해 농촌 사회의 경제적 문제를 해결한다는 종래의 관습적 훈계를 조금 다르게 표현한 것에 지나지 않았다.

자급자족, 자조, 협동조합주의가 일본 농촌의 사회경제적 문제를 해결하지 못했듯 만주에서의 결과도 성공적이지 못했다. 만주 개척의 진전 상황을 살펴본 조사단은 개척촌에 많은 문제가 있으며, 그 문제의 대부분은 농업기술의 부족에서 비롯한 것임을 분명히 확인했다.[76] 반 정 이하의 집약적 농업에 익숙했던 개척민들은 기계를 이용하는 새로운 농법이 도입되지 않고서는 자신의 노동력만으로 만주에서 받은 20여 정 이상의 농지를 경영할 수 없었다. 농기구가 부족하자 개척민들은 결국 보다 손쉬운 방법인 노동자를 고용하는 길을 택했다. 그러나 노동자나 소작인을 고용하는 것은 자작농주의라는 첫 번째 원칙을 어기는 일이었다. 또한 임금으로 막대한 금전이 유출되면서 완벽했던 자금 계획도 무너졌다.

일본의 여행 안내서들은 만주국의 초기 농업이민 개척촌 중 하나인 치부리촌(千振村)에 대한 찬사를 쏟아냈다. 그러나 그 작가들이 만일 1938년부터 1941년 사이 치부리촌의 대차대조표를 보았다면 그렇게 칭찬하지는 못했을 것이다. 치부리촌은 평균적으로 매년 2,000엔 이상의 손실을 냈으며, 그 손실의 대부분은 평균적으로 매년 700엔 이상에 이르는 임금 지불 비용이었다. 손실을 보충하기 위해 개척민 대부분은 벼, 콩 등의 상품작물을 대량으로 재배했으며 생산량의 약 50%를 시장에 내놓았다. 상품작물 생산에 집중하면서 개척민들은 기본적으로 축산업을 포기했다. 가령 1939년 설립된 개척촌의 경우 각 농가가 소유한 평균 가축 수는 역축(役畜) 0.6마리, 양 0.1마리, 돼지 0.2마리, 닭 0.1마리에 불과했다. 이렇게 '표준안'의 두 번째 원칙이었던 혼합농업도 실패로 돌아갔다.[77]

생산한 농작물의 대부분이 판매되면서 개척민 자신이 사용할 물자가 부족해지자 세 번째 원칙이었던 자급자족도 불가능해졌다. 예컨대 이야사카촌(弥栄村)의 경우 비료와 종자, 기타 필요 물자의 43.8%를 마을 밖에서 구매했다. 가계 지출은 더욱 상황이 나빠서 시장에서 구입하는 물품의 비율이 전체의 60%나 되었다. 이는 당초 예상과 달리 개척민들의 식량자급률이 47% 밖에 도달하지 못했기 때문이었다.[78]

네 번째 원칙인 협동조합주의도 다른 원칙과 같은 운명을 맞이했다. 만주 개척운동가들의 희망이었던 협동조합주의는 개인의 성공과 사적 이익을 추구하는 개척민들의 열망으로 좌절되었다. 개척민들은 공동경영에 대한 불만의 목소리를 높이면서 사적 경영을 위해 농지를 각 개인에게 나눠달라고 요구했다. 1939년에 간행된 만주 개척 조사보고서에 따르면 "공동경영으로 개척민은 힘써 일하려는 열의가 결여되어 밭에 나가는 일이 적었다"고 한다. 개척민들의 불만이 농업 생산에 부정적인 영향을 미치자 공동

경작은 점차 포기되었다. 예를 들어, 이야사카촌에서 30호씩 구성되었던 협동경작 조직은 셋 또는 네 가구로 이루어진 소규모 단위로 분열되었다가 나중에는 완전히 사유화되었다. 조사보고서는 "협동 경영의 형태는 유토피아에 지나지 않을 뿐이다"라는 결론을 내렸다.[79]

네 가지 원칙이 모두 실패로 돌아가면서 개척민이 농지를 떠나거나 개척촌 내 소득 격차가 발생하는 현상이 나타났다. 이상적인 농촌 공동체를 망치는 폐해와 싸우기 위해 만주 개척 계획가들은 1939년 12월 새로 '만주 개척정책 기본요강'을 작성했으며, 이후 2년 여에 걸쳐 기본요강을 효과적으로 시행하기 위해 세 가지 법규, 즉 1940년 4월의 〈개척단법〉, 1940년 7월의 〈개척협동조합법〉, 1941년 11월의 〈개척농장법〉을 발표했다.[80] 그러나 만주 농업의 사회경제적 환경과 일본인 개척민이 당면한 문제점에 대한 훌륭한 연구가 이미 있음에도 불구하고 '기본요강'은 여전히 정착지의 자급자족과 시장 격리라는 원칙을 고수했다. 이는 자신들의 선전 활동에 도리어 발목을 붙잡혀 버린 것과 같았다. "비옥한 토지를 개척"한다는 이미지에 매몰된 나머지, 그들은 만주 개척의 청사진에서 사회적 환경을 깨끗이 지워버리고 실제로 개척민이 주인 없는 빈 땅으로 이주하고 있다고 주장할 수밖에 없었다. 이러한 점은 원주민 문제를 처리하는 과정에서 더욱 잘 나타났다. 개척이민계획은 만주 농촌 지역에 많은 중국 농민—그보다는 적지만 조선인 농민도 존재했다—이 거주하고 있으며 중국인의 상업 활동으로 형성된 시장의 영향권 안에 일본인 개척민 사회도 포함되어 있었다는 사실을 거의 고려하지 않았다. 일본인 개척촌은 중국인 사회라는 바다 위에 자리한 작은 섬에 불과했지만, '기본요강'은 현지 중국인 사회의 영향력을 도외시했다. '기본요강'에 원주민에 대한 언급이 나타나는 것은 다음의 두 가지 맥락뿐이었다.

첫째, 인접한 협동 취락 간에는 혼합 거주를 허용한 것이나 (단 하나의 취락 내에서는 허용하지 않음) 일본인과 중국인 협동조합 간의 거래를 허락한 규정을 통해 보듯 원주민은 일본인 개척촌의 맥락 안에서만 다루어졌다. 둘째 '기본요강'에는 일본인 정착지의 건설에 필요할 경우 원주민을 이주시킬 수 있다는 조항이 포함되어 있었다. 이와 같은 방식으로 '기본요강'은 일본인 이주민과 원주민 사이의 상호관계가 모두 정착지의 관할 내에서 일어나는 것처럼 가장했으며 원주민을 마치 숲을 베어내듯 마음대로 정리할 수 있다고 암시했다. 개척이민정책을 수립한 이들은 만주가 진실로 사회적 황무지와 다름없다고 생각했다.

만주 개척에 관한 초기 논의에서 야나이하라 다다오가 경고했듯이, 일본인 개척민은 중국 농민이 지배하는 시장에서 경쟁할 수 없었다. 하지만 개척이민 계획자들은 이러한 사실을 인정하지 않았으며 이는 네 가지 원칙의 실패 이후 만들어진 '기본요강'에도 그대로 나타났다. 실제로 '기본요강'의 대부분은 네 가지 원칙을 더욱 강화하는 한편, 필요할 경우 법적인 수단까지 동원하여 자영농으로 이루어진 자급자족 공동체를 뿌리내리게 하는 것을 목표로 삼았다. 〈개척협동조합법〉은 협동조합의 권한을 강화했으며 규정된 형태에서 벗어날 경우 식민지 정부로부터 승인을 받도록 했다. 〈개척단법〉은 정착지에서 집단 경작과 기타 공동 생산에 참여하는 개척민이 준수해야 할 '도덕과 의무'를 자세히 규정했다. 토지 소유자가 바뀌는 경우에는 개척단장의 동의가 필요하다는 조항에 따라 개척민들은 토지에 묶여 있었다. 협동조합 밖에서의 상업 활동이나 금전 거래가 엄격히 금지되면서 자본 축적에도 제한이 가해졌다. 마지막으로 〈개척농장법〉은 가장에게 권위를 부여하고 가족이란 법적 실체를 농지와 연결하여 규정하면서 농가에 법적 형태를 부여했다. 이로써 가족과 농지는 법적으로 영원히 결속되어 농지가 남에게 분할되거나 양도되는 것을 막고 한 세대에서 다음 세대로 온전히 전해지게 했다. 즉 개척이민을 계획한 이들은 경제적 유동성을 막기 위한 여러 법률을 제정함으로써 개척민들을 유동성 밖에 두는 것이 충분히 가능하며 또 그래야만 한다는 신념을 고수했다.

개척이민정책을 수립한 이들이 개척민의 경제적 주체성을 고려하지 않은 것은 근본적으로 만주 개척을 통해 개척민의 소망을 충족시켜 줄 생각이 없었기 때문이었다. 그들이 보여준 '우리가 가장 잘 안다'는 태도는 초기 이민사상에 나타난 가부장주의나, 이민자의 열망 대신 이민운동가의 욕망을 바탕으로 형성된 이민운동의 조직문화와도 상통했다. 만주국에서 이러한 경향은 사회과학과 사회계획의 효용성에 대한 믿음으로 강화되었으며 식민지 국가의 독재정치는 이를 더욱 부추겼다. 가부장적인 사회공학에 대한 열정은 일본의 농촌갱생운동에도 많은 영감을 주었다. 그러나 본토의 가난한 소작농이 경멸적인 시선을 받는데 그쳤던 것과는 달리 만주라는 식민지 맥락에서 일본인 개척민들은 더욱 비참한 지경에 빠졌다. 궁극적으로 만주의 개척민은 농본주의적 제국주의를 초월하는 제국 전략의 장기 말에 불과했으며 전황이 불리해지자 대의를 위해 희생되고 말았다.

◆

만주 개척이민운동이 개척민들의 삶에 어떤 영향을 미쳤는가 하는 점에 대해서는 제9장에서 서술하기로 하고, 여기서는 만주 개척이민운동이 일본의 농본주의에 끼친 영향을 몇 가지로 정리해 보도록 하겠다. 지금까지 살펴보았듯이 만주 개척이민운동은 적어도 다음 네 가지 측면에서 농본주의를 재창조했다. 본래 조직이나 이념적 측면에서 서로 분리되어 있었던 이민운동과 농본주의 운동이 하나로 통합되면서 농본주의의 첫 번째 재창조가 이루어졌다. 1930년대 초반 농촌 위기가 발생하자 두 운동의 활동가들은 만주 개척을 추진하기 위해 협력했다. 이민운동가들이 50여 년 동안 쌓아 올린 문화적 자산과 정계와의 관계, 사회 기반을 이용할 수 있게 되면서 농본주의 운동은 효과적으로 조직을 성장시킬 수 있었다.

이러한 제도적 통합이 이루어지면서 재창조의 두 번째 측면이 나타났다. 즉 이민운동의 원칙을 수용하기 위해 농본주의 사상이 재구성된 것이다. 만주 개척에 뒷받침된 이념은 이민운동의 팽창주의적인 사명을 농촌갱생이라는 농본주의적 기치 아래 동화시켰다. 농업을 제국과 결합시킴으로써 만주 개척이민운동은 일본의 제국주의적 농본주의와 만주의 농본주의적 제국주의를 연결하는 새로운 농본주의적 비전을 천명했다. 1930년대 이전에는 제국주의 비전에서 농본주의가 차지하는 비중이 거의 없었지만, 만주 개척이민운동은 일본의 농본주의 정신이 제국주의 확장의 중요한 도구라는 생각을 대중화했다. 초기 만주 개척단이 만주에서의 새로운 삶에 적응하고 있는 동안, 선전가들은 건실한 자영농과 목가적인 농촌 마을이라는 이미지로 상상 속 제국의 풍경을 채워 나갔다. 동시에 새로운 농본주의 비전은 제국의 공간을 농촌 부흥을 위한 공식에 끼워 넣었다. 광활하고 비옥한 만주 평원으로의 이민은 농민을 중농 이상으로 만들 수 있는 기회였다. 과거 그들은 토지 소유 형태의 변동 없이 농촌을 구제하기 위해 애써 왔지만 이제 토지개혁은 농촌갱생운동의 중심이 되었다.

셋째, 농업과 제국의 결합으로 농본주의는 사회 제국주의 운동의 형태로 재창조되었다. 수십 년간 농촌의 빈곤 문제와 싸우면서 농본주의적 처방은 1930년대 초반의 농촌 위기에 적합하지 않다는 것이 드러났다. 농촌 빈민층의 고통을 덜어주려는 노력은 지주의 이해관계에 저촉될 수밖에 없었다.

이런 배경에서 농본주의자들은 실패한 사회복지정책의 대안을 찾고 지주와 소작인 간의 갈등으로 혼란에 빠진 농촌에 사회 화합을 회복하기 위해 제국으로 눈을 돌렸다. 만주 개척이민을 농촌 문제의 해결책으로 내세운 농본주의자들은 제국에서의 사회적 혜택을 약속하면서 사회정의를 바라는 농촌 대중의 요구를 무마하려 했다.

사회 제국주의적 해결책이 채택되면서 농본주의 사상가들은 근대성을 디스토피아가 아닌 유토피아적 관점에서 바라볼 수 있게 되었다. 이것이 바로 재창조의 네 번째 측면이었다. 과거 이들은 사회 변화의 흐름을 저지하려고 노력하며 농촌을 자급자족과 사회 조화가 이루어지던 신화 시대, 즉 상공업이 농촌의 활력을 빼앗고, 국가가 산업 발전을 위해 농촌을 피폐하게 만들며, 무자비하고 퇴폐적인 도시 물질문명이 농촌으로 유입되기 전으로 되돌리려 했다. 다시 말해 그들은 근대성을 농업 중심의 삶을 파괴하는 존재로 악마화한 것이다. 만주라는 해결책은 이들이 미래를 받아들일 수 있게 했다. 대안적인 근대성을 꿈꾸며 이들은 사회 변화의 진행을 늦추려는 시도를 멈추고 오히려 사회 변화를 설계하기 시작했다. 최신 사회관리기법을 열정적으로 도입하고 근대적 국민국가의 자원을 적극적으로 활용하면서 농본주의자들은 농촌 빈곤 문제를 만주로 수출하여 계급 없는 사회를 만들고자 했다. 근대적인 식민지 군대에 힘입어 식민지 토지를 끊임없이 공급받게 된 농본주의자들은 농업의 쇠퇴를 역전시킬 수 있을 것이라 생각했다. 그들은 이제 일본 농촌경제가 제국주의에 의해 지속적으로 활력을 공급받아 번성함으로써 상공업이 가하는 압력에 맞서 스스로를 보호할 수 있을 것이라는 희망을 품었다. 즉, 제국을 통해 그들은 근대성과 화해할 수 있었던 것이다.

8장

이민 송출기구의 탄생:
만주 개척과 국가 개입의 확대

국가적 지원이 없었다면 만주 개척이민운동은 만주국에 그리 큰 흔적을 남기지 못했을 것이다. 1936년 히로타 내각은 만주 개척이민계획을 중대 국책 중 하나로 채택했다. 일본 정부는 국가의 자원과 권위를 이용하여 지지자만 많을 뿐 자원자는 거의 없던 지역 차원의 이민운동을 일본과 만주국 농촌 사회를 변모시킬 전국적인 운동으로 탈바꿈시켰다.

수십만 명에 달하는 농민이 자진해서 만주로 이주할 것이라고는 아무도 기대하지 않았다. 정책 입안자들은 빈농이 고향을 떠나 제국의 새로운 땅으로 떠나게 하기 위해서는 권고, 매수, 협박 등의 방법이 필요할 것이라고 생각했다. 목표를 달성하기 위해 그들은 거대한 이민 송출기구를 만들어 냈다. 정교한 관료기구와 연결된 이민운동 조직은 새로운 정착촌 건설을 위한 계획과 지원자 모집, 자금 조달, 개척민 송출과 정착, 물자 공급 등의 임무를 수행했다. 새롭게 만들어진 관료기구와 이들의 활동은 국가가 일본 사회에 더욱 깊이 개입하게 되었음을 보여준다.

정부 주도 캠페인의 성공 여부는 수많은 풀뿌리 조직에 달려 있었다. 전국 농촌 마을에서 지역 활동가들은 정부의 계획을 실행하기 위해 적극적으로 나섰다. 국가와 제국을 위해 그들은 지역 사회에서 만주 개척이민을 선전하기 위해 힘썼다. 여기에는 농촌 부유층의 사회적 합의를 얻어 내고 빈농 중에서 이민 지원자를 모집하는 일이 포함되었다. 이들은 국가와 사회 사이의 새로운 관계를 중재하며 농촌 민중의 삶까지 국가의 영향력이 미치게 했다.

국가 권력의 중심과 주변부에 자리한 사회 활동가들은 국가가 사회에 적극적으로 개입하도록 이끌었다. 다른 산업화 사회와 마찬가지로 일본 역시 19세기 말 이래 국민의 사적 영역, 특히 경제 및 정치적인 면에 국가가 개입하려는 경향이 강했다. 또한 다른 나라들처럼 일본도 민주적 정치 제도, 징병제, 의무교육 제도를 통한 국민 형성 프로젝트에 적극적으로 나섰다. 이런 의미에서 '개입주의 국가'라는 개념은 19세기의 발명품이었다.

국가가 사회 개혁에까지 영향력을 미치기 시작한 것은 이보다 조금 뒤의 일이었다. 새로운 유형의 사회 관료들이 등장하여 공장 노동자, 공중 보건, 소작 관련 법률을 제정하고 자본가와 노동자 사이의 사회 갈등을 중재했던 1920~30년대가 되자 사회정책은 정부가 사회에 개입하기 위한 수단 중 하나가 되었다. 사회정책이라는 실험이 막 진행되던 시기에 국가는 만주 개척이민사업에 도전했다.

사회 관리의 첫 번째 과제 중 하나로 제국주의 프로젝트가 선택된 것은 1930년대 국가 개입의 방향에 깊은 영향을 미쳤다. 만주 정책의 요구에 맞추어 새로운 국가기관이 만들어졌으며, 이는 일본의 식민지 사명이라는 이름하에 정당화되었다. 동시에 만주 개척이민운동에 참여한 농촌 공동체는 제국의 목표를 달성한다는 측면에서 정부와의 협력관계를 이해했다. 지방의 개척이민운동가들은 농민의 참여를 호소하면서, 국가를 위한 사회 활동을 영웅시하는 동시에 제국 프로젝트에서 농민의 역할을 고귀하게 만드는 언어를 사용했다.

제국주의가 일본에서 정부의 성장을 가져왔던 방식은 다른 나라의 경우와 비교해 볼 때 특별히 인상적이다. 1930년대는 산업화 국가들 전반에서 정부의 영향력이 급속히 확대되었던 시기였다. 일본의 사례에서 보듯이 제도적 확대는 국가의 개입을 사상적으로 정당화하는 시도와 함께 이루어졌다. 소련은 '위로부터의 혁명'이라는 이름하에 농업 집단화와 중앙에 의한 경제 통제를 실시하며 사회 내부에 국가 권력을 침투시켰다. 미국은 뉴딜 정책의 기치 아래 수많은 정부기관을 설립하여 규제 국가의 길로 나아갔다. 독일에서 나치는 인종차별주의를 이용하여 정치 선전과 검열, 국내 치안 유지, 그리고 거액의 공공사업비를 지출하기 위한 새로운 기구의 창설을 정당화했다. 이들 국가에서 동원은 주로 혁명의 촉진이나 시장의 규제, 민족의 정화와 같은 국내 문제와 연결되어 있었다. 그러나 일본에서는 제국이 가장 중요한 위치를 차지하고 있었으며 국가의 사회 개입은 다른 방향으로 진행되었다.

본질적으로 일본에서 국가 건설과 제국 건설 과정은 서로 복잡하게 얽혀 있었다. 그리고 두 과정은 모두 결국 통합으로 이어졌다. 사회공학적인 이민 송출기구의 등장은 국가와 사회 사이에 새로운 연결점을 만들었으며, 정부가 국민의 삶에 더욱 강력하게 개입하면서 국가는 사회적 환경에도 점차 많은 관심을 기울이게 되었다. 동시에 일본과 만주국의 사회정책이 연결되면서 두 지역의 통합이 촉진되었으며 이는 일본과 만주국이 더욱 많은 깃을 시로 공유히게 했다. 이민 송출기구는 이러한 이중적 변환의 이야기를 우리에게 들려준다.

제국의 관료제

이민은 일반적으로 배출 요인과 흡인 요인에 의해 발생한다. 일본 농민이 만주 농촌으로 이주한 사례의 경우 장기적인 농업 불황과 심각한 농지 부족이 배출 요인으로 작용했다. 1937년 농림성이 1,000개 촌락을 대상으로 실시한 조사에 따르면, 조사에 응답한 청년 중 17%가 이민을 희망한다고 대답했다.[1] 그러나 만주국이 존재했던 기간 동안 이러한 청년들의 열망이 이민이라는 실제 행동으로 이어지지는 않았다. 일본 농민들이 짐을 꾸려 만주로 떠날 만큼 일본 국내의 사회경제적 상황이 특별히 나쁜 것도, 만주의 상황이 특별히 좋은 것도 아니었다. 남성 개척민의 경우 징병 면제라는 큰 혜택이 주어졌으며 전쟁이 격화될수록 이는 더욱 매력적으로 느껴졌지만, 대부분의 농민은 외부의 도움 없이 쉽게 만주로 이주할 수 없었다. 농민들이 만주 이민을 결심할 만한 적절한 계기를 만들고 고향을 떠나 만주라는 새로운 땅에 잘 정착하게 하려면, 만주의 흡인 요인과 일본 본토의 배출 요인이 동시에 작용하는 정교한 구조가 만들어져야 했다. 이 요구를 충족시키기 위해 만들어진 정부기관들은 일본의 식민지 경영의 경험을 활용하는 동시에 사회에 국가가 개입할 수 있는 새로운 기술을 만들어 냈다.

이러한 과정은 정부 조직에 변화를 가져왔다. 수백만 명의 일본인을 만주에 정착시키려는 계획은 정부기관을 급속히 성장시켰고 그동안 정부가 관여하지 않았던 영역에도 국가재정이 사용되었다. 이 모든 것은 정부 활동의 정당한 영역을 재정의했으며 정부가 정책을 제도적, 재정적으로 뒷받침해 줄 것이라는 기대를 불러일으켰다. 일부 구체적인 정책에서 새로운 요소가 있긴 했지만, 이와 같은 정부의 변화는 전례가 없지 않았다. 메이지 초기에 급속하게 제도가 만들어지고 청일, 러일 전쟁을 위해 동원이 이루어지는 과정에서 일본은 이미 정부를 확대하고 그 역할을 재정의한 바 있었다.

'만주농업이민 백만호이주계획'이 아니었더라도 1930년대에는 정부가 공황의 폐허에서 벗어나기 위해 싸우면서 어떤 형태로든 국가의 확대나 실험이 이루어졌을 것이다. 그러나 이 시기 확립된 제도와 그로 인해 만들어진 이민 송출기구는 제국의 필요에 따라 특별히 고안된 것이었다. 이로 인해 다음의 두 가지 결과가 나타났다. 첫째, 새로운 관료제는 만주와 일본의 정책 입안자 양쪽 모두를 주인으로 섬겼다. 이민 송출기구는 일본 국내와 제국의 사회정책을 연결했기 때문에 둘 사이에 일정한 조정이 필요했고, 이에 이민 송출기구는 식민지와 본국의 국가기구를 연결하는 관료적 가교가 되었다. 둘째, 이러한 연결 때문에 식민지 국가는 본국에서 제도를 구축할 때 그 모델이 되었고 이는 일본 내 이민 송출기구가 관료적이고 가부장적인 성격을 갖게 했다.

1936년 이후 만주국 정부에 새로운 이민정책을 시행하기 위한 거대한 관료기구가 출현했다. 4개 부와 12개 과로 구성된 개척총국(開拓総局)에는 많은 관료가 배치되어 개척단체에 대한 명령과 개척단 인허가, 농지 소유권 이전 및 퇴거 중국 농민의 재정착 감독, 인가증과 인지 교부, 보고서와 통계 작성 등 다양한 임무를 수행했다. 개척총국 자체는 신설 기관이었지만 식민지 국가는 이미 오래전부터 부동산 거래나 국경 통제에 관여하고 있었다. 개척총국의 방대한 규모와 집중적인 인원 배치는 지난 30년에 걸쳐 축적된 관료 중심적인 일본의 식민지 경영 방식에 따른 것이었다. 과거 식민지 정부는 주로 교통이나 항만 등 일본 기업의 발전을 위한 기반시설을 마련하는 데 역량을 집중했다. 이에 더해 만철 부속지 내 일본인 거주지나 총독부가 관리하는 서울, 타이베이 등 식민지 수도의 일본인 이민 사회를 위해 식민지 국가는 주택과 학교, 병원 등 생활 편의시설을 제공해 주었으며, 만주에서는 소비자협동조합을 만들기도 했다. 집단 이민을 위한 행정 기구의 창설과 함께 가부장적인 개발국가라는 개념이 새로운 국가의 활동 영역 전반에 적용되었다. 이 과정에서 식민지 정부의 목표 안에 토지의 소유관계 및 토지 경작에 개입하고 중국인, 조선인, 일본인 공동체를 이주시키며 기타 사회공학적인 방법을 사용하여 농촌 인구를 관리하는 것이 새롭게 포함되었다.

개척총국의 감독 아래 새로운 정착지 관리 업무는 여러 기관에게 분담되었다. 그중 가장 중요한 위치를 차지하고 있었던 것이 반관반민의 식민지 개척회사인 만주척식공사(滿洲拓殖公社, 줄여서 滿拓)였다. 만척은 조선의 동양척식주식회사를 모델로 삼은 것으로, 일본인 정착민과 만주 사회를 매개하는 역할을 수행하기 위해 창설되었다. 우선 만척은 토지의 확보에 착수했다. 여기에는 경작에 적합하면서도 만주국 정부의 군사 목적에도 부합하는 지역을 찾고, 기존 소유자의 반대를 무릅쓰고서라도 토지 소유권을 취득하며, 토지 구입 자금을 조달하는 일이 포함되었다. 또 기존에 거주하던 중국인이나 조선인 농민을 이주시키거나 강제로 쫓아내기도 했다. 금융기관이자 토지 구매자였으며 때로는 판매 중개인이기도 했던 만척은 일본 이주민이 만주 지역 사회와 직접 거래하는 부담을 막아주는 완충 역할을 했다.

이처럼 다양한 요구를 수행하기 위해 만척은 여러 차례 증자가 이루어졌으며, 1937년 5천만 엔이었던 자본금은 1943년 1억 3천만 엔까지 늘어났다. 1943년 일본인 이민 관련 예산은 1억 2천만 엔이었다. 신징에 본사를 둔 만척은 도쿄와 서울에 지사를 설치했으며 12개의 사무소가 만주 각지에 있었다. 이 외에도 56개 출장소와 53개 관리소, 12개 농장을 관리하면서 거대한 조직과 직원을 지휘할 수 있는 권한을 갖고 있었다.[2]

1940년에는 '만몽개척 청소년의용군'이라는 청소년 개척단 프로그램이 확대됨에 따라 매년 새로 유입되는 1만 명에서 2만 명에 이르는 청소년 개척민을 관리하기 위한 별도의 기관(청년의용대 훈련본부)이 만들어졌다. 이미 1938년에 발족한 준군사조직인 만몽개척 청소년의용군은 14세부터 21세까지의 청소년을 만주의 개척훈련소로 보내 3년간 훈련을 시켰으며, 훈련을 마친 뒤 이들이 다른 성인 개척민들과 함께 개척촌으로 이주하길 선택하면 징집을 면제해 주었다. 청년의용대 훈련본부는 5개 부, 11개 과로 구성되어 있었으며 222명의 관료가 근무했고 만주 주요 7개 성에 연락사무소를 두었다. 1940년에 4천만 엔이었던 예산이 43년에 약 5200만 엔까지 늘어난 훈련본부의 주요 임무는 38~41년 사이에 세워진 92개 훈련소를 감독하는 것이었다. 첫 1년 동안은 1,500~6,000명의 청년이 한 훈련소에서 생활했으며 그 후 300명씩 좀 더 작은 규모의 훈련소로 보내 그곳에서 남은 2년 동안의 훈련을 계속했다.[3]

만척과 훈련소 외에도 만주국 정부는 만주국 수도 신징과 북부 철도 중심지인 하얼빈, 소련-만주국 국경 지역의 헤이허(黑河), 동북부의 자무쓰(佳木斯)에 개척연구소라는 연구 네트워크를 구축했다. 1943년 약 백만 엔의 예산과 118명의 연구 인력을 바탕으로 설립된 개척연구소는 만주 개척의 진행 상황을 면밀하게 조사, 검토했다. 개척사업 관련 연구기관을 설립하자는 생각은 만철의 사례를 본보기로 삼은 것이었다. 만철은 도서관과 박물관, 통계학자, 측량기사, 설계사는 물론 산업 및 농업 관련 실험이나 지질 및 천연자원의 조사, 사회 위생과 가축 질병에 관한 연구 등을 수행하기 위해 산하 연구기관을 다수 가지고 있었다. 만철의 방대한 연구 성과에 미치지는 못했지만 개척연구소의 연구와 정책 제안은 잡지『대륙개척』과 개별 개척촌 연구서를 통해 발표되었다.[4]

　　　　제4부: 새로운 사회적 제국주의와 농업 개척이민 계획, 1932~1941

이와 같은 만주 개척 지원기관들은 일본인 개척민을 만주로 끌어들이는데 필요한 환경을 조성하기 위해 노력했다. 만척이 제공한 농지와 재원, 기타 지속적인 지원 외에도 각 개척촌에는 농업 전문가와 치안 및 방어 책임자, 의사와 수의사가 배치되었다. 개척민에게는 병원과 병영, 목욕탕, 우물, 방어벽, 상점, 공장, 학교 같은 공동 설비도 제공되었다. 1936년 척무성이 지원한 원조만 해도 한 가구당 도항비 250엔, 기타 경비로 650엔이 책정되었는데 이는 이민 첫해의 생활 지원을 위한 것이었다. 또 각 개척촌에는 전문가 및 지도자 고용비 명목으로 4,750엔이 주어졌으며, 별도로 매년 14,733엔의 지원금이 3년 동안 지급되었다. 그리고 진료소 설립과 직원고용을 위해 8,750엔이 주어졌고, 운영예산으로는 10년 동안 매년 14,733엔이 책정되었다.[5] 이처럼 개척민에게는 농업 생산과 관련된 것 외에도 전반적인 사회기반시설을 위한 자금이 제공되었다. 개척민들은 홀로 살아남기 힘든 사회 환경으로부터 보호받았을 뿐 아니라 마치 고향과 같은 익숙함 속에서 편안하게 생활할 수 있었다. 도시의 일본인 이주민 사회가 만철의 개입 하에 중국인 사회와 분리되어 있었던 것처럼, 개척민들은 만척의 보호를 받으며 그 영향력 아래 단단히 머물러 있었다. 이처럼 농업이민자들로 구성된 새로운 식민지 사회와 그 사회를 돕기 위해 만들어진 새로운 국가기구가 서로 의지하면서, 식민지 국가와 사회가 상호 작용하는 가부장적 식민지 통치 방식은 새로운 단계로 나아가게 되었다.

한편 일본 국내에서도 '만주농업이민 백만호이주계획'은 만주 이민을 추진하기 위한 여러 행정기관과 프로그램의 출현을 가져왔다. 만주 이민계획을 국가 차원에서 시행한 기구로는 척무성과 농림성이 있었다. 척무성(1942년 이후 대동아성으로 통합됨)은 만주국 관료들과 정책을 조율하고 도항과 개척에 필요한 정부 예산을 관리했다. 농림성은 농촌갱생운동을 감독하면서 이민 대상자를 모집하고 이민계획에 동참한 지역 사회에 보조금을 분배했다. 두 부처 모두 업무를 수행하기 위해 막대한 예산을 배정받았다. 1937년 한 해에만 척무성에는 6,000가구의 이민을 촉진하기 위한 예산으로 900만 엔이, 농림성에는 이민계획에 참여한 지역 사회에 지급되는 보조금 명목으로 500만 엔이 책정되었다.[6]

이는 본질적으로 사회복지를 위해 거액의 비정규 지출이 이루어졌음을 의미했다. 앞서 언급했듯이 일본 사회에 국가가 개입한 것은 전례가 없는 일이 아니었다. 만주의 식민지 정부와 마찬가지로 일본 정부의 개발주의적 태도는 오랜 정치적 전통을 갖고 있었다. 메이지 시대 초기 '부국강병'정책이 시작된 이래, 일본은 재정 지원이나 정부 진흥책을 통해 근대 산업을 장려했다. 정부는 철도나 기타 도시 기반 시설에 투자했다. 또한 메이지 정부가 의무교육과 징병제를 도입한 이래, 국가는 국민국가 건설을 통해 국민의 삶에 더욱 깊이 개입했다. 일본에서 국가와 사회의 관계는 식민지 정부와 일본인 이민 사회만큼 밀접하진 않았지만, 20세기 초 내무성과 육군성, 그리고 문부성은 자발적 단체의 네트워크를 구축하여 일본 사회를 보호, 감시했다. 쉘던 개런(Sheldon Garon)이 지적했듯이, 관료의 증원을 통한 국가의 적극적인 사회 개입은 독일의 '국가복지' 사상의 영향을 받았다. 이는 사회 질서나 국가 권위를 유지하기 위해 산업화의 참화로부터 취약한 영역을 보호해야 한다는 윤리적 사명을 국가에 불어넣은 것이었다.[7] 1910~20년대에 이 원칙은 공장과 소작민의 노동조건을 규제하고 쌀값을 안정시키며 도시의 공중위생을 개선하기 위한 여러 법령 속에 명시되었다. 그러나 1930년대 전까지 국가의 가부장주의는 중앙정부의 전폭적인 재정 지원을 받지 못했다. 교육이나 공중위생, 기타 국가가 주도하는 각 사업에 소요되는 제반 경비는 지방정부가 대부분 부담했다. 이러한 점에서 만주 개척이

　제4부: 새로운 사회적 제국주의와 농업 개척이민 계획, 1932~1941

민사업을 추진하기 위해 재정적 지원이 이루어진 것은 국가의 기존 관행과는 차이가 있었으며, 이는 중앙정부가 사회정책의 재정적 책임을 진다는 복지국가의 기본 원리가 확립되었음을 알리는 신호탄이었다.

만주 개척이민계획에 막대한 국가 예산이 배정된 것에 힘입어 척무성은 만주이주협회라는 반관반민 단체를 설립하고 각지의 이민훈련소 사이에 연결망을 구축했다. 만주이주협회는 만주 이민 선전단체로, 1920년대 좌익사상의 확산에 대항하여 내무부가 진행한 계몽운동과 만주사변기 육군성의 국방사상 캠페인에서 개발된 선구적인 기법을 활용했다. 만주이주협회는 특정 지역에서 집중적인 선전 활동을 하기 위해 매년 활동 지역을 선정하여 협회 사무소를 개설하고 해당 지역의 주요 촌락에 그 역량을 집중했다. 협회 직원 중 일부는 협회 본부에서 팸플릿과 월간지『개척하라 만몽』(후에 『신만몽』으로 개칭)을 편집했으며 조사 데이터 분석, 보고서 작성, 향후 계획 입안 등의 역할을 했다. 동시에 다른 협회 회원들은 농촌 지역으로 내려갔다. 이들은 한편으로는 지역 유력자를 설득하고 다른 한편으로는 농민을 이민자로 등록시키기 위해 각 대상에 적합한 자료를 가지고 마을을 순회했다.[8]

이민훈련소는 만주 이민을 지원하기 위해 설립된 새로운 관료기구의 또 다른 축이었다. 선전 활동에 국가가 개입한 것과 마찬가지로, 국가가 운영하는 훈련교육센터의 창설은 대중 동원을 위한 국가 기술이 정교해졌음을 보여준다. 성인교육이라는 발상은 1920년대에 문부성이 소학교를 졸업한 이를 대상으로 정부가 지속적인 교육을 시행해야 한다고 선언하고 '사회교육'이라는 용어를 도입하면서 처음 등장했다. 여기에는 공공도서관이나 박물관, 사회체육시설 등의 신설 외에도 성인에 대한 훈련이나 강연회를 실시하기 위해 기존 교육시설을 활용하는 것도 포함되었다. 또한 문부성은 지역 자원단체와의 유대를 강화하여 재향 군인회나 부인단체, 청년단 등의 전국적인 네트워크를 동원함으로써 성인교육 운동의 수단으로 활용했다.[9]

1920년대 정부의 사회교육 실험과 더불어, 국가가 경영하는 이민훈련소의 제도화는 농촌훈련소의 경험을 토대로 한 것이었다. 농업 교육기관인 농민도장(農民道場)은 1910~20년대 전국적으로 생겨났다(1911~1920년 사이에 58개가 설립되었다). 유명한 가토 간지의 일본국민고등학교처럼, 평균 20~30명의 학생을 두었던 농민도장은 한평생 농업에 헌신할 농촌 지도자를 기르는 데 전념했다. 30년대 초 중앙정부는 농민도장에 관여하기 시작했다. 농촌갱생운동의 일환으로 농림부는 농민도장에 보조금을 지급하고 교육과정에 농본주의적인 내용을 강화했다. 1930년대 말이 되자 이러한 농촌 교육기관의 상당수가 이민훈련에 동원되었다.[10]

조국을 떠나 만주에서 별도의 훈련을 받기 전, 이민 지원자는 새로운 삶을 준비하기 위해 최소한 한 달 동안 정신교육을 받았다. 1937~40년 사이 전국적으로 50개 훈련소로 이루어진 네트워트가 구축되어 일본의 모든 현이 여기에 연결되었다. 척무성은 새 훈련소 건립 비용의 절반을 부담하는 데 합의했는데, 시설 하나를 처음부터 지을 경우 약 만 2천 엔의 비용이 소요될 것으로 예상되었다.[11] 이에 더해 청소년의용군을 위해 완전히 별도로 구축된 국내 훈련소가 만들어졌다. 모든 지원자는 이바라키현(茨城縣) 우치하라(內原)에 있는 시설에서 두 달간 훈련을 받았는데 이곳에서는 매년 5만 명이 훈련할 수 있었다. 또한 전국에 흩어져 있는 380개 훈련소(홋카이도와 가나가와현 제외)는 중등학교 졸업자를 대상으로 교사와 함께 1주일 동안 흥아(興亞) 교육과정을 이수할 수 있는 기회를 제공했으며 이후 교육 대상자들은 청소년의용군에 일괄 합류하도록 권유받았다.[12]

만주 이민자 모집의 실제 업무 대부분이 지역 차원에서 이루어졌기에 각 현은 만주 이민을 촉진하기 위한 자체 조직을 설치했다. 이민자를 가장 많이 보낸 나가노현은 직업과, 사회과, 기획과의 관료들에게 조사, 출판, 선전, 모집, 자문 등의 업무를 맡겼다. 나가노현은 또 척무성의 지원 아래 농업이민훈련소를 운영했으며, 청년들에게 만주 개척 이론과 방법을 교육하기 위한 기술연구소도 보유했다. 만주 이민에 대한 지원 확대는 현의 담당 직원 수에도 반영되었다. 1935년만 해도 만주 이민계획을 담당하는 정규 직원은 21명뿐이었지만 1940년에는 그 수가 6배로 증가했다. 또 만주 이민계획에 배정된 예산도 기하급수적으로 늘어나 1931년에는 6,500엔이었던 지출액이 1940년에는 7만 4,763엔으로, 1944년에는 51만 5,783엔으로 급증했다.[13] 즉 만주 이민은 전국적인 차원에서뿐 아니라 현 차원에서도 복지국가의 확대에 기여한 것이다.

새롭게 만들어진 이민 송출기구는 농민이 만주로 떠나도록 유도하기 위해 여러 방면에서 압력을 가했다. 표10은 만주 이민을 성공시키기까지 필요한 일련의 활동에 대한 예산안이다. 만주 이민을 위해 책정된 예산을 살펴보면 국가와 지방정부의 지출액이 상당하다는 것을 알 수 있다. 여기에서 이민을 촉진하기 위해 구축된 이 관료적 시스템이 재정적 보상에 크게 의존하고 있다는 중요한 특징이 드러난다. 과거의 일본 정부가 산업사회에서 나타나는 사회 혼란을 몇 마디 말로만 해결하려 했다면, 이제는 국가재정을 사용하여 그 메시지에 무게를 싣기 시작한 것이다. 이는 확실히 사회정책의 영향력을 강화했다. 그러나 이 과정에서 정부의 정의도 변경되었다. 이제 국가는 사회정책에 재정적 지분을 갖게 되었다. 만주 이민을 유인하기 위해 만들어진 식민지 국가기구가 그러했듯이, 국내 이민운동에 자금을 투입하면서 국가는 사회 관리 영역까지 새롭게 영향력을 행사하게 되었으며 국가와 사회 간의 관계도 더욱 밀접해졌다. 이는 이전부터 진행되어 온 변화의 연속선상에 있는 것이었다. 1920년대에 발전을 이룬 사회교육과 같은 사회복지기관들은 제국을 위해 동원되었다. 이러한 새로운 사회정책은 정부 관료기구를 사회정책을 시행하고 제국을 건설하기 위한 도구로 변모시켰다.

<표10> 만주 개척이민계획 실행 소요경비

항목	경비	부담 주체
전임직원 설치비	3년간 매년 600엔	촌
조사비	20엔	촌
인쇄비	30엔	촌
만주 이주지 시찰비 보조(매년 2명)	3년간 매년 160엔	현
선진촌 시찰비 보조(회당 5명)	1회 50엔	촌
중견 청년 수련농장 파견비(매년 5명)	3년간 매년 50엔	촌
강습·강화회비(강연, 영사 등)	3년간 매년 50엔	촌
자료 수집비	100엔	촌
이주 장려비	1명 당 50엔(총 10,000엔)	촌
잔류가족 지원비	24,000엔	중앙정부
가족 훈련비	3년간 매년 150엔	촌
송별회비	3년간 총 240엔	촌
토지 구입비	86,000엔	중앙정부
부채 정리 잡비	300엔	촌
가옥 토지 처분 잡비	3년간 매년 100엔	촌
통신비	3년간 매년 100엔	촌

출전: 農林省經濟更生部,『新農村の建設: 大陸への分村大移動』, 朝日新聞社, 1939, pp. 539~541.

민족 팽창주의

정부의 정의를 새로 만들어가는 과정 중에는 이민 송출기구의 목적을 명확히 하고 그 존재를 정당화하는 사명의 구축도 포함되어 있었다. 1930년 대 초 만주 개척이민운동에 영감을 주었던 사상들은 새롭게 형성된 국가 관료제에 의해 채택되어 팽창을 위한 민족적 사명으로 재구성되었다. 미국 에서 뉴딜정책이 복지국가의 건설이란 맥락에서 이야기되었던 것처럼 일 본의 민족적 사명은 지역 사회에 대한 국가의 공적 개입을 정당화했다. 국 가 영향력의 확대를 이념적으로 정당화함에 있어서 인종 문제의 언급은 일 본에서 좀 더 노골적으로 이루어지긴 했지만, 미국의 공중위생이나 공교육 정책 역시 우생학적인 고려에서 진행되었으며 사회개혁과 인종 개량은 동 일한 문제로 취급되었다. [14]

일본의 민족적 사명이라는 이데올로기는 각 지역 위원회, 현 행정 기구, 만주이주협회, 농림성 등에서 제작한 엄청난 양의 선전 및 모집 문건을 통 해 퍼져나갔다. 이민 송출기구의 다양한 수단을 통해 전파된 만주 개척 구 상은 과거로부터 차용해 왔으면서도 새롭게 재구성된 제국 건설 비전을 소 개했다. 기존의 식민지 담론을 바탕으로, 일본인이 민족적으로 확장해 나 가야 한다는 사명은 대만과 조선, 태평양 제도와 중국 대륙을 포괄함으로 써 이미 다면적인 성격을 가졌던 식민지 사명이 새롭게 부여한 과제였다.

이민 송출기구를 정당화하기 위한 아이디어의 원천은 오래전부터 제국 의 이름으로 이민을 옹호해 온 이민운동이었음이 분명했다. 이러한 전통에 따라 만주 개척을 위한 선전은 경제적 기회보다는 애국심에 호소하는 표현 들로 이루어져 있었다. 척무성의 장관들은 "괭이를 든 병사들"에게 "가라! 가서 대륙을 개척하라! 야마토 민족의 발전을 위해, 아시아에 신질서를 건 설하기 위해!"라고 외쳤다. [15] 1939년 말 척무대신이었던 고이소 구니아키 (小磯國昭)는 "북만주의 토지와 싸운 개척자"에게 바치는 헌사의 제목을 '괭 이 한 자루의 힘'이라 붙였다. 그는 농민들이 "민족의 신성한 사명"에 동참할 것을 촉구하는 한편 대중은 그들에게 '감사'와 지지를 표해야 한다고 주장했다.[16] 이 장엄한 수사는 이민을 단순히 가난한 농민이 농토를 얻기 위해 떠나는 경제적 선택이 아닌 야마토 민족의 정신을 제국에 심는 수단으로 바라보게 했다.

식민지를 보유한 다른 열강과 마찬가지로, 일본에서 식민지 담론은 일정 부분 자아와 타자에 대한 담론이었으며 이는 점차 인종의 언어로 표현되었다. 1870년대 처음 일본이 제국을 향해 나아갔을 때부터 1930~40년대 군사적 팽창주의에 이르기까지 일본의 식민지 담론에 인종적 원리가 편입되어 가는 과정은 다음의 세 가지 단계를 거쳤다. 첫 번째 단계는 사회계층 내에서 자신의 본분을 지킬 것을 강조하는 유교 사상과 일본인은 하늘의 자손이라는 신도 사상이 19세기 말 서양의 인종주의적인 과학 이론과 만나면서 시작되었다. 서양으로부터 두개골 측정법, 사회진화론, 인종 유형의 개념이 유입되면서 민족국가나 민족언어학, 또는 외부 형질에 따라 다양하게 정의될 수 있는 'race'란 개념이 가진 모호함도 일본에 그대로 들어왔다. 그 결과 일본에서 'race'라는 개념은 때로는 '민족', 때로는 '인종'으로 번역되는 등 일관성 없이 혼용되어 사용되었다. '민족'은 문자 그대로 '같은 혈연을 가진 사람들'이란 뜻으로 'race'가 '민족'으로 번역될 때에는 이 용어가 가진 민족(ethnic) 또는 국민의 의미가 강조되는 반면, '인종'으로 번역될 때에는 생물학적인 구분이 강조되었다. 즉, 'race'를 번역한 '민족'과 '인종'이라는 두 용어는 아시아와 서양, 황색인종과 백색인종을 대비시키기 위해 사용되었을 뿐만 아니라 동시에 아시아 내에서의 민족적 구분인 한족, 만주족, 몽고족, 아이누족 등을 나타낼 때도 사용되었다.[17]

1895년 이래 언이은 식민지의 획득은 일본의 학계와 정계에서 식민지 통치 담론의 형성을 자극했다. 민족적 동화 또는 제휴의 장단점에 대한 논의가 이루어지면서 일본의 식민지 담론에 인종적 원리가 들어오는 두 번째 단계가 시작되었다. 피지배 민족을 일본화 하는 것이 가능한지, 그리고 그것이 적절한지에 대한 논쟁은 사회적 분리와 절대적인 정치 권력의 불균형이라는 식민지 맥락에서 일본인과 다른 아시아인 간에 존재하는 차이의 본질이 무엇인지 정의하고 명확히 하는 과정을 수반했다. 유럽의 식민지 환경에서 동화정책과 제휴정책은 실제 큰 차이가 있기보다는 대부분 그저 수사적인 표현에 불과할 뿐이었으며 둘 다 사실상의 분리와 차별, 인종 간의 뛰어넘을 수 없는 격차가 있다는 인식에 기반을 둔 것이었다. 이는 일본의 경우도 마찬가지였다. 그러나 유럽과 일본 사이에 존재하는 흥미로운 차별점은 결국 수사적 표현이 중요하다는 점을 시사해 준다. 유럽의 식민지 이론이 점점 서구 제도의 확산을 막고 피지배 민족과 제휴하는 방향으로 흘러가는 경향을 보였던 반면, 일본의 식민지 담론은 마크 피티(Mark Peattie)가 지적했듯이 동화라는 반대 방향으로 나아갔다.[18]

1930년대 중엽 민족 동화의 개념이 열광적으로 수용되면서 인종과 식민주의 담론의 세 번째 단계가 시작되있다. 정부의 식민지 정책은 더욱 노골적으로 인종주의적인 모습을 띠었으며, 이는 지난 반세기에 걸쳐 신화적 역사와 유교 사상, 그리고 의사과학(擬似科學)이 뒤섞여 형성된 인종적 해석으로 정당화되었다. 이러한 경향은 대만과 조선에서 시행된 황민화 정책에서 분명히 드러났다. 황민화 정책이란 일본어의 사용과 창씨개명, 신사 참배 등을 통해 민족 동화를 강제하는 것이었다. 식민지 정책의 인종주의적 경향은 후생성 연구부 인구민족부가 작성한 4,000쪽에 이르는 '야마토 민족을 핵심으로 하는 세계정책 검토'라는 대동아공영권 운영계획에도 잘 나타나 있다.[19] 그리고 이러한 경향은 마침내 만주국에 개척이민을 시행한다는 새로운 사명으로 나타났다. 이는 일본의 식민주의 역사에서 민족 팽창주의를 국가정책으로 삼은 첫 번째 사례였다.

제국의 수사에 넘쳐난 인종주의적인 표현은 만주 개척이민계획의 슬로건에도 분명하게 보인다. 만주 개척을 다룬 글에서 만주는 "일본이 낳은 형제국"으로 일컬어지곤 했다.[20] 일본과 그 식민지가 형제국이라는 생각은 유교 사상의 영향을 받아 만들어진 것으로 일본제국을 표현할 때 흔히 만날 수 있는 이미지였다. 만주 개척이민계획은 여기에서 한 걸음 더 나아가 가족이라는 유교적 메타포를 신도 사상의 영향을 받은 가족국가 개념으로 강화했다. 메이지 헌법에도 명시되어 있으며 초등학교 교과서를 통해서 널리 전파된 가족국가라는 개념은 일본인이 인종적으로 공통의 조상을 가진다는 신화에 바탕을 두고 있다. 많은 고전 문헌은 일본인의 기원이 신의 후손인 진무(神武)천황에까지 거슬러 올라간다고 말한다. 진무천황은 기원전 660년 야마토에 나라를 세우고 야마토 민족의 시조가 된 신화적 인물이다. 그런 의미에서 국가는 혈연으로 이어진 대가족이었으며, 천황은 이 대가족의 가부장이기도 했다. 만주 개척이민계획의 선전에 친족이라는 생물학적 개념이 적용되면서 제국은 가족국가라는 범주 안으로 들어왔다. 한 잡지 기사의 말대로, 만주국은 일본의 식민지가 아니라 피를 나눈 친척과 같은 존재였다. 본국과 식민지 국가의 관계는 "일본은 본가이고 만주국은 분가"라는 표현처럼 일본 가족 제도의 연장선상에 놓이게 되었다. 본가와 분가라는 위계 구조 안에 둠으로써 일본은 만주국이라는 신생 국가의 부모로써 만주국을 "일본 같은 훌륭한 국가"가 되도록 양육하는 역할을 맡게 되었다.[21] 결국 식민지화를 표현하는 새로운 언어 속에서 식민지는 친족이 되고 가족국가는 가족제국이 되었다.

농촌의 차남, 삼남을 모집하여 만주에 분가를 만들게 하는 정책은 이러한 관념을 더욱 강화했다. 농가 청년을 모집하기 위해 쓰인 한 글에서 저자

    제4부: 새로운 사회적 제국주의와 농업 개척이민 계획, 1932~1941

는 "생계를 유지하기 어려운 농촌의 차남, 삼남은 삶의 희망을 잃고 어두운 얼굴을 하고 있다"라고 말하며 이들을 "대륙의 옥토가 손짓하며 부르고 있다"라고 강조했다.[22] 비슷한 방식으로 개척촌 건설 계획은 문자 그대로 '분촌(分村) 건설계획'이라 불렸다. "분촌이민으로 만주에 분가"하자는 표현도 등장했다.[23] 이처럼 식민지와 본국 사이에 새롭게 형성된 혈족관계를 표현하기 위해 재생산과 가족의 은유가 사용되었다.

만주 이민 선전가들은 민족의 씨를 널리 퍼뜨려야 한다는 생각을 가지고 특히 청년을 향해 강하게 호소했다. 호러스 그릴리(Horace Greeley)의 "서쪽으로 가라, 젊은이여"라는 유명한 경구를 따서 만주이주협회의 오쿠라 긴모치(大蔵公望) 남작은 일본 청년들을 향해 "청년이여, 대륙으로 이동하라"고 지시하며 "새로운 토지는 농촌의 젊은이들을 기다리고 있다"라고 훈계했다.[24] 또한 개척민들 사이에서 널리 불리던 노래인 '개척혼'에도 "청년의 피"라는 표현이 넘쳐났다.[25] 식민주의 담론에 청년의 이미지가 두드러지고 일본의 해외 진출이 정력적인 젊은이의 모습으로 표현된 것은 젊고 진보적인 일본이 늙고 노쇠한 아시아의 이웃 국가들을 서구 문명과 계몽의 길로 인도한다고 표현했던 1870~80년대까지 거슬러 올라갈 수 있다. 그러나 1930년대에 들어 국가를 청년의 모습으로 은유하는 데에서 문화적 요소는 점차 희박해졌으며 그 대신 신체적, 생리적 의미가 이를 대체했다. 가령 청소년의용군 노래는 대륙에 일본 민족을 이식하는 데 필요한 자질인 젊은이의 활력과 힘을 찬양하고 있다. 작사가 호시카와 료카(星川良夏)는 공모전 수상작 '우리는 젊은 의용군'이란 노래 가사에서 "휘두르는 팔"과 젊은이의 "힘"에 대해 언급했다. 또한 '개척행(開拓行)'이라는 노래는 "신주(神州)의 건남아(健男児)" 같은 구절을 대중화했으며 '청소년의용군의 노래'는 다음과 같이 선언했다.

물론 만주 개척이민운동가들이 청년 모집에 특별히 주의를 기울인 현실적인 이유도 있었다. 만주 개척에 관한 글을 살펴보면 이들은 야마토 민족의 씨앗을 신제국에 심어 국가의 생명선을 식민지로 확장할 책임이 일본 청년들에게 있다는 사실을 특별히 강조하고 있다. 『만주이주독본』에 따르면 일본 청년은 식민지의 신세대, 혹은 "대륙의 신일본"을 건설할 유일한 존재였다.[27] 또 「새로운 조상이 되는 기쁨」이라는 제목의 글은 "어쨌든 새로운 나라를 만드는 것이다. 그리고 자신이 새로운 조상이 되는 거다. 이보다 생기 있는 삶, 보람 있는 일은 없다고 생각한다"라고 이야기하고 있다.[28] 잡지 『이에노 히카리』의 한 글은 러일전쟁 때 만주에 묻힌 병사들의 이미지를 새롭게 변형하여 "이름 모를 땅에 우리의 뼈를 묻는다. 곧 태어날 아이와 손자를 위한 낙토를 세우는 것이다"라며 기쁨에 찬 개척민의 열렬한 소망을 이야기하고 있다.[29]

여성 또한 관념화된 만주국의 이미지에서 대단히 중요한 존재였다. 처음으로 여성이 일본의 식민지 사명에서 능동적인 역할을 하는 주체로 그려졌다. '대륙의 어머니', '대륙의 신부'라는 말이 일본 여성의 애국심을 북돋우기 위해 빈번히 사용되었다. 『이에노 히카리』에는 여성 개척민의 '미담'이 가득하다. 이들 미담은 여성의 강인함과 인내가 식민지 사회 건설에 크게 기여했음을 강조하고 있다. 그중 '마을을 지킨 새 신부들'이라는 일화가 있다. 도쿄에서 자원해 만주로 이민 온 개척민의 남편들이 흉년을 만나 모든 것을 포기하고 개척단을 해산하려 하자, 희망에 차 대륙으로 건너왔던 개척민의 새 신부들은 결연히 일어나 남편들을 향해 패배주의에서 벗어나라고 설득하면서 다음과 같이 말했다.

지사님의 축복 아래 도쿄에서 열린 우리의 결혼식에서 만주에 도쿄 개척촌을 건설하고 동양 평화의 초석이 되겠다고 눈물로 맹세하지 않았던가요? … 고향에서도 농사는 풍년일 때도 있고 흉년일 때도 있습니다. 진실을 알지 못한 채 단 한 번의 흉년만에 토질이 좋지 않다고 단정 짓고 개척을 포기한다면 우리에게 기대하고 있는 고향 사람들이 어떻게 생각할까요? 또 만주인들은 우리 일본인 정착민의 행동을 보고 뭐라 말할까요? 우리는 미래를 약속했고 이곳에 도쿄 개척촌을 항구히 건설하기로 맹세했습니다. 이제 여러분은 어느 때보다 더욱 분발하여 용기를 가지고 노력해야 합니다. [30]

이런 종류의 미담에서 여성은 고난을 참고 견디며 만주 개척이라는 신성한 사명을 달성하는 데 필요한 불굴의 정신과 인내를 가진 존재로 묘사되었다.

만주 개척에 관한 글에서 저자들이 청년에 집중한 것과 마찬가지로 여성에 대한 관심도 현실적인 이유가 있었다. 그렇기에 글 속에서 여성은 자식을 낳고 키워내는 생리적 특성이 강조되어 표현되었다. 만주 일본인 사회에서 다음 세대를 양육하는 존재로 묘사된 개척민 여성은 그림이나 사진에서 언제나 가슴에 아기를 안고 있는 모습으로 표현되었다. '수확의 기쁨'이라는 제목이 붙은 그림에는 "하루하루 수확에 바쁜 괭이를 든 이민 전사, 석양이 젊은 아버지의 얼굴을 비추고 있다. 이곳 만주에서 태어난 아기는 엄마의 풍만한 젖가슴을 물고 있다 … 이것이 청년의 행복을 상징하는 것이 아니겠는가"[31] 라는 설명이 덧붙여 있다. '키우는 자의 기쁨'이라는 제목이 붙은 개척민 여성과 아이들의 사진에는 이 여성의 가족과 여성 뒤에서 방목되고 있는 양 떼가 함께 담겨 있다. 이 사진에는 "전망이 좋은 축사 이층에서 통통한 만주 출신 2세가 젊은 어머니와 함께 대륙에서나 볼 수 있는 경비견과 즐겁게 놀고 있다"라는 설명이 달려 있다.[32]

만주 이민 초기 정부의 이 같은 방침은 인생의 전성기를 지난 사람들의 이민을 만류했다. 그러나 1942년 후반에 출판된 글에는 자녀 세대를 위해 노인도 이민에 함께 하라는 권유가 나타났다.

> 개척민의 출산율은 높지만 동시에 유산이나 조산 등도 많고 영유아 사망률도 높다. 그 원인을 조사해 보면, 대개의 경우 초산인 데다가 주변에 도움을 줄 경험자가 없기 때문이다. 만약 경험 많은 노인이 있다면 그 가정뿐 아니라, 마을 전체가 불행으로부터 구원받을 수 있을 것이다.[33]

상상 속의 만주 풍경에 여성과 어린이, 그리고 조부모가 존재한다는 것은 일본이 이제 만주국을 친밀하게 여기고 있음을 반영한 것이었다. 이처럼 민족 팽창주의란 문자 그대로나 비유적으로나 만주의 일본화를 의미했다. 새로운 제국에 가족 전체가 이식되면서 현지 인구 중 일본인이 차지하는 비중이 높아졌다. 동시에 모성과 결혼생활의 이미지가 투영되면서 만주라는 제국은 가정과 같이 친숙하게 느껴졌다. 전장은 텃밭으로 바뀌고 상품 시장은 일본 농촌 공동체로 대체되었다. 만주국은 날이 갈수록 고향의 모습을 닮아갔다.

만주국의 식민지화 사명에 민족적 색채가 더해진 것은 민족 팽창주의가 가진 생활권의 확대라는 개념 이상의 의미를 가졌다. 이는 대만과 조선에서 식민지 통치를 경험하면서 형성된 일본과 아시아 국가 간의 관계에 대한 민족적 개념화에 기반을 두었다. 식민지 선전물은 이른바 민족협화의 땅에 민족 간 차이의 정의를 적용함으로써 아시아에 민족에 따른 권력의 자연스러운 위계질서가 존재한다는 관념을 강화하고 활성화했다. 만주인이라 불리던 토착 중국인과 일본인의 관계를 표현할 때에는 항상 민족적인 묘사가 이루어졌다. 만주 개척 선전가들이 일본 민족의 우월성을 강조해야 한다고 자주 느꼈다는 사실은 이를 다양하게 변주하고 교묘히 이용했던 것만큼 주목해 볼 필요가 있다. 야마토 민족의 지위는 오족(五族)의 '핵심', '중심', '중추', 또는 '지도적 지위', '지도적 역할', '아시아 대륙의 맹주', '오족협화의 선두', '오족협화의 추진력' 등으로 다양하게 표현되었다. 메이지 시대 이래 근대문명 구축에 성공한 일본은 자신에게 아시아의 맹주가 될 권리가 있음을 주장해 왔다. 이제 문화적 우월성은 민족의 언어로 표현되었다.

그런 의미에서 일본인 이민자는 만주국의 타민족을 '지도', '계발'하고 '덕화(德化)', '인도'해야 할 의무가 있었다.[34] 타민족을 계몽해야 하는 임무를 자세히 설명한 만주 개척 관련 글에는 다른 아시아 민족과 구분되는 일본인의 민족적 특징이 열거되어 있다. 해외 식민지를 가진 다른 국가와 마찬가지로 일본에서도 과학기술의 발전 정도가 민족 간 격차를 보여주는 중요한 지표였다.[35] 만주국에 관한 출판물이나 잡지는 일본에 비해 낮은 만주 중국인의 물질문화 수준에 특히 주목했다. 부유한 중국인 지주의 집을 방문했던 한 일본인은 빈 유리병으로 장식된 중국인의 집을 보고는 "이상하게 생각"했다. 이는 그가 "약 백 년 전 서양 문화가 처음 들어왔을 무렵 일본에서는 유리 제품을 귀중하게 여겼다"라는 이야기를 들었기 때문이다.[36]

기술 수준이 해당 민족의 발전 정도를 나타낸다는 믿음은 몇몇 작가로 하여금 일본 민족이 우월하다는 신화를 유지하기 위해 사실을 왜곡하도록 만들었다. 만주의 일본 개척민들이 필사적으로 중국인이나 조선인 농민으로부터 현지 농법을 배우려 했던 반면, 일본에서는 농민들을 향해 일본의 뛰어난 농법을 만주에 퍼뜨리기 위해 신천지로 가라고 선전했다. 한 팸플릿은 만주국 정부가 "열심히 이와 같은 개량에 힘쓰고 있다"며 만주 농촌이 열악한 상태에 있음을 언급하면서 "글을 알지 못하는 (중국인) 농민들을 상대로는 아무리 설명해도 소용이 없다"라고 설명했다. 또 "그들의 결함을 고치기 위해서는 농업에 익숙한 우수한 민족이 몽매한 한인 농민들 속으로 들어가 현장에서 지도할 필요가 있다"라고도 조언했다.[37]

과학기술 문제와 더불어 개인위생 수준도 인종 간 차이를 보여주는 수단으로 자주 언급되었다. '처음 가본 이주촌'이라는 글은 중국인 쿨리 무리의 악취에 대한 혐오감을 묘사하는 데 많은 분량을 할애했다.[38] 개척촌을 방문하고 돌아온 한 부부는 중국인들에게 위생 관념을 전파하는 데 성공했다며 매우 열정적인 어조로 보고했다. 고시오(小塩) 부인은 목욕 교육을 통해 '민족 융화'를 도모함에 일본 여성이 특별한 역할을 할 수 있다고 강조하며 "알다시피 만주인은 매우 불결한 민족으로 일생에 두세 번만 목욕을 하는 사람도 많다. 하지만 일본 여성과 함께 지내다 보면 우리의 목욕문화를 모방하기도 하고 빈대를 퇴치하는 법을 익히기도 한다"[39]라고 관찰한 바를 이야기했다. 이어서 남편은 중국인의 "불결한 민족적 습성"을 언급하며 개척민들이 현상금을 내걸면서까지 "만주인이 변소를 사용하게 만들기 위해 고심했다"라고 설명했다. 군인들이 총검으로 만주에 법과 질서를 부여했다면, 고시오 부인은 이러한 교육으로 "이른바 진정한 협화가 가능하지 않을까"라고 생각했다.[40]

위와 같은 이야기는 만주국에서 일본인이 타민족에 비해 보다 우월한 사회적 지위를 갖고 있다는 생각을 강화했다는 점에서 중요하다. 만주에 일본 농촌의 하층민을 이주시키면서, 만주 개척이민은 본국과 식민지에서의 사회계층에 격차가 발생하는 곤란한 문제를 야기했다. 일본에선 사회적 약자였던 이들이 만주에서는 갑자기 사회적 강자가 된 것이다. 일본의 소외 계층이 식민지에서는 특권층이 되는 모순을 완화하기 위해 선전가들은 중국인과 일본인 사이에 있는 인종적 위계와 문명의 격차를 강조했으며 두 국가의 빈농이 가진 공통점을 모호하게 하고자 인종적 차이라는 개념을 이용했다.

개척지에 대한 정보가 일본 독자들에게 전해지면서 만주를 일본화 한다는 것은 단순히 일본인을 만주로 보내는 것뿐만 아니라 만주 원주민을 문화적으로 일본화 하는 것을 의미하게 되었다. 따라서 만주 개척 운동가들은 만주에 일본인 인구를 증가시키는 것과 문화 동화정책을 펴는 것의 두 가지 관점에서 민족 팽창주의를 정의했다. 그들은 인종의 언어로 호소하는 것을 선택함으로써 일본의 팽창주의를 재정의하는 데 기여한 것이다. 이러한 재정의 과정은 일본의 새로운 사회적 제국주의가 초래한 변화의 깊이를 반영했다. 이민 송출기구가 일본 국내와 만주국의 사회정책을 통합시키고 일본인이 식민지 주민과 새로운 형태의 사회적 접촉을 경험하게 하면서, 만주 개척에 관한 글에는 일본과 만주국 사이의 친밀감이 표현되기 시작했다. 선전가들은 식민지의 '일본화'를 묘사하면서 이러한 친밀감을 전달했다. 즉 중국인들이 일본식 생활을 하는 상상화를 그리거나 만주의 일본인 개척촌을 익숙한 농촌풍으로 표현했던 것이다. 그러나 여기서 주목할 만한 사실은 일본과 만주국 사이의 새로운 사회적 결합이 이루어지는 방식 중 앞에서 언급된 것과는 반대 양상인 일본의 만주화가 민족 팽창주의 서사 속에 결코 등장하지 않았다는 점이다. 이런 의미에서 선전가들은 일본이라는 국민국가는 외부에 막대한 영향력을 미침으로써 그들을 동화시킬 수는 있지만 외부의 영향은 받지 않는다는 메시지를 전달했다. 좀 더 근본적으로 민족 팽창주의는 점차 확대되는 이민 송출기구라는 제도적 장치에 사명을 부여했다. 식민지 사명에 가미된 인종적 원리는 막대한 국가 예산과 거대한 관료 집단, 그리고 산더미 같은 행정문서를 감당하면서까지 새로운 영역으로 식민지 프로젝트를 확장하는 것을 정당화해 주었다.

풀뿌리 제국주의

일본 농촌 공동체의 입장에서 만주 개척이민계획은 대중 동원의 시작을 알리는 것이었다. 개척이민을 추진하면서 일반 대중은 중앙 및 지방정부 조직과의 새로운 연결망에 얽매이게 되었으며, 농촌 공동체와 만주의 개척촌 사이에도 새로운 유대관계가 구축되었다. 이러한 과정을 통해 국가와 제국은 대중의 삶에서 새로운 의미를 갖기 시작했으며 농촌 사회와 대중의식을 재구성했다.

농촌 사회와 국가, 제국 사이의 관계를 재편한 힘은 오직 국가로부터 나온 것만은 아니었다. 정부가 농촌 사회에 새로운 형태의 압력을 가하기는 했지만, 풀뿌리 차원에서 만주 개척의 추진은 지역 엘리트의 중재에 의존했다. 결국 제국과 국가가 얼마나 농촌에 침투할 수 있는지는 지방 엘리트, 이른바 농촌 자치의 문지기에게 달려 있었던 것이다. 7장에서 논의했듯이 만주 개척운동의 참여는 획일적으로 이루어지지 않았으며, 각 농촌 공동체의 참여 여부는 농촌 사회 지도자의 영향력 아래 결정되었다.

성인 이민의 대부분은 분촌이민계획을 통해 이루어졌다.[41] 200~300호의 농가로 구성된 하나의 이민단은 농촌 마을 하나를 분할하여 인구의 3분의 1을 보내는 방식(분촌이민)으로 만들어지거나, 혹은 한 지방의 몇몇 농촌 마을에서 이민 희망자를 모집(분향이민)하여 편성되었다. 사실상 이러한 체제에서는 계획에 참여한 농촌 마을이나 지역의 전 구성원이 이민운동에 관여했다. 즉 촌장부터 소작농의 아들에 이르기까지 모든 사람이 농촌의 사회적, 정치적, 경제적 구조를 재편성하기 위한 집단적인 노력에 동원된 것이다.[42]

마을 단위에서 동원은 농촌의 경제 위기를 완화할 대응책을 마련하기로 결정하면서 시작되었다. 그러한 결정은 지역 이민운동의 압력에 의한 것도 있었고, 현 당국의 영향력을 통해 이루어지는 경우도 있었다. 그러나 어느 경우든 최종 결정은 농촌 엘리트층의 합의에 의한 것이었다. 결정이 되면 촌장이나 부촌장 직속의 이민사무소가 촌 행정사무소(村役場) 안에 설치되었다. 이 이민사무소는 재향군인, 청년단, 산업조합 등 지역 내 민간 조직들과 연계된 여러 부서를 관할했다.

이민사무소의 첫 번째 임무는 농촌조사를 실시하여 얼마나 많은 가구를 송출할지 결정하는 것이었다. 농촌조사를 통해 마을 각 가구의 경작 규모, 재정 상태, 가족 규모, 전업 및 겸업 경작자 수, 자영지와 소작지 비율 등의 상세한 데이터가 수집되었다. 조사를 통해 정보가 축적되면 해당 마을의 표준 경영면적이 산출되었다. 마을 내 농지 총면적을 표준 경영면적으로 나누면 이상적인 농가 호수가 결정되었다. 분촌이민 계획은 이상적인 농가 호수를 초과한 만큼의 잉여 인구를 만주로 송출하는 것이었다. 이 잉여 인구는 해당 지역 이민운동이 달성해야 할 할당 목표가 되었다.

목표가 정해진 뒤 본격적인 모집 활동이 시작되었다. 집회가 열리고 이민 예정지를 직접 살펴보기 위해 실정조사대가 파견되었다. 조사대가 돌아오면 귀환식이 열리고 연설이 이어졌으며 대륙에서 가져온 자료를 전시하는 행사가 성대하게 펼쳐졌다. 또 현 정부, 만주이주협회, 척무성, 농림성과 해당 지역의 부인회, 청년단, 농업조합 등도 전문가를 파견해 강연과 설득에 나섰다. 영화가 상영되고 팸플릿이 배포되었으며 분촌이민을 독려하기 위한 좌담회도 열렸다. 이와 같은 노력에도 불구하고 목표치를 달성하지 못할 경우 농지를 매입하고 이민 대상자의 부채를 해결해 주며 일시적으로 고향에 남겨질 가족을 지원하는데 필요한 보조금을 산출하기 위한 조사가 다시 진행되었다. '이주장려금'을 받은 이민자들은 의식을 마친 뒤 현내 개척훈련소에서 '개척혼(開拓魂)'을 기르기 위해 마을을 떠났다.

이민자들은 3년에 걸쳐 6개월 간격으로 고향 마을을 떠났다. 마지막 이민단이 떠난 뒤에도 해당 마을은 위문대(慰問袋)와 장려대(獎勵袋)를 보내고 방문단을 파견하며 때로는 새로운 이민자를 보내는 등 지원 활동을 계속했다. 마을 주민 대부분이 관련되어 있었기에 열광적인 이민 장려활동은 전쟁 기간 내내 주민들을 부산스러운 활동으로 몰아넣었다.[43] 이처럼 활발한 이민 지원 활동은 이민 송출기구가 풀뿌리 기층사회에 얼마나 심대한 영향을 미쳤는지 잘 보여준다. 만주 개척이민운동은 한편으로는 사회와 국가의 통합을, 다른 한편으로는 농촌과 제국의 통합을 이루어 내면서 공동체 전체가 그 흐름에 휩싸이도록 만들었다.

이민 대상자들이 만주에 가겠다고 기꺼이 나선 것은 아니었기 때문에 농촌 사회의 지원을 얻는 일은 매우 중요했다. 대상자가 만주 이민에 응하게 하려면 설득이 필요했으며 이민운동가들은 이를 위해 동료와 사회의 압력을 이용했다. 이런 의미에서 이민운동은 이민자의 운동이라기보다는 이민자를 모집하는 운동이었음을 강조할 필요가 있다. 그리고 여기에는 개인이 아닌 공동체 전체가 동원되었기 때문에 이민운동을 주도할 이들을 조직하는 것이 주요 선결과제로 떠올랐다. 이러한 움직임의 중심에 농촌 엘리트층이 자리하고 있었다.

이민운동은 이민 매뉴얼에서 이른바 '중심 인물'로 지정된 이들에 의해 시작되곤 했다. 이들은 이민이 정치적 의제가 될 수 있도록 지역 유지에게 로비를 벌였다. 일반적으로 '중심 인물'은 지역 산업조합의 지도자로 활동했거나 농업훈련소를 나온 소규모 자영농 집안의 청년이었다. 이들은 농촌 문제를 해결하기 위해 대륙 이민을 열렬히 지지했으며 종종 이민 모집에 참여하여 만주 개척촌의 리더가 되기도 했다.[44] 그러나 약속의 땅으로 개척단을 이끌고 가기 전, 이들은 먼저 지역 유지들을 설득하여 만주가 농촌 문제의 해결책이 될 수 있다고 믿게 해야 했다.

정촌(町村) 단위에서 이는 정촌 의회, 교육회, 제국농회 지역지부, 산업조합 산하단체 등을 설득하는 것을 의미했다. 이들 단체를 설득함으로써 이민운동은 행정적 지원을 얻을 수 있었고 학교장, 청년단장, 부인회장, 재향군인회장, 반상회장, 경제협동조합장, 교사조합장, 기타 단체장 등을 모집 주체로 동원하는 것이 가능해졌다. 이들은 이민운동에 각 단체의 구성원을 동원했으며 더 많은 모집자들을 모아갔다.

만주의 이민계획에 농촌의 지원을 동원하면서 가장 중요했던 것은 중앙, 현, 정촌 단위의 연계를 형성하는 것이었다. 이러한 연계가 형성될 수 있었던 것은 농촌 공동체와 중앙정부를 연결하는 현 및 전국 단위의 조직망에서 지역 엘리트가 차지하는 위치 덕분이었다. 이민운동에서 중심 역할을 했던 자발적 단체는 상급 행정단위에서도 활발히 활동했다. 나가노현의 경우 현촌 의회, 시나노 교육위원회, 산업조합, 농회, 애국부인회, 청년회 등이 모두 중요한 역할을 했다. 이들 단체의 지역 지도자는 현 정부의 압력을 지역 주민에게 전달하는 통로의 역할을 했다.[45]

지방 엘리트층은 정부와 지역 공동체의 교차점에 서서 위로부터 지시받은 계획을 수행하는 역할을 하기도 했다. 만주 이민정책은 상당 부분 관동군, 만주국 정부, 그리고 일본의 중앙 및 지방 관료 조직 등 여러 국가기관에서 발휘되는 추진력을 바탕으로 했다. 그러나 국가 개입의 강화가 지역 사회에 대한 전체주의적 통제를 의미하는 것은 아니었다. 농촌 공동체가 직면한 문제에 국가가 나서서 적절한 해결책을 제시하는 일이 점차 빈번해졌음에도, 농촌 공동체에는 여전히 상당히 많은 선택권이 남아 있었다. 만주 개척에 참여할지 말지를 정하는 것은 농촌 공동체였으며, 농촌 지주 계층이 최종적인 결정을 내렸다. 보통 촌장과 부촌장, 마을 의회, 교장, 농회와 자원단체 간부 등이 이민계획의 채택 여부를 정하는 위원회를 구성했다. 이들은 이민계획을 주도하고 이끌었으며, 자신들이 장악한 지역단체를 동원하여 노동 집약적인 과제를 수행할 수 있도록 도왔다. 즉 개척이민운동은 그 형성과 성숙 단계 모두에서 지역과 중앙, 공공과 민간의 개입이 번갈아 이루어지는 변증법적인 관계를 내포하고 있었다.

농촌 성인층을 대상으로 한 분촌이민 계획은 1936년부터 1938년까지 만주 이민계획의 주류를 차지했다. 그러나 이후 청소년의용군이 그 자리를 대신하기 시작했다. 만주 개척민의 3분의 1 이상을 차지했던 청소년의용군은 14세부터 21세까지의 남성을 대상으로 했다. 계획이 시작된 첫 2년인 1938년과 1939년 척무성은 현 전체의 할당 인원을 설정하고 지방연대, 재향군인회, 청년단 등으로 하여금 프로그램을 홍보하고 지원자를 모집하도록 했다. 1938년에는 계획대로 잘 실행되는 듯 보였으나, 1939년 이후 모집 인원수가 급감하고 만주에 설립된 개척훈련소 내에서 향수병이 생기거나 불만을 갖는 사례가 보고되면서 이민운동 관계자들의 경각심을 불러일으켰다. 이에 척무성은 1940년 이후 청소년 개척민을 모집하는 방식에 변화를 주었다. 지역 사회 전체를 대상으로 성인 이민 대상자를 모집했던 전례를 따라 학교 시스템을 통해 지역단위의 청소년을 모집하기 시작한 것이다.[46]

     제4부: 새로운 사회적 제국주의와 농업 개척이민 계획, 1932~1941

이 전략의 핵심은 이른바 척식훈련의 실시에 있었다. 고등소학교 졸업예정자(8학년에 해당)는 통상 각 교육회가 운영하는 현 내 훈련소에서 일주일간 척식훈련에 참가하도록 권유받았다.[47] 여러 학교에서 모인 학생들은 각 10명씩 한 반으로 편성되어 일주일간의 훈련기간 동안 행동을 함께하는 준군사 조직의 기본 단위를 이루었다. 군사적, 정신적, 신체적 훈련에서 이들을 이끈 것은 교사나 청년단의 리더, 현 직원, 연대나 재향군인회의 장교들이었다.[48] 대부분의 현은 매년 여러 장소에서 이러한 척식훈련을 시행했다. 예컨대 오카야마현에서는 1940년에 20회의 훈련이 실시되었으며 총 1121명의 학생이 참가했다.[49] 1941년도 『만주 개척연감』에 따르면 같은 해 전국적으로 2만 명의 학생이 훈련에 참가했다고 한다.[50]

학교 교사는 만주 개척에 청소년을 동원하는 데에도 여전히 중요한 역할을 했다. 만주사변 시기 모금 운동에 참여하거나 병사들에게 위문편지를 쓰도록 독려했던 것처럼, 1930년대 후반 교사들은 제국의 대리인으로서 학생들에게 고향을 떠나 새로운 땅으로 가라고 촉구했다. 장래를 결정해야 하는 13~14세의 학생들은 교사의 조언에 매우 민감했으며 때로는 부모의 반대에도 불구하고 그 말을 따랐다. 예를 들어, 1941년 청소년의용군에 참가한 학생의 77%는 지원 이유를 교사의 추천 때문이었다고 답했다.[51]

학교가 학생들이 제국주의와 전쟁에 투신하는 데 이처럼 적극적인 역할을 했기에, 전후 일본의 군국주의 비판자들은 교사, 교과서, 학교를 향해 신랄한 비판을 쏟아냈다. 쓰루미 가즈코(鶴見和子), 이에나가 사부로(家永三郎) 등의 저서에서 전전(戰前)의 교육제도는 메이지 시대 이래 일본 국민을 죽음으로 이끌기 위해 사회화를 수행한 기관으로 묘사된다. 사상통제의 제도화가 이루어지고 전쟁을 향해 끊임없이 나아가는 과정 속에서, 교사는 군국주의의 훈련관으로서 극단적으로 국가주의적인 교과서를 사용해 천황 숭

배라는 비합리적 이데올로기를 학생들에게 불어넣었다는 것이다.[52]

그러나 실상은 그렇게 단순하지 않았다. 사실 1930년대 제국주의가 대중의 지지를 동원하는 수단이 되었던 다른 기관들과 마찬가지로, 학교 역시 1920년대에는 민주주의와 자유주의 사상을 전파하는 역할을 했다. 러일전쟁 이후 시작되어 제1차 세계대전을 거치며 가속화된 학생 운동, 노동 운동의 조직화, 그리고 부르주아 문화 실험 등의 풍조는 교육계에도 영향을 미치기 시작했다. 사와야나기 마사타로(沢柳政太郎)로 대표되는 교육 행정가들은 공리주의적 아동중심교육을 주창한 존 듀이(John Dewey) 등 서양 교육학자의 영향을 받아 개인의 능력개발과 자립을 강조하는 새로운 초등교육을 확립했다. 또 부인 운동의 선구자인 하니 모토코(羽仁もと子) 같은 사회운동가들도 이러한 교육방침을 추구하는 초등학교의 창립자가 되어 교실에 사회정의의 이상을 가져왔다. 아울러 다카쿠라 데루(高倉輝)로 대표되는 좌익 작가들은 나가노현 등에 자유 대학을 설립하여 가난한 사람들에게 고급 학문을 배울 기회를 줌으로써 보다 많은 사람이 고등교육을 받을 수 있도록 대중화했다. 야마모토 가나에(山本鼎) 같은 예술가들도 소학교에서 미술을 가르치기 시작하면서 어린이 예술과 어린이를 위한 예술에 관심을 높이고자 했다.[53]

사회운동가와 예술가가 사회 개혁과 개인의 능력개발을 촉진하는 교육기관 설립에 참여하면서 학교 교사들도 이른바 신교육 운동에 뛰어들었다. 교사들은 톨스토이와 사회주의 연구회를 조직했으며, 교육개혁의 추진과 근로조건의 향상을 위해 교원 조합을 만들었다. 또 잡지를 출판했으며 국립학교를 거치지 않는 대안적인 교사 양성기관을 설립하려고 시도했다. 1920년대 교사들의 신교육 운동을 뒷받침한 사회경제적 배경으로는 다음의 두 가지를 들 수 있다. 첫째, 1910년대 후반의 전시 인플레이션은 이미 불안정했던 초등 교사들의 경제 상황을 더욱 악화시켰다. 공장 근로자보다 적은 월급을 받던 교사들은 인플레이션으로 더욱 구매력이 위축되었으며 주변 노동자들의 선례를 따라 더 나은 근로조건을 만들고자 조직화되었다. 둘째, 교사들의 사회활동 확대는 1910~1920년대 이들의 사회적 출신이 변화한 것과 관련되어 있었다. 취업난으로 고위 관료가 될 수 있는 기회가 줄어들면서 고학력 중산층 청년들은 교육이나 언론계로 눈을 돌렸다. 엘리트 교육제도의 산물인 새로운 유형의 교사들은 일본 대학가를 휩쓸던 사회 개혁 풍조를 교육계로 가져왔다.[54]

그러나 1930년대 초 복합적인 요인으로 인해 신교육 운동은 쇠퇴하기 시작했다. 경제 불황은 신교육 운동의 원동력을 약화시켰으며, 잡지의 간행과 교직원 조합의 설립, 사립학교 지원을 위한 기금도 금방 고갈되고 말았다. 동시에 정부와 지역 사회 내에서의 반대 목소리가 점차 조직화 된 것도 큰 영향을 미쳤다. 신교육 운동과 관련된 여러 계획이 결국 성공을 거두지 못하면서 개혁가들의 열정은 다른 방향으로 흘러갔다. 교육사 연구자 가와이 아키라(川合章)가 언급했듯이 1920년대 교육개혁을 위해 활동했던 주요 인물 중 상당수가 이후 전시 동원에 힘썼으며, 전후에는 민주화 운동의 열렬한 지지자가 되었다.[55] 이처럼 자신의 신념을 거듭하여 바꾼 이들 중에는 시대의 흐름을 따라가는 기회주의자도 있었지만 어떤 이에게는 자유주의에서 파시즘으로, 그리고 다시 민주주의로의 전환이 사회적 이상을 부단히 추구해 나가는 과정에서 나타난 결과이기도 했다. 예를 들어 나가노현에서는 1930년대 전반에 좌익 성향을 가졌다는 이유로 해고된 많은 젊은 교사들이 이후 자진해서 만주로 청소년의용군을 인도하는 역할을 담당했다.[56] 어쩌면 학생들을 청소년의용군에 참여시킨 교사는 그들을 전쟁의 도구로 희생시키려 한 것이 아니라 보다 나은 삶을 영위할 기회를 주려

한 것이라고 생각할 수도 있다. 다시 말해 교사 스스로가 그 대의를 믿었기 때문에 학생들을 만주로 보낸 것일지도 모른다.

청소년의용군 정책을 추진했던 정부 관료들은 교사의 중요성을 인식하고 그들의 협조를 얻기 위해 애썼다. 만주 개척에 대한 인식을 높이기 위해 교사를 대상으로 하는 여러 프로그램이 만들어졌다. 여름, 겨울방학 동안 교사들은 자금 지원을 받아 만주의 훈련소를 한 달간 방문하는 '만몽개척 청소년의용군 교학 봉사대'에 참여할 수 있었다.[57] 이러한 기회를 놓쳤더라도 군이나 현 교육회가 후원하는 만주 시찰원으로 참여할 수도 있었다. 해외에 나가고 싶지 않으면 시정촌(市町村), 현, 국가 교육기관이 운영하는 교원양성소 중 하나에 등록하거나 '흥아(興亞)' 강습회에 참가하는 것도 가능했다.[58]

이와 동시에 학교 교육과정도 변화를 겪었다. 1940년 1월 도쿄에서 개최된 전국 고등소학교 흥아교육대회에서 새롭게 시행될 '흥아교육' 과정이 논의되었다. 1943년 만주이주협회는 '흥아교육' 운동을 전국적으로 확산시키기 위해 각 현에 흥아교육 추진과를 두고 네트워크를 형성했다. 나가노현 등의 지역 교육회도 흥아교육을 교육과정에 도입하려 했다. 히가시치쿠마군(東筑摩郡) 교육회가 공표한 바와 같이 흥아교육 도입의 목적은 "백인의 공격으로 아시아가 위협"받고 있으며 "아시아 건설을 위해 일본 민족이 대륙으로 진출할 수밖에 없다"는 것을 가르쳐서 청소년의용군 지원을 촉진하는 데 있었다.[59] 교과서 출판사인 메구로서점(目黒書店)이 『흥아교육』이라는 월간지를 통해 그 동향을 추적한 것을 통해서도 1942년에 이미 흥아교육 운동이 크게 성장했음을 알 수 있다.[60]

흥아교육 운동은 관료와 교사, 그리고 학부모까지 아시아 개척 사상을 전파하는 사회교육 운동에 끌어들였다. 이와 같은 방식으로 청소년의용군 모집전략은 전국의 고등소학교뿐 아니라 대상 연령대의 학생에게 잠재적인 영향력을 미칠 수 있는 다양한 기관을 동원했다. 그러나 흥아교육 운동은 잠재적인 청소년의용군을 위한 교육프로그램 이상의 의미를 가졌으며 여기서 학생의 동원은 부차적인 것에 불과했다. 분촌이민 계획과 마찬가지로 흥아교육 운동도 만주 개척이민계획에 일본 농촌을 동원하기 위한 수단이었던 것이다.

가난과 억압에 시달리던 농촌 하층민에게 대안이 될 수 있을 것처럼 보였기에 만주 개척은 교사 등 제국을 위해 일하던 풀뿌리 활동가들의 지지를 얻었다. 만주 개척촌에 진보적 색채 를 더하려 했던 농촌개혁가들은 국내에서 못 이룬 사회 개혁의 꿈을 제국으로 가져간 도시의 사회개혁가들과 같은 길을 걷게 되었다. 사회 개혁의 꿈을 실현하기 위한 공간으로서 만주국이 가진 흡인력은 1930년대 일본의 제국 건설이 단순히 군국주의로 치부할 만한 것이 아니었음을 다시 한 번 상기시켜 준다.

한편 만주 개척이민운동에 나타난 풀뿌리 운동의 양상은 이 시기 국가 영향력이 확대되어 가는 과정에서 지역 공동체가 어떠한 역할을 했는지 잘 보여준다. 이민 송출기구는 정부와 민간의 공동 작품이었다. 그런 의미에서 이민 송출기구는 국가가 사회 관리라는 새로운 영역까지 영향력을 확장하고, 사회운동가가 국가에 침투하면서 나타난 산물이라 볼 수 있다.

영웅시된 만주 개척

문화적 표현을 통해 개척 운동은 풀뿌리 이민운동가들의 노력을 미화했다. 만주 개척을 선전하고 이민자를 모집하기 위해 쓰인 다양한 글들은 관료제적인 사업을 고상한 것으로 만들었으며, 여기에 나타난 이민운동가들의 이야기는 민족적 팽창주의 서사에 대한 사회적 대응물로서의 역할을 했다. 민족적 사명이 개척민을 우월한 민족 집단의 일부로 바라보았다면, 여기서는 농촌 활동가나 개척운동 지도자, 청소년의용군 소년 등 개별 참여자에 초점을 맞추었다. 만주 개척을 선전하는 언론인, 작가, 예술가들은 장래 개척민이 될 이에게 만주 개척이라는 어렵지만 값진 사업에 참여하여 영웅이 되라고 호소했다. 민족적 사명과 마찬가지로 영웅적 내러티브는 다음의 두 가지 차원에서 작동했다. 하나는 새롭게 형성된 민관 협력관계에서 지역 활동가들이 수행한 역할을 찬양하는 것이었고, 다른 하나는 농촌 주민과 만주국 사이에 새로운 친밀감을 조성하는 것이었다.

첫 번째 경우인 지역 활동가들에 대한 찬양은 일본인 개척민의 경험을 신화화하여 국가와 제국을 위한 개인의 희생을 영웅시하고 의미 있는 것으로 만들었다. 1937년 '만주농업이민 백만호이주계획'이 시작되면서 만주 개척 신화는 그 윤곽을 드러내기 시작했다. 지난 몇 년 동안 1차 시험이민의 전망을 부정적으로 그린 보도가 이어지면서 개척이민에 대한 의심과 불안이 증폭되었기에, 이 시점에 이르러 그러한 의식을 잠재울 필요가 있었다. 따라서 이 시기 만주 이민에 관한 팸플릿이나 기사는 시험이민 초기 시련의 역사에 주목하면서, 이민에 참여한 사람들을 영웅시하고 만주 개척사업이 과거 고난의 시대를 지나 현재 풍요로운 시대를 맞이한 것을 찬미하는 글로 가득하게 되었다.

과거 이민을 추진한 이들은 중국인 비적의 끊임없는 습격으로 인한 공포나 기타 여러 고난을 다루는 보도를 그저 최소화하는 데에만 집중했다. 1935년에 한 척무성 관료는 "내지에서 걱정하는" 비적은 "선정적인 신문 보도에서 이야기하는 것만큼 많지 않다"라고 주장했다. 어느 이민단체의 회장도 비적 문제의 중요성을 일축하면서 "이들 비적은 일본에서 매일 같

    제4부: 새로운 사회적 제국주의와 농업 개척이민 계획, 1932~1941

이 신문 기사에 나오는 강도와 다를 바 없다"고 말했다.[61]

그러나 1937년 이후 만주 이민의 역사를 서술할 때에는 이러한 태도를 버리고 대신 비적의 위험성에 상응하는 개척민들의 영웅적 행위를 미화하기 시작했다. 예를 들면, 만철에서 발행한 팸플릿인『만주는 이민의 낙토』에는 제1, 2차 개척촌인 이야사카촌(弥栄村)과 치부리촌(千振村)의 모험담이 여러 페이지에 걸쳐 실려 있다. 이 두 개척단은 무장 공격과 생산량 감소, 높은 이탈 비율로 이후 어떤 개척단보다 심각한 고통에 시달렸다. 팸플릿은 개척민의 처지를 다음과 같이 묘사했다.

> 비적이 횡행했다. 이민단도 이러한 상황에 적응하기 위해 무장할 수밖에 없었으며 오른손에는 총, 왼손에는 호미를 든 둔전병과 같은 조직을 취해야 했다. … 1차, 2차 이민자들은 처녀지 개척의 고군분투에 더해 생명의 위협을 무릅쓰고 비적과 피비린내 나는 투쟁을 벌여야 했다. … 쇼와 9년(1934년) 5월에 1차, 2차 이민촌은 모두 수천 명의 비적들에게 포위당했지만 용감히 싸워 한 발짝도 물러서지 않았으며 오히려 비적들을 멀리 퇴각시켰다.[62]

그러나 팸플릿의 저자가 언급했듯이 이 사건으로 24명이 숨지고 많은 사람들이 부상을 입었다. 정착민의 40%가 좌절하여 개척촌을 떠났으며 만주 개척은 위기에 봉착했다.

이 우울한 이야기는 개척촌에 머물기로 결심한 개척민들의 감동적인 연설로 이어진다. 한 개척민은 일본의 만주국 개척을 진무천황의 건국 신화에 빗대어 말하면서 "우리는 만주 땅에 내려온 신국(神國) 일본의 사도이다. 일찍이 신화시대에 천손이 다카마가하라(高天原, 일본 신화 속 신들의 세계)에서 강림했듯이 우리는 북만주의 일각에 새로운 다카마가하라를 세울 것이다"[63]라고 선언했다. 이 말과 함께 이야기는 전환되고 개척민들의 운명도 순식

간에 바뀌었다. 대륙의 신부들이 도착하고 많은 아이들이 태어나면서 개척촌은 번성하기 시작했다. 『만주는 이민의 낙토』는 처절했던 싸움을 끝낸 개척민들의 기쁨에 대해 이야기하면서, "지난 5년에 걸친 30여 차례의 교전에서 이민단이 보여준 과감한 전투로 인해 인근의 크고 작은 비적단은 더 이상 감히 이민단을 건드리지 못하게 되었다"[64]라는 행복한 소식으로 개척촌의 역사를 마무리했다.

1930년대 말 이러한 이야기가 널리 유포되면서 1940년대 초반 이야사카촌과 치부리촌이라는 두 개척 마을의 이름은 전국적으로 유명해졌다. 척무성의 한 조사원은 1934년만 해도 이야사카촌이나 치부리촌을 "아는 사람은 거의 없을 정도"였으나 1942년이 되자 그 이름을 "모르는 사람이 아무도 없었다"고 자랑스럽게 이야기했다. 불과 몇 년 사이에 이러한 이야기가 만주 개척의 정사(正史)로 대중의 기억 속에 각인되었다.[65] 이야기가 반복되면서 특정 부분은 사소한 내용까지 정형화되었다. 재팬 투어리스트 뷰로(JTB)의 『만지여행연감』에 실린 것 같은 축약된 버전에서조차 개척민들이 비적을 물리치기까지 5년 동안 30회의 전투가 있었다거나 신부의 도착과 아이들이 탄생하는 부분은 빠지는 경우가 없었다. 이들은 항상 "피투성이의 시험이민"이라 불렸으며 그 서술은 언제나 비적들의 마음속에 "개척단을 두려워해야 한다"는 믿음이 강해졌다는 말로 끝났다.[66]

이러한 영웅담이 확산된 결과 이야사카촌과 치부리촌은 인기 있는 관광지가 되었다. 두 마을에는 "이민촌의 메카"에 모인 사람들을 수용하기 위한 숙박소도 건설되었다.[67] 방문객이 몰리면서 개척민들은 하루 종일 이들을 접대하고 주변을 안내하느라 농사일을 할 수 없을 정도였다고 한다. 한 여행기에서 저자는 "이민의 쇼윈도"가 유행하고 있다고 설명하면서 개척단 초기의 고난이 남긴 흔적과 그 이후 일본인 개척촌이 얼마나 발전했는지 깨닫게 된 것에 대해 흥분하며 이야기했다. 이야사카촌과 치부리촌의 개척민들은 만주 개척의 "아픔과 항쟁의 살아 있는 증거이자 오늘날의 이야사카, 치부리촌을 만든" 인내 그 자체로 그려졌다. 특히 치부리촌에는 성공의 궁극적인 증거라 할 수 있는 "백화점까지 있었다"라고 한다.[68]

비적이 습격했던 곳으로 방문객이 몰려들면서 개척단의 영웅적 행위를 찬양하는 제국의 전설은 더욱 강화되었다. 개척촌 여행 가이드는 방문객에게 그 이야기를 여러 차례 반복적으로 들려주면서 서사에 구체성을 부여했다. 여행 작가들도 이야기에 윤색과 디테일을 더하며 자신의 흔적을 남겼다. 다시 말해 만주 개척의 신화화는 집단적인 과정이었다. 관료와 언론인, 심지어 단순한 여행자들까지도 개척 초기 고난의 역사로 인한 두려움을 없애고자 고안된 만주 개척 신화를 구축하는 데 일조했다.

이러한 영웅적인 서사에서 만주 개척의 아버지로 등장한 이가 바로 도미야 가네오(東宮鉄男)와 가토 간지(加藤完治)이다. 이 두 사람은 모두 1930년대 전반 만주 개척운동의 조직 단계에 참여했다. 도미야는 팽창주의자들의 주장에 공감했던 군인으로 중국 대륙에서 활동하는 우익 애국주의 단체들과 간접적으로 연결되어 있었으며, 자신을 중국 내 일본 세력의 강화를 획책했던 대륙 낭인의 일원으로 여겼다. 러시아를 매우 싫어했던 도미야는 1930년대 초반 소련에 대한 방파제 역할을 할 수 있도록 준 군대 조직인 일본인 개척단을 북만주에 파견해야 한다고 주장했다. 한편 가토는 대표적인 농본주의 사상가였다. 그는 1930년대 초 만주 개척을 지지하는 농업개혁가와 학자집단을 이끌고서 소수 인원의 농업 정착촌을 시범적으로 설립하도록 정부를 설득하는 데 중요한 역할을 했다.[69] 도미야와 가토는 모두 정부 바깥에서 만주 개척 선전 활동에 참여한 인물로, 만주라는 미개지 개척에 대한 급증하는 대중의 관심을 대변했다. 더욱이 이 두 사람은 만주와 일본 국내에서 활동하는 이민운동가의 역할을 동등하게 높이 평가하려는 서사에서 상징적인 인물로 중요하게 여겨졌다. 그런 의미에서 도미야는 만주 개척민의 정신적 지주였으며 가토는 일본에서 이루어진 만주 이민운동의 아버지였다고 할 수 있다.

두 사람을 묘사할 때는 덥수룩한 수염부터 비슷한 신념과 고난까지 이들의 유사점이 강조되었다. 같은 꿈에 사로잡힌 두 사람은 그 꿈을 현실로 만들기 위해 온갖 장애물을 극복했다. 시험이민단의 이야기처럼 두 사람의 이야기도 만주 개척의 부정적 이미지를 해소하는 방식으로 전파되었다. 어느 유명한 전기 작가는 도미야와 가토를 찬미하면서 "(그들은) 한때 문자 그대로 이민광 취급을 받았지만, 이 경멸적인 별명은 곧 '이민의 신'이라는 아첨의 말로 바뀌었다"[70]라고 말했다. 이러한 방식으로 두 사람의 이야기는 성공은 큰 고난과 시련 뒤에 찾아온다는 초기 개척민의 이야기와 상통하는 메시지를 전달했다.

시라토리 세이고(白鳥省吾)의 '개척의 아버지 도미야 대령'과 같은 노래나, 1937년 가을 중국과의 교전에서 도미야가 전사한 것을 보도한 기사에 나타난 그의 이미지는 대륙 낭인의 기상을 품은 한 남자의 모습이었다. 그는 "일견 수염이 무성하고 대담한 표정"의 "귀신도 이길 만한 무사"의 모습을 했으며, "도미야의 이름만 들어도 비적의 두령이 벌벌 떨기 시작할 정도였다"고 한다. 이민의 아버지, 혹은 이민의 신이라는 칭호 외에도 도미야에게는 유명한 별명이 여럿 있었다. 시인으로서의 명성 때문에 '섬세한 군인'으로 불렸고, 또 그가 지은 시의 한 구절에서 따와 '대륙 발전의 징검다리'라는 별명을 얻기도 했다. 아울러 그는 '싼장어부(三江漁夫)'로도 불렸는데 이 별명은 북만주로의 군사 원정이나 소련과의 전쟁을 주창할 때 (그가 개인적으로 즐겨 사용한) '북진(北進)'이나 '북정(北征)'이라는 슬로건에서 유래한 것이다.

    제4부: 새로운 사회적 제국주의와 농업 개척이민 계획, 1932~1941

이처럼 많은 별명이 증명하듯 그는 대륙 낭인의 전형적인 이미지를 바탕으로 탐험가, 군인, 선동가, 애국자로 그려졌다. 그리고 이러한 그의 이미지는 개척민들이 본받을 만한 남성상의 기준으로 제시되었다.[71]

한편 가토 간지는 일본 국내 이민운동에 영감을 준 인물이자 제국주의적 농본주의의 사상적 지도자로 세심하게 이미지화되었다. 가토를 찬양한 어느 글에서 그는 농민운동 역사상 가장 존경받는 두 인물인 니노미야 손토쿠(二宮尊德)와 다나카 쇼조(田中正造)에 비견되었다. 이 글의 저자는 에도시대 유명한 농민 사상가인 니노미야 손도쿠를 언급하며 가토가 '보덕사법(報德仕法)'이란 도덕적 체계로 근대 농민운동의 지침을 마련했다고 추켜세웠다. 또한 농촌운동가이자 농촌 자치를 옹호했으며 1890년대 아시오 구리광산 광독(鑛毒) 문제에 맞서 싸우면서 유명해졌던 다나카 쇼조와의 비교는 가토 역시 사심 없이 오직 사회 정의만을 추구했던 인물로 여겨지게 했다. 그는 이 두 위대한 지도자의 정신을 이어받아 "땅의 정신과 영령한(英靈漢)"의 체현이라 일컬어졌다. 니노미야의 도덕적 지혜와 다나카의 엄격한 원칙 준수를 결합한 가토의 가르침은 개척민들이 새로운 터전에서 삶의 시련을 이겨낼 수 있도록 도와주었다. 이러한 묘사는 가토를 카리스마적인 종교 지도자나 현자처럼 보이게 했다. 즉, '이상주의자'이자 '정신'을 중시한 가토는 '만주 개척의 투사'이자 '행동'을 중시한 도미야를 보완해 주는 존재였다.[72]

만주 개척의 영웅담을 만들어 내고 도미야와 가토를 제국을 위해 일한 풀뿌리 활동가의 대표자로 꾸몄던 것 외에도, 만주 개척을 다룬 글들은 분촌이민과 청소년의용군이라는 두 가지 주요 프로젝트에 대한 대중적 상징을 만들어 대중의 참여를 찬양했다. 중요한 것은 이러한 상징이 만주 개척의 경험에서 나타난 것이 아니라 국내에서 대중을 동원하는 과정에서 등장했다는 점이다. 국내에서 만주 개척을 위해 힘쓴 영웅들에게 바치는 찬가는 이야사카촌과 치부리촌의 영웅담을 보완하면서 일본 본토와 만주 제국의 통합이라는 동일한 주제를 되풀이했다. 이러한 이야기는 제국을 위해 대중을 동원하는 과정이 갈등을 겪던 농촌 공동체를 어떻게 사회적 화합으로 이끄는 데 도움이 되었는지 설명했다.

분촌이민을 묘사한 글에서는 '분촌형 3종'이라고 일컬어지는 미야기현 난고촌(宮城縣 南鄕村), 야마가타현 쇼나이지방(山形縣 庄內地方), 나가노현 오히나타촌(長野縣 大日向村)의 사례가 항상 포함되었다.[73] 그중에서도 오히나타촌의 이야기가 가장 유명했다. 농림성의 분촌이민 계획에 1차로 참여한 곳 중 하나인 오히나타촌은 시범 사례이자 모델로서 신중하게 계획되었다. 이를 위해 많은 농림성 관료들이 이 마을을 여러 차례 방문했다. 분촌계획을 담당했던 농촌갱생부 부장 고다이라 곤이치(小平權一)도 마을을 직접 방문했다. 고다이라 부인의 회상에 따르면 그는 주민들을 설득하기 위해 마을에 밤새 머물렀다고 한다. 이는 농림성이 오히나타촌의 이민계획을 성공시키는 것에 얼마나 애를 썼는지 잘 보여준다. 특히 농림성 관료들은 마을 전체가 이민을 지지하는 것이 꼭 필요하다고 생각했다. 더욱이 공식적인 보조금 제도가 만들어지기도 전에 오히나타촌은 정부로부터 상당한 금액의 지원금을 받았다. 오히나타촌에 배정된 목표 인원을 달성하기 위해 인근 마을에서 많은 인원을 모집하여 충원했음에도, 이는 개척단의 모든 구성원이 같은 마을에서 나왔다는 신화를 만들기 위해 은폐되었다. 이러한 노력들은 오히나타촌의 이민계획을 성공시키기 위한 것일 뿐만 아니라 후속 마을을 위한 좋은 본보기를 만들기 위한 이루어진 것이었다.[74]

오히나타촌의 신화가 대중화된 것은 1939년 이후, 분촌이민에 열광했던 첫 번째 물결이 주춤하면서 만주로의 이민에 응하는 사람들의 수가 급격히 감소하기 시작했던 시점이었다. 영화사와 극장, 음반사, 출판사에서 오히

     제4부: 새로운 사회적 제국주의와 농업 개척이민 계획, 1932~1941

나타촌 이야기를 소재로 한 문화상품이 쏟아져 나왔다. 이러한 현상이 발생한 데에는 일정 부분 이민 당국의 장려가 영향을 미쳤다. 도쿄 극단의 배우들은 오히나타촌을 방문하여 자신이 맡은 배역을 연구했다. 농림성은 농촌운동 지도자들을 초청하여 신바시 연무장(新橋演舞場)이 오히나타촌의 이야기를 극화하는 것에 대해 조언하도록 했다. 영화, 장편 및 단편 소설, 사진 에세이, 노래 등의 형식으로 재창조됨으로써, 농촌 사회의 환경을 개선하기 위해 고군분투한 오히나타촌의 이야기는 분촌이민의 선전물이 되었다. 오히나타촌 개척단 단장 역을 연기한 배우는 극의 마지막에 객석을 향해 "여러분도 우리 뒤를 따라 제2, 제3의 오히나타촌을 건설해 주십시오"[75]라고 촉구했다.

오히나타촌의 분촌이민을 다룬 기념비적 작품으로는 와다 쓰토(和田伝)가 쓴 소설『오히나타촌』을 들 수 있다. 여러 영화와 연극이 이 소설을 바탕으로 제작되었다. 반(反)도시, 반마르크시즘을 표방하는 농민문학 운동으로 유명한 와다는 1938년 농림대신 아리마 요리야스(有馬頼寧)와 협력하여 최초의 전국적인 문학단체라 할 수 있는 농민문학간화회(農民文學懇話會)를 설립했다. 와다는 이 단체의 후원을 받아 오히나타촌 농민들과 시간을 보내며 기록 소설을 집필하기 위한 인터뷰와 정보 수집 작업을 했으며 만주의 개척지를 한 달간 살펴보기도 했다. 이와 같은 노력을 통해 완성된 소설은 1939년 중반 아사히신문을 통해 발표되었으며, 1941년 아사히신문사가 간행한『개척문학총서』의 하나로 출판되었다.[76]

와다가 쓴 소설『오히나타촌』은 주로 오히나타촌 분촌이민 지도자인 신임 촌장 아사카와 다케마로(浅川武麿), 산업조합 위원 호리카와 기요미(堀川清射)가 지역 사회를 동원하기 위해 기울인 노력에 초점을 맞추고 있다. 소설의 서두에서 이 두 사람은 마을의 만성적인 빈곤과 탐욕스러운 상인에게 빚진 농민들의 노예와 같은 현실, 그리고 청년들의 암울한 미래에 대해 절망한다. 과거 상인의 경제적 억압에 대항하기 위해 산업조합을 이용하려던 호리카와의 계획이 어떻게 실패로 돌아갔는지를 듣고, 아사카와는 문득 만주가 그 해결책이 될 수 있을 것이라 생각한다. 그러나 아사카와의 꿈을 실현하려면 먼저 빈농들을 설득하고 악랄한 상인들의 음모를 무력화하며 정부로부터 자금 지원을 받아내야 했다. 결핵에 걸린 한 여성이 자신의 가족 및 약혼자를 신천지로 떠나보내기 위해 자살하는 등의 많은 사건을 겪고 나서야 이민운동은 마침내 성공한다. 불안해하던 부모, 주저하는 지주, 그리고 악덕 상인까지 마을의 모든 주민이 화합을 이룬 뒤 기쁨의 송별회를 끝으로 이야기는 막이 내린다.

오히나타촌 이야기는 모두 일본에서 일어난 것이었다. 만주가 이 이야기의 중심이었지만, 실제 행동이 이루어진 무대는 아니었다. 이는 일본이 제국을 더 나은 방향으로 변화시켰다기보다는 오히려 반대로 제국이 일본을 더 나은 방향으로 변화시켰다는 메시지를 강조했다는 점에서 중요한 의미를 갖는다. 더욱이 이 이야기는 오히나타촌이라는 모촌(母村)을 만주 이민의 상징으로 만듦으로써 만주 개척을 친숙하고 덜 두려운 것으로 만들었다. 만주의 비적은 등장도 하지 않았으며 고난은 모두 익숙한 것들이었다.

분촌이민과 마찬가지로 만몽개척 청소년의용군의 상징도 국내에 있었다. 의용군 선봉대에 대한 대대적인 언론보도로 유능한 청소년들의 자원이 이어졌지만, 이들은 바로 만주로 떠나지 않고 우선 이바라키현(茨城縣)에 있는 이민훈련소에 입소하여 몇 달 동안 훈련을 받았다. 이곳 우치하라(內原) 이민훈련소는 경작지와 거대한 연병장, 그리고 500여 동의 원형 막사로 구성되어 있었다. 이 특이한 형태의 '일륜병사(日輪兵舍)'는 청소년의용군의 대중적인 상징이 되었다.

오히나타촌의 사례와 마찬가지로, 소설가와 예술가들은 이 새로운 제국의 상징을 전파하는 데 중요한 역할을 했다. 농민문학 운동의 또 다른 중심 인물이자 대륙개척문예간화회(大陸開拓文藝懇話會)의 창립자이기도 했던 후쿠다 기요토(福田清人)는 1939년 청소년의용군에 대한 그의 인기 소설의 제목을 『일륜병사』라 지었다.[77] 또한 유명한 아동시인이었던 다쓰미 세이카(巽聖歌)도 『일륜병사의 아침』이라는 제목의 시집을 출간했다. 우치하라를 소재로 한 많은 노래가 그러했듯이, 다쓰미의 시 역시 제국의 부름에 응답한 청소년의 흥분을 그리고 있다. 의용군에 지원한 신병들에게 우치하라 이민훈련소는 "오랫동안 바라던 꿈과 태양을 본뜬 막사"로 가득한 장소였다. 소년들은 몽골풍으로 꾸며진 이국적인 훈련소에 모여 제국으로 나아갈 준비를 했다.

촉촉이 젖은 어린잎 너머로
일륜병사가 보인다
… (중략) …
몽고의 게르를 닮은 저 일륜병사
삼나무껍질로 이은 동그란 지붕
그 안에서 조용히 소년들이
책 읽고 훈련에 힘쓰고 있다
개척을 향한 열렬한 기백과
조국에 보답하겠다는 격정으로
젊디젊은 소년들이
전국에서 모여들고 있다[78]

우치하라 이민훈련소는 만주를 모방하여 설계되었다. 넓은 연병장과 신사는 모두 최초의 시험 이민촌인 이야사카촌의 이름을 따서 명명되었다.

가토 간지는 무력 공격에 가장 방어하기 쉽다는 이유로 관동군이 채택한 디자인으로부터 원형 막사의 아이디어를 가져왔다. 이는 본래 중국 대륙에 오랫동안 거주했던 건축가 고가 히로메(古賀弘人)가 발명한 것으로 만주 고유의 것이 아닌 일본 제국주의의 전통에서 탄생한 것이다.[79] 그러나 우치하라 이민훈련소를 본 일본인은 이것이 만주의 전통적인 생활양식을 재현한 것이라 생각했다. 어떤 이는 「늠름한 우치하라」라는 글에서 우치하라 이민훈련소를 다음과 같이 묘사했다.

> 소나무 숲을 등지고서 몽고 게르 같은 둥근 지붕, 마치 솥을 엎어 놓은 듯한 모양의 막사가 여럿 보인다. 이름하길 '일륜병사'라 하는 데 안쪽은 판자를, 바깥쪽은 껍질이 붙은 소나무를 반으로 쪼개어 그대로 박아 넣었다. 40정보에 이르는 소나무 숲속에 이러한 일륜 병사가 500여 개나 자리하고 있으니, 구릉과 평원 먼 곳에서 낯선 건물들의 모습을 본 사람은 누구나 순간적으로 이곳이 도쿄 근교가 아닌 만주 땅 끝 몽고의 일각이 아닌가 하는 착각을 할 것이다.[80]

우치하라의 이국적인 풍경이 사람들의 호기심을 불러일으키면서 이 독특한 원형 막사는 청소년의용군의 상징이 되었다. 이는 제국과 일본 본국 사이에 새로운 친밀감이 형성되길 기대하는 열망에 잘 부합하는 것이었다. 만주 개척이 만주를 일본화했듯, 우치하라는 일본에 만주의 일부를 이식함으로써 만주를 친숙하게 느끼도록 했다.

만주 개척의 영웅 신화를 구축하고 대중화시킴으로써 개척이민운동은 일본 식민주의 이데올로기에 새로운 사상을 접목시켰다. 농촌 공동체가 제국주의 프로젝트에 편입되면서 농민이라는 새로운 집단이 식민 활동에 참여하기 시작했다. 만주국은 가난한 농민에게 기회의 땅이었으며 농촌은 물질적으로나 상징적으로 제국의 수혜자가 되었다. 과거 제국이라는 신화는 병사에게는 영웅이 될 기회를, 식민지 엘리트에게는 자신의 능력을 펼칠 무대를 제공해 주었다. 이제 건실한 농업 개척민도 국가를 위해 봉사하면서 제국 건설의 성공과 영웅담을 공유하게 되었으며, 일본의 모든 농민은 그 성과가 자신이 거둔 것인 양 자부심을 느꼈다. 이처럼 만주 개척을 영웅시함으로써 이민 문학은 농촌 공동체가 제국의 확장에 참여하는 것을 가치 있는 일로 느끼는 동시에 사회의 국가정책 수용을 신성시하도록 만들었다.

이민 송출기구의 폭주

1930년대 초 전국적으로 농촌 구제 운동이 진행된 이래 중앙과 지방, 공공과 민간의 상호 작용이 이루어지면서 30년대 말에는 이민 송출기구라는 거대한 관료 조직이 탄생했다. 그러나 복잡한 제도가 대부분 그러했듯, 이민 송출기구도 일단 가동되기 시작하자 독자적인 생명력을 가지고서 본래 자신을 탄생시킨 세력의 요구에 반응하지 않게 되었다. 전쟁 말기에 이민의 송출보다 병력의 동원이 국가의 우선 과제가 되고 농촌은 극심한 노동력 부족에 시달렸음에도, 이민 송출기구는 여전히 만주 개척촌에 수많은 일본인을 정착시켰다. 효용성이나 논리와는 무관하게 자신의 사명만을 끊임없이 추구한 결과, 이민 송출기구는 국가와 농촌사회 안에서 폭압적으로 변모했다. 1942년경에는 만주 개척이민이 전쟁 수행 능력을 오히려 약화시키고 있었는데, 이는 역설적이게도 국가의 성장이 어떻게 국가의 붕괴에 기여할 수 있는지 보여주었다.

이미 1937년 초부터 만주 개척을 추진했던 세력들의 연합은 와해되기 시작했다. 농촌의 경기 회복이 비교적 늦었음에도, 1936년에는 이미 대부분의 농업 생산품 가격(생사 제외)이 1929년 이전의 수준으로 돌아왔으며 산업의 발전으로 인해 도시에서 농촌으로 향하던 인구이동도 다시 역전되었다.[81] 중국 대륙에서 태평양으로 전선이 확대되면서 병력 충원 및 군수산업에서의 노동력 수요가 계속 증가하자 농촌의 노동력 부족은 심각해졌다. 1936년부터 1941년까지 군대에 200만 명 이상의 인원이 동원되어 총병력 수는 56만 4,000명에서 239만 1,000명으로 증가했다. 같은 시기 일본군 사망자 수도 23만 명에 달했다. 1941년 이후 상황은 더욱 나빠졌다.[82] 게다가 전쟁이 경과함에 따라 산업 생산이 확대되면서 약 150만 명의 노동자가 농촌 지역에서 새롭게 동원되었다.[83]

이 같은 대규모 동원으로 태평양전쟁 발발 이전부터 이미 일본은 심각한 노동력 부족 상태였다. 1938년이 되자 중국 내 전투에 참가하는 병사의 절반 이상이 30대의 예비역 군인이었다. 또 1939년에는 군수산업 내 노동력의 부족으로 노동자를 징발해야 할 정도였다. 1936년부터 1941년까지 농촌 인구는 10만 가구 이상 감소했고 전업농가의 비율도 75%에서 42%로 줄어들었다. 농촌은 처음으로 노동력 부족에 직면했다. 식량 생산이 위기에 빠지자 정부는 도시 청소년들로 구성된 '농업증산보국추진대'를 농촌 지역에 파견하기 시작했다.[84]

결국 만주 이민의 모집 대상을 확보하는 일은 점차 어려워졌다. 표11에서 보듯이 만주 이민 모집 실적은 시험이민 기간 중 비교적 적게 설정된 목표치는 초과달성했지만, 1937년부터 1941년까지는 목표치의 절반 이하밖에 달성하지 못했으며 그 후에는 겨우 16% 수준에 그쳤다. 만주 개척이민에 대한 관심의 감소는 각지의 통계 자료에도 잘 나타난다. 예를 들어 고치현 하타군(高知縣 幡多郡)의 분촌이민의 경우 1942년에는 목표치의 47%를 달성했으나 전쟁 말기에는 9.5%밖에 도달하지 못했다.[85]

〈표11〉 이민 목표치와 달성률

연도	성인 이민		청소년의용군	
	목표치	달성률	목표치	달성률
1932~1936	14,500	104	0	0
1937	30,000	67	0	0
1938	30,000	86	30,000	66
1939	55,000	71	30,000	36
1940	101,000	41	12,600	73
1941	154,250	9	12,000	106
합계 (1937~1941)	370,250	38	84,600	63
1942	65,000	36	10,200	114
1943	128,000	12	15,000	71
1944	165,000	12	13,500	58
1945	205,000	3	10,000	38
합계 (1942~1945)	563,000	11	48,700	70

출전: 1932~1935년도 수치는 松村高夫, 「滿洲國成立以降における移民-勞動政策の形成と發展」, 滿洲史研究會 編, 『日本帝國主義下の滿洲』, 御茶の水書房, 1972, pp. 220~221, 1937~1941년도 수치는 滿洲帝國政府 編, 『滿洲建國十年史』(明治百年史叢書91), 原書房, 1969, pp. 374~375, 1942~45년도 수치는 淺田喬二, 「滿洲農業移民の立案過程」, 滿洲移民史研究會 編, 『日本帝國主義下の滿洲移民』, 龍溪書舍, 1976, p. 100; 櫻本富雄, 『滿蒙開拓靑少年義勇軍』, 靑木書店, 1987, p. 147에서 가져왔다.

주: 원문에는 성인 이민자의 목표치가 가구 단위로 설정된 반면 청소년의용군의 목표치는 개인 단위로 설정되어 있다. 이민계획은 평균 5인 가구를 기준으로 했기에 성인 이민자의 수에 5를 곱하여 수치를 조정했다.

그럼에도 불구하고 여전히 많은 농촌 공동체에서 만주 개척이민이 추진되었다. 1942년부터 1945년에 이르기까지 9만 7,740명이 만주로 떠났다(표12 참조). 국가적으로 볼 때 만주 이민계획은 전쟁 수행에 부담이 되었지만, 만주 이민을 추진하던 이들은 아시아의 공동 번영을 위한 자신의 역할이 군수산업이나 군대 동원만큼 중요하다는 신념을 갖고 이민 송출기구를 여전히 전력으로 가동했다. 이들은 성인층에서 만주 개척이민에 대한 관심이 떨어지자 청소년을 모집해 청소년의용군에 가입시키는 데 주력했다. 그 결과 1941년 이후 청소년들은 만주 개척민의 3분의 1 이상을 차지하게 되었다. 청소년의용군은 본래 성인 개척민의 노동력 부족을 보완하기 위해 추진된 것이었지만 나중에는 만주 개척계획의 야심 찬 목표를 달성하기 위한 수단이 되었다.[86]

〈표12〉 1932~1945년 만주 이민

연도	성인 이민		청소년의용군
	세대 수	추정 인수	
1932	493	2,569	0
1933	494	2,574	0
1934	298	1,553	0
1935	500	2,605	0
1936	1,109	5,778	0
소계(1932~1936)	2,894	15,079	0
1937	3,857	20,095	319
1938	4,924	25,654	19,830
1939	7,489	39,018	10,818
1940	7,930	41,315	9,156
1941	2,741	14,281	12,753
소계(1937~1941)	26,941	140,363	52,876
1942	4,526	23,580	11,604
1943	2,895	15,083	10,658
1944	3,738	19,475	7,799
1945	1,056	5,502	3,848
소계(1942~1945)	12,215	63,640	33,909
합계(1932~1945)	42,050	219,082	86,785

출전: 1932~1935년도 수치는 松村高夫,『滿洲國成立以降における移民-勞動政策の形成と發展」, 滿洲史研究會 編,『日本帝國主義下の滿洲』, 御茶の水書房, 1972, pp. 220~221, 1937~1941년도 수치는 滿洲帝國政府 編,『滿洲建國十年史』(明治百年史叢書91), 原書房, 1969, pp. 374~375, 1942~45년도 수치는 淺田喬二,『滿洲農業移民の立案過程」, 滿洲移民史研究會 編,『日本帝國主義下の滿洲移民』, 龍溪書舍, 1976, p. 100; 櫻本富雄,『滿蒙開拓青少年義勇軍』, 靑木書店, 1987, p. 147에서 가져왔다.

주: 성인 이민에 대한 통계는 가구 단위로 집계되었지만 청소년의용군 통계는 개인 단위로 집계되었다. 서로 다른 기준의 두 통계를 통합하기 위해 추정인수를 추가했다. 이는 한 세대를 5명으로 계산한 것이다.

청소년의용군을 확대하는 것과 더불어 개척이민에 대한 관심을 환기하고자 여러 프로그램이 시작되었다. 이러한 계획 중 가장 성공적인 것으로는 '대륙귀농개척단'이라는 도시에서의 이민모집 운동을 들 수 있다. 고베, 히로시마, 센다이, 가시와자키(柏崎)에서의 대륙귀농개척단 운동은 전쟁으로 몰락한 일본의 소상공인을 대상으로 한 것이었다. 대륙귀농개척단은 전쟁 말기에 송출된 개척민 중 높은 비율을 차지했다. 예를 들어 니가타현에서는 이 시기 개척민의 48%가 농업이 아닌 상업 종사자였으며 히로시마현에서 송출된 4,477명의 개척민 중 1,328명도 상업 종사자였다.[87]

이 시기 진행된 이민 모집 프로젝트는 이뿐만이 아니었다. 나가노, 히로시마, 야마가타 등 3개 현은 의용군의 배우자로 '대륙 신부'를 모집하는 사업을 적극적으로 추진했다. 전국 7개 지역에 설치된 여자 척식훈련소 중 하나인 히로시마현 여자 척식훈련소는 1942년과 1943년의 2년 동안 316명의 훈련생을 배출했다.[88] 또한 만주 건설 근로봉사대로 단기간 개척민을 도울 젊은 남녀봉사단도 파견되었다.[89] 1942년에는 대동아성(大東亜省)이 특별지도군운동(別指導郡運動)을 시작하면서 전국적으로 약 13개 군을 선정하여 개척민 모집을 집중적으로 진행했다.[90] 독신자의 결혼 알선이나 우편·신문 등의 발송, 나아가 위문과 지원을 위한 방문단의 파견을 임무로 하는 척식후원회도 전국 각지에서 발족했다.[91] 이런 식으로 개척이민운동은 전시 상황에 맞추어 다양한 프로젝트를 진행함으로써 개척민의 송출이 계속될 수 있도록 했다.

농본주의 사상과 해외 이민의 전통을 기반으로 하여 등장한 '만주농업이민 백만호이주계획'은 경제 위기 속에서 힘을 얻었다. 이 계획이 성공하기 위해서는 국가, 현, 지역 사회 차원에서의 지원이 필수적이었다. 이민 송출기구가 이 세 가지 차원에서 모두 정교해짐에 따라 만주 이민운동가들은 자신들이 지휘하는 기구의 본래 목적을 잃어버리고 말았다. 수단이 되어야 할 만주 이민이 그 자체로 목적이 되고만 것이다. 다른 정부 기구로부터 상대적인 자율성을 가지려는 경향은 만주 이민운동만의 특성이 아니었으며, 사회 개입주의 국가의 일반적인 특징 중 하나였다. 어떤 사회 정책을 수행하기 위한 국가기구가 한 번 만들어지면 이 관료 조직을 해체시키기란 어려운 일이었다. 이들 기구는 해당 정책 목적을 달성하는 데 전념하는 관료 그룹과 자신의 생계를 이에 의존하는 구성원들의 네트워크를 발전시켰다. 요컨대, 국가 안의 국가가 되는 것이다. 결국 만주 개척이민운동이 전쟁 중에서도 만주에 수십만 명의 일본인을 송출하는 주목할 만한 성과를 거둔 것은 일본이라는 국가 안에서 이민 송출기구가 가진 상대적인 자율성 덕분이었다.

◈

만주 개척이민계획이 만주국과 일본 정부에 의해 채택되면서, 사회경영과 사회공학 기술을 바탕으로 강력한 국가 건설과 관료제적 실험이 시작되었다. 복지국가의 건설도 새로 설치된 후생성(1938년 설립)이 또 다른 영역에서 사회정책을 수행하면서 추진되었다. 그러나 만주 개척이민계획은 제국이 없었다면 아마 다른 정책으로 흘러들어갔을 상당한 행정력과 공적 자금을 독점했다. 계획의 입안과 설득에 소요된 수십억 엔의 자금과 수백만 시간에 이르는 관료들의 노력이 갖는 기회비용은 측정하기 불가능할 정도이다. 그럼에도 불구하고 초기 사회정책 국가가 제국에 몰두하면서 거둔 구체적인 결과가 무엇이었는지 이야기해 볼 수 있다. 그중 하나는 가부장적이고 전제주의적인 식민지 국가의 전통이 일본의 복지국가 관행에 도입되었다는 것이다. 이와 더불어 빈곤과 불완전 고용이라는 문제점을 외부로

'수출'하는 경향도 확대되었다. 1930년대 말 정부 관료들은 전시경제로 몰락한 도시의 소상공업자를 구제하기 위해 만주 개척이민을 장려했다.

장기적으로 볼 때 전쟁 기간 동안 사회복지와 제국주의의 긴밀한 연관성이 전후 재구성된 탈식민지 국가 내에서 복지국가의 제도적 장치가 가지는 지위에 영향을 미쳤을 것이라 추측할 수 있다. 그러나 어떤 면에서는 전쟁의 패배로 일본제국이 무너지면서 신생 복지국가의 사명도 함께 사라져 버리고 말았다. 20세기 초 일본 정부가 민간 영역에 대한 개입을 정당화하기 위해 가졌던 국가방위, 경제 발전, 사회복지라는 세 가지 임무는 1945년 이후 해체되었다. 국가는 계속해서 복지와 국방의 기능을 맡았지만, 이는 국가가 대중과 소통하는 공식 정책 성명이나 정부 발표 속에서 대부분 사라졌다. 탈식민지 시대에 국가는 빈곤의 종식이라는 사명이나 사회안전망으로서의 국가 개념, 심지어 방위의 필요성을 통해서가 아니라 고도성장이나 소득 증가 등 경제 발전의 언어를 통해 스스로를 정당화했다. 이러한 전략으로 전후 대중은 국가를 주로 경제 관리의 주체로 인식하게 되었다.

만주국에서 추진된 세 가지 제국 건설 프로젝트 중 만주 개척이민은 동원의 주체로서 국가가 가장 적극적으로 관여한 사업이었다. 물론 국가는 인간의 모습을 하고 있었다. 1930년대 말 대중 동원에 힘쓴 결과 국가의 대리인은 일본 농민 개개인의 삶까지 영향을 미칠 수 있게 되었다. 기획 회의, 조사단 구성, 지원자 모집을 위해 현이나 중앙정부의 관료들이 마을을 돌아다녔다. 만주 개척이민운동의 역사가 보여주듯 농촌운동가들은 정부 관료와 친밀한 관계를 맺는 것을 환영했다. 그들이 사회정책에 정부를 끌어들이고 지역 차원에서 정부가 주도하는 정책에 협조했기에 이민 송출기구가 제대로 작동할 수 있었다. 이들의 입장에서 국가의 새로운 사회적 행동주의는 자신들의 사회적 행동주의의 또 다른 측면이었다. 다시 말해 사회 간섭주의 국가의 부상은 사회 역시 점차 정부에 침투하여 정부를 동원할 수 있게 되었음을 의미했다. 만주 개척이민운동의 이데올로기적 구조는 이 두 가지 발전을 모두 신성화했으며, 국가의 팽창을 정당화하는 인종적 사명과 사회적 행동주의를 고귀한 것으로 만드는 영웅적인 만주 개척의 전통을 만들어 냈다.

제4부: 새로운 사회적 제국주의와 농업 개척이민 계획, 1932~1941

9장

제국의 희생자들

이처럼 열광적인 활동이 겨냥한 사람들은 정작 자신들에게 일어나는 일에 대해 거의 발언권을 갖지 못했다. 이민계획을 세우고 각종 운동 전략을 논의하던 위원회에 이민자가 포함되는 경우는 아주 드물었다. 이민자들은 자신들이 언제 떠날지, 그들에게 주어질 새로운 집이 어딘지 결정할 수 없었다. 자신들이 무엇을 가져갈 수 있는지, 그리고 남겨진 소유물은 어떻게 처리될 것인지에 대해서도 선택권이 주어지지 않았다. 이들은 대체로 회유나 압력, 때로는 강압에 의해 만주로 이주해야 했던 사회적으로 약하고 힘없는 계층이었다. 전후에 등장한 만주 이민자에 대한 수많은 기록은 『풀의 비석: 만주 개척단, 버려진 이들의 기록』이란 책의 제목에서도 잘 나타나듯이 고통과 피해의 이미지로 가득 차 있다.[1] 그러나 개척지에서 이들의 역할은 위의 책 제목이 암시하는 것처럼 그렇게 단순하거나 간단하지만은 않았다. 실제로 개척민들의 이야기는 평범한 사람들이 어떻게 제국을 이용했으며, 동시에 어떻게 이용당했는지를 복잡한 방식으로 보여준다.

 제4부: 새로운 사회적 제국주의와 농업 개척이민 계획, 1932~1941

제국의 특권

　의도적으로 만주 이민자는 농촌사회 내 최하층의 사람들로 구성되었다. 입안자들의 구상대로 분촌이민 계획은 "만주에서는 빈농을, 본국에서는 중산층 농민을 재활시키는 것을 원칙"으로 했다.[2] 여기서 '빈농'이라고 하는 용어는 5반(反) 이하, 즉 1.25에이커 이하의 토지를 경영하는 농가를 지칭했다. 이 기준에 따르면 전체 농가의 3분의 1 정도가 빈농에 해당하는 셈이었다. 나가노현 오히나타촌의 한 소작농가는 0.25에이커의 토지에서는 채소를, 0.25에이커의 토지에서는 쌀을, 그리고 0.50에이커의 토지에서는 뽕나무를 경작했다. 이 농가의 아들은 일용 노동자로 타향에서 일을 했고 나머지 가족들은 누에를 쳤다. 일본에서 이 정도의 농가는 "하루하루 겨우 먹고 살 정도"에 불과했기 때문에 이들은 결국 이민을 선택했다.[3]

　만주 이민자의 대다수는 이러한 사람들이었다. 6개 마을 337가구의 이주민을 대상으로 토지 소유 현황을 조사한 결과 이들의 반 이상은 토지를 가지고 있지 않은 소작농이었다. 5반(反) 이하의 토지를 소유한 31%의 이주민은 빈농으로 분류되었다. 이는 대부분의 이주민이 토지 경작만으로는 생존을 유지하기 어려워 날품팔이나 다른 부업을 통하여 소득을 보충해야 하는 농촌의 하층민이었음을 의미했다. 예를 들어 요미카키촌(読書村) 출신 214개 가구의 직업을 살펴보면 이들이 얼마나 소외된 계층이었는지 알 수 있다. 절반 이하인 90가구만이 전업 농민이었으며, 그중에서 자기 토지를 가지고 있었던 것은 28가구에 불과했다. 32개 가구는 농업 외에도 숯을 굽거나 일용 노동을 하는 등 부업을 가졌으며, 44개 가구는 일용 노동으로만 생계를 꾸렸다. 나머지 48개 가구는 직공, 행상, 목수 등 여러 직업에 종사했다.[4]

청소년의용군도 성인 이주민과 같은 사회경제적 계층에서 모집되었다. 두 집단의 가장 큰 차이이자 청소년의용군 출신 이민자들의 삶을 더욱 위태롭게 만들었던 것은 물론 나이었다. 사진 속 청소년의용군 지원자들의 모습은 너무 어려서 훈련의 일환으로 가지고 있던 총기에 비하면 난쟁이와 같았으며 자신의 가족 또는 공동체로부터 떨어질 준비가 되어 있지 않아 보인다.[5] 본래 목표 연령은 16세에서 19세까지였지만 시간이 지날수록 이들의 평균 나이는 낮아졌으며 심지어 14세도 입대를 권유받았다(표13 참조).

<표13> 청소년의용군의 연령별 인원수, 1940~1942년

연령	1940년	1941년	1942년
14	50	58	80
15	1,747	3,140	3,782
16	3,825	6,890	7,133
17	636	897	644
18	509	697	387
19	379	558	271
20	70	170	69
21	2	5	4
합계	7,218	12,415	12,370

출전: 滿洲國通信社 編刊, 『滿洲開拓年鑑』, 1944(復刊: 鵬和出版社, 1986), p. 192.

만주국에 어떤 희망을 품고 있었든지 일단 새로운 고향에 도착하자, 이주민들은 자신들의 사회적 지위가 급격히 상승한 것을 알게 되었다. 식민지 사회의 '지도 민족'으로 각종 공식적, 비공식적 특권을 획득한 이주민들은 농촌의 하층민에서 사회의 엘리트로 변모했다. 우선 이주민들은 한 가구당 채소 재배지와 농지로 10헥타르(24.7에이커), 목초지로 10헥타르에 달하는 막대한 토지를 받았다. 모든 이주민에게 토지를 공급해주기 위해서는 천만 헥타르의 토지가 필요했다.[6] 토지 확보 비용을 줄이고 일본인 개척자들과 현지 농민들 간의 갈등을 최소화하기 위해 만주국 정부는 현재 경작되고 있지 않은 토지를 매입하는 정책을 채택했다. 가장 이상적인 방식은 미개발된 습지나 삼림을 개간하여 개척민에게 주는 것이었다. 만약 일본인 개척민을 위해 기존 거주민들을 이주시킬 필요가 있을 경우, 기존 거주민의 생계 보장을 염두하고 실행해야 했다.[7]

목표를 달성하기 위해 식민지 정부는 빠른 속도로 토지를 확보하기 시작했다. 1941년 4월 일본은 2천만 헥타르(당시 만주국 전체의 토지는 총 1억 4천만 헥타르로 추정되었다)에 해당하는 토지를 확보했는데, 이는 일본인 개척촌 건설에 필요할 것으로 추정되었던 것의 2배에 달했다. 목표했던 것과는 달리 이중 350만 헥타르, 즉 확보한 토지의 18%는 기경지였다. 결과적으로 일본은 경작지로 분류된 1,500만 헥타르 중 상당한 면적의 토지를 차지했으며, 그중 4분의 1 이상의 토지에서 조선인과 중국인 농민들이 강제로 쫓겨났다.[8]

이 엄청난 양의 토지 소유권 이전은 가격 조작, 강제 매입, 그리고 강제 이주를 통하여 이루어졌다. 일본의 관료들은 매입한 토지의 가치를 터무니없이 낮게 평가했다. 싼장(三江)에서는 50~100엔의 가격으로 추정되는 경지를 단 15엔에 매입했으며, 시장가가 5~25엔으로 추정되는 미경지에 대해서는 2~4엔을 주고 매입했다.[9] 중국인 매도자들은 일본이 개간지를 미개간지로 분류하여 인위적으로 토지 가격을 낮춘다며 자주 불만을 제기했다.[10] 또한 소유권을 이전한 기존의 토지 소유주들은 실제 토지 보상비를 받을 때까지 기약 없이 기다려야만 했다. 1941년의 경우 2천만 헥타르의 토지 중 보상비가 지급된 것은 1,080만 헥타르에 불과했다.[11] 관동군은 토지 매매가 이루어지는 곳 주변에 자주 병사들을 배치했다. 만일 중국인들이 이러한 은근한 협박에 반응하지 않을 경우 이들은 폭력을 휘두르기도 했으며, 극단적인 경우에는 추가 병력을 투입해 거래에 응할 때까지 마을을 점거하기도 했다.[12] 기존 주민들의 이주는 계절에 상관없이 결정되는 경우가 많아 수확을 제대로 할 수 없거나 그 해 농작물을 심기에는 너무 늦은 상황에 처하기도 했다. 강제로 내준 토지 대신 새로 받은 땅은 대부분 척박하고 경작되지 않은 미개발지였다.[13]

기록에 따르면 개척민들은 일본을 떠나기 전 자신들에게 주어진 토지에 본래 주인이 있다는 사실을 이미 알고 있었다. 나가노의 오히나타촌에서 이주 예정지를 조사하도록 파견한 이들은 현지 주민들이 "일본인 이민자가 와서 자신의 땅을 사버리면 자기는 갈 곳이 없다"라고 걱정했다는 보고를 했다. 그러나 다른 이주민의 말처럼, 이러한 정보는 이주민들을 망설이게 하기보다는 "그 땅이 이전부터 경작되어 왔다면 이주해도 괜찮겠다"라고 생각하게 만들었다.[14]

이처럼 제국에서 부여한 특권은 일본인 개척민이 중국 농민으로부터 양질의 토지를 빼앗을 수 있게 했을 뿐 아니라, 토지를 빼앗긴 이들의 노동력을 착취하는 것도 용이하게 했다. 정책 입안자들은 초기 정착 기간에 20헥타르(20정 또는 49에이커)의 땅과 소 한 마리, 말 한 필, 그리고 2명의 고용인만 있다면 부부 한 쌍이 자급자족적인 자영 농업이 가능한 이상적인 농촌 생활을 향유할 수 있다고 생각했다. '이상'에서 벗어난 한 가지, 즉 고용된 일손이 두 명 있어야 한다는 조건은 개척민들 사이에 노동력 교환 시스템이 구축된 후에는 사라질 것이라 생각했다.

그러나 처음부터 이 청사진이 실현되기는 불가능하다는 사실이 드러났다. 일본 개척민들은 대체로 노동 집약적인 소규모 농경에 익숙했기 때문에 그들에게 주어진 거대한 토지를 경영하는 데 적응하기 어려웠다. 홋카이도에서 실행되었던 대규모 농업기술을 보급하고 기계화를 통해 생산성을 높이려는 여러 시도와 논의가 있었음에도 개척민들은 주로 현지 주민에게 배운 전통적인 만주 농업기술에 의존했다. 이러한 방식은 매우 노동 집약적이었으며, 구인난과 마을 행정에 참여하는 개척촌 주민의 높은 비율, 다양한 건설 활동에 대한 과중한 노동 수요는 일본인 개척민 사회에 만성적인 노동력 부족 문제를 초래했다.[15]

개척민들은 현지 중국인과 조선인 농민을 대거 고용하고 토지의 상당 부분을 소작지로 빌려줌으로써, 자신들이 본국에서 착취당했던 방식 그대로 현지 주민을 착취했다. 만주 개척에 관한 연구에 따르면 개척민은 보통 소유지의 3분의 1에서 절반에 달하는 면적을 소작으로 내주었다. 공동으로 관리하는 토지를 포함한다면 소작지의 비율은 정착촌이 보유한 토지의 70~90%까지 늘어났다. 같은 연구에 따르면 개척민들이 직접 경작하는 토지는 5헥타르(5정 또는 12.25에이커) 미만인 경우를 제외하고는, 기껏해야 필요한 노동력의 3분의 1밖에 확보하지 못했다고 한다.[16]

새롭게 이주한 만주 사회에서 일본인 개척민들에게 주어진 또 하나의 특권은 폭력 수단에 대한 독점권이었다. 관동군이 현지인의 무장 해제를 위해서 군사 행동을 벌였던 반면, 일본인 개척민들은 무기를 소유할 수 있었을 뿐 아니라 현지 주민을 상대로 물리력을 행사할 수 있는 광범위한 재량권을 부여받았다. 실제로 개척민들이 받은 훈련 프로그램 중 상당 부분은 군사 훈련이 차지하고 있었다. 또한 훈련소에서 받은 세뇌 교육과 일본에서 대중매체를 통해 유포된 이미지로 인해 개척민들은 현지 중국 농민들을 잠재적인 비적 혹은 폭도로 바라보았다. 더구나 반란을 방지하기 위한 일환으로 개척민들은 의도적으로 반일 운동의 중심지였던 베이안(北安), 빈장(濱江), 지린(吉林), 룽장(龍江) 등 만주국의 동북변, 이른바 '비적 소굴'에 배치되었다.[17] 따라서 정착민들은 무기를 갖추고서 잠재적인 반일 공격에 대비하여 지속적인 경계 상태를 유지했다.[18]

이러한 이유로 일본인 개척민들은 개척촌 주변의 중국인들을 잔인할 정도로 적대시했다. 경찰 당국은 중국인에 대한 두려움이 폭력으로 분출되었던 여러 사건을 기록으로 남겼다. 한 사례에 의하면, 2명의 개척민은 50대의 한 남성이 개척촌 주변에서 의심스러운 행동을 하는 것을 목격했다. 그들은 이 남성을 추격하기 시작했고 멈추라는 명령에 따르지 않자 총으로 쏴서 살해했다.[19] 또 다른 사례에서는 3명의 청소년의용군 소속 청년들이 자신들의 땅으로 침입하려는 중국인 무리를 향해 경고했지만, 이들이 경고를 무시하자 갖고 있던 괭이로 공격하여 그중 한 명을 살해했다.[20]

일본인 개척민의 행태에 중국인과 조선인 거주민들은 강력히 항의했고 이러한 항의는 종종 더 큰 폭력으로 이어졌다. 갈등이 심각해지자, 1941년 경찰 당국은 불법 토지 취득, 강제 노역, 청소년의용대원이 저지른 인명 및 재산에 대한 폭력 행위 등을 정리한 보고서를 작성했다. 이러한 사건들은 공산주의와 반일 저항운동의 동력이 될 수 있기에 경찰 당국의 큰 근심거리였다.[21] 또한 이는 '민족협화'를 부르짖던 만주에서 일본인 개척민들이 타민족의 희생 위에 어떠한 특권을 향유하고 있었는지 잘 보여준다.

제국의 희생자들

태평양 전쟁의 발발은 일본 개척민에게 큰 영향을 미쳤다. 이미 한계에 다다른 상황에서 새로운 전선의 형성으로 인적, 물적 자원의 수요가 증가하자 개척이민 계획에 필요한 엄청난 재정적, 물적, 그리고 인적 요구사항은 거의 충족될 수 없었다. 그러나 일본 정부는 이민정책을 포기하기는커녕 오히려 더욱 강력하게 추진했다. 정부는 터무니없는 목표를 세우고, 막대한 생산량 증가를 예상했으며, 정착지의 급속한 기계화를 통해 노동력 부족 문제를 극복하려 했다.[22] 이 모든 것은 군부가 매년 100만 명이 넘는 신병을 모집하고 모든 자원이 무기 생산에 투입되며 군부에서 모든 운송수단을 독점하던 시기에 진행되었다.[23] 혹시라도 정착지로 보낼 인력, 트랙터 또는 비료를 확보한다고 하더라도 이를 운송할 수단을 찾는 것은 극히 어려웠다. 이러한 장애물에도 불구하고 개척이민 정책이 무리하게 추진되면서 정착민들은 엄청난 고통을 겪었다. 무너져가는 제국을 떠받치기 위한 마지막 수단으로 정부로부터 무자비한 착취를 당한 정착민들은 패망이 눈앞에 다가오자 가차 없이 버려졌다.

전쟁이 진행됨에 따라 언제나 우선순위에 있었던 개척이민 정책의 전략적 성격은 더욱 분명해졌다. 1937년에 첫 번째 대규모 이민이 시작된 이래 이들의 정착지는 만주국과 소련의 국경 지역을 따라 만들어졌는데, 이는 그들을 소련에 대항하는 '제국 육군작전의 예비전력'으로 삼기 위한 것이었다. 전쟁 후반(1942년 12월과 1943년 8월)에 세워진 '정책대강(政策大綱)'에 따라 대소련 방어를 위한 정착지 건설은 더욱 가속화되었다. 청소년의용군에 참여하여 3년 동안의 훈련을 받고 영구 개척민이 되기를 자원했던 의용대 개척민은 모두 최전선으로 보내졌다. 전쟁의 마지막 3년 동안 의용대 개척민은 정규 이민자의 네 배에 달했기에 이들 중 절대 다수는 소련군의 진입 경로에 배치되었다. 1943년 말 개척민의 50%가 만주국의 대소련 전선에 배치되었으며, 40%는 중국의 항일운동 근거지에 배치되었다.[24]

이와 같은 정착촌 배치가 가진 본래의 전략적 목적은 관동군을 후방에서 지원하는 것이었다. 그러나 전황이 불리해지자 개척민들은 자신도 모르는 사이에 일차 방어선, 이른바 '인간 진지'가 되고 말았다. 1941년 전력이 정점에 달했던 관동군은 일본군 중 가장 강하고 우수한 전투 능력을 가진 부대를 소련-만주국 국경에 집중적으로 배치했다. 그러나 북쪽의 소련 방면으로 진격하는 대신 남쪽 태평양의 미국과 영국군을 공격하기로 결정이 내려지면서 관동군의 규모는 축소되기 시작했다. 태평양전쟁 초기 몇 차례 승리를 거둔 이후 전황이 점차 불리해지자 1943년 봄부터 만주에 주둔했던 부대들은 차례로 남쪽으로 이동했다. 1944년 후반이 되자 한때 막강한 위용을 자랑하던 관동군은 빈껍데기에 불과한 존재로 전락했다.[25]

관동군의 철군으로 개척민 사회는 완전히 위험에 노출되었다. 그러나 정부 당국은 이들을 대피시키거나 안전을 확보할 방법을 강구하는 대신 오히려 정반대의 조치를 취했다. 징집면제 약속을 어기고서 정착민들까지 철저한 징병이 이루어지면서 정착지의 신체 건강한 남성의 수는 계속하여 줄어들었다. 군 복무 전의 청소년의용대원, 그리고 2년간의 병역을 마치고 아직 예비군 복무 의무가 남아 있던 20대, 30대 청년에게 징집면제 약속은 이들이 이민을 결심하게 만든 중요한 이유였다. 그러나 1943년 이후부터 정착촌에서도 예비군이 소집되었으며 청소년의용대원도 20세가 되자마자 바로 징집되기 시작했다. 1944년부터는 훈련소의 미성년자마저 보급선과 군용품 보호를 위해 군부대에 배치되었다. 1945년 중반 관동군은 눈앞에 닥친 소련의 침공을 대비해 마지막 결전을 준비했으며 이를 위해 이른바 남김없이 동원한다는 '네코소기(根こそぎ)' 동원을 실시했다. 같은 해 7월 말부터 8월 초에는 둥안(東安)현을 비롯한 만-소 국경 지대 정착지의 얼마 남지 않은 성인 남성마저 전선으로 보내졌다. 8월 8일 소련의 공격이 시작된 직후에도 관동군은 계속해서 만주 내지에 있는 정착촌에서 병력을 동원했다.[26]

청소년의용대 개척촌은 대체로 징집 연령에 임박한 젊은 남성들로 구성

제4부: 새로운 사회적 제국주의와 농업 개척이민 계획, 1932~1941

되어 있었기에 관동군의 동원에 가장 큰 타격을 입었다. 나가노현 출신의 청소년의용대가 건설한 29개 개척촌에서 징집된 인원은 1,828명으로 마을에 남은 이는 1,118명에 불과했는데, 이는 곧 각 개척촌당 40명의 인원밖에 남지 않게 되었음을 의미했다. 남아 있는 이의 대부분은 젊은 신부이거나 나이 어린 소년들이었다.[27] 1945년이 되자 성인으로 이루어진 개척촌의 상황 역시 나을 것이 없게 되었으며, 노인, 여성, 그리고 아동을 제외하고는 거의 모든 이가 동원되었다. 예를 들어 1943~1945년 사이에는 나가노현 출신 21,403명의 성인 이민자 중 3,016명이 징집되었다.[28] 전체적으로는 전쟁 막바지에 40,277명이 징집되었는데 이는 일반 개척이민자 및 청소년의용대 개척민의 5분의 1에 해당하는 수였다(아래 표14 참고).

<표14> 만주 개척민의 징병

	인구	징병	
	인구	인수	%
일반 개척촌	213,666	40,277	19
청소년의용군	22,518	873	4
만주건설근로봉사대	4,976	144	3
합계	241,160	41,294	17

출전: 滿洲開拓史刊行會 編刊, 『滿洲開拓史』, 1966, pp. 433~434. 주: 일반 개척촌에는 만주에 정착한 청소년의용군 출신도 포함되어 있다.

이처럼 군이 총력을 기울여 병력을 동원하는 와중에도 이민 당국은 전쟁의 마지막 순간까지 일본에서 새로운 이민자를 계속하여 모집했다. 1945년 한 해만 해도 3,848명의 청소년의용대원이 훈련을 시작했으며 1,056호의 농가가 이른바 만주라는 낙원으로 이주했다. "소련의 포로가 되기 위해 갈 뿐"이라는 친척들의 비판 속에서도, 1945년 5월 나가노를 떠난 마지막 이민자 그룹이 만주에 도착했다.[29] 이러한 예상은 개척민에 대한 관동군의 무정하고 무책임한 조치로 곧 현실이 되고 말았다. 1945년 2월을 시작으로 소련은 만주 진공을 위해 서부전선에서 시베리아로 병력을 이동시켰으며, 이어서 4월 소련은 일소중립조약을 갱신하지 않겠다고 통보했다. 5월 독일이 항복하자 관동군은 소련의 만주 진공이 시간문제에 불과할 뿐이라는 점을 깨달았다. 관동군은 철도 노선을 따라 동쪽으로는 조선과의 국경 근처에 있는 퉁화(通化)에서 시작해 만주 중남부에 있는 수도 신징을 거쳐 관동주 끝에 있는 다롄에 이르기까지 남쪽 방어선을 설정하고, 나머지 만주국의 4분의 3은 포기하기로 결정했다. 관동군은 모든 전력을 방어선 안으로 후퇴시켰으며 방어선 밖에 있는 일본 민간인과 대부분의 개척민은 버려졌다.[30]

1945년 7월 25일의 회의에서 관동군이 이와 같은 계획을 통보하자 만주국 정부 관료들은 크게 놀랐다. 정부 관료가 방어선 밖에 있는 개척민을 어찌할 것인지 묻자, 관동군 지휘관은 "그들은 자결할 수밖에 없다"라고 대답했다. 정부 관료들이 줄기차게 개척촌의 피난계획을 수립할 것을 요구하자 군 지휘관들은 마지못해 각 개척촌의 지도자들은 징집하지 않는다는 것에 동의했다.[31]

8월 9일 소련은 세 방향에서 만주를 공격하기 시작했다. 하나는 블라디보스톡 방면에서 만주 동부와 한반도 북부로 진격하는 것이었으며, 두 번째는 아무르강을 건너 만주 북부로, 세 번째는 서쪽에서 하이라얼(海拉尔)로 향하는 것이었다. 다음 날 민간인 보호를 담당했던 관동군 부서는 군인 가족들만 안전지대로 대피할 것을 명령했는데, 이와 같은 무정한 정책은 군 내부에서도 비판을 받았다. 8월 12일, 신징 함락이 임박하자 관동군과 만주국 정부는 수많은 일본 민간인을 남겨두고 신징에서 퉁화로 후퇴했다.[32]

　　　　제4부: 새로운 사회적 제국주의와 농업 개척이민 계획, 1932~1941

8월 9일 각 개척촌에 대피 명령이 내려졌지만 대피를 도울 어떠한 지원도 제공되지 않았다. 개척민들에게 전달된 권고 사항은 자신의 짐과 일주일치 식량을 가지고 어떤 이동 수단을 쓰든지 간에 남쪽의 주요 도시로 이동하라는 것뿐이었다. 그러자 개척민들의 눈앞에 생지옥이 펼쳐졌다. 개척민 중 일부는 참호를 파고 소련군에 저항하기로 마음먹었지만, 어떤 이들은 소련 또는 중국이 공격할 것을 두려워한 나머지 집단 자결을 선택했다. 재빠르게 움직이고 또 운이 좋았던 이들은 8월 13일 철도 운행이 중단되기 전 남쪽으로 탈출할 수 있었다. 그러지 못한 나머지는 어쩔 수 없이 말을 타거나 도보로 이동했으며, 많은 경우 러시아 혹은 중국의 공격을 피해 습지나 숲 지대를 통과해야 했다. 8월 중순부터 9월 중순에 이르기까지 개척민들은 중국인들로 구성된 다양한 집단—일본인에게 훈련받은 전직 만주국 군인이나 중국인 저항 부대를 비롯하여 토지 수탈이나 강제 노역 등 일본인의 침탈에 복수를 원했던 중국인 농민과 노동자들—의 습격을 받았다. 이러한 습격에 가지고 있던 식량을 잃은 개척민들은 기아와 질병에 시달렸고, 결국 많은 수가 사망했다.[33]

피난 과정에서 개척민들은 엄청난 희생을 치렀다. 이들이 겪었던 고통은 일본의 패전 이후 폭력적인 상황에서 사망한 개척민이 약 11,520명에 이른다는 추산치를 통해서도 잘 알 수 있다. 표15는 75개의 개척촌에서 중국과 러시아의 공격으로 사망한 개척민의 수를 보여준다. 이 표에서 가장 충격적이고 또한 비극적인 점은 너무도 많은 사람이 스스로 목숨을 끊었다는 사실이다. 어떤 이들은 앞으로 다가올 공격에 대한 두려움으로 집단 자살을 했다. 또 어떤 이들은 비록 전투에서는 살아남았지만 멀게만 느껴지는 귀경길에 대한 절망감으로 자살했다. 일본의 적들이 자행한 폭력적인 복수는 개척촌 주민이 앞으로 감당해야 할 운명의 시작에 불과했다. 약 67,000

명으로 추산되는 많은 이들이 굶주림과 질병으로 사망했다.[34]

<표15> 1945년 8~9월 피난 중 사망자

사망 원인	공격 주체			총 사망자
	중국	러시아	중국 및 러시아	
자살	3,420	759	216	4,395
전사	1,141	1,620	0	2,761
전투 중 자살	476	1,418	0	1,894
기타	-	-	-	612
합계	5,037	3,797	216	9,662

출전: 滿洲開拓史刊行會編刊, 『滿洲開拓史』, (滿洲開拓史刊行會, 1966), pp. 430~432.

일본 개척이민자 중에서 단지 6개의 개척촌 그룹만이 8월과 9월에 있었던 마지막 귀국 운송수단을 통해 남쪽으로 이동하여 일본으로 돌아갈 수 있었다. 남겨진 이들 중 대부분은 1946년 5월에서 10월에 걸쳐 미국의 감독 하에 이루어진 철수 계획에 따라 본국으로 송환되었다. 그 사이 이들은 도시에서 난민으로 살거나 농촌으로 돌아가 중국 농민이나 중공군에 고용되었다. 1946년 11월까지 살아남은 약 180,000명의 개척민 중 61%에 해당하는 110,000명이 송환되었다. 돌아가지 못한 이들 중 34,000여 명은 소련의 전쟁포로수용소에 구금된 것으로 보인다. 그래도 여전히 36,000여 명의 실종자가 남는다. 중국 내 국공 내전이 격화되면서 1948년 8월 이후 모든 송환 노력이 중단되자 이들은 고향으로 귀국하지 못했다. 남겨진 이들은 1953년 3월 송환 활동이 재개될 때까지 기다려야 했다. 송환 업무를 담당한 관료들도 1948년 8월 기준으로 실종자로 분류된 이들 중 몇 명이 실제로 살아 있는지, 그리고 얼마나 많은 사람이 송환을 바라고 있는지 확실히 파악하지 못했다. 나가노현의 경우 해당 지역 출신 개척민 중 10%

정도가 중국 내전으로 만주에 갇혀 있었던 것으로 보인다.[35]

　1953년 3월부터 10월 사이에 실시된 2차이자 마지막 송환 절차 이후 이루어진 최종 집계를 살펴보면, 만주 개척민의 인명 피해가 엄청났음을 알 수 있다. 1956년에 발표된 외무성 조사 자료에 따르면, 종전 당시 만주에 거주하고 있었던 223,000명의 개척민 중 일본으로 귀국한 이는 단지 140,000명(63%)뿐이었음을 알 수 있다. 총 개척민의 3분의 1 이상인 78,500명은 패전 이후 사망했는데, 대부분은 기아와 질병으로 인한 것이었다. 만일 개척민을 조금 더 일찍 대피시켰거나 남만주 도시 지역으로의 탈출을 도왔다면 이와 같은 엄청난 피해가 나오진 않았을 것임은 개척민과 다른 일본인 해외 거주자들의 사망률을 비교해 보면 분명히 알 수 있다. 1945년 당시 개척민은 만주 일본인 인구의 14%에 불과했지만 전쟁이 끝날 무렵 민간인 사망자의 45%는 이들 개척민이 차지했다.[36]

　이와 같은 생지옥을 경험하고 살아남은 개척민들은 자신들이 만주에서 겪은 경험을 바탕으로 회고록을 남겼다. 그들은 자신이 중국과 러시아, 그리고 관동군의 피해자라 생각했다. 실제로 이들이 제국의 피해자였음은 분명하다. 그러나 비록 이들이 마지막 순간에 가장 큰 피해를 입었음에도, 잠시나마 제국 안에서 자신들의 몫을 누리고 향유했던 것도 사실이다. 그러한 점에서 개척민들 역시 당시 대부분의 일본인과 크게 다르지 않았다. 그들 모두 만주에 세워진 제국의 '낙원' 속에서 이득을 얻기도 하고 고통당하기도 한 것이다.

JUNTO ITO

제5부

결론

CONCLUSION

10장

총력 제국의 모순

1930년대를 거치며 일본은 중국의 동북 지방에 이른바 '총력 제국'을 건설했다. 본서는 만주에서 진행된 제국 건설 프로젝트를 군사, 경제, 개척이민의 세 가지 측면으로 나누어 설명했다. 필자는 세 프로젝트를 시간적으로는 제국 건설의 각 단계에 대응시켰으며 공간적으로는 서로 다른 사회 영역과 연관 지었다. 이들은 별개의 프로젝트였지만 결국 모두 만주국을 형성했다. 여기서 우리는 총력 제국의 핵심에 자리한 모순을 발견할 수 있다. 이 세 가지 프로젝트는 독립적이면서도 서로 연결되어 있었고, 하나이면서도 별개의 것이었다. 또한 체계적이면서도 임의적이었고, 과잉 결정적이면서도 동시에 유동적이었다. 이 모순된 논리가 일본과 만주국의 역사를 형성했으며, 어느 누구도 그런 의도로 시작하지 않았음에도 마침내 총력 제국이 탄생시켰다.

만주국이 일본에 남긴 각인

대부분의 근대 국가와 마찬가지로 일본 역시 제국주의의 도가니 속에서 발전했다. 19세기 말과 20세기 초, 전 세계는 소수의 제국주의 국가에 의해서 분할되었다. 이 시기 등장한 새로운 제국주의는 매우 드문 사례를 제외하고는 제국주의의 실행자로 식민 국가를 건설하지 않으면 제국주의의 대상이 되어 피식민지로 전락하고 마는 세계 체제를 형성했다. 우리는 제국주의가 식민지 사회를 변화시키는 힘을 너무나 당연시하는 경향이 있다. 가령, 근현대 알제리의 역사를 서술할 때 프랑스 점령기가 가진 영향력을 언급하지 않는다면 이상하게 생각할 것이다. 그러나 그 반대의 경우도 언제나 존재했다. 본 연구는 침략자였던 일본 역시 제국을 건설하는 과정에서 극적이고 불가역적인 변화를 겪었음이 분명하다는 확신에서 시작했다. 일본의 식민주의자들에게 만주국이 큰 의미를 가진 만큼 총력 제국은 일본에 그 흔적을 남겼다.

만주국은 1930년대 일본 역사의 풍경을 변화시켰다. 그러나 만주국의 영향을 세계사적인 맥락, 즉 경제 위기, 중국과 동남아시아로의 팽창, 그리고 점차 심화되고 다면화되었던 전쟁을 위한 동원 과정이라는 더 넓은 맥락과 분리하여 생각하기는 힘들다. 실제로 일본은 이러한 맥락 속에서 만주국을 다루었다. 만주사변은 경제공황에 대한 일본의 대응이었으며, 식민지 개발 계획 역시 중국 내지를 염두에 두고 진행되었다. 다시 말해 만주국에서의 제국주의 동원체제는 일본 사회에 큰 영향을 주었지만 그 영향은 경제적, 군사적 위기라는 다른 측면과 연결되어 있었으며 그에 의해 결정되었던 것이다. 만주국이 일본에 미친 영향에 대해 이야기하는 것은 이러한 요인을 경시하겠다는 것이 아니라, 만주국이라고 하는 제국주의 프로젝트가 어떤 식으로 1930년대의 역사 흐름에 영향을 주었는가를 살펴보려는 것이다. 만주국이 이 시기 대중매체의 기술적인 진보나 국가 관료기구의 확장을 가져온 직접적인 원인은 아니었지만, 그 발전에 영향을 준 것은 사실이다.

필자는 동원 과정을 통해 만주국이 일본에 남긴 변화의 흔적을 다음의 여섯 가지 영역으로 나누어 서술했다. 이들 영역에는 만주국을 지배하고 그 지배력을 재생산하기 위한 구조물이 각각 세워졌으며 이러한 구조물이 모여 제국이 건설되었다. 분석을 위해 여섯 가지 영역으로 나누어 서술하긴 했지만, 이들 중 어느 하나도 단독으로 만주국을 탄생시키지 않았다. 오히려 이들이 서로 관계를 맺으며 총력 제국의 지형을 만들어갔다고 할 수 있다.

그 첫 번째 영역은 대중매체였다. 만주국이 일본의 문화산업에 가장 큰 영향을 미친 것은 아마도 전쟁열이 뜨거웠던 1930년대 초반일 것이다. 맹목적 애국주의는 국내 대형 일간지 시장의 성장과 라디오로 대표되는 새로운 매체의 성장, 그리고 그 밖의 다양한 문화산업의 확장을 촉진했다. 전쟁을 소재로 한 각종 문화상품의 수요가 증가하면서 새로운 미디어 기술을 실험할 기회가 생겼으며, 대중문화가 도시에서 농촌사회로 퍼져나갈 수 있었다.

비록 대중문화 산업이 만주 개발이나 개척이민에 대해서도 똑같이 열렬한 반응을 보이지는 않았지만, 대중매체는 여전히 이들 사업에 대한 지지를 끌어내는 도구로서 그 역할을 했다. 경제지, 시사교양 잡지, 여행기 등의 출판물은 엘리트 독자층을 위해 만주 개발 과정을 추적했다. 통제경제의 성과를 열광적으로 설명하는 경제 저널의 보도는 경제계에 만주의 성공 스토리를 전파하는 데 기여했다. 고급 잡지에 실린 만주 신도시의 사진들은 중산층 일본인을 향해 만주가 기회의 땅임을 선전했다. 전쟁열 속에서 상업문화가 변모했던 것처럼, 경제 프로젝트가 진행되는 동안 미디어는 활발하게 움직이며 자체적인 혁신과 성장을 이끌었다. 이러한 변화는 만주국과 관련된 각종 팸플릿과 브로셔의 급증, 여행기나 이민 문학 등 새로운 문학 장르의 출현, 그리고 스틸 사진을 비롯한 다양한 시각 자료의 등장에서 찾아볼 수 있다.

만주 개척이민운동 또한 대중매체를 이용하여 지지를 동원했다. 물론 이 주제를 다룬 많은 출판물 중 상업 출판사와 관련된 것은 일부에 불과했다. 정부 선전가들은 상업 매체가 만들어 낸 기술을 재빨리 모방하여 영화, 음반, 소설, 잡지, 그리고 큰 글씨체와 다양한 일러스트를 특징으로 하는 팸플릿을 통해 메세지를 전파했다. '백만호이주계획'을 선전하는 과정에서 대규모로 지원자를 모집해야 했던 정부는 대중문화에 등장한 새로운 선전 수단을 시험해 볼 필요가 있었던 것이다.

두 번째 변화의 영역은 일본의 정치였다. 여기서는 제국주의를 추구하는 이익집단이 등장하여, 아시아 대륙을 향한 군사적 팽창과 경쟁 제국주의 국가들을 상대로 하는 적대적인 외교정책을 펼쳤다. 새로운 군사적 제국주의를 둘러싸고 다양한 정치 집단이 합종연횡을 거친 결과, 군부가 제도적인 우위를 점하고서 대중국 정책의 기조를 결정할 수 있게 되었다. 동시에 노동조합과 도시 여성들의 후방 지원조직은 제국을 향한 애국주의를 이용하여 집단 내 단결을 강화하고 이들을 위한 더 나은 사회적 조건을 요구하는 새로운 모습을 보여주었다.

이 두 가지 변화는 대중 사회와 대중 정치의 시대에 일본 제국주의의 본질을 드러냈으며, 이는 경제 개발과 농업 개척이민 계획에서도 마찬가지였다. 만주국을 위한 자본 동원에서 중요한 역할을 수행했던 경제단체들의 역사를 살펴보면, 경제단체가 지방 및 중앙 정치에 깊숙하게 관여하게 되면서 경제계와 정계 엘리트 간의 상호 침투가 점차 증가했음을 발견할 수 있다. 학술기관 또한 조직 규모가 확대되고, 지식인 계층과 정부 및 전문직 엘리트 집단을 연결하는 네트워크가 증가하는 등 이와 비슷한 양상을 보였다. 이 두 가지 경우뿐 아니라 만주 개척이민운동에 참여한 농촌의 자발적 조직들을 살펴보아도, 제국을 위한 동원 과정을 통해 조직의 발전이 이루어졌으며 각 집단의 정체성과 이익 또한 분명해졌음을 알 수 있다. 물론 만주국은 이 시기 일본 사회에서 여성단체, 재계, 그리고 기타 이익 단체의 발전을 자극한 여러 촉매제 중 하나에 불과했다. 그럼에도 만주국은 이러한 조직의 역사에서 중요한 역할을 했으며, 특정 시기에는 결정적이기도 했다. 대중 사회가 소규모 사회집단의 기초 위에 형성된다는 점에서 볼 때, 총력 제국은 이들의 성장을 촉진함으로써 대중 정치와 대중 사회가 만들어질 수 있는 제도적인 길을 새로 열어 주었다.

일본 내에서 제국 건설이 이루어졌던 세 번째 공간은 본래 상호 적대적이었던 공공과 민간이 일본 자본주의의 사회경제적 위기를 안정시키기 위해 협력하면서 나타났다. 여기에서 만주국을 둘러싼 대기업과 군부가 지배하는 식민지 정부 사이의 불편한 협력관계가 등장했다. 미디어와 정치의 대중화와 마찬가지로, 만주에 대한 일본의 개입은 재벌과 군부가 새로운 관계를 형성하는 데 영향을 미친 여러 요인 중 하나에 불과했다. 그러나 그것은 만주국이 군부와 재벌의 협력을 전제로 하는 국가 산업정책의 실험장이 되었다는 점에서 중요한 의미를 가졌다. 만주의 산업화를 위해 막대한 자본이 필요하자, 만주국 정부 내 반자본주의 세력조차 재벌을 포용할 수밖에 없었다. 기업인들 또한 1920년대 말 이래 축적된 다량의 유휴 자본을 투자하여 보장된 이익을 취할 수 있었기 때문에 만주에 대한 투자 요구를 받아들였다. 만주 개발을 두고 이들의 의견이 부딪쳤던 것을 보면 양자 간의 협력관계가 불안정한 기반 위에 있었음을 알 수 있다. 그럼에도 이들의 협력관계는 지속되었으며 이는 만주국 산업금융의 토대를 제공해 주었다.

이러한 '정략결혼'은 만주국의 역사에서 흔히 보이는 특징이었다. 자유주의 또는 좌익 지식인이 전향하여 군부의 군사 점령을 지지하거나, 민정당 및 사회민주주의 정치인이 급진적인 제국주의와 군비 확장을 지지했던 것도 그 예라 할 수 있다. 이러한 특징은 농본주의적 사회개혁을 추진하던 국가 관료와 국가라는 존재 자체를 혐오하던 보수적인 농본주의자의 관계에서도 나타났다. 사회경제적인 위기 속에서 서로 반목하던 지주, 소작민, 자작농 역시 농본주의적 자본주의 사회를 만들기 위해 만주 개척이민운동에 협력했다. 그러나 대기업과 군부 사이의 불편한 협력관계와 마찬가지로, 농본주의적 사회 제국주의자들의 결속은 대규모 이민을 둘러싼 상반된 생각으로 약화되었다. 어떤 이는 만주 이민을 일본 본토 지주들을 구제해줄 수단으로 바라보았고, 또 어떤 이는 만주에 가난한 소작민을 위한 농본주의 유토피아를 건설하길 원했다. 무장한 개척민이 중국인 폭도에 대항하는 1차 방어선이 되기를 기대했던 이들도 있었다. 만주국 건설의 세 단계 모두에서 이러한 다양한 기대를 수용하는 방식을 발견할 수 있지만, 동맹 관계 내에 존재하던 작은 균열들은 때때로 제국 건설 계획의 성공을 위태롭게 만들었다.

대부분의 일본인은 만주국의 잠재력을 믿고 있었다. 그렇기에 다양한 집단의 기대를 만족시키기 위해서는 불가피하게 이러한 믿음에 호소할 수밖에 없었다. 이러한 유토피아적인 꿈은 만주국이 일본 본토에 흔적을 남긴 네 번째 영역이었다. 새로운 제국을 건설하기 위한 프로젝트는 한 세대의 최후이자 최고의 희망을 투사한 개혁적이고 혁명적인 아이디어의 시험장이었다. 제국주의 사상에 녹아든 이러한 이상주의는 일본의 진보와 문명의 최신성과를 중국 동북 지방에 전파하는 것을 사명으로 삼았다. 이러한 경향은 일본의 진보적 지식인이 꿈꾼 '멋진 신제국'에서 가장 잘 나타났다. 이들에게 만주의 경제 개발은 만주 도시에 근대적인 유토피아를 건설하며 농촌에 사회정의가 이루어지도록 약속하는 것이었다. 만주국에서 이루어진 모든 제국 건설 프로젝트는 일본 자신이 바랐던 유토피아적인 경제 개발의 이상적인 모습을 투사했다. 비록 만주국에서의 제국 건설이 모두 자국 개혁의 진보적인 이상을 밀접하게 반영한 것은 아니었을지라도, 제국 건설의 각 단계는 '제국에서 선을 행한다'는 생각을 통해서 정당화되었다. 장쉐량의 군대를 상대로 벌인 군사 작전은 일본인의 생명과 재산을 보호하는 것과 더불어, 군벌 정권의 약탈로부터 착취당하고 낙후된 중국인들을 보호한다는 명분으로 수행되었다. 농업이민 운동가들은 낙후된 아시아인을 일본화하고 불안정한 땅에 질서를 가져오겠다는 인종적 사명에 호소했다.

만주국에서의 군사적 영웅주의와 공동의 희생, 경제 개발의 이야기를 통해 형성된 식민지 사명은 기본적으로 일본 국민을 동원하기 위한 것이었다. 이러한 이야기는 식민지 주민에게 일본 지배의 장점을 설득하기 위한 것이 아니라, 오히려 제국주의 실행자들에게 고귀함을 부여하기 위한 것이었다. 그렇기에 일본의 제국주의 서사에서 주체성을 가진 인물이 모두 일본인뿐이었다는 사실은 놀랍지 않다. 일본의 식민지 타자들은, 혹시 등장하더라도 배경에 존재하는 얼굴 없는 군중일 뿐이었으며 중국 동북의 낯선 풍경 속에 있는 자연적인 힘에 지나지 않았다. 일본인들이 상상한 만주국에서 중국인은 비겁하고 무기력한 적으로 그려졌다. 일단 정복하여 일본인들의 눈앞에서 사라지게 하자 이들은 간혹 노동자 숙소에서 볼 수 있을 뿐, 새로 건설된 산업 단지와 도로, 철도, 혹은 경제 개발의 산물이었던 신도시에서는 찾아 볼 수 없었다. 낙후된 후방 지역 어디에선가 수많은 고난을 당하던 중국인들은 묵묵히 고통을 감내하며 일본인 지도자들이 자신들에게 말할 기회를 주고 더 나은 삶을 보여주기를 기다렸다. 일본인 개척민들이 도착하자, 중국인들은 심지어 농촌에서마저 사라졌다. 만주로 온 개척민들은 토지를 개간하고 광활한 평원 위에 일본인의 피를 심으며, 때로는 낙후되고 무지한 원주민을 문명으로 인도하는 모습으로 그려졌다. 일본인을 영웅적인 시혜자이자 제국의 선행자(善行者)로 그린 이와 같은 이야기는 일본인들의 선한 본성에 호소하기 위해 만들어졌다. 만주국을 이상적인 사업으로 그림으로써 사람들은 제국주의가 옳은 것이라 느끼게 되었다. 자기 위안을 위한 허구 속에서 중국인은 항상 수동적인 역할, 즉 패배하고 관리되며 인도되고 가르침을 받는 존재로 그려졌다. 일본의 작가들이 중국인에게 주체성을 부여하지 못한 것은 제국주의적 양심의 한계를 보여준다. 일본인들은 제국에서 선한 일을 한다는 생각은 좋아했지만 이는 그들이 완전히 통제할 수 있는 범위 내에서만 그러했다. 이런 의미에서 만주국에서의 사명이라는 서사는 진보적 이상을 강력히 추구했지만 동시에 일본 당국의 절대주의를 인정함으로써 이러한 이상을 스스로 훼손했다.

일본 본토에서 제국 건설이 이루어진 다섯 번째 영역은 경제와 사회에 대한 국가 개입을 확대하려는 여러 정책들 속에 있었다. 국가 지원을 옹호하는 엘리트 계층에게 이러한 조치는 1930년대 초 사회경제적 위기에 대한 치료법이자, 사회운동가들이 체제 내에서 좀 더 지분을 확보할 수 있게 함으로써 정부에 대한 반대 목소리를 완화시키는 수단이 되었다. 이러한 맥락에서 만주에서의 농본주의적 사회 제국주의 운동이 형성되었다. 농촌의 경제 불황과 사회적 위기는 농촌 개혁운동과 이민운동이 만주 개척이라는 기치 아래 단결하게 했다. 만주 개척이민운동은 기존 두 운동의 조직적 역량을 하나로 모았으며, 그 힘을 바탕으로 국가의 지원을 얻어내기 위해 함께 노력했다. 이들은 국가의 지원을 통해 일본의 잉여 농업 노동력을 만주로 수출함으로써 농촌 문제를 해결하고자 했다.

그러나 이와 같은 농촌에서의 사례는 제국이 경제 문제를 해결하는 만병통치약이자 국내 자원을 둘러싼 사회 갈등을 완화하는 도구가 되었던 여러 가지 방식 중 하나일 뿐이었다. 만주사변기에 불어 닥친 불황의 여파는 만주 생명선을 지키기 위해 육군의 공세를 지지하는 것이 효과적이라고 기업과 노동단체를 설득하는 데 도움이 되었다. 경제적 '교착 상태'에 빠졌다는 인식이 널리 퍼진 가운데, 경제지는 국가 주도의 만주 개발이야말로 일본 경제를 회복시킬 열쇠라고 칭송했다. 고용의 기회를 갖지 못했던 중산층 전문직 종사자에게 식민지 국가가 제공한 많은 일자리는 만주가 '기회의 땅'임을 증명해 보였다. 이러한 점에서 제국 프로젝트는 위기에 빠진 시장경제에 대해 정부가 해결책을 제시해 줄 것이라는 희망을 가지고 이를 만주에 투사했던 사회적 제국주의를 상징했다. 만주국이라는 식민국가 경영을 통해 사람들이 나눠가질 '파이'를 확대함으로써 누구도 국내의 부족한 자원을 두고 싸울 필요가 없게 한 것이다.

만주국이 일본 국내에 영향을 미친 여섯 번째 영역은 제국 건설을 강화하고 촉진하기 위해 등장한 각종 정부기관들로, 이러한 정부기관은 근대 국가의 관료제를 근간으로 하여 만들어졌다. 이러한 제국주의 국가 건설의 가장 단적인 예로 들 수 있는 것이 일본 농민의 만주 농촌 정착을 공학적으로 설계하기 위해 일본과 만주국에 세워졌던 이민 송출기구일 것이다. 그러나 군사적, 경제적 제국 건설 또한 새로운 국가기구의 성장과 정치, 경제, 사회에 대한 새로운 형태의 국가 개입을 촉진했다.

중국 민족주의의 도전에 일본은 만주사변이라는 군사 행동으로 대응했는데, 이는 식민지 국가 내 군사 조직의 확대를 가져왔다. 이러한 흐름은 식민지 제국 전반에 반영되었으며 새롭게 점령지를 획득해나가며 더욱 심화되었다. 이 새로운 군사적 제국주의로 말미암아 일본 국내 정치에도 일련의 개입이 행해졌다. 검열의 확대와 정치 감찰, 좌익 활동가의 검거 등 다양한 형태의 정치적 억압 및 사상통제가 그러한 예이다. 이와 동시에, 필립 테일러(Philip Taylor)가 말한 것처럼 "검열과는 샴쌍둥이 관계"[1]에 있다고 할 수 있는 국가 선전기관 역시 "국방사상을 전파"하기 위한 육군의 캠페인을 매우 성공적으로 수행하며 나날이 확장했다.

만주사변을 계기로 정치적인 영역에서 정부 개입이 심화되었지만, 만주에서의 경제적 확장은 국가 건설 노력을 또 다른 방향으로 이끌었다. 만주 개발의 기치 아래 식민지 정부는 경제 활동을 규제하고 국가의 경제계획과 연구 역량을 크게 확대하는 여러 가지 법률을 새로 제정했다. 만주국 정부의 통제경제 정책 성공이 널리 선전되면서 일본 정부는 산업 자본주의를 보호하고 장려하기 위한 새로운 경제 경영기법을 도입하는 등 국내에서도 새로운 산업정책이 확대되었다. 정치 영역에의 개입 확대, 국가 자본주의의 대두, 그리고 사회정책 국가로의 발전이라는 세 가지 측면에서 만주국에서의 제국 건설은 1930년대 일본 정부의 재창조를 자극하고 구체화하는데 기여했다.

이상의 여섯 가지가 제국 건설 과정을 거치며 일본에 그 흔적이 남은 영역으로, 이는 일본이 만주에 제국을 건설하기 위해 필요한 각종 제도를 세운 곳이었다. 일본 근대의 지형 속에서 이들 영역이 중요한 위치를 차지했기에 만주국 역시 특별한 힘을 가질 수 있었다. 대중매체, 관료제 국가, 그리고 사회 이익집단과 같은 제도는 근대 사회에서 매우 중요한 역할을 했으며 일상생활의 의미와 경험에 많은 영향을 미쳤다. 게다가 이러한 제도는 경제, 정치, 문화가 서로 만나는 곳으로 역사의 교차점이 되었다. 그러나 이러한 여러 영역—공공과 민간 이익 사이의 전략적 제휴, 국가의 사회 개입, 혹은 유토피아적 꿈을 향한 충동—중 어느 하나도 혼자서는 만주국을 만들어낼 수 없었다. 오히려 이들 간의 상호 연결을 통해 총력 제국이라는 하나의 생태계가 출현했다.

제국이 본국에 영향을 끼치면서 나타난 여러 영역의 발전 양상들은 사실 만주국이 없어도 충분히 일어났을지도 모른다. 문화산업은 더욱 상업화가 되었을 것이고, 국가와 사회의 이익집단들은 더욱 활발히 동맹관계를 맺었을 것이며, 산업화된 자본주의의 위기를 극복하려는 유토피아적인 개혁 활동 역시 이루어졌을 것이다. 이러한 현상은 사실 1930년대 산업화 사회 어디에서나 나타나는 전형이었다. 그러나 여기서 핵심은 만주국이라는 존재가 일본에서 이러한 현상들을 특정한 방향으로 이끌었다는 것이다. 한 가지 예를 들어보자. 1930년대에 전 세계적으로 라디오가 정치와 문화에 혁명적인 변화를 가져왔다는 것을 생각해 본다면, 전쟁에 대한 광기 없이도 라디오는 일본에서 중요한 대중매체가 되었을 것이다. 미국의 루스벨트 대통령이 이른바 노변정담(fireside chat, 爐邊情談)을 시작하고 독일의 히틀러가 자신의 대중 연설에 라디오를 도입했던 것처럼, 일본 정부 역시 라디오가 가지고 있는 정치적인 잠재력을 인지했을 가능성이 높다. 그러나 라디오를 통해 지지를 얻고자 한 것—루스벨트의 뉴딜정책이나 히틀러의 나치운동, 또는 만주국에서의 일본제국 건설—이 무엇이었는지에 따라 중요한 차이점이 발생했다. 1930년대 초 일본의 군사 행동이 시작되면서 라디오가 급속히 성장한 것이나 조기에 아시아 대륙과 라디오 망이 연결된 것, 그리고 라디오가 육군과 점차 긴밀한 관계를 맺었던 것은 모두 만주사변기의 전쟁열이 불러온 결과였다. 라디오에 만주국의 흔적이 남아 있듯, 일본의 근대성을 대표하는 여러 영역에 만주국은 그 흔적을 남겼다.

다수의 만주국, 총력 제국

일본 국내에서 만주국 건설을 지원하기 위해 구축된 시스템은 여러 영역에 걸쳐 광범위하게 퍼져 있었다. 그렇기에 제국 건설 프로젝트는 복잡하고 다채로우며 또한 역동적이었다. 만주국이 많은 사람들에게 다양한 의미를 가지긴 했지만 결국 그것은 하나의 제국이었다. 역설적이게도 다양성 가운데 존재하는 통일성은 만주국의 강점이자 약점이었으며, 이러한 원심력과 구심력 사이의 갈등은 만주국에 탄생한 총력 제국의 역사를 기술할 때 빼놓을 수 없는 부분이다.

이러한 갈등을 야기한 요소 중 하나는 의사결정 과정의 다원성이었다. 제국의 영속적인 발전을 위한 여러 결정이 사전에 이미 구조화되어 있었음에도 그것이 반대 의견을 완전히 무력화시키지는 못했다. 실제로 만주국 건설 과정 내내 많은 이들이 이에 저항하는 목소리를 냈다. 1931년 가을, 민정당 소속 정치인들은 만주에서의 군사 행동을 반대하고 나섰으며, 『중앙공론』, 『개조』, 『동양경제신보』에도 이를 비판하는 글이 실렸다. 1930년대 경제지에는 일본-만주 경제블록의 성과를 두고 비판과 찬사가 교차했다. 1930년대 말, 농촌 지역민들은 만주 개척이민계획에 참여하기를 거부하며 반대 의사를 표시했다. 물론 향촌에서 개척이민계획에 참여를 거부하는 결정을 내릴 때 소작인보다는 지주의 의견이 더 중시되었던 것도 사실이다. 그러나 모집 활동의 강도가 증명하듯, 소작인이 반드시 사회적으로 더 높은 계층의 말에 무조건 따랐던 것은 아니었다. 아주 드문 경우를 제외하고 개척이민계획에 찬성하는 이와 반대하는 이 사이의 의견 차이는 보통 협상과 타협을 통해서 해결되었으며 강압적인 방식으로 해결되는 경우는 많지 않았다. 결국 제국 정책의 방향성을 두고 제기된 다양한 반대 의견과 여러 이익집단 사이의 갈등과정에서 만들어진 에너지는 만주국 건설에 추진력을 부여했다.

이러한 모습은 일본 정치를 상징했던 의회정치와 입헌 군주제의 발전 과정에서도 동일하게 나타났다. 여러 역사가가 지적했듯이,[2] 대의제로서 일본의 의회정치는 여러 결함이 있었다. 그러나 모든 단점에도 불구하고 이 시스템은 비록 제한적이나마 계층화된 일본 사회 내 여러 집단—지역 사회, 계급, 전문가 집단, 기타 각 분야—의 이익을 대변했다. 물론 그것이 사회의 모든 구성원을 대표하는 것은 아니었다. 또한 집단에 따라 권력과 영향력의 차이가 현격했다는 사실도 대의제가 일부의 이익만을 불완전하게 대변했음을 보여준다. 그러나 이러한 모든 한계에도 국방부인회, 각 지역별 방공모금단체, 노동조합, 상공회의소, 이민협회, 지주회 등의 조직은 결국 제국 건설을 위한 사회적 토대이자 만주국에 대한 대중적 지지를 동원하는 수단이 되었다.

복잡한 관료제 국가였던 일본은 이들 집단의 다양한 의제를 조정함으로써 궁극적으로 이해관계의 충돌로 인해 만주국이 분열되는 것을 막았다. 입헌주의 정부의 설계자들은 행정부를 정치적인 영향으로부터 보호하는 시스템을 만들었지만, 만주국이 탄생했을 무렵 이미 조직화된 사익 집단은 관료제 안에 침투하여 국가를 정치화했다. 이는 현 단위 공무원 조직 내의 정치적인 후원관계뿐 아니라 국가 단위의 정부 부처와 민간 영역의 제휴를 통해서도 이루어졌다. 가령 대장성과 대형 은행, 농림성과 지주회, 상공성과 실업단체의 관계 등이 그러했다. 또한 자발적 단체와 행정기관과의 연계가 확대된 것을 통해서도 이러한 경향이 나타났다. 청년단체, 재향군인회, 농회와의 관계는 내무성, 육군성, 문부성에 대중적인 기반을 제공해 주었으며 동시에 이들 단체는 정부의 지원을 받고 정책에 대한 제한적인 영향력을 발휘할 수 있는 권한을 얻었다.

이처럼 국가와 사회의 연계가 확대되면서 국가의 진로를 좌우하고자 하는 다양한 힘이 등장했다. 중국 주둔군을 위해 더욱 많은 비행기를 생산하라는 국방 관련 단체와 이민개척운동을 위한 자금을 확보하라는 농본주의 단체, 그리고 일본의 수출업자들을 위해 중국 시장을 개척하라는 상공회의소 등 각 단체의 다양한 요구는 정부를 서로 다른 방향으로 끌고 갔다. 만주국을 둘러싸고 점차 격화되는 갈등을 조정해야 하는 상황이 닥치자 국가는 각 집단을 대변하는 다양한 이해관계를 관리할 수 있을지 묻는 시험대에 오르게 되었다. 만주국에 대한 상반된 비전이 야기한 모순은 총력 제국의 이음새에 틈을 만들었고 국가 자체도 내부적으로 분열하게 했다. 그런 의미에서 제국에서 발견할 수 있는 구심력과 원심력 사이의 긴장은 국가가 발전해나가는 과정에서 본질적으로 나타나는 속성이라 할 수 있다.

이러한 긴장은 일본에서 1930년대에 처음 나타난 것이 아니었으며, 일본에서만 특별히 일어난 일도 아니었다. 1920년대 말 일본뿐만 아니라 다른 산업사회에서도 사회적 이익집단과 국가 관료제 간의 연결이 강화되면서 대공황 같은 규모의 위기가 발생하면 국가 마비, 분열, 심지어 격렬한 파괴가 발생했다. 미국, 영국, 프랑스, 독일, 이탈리아, 그리고 기타 많은 나라에서 국가는 사면초가의 위기에 처해 있었다. 1930년대 말~1940년대 초 총력전을 위한 동원이 시작되면서 비로소 이들 국가가 안정되었다고 볼 수 있는데, 이는 각 사회 이익집단이 서로의 차이점을 내려놓고 전쟁이라는 공동의 목표를 위해 협력했기 때문이었다. 일본의 총력 제국도 다양한 이해관계가 하나의 공통된 사업의 일부라는 생각 덕분에 '다수의 만주국'을 불안정하게나마 유지할 수 있었다. 만주국과 일본의 사례는 아마 다른 총력 제국에도 적용될 수 있을 것이다. 영국령 인도와 프랑스령 알제리에서 제국 건설 과정은 의심할 여지 없이 본국의 통합과 분열을 동시에 가져왔다. 물론 총력 제국과 국가 간의 관계는 그 시기와 기타 여러 요인에 따라 상당히 달랐을 것이다. 그러나 이 과정이 수 세기나 수십 년에 걸쳐 이루어졌든 아니면 몇 년 사이에 벌어졌든, 총력 제국이 등장할 수 있었던 것은 근대국가의 복잡성 때문이었다.

총력 제국의 역동성, 다원성, 그리고 자기 모순적인 복합성은 대부분 꿈이라는 미약한 토대 위에 세워진 것이었다. 대부분의 일본인은 그들이 공유하는 상징적인 의미의 세계 속에서 만주국을 접했다. 그 세계는 덧없고 변덕스러운 대중문화에 의해 만들어진 것으로 원칙적인 통일성과 해석의 다양성을 동시에 허용했다. 상상의 영역에서 공유된 '만주국'은 각 개인의 경험에 따라 매우 다양하게 변주되고 세분화되었다. 주로 1930년대 군사 동원을 통해 만주국을 경험했던 여성에게 이 새로운 제국은 생애 처음으로 대중운동에 참여했으며 위기의 시기에 서로 단결하여 국가 공동체에 소속감을 느꼈던 경험을 통해 굴절된 이미지를 가졌다. 만철에서 일하던 학자에게 만주국은 훌륭한 직업을 구할 수 있는 곳이자 역사적인 식민지 실험에 참여할 기회를 제공해 주는 곳을 의미했다. 마을 주민들을 이끌고 중국으로 새로운 터전을 찾아간 자작농에게 만주국은 그들의 삶을 비참하게 만들던 빈곤과 채무의 악순환을 끊을 수 있는 기회이자 본국에서는 가질 수 없는 정치적, 사회적 리더십이라는 개인의 야망을 이룰 수 있는 곳이었다. 이러한 꿈들은 개인적이면서도 동시에 공적인 것이었다. 따라서 만주국의 이미지는 개인의 야망을 초월적인 이상과 결합시킴으로써 더욱 고귀한 것으로 보이게 만들었다. 일본인이 공유했던 것, 그리고 총력 제국에 본질적인 통합을 부여한 것은 이러한 초월적인 이상이었다. 이것이 만주국을 단순히 이질적인 것들이 모인 총합 이상의 것으로 만들었다.

그러나 꿈과 현실 사이에서 반복적으로 발생하는 괴리는 이러한 이상이 가진 결속력을 끊임없이 시험했다. 실제로 일본 군인이 중국인을 살해하고 일본 농민이 중국 농민의 토지를 경작했던 중국 동북 지역만큼 현실이 적나라하게 드러나는 곳은 없었다. 만철의 지식인이 중국과의 전쟁에서 대량 학살 전술이 사용되고 있음을 알게 되었거나, 또는 농업이민 개척자가 진정한 만주 낙토(樂土)가 신도시에 있다는 것을 발견했다면 어떤 일이 발생했을까? 그러한 통찰이 불가능한 것은 아니었지만, 제국 건설 계획은 상당히 구획화되어 있었기 때문에 그들이 이러한 연관성을 유추해 낼 가능성은 적었다. 새로운 정착지를 향해 가는 길에 만주국의 화려한 도심을 잠시 엿볼 수는 있더라도 정착민이 도시 중심지로 돌아갈 일은 거의 없었다. 또한 비적 토벌 작전이 진행되고 있는 것과 항일 세력을 가혹하게 처리하고 있음을 분명히 알았더라도, 도시에 거주하는 일본인이 강제 점령의 잔혹한 현실을 직접 목격할 기회는 거의 없었다. 제국의 군사, 경제, 이민계획에 참여한 이들은 각기 다른 사회에 속해 있었기에 서로의 경험을 공유할 수 없었다. 바로 이것이 제국 건설자가 환멸을 느끼지 않을 수 있었던 이유였다. 사회적 현실과 문화적 구성에서 분리된 각 제국 건설 계획은 세 집단이 서로 연결되어 있지 않은 것처럼 느끼게 했으며 각각을 서로의 영향권 밖에 두었다. 식민지의 지식인들은 자신들이 주도하는 열정적인 건설 사업과 군부에서 자행하는 살인적인 파괴 사이의 연관성을 거의 보지 못했으며, 개척민은 도시민의 과시적인 소비와 자신의 끝없는 노동 사이의 연관성을 인식하지 못했다.

그러나 만주국 건설에 참여했던 다양한 구성원들의 경험이 단절되어 있없음에도, 결국 만주국은 하나의 제국이었다. 개척이민사업은 육군의 비적 소탕 작전의 일환이었다. 경제 개발 계획에서 진행된 도로와 철도 건설 사업은 만주 농촌에 일본인 공동체가 형성될 수 있도록 했다. 각종 개발사업 역시 군사적인 목적에 기울어 있었다. 투자 자본은 압도적으로 국방 관련 산업에 집중되었으며 도시와 철도 건설 계획은 전략적인 면을 염두하고 설계되었다. 식민지 계획자들은 일본인 정착지를 새로운 산업 지역 근처에 집중적으로 두어 중국의 공격으로부터 일본의 투자 대상을 보호할 수 있도록 했다. 투자가 증가하고 만주 농촌으로 일본의 개척촌이 확장되는 것에 대응하여 관동군의 권한 역시 커졌다. 세 가지 측면의 제국 건설 계획은 각 참여자가 느끼기에는 개별적으로 진행되는 것 같았지만, 실제로는 상호보완적인 관계에 있었다. 서로 다른 만주국을 하나의 총력 제국으로 묶은 것은 바로 이러한 연관성이었다.

점진적 제국주의

한 역사학자는 1930년대 일본의 대륙 진출이 가진 성격을 『중국이라는 수렁』[3]이란 책의 제목을 가져와 표현했다. 이 표현대로 1930년대 중국에서 자행된 제국주의적 침략은 일본을 쉽사리 탈출할 수 없는 수렁 속에 빠뜨렸다. 일본이 수렁에 빠진 것은 갑자기 이루어진 일이 아니며 일사불란하게 수렁으로 뛰어든 결과도 아니었다. 오히려 다수의 독립적인 제국의 대리인이 취한 행동이 하나씩 모여 만들어진 결과였다. 한 사람, 혹은 한 집단이 나아간 발걸음이 다른 이의 선택을 제한하면서 점차 제국이라는 수렁에서 벗어날 수 있는 출구를 차단했다. 점진적 제국주의의 역학은 만주국을 장차 이어지는 영토 점유의 첫 사례이자 이후에 계속될 전쟁의 시발

점으로 만들었다.

만주의 경우 점진적 제국주의가 총력 제국이라는 결과를 가져왔지만, 점진적 제국주의가 총력 제국으로 반드시 이어지는 것은 아니었다. 그러나 이 두 가지는 분명히 서로 연결되어 있고, 그 연결 속에 총력 제국의 또 다른 역설이 숨어 있었다. 점진적 제국주의의 누적된 무게는 총력 제국이라는 거대한 괴물을 탄생시켰다. 그러나 거기까지 이르는 과정은 우발적이었다. 중요한 기점마다 다른 결정을 내릴 가능성이 늘 있었으며, 그에 따라 총력 제국으로 나아가지 않을 수도 있었다. 다시 말하면 점진적 제국주의 과정은 필연적인 사건의 사슬이 아니라, 우발적인 결정의 사슬을 만들어 냈다. 이러한 결정들이 서로 뒤따라 연결되면서 총력 제국을 탄생시킬 수 있는 잠재력을 형성한 것이었다. 그런 점에서 총력 제국으로 나아가는 과정에서 보이는 균열은 사실 총력 제국을 만들어간 현장의 분열을 반영했다고 볼 수 있다. 관동군 장교 한 명의 결단이 총력 제국을 만들지 못하듯, 대중매체의 힘만으로 총력 제국을 만들어 냈던 것은 아니었다. 시간적, 공간적 파편들이 연쇄적으로 이어져야만 마침내 만주국이 탄생할 수 있는 것이다.

점진적 제국주의의 과정은 만주사변에서 시작되었다. 1931년 9월 관동군 장교들이 중국군과 일본군의 충돌을 꾸몄을 때 내각의 관료들이 취할 수 있는 선택지는 그리 많지 않았다. 대중매체와 정당의 반응은 그나마 있던 선택의 폭을 더욱 좁혔다. 관동군의 군사 행동이 점차 확대되면서 국제연맹에서 협상을 진행하던 일본 외무성의 입지도 흔들렸다. 군사 행동을 중단하라는 국제연맹의 압박과 외국의 압력에 저항하는 육군의 태도로 궁지에 몰린 외교관들은 리튼 조사단이 일본에 유리한 결론을 내리기만을 기대하며 시간을 끌었다. 그러한 기대가 실망스러운 결과로 돌아오자, 내각은 만주국과 국제연맹 중 하나를 선택해야 했다. 일본은 국제연맹을 탈퇴했고, 중국이라고 하는 수렁에 더욱 깊숙이 빠져들었다.

한편 블록 경제를 꿈꾸던 일본은 또 다른 일련의 과정을 거치며 1940년대 급격한 인플레이션의 길로 들어섰다. 매년 만주국에는 국가와 기업으로부터 대량의 투자가 흘러들어갔다. 1933년에는 1억 6,100만 엔, 1935년에는 3억 8,200만 엔, 1937년에는 4억 5,300만 엔, 1939년에는 10억 7,600만 엔, 그리고 1941년에는 14억 5,000만 엔에 이르렀다. 이처럼 자본의 막대한 유입과 함께 만주국에 대한 일본의 수출도 점차 증가했다. 1930년부터 1940년 사이에 만주국 내에 있는 일본인의 숫자가 75만 명 이상 증가하면서, 일본인 소유의 기업 역시 해마다 수천 개가 설립되었다. 32개의 철도 노선이 신설되고 48개의 신도시가 건설되었으며 자본과 상품, 인구의 유입이 계속 증가했다. 1930년 말이 되자 그동안 일본이 만주국에 기울인 노력은 정책 입안자들의 입장에서는 더 이상 물러날 수 없을 정도로 그 규모와 복잡성이 커지고 말았다.[4]

개척이민사업에 대한 대중의 참여도 마찬가지였다. 처음에는 빈농 문제를 척결하기 위한 희망찬 실험으로 시작한 이 계획은, 1940년대에 이르러 무너져 가는 만주 개척촌의 기반을 지탱해 줄 새로운 노동력을 구하기 위한 광적이고 강제적인 인력 징발로 변모했다. 전쟁 수행을 위해 다른 지역으로 자원이 전환되면서 노동력을 비롯한 각종 물자가 부족해진 정착촌 주민들은 생존 위협을 받았지만, 개척이민사업을 지속하기 위한 관료기구가 너무 많았던 탓에 개척촌의 철수는 진지하게 고려되지 않았다.

태평양전쟁이 시작될 무렵 만주국은 안에서부터 무너져 내리고 있었다. 지배구조의 창출과 재창출이 오히려 제국의 균열을 가져왔다. 그러나 이러한 경향은 만주국을 영속화하려는 관료 및 사적 이해관계의 집단적 힘에 의해 상쇄되었다. 따라서 만주국이 멸망하기 직전의 마지막 순간까지도 총력 제국을 하나로 묶어주는 힘은 만주국의 취약한 일관성을 유지해 주었다.

점진적 제국주의는 일본을 제국주의의 수렁에 빠뜨렸다. 이미 만주에 깊게 발을 내디딘 만큼 뒤로 물러설 수 없었던 일본은 앞으로 나아가는 길을 선택했다. 그 과정에서 일본이 제국을 위해 치러야 할 대가는 계속해서 쌓여갔다. 영토 확보에 대한 집착이 점점 커지면서 만주 점령은 일본이 국방 경계를 끊임없이 확장하는 계기가 되었다. 중국 동북 지역의 전쟁이 사방으로 확산되고 군사적 점령지가 늘어나면서 전선도 계속해서 확대되었다. 제국을 위한 전쟁이 격화되면서 수많은 일본인이 목숨을 잃었다. 노몬한에서의 소련과의 교전으로 1만 8,000명이 목숨을 잃었고,[5] 중국과의 전쟁에서 약 39만 명의 일본군이 사망했으며, 미국 및 영국과의 전쟁에서 1,352,350명이 목숨을 잃었다.[6] 1931년 만주에서 얻은 작은 승리에 도취된 일본은 1945년 히로시마와 나가사키의 지옥불로 더 가까이 다가갔다.

그 사이 일만 블록은 금융, 산업, 인적 자원의 싱크홀이 되었다. 1940년대 만주로 자본, 상품, 서비스가 계속 유입되면서 이미 전쟁의 수요로 압박받던 국내 경제는 마비되었다. 결정적으로 일본이 중국과의 무역 및 생산을 독점하면서 외교적 고립에 이어 경제적 고립에 봉착했다. 처음에는 관세로, 이후에는 수출 통제로 일본은 유럽, 미국 및 그 식민지 시장와 차단되었다. 결국 이러한 경제적 고립은 일본의 생존 자체를 위협했다.

동시에 개척이민 계획은 일본인에게 집단적, 개인적인 대가를 치르게 했다. 개척이민 프로그램이 박차를 가하던 시기는 산업 동원과 군사 동원의 복합적인 영향으로 잉여 노동력까지 최대한 끌어 쓰던 때였다. 그러나 만주 개척을 위한 동원기구는 이와 상관없이 계속해서 돌아갔다. 부족한 노동력을 산업과 농업 방면에서 빼내오면서 이는 궁극적으로 전쟁 수행 능력을 약화시켰다. 물론 가장 큰 대가를 치른 것은 개척민들이었다. 1945년 만주 철수 과정에서 약 8만 명의 개척민이 목숨을 잃었다.

1931년 이 모든 일이 시작되었을 때, 제국의 대가가 이렇게 클지 아무도 알지 못했다. 돌이켜 보면 일본이 만주국을 위해 지불한 대가가 얼마나 엄청났는지 알 수 있다. 그러나 당시에는 청구서를 살펴볼 숙련된 회계사가 존재하지 않았다. 제국을 위한 다양한 의제를 조율하고 만주국이 일본을 중국이라는 수렁으로 더 깊숙이 몰아넣을 것이라 예견할 뛰어난 전략가도 없었다. 오히려 점진적 제국주의를 위한 결정은 근시안적이며 조율 없이 단편적으로 이루어졌다. 즉 그 과정은 전체주의적이라기보다는 다원적이었다. 수천 개의 독립적인 세력이 모여 만들어진 누적된 힘만이 총력 제국에 추진력을 제공했다. 그리고 다수에 의해 결정이 내려졌던 만큼 책임 또한 광범위하게 분산되었다. 한마디로 총력 제국의 잔혹함, 오만함, 비극에 대한 책임 소재는 무수히 많았다고 할 수 있다.

근대성과 총력 제국으로의 전환

만주국과 같은 총력 제국은 그것을 만든 국가 입장에서는 혁명적이고 혁신적이며, 대중 동원과 대규모 소비가 행해진, 복잡하고 모순적인 존재였다. 만주국이 총력 제국이었던 이유는 그것이 일본 본토에 미친 영향이 일본이 중국 동북부에 미친 영향만큼이나 심대했기 때문이다. 만주국을 건설하기 위해 일본은 대중정치, 대중사회, 대중문화를 재구성하여 국내에 지원 네트워크를 구축했다. 그 과정은 진정 근대적이었다. 중국 동북부와 일본에서 제국주의가 일으킨 변화는 산업 자본주의와 국민국가의 출현으로 인해 가능했다. 만주국에 건설된 일본의 총력 제국은 근대국가와 근대 사회의 산물로, 상업화된 대중문화가 이들을 매개했으며 산업 자본주의의 확장에 의해 영향을 받았다. 이는 대중매체, 개입주의 국가, 조직화된 이익집단, 진보와 개혁 이데올로기 등이 모두 제국주의 프로젝트의 도구가 되었음을 의미했다. 일본은 근대적인 사상과 제도를 제국을 건설하기 위한 목적에 맞게 바꾸었고, 만주국에서 일본의 근대적인 문화는 제국주의 문화가 되었다.

만주는 1930년대가 되기 전까지는 근대 제국의 극치가 아니었다는 사실을 기억할 필요가 있다. 그 이전에 만주는 일본제국의 중요한 일부이긴 했지만 제국의 핵심은 아니었으며 제국 전략의 선봉도, 일본을 구원할 희망도 아니었다. 이 모든 일은 1931년 만주사변 이후 급행 제국주의로 나아가는 새로운 국면이 열리고, 1930~40년대 일본이 점령한 영토 전체에 걸쳐 제국의 모습이 바뀐 뒤부터 이루어졌다. 새로운 제국주의가 이전과 구별되는 점으로 다음 세 가지 특징을 들 수 있다. 첫째, 그것은 극도로 군사적인 성격을 띠었다. 1930년대 일련의 군사 행동은 군사적 확장을 기정사실화했고, 이는 지속적인 전쟁 상태를 통해 형성된 제국을 앞으로 나아가게 했다. 둘째, 이전과는 달리 개발을 강조했다. 이는 한편으로는 식민지의 산업화와 일본 경제로의 가속화된 통합을 의미했고, 다른 한편으로는 식민지 주민들이 일본의 통치를 지지하게 하기 위한 사회, 정치 제도의 창출을 의미했다. 셋째, 새로운 사회적 제국주의가 등장했다. 제국주의 프로젝트를 추진한 국내 조직들은 일본을 분열시키고 있던 사회적 긴장, 정치적 분열, 경제 문제를 만주를 비롯한 전시 제국의 다른 지역으로 수출하려 했다.

새로운 군국주의, 새로운 개발주의, 그리고 새로운 사회적 제국주의는 모두 1930년대 일본 제국주의의 성격을 변화시켰다. 그러나 여전히 왜 이런 변화가 일어났는지에 대한 의문이 남는다. 만주의 사례에만 초점을 맞춘다면 또한 다음과 같은 질문을 할 수 있다. 1928년 관동군의 만주 점령 시도가 실패한 것에 반해, 1931년의 시도가 성공한 이유는 무엇인가? 다수의 세력이 자급자족권의 형성을 지지한 이유는 무엇인가? 1910년대 한국에서 실패한 농본주의적 제국주의가 1930년대 만주에서 성공한 이유는 무엇인가? 한마디로 왜 1931년이 제국의 전환점이 되었는가? 나는 이 질문에 대해 두 가지 답을 제시하고자 한다. 첫째, 총력 제국으로의 전환 원인을 추적하기 위해서는 제국이 일본 근대화의 보루로 자리 잡기 시작한 19세기 후반으로 거슬러 올라갈 필요가 있다. 일본의 근대화를 추진한 제도들은 제국의 영속에 생존을 의존하고 있었기에 결국 지속적인 팽창주의를 정당화하는 논리를 발전시켰다. 1930년대에 이르러 이러한 제국의 논리는 만주국의 필요성을 부각시켰다. 그러나 총력 제국으로의 전환을 위해서는 경제공황과 중국 민족주의 운동의 부상이라는 직접적인 역사적 요인을 기다려야 했다. 1931년이 되자 중국 동북부는 제국의 전환이 이루어질 최적의 장소로 선택되었다. 이러한 역사성은 나의 질문에 대한 두 번째 답을 준다. 제국의 장기적 논리가 전환되었던 시점은 단기적인 팽창의 촉매제에 의해 좌우되었다는 것이다.

장기적인 관점에서 볼 때, 1930년대 새로운 군사적 제국주의의 추진력은 1931년까지 제국의 유지와 확장에 지속적으로 투자한 일본의 근대 군사 기구에서 비롯되었다. 새로 창설된 일본군의 전략적 임무에 따르면, 중국이 지배하는 조선은 본토의 안보에 위협이 된다고 여겨졌다. 때문에 군사 계획은 국가안보를 아시아 대륙과 태평양까지 방어선을 확장하는 것이라는 관점에서 정의되었다. 군의 사명감은 일본의 영토 확장에 그치지 않았다. 일본 사회에서 새로운 군사 기관의 지위와 명성은 점점 더 군사적 제국주의의 성공과 밀접하게 연결되었다. 청일전쟁과 러일전쟁은 막대한 예산 증액, 새로운 사단 창설, 예비군 조직 설립 등 군부의 제도적 성장에 큰 획을 그었다. 게다가 연이은 두 번의 승리는 일본이 세계 열강으로 부상하는 데 군이 일조했다는 인식을 가져와 군의 위상을 크게 높였다.

군사 조직이 더욱 복잡하고 강력해지면서 군부 내 관료들의 경쟁은 제국 건설을 더욱 촉진했다. 육군과 해군 간의 경쟁이 그 대표적인 예이다. 육군은 대륙에, 해군은 태평양에 집중하는 이중 전략과 군사적 분업은 제도와 예산 확대를 정당화하기 위한 제국주의적 모험주의를 촉발했다. 동시에 관동주와 조선의 각 주둔군은 육군 내 파벌 경쟁자들이 서로를 견제할 수 있는 권력 기반을 제공했다. 관동군의 자율성 증대는 만주사변 이전부터 대륙 진출을 위한 필요불가결한 부분이었던 아제국주의적 행위를 부추겼다. 이러한 육군과 해군 및 육군 내부 경쟁으로 인한 팽창주의적 추진력은 중국을 둘러싼 외무성과의 대립이나 내각을 둘러싼 정당과의 대립 등 다른 세력과의 경쟁으로 더욱 치열해졌다. 각각에 대해 군은 강경하고 팽창주의적인 접근을 통해 아시아 대륙을 정치적으로 지배할 것을 주장했으며, 제국이라는 무대에서 다른 부처의 관료들과 싸웠다. 제국주의적 개입을 권력 행사의 수단으로 사용한 군의 관행은 관료 조직 내 경쟁을 1930년대의 팽창주의와 급행 제국주의의 주요 원동력으로 만드는데 결정적인 기여를 했다.

1930년대 총력 제국의 새로운 개발주의 역시 일본 제국주의 논리에 의해 촉진되었다. 대만, 조선, 관동 조계지, 태평양 제도(남양제도)의 식민 정부는 처음부터 식민지 경제를 재구조화하는 데 주력했다. 이는 일본의 팽창하는 산업 자본주의, 특히 신흥 해운산업 및 무역 산업의 필요에 부응하기 위한 것이었다. 동척, 만철, 기타 반관반민 개발회사 및 철도회사를 통해 일본의 투자 자금은 상업적 지배를 확대하기 위해 항만과 교통망의 인프라 개발에 투입되었다. 대만의 설탕, 조선의 쌀, 만주의 대두 등 식민지 국가가 주도하는 단일 경작물 중심의 경제 구조는 일본과 식민지 간 상품교역의 증가를 자극했을 뿐 아니라 일본과 구미와의 식민지 상품 교역 성장을 촉진했다. 이처럼 일본은 처음부터 식민지 개발을 본국 경제 발전의 도구로 사용했다. 일본 자본주의의 선봉이 상업에서 중공업으로 이동함에 따라 만주국 경제계획가들이 일본의 중공업 발전을 촉진하기 위해 제국으로 눈을 돌린 것은 자연스러운 일이었다.

개발의 또 다른 측면은 경제적 근대화를 사회적 근대화와 결부시켜 식민지 주체의 문화를 재구성한 것이었다. 1870년대 일본이 처음 조선에 대한 간섭을 시작한 이래 제국의 사명은 일본 문명의 수출과 계몽이라는 언어로 표현되었다. 식민지 국가의 교육, 경찰, 기타 제도들은 근대화의 원동력으로 여겨졌던 일본의 제도를 의식적으로 모방했다. 대만, 한국, 중국의 정치 및 사회 개혁을 지도하려는 일본의 야망은 동아시아 국가 중 유일하게 근대적 개혁에 성공한 자국이 특별하다는 확신에서 비롯되었다. 따라서 일본인들은 자신들이 동아시아 이웃 국가가 일본식 근대화를 이룰 수 있도록 도와줄 특별한 자격과 사명을 가지고 있다고 믿었다. 1930년대 일본이 지배하는 대동아공영권이라는 비전을 위해 반식민주의적 내셔널리즘을 동원하려 한 일본의 오만함은 일본 제도의 동화 능력에 대한 지나친 믿음을 보다 정교하게 표현한 것에 불과했다.

총력 제국의 새로운 군국주의나 새로운 개발주의처럼, 새로운 사회적 제국주의의 계보도 일본이 제국 건설을 사회적 만병통치약으로 생각하기 시작한 19세기 후반으로 거슬러 올라간다. 1870년대 초 격동의 시기에 조선 출병 여부를 두고 벌어진 논쟁을 시작으로 제국주의적 모험은 정치적 문제를 일으키는 이들의 관심을 분산시키기 위한 수단으로 장려되었다. 청일전쟁과 러일전쟁을 거치면서 제국에 대한 호소가 사회 분열을 넘어 국가 정체성을 정의하는 수사적 힘을 얻게 되자, 정부 관료와 일반 시민 모두 애국심과 국가 단결의 중요성을 빠르게 알아차렸다. 점점 더 다양한 집단이 이러한 힘을 각자의 정치적 명분에 이용하고자 했다. 제국의 감시자 역할을 자처한 야당 정치인들은 외교정책을 공격함으로써 정부에 대한 적대감을 불러일으키려 했다. '조선 문제', '중국 문제', '만주 문제'를 연이어 정치화하면서 정당은 제국을 정치 담론의 중심으로 끌어들였다. 1905년 히비야 방화 사건과 1910년대의 여러 시위에서 참정권이 없었던 도시 빈민들은 제국의 이름으로 사회정의의 실현을 요구했다. 1931년에 이르기까지 일본은 사회적 제국주의의 역사적 경험을 오랫동안 쌓아 왔다.

나아가 일본 사회와 식민지 간에 높은 수준의 통합이 이루어지면서 1930년대 복잡하게 얽혀진 관계의 단초가 되었다. 이는 중산층에서 가장 두드러졌다. 예컨대 일본의 연구기관은 광범위한 제국 네트워크를 형성했다. 이 네트워크는 만철, 상하이 동아동문서원, 식민지 대학 등의 부설연구소뿐 아니라 식민지 은행, 개발회사, 대형 무역회사의 해외 자회사 소속 연구 시설까지 포함했다. 식민지의 기관들은 일본의 교육받은 청년들에게 취업 기회를 제공했으며, 엘리트 중등학교와 대학은 식민지에 인재를 공급했다. 학교는 학생들을 여름방학 동안 대륙으로 보내 식민지 사업에 참여할 기회를 직접 보고 앞으로 취업 가능성이 있는 곳의 사람들과 인맥을 쌓게 했다. 1931년 이후 식민지 내 민간인 수가 급속히 증가하긴 했지만 이 무렵에도 이미 대만, 한국, 만주에는 100만 명에 가까운 민간인이 거주하고 있었다. 연구기관이나 실업단체, 또는 공공기관이나 민간 기업에서 일하는 이들 식민지 엘리트 계층은 일본의 자매기관 내지 모(母)기관과 연결되어 있었다. 식민지와 본국을 오가며 이들은 일본제국의 영속과 확장을 위해 강력한 사회적 힘을 발휘했다. 이들이 구축한 제도적 연결망에 힘입어

1930년대 기업가 및 전문직 일본인은 만주로 빠르게 유입될 수 있었다.

만주국이 탄생하기 훨씬 전부터 일본의 근대 프로젝트와 제국은 불가분의 관계였다. 일본의 군사, 경제, 사회에서 이루어진 근대화의 여러 측면은 제국주의와 밀접하게 얽혀 있었으며, 이러한 근대적 성장을 추진하는 힘은 제국주의 또한 앞으로 나아가게 했다. 이러한 얽힘으로 인해 일본은 근대 제국주의 국가 대열에 합류할 수 있었다. 영국과 프랑스 역시 19세기 제국주의 전쟁의 맥락에서 근대 군사 기구를 발전시켰다. 영국과 프랑스에게 아시아와 아프리카의 식민지 주둔군은 19세기 후반 식민지 쟁탈전을 촉발하는 데 중요한 역할을 하는 등 아제국주의의 중요한 주체가 되었다. 일본과 마찬가지로 유럽의 군사 기관은 정치화되었고, 점점 더 복잡해지는 관료 정치 내에서 자신의 입지를 확보하기 위해 제국을 이용했다. 유럽의 제국 건설 역시 이념이자 전략으로서 발전주의를 포용했다. 제1차 세계대전 이후 유럽 식민지 프로젝트에 등장한 개발이란 개념은, 19세기 후반 합병의 물결에 따른 식민지 국가 건설 과정에서 이미 예견되었다. 일본과 마찬가지로 식민지에서 이윤을 창출하고자 하는 욕망은 식민지 경제의 재건과 세계 경제로의 통합을 수반했다. 일본인처럼 유럽인도 기독교, 직업윤리, 유럽식 가족 구조의 확산을 통해 식민지 국가가 현지 주민을 근대인으로 탈바꿈시키는 사회 공학자로서의 역할을 할 수 있다고 믿었다. 마지막으로 유럽 제국주의 역시 사회적 제국주의의 양상을 띠었다. 1880년대 독일 비스마르크의 정치적 술책이든, 영국의 자유무역 원칙을 뒤집으려는 조지프 체임벌린(Joseph Chamberlain)과 그의 지지자들의 전술이든, 또는 1890년대 프랑스 정치 내 식민지 정당의 성장이든 특정 대중 정치 기구들은 제국을 결집의 유용한 구호로 사용했다. 식민지 행정기구 역시 엘리트 공립학교를 졸업한 영국 상류층에게 일자리를 제공했다. 모든 제국주의 국가에서 근대성이 제국의 팽창을 이끌었던 것을 통해 볼 때 제국과 근대성이 중요한 관계에 있음을 증명할 수 있다.

이 점은 일본 역사를 해석하는 데 상당한 의미가 있다. 전시 제국의 난폭함이 봉건적 잔재에 의해 왜곡된 사회관계, 전통과 근대적 요소가 병존하는 뒤틀린 경제 구조, 뿌리를 내리지 못하고 절대주의로 회귀한 민주주의, 사상통제로 억압된 지적 발전 등 불완전한 근대화의 산물이라는 기존의 통념에 반하는 것이기 때문이다. 만주국이라는 사례는 새로운 제국주의를 추진해 나간 진정한 힘이 도쿠가와 정권의 잔재가 아니라, 메이지 유신 이후 발전한 근대 산업, 대중문화, 정치적 다원주의, 새로운 사회 조직이었음을 시사한다. 즉 1930년대 팽창주의의 폭발은 근대 제도의 성숙이 억제되어서가 아니라 오히려 근대성이 무르익었기에 나타난 결과였다.

일본의 근대성이 팽창주의로 향하는 기반을 제공했기 때문에 1931년 이전에도 총력 제국으로의 전환은 언제든지 일어날 수 있었다. 그런 의미에서 만주국은 근대성에 의해 탄생한 것이긴 했지만, 한편으로 그것은 역사적 순간의 특수한 산물이기도 했다. 지금까지 분석한 바에 따르면, 경제공황과 조직적인 중국 민족주의의 부상이라는 두 가지 역사적 사건이 중국 동북 지역에 총력 제국을 형성시킨 촉매제로 작용했음을 알 수 있다. 국민당 국권회복운동의 단기적인 충격은 관동군이 만주를 국민당의 영향으로부터 분리하기 위한 행동에 나서게 했다. 1928년의 만주 위기(장쭤린 폭사사건)는 일본 국내에서 별다른 반응을 얻지 못했지만, 1931년 공황으로 인한 사회적 위기와 경제적 불안감이 만연하면서 만주가 제국의 생명줄이라는 아이디어가 갑자기 매력적으로 보였다. 일본이 지원한 만주 독립운동과 괴뢰국가, 그리고 만주국에서 선구적으로 시도된 사회개혁 운동은 모두 일본이 장악한 만주에서 중국 민족주의의 반제운동에 구체적으로 대응하기 위해 고안해 낸 중일 협력의 공식이었다. 또한 블록 경제와 자급자족권의 추진은 세계 대공황에 대응하기 위한 것이었다. 만주에서 일본의 지배에 저항하는 중국 무장 세력의 존재는 개척이민 계획의 주요한 동기가 되었다. 동시에 대공황이 국내 농업경제에 미친 영향은 대규모 이민이 가능하게 했다.

이 모든 것이 만주국에 역사성을 부여했다. 공황과 항일운동으로 촉발된 단기적 영향력이 없었다면, 만주국은 다른 형태의 제국이 되었을 것이다. 새로운 제국 패러다임으로의 전환을 이끌기 위해서는 장기적 원인과 단기적 원인의 결합이 필요했다. 만주국은 단일한 원인으로 건설된 것이기보다는 서로 연관되고 중첩된 각각의 원인의 네트워크에 의해 만들어졌다고 할 수 있다. 다양한 차원과 다양한 원인에서, 만주국은 여전히 근대의 산물이었다. 근대화의 논리와 동력이 일본으로 하여금 중국 동북부에 제국을 건설하도록 했다. 위기의 순간에 일본은 근대적 성장이 가져온 딜레마에 답하기 위해 만주국을 창설한 것이다.

감사의 글

연구를 무사히 마치기까지 도움을 준 여러 동료와 관계기관께 진심으로 감사를 전합니다. 캐롤 글럭은 이 책이 아직 연구계획서 단계였을 때부터 주요 개념을 구체화하는 데 도움을 주었으며, 책으로 완성된 뒤에도 결론 부분에 대해 마지막까지 조언해 주는 등 프로젝트가 진행되는 내내 제게 많은 영감을 주고 시기적절한 지원을 아끼지 않았습니다.

엘리자베스 블랙마, 헨리 스미스, 아서 티데만, 잭 스나이더, 그리고 존 다우어의 세심한 검토는 제가 아이디어를 다시 살펴보고 재구성하는 데 큰 힘이 되었습니다. 제프리 체임버스, 케빈 셰이, 엘리자베스 쓰노다, 바바라 사토, 킴 브랜트, 크로포드 영은 언제나 초고를 읽고 토론하는 수고를 마다하지 않았습니다. 로라 하인, 야니 코트소니스, 카렌 위겐, 로저 치커링, 사토 가즈키, 줄리 루소, 형구 린, 에밀리 영, 이무라 데쓰오는 책의 여러 부분에 유용한 조언을 해주었습니다. 컬럼비아 대학교 캐롤 글럭의 대학원 세미나와 하버드 대학교 카터 에커트의 학생들로부터도 깊은 통찰과 열정을 얻을 수 있었습니다.

일본의 이가라시 다케시, 에구치 게이이치, 오카베 마키오, 아사다 교지, 아와야 겐타로, 기미지마 가즈히코, 고바야시 히데오, 오카모토 고이치, 야나기사와 아소부는 제게 여러 조언을 해주었을 뿐 아니라 인맥과 개인 도서관까지 공유해주었습니다. 도쿄대학교 도서관, 국립 국회도서관, 도쿄 상공회의소 도서관, 와세다대학교 도서관, 근대문학관(近代文學館)의 직원들은 종종 본연의 직무를 넘어서는 도움을 주었습니다. 특히 이에노 히카리(家の光)협회의 이쿠타 아쓰코와 방위연구소의 시라이시 히로시, 아시아 경제연구소의 이무라 데쓰오에게 깊은 감사를 드립니다.

1988년 가을에는 컬럼비아 대학교에서, 1989년 1월부터 1990년 봄까지 14개월 동안 도쿄에서 연구를 진행하면서는 일본 국제교류기금에서, 그리고 학위 논문을 작성하면서는 자일스 화이팅 재단에서 재정 지원을 받았습니다. 논문을 책으로 출간할 수 있도록 적절한 환경과 재정적 지원을 제공해 준 라이샤워 연구소에도 특별히 감사를 표합니다.

옮긴이의 말

『일본의 총력 제국: 만주와 전시 제국주의 문화』는 루이즈 영(Louise Young)의 *Japan's Total Empire: Manchuria and the Culture of Wartime Imperialism*(University of California Press, 1998)을 번역한 것이다. 컬럼비아 대학에서 박사학위를 받은 뒤 위스콘신 대학교에서 교수로 재직 중인 저자는 일본 근대 사회문화사, 그중에서도 특히 제국주의와 도시문화에 깊은 관심을 가지고 연구를 계속해 나가고 있다. 그녀는 이 책에서 일본의 제국주의가 만주국에 미친 영향뿐 아니라 그것이 일본 국내에 어떤 결과를 가져왔으며, 일본제국을 건설하는 과정에서 일본인이 제국을 어떻게 상상하고 경험했는지에 중점을 두고 고찰했다. 이를 통해 저자는 근대 일본의 제국주의 역사를 만든 여러 주체의 갖가지 욕망을 보다 생생하게 그려내는 데 성공했다.

이 책은 총 5부로 구성되어 있다. 1부에서 저자는 일본의 만주국 건설을 국제적 맥락에서 설명하면서 1931년 일본이 새로운 제국주의로 나아가게 된 것이 어떠한 배경에서 이루어진 것인지 이야기했다. 이어서 2부와 3부, 4부는 일본의 제국주의 프로젝트를 각각 군사 정복, 경제 개발, 대규모 개척이민이라는 세 가지 영역으로 나누어 서술하면서 이들 영역에서 국가 또는 사회가 대중을 어떻게 동원했으며 만주국 건설에 종사한 제국의 대리인들이 어떠한 비전을 가지고 그것을 제국에 투사했는지 다양한 자료를 바탕으로 살펴보았다. 마지막으로 5부는 이 책의 결론으로 일본의 '총력 제국'이 태생적으로 가진 모순을 언급하면서 '총력 제국'과 근대성의 관계를 고찰했다. 일본의 제국주의는 불완전한 근대화의 산물이 아니며 오히려 근대적인 제도의 성숙이 일본을 팽창주의의 길로 나아갈 수 있는 기반을 마련해 주었다는 것이다.

저자는 이 책에서 일본 제국주의가 일본 국내에 미친 영향을 표현하기 위해 일본제국을 '총력 제국(Total Empire)'라 규정했다. 이 용어는 '총력전(Total War)'에서 그 개념을 빌려온 것이다. 총력전이란 제1차 세계대전 이후 전방과 후방의 구분 없이 국가의 전쟁 수행 능력을 총동원하여 싸우는 양상을 일컫는 말이다. 루이즈 영은 일본의 제국 건설도 총력전처럼 식민지인 전장과 본국이라는 후방 모두에서 이루어졌으며, 제국 건설을 위해 국가의 역량이 집중되었다는 의미에서 이 용어를 사용했다. 역자는 이를 '총력 제국'이라 번역했으나 여기에는 국가가 전체 국민을 '총동원'하여 건설한 제국이차 온갖 다양한 욕망이 '총체적'으로 결합되어 세워진 제국이란 의미도 포함되어 있기에 '총동원 제국' 또는 '총체적 제국'이라고도 옮길 수 있음을 밝혀둔다. 그럼에도 굳이 '총력 제국'이라고 번역한 것은 이 책의 저자가 일본의 만주국 건설 과정에서 일본 국민이 국가에 의해 동원된 것과 자발적인 욕망에 의해 참여한 두 측면을 모두 서술하면서도 결국은 후자 쪽에 조금 더 무게를 두고 있는 것으로 보이기 때문이다.

그 일례로 들 수 있는 것이 일본제국의 패망 직전 만주국에 남겨진 개척이민자들의 비참한 말로에 대한 저자의 시각이다. 국가에 의해 철저히 버림받은 이들은 러시아의 공세에 인간 방패가 되거나 집단 자살을 하도록 강요받았다. 피난길에 오른 뒤에도 굶주림과 병마로 많은 이가 목숨을 잃었다. 이러한 비극적 결말은 일본인의 집단 기억에 깊이 남아 이후 회고록이나 영화, 드라마 등으로 끊임없이 재생산되었다. 그러나 저자는 만주 개척이민자들이 제국의 피해자일 뿐 아니라 제국의 영화와 이익을 함께 공유한 수혜자이기도 했음을 분명히 밝히고 있다. 그런 의미에서 그녀는 현재 일본의 역사 인식이 피해자로서의 역사만을 강조하고 기억하는 이른바 '수동태의 역사'에 머물러 있음을 비판하면서 일본의 제국주의가 오로지 일부 정치인이나 군부에 의해 주도된 것이 아니라 대부분의 일본 대중이 참여한 전 국가적인 프로젝트였음을 지적했다. 즉 일본 제국주의의 책임은 '총력제국' 건설에 참여한 모두에게 있다는 것이다. 오늘날까지 한일 간의 역사 문제가 풀리지 않고 있으며 오히려 민족주의적 갈등이 심화되고 있는 현실을 생각해 볼 때, 발표된 지 상당한 시간이 흘렀음에도 여전히 이 책은 우리에게 시사하는 바가 크다고 할 수 있다.

이 책의 저자는 일본의 제국주의 문화를 보다 생생하게 그려내고자 당시 일본의 잡지, 신문 기사, 팸플릿, 소설, 음반, 영화와 같은 다양한 자료를 사용했다. 때문에 번역하는 과정에서 이들 자료를 확보하고 원문을 확인하는 데 상당한 어려움이 있었다. 가능한 저자가 참고한 일본어 원문 자료를 구해 옮기려 노력했지만 여건상 그렇게 하지 못한 부분도 있었다. 또한 번역에 오류나 잘못도 분명 있을 것이라 생각한다. 독자 여러분의 아낌없는 편달을 부탁드린다.

미주

1장 만주국과 일본

[1] 오래전에 발표된 것이지만 여전히 유용한 일본의 군사적 팽창주의에 대한 논쟁을 다룬 연구사 정리로는 Waldo H. Heinrichs, Jr., "1931~1937" 과 Louis Morton, "1937~1941" 이 있다. 모두 Ernest R. May and James C. Thomson, Jr. eds., *American-East Asian Relation: A Survey* (Cambridge: Harvard University Press, 1972), pp. 243~290에 수록되어 있다. 만주사변을 다룬 주요 전쟁사 연구 중 영어로 된 것은 Robert J. C. Butow, *Tojo and the Coming of the War* (Stanford: Stanford University Press, 1961), pp. 28~47; Alvin D. Coox, "The Kwantung Army Dimension," in Peter Duus, Ramon H. Myers, and Mark R. Peattie, eds., *The Japanese Informal Empire in China, 1895~1937* (Princeton: Princeton University Press, 1989), pp. 395~428; James B Crowley, *Japan's Quest for Autonomy: National Security and Foreign Policy, 1930~1938* (Princeton: Princeton University Press, 1966), pp. 82~186; Sadako N. Ogata, *Defiance in Manchuria: The Making of Japanese Foreign Policy, 1931~1932* (1964; reprint, Westport, Conn.: Greenwood Press, 1984); Mark R. Peattie, *Ishiwara Kanji and Japan's Confrontation with the West* (Princeton: Princeton University Press, 1975), pp. 87~181; Takehiko Yoshihashi, *Conspiracy at Mukden: The Rise of the Japanese Military* (New Haven: Yale University Press, 1963)가 있다. 마르크스주의와 비마르크스주의 진영에 따라 학문적 해석이 나누어진 일본 내 논쟁에 대한 분석은 Hatano Sumio, "Japanese Foreign Policy, 1931~1945: Historiography," in Sadao Asada, ed., Japan and the World, 1853~1952: A Bibliographic Guide to *Japanese Scholarship in Foreign Relations* (New York: Columbia University Press, 1989), pp. 217~240을 참고할 수 있다. 이 주제에 대한 일본어 연구는 수없이 많다. 만주사변에 대한 마르크스주의적 해석이 계속 수정되었던 과정을 추적할 수 있는 연구로는 歷史學硏究會 編, 『滿州事變: 太平洋戰爭史1』, 靑木書店, 1971; 藤原彰, 今井淸一 編, 『滿州事變: 十五年戰爭史1』, 靑木書店, 1988; 江口圭一, 『十五年戰爭の開幕: 昭和の歷史4』, 小學館, 1988이 있다. 비마르크스주의적 해석은 총 7권으로 이루어진 日本國際政治學會, 太平洋戰爭原因硏究部 編, 『太平洋戰爭への道: 開戰外交史』, 朝日新聞社, 1962 중 첫 번째 권〔영문판으로는 James William Morley, ed., Japan Erupts: The London Naval Conference and Manchurian Incident, 1928~1932 (New York: Columbia University Press, 1984)〕과 井上光貞 外 編, 『近代 2: 日本歷史大系5』, 山川出版社, 1989가 대표적이다.

[2] '실패할 것이 뻔한 실험'이었다는 해석에 대해서는 Michael A. Barnhart, *Japan Prepares for Total War: The Search for Economic Security, 1919~1941* (Ithaca: Cornell University Press, 1987), pp. 22~49, 64~114를 참고할 것. '대담한 혁신'이었다는 논의에 대해서는 Chalmers Johnson, *MITI and the Japanese Miracle: The Growth of Industrial Policy, 1925~1975* (Stanford: Stanford University Press, 1982), pp. 116~156, 특히 pp. 124~136을 참조. 영문으로 된 만주 경제에 대한 논의로는 W. G. Beasley, *Japanese Imperialism 1894~1945* (Oxford: Clarendon Press, 1987), pp. 175~197; Kang Chao, *The Economic Development of Manchuria: The Rise of a Frontier Economy*, Michigan Papers in Chinese Studies, no. 43 (Ann Arbor: Center for Chinese Studies, 1982); F. C. Jones, *Manchuria since 1931* (New York: Oxford University Press, 1949), pp. 100~220; Ramon H. Myers, *The Japanese Economic Development of Manchuria, 1932 to 1945* (New York: Garland, 1982); Nakagane Katsuji, "Manchukuo and Economic Development," in Peter Duus, Ramon H. Myers, and Mark R. Peattie, eds., *The Japanese Informal Empire in China, 1895~1937* (Princeton: Princeton University Press, 1989), pp. 133~158; Ann Rasmussen Kinney, *Japanese Investment in Manchuria Manufacturing, Mining, Transportation, and Communication, 1931~1945* (New York: Garland, 1982); Kungtu C. Sun, *The Economic Development of Manchuria in the First Half of the Twentieth Century* (Cambridge: Council on East Asian Studies, Harvard University, 1973), pp. 75~102 등이 있다. 일본어로 된 관련 연구는 淺田喬二, 小林英夫 編, 『日本帝國主義の滿洲支配: 一五年戰爭期を中心に』, 時潮社, 1986, pp. 547~926; 小林英夫, 『'大東亞共榮圈'の形成と崩壞』, 御茶の水書房, 1975, pp. 47~91, 167~176; 滿洲史硏究會 編, 『日本帝國主義下の滿洲』, 御茶の水書房, 1972, pp. 1~211; 岡部牧夫, 『滿洲國』, 三省堂, 1978, pp. 75~146 참조.

[3] 만주 이민에 비판적인 이민정책 연구 중 대표적인 것으로는 滿洲移民史硏究會 編, 『日本帝國主義下の滿洲移民』, 龍渓書舍, 1976에 수록된 글들이 있다. 이민자의 시각을 대표하는 것은 滿拓會 編, 『ドキュメント滿洲開拓物語』, あずさ書店, 1986이 있다.

[4] Carol Gluck, "The Idea of Showa," *Daedalus 119*, no. 3 (Summer 1990), pp. 12~13.

[5] 이는 모두 제2차 세계대전에 대해 최근 출판된 책의 제목이다. 이 책들은 일본의 팽창이 대중의 지지를 받았다는 점에 주목하고 있다. 高橋彦博, 『民衆の側の戰爭責任』, 靑木書店, 1989; 吉見義明, 『草の根のファシズム: 日本民衆の戰爭體驗』, 新しい世界史7, 東京大學出版會, 1987. 이러한 접근을 만주사변에도 적용한 매우 시사하는

바가 큰 연구로는 江口圭一, 『日本帝國主義史論: 滿洲事變前後』, 青木書店, 1975, pp. 149~196; 粟屋憲太郎, 「ファッショ化と民衆意識」, 江口圭一 編, 『體系日本史 1: 日本ファシズムの形成』, 日本評論社, 1978, pp. 251~303이 있다. 岩波書店의 일본 식민주의에 대한 최근의 8권짜리 시리즈는 이러한 주제를 더욱 진전시킨 것으로 두 권 전체를 '대중(大衆)' 제국주의에 할애했다. 제5권은 식민지의 일본인 이주민을, 제7권은 식민주의와 대중문화를 다루고 있다. 大江志乃夫 外編, 『岩波書店講座近代日本と植民地 5: 膨張する帝國の人流』, 岩波書店, 1993; 大江志乃夫 外 編, 『岩波書店講座近代日本と植民地 7: 文化のなかの植民地』, 岩波書店, 1993.

[6]　　이러한 논쟁의 예로 Roger Owen and Bob Sutcliffe, eds., *Studies in the Theory of Imperialism* (London: Longman, 1972), pp. 1~70, 117~142를 참고할 수 있다. 여러 입장을 요약한 것으로는 Wolfgang J. Mommsen, *Theories of Imperialism*, trans. P. S. Falla (Chicago: University of Chicago Press, 1980), pp. 70~141이 있다.

[7]　　에드워드 사이드(Edward W. Said)의 선구적 연구인 *Orientalism* (New York: Vintage, 1978)의 영향으로 근대 문화와 제국주의에 관한 저작물이 폭발적으로 증가했다. 그는 최근 *Culture and Imperialism* (New York: Knopf, 1993)을 통하여 이 논의를 좀 더 명확히 했다. 사이드는 정교한 방식으로 문화와 제국 사이의 관계를 이론화하여 문화 생산을 제국주의적 지배의 제도 안에 놓고 바라보았다. 다만 그는 제국주의 이론을 설명하는 것보다 주로 고급문화의 구조나 관습을 밝히는 데에 더 관심을 가졌다. 따라서 그의 작업은 제국주의가 문화에 미치는 영향을 연구하기 위한 새로운 방법론을 소개해 주긴 했지만 그 반대의 관계에 대해 고찰하는 것에는 그다지 유용하지 않다. 해당 주제에 대해 이와 같이 방향을 전환한 몇 편의 글은 식민적 조우가 문화에 끼친 영향 및 식민주의의 문화 기술에 대해 연구하고 있다. Nicholas B. Dirks, ed., *Colonialism and Culture* (Ann Arbor: University of Michigan Press, 1992)와 Amy Kaplan and Donald E. Pease, eds., *Cultures of United States Imperialism* (Durham, N.C.: Duke University Press, 1993) 참조.

[8]　　사회적 제국주의에 관한 고전으로는 Hans-Ulrich Wehler, *Bismarck und der Imperialismus* (Cologne: Kiepenheuer and Witsch, 1969)가 있다. 이 책은 19세기 말 독일의 갑작스러운 제국으로의 전환을 연구한 것이다. 이 논의를 영문으로 요약한 것으로는 Hans-Ulrich Wehler, "Bismarck's Imperialism 1862~1890," *Past and Present*, no. 48 (August 1970), pp. 119~155 참조.

[9]　　사회경제적 관점에서 조선에서의 일본 제국 건설을 살펴본 피터 듀스의 최근 저서는 이곳이 총력 제국의 범주에 포함된다는 강력한 증거를 제공한다. Peter Duus, *The Abacus and the Sword: The Japanese Penetration of Korea, 1895~1910* (Berkeley: University of California Press, 1995) 참조.

[10]　　Richard Slotkin, *Gunfighter Nation: The Myth of the Frontier in Twentieth-Century America* (New York: Harper Perennial, 1992), p. 5.

2장 왕관의 보석

[1]　　도쿠가와 막부 시대 일본과 아시아의 관계에 대해서는 Ronald Toby, *State and Diplomacy in Early Modern Japan: Asia in the Development of the Tokugawa Bakufu* (Stanford: Stanford University Press, 1984)와 Marius Jasen, China in the Tokugawa World (Cambridge: Harvard University Press, 1992) 참조.

[2]　　아시아에 대한 일본의 담론을 요약한 것으로는 Marlene J. Mayo, "Attitudes toward Asia and Beginnings of Japanese Empire," in Grant K. Goodman, comp., *Imperial Japan and Asia: A Reassessment* (New York: East Asian Institute, Columbia University, 1967), pp. 6~30이 유용하다. 메이지 시대 제국주의의 기원에 대한 여러 논의를 망라한 것으로는 Marlene J. Mayo, comp., *The Emergence of Imperial Japan: Self defense or Calculated Aggression?* (Lexington, Mass.: D. C. Heath, 1970)이 있다.

[3]　　메이지 후기 제국주의의 전략적 관심사에 대해서는 James B. Crowley, "From Closed Door to Empire: The Formation of the Meiji Military Establishment," in Bernard S. Silberman and H. D. Harootunian, ed., *Modern Japanese Leadership* (Tucson: University of Arizona Press, 1966), pp. 261~285 참조.

[4]　　한반도에서의 일본 메이지 시대 제국주의에 대해서는 Hilary Conroy, *The Japanese Seizure of Korea, 1868~1910: A Study of Realism and Idealism in International Relations* (Philadelphia: University of Pennsylvania Press, 1960); Peter Duus, *The Abacus and the Sword* 참조.

[5]   1931년 이전 만주에서의 일본 제국주의에 대해서는 Ken'ichiro Hirano, "The Japanese in Manchuria, 1906~1931: A Study of the Historical Background of Manchukuo," Ph. D. dissertation, Harvard University, 1983; Herbert P. Bix, "Japanese Imperialism and the Manchurian Economy, 1900~1931," *China Quarterly* 51 (July-September 1972), pp. 425~443 참조.

[6]   조약항 체제에 대한 서술로는 John K. Fairbank, *Trade and Diplomacy on the China Coast: The Opening of the Treaty Ports, 1842~1954*, 2 vols. (Cambridge: Harvard University Press, 1953)가 훌륭하다.

[7]   경제 문제에 대해서는 Peter Duus, "Economic Dimensions of Meiji Imperialism: The Case of Korea, 1895~1910," in Ramon H. Myers and Mark R. Peattie, eds., *The Japanese Colonial Empire, 1895~1945* (Princeton: Princeton University Press, 1984), pp. 128~171; William D. Wray, "Japan's Big-Three Service Enterprises in China, 1896~1936," in Peter Duus, Ramon H. Myers, and Mark R. Peattie, eds., *The Japanese Informal Empire in China, 1895~1937* (Princeton: Priceton University Press, 1989), pp. 31~64 참조.

[8]   20세기 초 중국에서의 열강들의 관계에 대해서는 Ian H. Nish, *The Anglo-Japanese Alliance: The Diplomacy of Two Island Empires 1894~1907* (London: Athlone Press, 1966); Ian H. Nish, *Alliance in Decline: A Study in Anglo-Japanese Relations 1908~23* (London: Athlone Press, 1972); Peter Lowe, *Great Britain and Japan, 1911~1915: A Study of British Far Eastern Policy* (London: Macmillan, 1969); Madeleine Chi, *China Diplomacy, 1914~1918* (Cambridge: East Asian Research Center, Harvard University, 1970) 참조.

[9]   일본의 식민주의에 대해 정리한 것으로는 Mark R. Peattie가 쓴 다음 세 편의 글이 훌륭하다. Mark R. Peattie, "The Japanese Colonial Empire, 1895~1945," in Peter Duus, ed., *The Twentieth Century*, vol. 6 of *The Cambridge History of Japan* (New York: Cambridge University Press, 1988), pp. 217~270; "Introduction," in Ramon H. Myers and Mark R. Peattie, eds., *The Japanese Colonial Empire, 1895~1945* (Princeton: Princeton University Press, 1984), pp. 3~52; "Japanese Attitudes toward Colonialism, 1895~1945," in Ramon H. Myers and Mark R. Peattie, eds., *The Japanese Colonial Empire, 1895~1945* (Princeton: Princeton University Press, 1984), pp. 80~127.

[10]   Ching-chih Chen, "Police and Community Control Systems in the Empire," in Ramon H. Myers and Mark R. Peattie, eds., *The Japanese Colonial Empire, 1895~1945* (Princeton: Princeton University Press, 1984), pp. 213~239.

[11]   관동군의 초기 역사에 대해서는 島田俊彦, 『關東軍: 在滿陸軍の獨走』, 中央公論社, 1965, pp. 2~74; Coox, "The Kwantung Army Dimension," pp. 395~409; Alvin D. Coox, *Nomonhan: Japan against Russia, 1939*, vol. 1 (Stanford: Stanford University Press, 1985), pp. 1~19 참조.

[12]   장쭤린과 일본의 관계에 대한 가장 면밀한 논의로는 Gavan McCormack, *Chang Tso-lin in Northeast China, 1911~1928: China, Japan, and the Manchurian Idea* (Stanford: Stanford University Press, 1977)을 들 수 있다.

[13]   McCormack, pp. 119~124.

[14]   만철의 초기 역사에 대해서는 Ramon H. Myers, "Japanese Imperialism in Manchuria: The South Manchurian Railway Company, 1906~1933," in Peter Duus, Ramon H. Myers, and Mark R. Peattie, eds., *The Japanese Informal Empire in China, 1895~1937* (Princeton: Princeton University Press, 1989), pp. 101~132; 滿史會 編, 『滿洲開發四十年史』 vol. 1, 滿洲開發四十年史刊行會, 1964, pp. 152~236; 安藤彦太郎 編, 『滿鐵: 日本帝國主義と中國』, 御茶の水書房, 1965, pp. 11~152; Bix, "Japanese Imperialism and the Manchurian Economy," pp. 425~433 참조.

[15]   石川健次郎, 中村靑志, 「日本の株式會社-100社ランキングの變遷」, 『中央公論經營問題』 1977~3, pp. 320~387; 東洋経済新報社 編, 『企業統計総覧』, 1943; Myers, "Janpanese Imperialism," pp. 110, 115.

[16]   1920년 일본의 세입은 1억 7500만 엔이었으며 1925년에는 8억 9,500만 엔, 1930년에는 8억 3,500만 엔이었다. 安藤良雄 編, 『近代日本經濟史要覽』 第2版, 東京大學出版會, 1979, p. 18. 만철의 수익에 대해서는 滿史會 編, vol. 1, p. 299 참조.

[17]   Myers, "Japanese Imperialism," p. 111.

[18]   Bix, "Japanese Imperialism and Manchurian Economy," pp. 425~443; McCormack, p. 7.

[19]   Coox, Nomonhan, vol.1, p. 6.

[20]   이와 관련된 수치는 井上清, 『日本帝國主義の形成』, 岩波書店, 1968, pp. 227~239; 井口和起, 「日清·日露戰爭論」, 歷史学研究會, 日本史研究會編, 『講座日本歷史 8 : 近代2』, 東京大學出版會, 1985, pp. 86~87을 참고했다. 러일전쟁에 대한 사진기록은 每日新聞社, 『1億人の昭和史 日本の戰史 1 : 日清·日露戰爭』, 每日新聞社, 1979, pp. 78~205 참조.

[21]   앨빈 쿡스는 사상자를 1만 2천 명으로 보았다. Coox, *Nomonhan*, vol. 1, p. 9.

[22]   滿史會, vol. 1, p. 84

[23]   Hirano, p. 148.

[24]   滿史會, vol. 1, p. 297.

[25]   『滿洲經濟圖表』, 大連 : 大連商工会議所, 1934, p. 7.

[26]   민국시기 중일관계를 다룬 것으로는 Marius B. Jansen, *The Japanese and Sun Yat-sen* (Cambridge: Harvard University Press, 1967); *Japan and China: From War to Peace, 1894~1972* (Chicago: Rand McNally, 1975), pp. 224~314가 가장 훌륭하다.

[27]   McCormack은 이를 '두 얼굴의 외교(two-faced diplomacy)'라 불렀다. McCormack, pp. 124~126.

[28]   Ogata, p. 18.

[29]   Yoshihashi, pp. 143~144; Edward Earl Pratt, "Wanpaoshan, 1931: Japanese Imperialism, Chinese Nationalism and the Korean Problem in Northeast China on the Eve of the Manchurian Incident," Master's thesis, University of Virginia, May 1983.

[30]   Yoshihashi, pp. 143~145.

[31]   Ogata, p. 18.

[32]   만주사변 관련 전쟁사에 대한 기본적인 참고자료는 1장의 각주1을 참조.

[33]   관동군에 대한 대략적인 설명은 Coox, "The Kwantung Army Dimension," pp. 409~428에 보인다. 더 자세한 논의는 Coox, Nomonhan, vols. 1~2 참조.

[34]   林健久, 山崎広明, 柴均和夫著, 『講座帝國主義の研究 : 兩大戰間におけるその再編成6 日本資本主義』, 青木書店, 1973, p. 250; 金子文夫, 「資本輸出と植民地」, 大石嘉一郎 編, 『日本帝國主義史2 : 世界大恐慌期』, 東京大學出版社, 1987, p. 337; 疋田康行, 「財政金融構造」, 浅田喬二, 小林英夫編 『日本帝國主義の滿洲支配 : 一五年戰爭期を中心に』, 時潮社, 1986, pp. 866, 889.

[35]   Johnson, *MITI and the Japanese Miracle*, pp. 130~132.

[36]   '신신관료(新々官僚)'라고도 불리는 '혁신관료'는 대체로 국가 주도 경제와 사회개혁을 지지한 관료들을 일컫는데, 이들의 정책은 때로 파시스트적 색채를 띠기도 했다. 자세한 것은 Johnson, *MITI and the Japanese Miracle*, pp. 116~156; Barnhart, pp. 71~76, 171~175; William Miles Fletcher, *The Search for a New Order: Intellectual and Fascism in Prewar Japan* (Chapel Hill: University of North Carolina Press, 1982), pp. 88~105 참조.

[37]   이에 대해서는 1장의 주2를 참조할 것.

[38]   原郎, 「1930年代の滿洲經濟統制政策」, 滿洲史研究會 編, 『日本帝國主義下の滿洲』, 御茶の水書房, 1972, p. 46.

[39]   石堂清倫, 「滿鐵調査關係者に聞く 17 : 滿鐵調査部は何であったか (Ⅱ)」, 『アジア經濟』第28卷 第6號, 1987年 6月, p. 55.

[40]   만주 이민계획에 대해서는 滿洲移民史研究會 編, 1976 참조.

[41] 滿史會 編, vol. 2, p. 84.

[42] 滿鐵 編,『滿洲年鑑: 昭和8年』, 大連: 滿洲文化協會, 1933, pp. 38~39.

[43] 이 표현은 John W. Dower, *Empire and Aftermath: Yoshida Shigeru and the Japanese Experience, 1878~1954* (Cambridge: Council on East Asian Studies, Harvard University, 1979), p. 85에서 가져온 것이다.

[44] 중국 점령에 대해서는 Lincoln Li, *The Japanese Army in North China, 1937~1941: Problems of Political and Economic Control* (New York: Oxford University Press, 1976); John Hunter Boyle, *China and Japan at War, 1937~1945: The Politics of Collaboration* (Stanford: Stanford University Press, 1972) 참조.

[45] 공영권(共榮圈)에 대해서는 다음을 참조. E. Bruce Reynolds, "Anomaly or Model? Independent Thailand's Role in Japan's Asian Strategy, 1941~1943," and Ken'ichi Gotō, "Cooperation, Submission, and Resistance of Indigenous Elites of Southeast Asia in the Wartime Empire," in Peter Duus, Ramon H. Myers, and Mark R. Peattie, eds., *The Japanese Wartime Empire, 1931~1945* (Princeton: Princeton University Press, 1996), pp. 243~273 and 274~301; Joyce C. Lebra, *Japanese-Trained Armies in Southeast Asia: Independence and Volunteer Forces in World War II* (New York: Columbia University Press, 1977); Willard H. Elsbree, *Japan's Role in Southeast Asian Nationalist Movements, 1940 to 1945* (Cambridge: Havard University Press, 1953); Josef Silverstein, ed., *Southeast Asia in World War II: Four Essays* (New Haven: Yale University Southeast Asia Studies, 1966); Alfred W. McCoy, ed., *Southeast Asia under Japanese Occupation* (New Haven: Yale University Southeast Asia Studies, 1980).

[46] Carter J. Eckert, "Total War, Industrialization, and Social Change in Late Colonial Korea," in Peter Duus, Ramon H. Myers, and Mark R. Peattie, eds., *The Japanese Wartime Empire, 1931~1945* (Princeton: Princeton University Press, 1996), pp. 3~39.

[47] Wan-yao Chou, "The Kominka Movement in Taiwan and Korea: Comparisons and Interpretation," in Peter Duus, Ramon H. Myers, and Mark R. Peattie, eds., *The Japanese Wartime Empire, 1931~1945* (Princeton: Princeton University Press, 1996), pp. 40~68

3장 전쟁열

[1] John M. Mackenzie, *Propaganda and Empire: The Manipulation of British Public Opinion, 1880~1960* (Manchester: Manchester University Press, 1984). 미국의 제국주의와 대중문화에 대해서는 Richard Slotkin, *The Fatal Environment: The Myth of Frontier in the Age of Industrialization, 1800~1890* (New York: Atheneum, 1985); Slotkin, *Gunfighter Nation* 참조. 프랑스에 대해서는 William H. Schneider, *An Empire for the Masses: The French Popular Image of Africa, 1870~1900* (Westport, Conn.: Greenwood Press, 1982) 참조.

[2] 신문의 영향력과 출판시장의 확대를 지리학적, 그리고 사회학적 측면에서 살펴본 연구로는 Carol Gluck, *Japan's Mordern Myths: Ideology in the Late Meiji period* (PrincetonL Princeton University Press, 1985), pp. 169~174, 232~233 참조.

[3] 해당 조사를 살펴보면 여성의 문맹률이 남성보다 더 높은 것을 알 수 있다. 즉 미혼 여성의 63%와 기혼 여성의 55%가 글을 읽지 못했다. 해당 통계 수치는 東京市社會局 編,『東京市内の木賃宿に關する調査』, 1923에 실려 있다. 山本武利,『近代日本の新聞読者層』, 法政大学出版局, 1981, pp. 220~221에서 재인용.

[4] 內務省衛生局,『東京市京橋區月島ニ於ケル實地調査報告』, 1921; 山本武利, p. 225에서 재인용.

[5] 도쿄의 여성 노동자에 대한 조사는 1924년 도쿄부(東京府)가 900명의 여성을 대상으로 실시한 것이며, 광산 노동자에 대한 조사는 1919년 아시오 구리광산(足尾銅山)에서 1,200개 가구를 대상으로 한 것이다. 또 농촌 마을에 대한 통계는 1934년 제국농회(帝國農會)가 48개 가구를 조사한 것이다. 해당 마을은 도쿄 교외에 자리 잡고 있었기에 아마도 전국 평균보다 신문 구독률이 더 높았던 것으로 보인다. 위 세 조사는 山本武利, pp. 229~240에서 재인

용했다.

[6]   Gluck, *Japan's Mordern Myths*, p. 171.

[7]   山本武利, p. 412.

[8]   같은 책, p. 273.

[9]   南博, 社会心理研究所, 『大正文化, 1905~1927』, 勁草書房, 1987, p. 121.

[10]   Michael Lewis, *Rioters and Citizens: Mass Protest in Imperial Japan* (Berkeley: University of California Press, 1990), p. 35.

[11]   山本武利, p. 271.

[12]   大日本聯合青年團調査部, 『全國青年團基本調査』, 1934; 山本武利, p. 242에서 재인용.

[13]   만주사변에 대한 좌담회에서 이루어진 도야마의 발언은 「滿洲事變五十年の座談會」, 『經濟』, 1981年 9月에 실려 있다. 江口圭一, 『十五年戰爭の開幕』, pp. 107~108에서 재인용.

[14]   D. Eleanor Westney, *Imitation and Innovation: The Transfer of Western Organizational Patterns to Meiji Japan* (Cambridge: Harvard University Press, 1987), pp. 180~206; Donald Keene, "The Sino-Japanese War of 1894~95 and Japanese Culture," in Donald Keene, *Landscape and Portraits: Appreciations of Japanese Culture* (Tokyo: Kōdansha international, 1971), pp. 259~299.

[15]   전쟁열의 고조에 주요 일간지가 핵심적인 역할을 했음을 지적해 준 에구치 게이이치에게 감사를 표한다. 江口圭一, 「滿洲事變と大新聞」, 『思想』 vol. 583, 1973年 1月, pp. 100~103 참조.

[16]   오사카 아사히신문과 오사카 마이니치신문은 오랫동안 전국 발행 부수에서 선두를 유지해 왔지만, 이들 신문의 도쿄판이 호치신문(報知新聞)을 추월한 것은 1920년대에 이르러서였다. 도쿄의 신문 시장을 장악하기 위해 이 두 신문사는 1차 세계대전 이후 기존의 합자회사에서 주식회사로 전환했으며 이로 인한 자본총액의 큰 증가는 목표를 달성하는데 큰 힘이 되었다. 예컨대 마이니치신문의 자본금은 1919년에 50만 엔에서 1924년에는 5백만 엔까지 증가했다. 오사카와 도쿄 주요 일간지의 발행 부수에 대해서는 山本武利, p. 412 참조. 호치신문을 뛰어넘기 위한 마이니치신문과 아사히신문의 노력에 대해서는 南博, 社会心理研究所, 『大正文化, 1925~1945』, p. 127 참조.

[17]   池井優, 「一九三○年代のマスメディア―滿洲事變への對應を中心として」, 三輪公忠 篇, 『再考太平洋戰爭前夜: 日本の一九三十年代論として』, 創世記, 1981, p. 144.

[18]   南博, 社会心理研究所, 『大正文化』, p. 262.

[19]   阿部愼吾, 「滿洲事變を繞る新聞街」, 『改造』, 1931年 11月, pp. 36~39; 江口圭一, 「滿洲事變と大新聞」, p. 100.

[20]   Westney, p. 192.

[21]   南博, 社会心理研究所, 『大正文化』, p. 258.

[22]   池井優, 「一九三○年代のマスメディア―滿洲事變への對應を中心として」, p. 143~144.

[23]   阿部愼吾, 「滿洲事變を繞る新聞街」, 『改造』, 1931年 11月, pp. 36~37.

[24]   池井優, 「一九三○年代のマスメディア―滿洲事變への對應を中心として」, p. 146~147. NHK의 설립에 대해서는 Gregory J. KAsza, The State and Mass Media in Japan, 1918~1945 (Berkeley: University of California Press, 1988). pp. 72~101 참조.

[25]   池井優, 「一九三○年代のマスメディア―滿洲事變への對應を中心として」, p. 146.

[26]   같은 책, p. 148.

[27]   라디오 수신기의 가격은 보통 하루 일당이 1엔도 안되는 대부분의 노동자가 엄두도 내지 못할 정도였다. 예를 들면 가정부의 월급은 15엔에 불과했다. 체신성(遞信省) 서기보의 월급이 56엔이었던 것을 보면 사무직 노동자 정도는 되어야 라디오 수신기를 구매할 여유가 있었다. 가격이나 월급에 대한 것은 講談社 編, 『昭和二万日の全記録 第

1巻- 昭和への期待: 昭和元年-3年』, 講談社, 1989, pp. 143, 149, 151, 153 참조.

[28] 日本放送協會編,『日本放送史』vol.1, 日本放送協會, 1961, p. 281. 만주사변 동안에 전장에 관한 보도는 라디오에 대한 관심을 더욱 끌어올렸으며, 새로운 가입자의 수도 증가시켰다. 총 가입자 수는 1934년 1,979,000명, 1935년 2,422,000명, 1936년 2,905,000명, 1937년 3,584,000명, 1938년 4,166,000명, 1939년 4,862,000명이었다. 講談社 編,『昭和二万日の全記録 第4卷 -日中戰爭への道: 昭和10年~12年』, 講談社, 1989, p. 169.

[29] 이외에도 라디오 청취 가구가 전체의 10% 이상이었던 현으로는 나라, 히로시마, 오카야마(岡山), 기후, 이시카와, 사이타마, 지바(千葉)현이 있었다. 講談社 編,『日中戰爭への道』, pp. 32~33.

[30] Westney, pp. 187~190; 山本武利, pp. 313~319.

[31] 江口圭一,「滿洲事變と大新聞」, pp. 100~103; 池井優,「一九三〇年代のマスメディア―滿洲事變への對應を中心として」, p. 171.

[32] 江口圭一,「滿洲事變と民衆動員-名古屋市を中心として], 古屋哲夫編,『日中戰爭史研究』, 吉川弘文館, 1984, pp. 141~143.

[33] 江口圭一,「「滿洲事變と大新聞」, pp. 100~103.

[34] 같은 책, p. 102.

[35] 日本放送協會 編,『ラヂオ年鑑: 昭和8年』, 日本放送協會, 1933, p. 69. 라디오 프로그램 편성표는 池井優,「一九三〇年代のマスメディア―滿洲事變への對應を中心として」, p. 149~152 참조.

[36] 池井優,「一九三〇年代のマスメディア―滿洲事變への對應を中心として」, p. 167~168.

[37] 신화 만들기와 제국주의에 대한 활발한 논의에 관해서는 Slotkin, *The Fatal Environment*, pp. 1~48 참조.

[38] Keene, pp. 259~299; 南博,『大正文化』, p. 128; Gluck, *Japan's Modern Myths*, pp. 135~136, 150, 171~173 참조.

[39] 기존에 가장 많이 판매된 잡지의 발행 부수는 보통 25만~26만 부 정도였지만,『킹』의 발행 부수는 그 두 배에 달했다. 엔폰에 대해서는 南博,『大正文化』, pp. 287~301, 잡지『킹』에 대해서는 南博,『大正文化』, pp. 303~305 참조.

[40] 東京堂, 北隆館, 東海堂, 良明堂, 上田屋, 至誠堂, 文林堂을 말한다. (저자는 Tōkyōdō, Hokuryūdō, Tōkaidō, Ryomeidō, Uedaya, Tōseidō, Bunrindō라 열거했으나『出版販賣小史』, 東京出版販賣株式會社, 1959, p. 37에 따라 위와 같이 수정했다 -역주)

[41] 1926년에는 전국적으로 1,056개의 극장이 있었으며 이는 극장 하나당 대략 60,000명의 비율이었다.

[42] 圖書研究會 編,『綜合出版年鑑』, 1932, p. 963.

[43] 東京堂,『出版年鑑』, 1933, pp. 2, 465~484;『綜合出版年鑑』, 1932, p. 963.

[44] 『出版年鑑』, 1933, pp. 85~89;『出版年鑑』, 1934, pp. 87~91.

[45] 桜井忠温,「滿洲戰爭一村した話」,『文藝春秋』, 1932年 3月, pp. 44~46.

[46] 陸軍中將佐藤清勝,「滿洲に於ける司法制度と刑罰の實狀」,『犯罪科學增刊: 生命線滿蒙』, 1932, 第3卷 第5號, pp. 72~81.

[47] 谷萩那華雄,「忠勇日本の魂: わが將兵の最期を語る」,『講談俱樂部』, 1933年 4月, pp. 112~125; 水野銀一,「討匪行手記」,『キング』, 1933年 7月, pp. 303~313.

[48] 櫻井忠温,「彼の最期」,『家の光』, 1932年 8月, pp. 211~215.

[49] 荒木貞夫,「非常時! 日本婦人の使命」,『婦人俱樂部』, 1933年 4月, pp. 110~113.

[50] 『朝日年鑑』, 朝日新聞社, 1933, p. 675.

[51] 이 외에도 '만주진영곡(滿洲陣營曲)', '아시아행진곡(アジア行進曲)', '지키자, 만몽생명선(護れ滿蒙生命線)', '만주사변가(滿洲事變小唄)', '제○○ 사단을 만주로 보내는 노래(第○○師團の滿洲行を送る歌)', '아! 만주

(あゝ滿洲)', '육전대의 노래(陸戰隊の歌)', '장갑열차(裝甲列車)', '군사탐정의 노래(軍事探偵の唄)' 등이 있다. 『朝日年鑑』, 1933, p. 675; 『レコード』, 1932年 2月, pp. 78, 112, 쪽 번호가 없는 광고 페이지; 『レコード』, 1932年 5月, 쪽 번호가 없는 광고 페이지 참조. 이 중 몇 곡의 가사는 浜野健三郎, 『あゝ滿洲』, 秋元書房, 1970, pp. 116~120에서 찾아볼 수 있다.

[52] 여기서 언급한 작품들은 1932년부터 33년까지 『영화와 연예(映畫と演藝)』에 실린 영화 및 연극 목록에서 가져왔다. 이 잡지에서 연예 평론이나 광고를 인용하는 것은 상당히 복잡한데, 이는 대부분의 목록에 페이지 표시가 없거나 제목이 붙어 있지 않기 때문이다. 따라서 이 잡지를 인용할 때에는 다음과 같은 형식을 따르도록 하겠다. 영화나 연극의 제목: 「평론 제목」(가능할 경우), 『잡지명』(출간 시기), 페이지(가능할 경우). 輝く國旗: 『映畫と演藝』(1932年 1月), p. 31; 旭日輝く 南滿洲: 奉天城 一番乘: 「戰爭映畫」, 『映畫と演藝』(1932年 4月); 人柱四勇士: 『映畫と演藝』(1932年 5月); 勇敢なる喇叭手: 「現代劇」, 『映畫と演藝』(1932年 6月). 이 외에도 上海戰線四十哩: 『映畫と演藝』(1932年 5月), p. 16; 滿洲大進軍: 『映畫と演藝』(1932年 4月); 征空大襲擊: 「軍事映畫」, 『映畫と演藝』(1932年 6月) 등의 영화를 찾아볼 수 있다.

[53] 三太郎滿洲出征, 召集令: 「戰爭映畫」, 『映畫と演藝』(1932年 4月); 征けよ我が子: 「軍事映畫」, 『映畫と演藝』(1932年 6月).

[54] 噫!南領三十八勇士: 『映畫と演藝』(1932年 1月), p. 24; 北滿の洛花 大和櫻!, 凍原に咲く戀: 「東活映畫」, 『映畫と演藝』(1932年 3月)

[55] 陸軍大行進: 『映畫と演藝』(1932年 6月); 滿洲行進曲 연극 버전: 「東京劇場」, 『映畫と演藝』(1932年 1月); 滿洲行進曲 영화버전: 「蒲田映畫」, 『映畫と演藝』(1932年 3月), p. 26.

[56] 人情中隊長 噫倉本大尉, 噫倉本少佐 血染の軍旗: 「戰爭映畫」, 『映畫と演藝』(1932年 4月).

[57] 北滿の偵察: 『映畫と演藝』(1932年 1月), p. 22; チチハル入城: 『映畫と演藝』(1932年 2月), p. 44; 山田一等兵と鄭さん: 『レコード』(1932年 2月), p. 74.

[58] 武人の精華—空閑少佐, 大和の魂—空閑少佐: 『映畫と演藝』(1932年 5月), p. 16. 武士道の精華 -嗚呼空閑少佐: 「軍事映畫」, 『映畫と演藝』(1932年 6月).

[59] 구가 소좌의 자살을 둘러싼 미디어의 선정주의에 대해서는 江口圭一, 『十五年戰爭の開幕: 昭和の歷史 4』, p. 150 참조. 아라키 사다오의 발언은 같은 책, p. 157~158 참조.

[60] 血染の鐵筆: 「戰爭映畫」, 『映畫と演藝』(1932年 4月).

[61] 에구치 게이이치에 따르면, 당시 같은 부대에 있던 이름 모를 병사가 쓴 「폭탄삼용사의 진실(爆弾三勇士のほんとのこと)」이라는 글에 군 당국의 공식적인 발표에 대한 의문이 제기되어 있다고 한다. 이 글은 수기로 작성된 것으로 일본 내무성에 보관되어 있었다. 한편 1965년 전 육군 소장 다나카 류키치(田中隆吉)는 한 TV 인터뷰에서 '육탄 삼용사'의 죽음은 그들의 상관이 도화선의 길이를 잘못 계산했기 때문이라고 주장했다. 그는 이 인터뷰에서 "만약 명령을 내린 상관이 폭탄의 도화선을 1미터로 했더라면 그 철조망을 폭파시키고 안전하게 돌아올 수 있었을 것입니다."라고 말했다. 江口圭一, 『十五年戰爭の開幕: 昭和の歷史 4』, pp. 144~145, 154~157 참조.

[62] 『映畫と演藝』(1932年 4月), 권두 삽화; 「戰爭映畫」, 『映畫と演藝』(1932年 4月), p. 18.

[63] 『朝日年鑑』(1933), p. 677.

[64] 江口圭一, 『十五年戰爭の開幕: 昭和の歷史 4』, pp. 156~157.

[65] 같은 책, p. 157.

[66] 南博 外 編, 『大正文化』, pp. 233~235.

[67] 南博 外 編, 『昭和文化』, 勁草書房, 1990, p. 472.

[68] 군의 적대감에 대해서는 江口圭一, 『十五年戰爭の開幕』, p. 105 참조. 우익단체가 아사히신문사 사장을 공격한 사건에 대해서는 茶本繁正, 『戰争とジャーナリズム』, 三一書房, 1984, pp. 168~169 참조.

[69] 편집장들이 육군성에 거세게 항의한 뒤에야 기자들에게 선실이 제공되었다. 茶本繁正, p. 198.

[70] Jasen, *Japan and China*, p. 360; 藤原彰, 『日本軍事史 1』, 日本評論社, 1987, p. 164.

[71]　茶本繁正, p. 222.

[72]　江口圭一,『十五年戦争の開幕』, pp. 99~105; William Fitch Morton, *Tanaka Giichi and Japan's China Policy* (Folkestone, Kent: Dawson, 1980), pp. 70~74, 86~95, 100~101, 118~120, 138~139; 茶本繁正, pp. 168~182, 192~193, 198, 222~224, 247~248.

[73]　정보원을 통해 헌병대에 보고된 이들 발언은 만주사변에 대한 아사히신문과 마이니치신문의 태도를 정리한 헌병대 보고서에 실려 있다. 憲兵司令官外山豊造, 「大朝,大毎兩社の時局に對する態度決定に關する件報告(1931年 10月 19日)」, 藤原彰, 功刀俊洋 編,『資料日本現代史 8: 滿洲事變と國民動員』, 大月書店, 1983, p. 96. 헌병대는 대중매체를 살펴보거나 정치 조직 내의 정보 네트워크를 이용함으로써 만주사변에 대한 대중의 반응을 감시했다. 만주사변에 대한 헌병대의 보고서는 위에 언급된 藤原彰와 功刀俊洋가 편찬한 문서 모음집인『滿洲事變と國民動員』에 실려 있다.

[74]　阿部愼吾, 「滿洲事變を繞る新聞街」『改造』, 1931年 11月, p. 36.

[75]　日本放送協會,『ラジオ年鑑: 昭和8年(1933)』, pp. 10~20; 池井優, 「一九三〇年代のマスメディアー」, p. 153~167.

[76]　NHK의 입장을 옹호하는 이 글은 본래 1932년 1월과 같은 해 2월에 발행된『調査時報』에 실려 있다. Kasza, 1988, pp. 96~97 재인용. NHK에 대한 국가의 통제에 관해서는 같은 책, pp. 72~101 참조.

[77]　한 출판연감에서는 이를 '시소' 효과라고 불렀다.『出版年鑑』, 1933, p.2.

[78]　講談社 編,『昭和二万日の全記錄 第2卷: 昭和4年-6年 大陸にあがる戰火』, 講談社, 1989, pp. 70~71; Kasza, pp. 38~44; Richard H. Mitchell, *Censorship in Imperial Japan* (Princeton: Princeton University Press, 1983), pp. 199~204.

[79]　요사노 아키코의 전향에 대해서는 Steve Rabson, "Yosano Akiko on War: To Give One's Life or Not – A Question of Which War," *Journal of the Association of Teachers of Japanese* 25, no. 1 (April 1991), pp. 45~74 참조. 해당 시는 pp. 45~46, 56~60에서 찾아볼 수 있다.

[80]　Kasza, pp. 35~36.

[81]　Kasza가 지적했듯이, 발행 금지라는 법적수단은 저널리즘을 규제하기 위한 여러 법률 외적인 방법을 통해 보완되었다. 검열관은 종종 비슷한 기사를 다시 싣지 말라는 의미에서 경고를 내리거나, 또는 해당 기사를 삭제하게 했다. 이에 더해 내무성은 '시찰(視察)', '경고', '간담(懇談)'이라는 사전 경고 시스템을 이용하여 각 신문이 발행 금지를 피하기 위해 정치적으로 민감한 문제에 대해서 자기 검열을 하도록 요구했다. Kasza, p. 31.

[82]　Rabson, pp. 45~74; 茶本繁正, pp. 94~108; Mitchell, pp. 135~136.

[83]　『朝日新聞七十年小史』, 1959; 江口圭一,『十五年戰爭の開幕』, p. 102 재인용.

[84]　Kasza, p. 48.

[85]　같은 책, p. 48.

[86]　田中九一, 「滿洲事變と列國の對支政策」,『中央公論』, 1931年 12月, pp. 2~24; 吉野作造, 「民族と階級と戰爭」,『中央公論』, 1931年 1月, pp. 27~38.

[87]　阿部愼吾, 「滿洲事變を繞る新聞街」,『改造』, 1931年 11月, p. 36.

[88]　後藤信夫, 「滿洲問題とその前途」,『改造』, 1931年 11月, p. 99.

[89]　矢内原忠雄, 「滿蒙新國家論」,『改造』, 1932年 4月, pp. 18~29.

[90]　이 기사는 민정당 계열 신문의 만주사변 보도에 대한 헌병대 보고서 안에 포함되어 있다. 憲兵警務部, 藤井愼二, 「滿洲事變に對する一民政系新聞の論調に關する件通牒(1931年 9月 24日)」, 藤原彰, 功刀俊洋 編,『滿洲事變と國民動員』, p. 36. 이 자료집에 대한 설명은 이 장 주 73 참조.

[91]　「滿蒙問題解決の根本方針如何」,『東洋經濟新報』(1931年 9月 26日, 10月 10日). 江口圭一,『日本帝國主義史論』, 靑木書店, 1975, pp. 220~224 참조.

[92]　이누즈카의 발언은 1932년 9월 18일자『나고야신문(名古屋新聞)』에 실려 있다. 江口圭一, 「滿洲事變と民衆動

員」, p. 127 재인용.

[93]   江口圭一, 『十五年戦争の開幕』, pp. 22~23, 105.

[94]   「家の光新聞」, 『家の光』(1932年 1月), p.166.

[95]   井口和起, pp. 86~87.

[96]   Gluck, *Japan's Modern Myths*, p. 90.

[97]   『映畫と演藝』(1932年 1月), p. 53의 연극 목록과 『映畫と演藝』(1932年 2月)에 수록된 '新歌舞伎座'의 공연 목록 참조.

[98]   『レコード』(1932年 2月), p.74; 『レコード』(1932年 5月), p.82; 『出版年鑑』(1933年), p. 89.

[99]   '明治座'의 공연목록은 『映畫と演藝』(1932年 2月), 가와이 영화사의 영화 목록은 『映畫と演藝』(1932年 3月) 참조.

[100]   『少年俱樂部』(1932年 5月), pp. 216~230.

[101]   '전우'의 가사는 浜野健三郎, pp. 119 참조.

[102]   '만주 행진곡'의 가사는 같은 책, p. 120 참조.

[103]   麻生路郎, 「川柳」, 『キング』(1932年 4月), p. 245.

[104]   広瀬定一, 「嗚呼壯烈! 嗚呼忠烈! 寬城子·南嶺大激戰記」, 『キング』(1931年 12月), p. 31.

[105]   Duus, "Economic Dimensions of Meiji Imperialism," pp. 131~148.

[106]   Barnhart, esp. pp. 17~49; Mark R. Peattie, "Forecasting a Pacific War 1912~1933: The Idea of a Conditional Japanese Victory," in James W. White, Michio Umegaki, and Thomas R. H. Havens, eds., *The Ambivalence of Nationalism: Modern Japan between East and West* (Lanham, Md.: University Press of America, 1990), pp. 115~132.

[107]   「滿洲は日本の生命線」, 『家の光』(1932年 1月), p. 166.

[108]   「誰にもわかる 滿洲事情面白繪ばなし」, 『キング』(1932年 4月), pp. 33~56.

[109]   宇佐美勝夫, 「滿蒙の藏する資源」, 『犯罪科學』(1932年 4月), pp. 42~45, 49. 이 글은 「生命線滿蒙 資源と風俗」이라는 제하의 만주특별호(滿洲特別號)에 포함되어 있다.

[110]   「誰にもわかる 滿洲事情面白繪ばなし」, 『キング』(1932年 4月), pp. 33~56; 「滿洲は日本の生命線」, 『家の光』(1932年 1月), p. 166.

[111]   Keene, pp. 259~299.

[112]   今村嘉吉, 「滿洲の支那兵」, 『少年俱樂部』(1932年 2月), p. 75.

[113]   鈴木御水, 「敵の裝甲列車を攻擊する我が飛行機」, 『少年俱樂部』(1932年 2月), 쪽 표시 없음.

[114]   瀧中孟雄, 「少年團の見てきた滿洲戰地の話: 手帖から」, 『少年俱樂部』(1932年 2月), p. 109.

[115]   今村嘉吉, 「滿洲の支那兵」, 『少年俱樂部』(1932年 2月), p. 76~77.

[116]   「滿洲の猿蟹合戰」, 『少年俱樂部』(1932年 2月), p. 79.

[117]   平田稔, 「僕等は目の前に滿洲事變を見た: 早く仲よしに」, 『少年俱樂部』(1932年 2月), p. 68.

[118]   下永憲次, 「支那兵漫談」, 『講談俱樂部』(1933年 5月), p. 84.

[119]   後藤朝太郎, 「支那の兵隊」, 『キング』(1932年 4月), p. 53.

[120]   平田稔, 「僕等は目の前に滿洲事變を見た: 早く仲よしに」, 『少年俱樂部』(1932年 2月), p. 68.

[121]   Conroy, p. 366.

[122]　今村嘉吉,「滿洲の支那の兵隊」,『少年俱樂部』(1932年 2月), p. 76; 平田稔,「僕等は目の前に滿洲事變を見た：早く仲よしに」,『少年俱樂部』(1932年 2月), p. 67.

[123]　野原達夫,「戰爭の話」,『講談俱樂部』(1933年 5月), p. 77.

[124]　「實戰に參加した軍人の座談會」,『家の光』(1932年 7月), pp. 50~51.

[125]　용어사전에 대해서는 『家の光』(1932年 8月~12月) 참고.

[126]　伊藤龜雄,「聯盟を脫退した日本はどうなるか」,『家の光』(1933年 4月), p. 174.

[127]　Louise Young, "Power and Color: Japanese Imperialism in a White World Order," Master's Thesis, Columbia University, May 1987, pp. 75~114.

[128]　「切迫してきた滿洲國の承認」,『家の光』(1932年 8月), p.182.

[129]　平田晉策,「日本もし戰はば」,『少年俱樂部』(1932年 5月), pp. 82~92;「滿洲國承認に對する各國の意向」,『家の光』(1932年 11月), p.56.

[130]　Peattie, "Forecasting a Pacific War," pp. 116~117.

[131]　「國際聯盟脫退! 日本は何うなる座談會」,『キング』(1933年 4月), pp. 123~124, 127.

[132]　같은 책, pp. 126~127.

[133]　伊藤龜雄,「聯盟を脫退した日本はどうなるか」,『家の光』(1933年 4月), pp. 174~175.

[134]　谷口謙,「一皮剝いた聯盟會議」,『講談俱樂部』(1933年 4月), p.106.

[135]　「非常時日本の世帶を描く」,『家の光』(1931年 12月), p.33.

[136]　「どんと來い」,『キング』(1933年 9月), pp. 58~59.

[137]　Ben-Ami Shillony, *Politics and Culture in Wartime Japan* (Oxford: Clarendon Press, 1981), pp. 141~151; Thomas R. H. Havens, *Valley of Darkness: The Japanese People and World War Two* (New York: Norton, 1978).

[138]　岩波書店編集部,『近代日本總合年表』, 岩波書店, 1968, p.296; John W. Dower, *War without Mercy: Race and Power in the Pacific War* (New York: Pantheon Books, 1986), p. 297.

[139]　노력과 성공의 이데올로기에 대해서는 Gluck, Japan's Modern Myths, pp. 204~212 참조.

[140]　집단주의를 중시하는 입장의 논의는 다음의 글에 잘 정리되어 있다. R. P. Dore and Tsutomu Ōuchi, "Rural Origins of Japanese Fascism," in James William Morley, ed., *Dilemmas of Growth in Prewar Japan* (Princeton: Princeton University Press, 1971), pp. 181~209.

[141]　江口圭一,『十五年戰爭の開幕』, p. 135.

[142]　창가:『レコード』(1932年 5月), p. 82; 연극:『映畫と演藝』(1932年 3月), p.26; 영화:「戰爭映畫」,『映畫と演藝』(1932年 4月),『映畫と演藝』(1932年 5月), p.16.

[143]　久米舷一,「壯烈戰話: あゝ軍旗危し」,『少年俱樂部』(1932年 3月), pp. 144~155.

[144]　Keene, pp. 274~281.

[145]　中內敏夫,『軍國美談と敎科書』, 岩波書店, 1988年, pp. 3~6, 42~50, 100~105. 천황에 대해서는 Gluck, *Japan's Modern Myths*, pp. 88~90 참조.

[146]　미담의 다른 사례들은 「滿洲軍肉彈實記」,『キング』(1932年 3月), pp. 113~135; 竹田敏彦,「日支事變の犧牲者西尾少尉の死」,『講談俱樂部』(1933年 4月), pp. 262~287 참조.

[147]　久米舷一,「壯烈戰話: あゝ軍旗危し」,『少年俱樂部』(1932年 3月), pp. 152~155.

[148]　같은 책, p. 155.

[149]　江口圭一,『十五年戦争の開幕』, p. 113.

[150]　「滿洲事變の裏にひそむ涙の純情実話」,『婦人俱樂部』(1932年 3月), pp. 173~175.

4장 급행 제국주의

[1]　Dower, *Empire and Aftermath*, p. 85.

[2]　이것이 Barnhart의 저서와 함께 Crowley, *Japan's Quest for Autonomy*에서 주장하는 주요 논지이다.

[3]　비록 정치의 민주화와 대중 조직의 성장이 제국의 정책 결정 과정과 어떠한 관계가 있는지 명시적으로 설명하진 않았지만, 유럽에서의 정치 제도의 민주화와 대중사회 조직의 출현에 대한 대략적인 설명은 Eric Hobsbawm, *The Age of Empire: 1875~1914* (New York: Vintage Books, 1980), 특히 pp. 56~141에서 찾아볼 수 있다.

[4]　이러한 논의에 대해서는 Gordon M. Berger, "Politics and Mobilization in Japan, 1931~45," in Peter Duus, ed., *The Twentieth Century,* vol. 6 of *The Cambridge History of Japan* (Cambridge: Cambridge University Press, 1988), pp. 99~153; Shillony, pp. 1~43 참조.

[5]　한국에 대해서는 Conroy, pp. 17~77 참조. 최근의 연구로는 Duus, *Abacus and Sword*, pp. 29~43을 들 수 있다. 불평등조약의 개정에 대해서는 Gluck, *Japan's Modern Myths*, pp. 114~115; Kenneth B. Pyle, *The New Generation in Meiji Japan: Problems of Cultural Identity, 1885~1895* (Stanford: Stanford University Press, 1969), pp. 108~117 참조.

[6]　군중(crowd) 정치에 대해서는 Lewis, pp. xvii~xxiv, 1~33; Andrew Gordon, *Labor and Imperial Democracy in Prewar Japan* (Berkeley: University of California Press, 1991), pp. 26~62 참조.

[7]　1920년대의 정당에 대해서는 粟屋憲太郎,『昭和の歴史 6: 昭和の政黨』, 小學館, 1988年, pp. 22~247; Peter Duus, *Party and Political Change in Taisho Japan* (Cambridge: Harvard University Press, 1968) 참조. 다나카 외교와 시데하라 외교에 대해서는 William Fitch Morton; Akira Iriye, "The Failure of Ecomonic Expansionism: 1918~1931," in Bernard S. Silberman and H. D. Harootunian, eds., *Japan in Crisis: Essays in Taisho Democracy* (Princeton: Princeton University Press, 1974), pp. 237~269; 井上清,「「滿洲」侵略」,『岩波講座日本史 20 近代 7』, 岩波書店, 1976, pp. 18~29 참조.

[8]　시데하라의 이와 같은 주장은 그의 회고록인『外交五十年』(1951)에 실려 있다. 江口圭一,『十五年戦争の開幕』, p. 69에서 재인용.

[9]　'정부 제1차 성명'의 원문은 外務省 編,『日本外交年表並主要文書』下卷, 原書房, 1965年, p.182에서 찾아볼 수 있다.

[10]　粟屋憲太郎,『昭和の歴史 6: 昭和の政黨』, p. 268.

[11]　만주사변을 음모라 추측한 것에 대해서는 憲兵司令官 外山豊造의 憲兵隊報告,「國防思想普及講演會の狀況並其反響に關する件報告 (一九三一年 九月 三十日)」참조. 이 보고서는 만주사변이 사회에 미친 영향에 대한 자료집인 藤原彰, 功刀俊洋,『資料日本現代史 8: 滿洲事變と國民動員』, 大月書店, 1983年, p.39에 실려 있다. 만주사변에 대한 지역 민정당의 반응은 粟屋憲太郎,「ファッショ化と民衆意識」, 江口圭一 編,『體系日本現代史 1: 日本ファシズムの形成』, 日本評論社, 1978年, p.267 참조.

[12]　憲兵司令官外山豊造,「國防思想普及講演會の狀況並其反響に關する件報告 (一九三一年 九月 三十日)」, 藤原彰, 功刀俊洋,『資料日本現代史 8: 滿洲事變と國民動員』, p.42~43.

[13]　같은 책, pp. 39~40; 憲兵司令官外山豊造,「現役軍人の講演に對し岡山縣知事の要求に關する件報告 (一九三一年 九月 二十四日)」, 같은 책, pp. 35.

[14]　Ogata, pp. 59~61.

[15]　같은 책, p. 57.

[16]　Crowley, *Japan's Quest for Autonomy*, pp. 123~127.

[17]   같은 책, p. 121.

[18]   Ogata, pp. 63~64.

[19]   Hirano, pp. 76~85; Coox, "The Kwantung Army Dimension," pp. 393~400.

[20]   나는 Y. Tak Matsusaka가 1992년 10월 23일 하버드 대학교의 Japan Forum 강연에서 '이중 외교' 문제를 개념화한 것에 많은 영감을 얻었으며, 이에 감사를 표한다. 관련 출판물로는 Y. Tak Matsusaka, "Managing Occupied Manchuria, 1931~1934," in Peter Duus, Ramon H. Myers, and Mark R. Peattie, eds., *The Japanese Wartime Empire, 1931~1945* (Princeton: Princeton University Press, 1996), esp. pp. 101~102; Y. Tak Matsusaka, "Japanese Imperialism and South Manchurian Railway Company, 1904~1914," Ph.D. dissertation, Harvard University, 1993 참조.

[21]   James Crowley, *Japan's Quest for Autonomy*, p. 195.

[22]   같은 책, pp. 123~127.

[23]   이 협상에 대해서는 Ogata, pp. 139~142 참조.

[24]   국제연맹에서 벌어진 논쟁에 대해서는 Westel W. Willoughby, *The Sino-Japanese Controversy and the League of Nations* (1935; reprint, New York: Greenwood Press, 1968) 참조.

[25]   鹿島平和研究所 編,『日本外交史 18: 滿洲事變』, 鹿島研究所出版會, 1973, pp. 334~335.

[26]   군이 관련된 테러에 대해서는 Yoshihashi, pp. 83~95, 194~206 참조.

[27]   Ogata, pp. 153~155.

[28]   粟屋憲太郎,『昭和の歴史 6: 昭和の政黨』, pp. 279~288.

[29]   Crowley, *Japan's Quest for Autonomy*, pp. 11~16, 24.

[30]   이러한 현상은 정치학에서 말하는 이른바 '경로 의존적'인 특징을 갖고 있다. 스티븐 크래스너는 이에 대해 "경로 의존적인 패턴은 자기 강화적인 긍정적 환류(positive feedback)를 특징으로 하는데, 처음의 선택 –종종 이 선택은 사소하거나 임의적이다– 이 미래 역사의 궤적을 결정할 수 있으며, 한번 특정 경로로 들어서면 혹여 다른 경로가 좀 더 효과적이거나 적용하기 쉽다는 것이 결국 드러나더라도 그 선택을 바꿀 수 없게 된다."라고 설명했다. Stephen D. Krasner, "Sovereignty: An Institutional Prespactive," in James A. Caporaso, ed., *The Elusive State: International and Comparative Perspectives* (Newbury Park, Calif.: Sage Publication, 1989), p.86.

[31]   Yoshihashi, p. 102.

[32]   南博 外 編,『昭和文化』, pp. 358~359; 藤原彰, 功刀俊洋 編,「解說」,『資料日本現代史 8: 滿洲事變と國民動員』, 大月書店, 1983, pp. 581~589.

[33]   1929년에 있었던 교화운동에 대해서는 國立教育研究所 編,『日本近代教育百年史 1: 教育政策1』, 教育研究振興会, 1974, pp. 320~323; 藤原彰, 功刀俊洋 編,「解說」, pp. 586~587 참조.

[34]   陸軍省新聞班,「国防思想普及計画に関する件 (1930年 6月 30日)」, 藤原彰, 功刀俊洋 編,『資料日本現代史 8: 滿洲事變と國民動員』, pp. 202~204.

[35]   Richard J. Smethurst, *A Social Basis for Prewar Japanese Militarism: The Army and the Rural Community* (Berkeley: University of California Press, 1974), p. 6.

[36]   같은 책, pp. 1~21; 통계 자료는 p.20 참조.

[37]   같은 책, p. 74.

[38]   같은 책, pp. 22~43.

[39]   Lewis, pp. 26~27, 128, 160~165.

[40]   粟屋憲太郎,『昭和の歴史 6: 昭和の政黨』, pp. 230~231; Smethurst, pp. 36~37.

[41]   粟屋憲太郎,「ファッショ化と民衆意識」, 江口圭一 編,『體系日本史 1: 日本ファシズムの形成』, 日本評論
       社, 1978, pp. 280.

[42]   佐川町史編纂委員会 編,『佐川町史: 下卷』, 佐川町役場, 1981, pp. 671~672; 岡山県史編纂委員会編,『岡
       山県史: 12卷 近代3』, 山陽新聞社, 1989, p. 319.

[43]   이는 1927년 7월 24일 시나노 마이니치신문(信濃每日新聞)에 실린 기사로 長野県,『長野県史 近代史料編 4
       卷: 軍事·警察·司法』, 長野県, 1988, pp. 64~65에서도 찾아볼 수 있다.

[44]   新発田市史編纂委員会 編,『新発田市史 下卷』, 新発田市史編纂委員会, 1981, p. 586.

[45]   憲兵司令官外山豊造,「國防思想普及講演會狀況並其反響に關する件報告 (1931年 9月 22日), 藤原彰, 功
       刀俊洋 編,『滿洲事變と國民動員』, pp. 19~25.

[46]   憲兵司令官外山豊造,「國防思想普及講演會の狀況並に其反響に關する件報告 (1931年 10月 26日), 같은
       책, pp. 61.

[47]   憲兵司令官外山豊造,「國防思想普及講演會の狀況並に其反響に關する件報告 (1931年 10月 26日), 같은
       책, pp. 61; 憲兵司令官外山豊造,「國防思想普及講演會の狀況並其反響に關する件報告 (1931年 9月 30
       日), 같은 책, pp. 39.

[48]   憲兵司令官外山豊造,「國防思想普及講演會の狀況並に其反響に關する件報告 (1931年 10月 31日)」, 같은
       책, pp. 73.

[49]   憲兵司令官外山豊造,「國防思想普及講演會の狀況並其反響に關する件報告 (1931年 9月 30日)」, 같은 책,
       pp. 38~44.

[50]   帝國在郷軍人會上高井郡聯合分会, 帝國武德會長野県支部上高井支場,「宣言/決議 (1931年 11月 15日)」,
       같은 책, pp. 527~528. (p. 526으로 수정-역자)

[51]   宇都宮聯隊區司令部,「昭和9年度對內輿論指導計畫 (1934年)」, 같은 책, pp. 561~562.

[52]   憲兵司令官外山豊造,「國防思想普及講演會の狀況並に其反響に關する件報告 (1931年 10月 31日)」, 같은
       책, pp. 72.

[53]   憲兵司令官外山豊造,「國防思想普及講演會の狀況並其反響に關する件報告 (1931年 9月 30日)」, 같은 책,
       pp. 38.

[54]   江口圭一,「滿洲事變と民衆動員」, 古屋哲夫編,『日中戰爭史研究』, 吉川弘文館, 1984, pp. 125~142; 憲兵
       司令官外山豊造,「國防思想普及講演會の狀況並其反響に關する件報告 (1931年 9月 30日)」, 같은 책, pp.
       39.

[55]   憲兵司令官外山豊造,「國防思想普及講演會の狀況並其反響に關する件報告 (1931年 10月 6日)」, 같은 책,
       pp. 45~46.

[56]   憲兵司令官外山豊造,「國防思想普及講演會の狀況並に其反響に關する件報告 (1931年 10月 16日)」, 같은
       책, pp. 57.

[57]   憲兵司令官外山豊造,「國防思想普及講演會の狀況並其反響に關する件報告 (1931年 10月 6日)」, 같은 책,
       pp. 46.

[58]   憲兵司令官外山豊造,「國防思想普及講演會の狀況並其反響に關する件報告 (1931年 9月 30日)」, 같은 책,
       pp. 41.

[59]   江口圭一,「滿洲事變と民衆動員」, pp. 128~135; 中嶋欣二,「滿洲事變期の銃後活動と民衆-石川縣慰問會
       設立をめぐる狀況」, 金澤大學 修士論文, 1988年 1月.

[60]   憲兵司令官泰眞次,「滿洲事變に基因し設立せられたる軍事關係團體の狀況に關する件報告 (1932年 11
       月 21日)」, 藤原彰, 功刀俊洋 編, 앞의 책, pp. 223;「長野縣國防後援會設立關係資料 (1932年 9月~1933年 4
       月)」, 같은 책, pp. 530.

[61]   憲兵司令官外山豊造,「北海道國防議會發會式擧行に關する件報告 (1931年 10月 9日)」, 같은 책, pp. 54, 56.

[62] 第五師團長二宮治重,「輿論喚起に關する件報告 (1933年 2月 13日)」, 같은 책, p. 241; 第五師團長二宮治重,「輿論喚起に關する件報告 (1933年, 2月 14日), 같은 책, pp. 242~243.

[63] 陸軍省 編刊,『滿洲事變槪要』, 1931年, pp. 2~3. 이 팸플릿은 1931년 9월부터 1932년 3월 사이에 발행된 123개 선전 팸플릿 시리즈 중 하나로, 이를 통해 육군은 만주사변의 공식적인 입장을 선전했다. 국방사상 보급운동의 일환으로 기획된 이 팸플릿은 대중매체와 각종 단체 사무실, 정치 조직, 실업계단체, 정부 기관에 배포되었다. 국방사상보급운동에서 선전 팸플릿을 어떻게 이용할 것인지 계획한 육군성의 문서들에 대해서는 본 장의 34번 주석을 참고할 것. 육군성이 제작한 팸플릿에 대해서는 江口圭一,「滿洲事變期の陸軍省パンフレット」,『法經論集 法律編』123, (愛知大學, 1987年 2月), pp. 165~197 참조.

[64] 만철 부속지와 관동주 밖 중국 영토의 점령을 정당화하는 내용의 육군성 팸플릿으로는 陸軍省 編刊,『滿洲不安の實相』, 1931; 陸軍省 編刊,『滿鐵附屬地外出動部隊引揚の不可能なる所以に就て』, 1931; 陸軍省編刊,『滿洲事變に於ける嫩江河畔の戰鬪に就て』, 1931; 陸軍省 編刊,『滿洲事變に於ける昂々溪附近の戰鬪に就て』, 1931; 陸軍省 編刊,『張學良錦洲政權の對日交戰準備に就て』, 1931; 陸軍省 編刊,『遼西地方兵匪討伐より支那軍閥內撤退まで』, 1931; 陸軍省 編刊,『哈爾賓附近の戰鬪に就て』, 1932 등을 들 수 있다.

[65] 陸軍省 編刊,『滿洲不安の實相』, 1931, pp. 1, 9.

[66] 陸軍省 編刊,『滿鐵附屬地外出動部隊引揚の不可能なる所以に就て』, 1931, p. 3.

[67] 같은 책, pp. 2~3; 陸軍省 編刊,『張學良錦洲政權の對日交戰準備に就て』, 1931, p. 17~18.

[68] 陸軍省 編刊,『滿鐵附屬地外出動部隊引揚の不可能なる所以に就て』, 1931, p. 20.

[69] 장성 이남 지역의 침략을 정당화하기 위한 육군의 팸플릿으로는 陸軍省 編刊,『熱河に就て』, 1933; 陸軍省 編刊,『昭和七年八月以降に於ける滿洲に掃匪と治安の狀態』, 1933; 陸軍省 編刊,『熱河討伐經過槪要 附錄 米國通信員の觀たる熱河作戰』, 1933; 陸軍省 編刊,『熱河肅淸後の北支情勢と停戰交涉』, 1933; 陸軍省 編刊,『昭和八年に於ける關東軍に行動に就て』, 1934 등이 있다.

[70] 陸軍省 編刊,『昭和七年八月以降に於ける滿洲に掃匪と治安の狀態』, 1933, p. 18.

[71] 같은 책, pp. 12~19; 陸軍省 編刊,『昭和八年に於ける關東軍に行動に就て』, 1934, pp. 4~6.

[72] 서양의 위협에 대한 육군의 선전 팸플릿으로는 陸軍省 編刊,『米國カリビアン政策と滿蒙問題』, 1931; 陸軍省 編刊,『國際聯盟に於ける滿洲事變經過の槪要』, 1931; 陸軍省 編刊,『第三次國際聯盟理事會に於ける滿洲事變』, 1931; 陸軍省 編刊,『日支紛爭を繞る聯盟の動向を觀て』, 1932; 陸軍省 編刊,『白禍に備へよ』, 1932; 陸軍省 編刊,『我が滿蒙發展の歷史と列國干涉の回顧』, 1932; 陸軍省 編刊,『滿洲國の承認に就て』, 1932; 陸軍省 編刊,『聯盟總會に直面して』, 1932; 陸軍省 編刊,『最近に於ける日支紛爭と國際聯盟』, 1933; 陸軍省 編刊,『聯盟脫退と國民の覺悟』, 1933; 陸軍省 編刊,『聯盟脫退の經緯』, 1933; 陸軍省 編刊,『支那を中心とする聯盟並歐美各國の活動に就て』, 1933; 陸軍省 編刊,『躍進日本と列强の重任』, 1934 등이 있다.

[73] 陸軍省 編刊,『我が滿蒙發展の歷史と列國干涉の回顧』, 1932. p. 45.

[74] 陸軍省 編刊,『滿洲事變勃發滿一年』, 1932, pp. 3~4; 陸軍省 編刊,『國際聯盟に於ける滿洲事變經過の槪要』, 1931, p. 38; 陸軍省 編刊,『滿洲國の承認に就て』, 1932, pp. 4, 10, 12, 17.

[75] 陸軍省 編刊,『我が滿蒙發展の歷史と列國干涉の回顧』, 1932. pp. 2~3.

[76] 같은 책, pp. 2~3, 9~11, 17~23, 35, 38~39, 44.

[77] 러시아의 위협을 언급한 육군의 팸플릿으로는 陸軍省 編刊,『白禍に備へよ』, 1932; 陸軍省 編刊,『蘇聯邦第一次五年計劃の成果と第二次五年計劃の展望』, 1932; 陸軍省 編刊,『支那に於ける共産黨の活動, 1932; 陸軍省 編刊,『我が滿蒙發展の歷史と列國干涉の回顧』, 1932; 陸軍省 編刊,『滿蒙問題の再認識と國民の覺悟』, 1932; 陸軍省 編刊,『滿洲に於ける共産黨』, 1933; 陸軍省 編刊,『支那邊疆に對ける蘇聯邦の策動』, 1933; 陸軍省 編刊,『蘇聯邦武力戰準備の進展, 1933 등이 있다.

[78] 陸軍省 編刊,「四圍の情勢と國防」,『滿蒙問題の再認識と國民の覺悟』, 1932, pp. 8~12.

[79] 陸軍省 編刊,『白禍に備へよ』, 1932, p. 8.

[80] 같은 책, pp. 3~4.

[81]　陸軍省 編刊,『我が滿蒙發展の歷史と列國干涉の回顧』, 1932, pp. 48~49.

[82]　陸軍省 編刊,『滿洲國の承認に就て』, 1932, p. 5.

[83]　陸軍省 編刊,『我が滿蒙發展の歷史と列國干涉の回顧』, 1932, p. 45; 陸軍省 編刊,『滿洲國の承認に就て』, 1932, p. 17.

[84]　陸軍省 編刊,『日露戰爭二十九年皇國は太平洋時代の世界軸心に立つ』, 1934; 江口圭一,「滿洲事變期の陸軍省パンフレット」, p. 189에서 재인용.

[85]　Willoughby, pp. 214~216.

[86]　Japanese Delegation to the League of Nations, *The Manchurian Question: Japan's Case in the Sino-Japanese Dispute as Presented before the League of Nations* (Geneva: League of Nations, 1933), p. 78.

[87]　Willoughby, pp. 243~245.

[88]　같은 책, pp. 215~216, 489.

[89]　같은 책, p. 302; 朝日新聞社 編刊,『滿洲 上海事變全記』, 1932, p. 163.

[90]　Willoughby, pp. 172, 302.

[91]　鹿島平和硏究所 編,『滿洲事變』, 1973, p. 263; Willoughby, p. 172.

[92]　Willoughby, pp. 380~413; Japanese Delegation to the League of Nations, pp. 11~76.

[93]　Japanese Delegation to the League of Nations, p. 165.

[94]　같은 책, pp. 88, 105.

[95]　같은 책, p. 45.

[96]　鹿島平和硏究所 編, pp. 334~335.

[97]　Japanese Delegation to the League of Nations, p. 160.

[98]　같은 책, p. 166.

[99]　'상상의 공동체'란 개념은 Benedict Anderson, *Imagined Communities: Reflections on the Origin and Spread of Nationalism*, rev. de. (London: Verso, 1991)에서 가져왔다.

[100]　江口圭一,『日本帝國主義史論: 滿洲事變前後』, p. 182.

[101]　Westney, pp. 187~188.

[102]　中嶋欣二, pp. 25~26, 그래프 2; 江口圭一,「滿洲事變と民衆動員」, pp. 152~167, 표 13.

[103]　小菅信子,「滿洲事變と民衆意識 山梨縣下における軍國熱と排外熱」(立敎大學粟屋憲太郎ゼミへの提出論文, 1989年 6月, 寫眞複寫版).

[104]　藤井忠俊,『國防婦人會 日の丸とカッポウ着』, 岩波書店, 1985, pp. 2~9. 1931년 9월 19일부터 12월 31일까지『河北新報』에 실린 만주사변에 관한 기사는「そのころ農民は:『河北新報』記事に見る百日間」,『季刊現代史』1卷 (1972年 11月), pp. 172~203에서 찾아볼 수 있다. 이후「そのころ農民は」로 약칭.『河北新報』에 실린 9월부터 10월 초까지의 위문 활동 관련 보도는 같은 글 pp. 114~115 참조.

[105]　藤井忠俊, pp. 2~9; 江口圭一,『十五年戰爭の開幕』, pp. 114~115.

[106]　藤井忠俊, p.18.

[107]　『東京日日新聞』, 1933年 9月 17日.「新聞資料構成'軍國美談'の構造: 東京日日新聞 1932~35」,『季刊現代史』2卷 (1973年 5月), p.284 에서 재인용. 1932년부터 35년까지『東京日日新聞』에 실린 만주사변 후방지원에 관한 신문기사는「新聞資料構成'軍國美談'の構造: 東京日日新聞 1932~35」,『季刊現代史』2卷 (1973年 5月), pp. 260~307에서 찾아 볼 수 있다. 이후「新聞資料構成」으로 약칭.

[108]　新潟縣 編刊,『新潟縣史 近代3』, 1988, pp. 408~409; 山形縣 編刊,『山形縣史 近現代2』1986, pp. 693~694.

[109]　정부와 지역 엘리트의 협력 및 중앙정부와의 연계 또한 러일전쟁 시기 전쟁지원운동의 특징이었다. 전쟁 기간 동안 예산의 한계로 인해 중앙정부 관료는 지역 엘리트에게 기부금을 내도록 강요했다. 중앙정부는 지방의 각종 단체를 통해 이러한 압력을 행사했다. 井口和起, pp. 112~115.

[110]　山形縣 編刊, pp. 693~694.

[111]　모금 전략에 대해서는 中嶋欣二 참조.

[112]　지방 단체의 지도층에 대해서는 Smethurst, pp. 89~140 참조.

[113]　粟屋憲太郎,「ファッショ化と民衆意識」, p. 266.

[114]　藤井忠俊, pp. 20~23.

[115]　『東京日日新聞』(1932年 4月 14日),「新聞資料構成」, p. 277에서 재인용.

[116]　池井優,「一九三〇年代」, pp. 149~152;『東京日日新聞』(1932年 5月 5日),「新聞資料構成」, p. 278에서 재인용.

[117]　『東京日日新聞』(1933年 2月 9日),「新聞資料構成」, p. 281에서 재인용;『東京日日新聞』(1933年 9月 21日),「新聞資料構成」, p. 284에서 재인용.

[118]　1930~32년의 노동환경에 대해서는 Gordon, *Labor and Imperial Democracy*, pp. 240~241.

[119]　江口圭一,「滿洲事變と民衆動員」, pp. 152~167; 小菅信子.

[120]　日本商工會議所,『滿洲軍慰問ニ關スル記錄』, 1932, 東京商工會議所 소장 마이크로필름 No. 138: 2810~2837.

[121]　藤井忠俊, pp. 30~31.

[122]　『東京日日新聞』(1932年 2月 6日),「新聞資料構成」, p. 275.

[123]　粟屋憲太郎,「ファッショ化と民衆意識」, p. 276.

[124]　『東京日日新聞』(1932年 5月 5日),「新聞資料構成」, p. 278.

[125]　神田文人編,『昭和史年表: 大正12年 9月 1日-平成元年 12月 31日』, 小學館, 1990, p. 19.

[126]　『東京日日新聞』(1933年 4月 19日),「新聞資料構成」, p. 282~283. 가미노의 일본주의 노동운동에 대해서는 Andrew Gordon, *The Evolution of Labor Relations in Japan: Heavy Industry, 1853~1955* (Cambridge: Council on East Asian Studies, Harvard University, 1988), pp. 222~232 참조.

[127]　神野信一,『日本主意勞動運動の眞髓』, 亞細亞協會, 1933; 粟屋憲太郎,「ファッショ化と民衆意識」, p. 277에서 재인용. 통계는 같은 책 pp. 276~277 참조.

[128]　粟屋憲太郎,「ファッショ化と民衆意識」, pp. 276~277.

[129]　1920년대 프롤레타리아 정당의 반제국주의 활동에 대해서는 江口圭一,『日本帝國主義史論』, pp. 42~43 참조.

[130]　憲兵司令官外山豊造,「滿洲事變に對する反響內査の件報告」(1931年 9月 23日), 藤原彰, 功刀俊洋編,『滿洲事變と國民動員』, p. 31.

[131]　陸軍省,「滿洲事變と社會運動」(1932年 2月), 藤原彰, 功刀俊洋編,『滿洲事變と國民動員』, p. 178.

[132]　같은 책, p. 179.

[133]　広川禎秀,「反ファシズム運動論」, 江口圭一 編,『體系日本現代史1 日本ファシズムの形成』, 日本評論社, 1978, pp. 217~218.

[134]　陸軍省,「滿洲事變と社會運動」(1932年 2月), 藤原彰, 功刀俊洋 編,『滿洲事變と國民動員』, p. 180.

[135] 같은 책, p. 176; 陸軍省, 「近代に於ける反軍運動の傾向に就て」(1935年 6月), 藤原彰, 功刀俊洋 編, 『滿洲事變と國民動員』, p. 192; George M. Beckmann and Genji Ōkubo, *The Japanese Communist Party, 1922~1945* (Stanford: Stanford University Press, 1969), p. 237; George Oakley Totten, *The Social Democratic Movement in Prewar Japan* (New Haven: Yale University Press, 1966), p. 64.

[136] 陸軍省, 「滿洲事變と社會運動」(1932年 2月), 藤原彰, 功刀俊洋 編, 『滿洲事變と國民動員』, p. 174.

[137] 제2차 세계대전이 끝날 때까지 여성은 투표권을 가지지 못했으며 정당에 가입하거나 정당을 만드는 일도 불가능했다.

[138] 國立教育研究所 編, 『日本近代教育百年史 7: 社會教育1』, 教育研究振興會, 1974, pp. 632~633.

[139] 같은 책, pp. 634, 647~648.

[140] 같은 책, p. 635.

[141] 같은 책, pp. 653~666, 1035.

[142] 해당 기사는 본래 『東京朝日新聞』(1930年 12月 23日)에 실려 있다. 國立教育研究所 編, 『日本近代教育百年史 8: 社會教育 2』, 教育研究振興會, 1974, pp. 349~350에서 재인용.

[143] Gail Lee Bernstein, "Introduction," in Gail Lee Bernstein, ed., *Recreating Japanese Women, 1600~1945* (Berkeley: University of California Press, 1991), pp. 9~11; 國立教育研究所 編, 『社會教育 1』, p. 1014.

[144] 南博 外編, 『大正文化』, pp. 248~255.

[145] 여성과 모더니즘에 대해서는 Barbara Hamill satō, 「女性: モダニズムと權利意識」, 南博, 社會心理研究所 編, 『昭和文化 1925~1945』, 勁草書房, 1987, pp. 198~231; Barbara Hamill satō, "The Moga Sensation: Perceptions of the Modan Garu in Japanese Intellectual Circles during the 1920s," *Gender and History* 5, no. 3 (Autumn 1993), pp. 363~381. 참조

[146] 『河北新報』(1931年 9月 26日, 28日, 10月 1日), 「そのころ農民は」, pp. 174~176.

[147] 中內敏夫, pp. 59~74.

[148] 橋本榮子, 「兵隊婆さん涙の手記」, 『キング』(1932年 12月), p. 200; 「遼陽の慈母(多門中將夫人)歸る」, 『婦人俱樂部』(1933年 2月), p.12.

[149] 國立教育研究所 編, 『社會教育1』, p. 634.

[150] 本庄繁, 「非常時日本の婦人の覺悟」, 『婦人俱樂部』(1933年 2月), p. 67; 荒木貞夫, 「非常時! 日本婦人の使命」, 『婦人俱樂部』(1933年 4月), pp. 110~113.

[151] 陸軍省新聞班內つはもの編輯部 編, 『滿洲事變の生んだ美談佳話』2集, 帝國在鄉軍人會本部內つはもの發行所, 1931.

[152] 新潟縣 編, p. 409.

[153] 『東京日日新聞』(1933年 3月 24日, 4月 19日), 「新聞資料構成」, p. 282.

[154] 江口圭一, 『日本帝國主義史論』, p. 160; 粟屋憲太郎, 「ファッショ化と民衆意識」, p. 276.

[155] 藤井忠俊, pp. 31, 54~57.

[156] 같은 책, pp. 58~64, 90~95; Smethurst, pp. 43~49.

[157] 粟屋憲太郎, 「ファッショ化と民衆意識」, p. 275.

[158] 위문 운동에 대해서는 陸軍省, 『滿洲事變勃發滿一年』, p.22 참조.

[159] 도쿄의 실업자 수는 각각 84,264명과 118,027명이었다. 江口圭一, 『十五年戰爭の開幕』, p.39. 細民에 대한 통계는 江口圭一, 『大系日本の歷史14 二つの大戰』, 小學館, 1989, p.177 참조.

[160] 『東京日日新聞』(1933年 9月 17日), 「新聞資料構成」, p. 284; 藤井忠俊, p. 18; 中嶋欣二, p. 28.

[161] 粟屋憲太郎, 『昭和の政黨』, p. 305.

[162] 『河北新報』(1931年 9月 22日), 「そのころ農民は」, p. 173.

[163] 『河北新報』(1931年 9月 23日), 「そのころ農民は」, p. 174.

[164] 『東京日日新聞』(1932~1935年), 「新聞資料構成」, pp. 260~307.

[165] 『東京日日新聞』(1932年 3月 10日, 12日), 「新聞資料構成」, p. 264.

[166] 『東京日日新聞』(1932年 4月 3日), 「新聞資料構成」, p. 267;『東京日日新聞』(1932年 3月 1日~ 1933年 11月 29日), 「新聞資料構成」, p. 264~267.

[167] 中嶋欣二, pp. 42~43.

[168] 『東京日日新聞』(1932年 2月 27日), 「新聞資料構成」, p. 294.

[169] 江口圭一, 『十五年戰爭の開幕』, pp. 114~115.

[170] 『河北新報』(1931年 12月 31日), 「そのころ農民は」, p. 203.

[171] 『河北新報』(1931年 10月 24日), 「そのころ農民は」, p. 179.

[172] 『河北新報』(1931年 10月 11日~24日), 「そのころ農民は」, pp. 178~179.

[173] 江口圭一, 「滿洲事變と民衆動員」, p. 151.

[174] 滋賀縣出動軍人遺家族後援臨時委員會 編刊, 『滿洲上海事變忠誠録』, 1932.

5장 불편한 동업관계

[1] 만주국에 대한 투자 내역은 표1과 표2 참조. 고정자본에 대한 일본 정부와 민간의 투자는 1930년 12억 엔에서 1940년 86억 엔으로 증가했다. 安藤良雄 編, p. 7, 표b.

[2] Raymond F. Betts, *Uncertain Dimensions: Western Overseas Empires in the Twentieth Century* (Minneapolis: University of Minnesota Press, 1985), pp. 76~113; Crawford Young, *The African Colonial State in Comparative Perspective* (New Haven: Yale University Press, 1994), pp. 133~138, 165~180, 208~217.

[3] 코퍼라티즘은 미국 외교사 연구의 주요 분야가 되었다. 이러한 접근방식에 대한 개관은 Michael J. Hogan, "Corporatism," in Michael J. Hogan and Thomas G. Paterson, eds. *Explaining the History of American Foreign Relations* (Cambridge: Cambridge University Press, 1991), pp. 226~236; John Lewis Gaddis, "The Corporatist Synthesis: A Skeptical View," and Michael J. Hogan, "Corporatism: A Positive Appraisal," in *Diplomatic History* 10, no. 4 (Fall 1986), pp. 357~372 참조. 코퍼라티즘에 대한 대표적인 연구로는 Michael J. Hogan, *Informal Entente: The Private Structure of Cooperation in Anglo-American Economic Diplomacy, 1918~1928* (Columbia: University of Missouri Press, 1977) 이 있다.

[4] 중국 동북 지역에서의 경제적 제국주의에 관한 연구는 다음의 두 가지 경향으로 나누어 볼 수 있다. 첫째는 주로 만주사연구회 연구자들에 의해 이루어진 만주국의 정책 연구이다. 이들은 비록 경제계의 역할에 대해서는 상대적으로 덜 다루었지만 만주 경제에 관한 뛰어난 연구를 다수 남겼다. 대표적으로 原郎의 「'大東亞共榮圈'の經濟的實態」, 『土地制度史學』71號 (1976年 4月), pp.1~28; 「1930年代」, pp. 1~114; 「'滿洲'における經濟統制政策の展開-滿鐵改組と滿業設立をめぐって」, 安藤良雄 編, 『日本經濟政策史論 上』, 東京大學出版會, 1976, pp. 209~296; 「戰時統制經濟の開始」, 『岩波講座日本歷史 20 近代 7』, 岩波書店, 1976, pp. 217~268 등이 있다. 또 小林英夫의 저작으로는 「滿洲金融構造の再編成科程-1930年代前半期を中心に」, 滿洲史研究會 編, 『日本帝國主義下の滿洲』, 御茶の水書房, 1972, pp. 115~212; 「1930年代 '滿洲工業化' 政策の展開過程―'滿洲散業開發五カ年計劃' 實施過程を中心に」, 『土地制度史學』44號 (1969年 6月), pp. 19~43; 「1930年代植民

地 ‘工業化’ の諸特徵」『土地制度史學』71號 (1976年 4月), pp. 29~45;『‘大東亞共榮圈’の形成と崩壞』, 御茶の水書房, 1975 등을 참고할 수 있다. 한편 만주와 관련된 전시경제 연구는 일반적으로 일본 국내 경제의 관점에서 문제를 살펴보는 경향이 있다. 그 대표적인 예로는 坂本雅子, 「戰爭と財閥」, 中村政則 編, 『體系日本現代史 4 戰爭と國家獨占資本主義』, 日本評論社, 1979, pp. 47~92; 石井寬治, 「國際關係」, 大石嘉一郎編, 『日本帝國主義史2 世界大恐慌期』, 東京大學出版會, 1987, pp. 39~76; 金子文夫, 「資本輸出と植民地」, 같은 책, pp. 331~366 등을 들 수 있다.

[5] 東京市役所 編刊, 『滿蒙經濟調査書』, 1933, p. 1.

[6] 東京商工會議所, 「東京滿蒙輸出組合設立ニ關シ援助方依賴ノ件審議記錄」, 1932年 8月~10月, 東京商工會議所 마이크로필름 릴 No. 139:286~319; 戶田新一郎, 『滿蒙への輸出案內』, 東治書院, 1933, pp. 210~224.

[7] 大阪商工會議所對支問題調査委員會 編, 『現地調査 滿蒙經濟の實相』, 大阪商工會議所, 1932.

[8] 日本商工會議所, 『滿蒙經濟使節團報告並意見書』, 1932. 이 사절단은 재계 주요 단체 네 곳(日本經濟連盟會, 日本工業俱樂部, 日華實業協會, 東京商工會議所)이 후원했던 慰問使 파견에 뒤이은 것이다. 위문사는 재계로부터 모금한 위문금 268,393엔을 관동군에 전달했으며 혼도 시게루 관동군 사령관은 그 답례로 그들을 개인적으로 초대했다. 日本商工會議所, 『滿洲軍慰問ニ關スル記錄』, 東京商工會議所 마이크로필름 릴 No. 138:2850-2876.

[9] 『日滿産業提携ニ關スル委員會』, 1933, 東京商工會議所 마이크로필름 릴 No. 107:329-655.

[10] 1920년대 만철 내 재벌 자본에 대해서는 岩水晃, 「對外投資」, 小野一一郎 編, 『戰間期の日本帝國主義』, 世界思想社, 1985, pp. 105~109; 桜井徹, 「南滿洲鐵道の經營と財閥」, 藤井光男 外編, 『日本多國籍企業の史的展開 1』, 大月書店, 1979, pp. 23~50.

[11] 재벌의 정당 ‘매수’에 대해서는 大山郁夫, 「大衆鬪爭の進路に立つ‘三大整理’」, 『中央公論』 (1931年 7月), pp. 143~144; 岩藤雪夫, 「鐵道動脈」, 『中央公論』 (1931年7月), p. 295; 佐々弘雄, 「我國金融寡頭政治」, 『中央公論』 (1931年7月), pp. 3~6. 여기에 언급된 자료 및 이 장의 각주 13에 인용된 자료에 대해 알려준 Hyung Gu Lynn에게 감사를 표한다.

[12] William Miles Fletcher, *The Japanese Business Community and National Trade Policy, 1920~1942* (Chapel Hill: University of North Carolina Press, 1989), pp. 65~71.

[13] 三宅晴輝, 斎藤栄三郎 編, 『日本財界人物列傳 2』, 青潮出版株式會社, 1963, p. 414.

[14] 江口圭一, 『日本帝國主義史論』, p. 75.

[15] 경제계의 모금 운동 참여에 대해서는 4장 참조.

[16] Fletcher, *The Japanese Business Community*, pp. 15~17.

[17] 이 수치는 관동주 조차지를 포함한 것이다. Peter Duus, "Zaikabō: Japanese Cotton Mills in China, 1895~1937," in Peter Duus, Ramon H. Myers, and Mark R. Peattie, eds. *The Japanese Informal Empire in China, 1985~1937* (Princeton: Princeton University Press, 1989), pp. 72~73.

[18] 같은 책.

[19] 같은 책, p. 87.

[20] 육군은 간사이 경제계가 만주 정책을 강력히 반대하는 세력이 될까 염려했다. 이에 헌병대는 1931~32년 가을과 겨울 동안 이들의 활동을 감시했다. 그 보고 내용은 藤原彰, 功刀俊洋 編, 『滿洲事變と國民動員』, 大月書店, 1983, pp. 136~173에 실려 있다. 對支經濟聯盟에 대한 부분은 憲兵司令官外山豊造, 「滿洲事變に對する大阪財界方面の反響に關する件報告」 (1931年 9月 30日, 10月 1日, 2日, 6日), 같은 책, pp. 136~145 참고. 江口圭一, 『日本帝國主義史論』, p. 75.

[21] 憲兵司令官外山豊造, 「滿洲事變に對する大阪財界方面の反響に關する件報告」 (1931年 10月 7日); 憲兵司令官外山豊造, 「滿洲事變の大阪實業家に与えたる影向に關する件報告」 (1931年 10月 9日), 藤原彰, 功刀俊洋編, 『滿洲事變と國民動員』, pp. 145, 151.

[22] 憲兵司令官外山豊造, 「滿洲事變に關し在大阪紡績業者等會合に關する件報告」 (1931年 10月 9日), 같은 책, pp. 147~149.

[23] 憲兵司令官外山豊造, 「滿洲事變に對する在大阪實業の情勢其他に關する件報告」 (1931年 10月 10日), 같은 책, p. 155.

[24] 日本商工會議所, 『日滿實業懇談會出席者名簿』, 1933年 7月, 東京商工會議所 마이크로필름 릴 No. 139:1752-1757.

[25] 日滿實業協會, 『東京會員持口數』, 東京商工會議所 마이크로필름 릴 No. 140:2454-2471.

[26] 같은 책.

[27] 日滿實業協會, 『昭和9年度日滿實業協會事業報告書』, 1935, pp. 91~93, 98~99.

[28] 같은 책, pp. 57~59; 日滿實業協會, 『日滿實業協會總會報告書第4回』, 1937, p. 16.

[29] 日滿實業協會, 『設立趣意書 會則及役員名簿』, 1934, 東京商工會議所 마이크로필름 릴 No. 140:2432-2437.

[30] 日本商工會議所, 『日滿實業懇談會要綱』, 1933, 東京商工會議所 마이크로필름 릴 No.139: 1714- 1744.

[31] 같은 책.

[32] 시장의 발언은 1933年 8月 28日자 『大阪每日新聞』에 보도된 것으로, 본 회의와 일만실업협회의 설립에 관한 500여 쪽에 달하는 보고서에 재수록되어 있다. 滿洲大博覽會協贊會 , 『日滿實業懇談會紀要』, 1933, 東京商工會議所 마이크로필름 릴 No. 139:1785-2324, 2263.

[33] Fletcher, *The Japanese Business Community*, p. 78.

[34] 이 기자회견은 본래 1932年 4月 2日 『東京朝日新聞』에 실려 있으며 해당 발언은 鈴木茂三郎, 「滿蒙新國家と 日本の金融資本」, 『改造』 (1932年 5月), pp. 66~67에서도 인용하고 있다.

[35] 鈴木隆史, 「滿洲經濟開發と滿洲重工業の成立」, 『德島大學學藝紀要』 (社會科學) 13 補足 (1963), p. 99. 언론의 전형적인 태도에 대해서는 鈴木武雄, 「日滿ブロック經濟論の再檢討」, 『改造』 (1933年 1月), pp. 53~67; 鈴木茂三郎, 「滿蒙新國家と日本の金融資本」, 『改造』 (1932年 5月), pp. 64~71.

[36] 경제계의 견해는 1932~33년 만주와 일본에서 있었던 경제정책에 관한 논의에서 여러 차례 표명되었다. 도쿄 재벌과 오사카 실업가의 입장을 요약한 것으로 『日滿統制經濟政策論ノ要旨』, 1933, 東京商工會議所 마이크로필름 릴 No, 107:608-617을 참고할 수 있다. 또 日本商工會議所, 滿鐵經濟視察團, 滿鐵經濟調査會編, 『對滿經濟政策に關する各種意見』, 滿鐵, 1932도 참조.

[37] '만주국 경제건설강요'는 1933년 3월에 '만주경제건설요강'으로 발표되었다가 South Manchurian Railway Company, *Fifth Report on Progress in Manchuria to 1936* (Dalian: South Manchurian Railwa Company, 1936), p. 98에 재수록되었다.

[38] 같은 책.

[39] 滿鐵經濟調査會, pp. 15~16.

[40] 日滿實業協會, 『設立趣意書』, 東京商工會議所 마이크로필름 릴 No. 140:2426.

[41] 鈴木武雄, 「日滿ブロック經濟論の再檢討」, 『改造』 (1933年 1月), pp. 53~54.

[42] '왕도'에 관한 논의는 6장 참조.

[43] 田中九一, 「滿洲國經濟十ケ年計劃 その經濟建設强要」, 『中央公論』 (1933年 4月), pp. 64~70. '만주국 경제건설강요' 본문은 South Manchurian Railway Company, p. 98 참조.

[44] William D. Wray, *Mitsubishi and the N.Y.K., 1870~1914: Business Strategy in the Japanese Shipping Industry* (Cambridge: Council on East Asian Studies, Harvard University, 1984), pp. 384~394.

[45] 「順調に向上する滿洲財界」, 『東洋經濟新報』 (1933年 9月 9日), p. 19.

[46] 「滿洲關係會社の投資價値」, 『東洋經濟新報』 (1933年 9月 9日), p. 23.

[47] 高橋龜吉, 「滿洲國視察報告記」, 『中央公論』 (1934年 10月), p. 252.

[48] 大石嘉一郎,「世界大恐慌と日本資本主義-問題の所在」, 大石嘉一郎 編,『日本帝國主義史 2 世界大恐慌期』, 東京大學出版會, 1987, p. 16; 石井寛治,「國際關係」, 같은 책, pp. 57~64.

[49] 高橋龜吉,「滿洲經濟の現狀と前途」,『改造』(1934年 10月), p. 35.

[50] 陸軍省 編刊,『滿洲事變勃發滿四年-滿洲國概觀』, 1935, pp. 9~15; 田中九一,「滿洲國經濟十ケ年計劃 その經濟建設强要」,『中央公論』(1933年 4月), pp. 64~70; South Manchurian Railway Company, pp. 79~111.

[51] 滿洲大博覽會協贊會,『日滿實業懇談會紀要』, 1933, 東京商工會議所 마이크로필름 릴 No. 139:2248.

[52] 高橋龜吉,「滿洲經濟の現狀と前途」,『改造』(1934年 10月), p. 35.

[53] 滿鐵經濟調査會, p. 14.

[54] 滿洲大博覽會協贊會, 東京商工會議所 마이크로필름 릴 No. 139:2257.

[55] 東京商工會議所,『滿洲國關稅改正ニ關スル意見』, 1933, 東京商工會議所 마이크로필름 릴 No. 139:1211-1227.

[56] 日滿實業協會,『昭和9年度』, pp. 59~91.

[57] 日滿實業協會,『對滿商港として見たる裏日本の諸港灣』, 1934.

[58] 日滿産業大博覽會協贊會 編,『富山市主催日滿産業大博覽會協贊會誌』, 富山市, 1938, p. 157.

[59] 金子文夫,「資本輸出と植民地」, pp. 350~351.

[60] Jones, pp. 172~174; 高橋龜吉,「滿洲國視察報告記」,『中央公論』(1934年 10月), pp. 255~258; 大蔵公望,「滿洲經濟の特殊性を探る」,『エコノミスト』(1935年 7月 11日), pp. 13~18.

[61] 原郎,「'大東亞共榮圈'の經濟的實態」, p. 16.

[62] 일본의 수출 증가에 대해서는『滿洲經濟圖表(昭和9年)』, p. 16;『滿洲經濟圖表(昭和12年)』, p. 19; Louise Young, "Mobilizing for Empire: Japan and Manchukuo, 1931~1945," Ph.D. dissertation, Columbia University, 1993, p. 264, 표 5.5를 참조. 일본의 총수출에서 만주국과의 무역이 차지하는 비율에 대해서는 滿洲帝國政府 編,『滿洲建國十年史』(明治百年史叢書91), 原書房, 1969, p. 625 참조.

[63] 1932년의 수치는「日滿貿易の分析」,『エコノミスト』(1935年 10月 11日), pp. 14~17 참조. 1936년과 1939년의 수치는 大藏省,『大日本外國貿易月表』(1936年 12月, 1939年 12月) 참조. Louis Young, "Mobilizing for Empire," p. 270, 표5과 표6도 참고할 것.

[64] 金子文夫,「資本輸出と植民地」, p. 353.

[65] 飯塚靖, 風間秀人,「農業資源の收奪」, 淺田喬二, 小林英夫編,『日本帝國主義の滿洲支配 十五年戰爭期を中心に』, 時潮社, 1986, pp. 434, 492.

[66] 1931년과 1933년의 수치는『滿洲經濟圖表(昭和9年)』, pp. 13, 16 참조. 1940년의 수치는 原郎,「'大東亞共榮圈'の經濟的實態」, p. 19 참조. Louis Young, "Mobilizing for Empire," p. 264, 표 5.5도 참고할 것.

[67] 예를 들면 미국으로부터의 철강 수입은 1936년의 7,800만 엔에서 1939년의 2억 2,800만 엔으로 증가했다. 같은 시기 미국으로부터의 기계 수입은 3,800만 엔에서 1억 4,900만 엔으로 증가했다. 松井淸,『近代日本貿易史 3』, 有斐閣, 1963, pp. 114~115. 石井寛治, p. 62; Louis Young, "Mobilizing for Empire," pp. 274~275, 표 5.8과 5.9도 참조.

[68] 原郎,「戰時統制經濟の開始」, pp. 225~234.

[69] 石井寛治, pp. 61~64; 金子文夫,「資本輸出と植民地」, pp. 352~353, 355.

[70] 「日滿貿易の分析」,『エコノミスト』(1935年 10月 11日), pp. 14~17; 大蔵公望,「滿洲經濟の特殊性を探る」,『エコノミスト』(1935年 7月 11日), p. 12;「新設會社の現況に見る滿洲經濟工作の進展狀況(上)」,『エコノミスト』(1935年 11月 21日), p. 35.

[71] 原郎, 「戰時統制經濟の開始」, pp. 225~234.

[72] 疋田康行, pp. 866, 889.

[73] '기존재벌'은 19세기 말 메이지 정부의 지원 하에 등장한 미쓰이, 미쓰비시, 스미토모, 야스다와 같은 금융업을 중심으로 한 대기업을 말한다. 이에 반해 닛산과 니치쓰 같은 '신흥재벌'은 제1차 세계대전으로 인한 호황기에 두각을 나타냈다. 기존재벌이 광업, 무역업, 은행업에 주로 종사한 것에 비해 신흥재벌은 중공업, 화학산업에 종사했다. "기존재벌은 만주국을 거부했고 신흥재벌은 만주국에 우호적이었다"라는 고전적인 논제에 대해서는 Jones, pp. 142~148 참조. "육군이 기존재벌은 배제하고 신흥재벌과 손잡았다"라는 최근의 논의에 대해서는 Johnson, *MITI and the Japanese Miracle*, pp. 130~131을 참고할 것.

[74] 표3의 수치는 하라 아키라의 연구에서 가져온 것이다. 다만 그는 이 시기의 통계 자료가 결함이 많고 부정확한 측면이 있으므로 해당 수치는 그저 대략적인 경향을 파악하는 정도로만 사용해야 한다고 말하고 있다. 原郎, 「1930年代」, p. 57.

[75] 疋田康行, pp. 888~892, 890.

[76] 특히 1927년의 금융공황 이후 금융자본의 대부분이 재벌계 은행에 집중되었다. 매우 보수적인 이들 은행은 같은 계열사에 투자하거나 통화, 국채, 콜론(Call Loan) 등 안정적인 금융자산만 취급했다. 전통적으로 이들은 만주 개발 회사들이 요구했던 장기 차관이나 투자에는 관여하지 않았다.

[77] 金子文夫, 「資本輸出と植民地」, p. 341.

[78] 疋田康行, p. 890.

[79] 다른 재벌과 달리 아이카와가 만주로 사업을 옮기려 한 것은 육군이 제시한 조건이 매력적이기도 했지만, 다른 한편으로는 일본 본토의 사업이 위기에 몰렸기 때문이었다. 1937년의 세금 인상은 닛산에 매우 불리했으며 1930년대 초의 사업 확장으로 자금 부족에 시달리던 그는 1936년과 37년 파산에 직면한 상황이었다. 原郎, 「'滿洲'のおける經濟統制政策の展開」, pp. 237~248.

[80] Jones, pp. 150~151.

[81] '1930년대 일본 경제가 회복될 수 있었던 요인이 무엇이었는가' 하는 문제는 경제사 연구자들 사이에서 논란의 대상이다. 일반적으로는 '군수 인플레이션(대장대신 다카하시 고레키요가 군수 생산을 위해 단행한 적자 지출)'과 '소셜덤핑(낮은 국내 임금과 엔 가치하락에 기반한 수출 호황)'이 결합되어 경제 회복을 달성할 수 있었다는 해석이 주류를 이룬다. 반면 나카무라 다카후사(中村隆英)는 군수 때문이 아니라 농업 불황을 타개하기 위해 정부가 농촌 지역에 투자하면서 경제 회복이 이루어졌다고 주장했다. 한편 하시모토 주로(橋本壽朗), 산와 료이치(三和良一), 이시이 간지(石井寬治) 등은 만주국으로의 수출 호황이 국내 중공업을 자극했다는 측면에 주목했다. 大石嘉一郎, p. 16; 石井寬治, pp. 39~76; 橋本壽朗, 「經濟政策」, 大石嘉一郎 編, 『日本帝國主義史 2: 世界大恐慌期』, 東京大學出版社, 1987, pp. 77~118; Takafusa Nakamura, "Depression, Recovery, and War, 1920~1945," in Peter Duus, ed., *The Twentieth Century, vol. 6 of The Cambridge History of Japan* (Cambridge: Cambridge University Press, 1988), pp. 451~493.

[82] 이에 대한 당시의 비평은 「滿鐵の國家的使命と其の實體」, 『エコノミスト』 (1935年 9月 11日), pp. 24~25; 大蔵公望, 「滿洲經濟の特殊性を探る」, 『エコノミスト』 (1935年 7月 11日), p. 12; 「新設會社の現況に見る滿洲經濟工作の進展狀況(上)」, 『エコノミスト』 (1935年 11月 21日), p. 35 참조. 역사적 분석으로는 金子文夫, 「資本輸出と植民地」, pp. 337~339를 참고할 것.

[83] 小島精一, 「滿洲開發政策と日本インフレ景氣の前途」, 『エコノミスト』 (1935年 4月 1日), pp. 51~53.

[84] 原郎, 「戰時統制經濟の開始」, pp. 220, 231.

[85] 「大陸政策の發展と我が財界」, 『エコノミスト』 (1935年 5月 11日), pp. 9~22; 內藤態喜, 「北支經濟進出に關する私見」, 『東洋經濟新報』 (1937年 11月 27日), pp. 30~36; 「東拓總裁安川雄之助氏に北支經濟工作をあ聞く」, 『東洋經濟新報』 (1937年 11月 13日), pp. 29~35; 「滿洲産業五カ年計劃の全貌」, 『エコノミスト』 (1937年 5月 11日), pp. 31~33; 「鮮滿支投資の前途」, 『エコノミスト』 (1938年 12月 21日), pp. 25~28.

[86] 池井優, 「日中戰爭とマスメディアの對應」, 井上淸, 衛藤瀋吉編, 『日中戰爭と日中關係 蘆溝橋事件五十周年日中學術論會記錄』, 原書房, 1988, pp. 211~223.

[87] 尾崎秀実, 「東亞新秩序の現在及將來-東亞協同體論を中心に」 (1939), 尾崎秀実, 『尾崎秀実著作集』 第2卷,

勁草書房, 1977, p. 357.

[88]　같은 책, pp. 357~359.

[89]　중국의 내셔널리즘을 '초극'하는 문제에 대해서는 森谷克己, 「東亞新秩序への理論的探究」, 『改造』 (1939年 6月), pp.44~45; 蠟山政道, 「東亞協同體の理論」, 『改造』 (1938年 11月), p. 15 참조. 로야마의 예측에 대해서는 蠟山政道, 「東亞協同體と帝國主義」, 『中央公論』 (1939年 9月), p. 10; 「國民協同體の形成」, 『改造』 (1939年 5月), p. 5 참조. 오자키 호쓰미의 다음 글도 참고할 것. 「東亞協同體の理念とその成立の客觀的基礎」, 『中央公論』 (1939年 1月), pp. 309~318; 「東亞政局における一時的停滯と新たなる發展の予想」, 『改造』 (1939年 3月), pp. 340~349; 「東亞新秩序の現在及將來-東亞協同體論を中心に」 (1939年), pp. 350~359.

[90]　尾崎秀実, 「東亞協同體の理念とその成立の客觀的基礎」, pp. 312~313.

[91]　같은 책, pp. 311, 314.

[92]　같은 책, p. 311; 蠟山政道, 「東亞協同體と帝國主義」, 『中央公論』 (1939年 9月), pp. 10~14.

[93]　앞에서 인용한 글 외에도 昭和同人會 編, 『昭和研究會』, 經濟往來社, 1986, pp. 139~252; 高橋久志, 「'東亞協同體論'-蠟山政道, 尾崎秀実, 加由哲二の場合」, 三輪公忠 編, 『日本の1930年代-國の內と外から』, 創流社, 1980, pp. 50~79 참조.

[94]　尾崎秀実, 「東亞新秩序の現在及將來-東亞協同體論を中心に」, p. 353; Fletcher, *The Search for a New Order*, pp. 121~133, 147~150; 昭和同人會 編, pp. 139~252; 高橋久志, pp. 49~80.

[95]　Johnson, *MITI and the Japanese Miracle*, pp. 143~152.

[96]　『日滿支經濟懇談會報告書』, 日滿中央協會, 1939, 서문 및 개회선언.

[97]　「滿洲國經濟開發の進行狀態」, 『エコノミスト』 (1939年 7月 21日), p. 20; 菊池主計, 「戰時經濟の强化と滿洲産業投資の再檢討」, 『東洋經濟新報』 (1939年 4月 8日), p. 38.

[98]　「黎明期の東亞ブロック」, 『エコノミスト』 (1938年 4月 1日), pp. 34~35.

[99]　「新東亞建設の經濟的基礎」, 『東洋經濟新報』 (1939年 2月 4日), p. 60.

[100]　「黎明期の東亞ブロック」, 『エコノミスト』 (1938年 4月 1日), p. 35.

[101]　「東亞ブロックの基本問題」, 『エコノミスト』 (1938年 2月 11日), p. 11.

[102]　「新東亞建設の經濟的基礎」, 『東洋經濟新報』 (1939年 2月 4日), p. 60.

[103]　「東亞ブロックの基本問題」, 『エコノミスト』 (1938年 2月 11日), p. 11.

[104]　같은 책, pp. 11~19; 「滿洲國經濟開發の進行狀態」, 『エコノミスト』 (1939년 7月 21日), pp. 20~31; 「黎明期の東亞ブロック」, 『エコノミスト』 (1938年 4月 1日), pp. 29~82; 「大陸經營の現狀打診」, 『エコノミスト』 (1938年 12月 21日), pp. 9~17.

[105]　『日滿支經濟懇談會報告書』, p. 15.

[106]　川村生, 「大陸問題」, 『エコノミスト』 (1939年 7月 11日), p. 10.

[107]　菊池主計, 「戰時經濟と滿洲産業の再檢討」, 『東洋經濟新報』 (1939年 4月 8日), pp. 38~39.

[108]　경제지에 보이는 "막다른 길을 타개"한다던가 "불황으로부터 탈출"한다는 등의 표현은 블록에 대한 관심이 경기 회복을 위한 것임을 보여준다. 「滿洲國經濟開發の進行狀態」, 『エコノミスト』 (1939年 7月 21日), pp. 20~21; 「黎明期の東亞ブロック」, 『エコノミスト』 (1938年 4月 1日), p. 35 참조.

[109]　1940년 5월의 동아경제간담회에서 나온 불만의 목소리가 그 한 예이다. 東亞經濟懇談會 編刊, 『日 滿經濟懇談會報告書』, 1940.

[110]　鄕古潔, 「大東亞經濟建設の基本施設」, 『エコノミスト』 20, no. 5 (1942), pp. 11~13; 大島堅造, 「大東亞共榮圈の通貨新體制」, 『エコノミスト』 20, no. 3 (1942), pp. 11~12; 「日本支配下の戰略資源」, 『エコノミスト』 20, no. 5 (1942), pp. 19~28; 「大東亞戰下の日本産業(1)」, 『エコノミスト』 20, no. 2 (1942), pp.

540

18~29; 「大東亞戰下の日本産業(2)」,『エコノミスト』20, no. 3 (1942), pp. 18~35. 1941년 1월부터『エコ
ノミスト』는 月日로 호수를 표시하던 것을 폐지하고 발행 연도와 권호수를 표기하기 시작했다.

[111]   東亞經濟懇談會編, pp. 235~236, 242~244.

[112]   같은 책, pp. 144, 146~147.

[113]   같은 책, p. 184.

[114]   같은 책, p. 144.

[115]   같은 책, pp. 146~147.

[116]   같은 책, pp. 57~59.

[117]   같은 책, p. 238.

[118]   같은 책, p. 185.

[119]   같은 책, p. 186.

[120]   같은 책, p. 187.

[121]   같은 책, pp. 190~191.

6장 멋진 신제국

[1]   Richard Stites, *Revolutionary Dreams: Utopian Vision and Experimental Life in the Russian Revolution* (Oxford: Oxford University Press, 1989).

[2]   로렌스에 대해서는 Jeffrey Meyers, *The Wounded Spirit: A Study of the Seven Pillars of Wisdom* (London: Martin Brian and O'Keefe, 1973) 참조. 스메들리에 대해서는 Janice R. MacKinnon and Stephen R. MacKinnon, *Agnes Smedley: The Life and Times of an American Radical* (Berkeley: University of California Press, 1988) 참조. 스틸웰에 대해서는 Barbara W. Tuchman, *Stilwell and the American Experience in China 1911~1945* (New York: Macmillan, 1971) 참조.

[3]   식민지 도시 계획에 대해서는 Nezar AlSayyad, ed. *Forms of Dominance: On the Architecture and Urbanism of the Colonial Enterprise* (Aldershot, England: Avebury, 1992); Gwendolyn Wright, *The Politics of Design in French Colonial Urbanism* (Chicago: University of Chicago Press, 1991); Anthony D. King, *Urbanism, Colonialism, and the World-Economy: Cultural and Spatial Foundations of the World Urban System* (New York: Routledge, 1990); Raymond F. Betts, *Uncertain Dimensions: Western Overseas Empires in the Twentieth Century* (Minneapolis: University of Minnesota Press, 1985) 참조.

[4]   滿史會 編, 上卷, pp. 384~387.

[5]   滿洲事情案內所 編,『滿洲國各縣事情』, 1939, pp. 2~3.

[6]   越澤明,『哈爾濱の都市計劃 1898~1945』, 總和社, 1989, pp. 202~203; 滿洲帝國政府 編, pp. 225~247.

[7]   일본의 자유주의자와 조선의 개혁에 대해서는 Conroy, pp. 124~168(인용은 p.133부터) 참조. 식민지 제도를 국내 모델로부터 가져와야 한다는 주장에 대해서는 E. Patricia Tsurumi, "Colonial Education in Korea and Taiwan," in Ramon H. Myers and Mark R. Peattie, eds., *The Japanese Colonial Empire, 1895~1945* (Princeton: Princeton University Press, 1984), pp. 275~311 참조.

[8]   Gluck, *Japan's Modern Myths*, pp. 101, 247, 261; 藤原彰, 今井淸一, 大江志乃夫 編,『近代日本の基礎知識 史實の正確な理解のために, 有斐閣, 1979, pp. 196~197.

[9]   原田勝正,『滿鐵』, 岩波書店, 1981, pp. 171~180.

[10]　越澤明,『滿洲國の首都計劃: 東京の現在と未來を問う』, 日本經濟評論社, 1988, pp. 9~12, 14~20.

[11]　같은 책, pp. 2, 12~14.

[12]　같은 책, pp. 14~25; 인용은 p. 2부터.

[13]　같은 책, pp. 120~133, 139~144.

[14]　滿洲日日新聞社 編刊,『滿洲都市の新相貌』, 1937, p. 5.

[15]　越澤明,『滿洲國の首都計劃』, pp. 135~136.

[16]　滿史會,『滿洲開發四十年史』下卷, p. 716.

[17]　滿洲經濟部工務司 編刊,『滿洲國工場統計(B): 康寧7年』, 1942, pp. 2~3. 이 통계연감은 둘로 나뉘어져 쪽수 표시가 각각 따로 되어 있음에 주의할 것. 여기와 이후 인용된 내용은 모두 뒷부분인「工場統計表」에 해당됨을 밝혀둔다.

[18]　신징의 경제적 변화에 대해서는 滿洲事情案內所報告,「國都: 新京經濟事情」,『滿蒙』, 1933年 5月, pp. 125~149; 滿洲事情案內所報告,「國都: 新京經濟事情」,『滿蒙』, 1933年 6月, pp. 59~87; 滿洲弘報協會 編刊,『滿洲の新聞と通信』, 1940, pp. 64~68; 新京商工會議所 編刊,『新京商工事情』, 1942, pp. 2~6; 滿洲經濟部工務司 編刊,『滿洲國工場統計(A): 康寧7年』, 1942, pp. 16~23; 滿洲事情案內所 編, pp. 1~10. 참조.

[19]　1940년 만주국의 주요 산업 지역 내 일본 공장의 수는 많은 순으로 펑톈에 780개, 신징에 227개, 무단장에 150개, 안둥에 149개, 빈장에 116개, 지린에 113개였다.『滿洲國工場統計(A): 康寧7年』, pp. 16, 24, 48, 54, 72, 86.

[20]　滿洲日日新聞社 編刊, p. 15.

[21]　『滿洲國工場統計(A): 康寧7年』, p. 86.

[22]　좀 더 자세한 것은 Geo. White, “Construction Work in Mukden,” *Manchuria* (1 April 1938), p. 188.

[23]　펑톈, 안산, 푸순의 공업화에 관한 내용은 다음을 참조했다. 펑톈: “The Flourishing City of Mukden”, *Manchuria* (15 December 1936), pp. 390~392; Geo. White, “Construction Work in Mukden,” *Manchuria* (1 April 1938), pp. 188~189; 奉天商工會議所 編刊,『奉天經濟事情』, 1936, pp. 10~27; 奉天商工會議所 編刊,『工業都市奉天』, 1934; 奉天商工會議所 編刊,『企業地としての奉天』, 1932. 푸순: “Fushun-Manchuria City of Industry,” *Manchuria* (1 October 1936), pp. 234~235. 안산: “The Showa Steel Works at Anshan,” *Manchuria* (15 October 1935), p. 255.

[24]　“The Flourishing City of Mukden”, *Manchuria* (15 December 1936), pp. 390~392; 奉天商工會議所 編刊,『奉天經濟事情』, 1936, pp. 10~27 및 pp. 11~12 통계 참조.

[25]　哈爾濱日本商工會議所 編刊,『哈爾濱經濟槪觀』, 1937, pp. 111~112.

[26]　安東商工會議所 編刊,『安東商工案內』, 1939, pp. 47~124.

[27]　『滿洲開發四十年史』1卷, p. 84.

[28]　예컨대 1937년 12월 관동주의 일본인 인구는 17만 7,784명이었다. 그중 규슈 출신이 6만 3,065명이었고, 이어서 주고쿠 2만 6,197명, 간토 1만 8,214명, 도호쿠 1만 2,008명, 시고쿠 1만 1,259명, 호쿠리쿠(北陸) 9,241명, 도카이(東海) 8,612명, 도산(東山) 6,665명, 홋카이도 1,993명, 기타 식민지 및 오키나와 출신이 3,190명이었다. 關東局 編刊,『昭和十二年 第三十統計書』. 1939, p. 39.

[29]　Mark R. Peattie, “Japanese Treaty Port Settlements in China, 1895~1937,” in Peter Duus, Ramon H. Myers, and Mark R. Peattie, eds., *The Japanese Informal Empire in China, 1895~1937* (Princeton: Princeton University Press, 1989), pp. 170~171.

[30]　중국(동북 지역 포함) 내 동향 모임(府縣人會)의 명부 및 통계에 대해서는 東亞旅行社 編刊,『滿支旅行年鑑 昭和十八年』, 1942, pp. 483~493 참조. 당시 여행안내서에는 府縣人會 소속 회원의 이름과 주소를 싣는 것이 일반적이었다.

[31]　『滿洲開發四十年史』1卷, p. 85.

[32] 만주국 정부 통계에 따르면 1940년 만주국 내 공장의 일본인 노동자는 2만 7,778명으로 경영 및 사무직 종사자가 7,461명, 기술자가 6,760명, 숙련노동자가 1만 3,557명이었다. 『滿洲國工場統計(B) 康寧七年(1942)』, pp. 70~73.

[33] 『工業都市奉天』, pp. 16~17.

[34] JTB는 1906년 철도 국유화 이후 제국철도국의 주도로 설립되었다. 원래 JTB는 유럽과 미국의 관광객에게 일본 본토 및 식민지를 홍보하기 위해 만들어졌지만, 이후 일본인 관광객에게 더 많은 관심을 기울이는 방향으로 전환되었다. JTB의 설립 이후에도 만철과 제국철도국(1920년 철도국으로 변경)은 JTB와의 협력과는 별도로 광고나 여행회사를 통해 자신들의 여객 노선을 계속 선전했다. JTB는 1945년 개편되어 오늘날까지 이어지고 있는 일본 교통공사의 전신이다. JTB의 설립에 대해서는 日本交通公社社史編纂室, 『日本交通公社七十年史』, 日本交通公社, 1982, pp. 10~18.

[35] 같은 책, pp. 70~71.

[36] 같은 책, pp. 58, 71, 연표·자료편, pp. 22~31.

[37] ジャパン・ツーリスト・ビューロー, 『滿洲旅行年鑑 昭和十六年』, 博文館, 1941, pp. 350~357.

[38] 『日本交通公社七十年史』, 연표·자료편, p. 31.

[39] 『滿洲旅行年鑑 昭和十六年』, pp. 365~366.

[40] 같은 책, pp. 365~383.

[41] 같은 책, pp. 33~160, 205~206.

[42] 『日本交通公社七十年史』, 연표·자료편, pp. 25~27.

[43] JTB 다롄 지부의 사원이 가장 많이 증가한 것은 1937년 이후로, 당시 직원의 수는 417명이었으며 1938년 609명, 1939년 1,047명, 1940년에는 1,258명까지 늘어났다. 같은 책, p. 72.

[44] 같은 책, 연표·자료편, p. 40.

[45] 같은 책, pp. 67~69.

[46] 같은 책, p. 194, 문서 No. 15.

[47] 같은 책, pp. 79~86.

[48] 『滿洲旅行年鑑 昭和十六年』, p. 283.

[49] 같은 책, p. 287.

[50] 같은 책, p. 293.

[51] 같은 책, pp. 24~25.

[52] 講談社 編, 『昭和二萬日の全記憶 (第5卷): 一億の「新体制」』, 1989, pp. 143, 167, 173.

[53] 같은 책, pp. 193, 199, 211; 『滿洲旅行年鑑 昭和十六年』, pp. 24~25, 253~268, 350~358.

[54] 『日本交通公社七十年史』, pp. 60~61.

[55] 같은 책, 연표·자료편, p. 35; 『滿洲旅行年鑑 昭和十六年』, pp. 212~214.

[56] 만주국으로의 단체여행에 대한 통계는 도쿄, 오사카, 모지(門司), 니가타의 JTB 예약센터에서 찾아볼 수 있다. 1939년 학생 신분의 여행객 외에 기타 단체 여행으로는 농업이민단 조사단이 49번 파견되었으며, 교사 및 교육행정가 그룹이 43번, 기업경영진이 25번, 경찰훈련활동이 5번, 일반 여행이 13번, 청년단이 6번, 정부사업단이 24번 파견되었다. 『滿洲旅行年鑑 昭和十六年』, pp. 297~302.

[57] Itō Takeo, *Life along the South Manchurian Railway: The Memoirs of Itō Takeo*, trans. Joshua A. Fogel (New York: M. E. Sharpe, 1988), pp. 29~30.

[58] 『滿洲旅行年鑑 昭和十六年』, pp. 365~376.

[59] 川端康成, 志賀直哉, 佐藤春夫 監修,『世界紀行文學全集第11卷 中國編 2』, 修道社, 1960, pp. 89~135.

[60] 『蒙古』는 1935년에,『大陸橫斷』은 1938년에 간행되었다. 東洋文庫近代中國研究委員會 編,『明治以降日本人の中國旅行記』, 東洋文庫, 1980, pp. 97, 105.

[61] 이 외에 비교적 잘 알려진 기행문으로는 시인이자 문학평론가 하루야마 유키오(春山行夫)의『滿洲風土記』, 여행가이자 다수의 중국 작가와 교류했던 무라마츠 쇼후(村松梢風)의『熱河風景』, 시인 무로 사이세이(室生犀星)의『哈爾濱詩集』, 나가요 요시로(長與善郞)의『滿支このごろ』등을 들 수 있으며 시라카바파(白樺派)에서도 이러한 예를 다소 찾아볼 수 있다. 이와 관련된 논의는 川村湊著,『異郷の昭和文學:「滿洲」と近代日本』, 岩波書店, 1990, pp. 23~24, 99~138;『明治以降日本人の中國旅行記』, pp. 87~117;『世界紀行文學全集第11卷 中國編2』, p. 382;『出版年鑑』, 東京堂, 1937, pp. 350~352, 480 참조.

[62] 旗田巍,『日本人の朝鮮觀』, 勁草書房, 1969, pp. 36~41; 原覺天,『現代アジア研究成立史論-滿鐵調査部·東亞研究所·IPRの研究』, 勁草書房, 1984, pp. 494~508.

[63] 동양사 및 식민지 연구의 발전에 관해서는 Stefan Tanaka, *Japan's Orient: Rendering Pasts into History* (Berkeley: University of California Press, 1933); Joshua A. Fogel, *Politics and Sinology: The Case of Naito Konan (1866~1934)* (Cambridge: Council on East Asian Studies, Harvard University, 1984); 安藤彦太郎,『日本人の中國觀』, 勁草書房, 1971; 浅田喬二,『日本知識人の植民地認識』, 校倉書房, 1985; 浅田喬二,『日本植民地研究史論』, 未來社, 1990; 앞의 책,『現代アジア研究成立史論』참조.

[64] 石堂清倫, 野間清, 野々村一雄, 小林庄一,『十五年戰爭と滿鐵調査部』, 原書房, 1986, p. 32; 앞의 책,『現代アジア研究成立史論』, pp. 10~15; Douglas R. Reynolds, "Training Toung China Hands: Toa Dobun Shoin and Its Precursots, 1886~1945," in Peter Duus, Ramon H. Myers, and Mark R. Peattie, eds., *The Japanese Informal Empire in China, 1895~1937* (Princeton: Princeton University Press, 1989), pp. 210~271.

[65] John Young, *The Research Activities of the South Manchurian Railway Company 1907~1945: A History and Bibliography* (New York: East Asian Institute, Columbia University, 1966). 만철 조사부는 30년 동안 여러 차례 재편성되면서 그 이름을 바꿨다. 1906년 설립 당시에는 조사부로 불렸다가 1908에는 조사과로 개칭되었다. 그 관할 부서가 여러 번 바뀌었음에도 조사과라는 명칭은 1932년까지 유지되었다. 1932년 조사과는 경제조사회로 재편성되었다. 이는 1936년까지 지속되었고 이 기간 동안 조사 활동은 크게 확장되어 텐진, 상하이, 하얼빈에 새로운 사무실을 개설했다. 1936년에 다시 대대적인 개편이 있어 1936년부터 38년까지 만철의 모든 조사 활동은 산업부가 담당하게 되었다. 1938년 만철은 조사부를 설립했으며 이는 만철 본사가 신징으로 이전한 1943년까지 지속되다가 다시 조사국으로 재편성되었다. 만철 조사부의 역사에 대해서는 John Young, pp. 2~15, 26~34 참조.

[66] 日本讀書新聞社 編刊,『雜志年鑑』, 1939, pp. 315~318;『雜志年鑑』, 1940, p. 23.

[67] Chalmers Johnson, *An Instance of Treason: Ozaki Hotsumi and the Sorge Spy Ring*, rev. ed. (Stanford: Stanford University Press, 1990), pp. 21~40.

[68] 같은 책, pp. 17, 37~39, 115; Itō, pp. 42~43, 69~70, 186~190.

[69] 여기에는 모리토 다쓰오(森戶辰男), 오우치 효에(大內兵衛), 구루마 사메조(久留間鮫造), 호소카와 가로쿠(細川嘉六)뿐 아니라 소장인 다카노 이와사부로(高野岩三郞)도 포함된다.

[70] Itō, p. 175.

[71] 石堂清倫,「滿鐵調査部は何であったか(Ⅱ)」, p. 55.

[72] Johnson, *An Instance of Treason*, pp. 111~113.

[73] 『現代アジア研究成立史論』, p. 70.

[74] Joshua A. Fogel, "Introduction: Itō Takeo and Research Work of the South Manchurian Railway Company," in Itō, pp. vii-xxxi; and Itō, pp. 43~45.

[75] Fogel, "Introduction," pp. xiii-xvi.

[76] Fogel, *Politics and Sinology*, pp. 255~259.

[77]　浅田喬二,『日本植民地研究史論』, pp. 499~505;『現代アジア研究成立史論』, p. 73.

[78]　『現代アジア研究成立史論』, pp. 73~75.

[79]　‘전향’을 통해 지식인을 동원하는 것은 구금된 정치 활동가들을 사회로 복귀시키기 위해 경찰이 취한 전략이었다. 수감자는 석방을 보장받기 위해 자신의 좌익사상을 포기하고 국가를 위해 봉사하겠다고 선언해야 했다. 1933년 공산주의자 사노 마나부(佐野學)와 나베야마 사다치카(鍋山貞親)가 풀려난 것을 시작으로 전향의 물결은 좌익 세력을 급격하게 위축시켰다. 비공식적인 전향은 자신의 직위를 지키고 체포를 피하기 위해 자기 검열을 실천하고 국가정책을 지지하는 것으로 많은 이들이 이 방식을 따랐다. Henry Dewitt Smith II, *Japan's First Student Radicals* (Cambridge: Harvard University Press, 1972), pp. 202~204, 221~222, 247~259; Kazuko Tsurumi, *Social Change and the Individual: Japan before and after Defeat in World War II* (Princeton: Princeton University Press, 1966), pp. 29~79; Shunsuke Tsurumi, *An Intellectual History of Wartime Japan, 1931~1945* (London: Routledge and Kegan, 1986), pp. 10~11; 思想の科學研究會 編,『共同研究 轉向 下卷』, 平凡社, 1962.

[80]　中西勝彦,「橘樸の思想形成—渡航動機とのかかわりで」,『法學雜誌』(大阪市立大學) 22卷 1號, 1975, pp. 27~48; Johnson, *An Instance of Treason*, p. 17; 山本秀夫,『橘樸』, 中央公論社, 1977, pp. 196~275.

[81]　宮西義雄,「滿鐵調査關係者に聞く 第一八回 滿鐵調査部と尾崎秀実·中西功·日森虎雄(I)」,『アジア經濟』 28卷 7號 (1987年 7月), p. 51.

[82]　Johnson, *An Instance of Treason*, pp. 4~5.

[83]　『十五年戰爭と滿鐵調査部』, pp. 35~36; 三輪武,「滿鐵調査關係者に聞く 第一四回 滿洲産業開發永年計劃案と經濟調査會(II)」,『アジア經濟』28卷 3號 (1987年 3月), pp. 79~81.

[84]　Earl H. Kinmonth, "The Impact of Military Procurements on the Old Middle Classes in Japan, 1931~1941," *Japan Forum* 4, no, 2 (October 1992), pp. 247~250.

[85]　『現代アジア研究成立史論』, p. 103.

[86]　石堂清倫,「滿鐵調査部は何であったか(II)」, p. 55.

[87]　Itō, p. 173.

[88]　『十五年戰爭と滿鐵調査部』, pp. 22~23.

[89]　Itō, p. 112;『十五年戰爭と滿鐵調査部』, pp. 31~34; 今井清一,「滿鐵調査部に關する三著をめぐって」,『アジア經濟』28卷 11號 (1987年 11月), pp. 95~96.

[90]　Johnson, *An Instance of Treason*, pp. 119, 122~124; Fletcher, *The Search for a New Order*, p. 123.

[91]　Fogel, "Introduction," pp. xvii-xxi; John Young, pp. 23~24.

[92]　Fogel, "Introduction," p. xxi; Itō, p. 177.

[93]　John Young, pp. 12~23.

[94]　Jansen, *The Japanese and Sun Yat-sen*, pp. 41~49, 83~130, 137~140.

[95]　山本秀夫,『橘樸』, p. 203.

[96]　같은 책, p. 205.

[97]　데라우치는 중국에 대해 21개조 요구를 최후통첩으로 내건 오쿠마 내각의 무력 외교를 비판했다. 이 ‘왕도’라는 용어에 대해서는 Arthur Tiedmann으로부터 많은 시사점을 얻었다.

[98]　山本秀夫,『橘樸』, p. 206; 中西勝彦,「橘樸の思想形成—渡航動機とのかかわりで」, p. 46.

[99]　山本秀夫,『橘樸』, pp. 206~207.

[100]　같은 책, pp. 222~224.

[101]　만주청년연맹의 형성과 민족협화 이데올로기에 관해서는 다음을 참조할 것. 松澤哲成,「滿洲事變と「民族協

和」運動」,『國際政治』43號 1, 1970, pp. 77~99, 특히 pp. 96~99; David George Egler, "Japanese Mass Organizations in Manchuria, 1928~1945: The Ideology of Racial Harmony," Ph.D. dissertation, University of Arizona, 1977, pp. 78~146. 또한 만주청년연맹의 설립 회원 및 초기 선전물의 작자에 대해서는 야마구치 쥬지(山口重次)의 방대한 저서를 참조할 수 있다. 山口重次,『滿洲建國と民族協和思想の原點』, 大湊書房, 1976; 山口重次,『資料 滿洲建國への遺書 第一部: 民族協和から東亞連盟へ 石原莞爾とともに』, 大湊書房, 1980.

[102] 松澤哲成,「滿洲事變と「民族協和」運動」, p. 97.

[103] 風間秀人,「農村行政支配」, 淺田喬二·小林英夫編,『日本帝國主義の滿洲支配 十五年戰爭期を中心に』, 時潮社, 1986年, pp. 278~279.

[104] Tomio Muto, "The Spirit of Hsieh-ho: A New Philosophy," *Manchuria* (20 July 1938), p. 7. 이 글은 만주국에서 협화회와 일본이 벌인 문화 활동에 대해 다룬『Manchuria』특별호에 실려 있다. 이 특별호의 표제는 "Concordia and Culture in Manchukuo"이다.

[105] 山本秀夫 編,『『滿洲評論』解題·總目次』, 不二出版, 1982, pp. 14, 32~33.

[106] 山本秀夫,『橘樸』, p. 247.

[107] 같은 책, pp. 221~224.

[108] 石堂清倫,「滿鐵調査關係者に聞く 第一六回 滿鐵調査部は何であったか(Ⅰ)」,『アジア經濟』28卷 5號 (1987年 5月), p. 78.

[109] 山本秀夫,『橘樸』, p. 247.

[110] 대게릴라전에 협화회를 이용한 것에 대해서는 Jones, pp. 50~54; 岡部牧夫,『滿洲國』, 三省堂, 1978, pp. 127~128; 風間秀人,「農村行政支配」, pp. 304~321 참조. 미국의 베트남 전쟁 계획을 지원하기 위해 랜드 연구소가 의뢰한 일본의 대게릴라전 전술에 대한 연구도 참고할 만하다. Chong-sik Lee, *Counterinsurgency in Manchuria: The Japanese Experience, 1931~1940* (Santa Monica, Calif: Rand Corporation, 1967).

[111] 滿洲帝國協和會中央本部 編刊,『民族協和の滿洲國 主として新入滿者の爲に』, 1939, p. 27.

[112] 山本秀夫,『橘樸』, pp. 260~261.

[113] 石堂清倫,「滿鐵調査部は何であったか(Ⅰ)」, p. 78.

[114] Fogel, "Introduction," p. xvi.

[115] 中島邦蔵,「滿鐵調査關係者に聞く 第一五回「中國社會史論戰」に關する調査」,『アジア經濟』28卷 4號 (1987年 4月), pp. 67~68; Ito, pp. 102~114.

[116] 이러한 논쟁에 대해서는 다음을 참조할 것. 浅田喬二,『日本知識人の植民地認識』, pp. 47~106, 187~312; 石田精一,「滿鐵調査關係者に聞く 第四回 北「滿洲」農村における雇農の性質」,『アジア經濟』26卷 7號 (1985年 7月), pp. 57~75; 中島邦蔵,「滿鐵調査關係者に聞く 第一五回「中國社會史論戰」に關する調査」, pp. 61~82; 宮西義雄,「滿鐵調査關係者に聞く 第一八回 滿鐵調査部と尾崎秀実·中西功·日森虎雄(Ⅰ)」, pp. 51~68; 宮西義雄,「滿鐵調査關係者に聞く 第一九回 滿鐵調査部と尾崎秀実·中西功·日森虎雄(Ⅱ)」,『アジア經濟』28卷 8號 (1987年 8月), pp. 76~93; 三輪武,「滿鐵調査關係者に聞く 第二七回 經濟調査會から調査部まで(Ⅰ)」,『アジア經濟』29卷 9號 (1988年 9月), pp. 67~91; 三輪武,「滿鐵調査關係者に聞く 第二八回 經濟調査會から調査部まで(Ⅱ)」,『アジア經濟』29卷 10號 (1988年 10月), pp. 56~79.

[117] 中西功,『中國革命の嵐の中で』, 青木書店, 1974. 그는 또한 아내와 전시에 주고받은 서신을 모아『死の壁の中から—妻への手紙』, 岩波書店, 1971을 출판했다. 그의 저작에 대한 동료들의 평가는 宮西義雄,「滿鐵調査部と尾崎秀実·中西功·日森虎雄(Ⅰ)」, pp. 56~57 참조.

[118] 野間清,「滿鐵調査關係者に聞く 第一回「滿洲」農村實態調査遺聞(Ⅰ)」,『アジア經濟』26卷 4號 (1985年 4月), p. 73; 野間清,「滿鐵調査關係者に聞く 第二回「滿洲」農村實態調査遺聞(Ⅱ)」,『アジア經濟』26卷 5號 (1985年 5月), p. 83.

[119] 경제조사연구회는 1936년에 산업부로 편입되었다가 1938년에 다시 조사부로 되돌아갔다. 본 장의 65번 주석 참조.

[120]   1935년의 연구는 북만주의 16개 현에서 시행되었지만 출판되지는 않았다. 1936년 남만주 대부분의 지역을 아우르는 21개 현에서 진행된 조사 이후 출판된 보고서는 다음과 같다. 滿洲國國務院實業部臨時産業調査局, 『康德三年度實態調査報告書 全四卷』, 1936; 滿洲國國務院實業部臨時産業調査局, 『康德三年度實態調査一般調査報告書 全二十卷』, 1936. 石田精一, 「北「滿洲」農村における雇農の性質」, p. 59 참조.

[121]   野間淸, 福島正夫, 「滿鐵調査關係者に聞く 第十回 中國農村慣行調査(Ⅰ)」, 『アジア經濟』27卷 4號 (1986年 4月), p. 11; John Young, pp. 429~454; Fogel, "Introduction," pp. xvi-xvii.

[122]   野間淸, 「「滿洲」農村實態調査遺聞(Ⅰ)」, pp. 62~67; 野間淸, 「「滿洲」農村實態調査遺聞(Ⅱ)」, p. 76.

[123]   野間淸, 「「滿洲」農村實態調査遺聞(Ⅱ)」, pp. 76, 83.

[124]   같은 책, p. 76.

[125]   野間淸, 「「滿洲」農村實態調査遺聞(Ⅰ)」, pp. 72~73.

[126]   野間淸, 「「滿洲」農村實態調査遺聞(Ⅱ)」, p. 83.

[127]   野間淸, 「「滿洲」農村實態調査遺聞(Ⅰ)」, p. 70; 野間淸, 「「滿洲」農村實態調査遺聞(Ⅱ)」, p. 76.

[128]   해당 위원회의 계획은 『滿洲の永年計劃資料』로 출판되었다. 原覺天, 『現代アジア硏究成立史論』, pp. 616~617, 621.

[129]   三輪武, 「滿鐵調査關係者に聞く 第十三回 滿洲産業開發永年計劃案と經濟調査會(Ⅰ)」, 『アジア經濟』28卷 1號 (1987年 1月), pp. 64~66.

[130]   같은 책, p. 67.

[131]   같은 책.

[132]   Bix, "Japanese Imperialism and the Manchurian Economy," pp. 426~427. 연호에 대한 더 자세한 논의는 飯塚靖, 風間秀人, 「農業資源の收奪」, 淺田喬二, 小林英夫 編, 『日本帝國主義の滿洲支配』, pp. 255~326 참조.

[133]   선언의 원문은 사토 다이시로의 『綏化縣農村協同組合方針大綱』, 1937 서문에 있다. 山本秀夫, 『橘樸』, p. 270에서 재인용.

[134]   山本秀夫, 『橘樸』, p. 266.

[135]   같은 책, pp. 268~270.

[136]   Fogel, "Introduction," pp. xxi-xxv; Itō, pp. 186~203; John Young, pp. 26~33.

[137]   Fogel, "Introduction," p. xxii.

[138]   같은 책, pp. xxi-xxii; 山本博一, 「滿鐵調査關係者に聞く 第二九回 「滿鐵調査部事件」(1942~45年)について」, 『アジア經濟』29卷 11號 (1988年 11月), pp. 63~66.

7장 농본주의의 재발명

[1]   Joseph A. Schumpeter, "Imperialism and Capitalism," in Joseph A. Schumpeter, *Imperialism and Social Classes*, trans. Heinz Norden, ed. Paul M. Sweezy (1951; reprint, Philadelphia: Orion, 1991), pp. 83~130, esp. pp. 114~115. 이 외에 Bernard Semmel, *Imperialism and Social Reform: English Social-Imperial Thought, 1895~1914* (Cambridge: Harvard University Press, 1960); Wehler, "Bismarck's Imperialism."도 참조할 것.

[2]   D. K. Fieldhouse, *The Colonial Empires: A Comparative Survey from the Eighteenth Century* (New York: Delacorte Press, 1966), pp. 336~337.

[3]   Betts, pp. 50~51; Claudio G. Segre, *Fourth Shore: The Italian Colonization of Libya* (Chicago: University of Chicago Press, 1974), esp. Chapter 5.

[4]   中島仁之助,「滿蒙移民問題の展望」,『社會政策時報』140號 (1932年 5月), p. 86.

[5]   日本學術振興會,『滿洲農業移民文獻目錄』, 1936, pp. 1~20.

[6]   日本植民協會,『移民講座 1: 滿蒙案內』, 東方書院, 1932. 1893년 식민협회의 설립에 관해서는 Akira Iriye, *Pacific Estrangement: Japanese and American Expansion, 1897~1911* (Cambridge: Harvard University Press, 1972), pp. 40~41 참조.

[7]   中島仁之助,「滿蒙移民問題の展望」, p. 86.

[8]   인용된 두 글은『社會政策時報』140號 (1932年 5月) 특별호「滿蒙移民問題」에서 찾아볼 수 있다. 목록에 실려 있는 논문 중 107편이 1932년에, 44편이 1933년에, 30편이 1944년에, 6편이 1935년 전반기에 출판되었다. 9편은 출판 연도가 나와 있지 않다.『滿洲農業移民文獻目錄』, pp. 4~19.

[9]   식민협회는 1893년 홋카이도 이주를 촉진하기 위해 설립되었다. '일본역행회(日本力行會)'는 1900년 미국 이주를 장려하기 위해, '시나노(信濃) 해외협회'는 1923년 나가노현에서 이주한 사람들을 지원하기 위해 설립되었다. 長野縣開拓自興會滿洲開拓史刊行會 編刊,『長野縣滿洲開拓史 總編』, 1984, pp. 35~38, 55~70; 日本讀法新聞社 編刊,『雜誌年鑑』, 1939, pp. 218~220; Peattie, ˮJapanese Attitudes toward Colonialism,ˮ pp. 80~90; 金子文夫,「日本における植民地研究の成立事情」, 小島麗逸 編,『日本帝國主義と東アジア』, アジア經濟研究所, 1979, pp. 49~94; Iriye, *Pacific Estrangement*, pp. 17~25, 35~62; Pyle, pp. 87~91; 原覺天, pp. 63~66.

[10]   Kōdansha, ed., *Encyclopedia of Japan* (New York: Kodansha, 1983), s.v. "Emigration."

[11]   이러한 결론은 일본의 대외관계에서 볼 수 있는 인종적 측면과 1919년 파리평화회의에서 취한 일본의 외교정책을 다룬 필자의 연구에 기반한 것이다. Louise Young, "Power and Color."

[12]   松村高夫,「滿洲國成立以降における移民-勞動政策の形成と發展」, 滿洲史研究會 編,『日本帝國主義下の滿洲』, 御茶の水書房, 1972, p. 216.

[13]   Peattie, "Japanese Attitudes toward Colonialism," p. 89.

[14]   당초 약 천만 명으로 추산되었지만 결국 천오백만 명으로 수정되었다.

[15]   Karl Moskowitz, "The Creation of the Oriental Development Company: Japanese Illusions Meet Korean Reality," *Occasional Papers on Korea*, no. 2 (March 1974), pp. 73~111; Duus, "Economic Dimensions of Meiji Imperialism," pp. 160~161; Beasley, pp. 151~153.

[16]   淺田喬二,『增補 日本帝國主義と舊植民地地主制-臺灣·朝鮮·滿洲における日本人大土地所有の史的分析』, 龍溪書舍, 1989, pp. 114~121, 384~385. 1931년의 소작인 수가 약 8만 명이라고 추산한 것은 淺田喬二가 78,667명이라 한 것에 의거했다. 동척의 소유지는 1931년부터 1938년까지 153,175정보에서 145,236정보로 소폭 줄어들었기 때문에, 소작인 수도 마찬가지로 조금 줄어들었을 것으로 추정할 수 있다.

[17]   South Manchuria Railway Company, pp. 129~133; 松村高夫, pp. 215~226.

[18]   Iriye, *Pacific Estrangement*, pp. 35~47.

[19]   여기서 언급된 가토 간지(加藤完治)는 1930년 런던 해군군축조약에 대해 해군 반대파를 이끌었던 가토 간지(加藤寬治) 해군대장과는 다른 인물임에 주의할 필요가 있다.

[20]   淺田喬二,「拓務省の滿洲農業移民計劃(試驗移民期)」,『經濟學部研究紀要』32號 (駒澤大學, 1974年 3月), pp. 89~91; 山田濠一,「滿洲における反滿抗日運動と農業移民(上)」,『歷史評論』142號 (1962年 6月), pp. 56~57.

[21]   矢內原忠雄,「滿洲植民計劃の物質的及び精神的要素」,『社會政策時報』140號 (1932年 5月), p. 52.

[22]   橋本傳左衛門,「滿蒙と農業植民」,『エコノミスト』(1932年 4月 1日), p. 66; 那須皓,「滿洲農業移民の實行方法に就いて」,『社會政策時報』140號(1932年 5月), pp. 152~154.

[23]   河津暹,「滿洲移民について」,『社會政策時報』140號, p. 33; 土方成美,「滿洲移民と人口問題」,『社會政策

時報』140號, p. 44; 澤村康, 「滿蒙農業移民政策の諸問題」, 『社會政策時報』140號, p. 130; 錦織英夫, 「滿蒙農業移民政策の必要とその可能性」, 『社會政策時報』140號, p. 145; 那須皓, 「滿洲農業移民の實行方法に就いて」, 『社會政策時報』140號, p. 156; 宗光彦, 「滿蒙植民の具體的方策」, 『社會政策時報』140號, p. 169.

[24] 河津暹, 「滿洲移民について」, 『社會政策時報』140號, pp. 29~30, 44.

[25] 「滿洲經營はなぜ成功しなかったか」, 『エコノミスト』(1932年 4月 1日), p. 26; 河津暹, 「滿洲移民について」, 『社會政策時報』140號, p. 31; 岡川栄蔵, 『社會政策時報』140號, pp. 171~172.

[26] 淺田喬二, 「拓務省の滿洲農業移民計劃」, pp. 89~91, 106~107.

[27] 일본 정부는 한 가구당 인원을 평균 5명으로 산정했다.

[28] 초기 농본주의(토지균분론)에 대해서는 Gluck, *Japan's Modern Myths*, pp. 178~186; R. P. Dore, *Land Reform in Japan* (New York: Schocken Books, 1985), pp. 56~107; Thomas R. H. Havens, *Farm and Nation in Modern Japan: Agrarian Nationalism, 1870~1940* (Princeton: Princeton University Press, 1974), pp. 56~111 참고.

[29] 1902년 전체 농가 중 자작농의 비율은 33.9%였으며, 자작농이면서 동시에 소작농인 경우는 38%, 소작농은 28.1%였다. 1930년에는 각각 31.1%, 42.3%, 26.5%로 변화했다. 安藤良雄, pp. 15, 107.

[30] 金原左門, 竹前栄治 編, 『昭和史: 國民のなかの波欄と激動の半世紀〔增補版〕』, 有斐閣, 1989, pp. 16~27.

[31] 江口圭一, 『十五年戰爭の開幕』, 小學館, pp. 181~183. 농업 생산품과 제조업 생산품의 가격 비교에 관해서는 安藤良雄, p. 116 참조.

[32] 江口圭一, 『十五年戰爭の開幕』, pp. 186~191; 藤原彰, 今井清一, 大江志乃夫 編, pp. 386~387; 高橋泰隆, 「日本ファシズムと農業經濟更生運動の展開: 昭和期「救農」政策についての考察」, 『土地制度史學』65號 (1974年 10月), pp. 1~26.

[33] 高橋泰隆, 「日本ファシズムと農業經濟更生運動の展開」, pp. 4~8; Dore, pp. 98~106.

[34] 소작쟁의에 관한 통계는 安藤良雄, p. 107 참조.

[35] 이와 같은 사회적 범주에 관한 논의는 Dore, pp. 3~53 참조; 관련 통계는 安藤良雄, pp. 13~16 참조.

[36] Ann Waswo, *Japanese Landlords: The Decline of a Rural Elite* (Berkeley: University of California Press, 1977), pp. 127~134.

[37] 杉野忠夫, 『分村計劃叢書 三輯: 農村更生運動と分村計劃』, 農村更生協會, 1938, p. 3.

[38] 滿洲開拓史刊行會 編刊, 『滿洲開拓史』, 1966, p. 33.

[39] 土方成美, 「滿洲移民と人口問題」, pp. 37, 45; 中島仁之助, 「滿蒙移民問題の展望」, p. 94.

[40] 土方成美, 「滿洲移民と人口問題」, pp. 37, 43~45; 中島, 「滿蒙移民問題の展望」, p. 94; 矢内原忠雄, 「滿洲植民計劃の物質的及び精神的要素」, p. 50.

[41] 中島久萬吉, 「滿洲新國家と極東經濟ブロック」, 『社會政策時報』140號 (1932年 5月), pp. 5~6.

[42] 杉野忠夫, 『農村更生運動と分村計劃』, p. 4.

[43] 해당 순위는 일본의 47개 도(道)·부(府)·현(縣)을 기준으로 산정된 것이다. 일본의 행정구역은 1개의 도(홋카이도), 3개의 부(도쿄, 오사카, 교토), 43개 현으로 구성되어 있다.

[44] 『長野縣滿洲開拓史總編』, p. 309.

[45] 講談社 編刊, 『昭和二万日の全記録 第三巻: 非常時日本 昭和七年-九年』, 1989, p. 255.

[46] 1929~33년 평균 대비 1934년 쌀 수확량은 이와테 45.73%, 아오모리 53.6%, 야마가타 54.07%, 미야기 61.73%, 후쿠시마 66.58%, 아키타 74.44%로 감소했다. 같은 책, p. 308.

[47] 같은 책, p. 316.

[48]   Waswo, pp. 97, 102.

[49]   『長野縣滿洲開拓史總編』, pp. 1~70, 101~120.

[50]   山形縣 編刊,『山形縣史 近代二』, p. 736.

[51]   히로시마는 1922년 이전 미국으로 가장 많은 이민자를 보낸 지역이었다. 구마모토는 세 번째로 많은 만주 이민자를 배출한 지역이자 히로시마에 이어 두 번째로 미국에 많은 이민자를 보낸 지역이었다.『長野縣滿洲開拓史總編』, pp. 35, 55.

[52]   每日シリーズ出版編集 編,『宮城縣の昭和史: 近代百年の歴史の記録(上)』, 每日新聞社, 1983, pp. 282~284; 新潟縣 編刊,『新潟縣史 近代三』, p. 741.

[53]   山形市史編纂委員會 編,『山形市史 近現代編』, 山形市, 1980, pp. 277~282.

[54]   柚木駿一,「昭和農業恐慌と庄内型移民計劃の展開: 大和村分村移民を中心として」,『駒澤大學大學院經濟學研究』(駒澤大學大學院經濟學研究科院生會, 1976年 3月), pp. 133~158; 柚木駿一,「昭和農業恐慌と滿洲移民: 宮城縣南郷村移民の分析」,『研究紀要』14號 (東京都專修學校各種學校協會, 1978年 3月), pp. 131~138; 柚木駿一,「滿洲移民運動の展開と論理: 宮城縣南郷村移民運動の分析」,『社會經濟史學』48卷 3號 (1982年 8月), pp. 52~71; 柚木駿一,「「滿洲」農業移民政策と「庄内型」移民: 山形縣大和村移民計劃を中心に」,『社會經濟史學』42卷 5號 (1977年 3月), pp. 44~69;『長野縣滿洲開拓史總編』, pp. 150~158.

[55]   『長野縣滿洲開拓史總編』, pp. 70~101, 121~166; 東筑摩郡·松本市·塩尻市郷土資料編纂會 編刊,『東筑摩郡·松本市·塩尻市誌 三卷 現代上』, 1962, pp. 391~392.

[56]   해당 조사는 農林省經濟更生部 編刊,『滿洲農業移民に關する地方事情調査概要』, 1937에 실려 있으며「滿洲農業移民に關する諸資料」,『内外調査資料』10年 11輯 (1938年 11月), pp. 241~262에서도 찾아볼 수 있다. 표준 경지면적에 대해서는 pp. 241~242를, 과잉 농가 수에 대해서는 p. 249 참조.

[57]   杉野忠夫,『分村計劃叢書 二輯: 分村計劃の意義: その指導精神について』, 農村更生協會, 1938, pp. 3~4, 13~14; 杉野忠夫,『分村計劃叢書 一輯: 靑少年に訴ふ』, 農村更生協會, 1938, pp. 3~4.

[58]   農林省經濟更生部 編,『新農村の建設: 大陸へ分村大移動』, 東京朝日新聞社, 1939, pp. 27~32; 杉野忠夫,『分村計劃叢書 五輯: 分村計劃とその反対論』, 農村更生協會, 1938, pp. 1~20.

[59]   杉野忠夫,『靑少年に訴ふ』, p. 6.

[60]   杉野忠夫,『分村計劃の意義』, p. 5.

[61]   帝國農會,『富士見村の分村運動に就て: 長野縣諏訪郡富士見村調査』, 1942, p. 23.

[62]   長野縣經濟部 編刊,『分村計劃事例: 西筑摩郡讀書村』<經濟更生參考資料> 37號, 1939年, p. 64.

[63]   農林省經濟更生部 編,『新農村の建設』, pp. 27~28.

[64]   『靑少年に訴ふ』, pp. 5~6.

[65]   같은 책, p. 5.

[66]   같은 책, p. 7.

[67]   杉野忠夫,『分村計劃總書 四輯: 分村計劃の實際問題-事例を中心として』, 農村更生協會, 1938, pp. 1~18.

[68]   農林省經濟更生部 編,『新農村の建設』, p. 21; 山名義鶴編輯,『庄内分郷計劃調査報告』, 滿洲移住協會, 1938, pp. 2~7.

[69]   杉野忠夫,『農村更生運動』, p. 180.

[70]   農林省經濟更生部 編,『新農村の建設』, p. 518.

[71]   山名義鶴 編輯,『庄内分郷計劃調査報告』, pp. 2~7.

[72]   讀書村에서는 기준치를 0.76정으로, 富士見村에서는 기준치를 1.5정으로 설정했다. 帝國農會 編刊,『富士見村の分村運動に就て: 長野縣諏訪郡富士見村調査』, p. 20; 長野縣經濟部 編刊,『分村計劃事例』, p. 35.

[73]　拓務省拓務局,「北滿に於ける集團農業移民の經營標準案」,『內外調査資料』10年 11輯 (1938年 11月), pp. 8~45.

[74]　錦織英夫,「滿蒙農業移民の必要とそ可能性」,『社會政策時報』140號 (1932年 5月), p. 145.

[75]　「滿洲開拓特輯」,『家の光』15卷 10號 (1939年 10月), p. 2;「拓けいく 大陸」,『家の光』15卷 4號 (1939年 4月), p. 2 등을 예로 들 수 있다.

[76]　淺田喬二나 小林英夫의 연구에서 이들이 쓴 보고서를 분석한 바 있다. 淺田喬二,「滿洲移民の農業經營狀況」,『經濟學論集』9卷 1號 (駒澤大學經濟學會, 1977年 6月), pp. 77~99; 淺田喬二,「滿洲農業移民の富農化·地主化狀況」,『經濟學論集』8卷 3號 (駒澤大學經濟學會, 1976年 12月), pp. 39~94; 小林英夫,「滿洲農業移民の營農實態」, 滿洲移民史研究會編,『日本帝國主義下の滿洲移民』, 龍溪書舍, 1976, pp. 387~490.

[77]　淺田喬二,「滿洲移民の農業經營狀況」, pp. 88, 85~89; 淺田喬二,「滿洲農業移民の富農化·地主化狀況」, p. 62; 小林英夫,「滿洲農業移民の營農實態」, pp. 432~433.

[78]　淺田喬二,「滿洲移民の農業經營狀況」, pp. 82~83.

[79]　같은 책, p. 92.

[80]　'기본요강' 및 새로 반포된 개척 관련 세 법규의 전문은 滿洲開拓史刊行會 編刊,『滿洲開拓史』, 1966 附編 1, pp. 773~803에 실린 「開拓關係諸法規」 참조.

8장 이민 송출기구의 탄생

[1]　農林省經濟更生部 編刊,『滿洲農業移民に關する地方事情調査概要』, 1937, p. 260.

[2]　滿洲國通信社 編刊,『滿洲開拓年鑑』, 1944 (復刊: 鵬和出版社, 1986), pp. 52~55; 君島和彦,「滿洲農業移民關係機關の設立過程と活動狀況-滿洲拓殖會社と滿洲拓殖公社を中心に」, 滿洲移民史研究會 編,『日本帝國主義下の滿洲移民』, 龍溪書舍, 1976, p. 190.

[3]　滿洲國通信社 編刊,『滿洲開拓年鑑』, 1944, pp. 49~51; 滿洲開拓史刊行會 編,『滿洲開拓史』, 1966, pp. 241~250.

[4]　滿洲國通信社 編刊,『滿洲開拓年鑑』, 1944, pp. 46~47.

[5]　South Manchurian Railway Company, *Fifth Report on Progress in Manchuria to 1936*, p. 130; 滿洲開拓史刊行會 編,『滿洲開拓史』, pp. 182~183.

[6]　滿洲開拓史刊行會 編,『滿洲開拓史』, pp. 203, 807.

[7]　Sheldon Garon, *The State and Labor in Modern Japan* (Berkeley: University of California Press, 1987), p. 25; Lewis, pp. 246~248.

[8]　滿洲開拓史刊行會 編,『滿洲開拓史』, pp. 187~188.

[9]　國立教育研究所 編,『日本近代教育百年史 第1卷 教育政策1』, 教育政策振興會, 1974, pp. 315~319.

[10]　國立教育研究所 編,『日本近代教育百年史 第8卷 社會教育2』, 教育政策振興會, 1974, pp. 493~501.

[11]　滿洲開拓史刊行會 編,『滿洲開拓史』, pp. 200~203.

[12]　櫻本富雄,『滿蒙開拓靑少年義勇軍』, 靑木書店, 1987, pp. 57~67, 153~154; 白取道博,「'滿蒙開拓靑少年義勇軍'の變容 (1938~1941年): '鄕土部隊編成'導入の意義」,『敎育學部紀要』54號 (北海道大學, 1990年 2月), p. 73.

[13]　長野縣開拓自興會 滿洲開拓史刊行會 編刊,『長野縣滿洲開拓史 總編』, 1984, pp. 250~255.

[14]　Daniel J. Kevles, *In the Name of Eugenics: Genetics and the Uses of Human Heredity* (New York: Knopf, 1985; Stephen Jay Gould, *The Mismeasure of Man* (New York: Norton, 1981).

[15] 八田嘉明,「大陸の沃土は招く」,『家の光』15卷 4號 (1939年 4月), p. 35

[16] 小磯國昭,「一鍬の力」,『家の光』15卷 10號 (1939年 10月), p. 31.

[17] '인종'에 관한 이론적 연구, 특히 인종이나 관련 유사과학에 관한 지적 역사는 셀 수 없을 만큼 그 양이 방대하다. 유럽과 신유럽 사회 밖의 인종 관념에 관한 선구적인 연구로는 Frank Dikötter's, *The Discourse of Race in Modern China* (Stanford: Stanford University Press, 1992)가 있다. 사회구성체로서의 인종 개념에 대해서는 Barbara Jeanne Fields, "Slavery, Race and Ideology in the United States of America," *New Left Review*, no. 181 (May-June 1990), pp. 95~118 참조. 또한 내셔널리즘과 인종주의 사이의 관계에 대해 고찰한 것으로는 Etienne Balibar, "Racism and Nationalism," in Etienne Balibar and Immanuel Wallerstein, eds., *Race, Nation, Class: Ambiguous Identities* (New York: Verso, 1991), pp. 37~67 참조.

[18] Peattie, "Japanese Attitudes toward Colonialism," p. 97.

[19] John W. Dower, *War without Mercy*, pp. 262~292.

[20] 八田嘉明,「大陸の沃土は招く」,『家の光』15卷 4號 (1939年 4月), p. 35; 小磯國昭,「一鍬の力」,『家の光』15卷 10號 (1939年 10月), p. 31.

[21] 「特輯: 大陸は招く-滿洲開拓者問答」,『家の光』15卷 4號 (1939年 4月), p. 141.

[22] 八田嘉明,「大陸の沃土は招く」,『家の光』15卷 4號 (1939年 4月), p. 35.

[23] 「特輯: 大陸は招く-滿洲開拓者問答」,『家の光』15卷 4號 (1939年 4月), p. 145.

[24] 大藏公望,「靑年よ, 大陸に移動せよ」,『家の光』14卷 1號 (1938年 1月), p. 34.

[25] 島田磐也,「開拓魂」,『家の光』17卷 9號 (1941年 9月), pp. 34~35.

[26] 호시카와 료카의 '우리는 젊은 의용군(われわれは若き義勇軍)'과 도비시 아키코(十菱愛子)의 '개척행(開拓行)'은 『拓け滿蒙』에서 개최한 의용군가 콘테스트에서 입선했다. 시마오 아쓰나리가 '청소년의용군의 노래(靑少年義勇軍の歌)'를 작사했다. 櫻本富雄,『滿蒙開拓靑少年義勇軍』, 靑木書店, 1987, p. 53~54, 101.

[27] 三浦悅郞 編,『滿洲移住讀本』, 改造社, 1939, p. 34.

[28] 加藤武雄,「希望に輝く靑少年義勇軍の生活」,『家の光』14卷 12號 (1938年 12月), pp. 231~232.

[29] 「大陸の花嫁」,『家の光』14卷 7號 (1938年 7月), p. 27.

[30] 「開拓美談-大陸に咲く大和撫子」,『家の光』16卷 10號 (1940年 10月), pp. 15~17.

[31] 「收奪の喜び」,『家の光』(1938年 9月)

[32] 「滿洲開拓特輯」,『家の光』15卷 10號 (1939年 10月), p. 1.

[33] 五十子卷三,「開拓の鍬は輝く-滿洲建國十周年を迎へて」,『家の光』18卷 9號 (1942年 9月), p. 31.

[34] 三浦悅郞 編,『滿洲移住讀本』, pp. 31~35;「特輯: 大陸は招く-滿洲開拓者問答」,『家の光』15卷 4號 (1939年 4月), pp. 141~142; 石原治良,『滿洲移民と靑年團』, 大日本聯合靑年團, 1937, p. 40.

[35] 과학과 기술, 제국주의 이데올로기에 대해서는 Michael Adas, *Machines as the Measure of Men: Science, Technology, and Ideologies of Western Dominance* (Ithaca: Cornell University Press, 1989) 참조.

[36] 「滿洲移民村訪問記(下)」,『家の光』13卷 3號 (1937年 3月), pp. 63~64.

[37] 大藏公望,『滿洲移住に就き農村靑年諸君の奮起を促す』, 滿洲移住協會, 1936, p. 12.

[38] 「滿洲移住村訪問記(上)」,『家の光』13卷 2號 (1937年 2月), p. 61.

[39] 「男と女の立場から滿洲開拓村を語る」,『家の光』15卷 10號 (1939年 10月), p. 139.

[40] 같은 책, pp. 137, 139.

[41] 200~300명으로 구성된 42개의 이민단이 만주로 보내졌다. 이 중 39개의 이민단은 정(町)·촌(村) 단위로 모집된 것이었다. 滿洲開拓史刊行會 編刊,『滿洲開拓史』, p. 332.

[42]   '분촌이민계획'에 대해서는 농림성, 제국농회, 만주이주협회 및 기타 기관이 1930년대 후반부터 1940년대 초반까지 실시한 조사보고서에 자세히 기술되어 있다(자세한 내용은 본 장 43번 주석 참고). 또한 최근 다카하시 야스타카 등의 연구자에 의해 이민 활동에 참여한 지역 사회에 주목하는 일련의 연구 성과가 발표되고 있다. 高橋泰隆, 「日本ファシズムと滿洲分村移民の展開-長野縣讀書村の分析を中心に」, 滿洲移民史研究會 編, 『日本帝國主義下の滿洲移民』, 龍溪書舍, 1976, pp. 309~386; 高橋泰隆, 「日本ファシズムと「滿洲」農業移民」, 『土地制度史學』71號 (1976年 4月), pp. 47~67; 山田昭次, 「ふぃかえる日本の未來-解說, 滿洲移民の世界」, 山田昭次 編, 『近代民衆の記憶 6 滿洲移民』, 新人物往來社, 1978, pp. 11~52; 君島和彦, 「ファシズム下農村における滿洲移民-埴科郡分鄕移民の實施過程」, 大江志乃夫 編, 『日本ファシズム形成と農村』<歷史科學叢書>, 校倉書房, 1978, pp. 297~342; 柚木駿一, 「「滿洲」農業移民政策と「庄內型」移民-山形縣大和村移民計劃を中心に」, 『社會經濟史學』42卷 5號 (1977年 3月), pp. 44~68; 柚木駿一, 「滿洲移民運動の展開と論理-宮城縣南鄕村移民運動の分析」, 『社會經濟史學』48卷 3號 (1982年 8月), pp. 52~71; 田中全, 「太平洋戰爭下の滿洲分村移民-高知縣幡多郡の例」, 『ヘルメス (一橋大學學生研究誌)』27號 (1976年 3月), pp. 140~175; 大谷正, 「太平洋戰爭末期における滿洲移民-第13次大兵庫開拓團に見る分村開拓團送出の實態」, 『近代史研究』21號 (大阪歷史學會近代史部會, 1979年 6月), pp. 32~58.

[43]   이와 관련하여 長野縣經濟部, 「分村計劃の樹て方」, 農林省經濟更生部編, 『新農村の建設-大陸へ分村大移動』, 東京朝日新聞社, 1939, pp. 533~550을 참고할 것. 참여 농촌 마을의 이민운동 진행 상황을 묘사한 것으로는 『新農村の建設』에 수록된 일곱 촌락에 대한 조사를 참조할 수 있으며, 이 외에도 帝國農會 編刊, 『富士見村の分村運動に就て (長野縣諏訪郡富士見村調査)』, 1942; 長野縣經濟部 編刊, 『分村計劃事例-西筑摩郡讀書村』, 1939; 積雪地方農村經濟調査所 編刊, 『滿洲農業移民母村經濟實態調査-山形縣東田川郡大和村』<積雪地方農村經濟調査所報告> 41號, 1941; 日滿農政研究會, 『開拓政策に關する研究-滿洲開拓民の送出狀況に關する調査び開拓政策に關する若干の考察』<日滿農政研究報告> 5輯, 日滿農政研究會東京事務局, 1940; 帝國農會 編刊, 『滿洲開拓民送出に關する調査』1輯, 1942; 拓務省拓北局 編刊, 『長野縣讀書村分村事情調査書』, 1942; 帝國農會 編刊, 『滿洲開拓民送出調査』2輯 <長野縣諏訪郡富士見村>, 1942가 있다.

[44]   農林省經濟更生部 編, 『新農村の建設』, pp. 19~20.

[45]   長野縣開拓自興會滿洲開拓史刊行會 編刊, 『長野縣滿洲開拓史 總編』, 1984, pp. 273~308.

[46]   白取道博, 「'滿蒙開拓靑少年義勇軍'の變容 (1938~1941)-'鄕土部隊編成'導入の意義」, pp. 50~64.

[47]   1896년부터 일본의 교육제도는 8년간의 의무교육을 규정했으며, 1908년 이후 의무교육 8년은 6년간의 심상소학교(尋常小學校)와 2년간의 고등소학교(高等小學校)로 분리되었다. 이후 1941년 전시 교육개혁의 일환으로 심상소학교와 고등소학교가 국민학교(國民學校)로 통합되었지만 6년간의 초등과(初等科)와 2년간의 고등과(高等科)로 구분하던 것은 여전히 유지되었다.

[48]   櫻本富雄, 『滿蒙開拓靑少年義勇軍』, pp. 154~192.

[49]   岡山縣史編纂委員會 編纂, 『岡山縣史 近代 3』, 山陽新聞社, 1989, p. 364.

[50]   滿洲國通信社 編刊, 『滿洲開拓年鑑』, 1941, p. 445.

[51]   白取道博, 「'滿蒙開拓靑少年義勇軍'の變容 (1938~1941)-'鄕土部隊編成'導入の意義」, p. 76.

[52]   Kazuko Tsurumi, pp. 99~137; Saburō Ienaga, *The Pacific War, 1931~1945*, trans. Frank Baldwin (New York: Pantheon Books, 1978), pp. 13~32.

[53]   國立教育研究所 編, 『日本近代教育百年史 1: 教育政策1』, pp. 304~306, 323~328; 日本近代史研究會 編, 『岐路に立つ昭和日本』<畫報日本近代の歷史 9>, 三省堂, 1980, pp. 84~85; 日本近代史研究會 編, 『民本主義の潮流: 1914~1923』<畫報日本近代の歷史 8>, 三省堂, 1980, pp. 140~141, 162~163; 『大正デモクラシー』<日本人の100年> 10卷, 世界文化社, 1972, pp. 40~55, 114~119; 山住正己, 『日本教育小史-近·現代』, 岩波書店, 1987, pp. 77~117.

[54]   國立教育研究所 編, 『日本近代教育百年史 1: 教育政策1』, pp. 308~312; Gluck, *Japan's Modern Myths*, pp. 152~154.

[55]   川合章·安川寿之輔·森川輝紀·川口幸宏 共著, 『日本現代教育史』, 新日本出版社, 1984, pp. 160~161.

[56]   같은 책, p. 161.

[57]   白取道博,「'滿蒙開拓靑少年義勇軍'の變容 (1938~1941)-'鄕土部隊編成'導入の意義」, p. 81.

[58]   岡山縣史編纂委員會 編纂,『岡山縣史 近代 3』, pp. 363~364; 東筑摩郡·松本市·塩尻市鄕土資料編纂會 編
       刊,『東筑摩郡·松本市·塩尻市誌 三卷 現代上』, pp. 397~400.

[59]   岡山縣史編纂委員會 編纂,『岡山縣史 近代3』, pp. 363~364; 東筑摩郡·松本市·塩尻市鄕土資料編纂會 編
       刊,『東筑摩郡·松本市·塩尻市誌 三卷 現代上』, p. 400; 櫻本富雄,『滿蒙開拓靑少年義勇軍』, pp. 172~180;
       長野縣開拓自興會滿洲開拓史刊行會 編刊,『長野縣滿洲開拓史 總編』, pp. 431~433.

[60]   櫻本富雄,『滿蒙開拓靑少年義勇軍』, pp. 150~152.

[61]   吉崎千秋,「滿洲移民の先驅團體の苦心」,『家の光』11卷 4號 (1935年 4月), p. 124;「世渡り案內」,『家の光』
       11卷 2號 (1935年 2月), p. 146.

[62]   南滿洲鐵道株式會社總裁室弘報課 編刊,『滿洲は移民の樂土』<弘報叢書> 1輯, 1937, pp. 1~7, 인용은 p. 5
       부터이다.

[63]   같은 책, p. 6.

[64]   같은 책.

[65]   「開拓十年の回顧」,『家の光』18卷 12號 (1942年 12月), p. 74.

[66]   ジャパン·ツーリスト·ビューロー,『滿洲旅行年鑑 昭和十六年』, p. 164.

[67]   같은 책, p. 174; 東京朝日新聞社 東亞問題調査會 編,『滿洲移民』<朝日東亞リポート2>, 朝日新聞社,
       1939, pp. 24~25.

[68]   東京朝日新聞社 東亞問題調査會 編,『滿洲移民』, pp. 24~25.

[69]   가토 간지에 대해서는 본서 7장 및 Havens, *Farm and Nation in Modern Japan*, pp. 275~294 참조.

[70]   秦賢助,「移民の父, 東宮大佐」,『家の光』15卷 10號 (1939年 10月), pp. 60~62.

[71]   上笙一郎,『滿洲開拓靑少年義勇軍』, 中央公論社, 1973, pp. 14~15;「大陸發展の捨て石」,『家の光』14卷 6
       號 (1938年 6月), p. 23; 櫻本富雄,『滿蒙開拓靑少年義勇軍』, p. 107; 秦賢助,「移民の父, 東宮大佐」,『家の
       光』15卷 10號 (1939年 10月), pp. 60~63.

[72]   加藤武雄,「滿洲開拓の父, 加藤完治を語る」,『家の光』17卷 11號 (1941年 11月), pp. 38~40; 秦賢助,「移
       民の父, 東宮大佐」,『家の光』15卷 10號 (1939年 10月), p. 62.

[73]   三浦悅郎 編,『滿洲移住讀本』, pp. 95~96; 農林省經濟更生部編,『新農村の建設』.

[74]   山田昭次,「ふいかえる日本の未來」, pp. 29~30, 36.

[75]   「芝居物語大日向村」,『家の光』16卷 1號 (1940年 1月), pp. 104~109; 山田昭次,「ふいかえる日本の未來」,
       pp. 36~38.

[76]   和田伝,『大日向村』(1941)은 昭和戰爭文學全集編集委員會 編,『戰火滿洲に擧がる』<昭和戰爭文學全集
       1>, 集英社, 1964, pp. 115~171에 수록되어 있다. 또한 같은 책 p. 494에 실려 있는 和田伝의 작품 해설도 참조
       할 것. 川村湊,『異鄕の昭和文學-'滿洲'と近代日本』, 岩波書店, 1990, pp. 28~33도 참고할 만하다.

[77]   福田淸人,『日輪兵舍』, 朝日新聞社, 1939.

[78]   櫻本富雄,『滿蒙開拓靑少年義勇軍』, pp. 71~72, 78~79.

[79]   같은 책, pp. 69~70.

[80]   伊藤金次郎의『늠름한 우치하라(逞しき內原)』는 1943년에 간행되었다. 櫻本富雄,『滿蒙開拓靑少年義勇軍』,
       p. 69에서 재인용.

[81]   森武麿,「戰時下農村の構造變化」,『岩波講座日本歷史20 近代7』, 岩波書店, 1976, p. 317.

[82]   原郎,「戰時統制經濟の開始」, p. 240.

[83] 森武麿, 「戰時下農村の構造變化」, pp. 354~355. 그는 공장에서 일하거나 만주 이민을 위해 농촌을 떠난 이의 수를 약 180만 명으로 추산했다.

[84] 중국으로 보낸 병력에 대해서는 藤原彰, 「日本ファシズムと對中國侵略戰爭」, 藤原彰, 野澤豊 編, 『日本ファシズムと東アジア: 現代史シンポジウム』, 靑木書店, 1977年, p. 14 참조. 노동자의 징용에 대해서는 粟屋憲太郞, 「國民動員と抵抗」, 『岩波講座日本歷史21 近代8』, 岩波書店, 1977, p. 182 참조. 농업 노동력의 부족에 대해서는 森武麿, 「戰時下農村の構造變化」, pp. 323, 354~357 참조. 森武麿에 따르면 1936년의 농촌 인구는 5,597,465명이었으며 1941년에는 5,498,826명이었다고 한다.

[85] 田中全, 「太平洋戰爭下の滿洲分村移民-高知縣幡多郡の例」, p. 144.

[86] 청소년의용군 정책에 대해서는 白取道博의 일련의 연구를 참조할 것. 「'滿蒙開拓靑少年義勇軍'の創設過程」, 『敎育學部紀要』45號 (北海道大學, 1984年 12月), pp. 189~222; 「'滿洲'移民政策と'滿蒙開拓靑少年義勇軍'」, 『敎育學部紀要』47號 (北海道大學, 1986年 2月), pp. 107~139; 「'滿蒙開拓靑少年義勇軍'の變容」, pp. 33~96.f

[87] '대륙귀농개척단'에 대해서는 新潟縣 編刊, 『新潟縣史 近代 3』, 1988, pp. 748~750; 広島縣 編刊, 『広島縣史 近代 2』, 1981, pp. 983~985, 993~994; 大谷正, 「太平洋戰爭末期における滿洲移民], p. 33; 每日シリーズ出版編集 編, 『宮城縣の昭和史 近代百年の歷史の記憶(上)』, 每日新聞社, 1983, p. 284; 長野縣開拓自興會 滿洲開拓史刊行會 編刊, 『長野縣滿洲開拓史 總編』, pp. 593~600 참조.

[88] '대륙 신부'의 모집에 대해서는 山形縣 編刊, 『山形縣史 近現代 2』, 1986, pp. 751~752; 長野縣開拓自興會 滿洲開拓史刊行會 編刊, 『長野縣滿洲開拓史 總編』, pp. 646~650; 広島縣 編刊, 『広島縣史 近代 2』, p. 995 참조.

[89] '만주건설근로봉사대'에 대해서는 長野縣開拓自興會 滿洲開拓史刊行會 編刊, 『長野縣滿洲開拓史 總編』, pp. 560~582; 広島縣 編刊, 『広島縣史 近代 2』, pp. 992~993 참조.

[90] '특별지도군운동'에 대해서는 長野縣開拓自興會 滿洲開拓史刊行會 編刊, 『長野縣滿洲開拓史 總編』, pp. 455~456, 499~506, 550~555; 滿洲國通信社 編刊, 『滿洲開拓年鑑』, 1944, pp. 69~70; 広島縣 編刊, 『広島縣史 近代 2』, p. 997; 岐阜縣 編刊, 『岐阜縣史 近代(上)』, 1967, pp. 640~642; 田中全, 「太平洋戰爭下の滿洲分村移民-高知縣幡多郡の例」, p. 144.

[91] '척식후원회'에 대해서는 広島縣 編刊, 『広島縣史 近代2』, p. 994 참조.

9장 제국의 희생자들

[1] 藤田繁, 『草の碑: 滿蒙開拓團 棄てられた民の記錄』, 能登印刷出版部, 1989.

[2] 高橋泰隆, 「日本ファシズムと農業經濟更生運動の展開: 昭和期「救農」政策についての考察」, 『土地制度史學』65號 (1974年 10月), p. 21.

[3] 山田昭次, pp. 12, 15.

[4] 帝國農會 編刊, 『滿洲開拓民送出に關する調査』, 1942, pp. 22, 48, 78; 日滿農政硏究會 編刊, 『開拓政策に關する硏究』, 1940, pp. 14~15; 高橋泰隆, 「日本ファシズムと農業經濟更生運動の展開」, pp. 20~21; 拓務省拓殖協會, pp. 34~37.

[5] 全國拓友協議會 編, 『滿蒙開拓靑少年義勇軍 寫眞集』, 家の光協會, 1975.

[6] 淺田喬二, 「滿洲移民の農業經營狀況」, p. 77.

[7] 滿洲國開拓總局, 『滿蒙開拓政策基本要綱』, 開拓總局, p. 11; 君島和彦, 「滿洲農業移民關係機關の設立過程と活動狀況」, pp. 196~197.

[8] 중국인과 조선인으로부터 가져간 토지 중 단지 20만 헥타르만 일본인 이주민에게 분배되었으며, 남은 토지의 대부분은 휴경지로 방치되었다. 淺田喬二, 『日本帝國主義と舊植民地主制』, 龍溪書舍, 1989, pp. 205~207; 淺田喬二, 「日本帝國主義と滿洲移民」, 『滿洲移民と被差別部落 融和政策の犧牲となった來民開拓團』, 大阪人權歷史資料館, 1989, pp. 39~40.

[9]　淺田喬二,『日本帝國主義と舊植民地地主制』, pp. 207~208.

[10]　滿洲國最高檢察廳,「滿洲國開拓地犯罪槪況」, 1941; 山田昭次 編,『近代民衆の記憶6 滿洲移民』, p. 450에서 재인용.

[11]　君島和彦,「滿洲農業移民關係機關の設立過程と活動狀況」, pp. 199~200.

[12]　上笙一郎, pp. 128~133; Ronald Suleski, "Northeast China under Japanese Control: The Role of the Manchurian Youth Corps 1934~1945," *Modern China* 7, no. 3 (July 1981), pp. 355~361.

[13]　滿洲國最高檢察廳, pp. 453, 456; Suleski, p. 359; 依田喜家,「第一次大戰下, 日本の滿洲移民の實態 移民團關係の犯罪を中心て」,『社會科學討究』18卷 1號, 早稻田大學社會科學研究所, 1972, pp. 47~56.

[14]　山田昭次 編,『近代民衆の記憶 6 滿洲移民』, p. 13

[15]　小林英夫,「滿洲農業移民の營農實態」, pp. 428~430; 淺田喬二,「滿洲農業移民の富農化·地主化狀況」, pp. 64~65.

[16]　小林英夫,「滿洲農業移民の營農實態」, pp. 393~396, 428~430, 457~459; 淺田喬二,「滿洲農業移民の富農化·地主化狀況」, pp. 49~53, 72~76.

[17]　『滿洲開拓年鑑』1944년 통계에 따르면 개척단원의 수가 많은 10개 현(縣)은 北安(10,250세대), 三江(9,951세대), 濱江(7,964세대), 東安(7,510세대), 吉林(7,093세대), 龍江(5,759세대), 牡丹江(3,649세대), 東興安(1,879세대), 錦州(1,791세대), 黑河(1,722세대)이다. 滿洲國通信社 編刊,『滿洲開拓年鑑』, 1944, p. 28.

[18]　1943년을 정점으로 항일운동은 급속히 줄어들었다. 그러나 경찰 기록에 따르면 1940년 무장 집단에 의한 개척단 습격은 12건(9건은 北安縣, 2건은 東安縣, 나머지 1건은 龍江縣에서 발생했다)이 보고되었다고 한다. 滿洲國最高檢察廳,「滿洲國開拓地犯罪槪況」, pp. 446~447. 항일운동 발생 건수에 대해서는 田中恒次郎,「日本帝國主義の滿洲侵略と反滿抗日鬪爭-中國革命の展開と關聯して」, 滿洲移民史研究會 編,『日本帝國主義下の滿洲移民』, pp. 607~694; 田中恒次郎,「反滿抗日運動」, 淺田喬二, 小林英夫 編,『日本帝國主義の滿洲支配 十五年戰爭期を中心に』, 時潮社, 1986, pp. 327~420.

[19]　依田喜家,「第一次大戰下, 日本の滿洲移民の實態」, p. 58.

[20]　Suleski, p. 360.

[21]　「滿洲國開拓地犯罪槪況」은 만주국 최고검찰청에 의해 편찬된 것이다. 공산주의와 항일운동에 대한 공포는 滿洲國最高檢察廳,「滿洲國開拓地犯罪槪況」, p. 438에 잘 나타난다.

[22]　淺田喬二,「滿洲農業移民の立案過程」, 滿洲移民史研究會 編,『日本帝國主義下の滿洲移民』, 龍溪書舍, 1976, pp. 84~98; 小林英夫,「滿洲農業移民の營農實態」, pp. 471~483.

[23]　군 병력은 1940년에 170만, 1941년에 240만, 1942년에 280만, 1943년에 340만, 1944년 10월에 500만, 1945년 8월에 700만을 기록했다. 原郎,「戰時統制經濟の開始」,『岩波講座日本歷史20 近代 7』, 岩波書店, 1976, pp. 217~268, p. 240.

[24]　1943년부터 1945년까지 청소년의용군 개척민은 3만 890세대가 있었으며 일반 개척민은 7,889세대가 있었다. 淺田喬二,「滿洲農業移民の立案過程」, pp. 89, 92~103.

[25]　島田俊彦,『關東軍』, 中央公論社, 1965, pp. 156, 176~182.

[26]　長野縣開拓自興會 滿洲開拓史刊行會 編刊,『長野縣滿洲開拓史 總編』, 1984, pp. 662~670, 682.

[27]　長野縣開拓自興會 滿洲開拓史刊行會 編刊,『長野縣滿洲開拓史 各團編』, pp. 611~875.

[28]　같은 책, pp. 113~486.

[29]　같은 책, p. 266.

[30]　島田俊彦,『關東軍』, pp. 183~188

[31]　長野縣開拓自興會滿洲開拓史刊行會 編刊,『長野縣滿洲開拓史 總編』, pp. 682~683.

[32] 島田俊彦, 『關東軍』, pp. 188~191.

[33] 滿洲開拓史刊行會 編刊, 『滿洲開拓史』, pp. 415~422.

[34] 같은 책, pp. 436~437.

[35] 같은 책, pp. 423~425, 433~436, 829; 長野縣開拓自興會滿洲開拓史刊行會 編刊, 『長野縣滿洲開拓史 總編』, pp. 716~717.

[36] 滿洲開拓史刊行會 編刊, 『滿洲開拓史』, pp. 436~437.

10장 총력 제국의 모순

[1] 이 표현은 필립 M. 테일러가 "검열과 선전은 샴쌍둥이 관계로 서로 분리하거나 떼놓을 수 없다"고 말한 것에서 따왔다. Philip M. Taylor, *The Projection of Britain: British Overseas Publicity and Propaganda, 1919~1939* (Cambridge: Cambridge University Press, 1981), p. 4.

[2] 조금 오래되긴 했지만 전쟁 전 일본 민주주의 제도의 결함에 대해 설득력 있게 분석한 연구로 Robert A. Scalapino, *Democracy and the Party Movement in Prewar Japan: The Failure of the First Attempt* (Berkeley: University of California Press, 1953)을 들 수 있다.

[3] James William Morley, ed., *The China Quagmire: Japan's Expansion on the Asian Continent* (New York: Columbia University Press, 1983).

[4] 자세한 내용은 본서 5장과 6장 참고. 투자 관련 통계는 표1, 인구 관련 통계는 표6을 참고할 것.

[5] Alvin D. Coox, "The Pacific War," in Peter Duus, ed., *The Twentieth Century, vol. 6 of The Cambridge History of Japan* (New York: Cambridge University Press, 1988), p. 322.

[6] Dower, *War without Mercy*, p. 297.

1판 1쇄　　2026년 5월 25일
ISBN　　979-11-92667-41-6 (93910)

저자　　루이즈 영
번역　　조원희 & 김도진
편집　　김효진
교정　　이수정
제작　　재영 P&B
디자인　　우주상자
펴낸곳　　마르코폴로
등록　　제2021-000005호
주소　　세종시 다솜1로9
이메일　　laissez@gmail.com
인스타　　instagram.com/marcopolopress

책 값은 뒤표지에 있습니다. 잘못된 책은 교환하여 드립니다.